国家级一流本科课程配套教材
基础化学创新课程系列教材

仪器分析

主　编　蒲雪梅　徐开来
副主编　郑成斌　郑保战
　　　　张起辉　吕　弋

科学出版社
北　京

内 容 简 介

本书是国家级一流本科课程“分析化学(Ⅰ)”的配套教材。全书共19章，包括光谱分析、核磁共振波谱法、电化学分析、色谱分析、质谱法、表面分析法、信息技术在分析化学中的应用等内容。除第1章外，各章末均附有习题与拓展和短视频拓展资源。教材内容贯彻“精、全、新”，强化基础、注重分析应用、兼顾前沿发展。

本书可作为高等学校化学、应用化学、化工、药学、材料、医学、环境和高分子等专业的仪器分析课程教材，也可供分析测试的科研技术人员参考使用。

图书在版编目（CIP）数据

仪器分析 / 蒲雪梅，徐开来主编. -- 北京 : 科学出版社，2025. 6. (国家级一流本科课程配套教材)(基础化学创新课程系列教材). -- ISBN 978-7-03-082289-5

Ⅰ. O657

中国国家版本馆CIP数据核字第2025QM0147号

责任编辑：侯晓敏　李丽娇 / 责任校对：杨　赛
责任印制：张　伟 / 封面设计：迷底书装

科学出版社 出版
北京东黄城根北街16号
邮政编码：100717
http://www.sciencep.com

北京九州迅驰传媒文化有限公司印刷
科学出版社发行　各地新华书店经销

*

2025年6月第　一　版　开本：787×1092　1/16
2026年1月第二次印刷　印张：31
字数：735 000

定价：98.00元

(如有印装质量问题，我社负责调换)

《仪器分析》编写委员会

前　言

分析化学是测定物质组成、结构的方法及其理论的一门学科，也是高等教育四大基础化学之一，包括化学分析和仪器分析两部分。其中，仪器分析是利用仪器测定物质的物理和物理化学性质，从而获得物质的成分和结构的分析方法，是高等学校化学、化工、药学和材料等专业的基础课程之一。

党的二十大报告指出“教育、科技、人才是全面建设社会主义现代化国家的基础性、战略性支撑”，本书是响应党的二十大精神的人才培养宗旨，结合一线授课教师多年教学科研经验和教学改革成果，针对基础课和分析化学的特点，贯彻“精、全、新”、强化基础、注重分析应用、兼顾前沿发展和培养拔尖创新人才的教育理念而组织编写的。考虑分析方法应用的普及性和基础性，本书包括的分析方法适中，涉及面广，全书以光谱分析、核磁共振波谱法、电化学分析、色谱分析、质谱法为主，同时在第 18 章“其他分析方法”中介绍了目前在晶体分析和材料表/界面分析中应用广泛的 X 射线衍射、电子能谱分析、扫描电子显微镜和透射电子显微镜。此外，为反映学科综合交叉的特点和前沿，本书还编写了第 19 章“信息技术在分析化学中的应用”，以期激发学生的学习兴趣、开阔学生的科学视野和培养学生的科研思维。

各章内容主要按照“原理—仪器—分析应用—发展趋势”的主线展开，在每种仪器分析方法章节的最后给出一个应用实例以展现该方法的应用背景(含原理)、仪器条件、数据及分析的全过程，其目的一是加深学生对该仪器分析方法的整体理解，二是促进理论知识与实际应用的结合。本书的编写还加强了对仪器分析方法的共性和个性的归纳比较，并在习题中增加了拓展作业，希望通过这些方式促进学生对各种仪器分析方法基础理论知识的融会贯通、知识迁移和前沿关联。此外，除第 1 章外在每章的最后提供了 PPT 讲述的短视频数字资源，内容主要涉及章节重要知识点的进一步解析、分析方法的发展和应用，通过视频讲述帮助学生理解关键知识点，促进学生对分析方法的重要性、创新性和前沿性的了解，达到拓展知识和开阔视野的目的。而且在视频内容讲述中融入了思政育人内容，帮助学生树立正确的学习观、人生观和价值观。

本书由四川大学主编，重庆大学、云南大学、四川师范大学和成都理工大学参与编写。具体的编写分工为：第 1 章(蒲雪梅)；第 2 章(徐开来、罗虹和蒲雪梅)；第 3、4 章(罗虹和郑成斌)；第 5 章(张金懿)；第 6 章(刘睿和吕弋)；第 7 章(张立春和吕弋)；第 8 章(邓鹏翅和徐开来)；第 9、10、12 章(郑保战)；第 11 章(屈轲)；第 13～15 章(张起辉)；第 16 章(李菲)；第 17 章(徐开来和宋红杰)；第 18 章(文季秋、田云飞、王辉和王珊玲)；第 19 章(熊庆)。四川大学蒲雪梅和徐开来负责全书编写方案的制定和实施，并负责全书的总体结构安排和统稿审定。

在本书编写过程中参考和借鉴了其他院校老师编写的相关书籍，受益匪浅，在此表示最诚挚的谢意。

限于编者的水平，书中不足和疏漏之处在所难免，敬请读者批评指正。

编　者

2024 年 12 月于四川大学

目　录

第1章 绪　　论

1.1 分析化学的定义和作用

欧洲化学学会联合会(Federation of European Chemical Societies)的分析化学小组给出的分析化学定义为：分析化学是发展和应用各种方法、仪器和策略以获得物质在空间和时间方面组成和性质信息的科学。分析化学是一门综合交叉的学科，将化学与数学、物理学、计算机科学、生物学和医学等学科结合起来，吸收它们的最新成就，利用物质一切可以利用的性质建立分析化学的新方法与新技术，其应用范围涉及社会发展的各个方面，与人们的衣食住行密切相关。

分析化学也是高等教育的四大基础化学之一，既是基础学科，又具有强的交叉性、综合性和广泛的应用性，对整个化学学科乃至理工农医等学科的发展具有重要的促进作用。分析化学包括化学分析和仪器分析两大部分。其中，化学分析是利用化学反应和它的计量关系来确定被测物质的组成和含量的一类分析方法，测定时需使用化学试剂、天平和一些玻璃器皿。它是分析化学的基础。仪器分析是以测量物质的物理和物理化学参数来确定其组成、含量或结构的分析方法，测定时常需要使用比较复杂的仪器。仪器分析已成为当代分析化学的主流。

1.2 仪器分析的分类

仪器分析方法众多，所测定物质的物理和物理化学参数不同，因此在方法原理、仪器结构和应用范围等方面具有明显的差别。仪器分析方法通常分为电化学分析法、光学分析法、色谱法和其他分析法。

(1) 电化学分析法：是以溶液电化学性质为基础的一类分析方法，测量电池的各类电学参数进行定性、定量分析。根据测量的电学参数不同，电化学分析法可分为电导分析法、电位分析法、电解和库仑分析法以及伏安和极谱分析法等。

(2) 光学分析法：是基于物质与电磁辐射相互作用并测量作用后的光信号来进行定性、定量和结构分析的一类分析方法。基于被测物质的不同形式(分子、原子、离子等)与电磁辐射不同的相互作用方式(吸收、发射、衍射、散射等)，以及电磁辐射的不同波段，光学分析法可分为原子发射光谱法、原子吸收光谱法、紫外-可见吸收光谱法、红外吸收光谱法、核磁共振波谱法、荧光光谱法和X射线衍射法等。

(3) 色谱法：是利用混合物中各组分在固定相和流动相两相间的分配系数进行分离和定性、定量分析的方法，主要包括气相色谱法、高效液相色谱法和毛细管电泳法等。

(4) 其他分析法：质谱法是待测物在离子源中被电离成带电离子，根据离子的质荷比

m/*z* 的大小进行分离和分析的方法；电子能谱法是采用电磁辐射或电子束照射试样，激发电子，通过测量电子的强度和能量分布来获取其结构信息的方法。其他方法还有扫描电子显微镜(简称扫描电镜)、透射电子显微镜(简称透射电镜)、热重法、差热分析法、流动注射分析和微流控分析等。

1.3 仪器分析的特点

仪器分析的测量原理与化学分析不同。与化学分析相比，仪器分析具有以下主要特点：

(1) 更高的检测灵敏度和更低的检测限。由化学分析的毫升、毫克级降低到微升、微克级及以下，适用于微量、痕量、超痕量成分的分析。

(2) 更好的选择性。可通过选择和调整仪器测定条件来消除共存组分的干扰。

(3) 更广泛的应用范围。不只是定量分析，还可实现结构分析、非破坏性分析及表面、微区、形态等的分析。

(4) 相对误差较大。仪器分析的相对误差通常为 3%～5%，不适用于常量和高含量成分分析，而化学分析一般相对误差小于 0.3%，适用于常量和高含量成分分析。

(5) 分析速度快、操作简便，易于实现自动化和在线检测。

(6) 仪器设备较昂贵，分析成本比化学分析高。

1.4 仪器的测量过程和基本组成

分析仪器需要将研究对象的物理或物理化学性质的信息转换为可收集、处理、显示并能为人们解释的信息，为了达到此目的，通常需要给予被测试样一个刺激，使其响应产生可测的分析信息/信号(图 1.1)。因此，大多数仪器需要提供刺激的能源系统，如提供电磁辐射能、电能、机械能、核能和热能等；需要试样引入系统使能量与被测试样相互作用；需要检测系统将相互作用产生的响应转换成可测定的电信号；还需要信号处理和显示装置来进行信号的接收、放大、计算和显示等，最终变成可以进行定性和定量分析的数据或图像。分析仪器大多包含能源系统、试样引入系统、检测系统、数据处理和显示系统这五类基本组件。

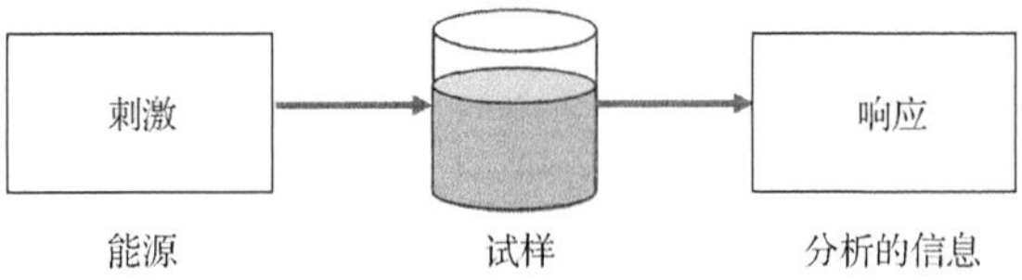

图 1.1 仪器测量过程的框架示意图

由于各类仪器测定的具体原理不同，这些基本组件在不同仪器分析方法中具有不同的装置和名称。例如，紫外-可见分光光度计测量过程需采用紫外-可见光区的电磁辐射照射样品，样品分子与紫外-可见光相互作用，吸收此能量发生分子电子能级的跃迁，测量吸收前后的光强变化(吸光度)来测定吸光物质的浓度，因此它的能源系统就是能发射紫外-可见光的光源，样品引入系统是样品池，检测系统是光电倍增管，数据处理和显示系统主要由计算机系统来完成；若光源变成红外光，试样分子吸收红外光能量，此能量虽不足以激发电子能级的跃迁，但能发生振动能级的跃迁，响应信号就是吸收前后红外光的光强变化，检测系统就需要能够检测红外光强变化的检测器，如真空热电偶，这就变成了红外光谱分析法。分析仪器这五个基本组件的改进和更新也推动着相关仪器和分析方法的不断发展。

1.5 仪器分析的发展

分析化学的起源很早，可以说人类有科技以来就有化学，化学从分析化学开始，从古代的炼金术、世界的三元素组成的定性分析，到拉瓦锡的氧化实验的定量测定。随着科学技术的发展，对分析化学不断提出新的需求，也为分析化学发展提供了理论基础和技术条件，促进了分析化学的不断发展。20 世纪以来，分析化学的发展经历了三次巨大的变革。

第一次变革是在 20 世纪初，物理化学溶液四大平衡理论的建立为分析化学的四大滴定奠定了理论基础，化学分析法得到了快速发展，使分析化学由一门操作技术变成一门科学。

第二次变革是在 20 世纪 40～60 年代，物理学和电子学的快速发展促进了以物理和物理化学性质作为测量参数的仪器分析方法的诞生。这一时期科学技术的进步为新的仪器分析方法的建立和发展奠定了基础，从而使分析化学以化学分析为主的经典分析化学转变为以仪器分析为主的现代分析化学。例如，Bloch 和 Purcell 发明了核磁共振的测定方法，获得 1952 年诺贝尔物理学奖；Martin 和 Synge 因对分配色谱理论的贡献获得 1952 年诺贝尔化学奖；Heyrovsky 发现了在滴汞电极上的浓差极化，开创了极谱分析法，由此获得了 1959 年诺贝尔化学奖。

第三次变革是在 20 世纪 70 年代末期，这一时期各个学科的发展，尤其是计算机科学、生命科学、环境科学、材料科学等学科的发展促成了分析化学的第三次变革。计算机科学的发展使得分析化学的数据采集和分析更为快速、准确与简便化，促进了分析仪器的智能化，如各种应用傅里叶(Fourier)变换技术的仪器发展和仪器的联用，而且计算机的发展也促进了数理统计理论与分析化学的交叉。随着信息时代的来临，人工智能技术(化学计量学和机器学习算法等)在分析化学中的应用，使实验条件优化、分析数据处理速度、解析速度和正确性都大为提高。

现代分析化学的发展正在进一步深化化学与数学、物理学、计算机科学、生命科学、材料学等多学科的交叉结合，利用各学科的最新研究成果和技术促进分析仪器和分析方法的发展。各学科的发展需求也对仪器分析的发展提出了更高的要求，包括：

(1) 原位(*in situ*)、活体(*in vivo*)、实时(real time)、在线(on line)和高灵敏度、高选择性的新型动态分析检测和无损分析方法及多元多参数的检测方法以及相应的新型分析仪器。

(2) 仪器分析的微型化、自动化、智能化和网络化。各种新材料和新技术在仪器分析中的应用，如仿生材料、纳米材料、生物芯片、微制造技术、网络、人工智能等技术促进了分析仪器的微型化、自动化、智能化和网络化，并进一步提升了分析选择性、灵敏度和分析速度。

(3) 仪器分析联用技术。仪器联用是当前仪器分析发展的一个重要趋势，汇集不同仪器分析方法的优势，弥补各自的不足，解决复杂体系的分离和分析问题。例如，将分离技术(如色谱分离)和结构解析的仪器方法(红外光谱、核磁共振波谱、质谱等)结合，更好地完成复杂试样的分析任务。

(4) 生物分析技术与活体分析。随着生命科学研究的发展，需要仪器方法能够在细胞和分子水平上研究生命过程、生理、病理变化和药物代谢、基因寻找和改造，以及对生物活体进行分析。仪器分析将成为生物大分子多维结构和功能研究、药物研发和疾病诊断技术的有力工具。

(5) 时空多维学习。分析化学是一门为物质提供尽可能多化学信息的科学。随着对客观物质认识的深入和各学科发展的需求，需要仪器分析提供更多精细的信息，如材料时空的多维、不稳态和边界条件等，以及在军事、外太空、海洋、环境中的遥感分析技术的发展。

分析化学是一门交叉、综合和应用范围广的学科。随着现代科学技术的进一步发展和各个学科的交叉渗透，各类新方法和新仪器不断出现，将促进仪器分析中的老方法不断更新。作为现代科学技术“眼睛”的仪器分析将为各学科的发展提供更丰富的信息，推动科学技术的进一步发展。

参 考 文 献

柴逸峰, 邸欣, 凌笑梅, 等. 2016. 分析化学. 8 版. 北京: 人民卫生出版社.
郭祥群. 2009. 浅谈课程教学核心知识与知识网络建构: 以分析化学为例. 中国大学教学, 1: 32-35.
汪尔康. 1999. 21 世纪的分析化学. 北京: 科学出版社.
王玉枝, 宦双燕, 张正奇, 等. 2023. 分析化学. 4 版. 北京: 科学出版社.
武汉大学. 2018. 分析化学(下册). 6 版. 北京: 高等教育出版社.
徐光宪. 2008. 对分析化学教学的两点初浅看法. 大学化学, 23(2): 1-10.
徐光宪. 2009. 从外行人的眼里远看“21 世纪的分析化学”. 中国科学基金, 6: 323-325.
张新荣. 2009. 对分析化学教材体系改革的一点思考. 大学化学, 24(6): 12-14.
张新祥, 李美仙, 李娜. 2022. 仪器分析教程. 3 版. 北京: 北京大学出版社.
Skoog D A, Holler F J, Nieman T A. 2007. Principles of Instrumental Analysis. 6th ed. Philadephia: Harcourt Brace & Company.
Skoog D A, West D M, Holler F J, et al. 2003. Fundamentals of Analytical Chemistry. 8th ed. Philiadephia: Sauder.

第 2 章　光谱分析导论

光学分析法是基于物质与电磁辐射相互作用并测量作用后的光信号来进行物质成分、含量、结构和性质分析的方法。光学分析法包括光谱分析法和非光谱分析法两大类。基于不同的能量、相互作用模式以及光信号的类型，光学分析法可分为吸收光谱法、发射光谱法、荧光光谱法、拉曼光谱法、X 射线衍射分析、电子显微镜分析和偏光分析等。光谱分析法与非光谱分析法的主要区别在于光谱分析法涉及能级跃迁，并且光强度随波长或频率的变化而变化。光谱分析法可以进行物质的定性和定量分析、化合物的结构表征、材料性质的研究、反应机理的探讨等，广泛应用于化学、材料科学、生命科学和环境科学等领域，从基础科学研究到应用实践，在推动科学进步、促进社会发展和保护环境中发挥着重要的作用。

2.1　电磁辐射及其与物质的相互作用

2.1.1　电磁辐射和电磁波谱

电磁辐射是指电磁能量以电磁波或光量子形式发射到空间的现象。电磁辐射无处不在，自然界的太阳光、闪电、宇宙射线等是天然存在的电磁波，而人类与电磁技术相关的许多发明创造也会有电磁辐射，如手机及其基站、微波炉、计算机、电视机等。

电磁辐射具有波粒二象性。电磁辐射是由电场和磁场以彼此垂直的方向和特定的频率交替变化在空间中传播，即电磁波。它具有波动性，表现出干涉、衍射、反射、折射、偏振等波动现象，其许多性质可以用经典的正弦波描述，常用周期(T)、波长(λ)、频率(ν)和波数(σ)等进行表征。根据频率或波长的不同，电磁波可以分成无线电波、微波、红外光、可见光、紫外光、X 射线和 γ 射线等。在真空中，波长、波数和频率的关系为

$$\nu = c/\lambda \tag{2.1}$$

$$\sigma = 1/\lambda = \nu/c \tag{2.2}$$

式中，c 为真空中的光速，2.997925×10^{10} cm/s；λ 为波长，单位常用纳米(nm)或微米(μm)；ν 为频率，单位赫兹(Hz)；σ 为波数，即波长的倒数，表示单位长度内所具有的波的数目，单位常用 cm^{-1}。

同时，电磁辐射还具有粒子性，可以视为由光子组成的粒子流，光电效应、发射和吸收等现象体现了它的粒子性。每个光子具有特定的能量，它与频率和波长的关系为

$$E = h\nu = hc/\lambda = hc\sigma \tag{2.3}$$

式中，h 为普朗克常量，6.6262×10^{-34} J · s。

将电磁辐射按光的频率或波长排列，就是电磁波谱。表 2.1 列出了电磁波谱的分区及其能量、频率、波长、波数、对应的跃迁。

表 2.1　电磁波谱

电磁波	能量/eV	频率/Hz	波长	波数/cm^{-1}	跃迁类型
γ 射线	$> 2.5\times10^5$	$> 6.0\times10^{19}$	< 0.005 nm	$> 2.0\times10^9$	核能级
X 射线	2.5×10^5～1.2×10^2	6.0×10^{19}～3.0×10^{16}	0.005～10 nm	2.0×10^9～1.0×10^6	内层电子
真空紫外光	1.2×10^2～6.2	3.0×10^{16}～1.5×10^{15}	10～200 nm	1.0×10^6～5.0×10^4	内层电子
近紫外光	6.2～3.1	1.5×10^{15}～7.5×10^{14}	200～400 nm	5.0×10^4～2.5×10^4	外层电子
可见光	3.1～1.7	7.5×10^{14}～4.0×10^{14}	400～750 nm	2.5×10^4～1.3×10^4	外层电子
近红外光	1.7～0.5	4.0×10^{14}～1.2×10^{14}	0.75～2.5 μm	1.3×10^4～4000	分子振动能级
中红外光	0.5～2.5×10^{-2}	1.2×10^{14}～6.0×10^{12}	2.5～50 μm	4000～200	分子振动能级
远红外光	2.5×10^{-2}～1.2×10^{-3}	6.0×10^{12}～3.0×10^{11}	50～1000 μm	200～10	分子转动能级
微波	1.2×10^{-3}～4.1×10^{-6}	3.0×10^{11}～1.0×10^9	0.1～100 cm	10～0.01	分子转动能级
无线电波	$< 4.1\times10^{-6}$	$< 1.0\times10^9$	> 100 cm	< 0.01	核自旋

2.1.2　电磁辐射与物质的相互作用

电磁辐射与物质的相互作用是普遍发生的物理现象，包括涉及物质内部能级变化的吸收、发射、荧光、磷光和拉曼散射等，以及不涉及物质内部能级变化的透射、折射、散射、干涉、衍射和旋光等。

电磁辐射与物质的相互作用可以表现为不同的类型，主要有以下几种。

1. 吸收

吸收是指粒子(原子、分子或离子)受到电磁辐射，当光子的能量等于基态和激发态能量之差时，粒子会吸收光的能量，从基态跃迁至激发态的过程。

2. 发射

发射是指粒子获得能量(光、电、热等)，从基态跃迁至激发态，处于激发态的粒子不稳定，在短暂时间内从激发态跃迁回基态或较低的能级，并以电磁辐射的形式(发光)释放出能量的过程。

3. 散射

当电磁波通过不均匀介质时，偏离原来的方向而分散传播的过程为散射。散射可能以不同形式出现，包括弹性散射和非弹性散射。拉曼散射是光子与物质之间发生了非弹性碰撞，碰撞时光子不仅改变了运动方向，还有能量的交换，因此光频率会发生变化。

4. 透射

电磁波在通过透明或部分透明的物质时，未被吸收、反射、散射，穿过物质后的出射现象为透射。

5. 反射和折射

当电磁辐射穿过某介质，抵达另一个介质的界面时，用和入射角度相等但方向相反的路径返回，称为反射；当电磁辐射穿过某透明介质，以一定的角度进入另一个透明介质，称为折射。

6. 干涉和衍射

两个或多个电磁波在空间相遇时，它们之间的相位差异会导致电磁波的叠加或抵消，形成新波形的现象称为干涉。当电磁波在遇到障碍物或通过狭缝、小孔时，绕过障碍物，偏离直线传播的现象称为衍射。

2.2　光学分析法的分类

在不同波长范围和物质特性下，电磁辐射和物质的相互作用具有不同的行为和特征。基于物质、相互作用机理以及电磁辐射频率的不同，可以划分出各种光学分析法。例如，按电磁辐射的波长，有 X 射线法、紫外-可见分光光度法、红外光谱法等；按待测物质的类型，有原子光谱法和分子光谱法；按电磁辐射与物质的相互作用分类，有吸收光谱法、发射光谱法、拉曼散射光谱法、X 射线衍射法、圆二色谱法等。每一种光学分析法都可以按不同机理进行分类，如紫外-可见分光光度法就是处于紫外-可见波谱区的分子吸收光谱法。

2.2.1　光谱法与非光谱法

光学分析法可以分为光谱法和非光谱法两大类。

光谱法是指电磁辐射与物质相互作用时，物质内部能级发生跃迁，产生光辐射或者电磁辐射发生变化且为波长或频率的函数，利用电磁辐射强度随波长或频率的变化进行定性、定量或结构分析的方法。吸收光谱法、发射光谱法和拉曼散射光谱法是光谱分析中应用广泛的三种基本类型。

非光谱法是指通过测量电磁辐射的某些基本性质(反射、折射、干涉、衍射和偏振)的变化进行分析的方法。这类方法主要有折射法、旋光法、浊度法和 X 射线衍射法等。与光谱法的区别是非光谱法不涉及物质内部能级的跃迁，其光强度变化也不以光的波长为函数。

2.2.2　吸收光谱和发射光谱

吸收光谱和发射光谱是光谱分析法中应用最多、最重要的组成部分。

1. 吸收光谱

如图 2.1(a)所示，当电磁辐射的能量刚好等于物质内部能级跃迁时，物质会吸收相应的辐射能，并使辐射强度降低，记录此时光强度随波长变化所产生的光谱即是吸收光谱。根据电磁辐射波长或被测物质的类型，吸收光谱又可以分为紫外-可见吸收光谱、红外吸收光谱、核磁共振波谱、原子吸收光谱等。

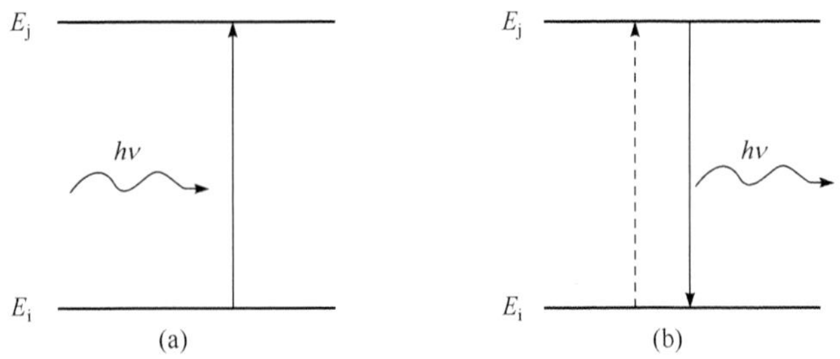

图 2.1　吸收(a)和发射(b)示意图

2 发射光谱

如图 2.1(b)所示，被测物质在辐射能、热能、电能或化学能的作用下，获得能量跃迁到激发态后，由激发态回到基态或较低能态时，以辐射的方式释放能量，俗称发光，记录此时发光强度随波长变化所产生的光谱即为发射光谱。根据被测物质或激发、发射的类型，发射光谱法又可以分为原子发射光谱法、原子荧光光谱法、分子荧光光谱法和分子磷光光谱法等。荧光和磷光属于光致发光，被测物质在电磁辐射的作用下，从原子或分子的基态电子能级跃迁到激发态，激发态不稳定，以辐射的形式释放能量回到基态，即产生荧光或磷光。测量由原子发射的荧光、分子发射的荧光或磷光的强度和波长所建立的方法分别是原子荧光光谱法、分子荧光光谱法和分子磷光光谱法。

3. 连续光谱

固体在炽热状况下会激发凝聚体中原子和分子振荡，由此所产生的辐射称为黑体辐射，其辐射波长范围随温度的升高向短波方向扩展。由于各原子和分子黑体辐射的能量非常接近，无数谱线紧密排列在一起就形成了连续光谱。在光谱分析中，一方面，需要注意消除由连续光谱带来的光谱干扰，如火焰原子吸收中的固体微粒、原子发射中炽热的电极等会产生黑体辐射而导致连续的背景干扰；另一方面，也可以利用连续光谱提供能量供待测物质吸收以产生吸收光谱，如紫外-可见光谱中的卤钨灯、红外光谱中的硅碳棒和能斯特灯等，这些常用于可见光区和红外光区的光源发出的光都是连续光谱。

2.2.3　原子光谱和分子光谱

1. 原子光谱

原子光谱是由原子的电子能级跃迁所产生的，如图 2.2 所示，是线状光谱。根据量子力学的基本原理，微观粒子的能级均是量子化的，因此对应于不同电子能级跃迁的原子光谱是由一条条彼此分立的谱线组成。原子光谱分析方法有基于原子外层电子跃迁的原子发射光谱法、原子吸收光谱法、原子荧光光谱法，以及基于原子内层电子跃迁的 X 射线荧光光谱法、X 射线吸收法和 X 射线衍射法。原子光谱反映的是被测物质的原子的性质，与其分子状态无关，因此不能给出分子结构信息，主要用于确定被测物质的元素组成和含量。

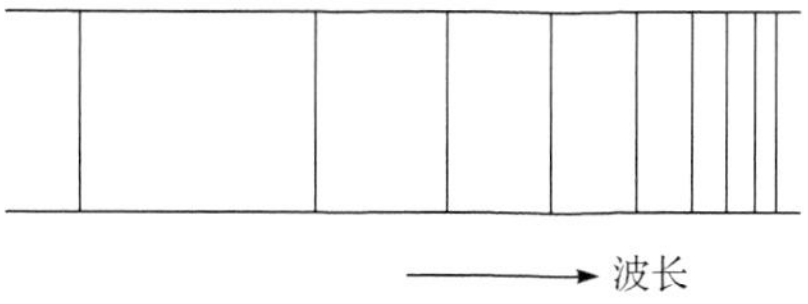

图 2.2　原子光谱(线光谱)示意图

2. 分子光谱

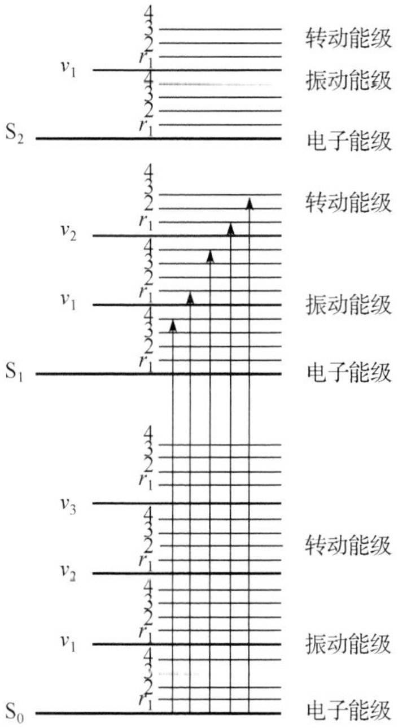

图 2.3　分子能级跃迁示意图

分子光谱是由分子能级间的跃迁产生的，是带状光谱。分子光谱比原子光谱复杂得多，这是因为在分子中，除了电子能级跃迁外，还有分子的振动能级和转动能级跃迁，如图 2.3 所示。电子能级差ΔE为 1～20 eV (1250～60 nm)，相当于紫外和可见光的能量；振动能级差ΔE_v为 0.05～1 eV(25000～1250 nm)，相当于红外光的能量；转动能级差ΔE_r为 0.005～0.05 eV(250～25 μm)，相当于远红外和微波的能量。用紫外-可见光照射分子时，发生电子能级跃迁的同时伴随着不同振动能级和转动能级的跃迁，得到的不是一条谱线，而是一组组密集的谱线，因仪器分辨率不够，而形成光谱带。用红外光照射分子时，可引起振动能级的变化，同时伴随着转动能级间的跃迁，则形成带状的振转光谱。分子光谱分析方法主要有紫外-可见吸收光谱法、红外吸收光谱法、分子荧光和磷光光谱法等。分子光谱反映的是被测物质的分子特性，可进行待测物质的组成、结构、定量分析等。

2.3　光谱分析仪器

不同光谱分析方法的仪器结构不同，但无论光谱分析仪器结构的复杂程度如何，光谱分析仪器一般包括光源、分光系统、样品系统、检测器和数据记录处理系统五个基本单元，各单元在光谱分析仪器中起的作用是相似的，但所采用的具体装置在不同光谱分析方法中有很大不同，而且其相对位置和光路系统也有较大不同。图 2.4 为吸收、发射和荧光光谱仪的结构示意图。吸收光谱仪包括原子吸收光谱仪、紫外-可见吸收光谱仪和红外吸收光谱仪。由于吸收光谱检测的是光的吸收程度，因此其光路系统的特点是检测器和光源处于一条平行的光轴上。发射光谱仪(如原子发射光谱仪)检测的是试样的发光强度，因此其检测器和光源也在同一条平行的光轴上。荧光光谱仪(原子荧光光谱仪、分子荧光光谱仪和分子磷光光谱仪)检测的是吸光后试样的发光强度，由于存在入射光的影响，其检测器与入射光的光源就不能处于同一条平行的光轴上，而是排布成一个 90° 的垂直光路系统。

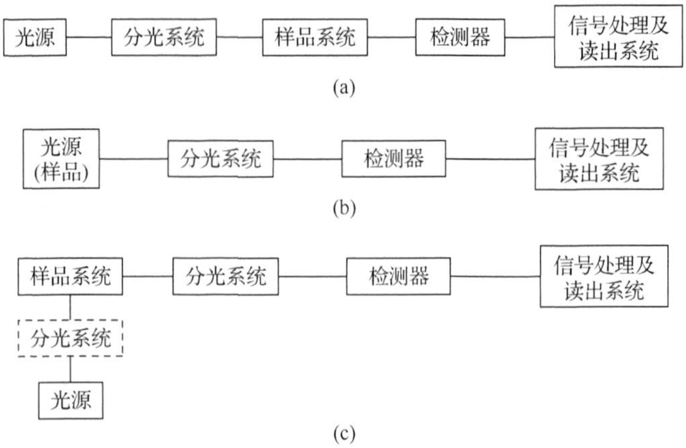

图 2.4　吸收光谱仪(a)、发射光谱仪(b)和荧光光谱仪(c)的示意图

2.3.1　光源

在光谱分析中，光源必须稳定并具有足够的强度，以保证测定结果的准确和灵敏。由于光源辐射强度受电源电压波动的影响很大，需要使用稳压电源，还常通过参比光路来减小光源辐射强度波动对测定的影响。光源有连续光源和线光源等类型，根据需要应用于不同的光谱分析仪器中。

1. 连续光源

连续光源是指在一定的波长范围内能发射强度平稳的连续光谱的光源。紫外、可见和红外波谱区中进行的分子吸收光谱分析使用连续光源。

(1) 紫外光源。常用氢灯和氘灯，属于气体放电光源。氢灯在 150～400 nm 发射连续光谱，在 410.2 nm、434.0 nm、486.1 nm、656.3 nm 有特征谱线；氘灯在 190～400 nm 发射连续光谱，在 486.0 nm、583.0 nm、656.1 nm 有特征谱线，这些特征谱线可作为标准波长用于波长标定。氘灯的性能比氢灯好，产生的光谱强度是氢灯的 3～5 倍，使用寿命也比氢灯长。

(2) 可见光源。常用钨灯和卤钨灯，属于白炽光源。钨灯的光谱范围为 320～2500 nm。

(3) 紫外-可见光源。常用氙灯，属于气体放电光源，使用范围为 200～700 nm。

(4) 红外光源。常用硅碳棒及能斯特灯，属于白炽光源，是通过电加热惰性固体的方式来产生连续波长的红外光源。在 1500～2000 K 的温度范围内，所产生的最大辐射强度的波数为 400～6000 cm^{-1}。

2. 线光源

(1) 空心阴极灯。空心阴极灯是原子吸收光谱中常用的一种光源。空心阴极灯的结构和特性在原子吸收光谱章节有详细描述。

(2) 金属蒸气灯。金属蒸气灯是指利用金属蒸气放电产生的光源，常用的有汞蒸气灯和钠蒸气灯。汞蒸气灯在 254～734 nm 的多条谱线，钠蒸气灯在 589.0 nm 和 589.6 nm 的一对线光谱，都可用于紫外-可见光区的光谱分析。

(3) 激光光源。激光光源是指利用处于激发态的粒子在受激辐射作用下发光的光源，种类多达数百种，波长范围从真空紫外到远红外。与其他光源相比，激光光源的发光强度更高，单色性更好，并具有空间相干性。激光光源主要用于需要通过显著增加光源强度来提高检测灵敏度的光谱分析，如拉曼光谱、荧光光谱等。

2.3.2　分光系统

分光系统的作用是将复合光分解成单色光或有一定波长范围的谱带，由入射狭缝、准直镜、色散元件和出射狭缝组成。图 2.5 是分光系统的光路示意图。聚焦并穿过入射狭缝的光照射在准直镜上，变成平行光束投射于色散元件，色散元件将复合光分解为按波长分散在空间不同角度的单色光，然后照射在聚焦透镜上，将平行光聚集于出口狭缝上。转动色散元件或准直镜的方位可在一定波长范围内选择所需波长的单色光穿过狭缝进入检测器。

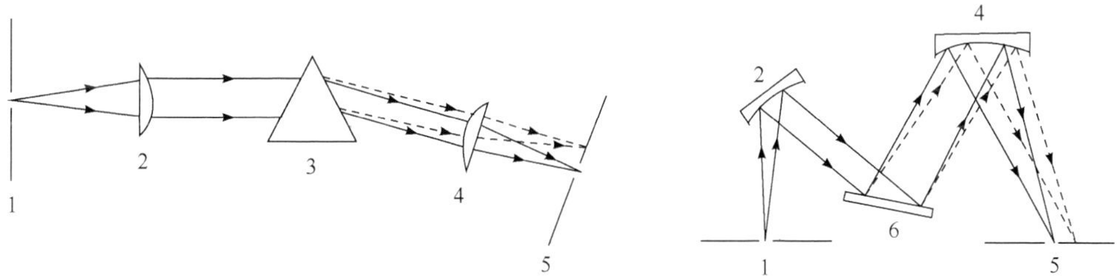

图 2.5　分光系统光路示意图

1. 入射狭缝；2. 准直镜；3. 棱镜；4. 聚焦透镜；5. 出射狭缝；6. 光栅

色散元件是分光系统的核心，主要有棱镜和光栅两种，有时会用到滤光器或滤光片。与棱镜相比，光栅色散与分辨能力更强，适用于更宽的波长范围，因此光谱仪的色散元件大多采用光栅。

1. 棱镜

棱镜是根据光的折射现象进行分光，对不同波长的光折射率不同，波长长的折射率小，波长短的折射率大。棱镜由玻璃或石英制成，玻璃棱镜适用于可见光区，石英棱镜适用于紫外光区和可见光区。棱镜的光学特性常用色散率和分辨率来表征。

色散率是指色散元件将不同波长的光分散开的能力，可用角色散率和线色散率表示。角色散率 $d\theta/d\lambda$ 是指两条波长相差 $d\lambda$ 的光被分开的角度 $d\theta$；线色散率 $dl/d\lambda$ 是指两条波长相差 $d\lambda$ 的光在焦面上被分开的距离 dl。棱镜的线色散率不是一个常数，它随波长增加而减小。实际工作中常使用倒线色散率 $d\lambda/dl$ 表示焦面上单位长度内容纳的波长数。

棱镜的理论分辨率 R 是指将相邻的两条距离很近的谱线分开的能力，可由下式计算：

$$R = \frac{\bar{\lambda}}{\Delta\lambda} \tag{2.4}$$

$$R = \frac{\overline{\lambda}}{\Delta\lambda} = mb \cdot \frac{dn}{d\lambda} \tag{2.5}$$

式中，$\Delta\lambda$ 为恰能分辨的两条谱线的波长差；$\overline{\lambda}$ 为两条谱线的平均波长；m 为棱镜的数目；b 为棱镜的底边长；$dn/d\lambda$ 为棱镜的色散率。

分辨率与波长有关，短波部分分辨率较高。棱镜的色散率较大时，分辨率也较大。

2. 光栅

光栅是由大量等宽等间距的平行狭缝构成的光学器件。光栅分为透射光栅和反射光栅，如图 2.6 所示。光谱仪主要采用反射光栅作为色散元件。

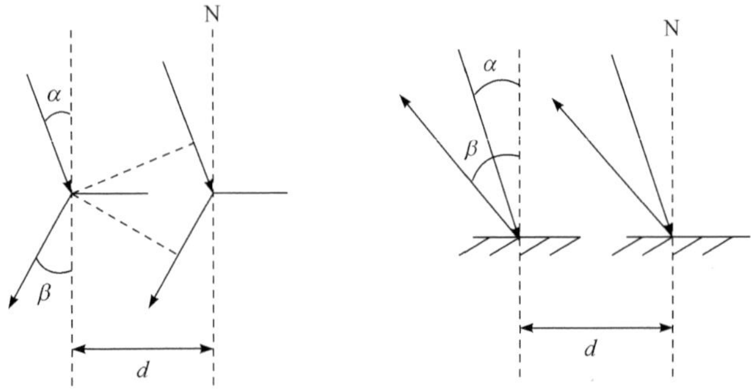

图 2.6 平面光栅：(a) 透射光栅；(b) 反射光栅

α. 入射角；β. 衍射角；N. 法线；d. 相邻刻痕的间距

光栅是利用光的干涉和衍射现象起色散作用。根据多光束干涉的原理，当相邻两束光的光程差等于入射光波长的偶数倍时，两束光相互加强，产生亮条纹，也就是谱线；当光程差等于入射光半波长的奇数倍时，两束光相互抵消，产生暗条纹。光栅的色散作用可用光栅方程表示：

$$d(\sin\alpha + \sin\beta) = K\lambda \tag{2.6}$$

式中，d 为光栅常数，即相邻刻痕的间距；α 为入射角；β 为衍射角；K 为光谱级次。

从光栅方程可知，如果一束平行的复合光以一定角度照射光栅平面，当 $K = 0$ 时，则$\beta = -\alpha$，不同波长的入射光沿同一方向衍射，即零级光谱不起色散作用；当 $K \neq 0$ 时，入射光波长不同，衍射角也就不同，从而产生光的色散；当 $K_1\lambda_1 = K_2\lambda_2 = K_3\lambda_3 = \cdots$时，不同光谱级次的谱线就会有重叠。

光栅的光学特性可用色散率、分辨率和闪耀特性来表征。当入射角 α 一定时，由光栅方程 $d(\sin\alpha + \sin\beta) = K\lambda$ 对波长求导可得到角色散率 $d\beta/d\lambda$ 和线色散率 $dl/d\lambda$。

$$\frac{d\beta}{d\lambda} = \frac{K}{d\cos\beta} \tag{2.7}$$

$$\frac{dl}{d\lambda} = \frac{d\beta}{d\lambda} \cdot f = \frac{K \cdot f}{d\cos\beta} \tag{2.8}$$

式中，K 为光谱级次；d 为光栅常数；β 为衍射角；f 为焦距。

当β较小时，$\cos\beta \approx 1$，即在同一级光谱中，色散率不随波长而改变，基本上是常数，是均匀色散。色散率随光谱级次增大而增大。棱镜色散的主要缺点是色散波长是非线性的，而光栅色散几乎是线性的，在这一点上优于棱镜。

光栅的理论分辨率由下式计算：

$$R = \frac{\bar{\lambda}}{\Delta\lambda} = KN = Klb \tag{2.9}$$

式中，K为光谱级次；N为光栅刻痕的总数；l为光栅宽度(mm)；b为光栅刻痕密度(mm^{-1})。

分辨率与光谱级次和光栅刻痕总数成正比。要提高分辨率，最实际的方法是采用大面积的光栅，以增加刻痕总数。光栅的分辨率远远高于棱镜的分辨率。

光栅谱线的位置由多缝干涉决定，谱线的强度分布由单缝衍射决定。光栅衍射的能量在不同波长处的分配是不均匀的，在一般反射光栅的衍射图中没有色散作用的零级光谱强度最大，能量最大，其他有分光作用的各级光谱强度越来越弱。采用定向闪耀的方法可以改变这种状况。将光栅刻痕(通常是三角形槽面)刻成一定的形状，使刻痕反射面与光栅平面成一定角度，入射光的大部分反射到刻痕形状决定的方向上，此方向的谱线变强，这种现象称为闪耀。辐射能量最大的波长称为闪耀波长，光栅刻痕反射面与光栅平面的夹角称为闪耀角。性能优良的闪耀光栅可以将约 80%的辐射能量集中到所需要的波长范围内。

平面闪耀光栅如图 2.7 所示，零级光谱的位置由光栅方程决定，在$\beta_0 = -\alpha$方向上。N′为槽面法线，ϕ和 θ 分别为光束对槽面的入射角和衍射角，每一个槽面上都有衍射，因此衍射的最大值与零级光谱不重合，而是在 $\theta = -\phi$ 的方向上。

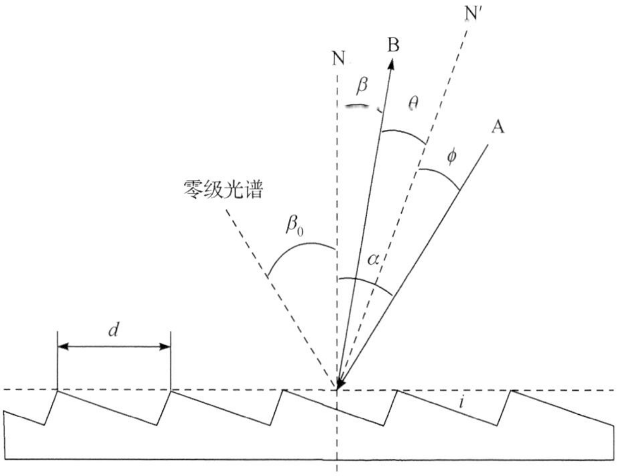

图 2.7　平面闪耀光栅

N. 光栅平面法线；N′. 槽面法线；α. 光束对光栅平面的入射角；β. 光束对光栅平面的衍射角；β_0. 零级光谱衍射角；d. 光栅常数；ϕ. 光束对槽面的入射角；θ. 光束对槽面的衍射角；i. 闪耀角

2.3.3　检测器

早期的仪器采用肉眼观察或照相的方法进行辐射的检测。在现代光谱仪器中，多采用光电转换器作为检测器。

光电转换器一般分为两类，一类是光子检测器，即对光子产生响应的检测器。光子检测器包括单道光子检测器和多道光子检测器。单道光子检测器是指某一时刻通过狭缝只检测一个通道波长光的检测器，如硒光电池、光电管、光电倍增管及硅二极管。多道光子检测器是指分光后不同波长的光无须狭缝被多个感光单元同时检测，如光二极管阵列检测器和电荷转移元件阵列检测器。这类检测器通常是将微小的光敏元件以整列形式排布在半导体芯片上，芯片处于光谱仪的焦平面上，因此能将多通道不同波长的光同时转换成相应的电信号。

另一类是热检测器，即对热产生响应的检测器，如真空热电偶、热电检测器等。由于红外区辐射的能量比较低，很难引起光电子反应，采用热检测器可根据辐射吸收引起的热效应来测量红外光的强度。

热检测器在红外光谱的相关章节进行详细描述，本章主要介绍典型的光子检测器：光电倍增管和固态成像器件。

1. 光电倍增管

光电倍增管是将微弱光信号转换成电信号的真空电子器件，是目前常用的一种灵敏检测器。其外壳材料是玻璃或石英，内部抽成真空，由光敏阴极、阳极、多个电子倍增极组成。光敏阴极在光作用下能够发射电子。电子倍增极受到电子撞击后能发射更多的电子。当阴极和阳极之间加上大约 1000 V 的直流电压时，光照射在光敏阴极上由光电效应发射出电子，电子被电场加速落在第一倍增极上，撞击出更多的二次电子，这些二次电子又被电场加速，撞击第二倍增极时发射的电子数再次成倍增加。经过多个电子倍增极的作用，阳极最后收集到的电子数将是最初发射电子数的 10^5～10^8 倍，从而实现光电转换和信号放大。图 2.8 为光电倍增管工作原理图。

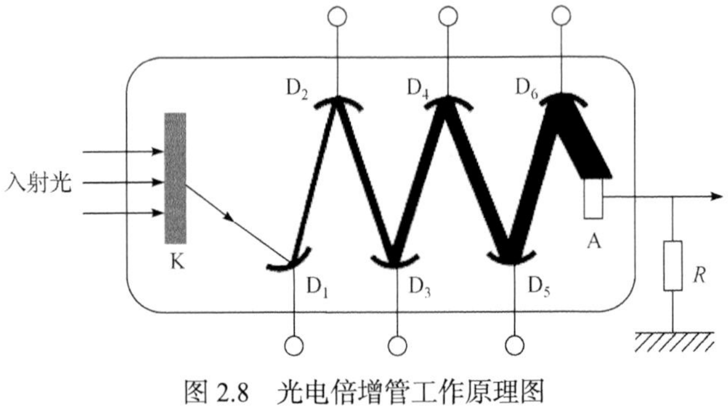

图 2.8　光电倍增管工作原理图

K. 光敏阴极；D_1～D_6. 电子倍增极；A. 阳极

与感光板相比，光电倍增管的优点是灵敏度高，可以检测微弱的光信号，线性范围宽，响应速度快。但是光电倍增管仍有不足，热电子发射产生的暗电流对其灵敏度有一定影响。

2. 固态成像器件

固态成像器件是 20 世纪 70 年代发展起来的一类新型固体多道光学检测器件，在

20 世纪 80～90 年代得以商品化应用。常用的固态成像器件有电荷注入器件(charge injection device，CID)和电荷耦合器件(charge coupled device，CCD)，其中 CCD 的应用较多。它们是刻蚀在硅半导体上形成的多个微型光敏感元件的二维阵列，每一个光敏感元件就是一个金属-氧化物-半导体(metal-oxide-semiconductor，MOS)电容器，其特点是以电荷作为信号，实现电荷的储存和转移，能够记录二维光谱图。

当 CCD 检测器受到光照射时，通过光电效应产生电荷，在硅半导体上施加一定的电位后产生可储存电荷的分立势阱，这些势阱由几十万个点阵构成，每一个点阵相当于一个光电探测器。在势阱积累的电荷再被转移到敏感放大器中进行测量，产生波长-强度二维信号，最后经计算机处理后得到谱图。光生电荷的产生与入射光的波长和强度有关。

CID 与 CCD 结构类似，也是一种 MOS 结构，光电效应产生的电荷被收集在势阱中，在积累电荷的同时无须转移电荷，注入体内后形成电流直接读取。这种读取方式是非破坏性读取。

CCD 和 CID 检测器的优点是体积小、功耗低，具有空间分辨能力，能够多谱线同时检测，检测速度快。与光电倍增管相比，CCD 和 CID 检测器具有更高的测量灵敏度和更宽的动态线性范围。这类检测器已经在光谱分析的许多领域获得了应用。与 CID 相比，CCD 具有量子效率高、响应范围宽、信噪比高、暗电流小等优点。目前的光谱仪更多的是采用 CCD 作为检测器。

2.3.4　信号处理与读出系统

检测器将光信号转变为电信号后，通过信号处理器将其放大，并根据需要进行交/直流转换、滤波、改变相位的操作，或是进行微分、积分转换为对数的数学运算，最后用记录仪、阴极射线管、数字仪等显示测量结果。现代光谱分析仪器大多是将信号放大后通过模/数转换器，还有的采用光计数技术，传输到计算机进行处理，显示或打印出分析结果。

2.3.5　光谱分析仪器的小结

光谱分析仪器的基本单元由光源、样品系统、分光系统、检测系统、数据处理和显示系统组成，涉及激发手段、测试对象、相互作用模式、分光和检测方式等基本变量。徐光宪院士指出，光谱分析从第一台原子光谱分光镜的创新发展就是在这些基本变量上的变革，如光谱分析的测试对象从原子、分子到物质的凝聚态、生物大分子等；激发手段从最初始的本生灯扩充到不同的激发源；测试对象与电磁辐射相互作用的光谱模式(发射、吸收、吸收又发射等)间的变换；分光装置从三棱镜扩充到不同的分光系统(光栅、傅里叶变换技术)；从目测、照片扩充到不同的检测系统(光电倍增管、二极管阵列检测器、电荷耦合器件等)。

这些基本变量的变革促进了光谱分析老方法的不断更新发展。例如，将研究对象从原子换为分子，就得到了分子光谱；将紫外光源换成红外光源，就得到了红外光谱；将光源改为微波，就得到微波谱；将光源改为 X 射线就得到了光电子能谱；利用吸收后散射、发射的作用模式，就得到了拉曼光谱、荧光光谱等。以这些分支为出发点，又可有许多创新小分支。例如，对于拉曼光谱，将光源改为激光，就发展为激光拉曼光谱；将分光系统由棱镜改为光栅，并加上傅里叶变换技术，就得到了傅里叶变换拉曼光谱；将研究对象改为银电极的电化学过程，就得到了表面增强拉曼光谱等。随着各学科的不断发展，在这些基本变量上引入它们的新技术，将进一步促进光谱分析中各类新方法和新仪器的不断出现。

习题与拓展

1. 光谱仪由哪些部分组成？各有什么作用？
2. 为什么原子光谱是线状光谱，而分子光谱是带状光谱？
3. 光谱仪的光源有哪些类型？各有什么特点和应用？
4. 光谱仪的检测器有哪些类型？各有什么特点和应用？
5. 分光系统由哪些部件组成？各部件有什么作用？
6. 简述棱镜和光栅的分光原理。
7. 简述光电倍增管的作用原理。
8. 简述 CCD 的工作原理。
9. 简述多道光子检测器和单道光子检测器的特点，并比较它们的异同。
10. 某光栅光谱仪的光栅刻痕密度为 2400 mm^{-1}，光栅宽度为 50 mm，求此光谱仪对一级光谱的理论分辨率。该光谱仪能否将 Nb 309.271 nm 和 Nb 309.418 nm 两条谱线分开？
11. 对下列单位进行换算：

(1) Na 的谱线 589.6 nm 对应的频率(Hz)；

(2) 1720 cm^{-1} 对应的波长(nm)；

(3) 400 nm 对应的波数(cm^{-1})；

(4) 汞的谱线 254 nm 对应的能量(eV)。

12. 拓展练习：

至少选择一种仪器分析方法，查阅相关资料了解它的更新和发展过程，包括仪器部件和分析对象，写一篇总结报告，需列出相应的参考文献。

参 考 文 献

柴逸峰，邸欣，凌笑梅，等. 2016. 分析化学. 8 版. 北京：人民卫生出版社.
方惠群，于俊生，史坚. 2002. 仪器分析. 北京：科学出版社.
刘密新，罗国安，张新荣，等. 2002. 仪器分析. 2 版. 北京：清华大学出版社.
武汉大学. 2018. 分析化学(下册). 6 版. 北京：高等教育出版社.
徐光宪. 2008. 对分析化学教学的两点初浅看法. 大学化学, 23(2): 1-10.
叶宪曾，张新祥. 2007. 仪器分析教程. 2 版. 北京：北京大学出版社.
曾泳淮. 2010. 分析化学(仪器分析部分). 3 版. 北京：高等教育出版社.
朱明华，胡坪. 2008. 仪器分析. 4 版. 北京：高等教育出版社.
Skoog D A, Holler F J, Crouch S R. 2018. Principles of Instrumental Analysis. 7th ed. Boston: Cengage Learning.

光谱法的产生

第 3 章　原子发射光谱法

原子发射光谱法(atomic emission spectrometry, AES)是处于激发态的气态原子外层电子(或称价电子)返回基态或较低能级时发射特征辐射，从而实现对待测元素的定性、半定量和定量分析，主要用于确定物质的元素组成和元素总量的测定，但不能给出元素形态和分子结构相关的信息。

原子发射光谱法具有以下特点：①灵敏度高，检出限低，可达 ng/mL；②选择性好，不同元素的原子结构不同，发射出不同的特征辐射；③准确度高，相对误差可达 1%以下；④分析速度快，几分钟内能够对几十种元素进行定量分析；⑤试样用量少，一般消耗固体试样几毫克，液体试样可低至几微升，甚至几纳升；⑥能够实现多元素同时测定；⑦应用范围广，可用于 70 多种金属和一些非金属元素的定性、定量分析。目前，原子发射光谱法已成为地质、冶金、环境保护、生命科学、材料科学等领域元素分析最常用的手段之一。

3.1　原子发射光谱法的基本原理

3.1.1　原子发射光谱的产生

原子由原子核和核外电子构成。原子核外的电子处于不同的运动状态，具有不同的能量，通常用能级表示。离核较远的能级称为高能级，离核较近的能级称为低能级。通常情况下，原子处于能量最低的状态，称为基态。在热能或电能的作用下，原子获得足够的能量，外层电子从基态跃迁到高能级，原子此时处于激发态。原子的外层电子由基态激发到激发态所需要的能量称为激发电位。原子处于激发态是不稳定的，大约经过 10^{-8} s，外层电子就从高能级向较低的能级或基态跃迁，多余的能量以光的形式释放出来，从而产生一条原子的发射光谱线。图 3.1 为原子激发、发射示意图。由于核外电子的能量是量子化的，因此原子发射谱线波长(或频率)与能级能量的关系为

$$\Delta E = E_2 - E_1 = h\nu = \frac{hc}{\lambda} \tag{3.1}$$

式中，E_2 和 E_1 分别为高能级和低能级的能量；h 为普朗克常量；ν 和 λ 分别为所发射谱线的频率和波长；c 为光在真空中的传播速度。

原子在不同能级之间跃迁可产生多条谱线。在原子发射的谱线中，由高能级直接跃迁回基态所发射的谱线称为共振线。其中，从第一激发态跃迁回基态所发射的谱线称为第一共振线(或主共振线)。第一共振线的激发电位最小，最容易被激发，是该元素最强的谱线。原子的外层电子在获得足够的能量后被激发到无穷远处，脱离了原子核的束缚，这一过程称为电离。原子失去一个电子，称为一次电离。一次电离的原子再失去一个电

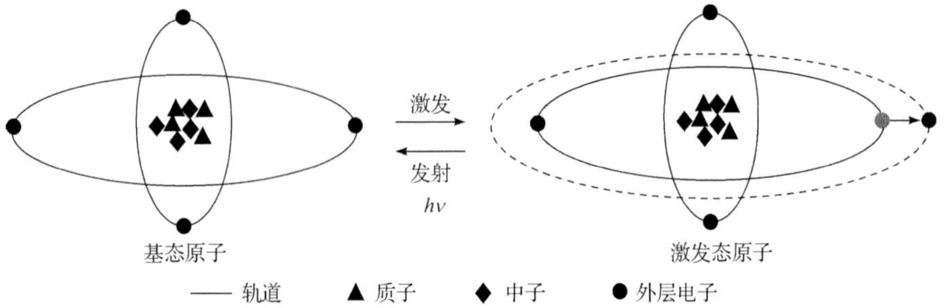

图 3.1　原子激发、发射示意图

子，称为二次电离。使原子发生电离所需要的最低能量称为电离电位。离子与中性原子相同，在获得外界足够的能量后外层电子也能被激发到激发态，从而产生离子发射谱线。原子发射的谱线称为原子线，离子发射的谱线称为离子线。光谱分析中，在光源的激发下会同时产生元素的原子线和离子线，统称为原子光谱。

3.1.2　原子能级与原子光谱项

原子发射光谱是原子外层电子从高能级回到低能级而发出的特征辐射，原子能级通常用光谱项表示。

原子由原子核和核外电子构成，每一个电子在核外的任意运动状态都与一定能量相关联，可以用主量子数 n、角量子数 l、磁量子数 m 和自旋量子数 m_s 这四个量子数来描述。

主量子数 n 表示电子的主要能量 E 以及电子与原子核的远近距离。$n = 1, 2, 3, \cdots$，代表不同的壳层，可分别用符号 K、L、M、…表示。当 $n = 1$ 时，电子能量最小，该壳层离原子核最近。

角量子数 l 表示电子绕核运动的角动量的大小和电子轨道的形状。不同的电子轨道具有不同的能量。当受到外电磁场作用时，原子内多个电子之间存在相互影响，原来简并的能级就会产生分裂。因此，将每一壳层按不同的角量子数 l 分为 n 个支壳层，$l = 0, 1, 2, 3, \cdots, n-1$，分别用符号 s、p、d、f、…表示。

磁量子数 m 表示受到外磁场的作用，电子绕核运动的角动量在不同空间取向的分量。在磁场中，不同空间取向的电子轨道具有不同的能量。$m = 0, \pm1, \pm2, \cdots, \pm l$。

自旋量子数 m_s 表示电子自旋运动的角动量沿不同空间取向的分量。电子的自旋有顺磁场方向和反磁场方向两个取向。$m_s = \pm1/2$。

遵循泡利(Pauli)不相容原理、能量最低原理和洪德(Hund)规则，将原子的核外电子填充到各壳层中，即构成了原子的壳层结构。

单个核外电子的运动状态可以用 n、l、m 和 m_s 四个量子数来表示，但是整个原子的运动状态用核外电子排布来表征是不准确的。其原因是原子核外电子之间存在相互作用，包括电子轨道运动之间的相互作用，电子自旋运动之间的相互作用，电子轨道运动与自旋运动之间的相互作用。因此，整个原子的能量状态还需利用光谱项来描述。

光谱项的符号为 $n^{2S+1}L_J$。其中，n 为主量子数。L 为总角量子数，其数值为单个价电

子角量子数 l 的矢量和。如果外层价电子数为 2，单个价电子的角量子数为 l_1、l_2，则总角量子数 $L=(l_1+l_2)$，(l_1+l_2-1)，(l_1+l_2-2)，…，$|l_1-l_2|$，即 $L=0, 1, 2, 3, \cdots$，可以用符号 S、P、D、F、…表示。S 为总自旋量子数，表示自旋运动与自旋运动之间的相互作用，其数值为单个价电子自旋量子数 m_s 的矢量和，$S=0, \pm1/2, \pm1, \pm3/2, \pm2, \cdots$。$J$ 为内量子数，表示轨道运动与自旋运动之间的相互作用，其数值为总角量子数 L 与总自旋量子数 S 的矢量和，$J=(L+S)$，$(L+S-1)$，$(L+S-2)$，…，$|L-S|$。$2S+1$ 称为光谱项的多重性，表示原子的一个能级能够分裂成多个能级，多个能级之间的能量差别很小。J 的每一个值称为一个光谱支项。

例如，钠原子的电子结构是 $(1s)^2(2s)^2(2p)^6(3s)^1$，价电子的能级状态为 $n=3$，$L=0$，$S=1/2$，$J=1/2$，基态的光谱项用 $3^2S_{1/2}$ 表示。第一激发态的能级状态为 $n=3$，$L=1$，$S=1/2$，$2S+1=2$，$J=1/2$ 和 $3/2$，光谱项用 $3^2P_{1/2}$ 与 $3^2P_{3/2}$ 表示。

3.1.3　原子能级图

原子所处的各种能量状态用光谱项表示，以作图的形式表示原子中可能存在的各个能级以及能级间可能的跃迁即可得到能级图。图 3.2 为钠原子的能级图，纵坐标表示原子的能量，横坐标表示光谱项。水平线表示原子的能级，其间隔表示原子或离子的外层电子在两个能级之间跃迁所发射或吸收的能量。不同的原子处于不同的激发态，因此发射出不同的谱线。原子从第一激发态跃迁到基态产生的谱线称为第一共振线，强度最大。

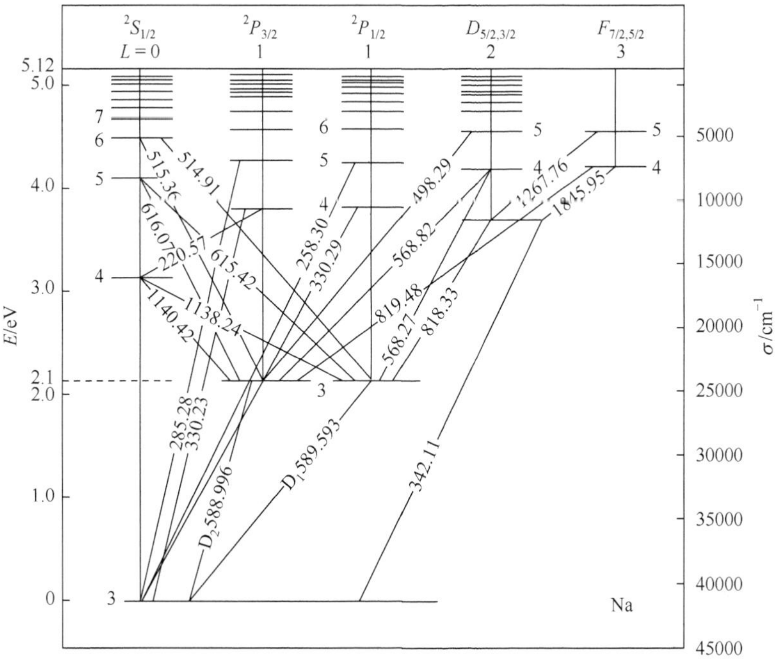

图 3.2　钠原子能级图

例如，钠原子基态的光谱项是 $3^2S_{1/2}$，第一激发态的光谱项是 $3^2P_{1/2}$ 与 $3^2P_{3/2}$，最强的光谱线为双重线，也称为钠双线，用光谱项可表示为

Na　588.996 nm　($3^2S_{1/2} \rightarrow 3^2P_{3/2}$)　D_2 线

Na　589.593 nm　($3^2S_{1/2} \rightarrow 3^2P_{1/2}$)　D_1 线

根据量子力学的原理，原子获得能量后，其外层电子必须遵循一定的光谱选择定则，只能在某些特定的能级之间产生跃迁，而不能在任意两个能级之间产生跃迁。电子跃迁需满足以下条件：

(1) $\Delta n = 0, 1, 2, 3, \cdots$。

(2) $\Delta L = \pm 1$，即电子跃迁只允许在 S 与 P 之间、P 与 S 或 D 之间、D 与 P 或 F 之间等。

(3) $\Delta S = 0$，即电子跃迁在相同多重态内产生，单重态只能跃迁到单重态，三重态只能跃迁到三重态。

(4) $\Delta J = 0, \pm 1$。但是当 $J = 0$ 时，$\Delta J = 0$ 的跃迁是禁阻的。

3.1.4　谱线强度

在外界能量的作用下，原子的外层电子在 i、j 两个能级之间跃迁产生原子发射谱线，其强度 I_{ij} 为

$$I_{ij} = N_{\mathrm{i}} A_{ij} h \nu_{ij} \tag{3.2}$$

式中，N_{i} 为单位体积激发态原子数；A_{ij} 为两个能级之间的跃迁概率；h 为普朗克常量；ν_{ij} 为发射谱线的频率。

如果激发处于热力学平衡状态下，单位体积基态原子数 N_0 和激发态原子数 N_{i} 应遵循统计学中的玻尔兹曼(Boltzmann)分布定律，则

$$N_{\mathrm{i}} = N_0 \frac{g_{\mathrm{i}}}{g_0} \mathrm{e}^{-\frac{E_{\mathrm{i}}}{kT}} \tag{3.3}$$

式中，g_{i} 和 g_0 分别为激发态和基态的统计权重；E_{i} 为激发电位；k 为玻尔兹曼常量；T 为激发温度。由以上两式可得

$$I_{ij} = \frac{g_{\mathrm{i}}}{g_0} A_{ij} h \nu_{ij} N_0 \mathrm{e}^{-\frac{E_{\mathrm{i}}}{kT}} \tag{3.4}$$

谱线的强度受到以下因素影响：

(1) 统计权重。谱线强度与统计权重之比 g_{i}/g_0 成正比。统计权重表示能级的简并度，即表示一个能级在外磁场作用下可能分裂出的不同状态的能级数目。

(2) 跃迁概率。谱线强度与跃迁概率成正比。跃迁概率是两能级之间的跃迁在所有跃迁中的概率。

(3) 激发电位。谱线强度与激发电位呈负指数关系。激发电位越高，处于激发态的原子数越少，谱线强度越小。第一共振线的激发电位最低，往往是强度最大的谱线。

(4) 激发温度。谱线强度一般随温度的升高而增大。但是当超过一定温度后，随着温度升高，电离的原子数目增多，中性原子数目减少，使得原子线强度减弱，离子线强度增强。

(5) 基态原子数。在一定条件下，谱线强度与基态原子数成正比，基态原子数与试样中待测元素浓度成正比，则谱线强度与待测元素浓度成正比。谱线强度是原子发射光谱定量分析的依据。

3.1.5　谱线的自吸与自蚀

大部分物质在常温常压下以固态或液态存在。在获得足够的能量后，物质蒸发为气体，通过气体分子之间的相互碰撞产生大量的分子、原子、离子、电子等粒子，这种电离的气体宏观上呈中性，称为等离子体。

光源中产生的等离子体具有一定的体积和厚度。中心部分的温度高，激发态原子多，发射某一波长的特征辐射，这一辐射必然要穿过等离子体的边缘部分再进入检测器。边缘部分温度低，原子蒸气大多处于基态，这些基态的同类原子能够吸收中心部分产生的特征辐射，从而使得检测器接收的辐射强度减弱，这种现象称为自吸。当原子浓度较低时，不表现出自吸现象；当原子浓度较高时，自吸现象明显。当自吸现象非常严重时，谱线中心的辐射全部被吸收，仅呈现边缘的两条谱线，这种现象称为自蚀。图 3.3 为谱线自吸现象示意图。

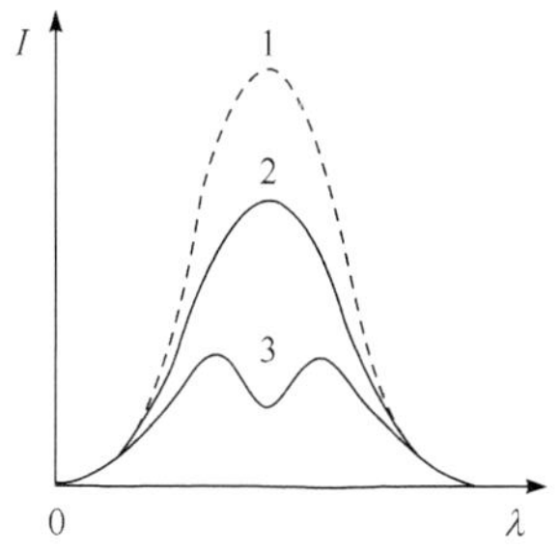

图 3.3　谱线自吸与自蚀现象示意图

1. 无自吸；2. 自吸；3. 自蚀

由于自吸现象会影响原子发射光谱分析的灵敏度和准确度，因此在实际工作中应注意待测元素的浓度范围。

3.2　原子发射光谱仪

原子发射光谱仪主要由激发光源、分光系统和检测系统组成。

3.2.1　激发光源

激发光源的作用是提供足够的能量，使试样蒸发、解离、原子化、激发、跃迁产生光辐射。激发光源应具有足够的灵敏度和稳定性。目前常用的激发光源有电弧、电火花、电感耦合等离子体等。电弧和电火花属于经典光源，以直流电弧为光源的原子发射光谱在工业中常用于定性分析，以电火花为光源的原子发射光谱常用于金属和合金分析。电感耦合等离子体是 20 世纪 60 年代以后发展起来的性能优良的新型光源。电感耦合等离子体原子发射光谱是目前最常用的痕量元素分析技术，适用于溶液试样的分析，采用适当的试样引入技术也可以直接分析固体试样。

1. 直流电弧

电弧是两个电极在外加电压下产生的持续的弧光放电。直流电弧是通过直流电源维持电弧的放电。直流电弧发生器的电路如图 3.4 所示。直流电不能直接击穿两个电极，因此可以采用接触引弧和高频引弧两种方式引燃电弧。分析间隙中燃弧产生的电子飞向阳极，在此过程中被加速，撞击在阳极上时则产生温度高达 3800 K 的炽热的阳极斑，从

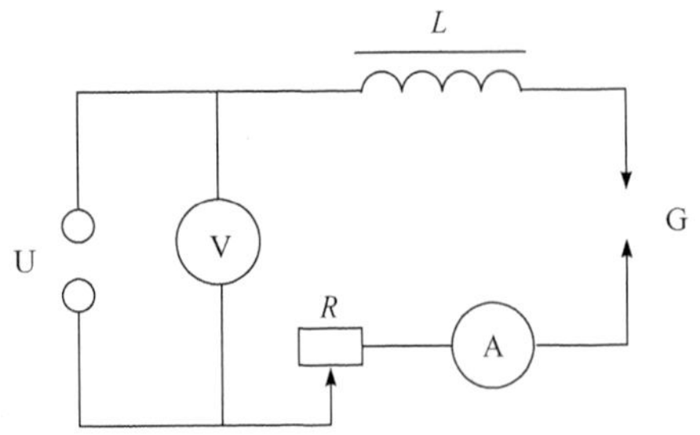

图 3.4　直流电弧发生器的电路

U. 电源；V. 直流电压表；L. 电感；R. 镇流电阻；A. 直流电流表；G. 分析间隙

而使试样蒸发和原子化。电子在运动过程中与气体分子、原子发生碰撞，电离产生的正离子高速撞击阴极，使阴极再次发射电子，因此电弧放电过程得以维持。

由于阳极斑温度高，通常将试样置于阳极蒸发和原子化。试样原子在分析间隙内与电弧中其他高速运动的粒子发生碰撞后受到激发而产生原子发射光谱。

直流电弧的优点是电极头温度较高，有利于试样的蒸发和原子化；弧焰中心的温度为4000～7000 K，分析灵敏度高，检出限低，常用于定性分析以及岩石、矿物等难熔物质中痕量组分的定量分析。缺点是放电不稳定，导致测定结果重现性较差，弧层较厚，容易引起自吸现象，因此不适合高含量元素的分析。当使用石墨电极或碳电极时，氰带光谱有干扰。

2. 交流电弧

交流电弧由交流电源维持电弧的放电。低压交流电弧发生器的电路如图 3.5 所示，由高频引弧电路与低压电弧电路两部分组成。接通交流电源后，交流电通过变压器 B_1 升至 3000 V，向电容器 C_1 充电。当 C_1 的电压升高到放电盘 G′的击穿电压时，空气发生电离，在振荡电路 C_1-L_1-G′中产生高频振荡电流。再通过变压器 B_2 将电压升至 10000 V，击穿分析间隙 G，产生弧光放电。在很短的放电过程中，电压降低至不能维持电弧放电时，电弧会熄灭。下一交流半周开始，分析间隙再一次被高频高压电流击穿，电弧被重新点燃，维持导电。

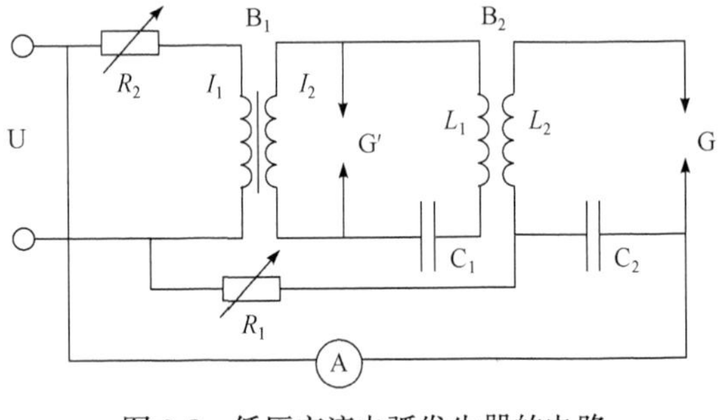

图 3.5　低压交流电弧发生器的电路

U. 电源；L_1、L_2. 电感；R_1、R_2. 可变电阻；A. 交流电流表；B_1、B_2. 变压器；C_1. 振荡电容器；C_2. 旁路电容器；G. 分析间隙；G′. 放电盘

与直流电弧相比，交流电弧是间隙放电，平均电流较小，因此电极温度较低。但交流电弧的电流具有脉冲性，瞬时电流密度大于直流电弧，因此弧温较高，激发能力较强，稳定性较好，分析灵敏度低于直流电弧，常用于金属、合金中低含量元素的定量分析。

3. 高压电容火花

高压电容火花光源的电路如图 3.6 所示。外电源电压通过变压器 B 升至 10000 V 以上，向电容器 C 充电。当电容器 C 上两极间的电压高于分析间隙 G 的击穿电压时，分析间隙被击穿产生电火花。电容器 C 充电和放电过程反复进行以维持电火花持续放电。

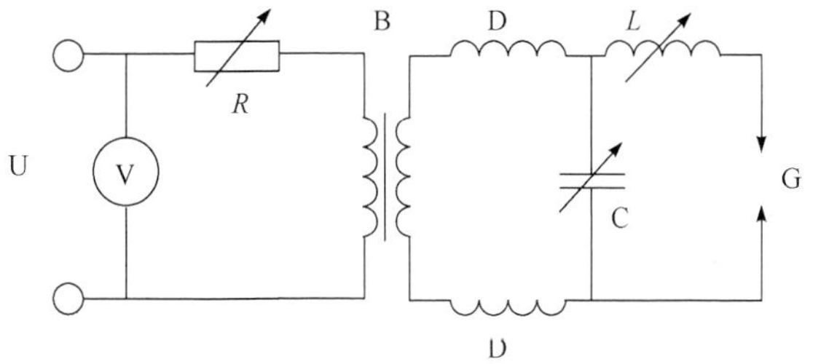

图 3.6　高压电容火花发生器的电路

U. 电源；V. 电压表；D. 扼流线圈；*R*. 可变电阻；B. 变压器；*L*. 电感；C. 电容器；G. 分析间隙

高压电容火花是一种间歇性的快速放电，瞬时电流密度高，激发温度高达 10000 K 以上，能激发电位很高的原子线和离子线。放电稳定性好，重现性好，适用于难激发元素和低熔点、易挥发物质以及高含量试样的分析。不足之处是电极温度低，蒸发能力较弱，灵敏度较差，不适用于痕量元素分析。

4. 电感耦合等离子体

等离子体是一种电离度大于 0.1%、宏观上呈电中性的气体，由电子、离子、中性原子与分子所组成。常用的等离子体光源有直流等离子体、微波等离子体、电感耦合等离子体等。电感耦合等离子体(inductively coupled plasma，ICP)新型光源始于 20 世纪 60 年代，70 年代以后获得迅速发展，是目前应用最广泛、最有竞争力的光源之一。ICP 外观类似火焰，是高频电能通过感应线圈耦合到等离子体形成的气体放电光源。

ICP 装置由三部分组成：高频发生器和感应线圈、等离子体炬管和供气系统、试样引入系统。

高频发生器的作用是利用高频磁场为等离子体的形成提供能量。感应线圈通常是中心通水的空心铜管。

等离子体炬管是三层同心的石英管。外层石英管采用切线方向引入氩气，有三个作用：一是起冷却作用，将高温等离子体吹离外层石英管从而避免石英管烧毁；二是利用离心作用降低炬管中心的气压，有利于试样进入；三是参与气体放电。中层石英管通入的氩气用以维持气体的放电过程。内层石英管通入的氩气作为载气携带气动雾化器或超声雾化器产生的试样气溶胶进入等离子体中。

ICP 光源以氩气作为工作气体，其优势在于氩气是单原子惰性气体，难以与试样组分发生化学反应；不会因为解离而消耗能量；氩原子发射光谱简单，并且具有良好的激发性能。

ICP 焰炬如图 3.7 所示。当石英管外缠绕的感应线圈中接通高频电流时，石英管内将产生轴向磁场。由于三层石英管内通入的氩气本身不导电，因此需要用高频火花引燃氩

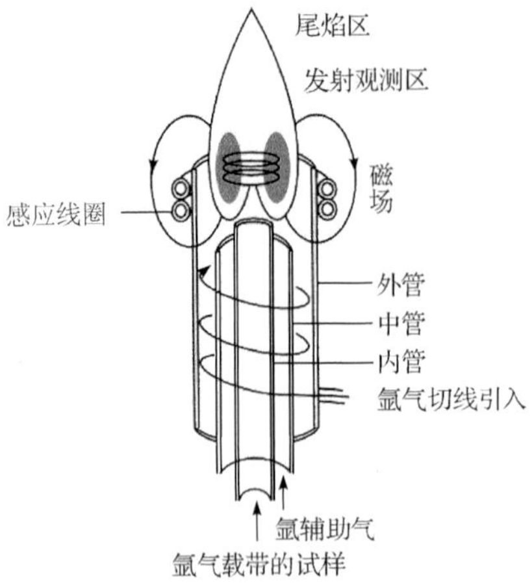

图 3.7　ICP 光源剖面图

气产生少量的离子与电子。在电磁场作用下，这些离子和电子运动加速，与气体分子、原子发生碰撞并使之电离，形成更多的离子和电子。当离子和电子的数量足够多、电导率足够大时，在与石英管内磁场方向垂直的截面上就会形成环形的感应电流，这一感应电流称为涡流。涡流产生的热量使石英管内电离的气体瞬间加热到 10000 K，利用氩气将其吹出管口即形成高温等离子焰炬。试样气溶胶由载气引入等离子焰炬，在高温作用下蒸发、解离、原子化和激发，产生原子发射光谱。

ICP 焰炬分为三个区域：焰心区、内焰区和尾焰区。焰心区在感应线圈区域内，白色，不透明，温度高达 10000 K。由于在此区域内试样得以预热和蒸发，因此焰心区又称为预热区。该区域连续背景辐射很强，因此光谱分析不宜在此区域进行。内焰区位于焰心区上方，一般在感应线圈以上 10～20 mm，呈现淡蓝色，半透明，温度为 6000～8000 K。试样在此区域原子化、激发、发射光谱线。该区域背景辐射中的氩谱线很少，适合光谱的观察，因此又称为测光区或发射观测区。尾焰区在内焰区上方，无色透明，温度低于 6000 K，能够激发一些激发电位较低的元素。

由于高频电流的趋肤效应和内管载气的冲击，形成了 ICP 焰炬的环状结构。趋肤效应是指导体截面上的电流分布是不均匀的，导体中心电流密度较小，导体表面电流密度最大。在 ICP 中，涡流主要分布在等离子体的外层，温度高，形成环状加热结构；而中心轴线处电流密度小，温度低，有利于试样从中心通道进样。与电弧、电火花等光源相比，试样在 ICP 高温焰心区和内焰区的平均停留时间较长(2～3 ms)，因此能够充分原子化，避免了化学干扰的影响，测量灵敏度高。由于 ICP 的环状结构，高温等离子体从外围对中心通道中的试样加热，从而避免产生自吸现象。试样用量少，基体组分的变化对 ICP 放电性质的影响较小。ICP 光源不使用电极，避免了样品的污染与电极烧损导致的光源波动，因此 ICP 具有良好的稳定性。ICP 的电子密度很高，电离干扰可以忽略，分析准确度高。

直流电弧、交流电弧及电火花都是经典光源，目前应用较少。与其相比，ICP 光源具有显著的优点：灵敏度高，检出限低，一般在 10^{-5}～10^{-1} μg/mL；稳定性好，准确度高，精密度高，相对标准偏差可达 1%；自吸效应和基体效应小，可以多元素同时测定；标准曲线线性范围宽，可以达到 4～6 个数量级，能够测定试样中的痕量、微量元素和高含量元素；应用范围广，可测定的元素达 70 多种，特别适合液体试样的测定。ICP 光源的缺点是氩气消耗量大，维持费用和仪器的价格较高；对气体和一些非金属测定的灵敏度较低。

3.2.2　分光系统

分光系统的作用是将待测试样激发后发射的复合光分解成按照波长顺序排列的单色光。分光系统由入射狭缝、准直镜、色散元件、出射狭缝等组成。由于光栅与棱镜相比色散与分辨能力更强，适用于更宽的波长范围，因此光谱仪的色散元件主要采用光栅。目前，现代原子发射光谱仪大多使用中阶梯光栅分光系统，适用于多道检测器对多种元素的同时测定。

中阶梯光栅(echelle grating)是一种特殊的衍射光栅，具有刻痕密度低、刻痕深的特点。由于高级次光谱和大衍射角的使用，中阶梯光栅具有极高的分辨率和色散率，但同时也造成了严重的不同光谱级次谱线的重叠。利用交叉色散和二维色散技术可以分开这些重叠谱线。也就是在中阶梯光栅前方加一个垂直方向的光栅或棱镜，先将不同级次光谱色散开，再用中阶梯光栅在水平方向将同一级光谱内不同波长的辐射二次色散，最后得到的是二维色散的光谱图。这种二维光谱可以把很大波长范围的光谱信息容纳在一个比较小的光栅面积上。

与常规光谱仪相比，利用中阶梯光栅制作的光谱仪具有体积小、结构紧凑、无移动部件、检出限低、波段宽，且无须多次扫描便可实现多元素光谱的测量等优点，有利于实现高度智能化和自动化，代表了先进光谱技术的发展趋势。

3.2.3　检测系统

原子发射光谱中，试样激发后产生待测元素的特征辐射，对其波长或强度的检测方法有目视法、摄谱法和光电法。

1. 目视法

目视法适用于可见光波段，是用眼睛来观测谱线的强度。使用的仪器是看谱镜，主要应用于钢铁和有色金属的半定量分析。

2. 摄谱法

摄谱法记录谱线使用的是感光板。感光板是原子发射光谱分析最早使用的检测系统，由主要成分为卤化银的感光乳剂均匀地涂在玻璃板上制成。将感光板置于摄谱仪焦面上，感光乳剂受到试样光谱的照射而发生分解，经过显影、定影等处理过程后形成黑色的谱线。再用映谱仪放大后观察谱线的位置进行定性分析，根据谱线的大致强度进行半定量分析，用测微光度计测量谱线的黑度进行定量分析。谱线变黑的程度称为黑度(S)，其定义是

$$S = \lg \frac{i_0}{i} \tag{3.5}$$

式中，i_0 为感光乳剂未曝光部分的透射光强度；i 为曝光变黑部分的透射光强度。

谱线的黑度与曝光量有关，曝光量越大，黑度越大。黑度 S 与曝光量 H 的关系曲线称为感光板的乳剂特性曲线，以 S 为纵坐标，$\lg H$ 为横坐标，如图 3.8 所示。乳剂特性曲线 AB 段为曝光不足部分，BC 段为正常曝光部分，CD 段为曝光过度部分，DE 段为负感

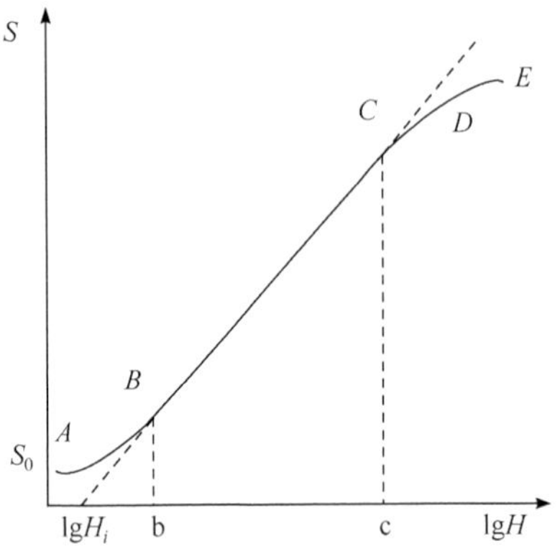

图 3.8　乳剂特性曲线

部分。原子发射光谱分析通常利用 BC 段，$\lg H$ 与黑度 S 呈线性关系。

摄谱法的优点是感光板能够同时记录并保存多条谱线，可实现多种元素的空间分辨；缺点是准确度低、线性范围窄、操作烦琐，因此限制了这种检测系统的应用。

3. 光电法

光电法是利用光电效应将光信号转换为电信号进行测量，常用的检测器有光电倍增管和新型固态成像器件等，在 2.3.3 小节中已有详细描述。

3.2.4　原子发射光谱仪的类型

光谱仪是将光源发射的电磁辐射经分光系统分光后，获得按照波长顺序排列的光谱，并对不同波长的谱线进行检测和记录的仪器。按照光谱检测和记录方式的不同，光谱仪主要分为两类：摄谱仪和光电直读光谱仪。摄谱仪分为棱镜摄谱仪和光栅摄谱仪。光电直读光谱仪分为多道直读光谱仪、单道扫描光谱仪和全谱直读光谱仪等。

1. 摄谱仪

摄谱仪是用光栅或棱镜作为色散元件，用感光板记录光谱的原子发射光谱仪。光栅摄谱仪价格较便宜，测试费用较低，感光板可以永久记录和长期保存光谱，因此目前应用仍十分普遍。

图 3.9 为光栅摄谱仪光路示意图。由光源 B 产生的光经三个透镜 L 和狭缝 S 投射到反射镜 P 上，经反射后投射到凹面反射镜 M 下方的准直镜 O_1 上，再以平行光照射到光栅 G 上。不同波长的光经过光栅色散之后，由凹面反射镜 M 上方的物镜 O_2 聚焦于感光板 F，并按波长顺序排列。通过转动光栅台可以改变光栅的入射角和衍射角，从而得到需要的波长范围和光谱级数。

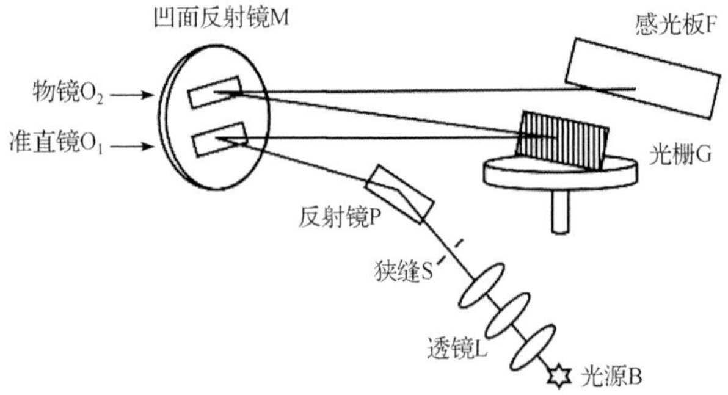

图 3.9　光栅摄谱仪光路示意图

2. 光电直读光谱仪

光电直读光谱仪是利用光电转换元件接收光辐射，将其转换为电信号，直接测量谱线的强度。光电直读光谱仪分为多道直读光谱仪、单道扫描光谱仪和全谱直读光谱仪。前两种仪器采用光电倍增管作为检测器，后一种采用 CCD 检测器。

1) 多道直读光谱仪

多道直读光谱仪有多条通道。光源发出的光通过入射狭缝投射到凹面光栅上，色散后通过不同的出射狭缝再投射到对应的光电倍增管上进行检测。每一个出射狭缝只能通过一条固定波长的光。图 3.10 为多道直读光谱仪示意图。

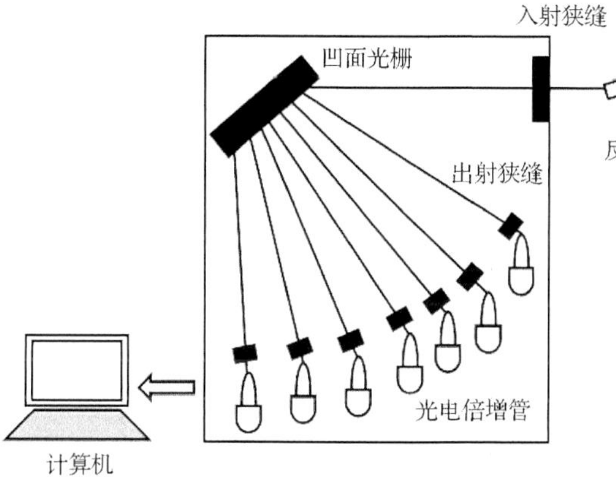

图 3.10　多道直读光谱仪示意图

多道直读光谱仪的优点是分析速度快，准确度高、线性范围宽；缺点是出射狭缝的数目及分布是固定的，元素测定受到限制。

2) 单道扫描光谱仪

单道扫描光谱仪只有一个通道。光源发出的光经反射镜聚焦后通过入射狭缝投射到光栅上，经由光栅色散后，使某一波长的光通过出射狭缝投射到光电倍增管上，可以对一种元素进行检测。当改变光栅的位置时，不同波长的谱线进入光电倍增管，则可以对不同元素进行检测。图 3.11 为单道扫描光谱仪示意图。

单道扫描光谱仪不能实现多元素同时测定，只能进行多元素顺序测定。与多道直读光谱仪相比，单道扫描光谱仪的优点是能够灵活地选择波长，并且波长范围较宽；不足之处在于完成一次全谱扫描所需时间较长，分析速度会受到一定的影响。

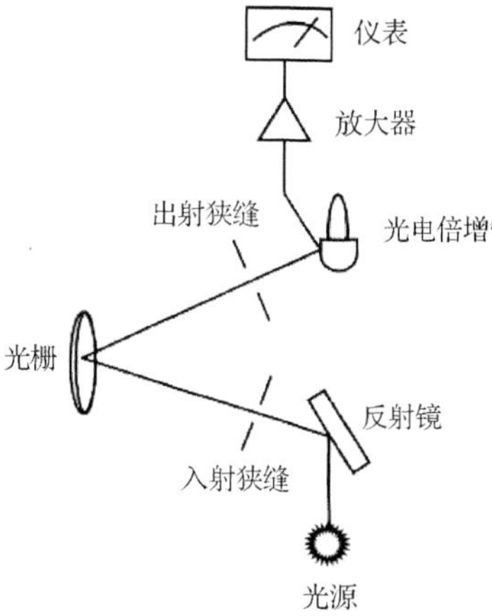

图 3.11　单道扫描光谱仪示意图

3) 全谱直读光谱仪

目前的全谱直读光谱仪采用 ICP 作光源，中阶梯光栅作色散元件，CCD 或 CID 作检测器。光源发出的光经曲面反光镜反射后聚焦于入射狭缝，再经准直镜反射成平行光照射到中阶梯光栅上，光首先在 *X*

方向上色散，再经 Schmidt 光栅在 Y 方向上进行二次色散，最后通过反射镜反射进入紫外型 CCD 检测器对紫外光区的光谱进行检测。Schmidt 光栅中央有一个孔，部分光通过这一孔后经棱镜在 Y 方向上进行二次色散，然后通过透镜进入另一个 CCD 检测器对可见光区的光谱进行检测。图 3.12 为全谱直读等离子体发射光谱仪示意图。

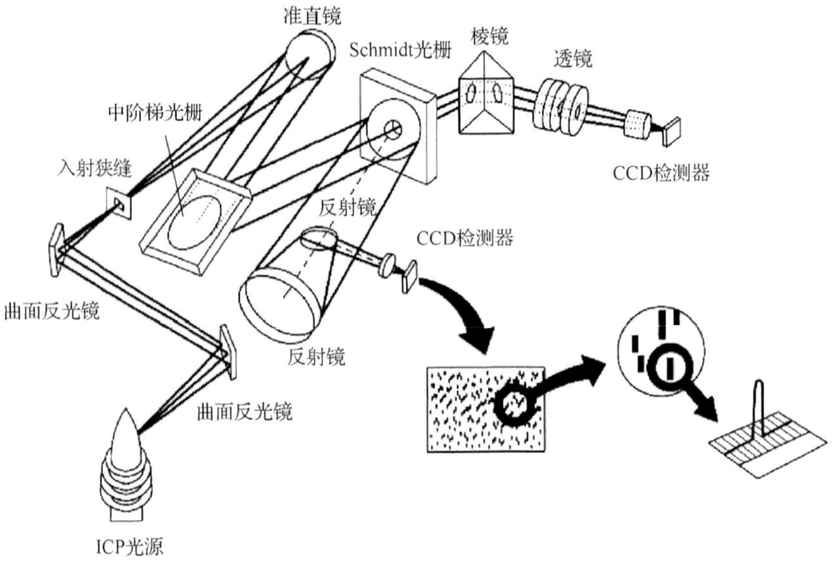

图 3.12　全谱直读等离子体发射光谱仪示意图

全谱直读光谱仪结构紧凑，全部的光学器件都是固定的，仪器稳定性好，响应快速，可同时检测多条谱线，是一类性能优越的光谱仪。

3.3　原子发射光谱法的应用

3.3.1　定性分析

不同元素的原子具有不同的原子结构，其能级的能量也不相同。在光源的激发作用下，不同元素的原子发射出不同波长的特征谱线，根据这些谱线就可以进行定性分析。分析时使用的谱线称为分析线。灵敏线是元素特征光谱中激发电位低、强度较大的谱线，通常是共振线。最后线是试样中待测元素浓度逐渐减小时最后消失的谱线。一般最后线就是最灵敏的谱线。由于待测元素的特征谱线容易被基体元素谱线或邻近的谱线干扰，因此需要在试样光谱中检出该元素两条以上的灵敏线，才可以确证试样中存在该元素。

1. 标准试样光谱比较法

将待测元素的纯物质与试样在同一感光板上并列摄谱，然后用映谱仪进行光谱比较。如果两个光谱中有谱线出现在相同的波长位置，则表明试样中存在待测元素。这种方法适用于少数指定元素的定性分析。

2. 元素光谱图比较法

元素光谱图以铁光谱作为波长标尺，将各元素的灵敏线按波长位置标示在铁光谱上方，如图 3.13 所示。选择铁光谱作波长标尺的原因是铁的光谱线多，波长范围广，谱线间距小，每条谱线的波长都经过精确测量。

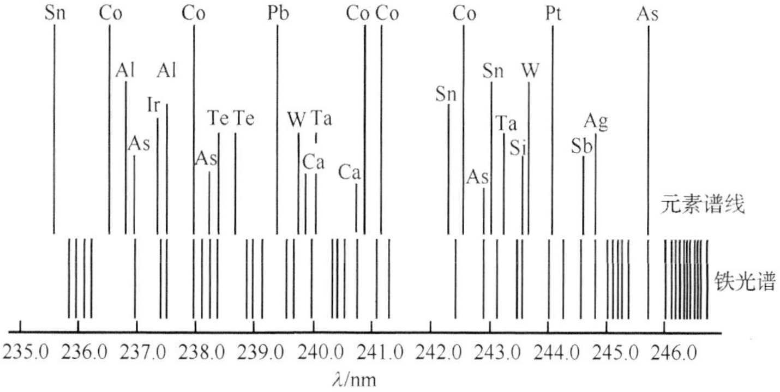

图 3.13　元素光谱图

在定性分析时，将试样与纯铁在同一感光板上并列摄谱，再将试样光谱与元素光谱图进行比较。将两个光谱图上的铁谱重合，检查是否有待测元素的灵敏线。如果试样光谱中的元素谱线与元素光谱图中标明的某一元素谱线出现的位置相重合，表明试样中可能存在该元素。这种方法适用于多种元素同时进行定性分析。

3.3.2　半定量分析

半定量分析是测量试样中待测元素的大致含量，目前多采用摄谱法，常用的方法有谱线黑度比较法和谱线呈现法等。

1. 谱线黑度比较法

配制不同含量的标准试样，在相同测量条件下，将待测试样与标准试样在同一感光板上并列摄谱，然后用映谱仪观察两个光谱分析线的黑度。如果黑度相同，则可以认为试样中待测元素的含量与某个标准试样的含量近似相等。待测试样与标准试样基体组成是否匹配和标准试样中待测元素的含量影响测量的准确度。

2. 谱线呈现法

在光谱半定量分析中，谱线的强度和出现情况与元素含量密切相关。当待测元素含量较低时，在感光板上只出现少数几条灵敏线；当元素含量增加时，谱线数目和强度也随之增加。因此，可以配制不同含量的标准试样，利用它们的谱图绘制一张出现谱线与含量的关系表，根据某一谱线是否出现即可对元素的含量进行估计。测量准确度与试样的基体组成有关。

3.3.3 定量分析

1. 定量分析基本原理

原子发射光谱定量分析是根据谱线强度来确定待测元素的浓度。谱线强度与元素浓度的关系可以用赛伯-罗马金(Schiebe-Lomakin)公式表示为

$$I = ac^b \tag{3.6}$$

两边取对数得

$$\lg I = b\lg c + \lg a \tag{3.7}$$

式中，a 值与试样组成和试样的蒸发、激发过程有关；b 为自吸系数，其数值与待测元素浓度及谱线的自吸有关，当元素浓度很小时，没有自吸，$b = 1$。当 a、b 为常数时，$\lg I$ 与 $\lg c$ 才具有线性关系。由于在实际测量过程中难以控制实验条件，谱线存在自吸现象，因此通常采用内标法进行定量分析，以消除实验条件波动引起的谱线强度测量误差。

2. 内标法

内标法是通过测量谱线的相对强度进行光谱定量分析的方法。在待测元素光谱中选择一条谱线作为分析线，内标元素是基体元素或定量加入的其他元素，在其光谱中选择一条谱线作为内标线，这两条谱线组成分析线对。根据分析线对的相对强度与待测元素浓度的关系来进行定量分析。

设待测元素和内标元素的浓度分别为 c 和 c_0，分析线和内标线强度分别为 I 和 I_0，自吸系数分别为 b 和 b_0，则

$$I = a_1 c^b \tag{3.8}$$

$$I_0 = a_0 {c_0}^{b_0} \tag{3.9}$$

分析线和内标线强度的比值为相对强度 R，分析过程中 c_0 为一定值，$a_1/a_0{c_0}^{b_0}$ 用 a 表示：

$$R = \frac{I}{I_0} = \frac{a_1 c^b}{a_0 {c_0}^{b_0}} = ac^b \tag{3.10}$$

在内标法定量分析中，光源变化对谱线的绝对强度有较大影响，但是对分析线和内标线的影响基本一致，因此对相对强度的影响较小，这就是内标法的优点。因此，当实验条件一定时 a 为常数，等式两边取对数，则内标法定量分析的基本关系式为

$$\lg R = \lg\frac{I}{I_0} = b\lg c + \lg a \tag{3.11}$$

采用内标法进行光谱定量分析，内标元素与内标线的选择应遵循以下原则：内标元素可以选择基体元素或外加元素，但是其含量为一定值。内标元素与分析元素的蒸发性质要尽可能接近。分析线与内标线不受邻近谱线的干扰，没有自吸或自吸很小。分析线对应匹配，选择两条原子线或两条离子线。若分析线对是两条原子线，则要求两线的激发电位相近；若分析线对是两条离子线，则要求两线的激发电位和电离电位都相近。如

果用摄谱法测量谱线强度，分析线与内标线的波长应尽量接近，从而保证感光条件发生变化产生的影响一致。

3. 光谱定量分析方法

原子发射光谱是依据谱线的强度进行定量分析，常采用标准曲线法，在一定条件下也可以采用标准加入法。

1) 标准曲线法

标准曲线法是定量分析的基本方法。配制一系列含有不同浓度待测元素的标准溶液，在一定分析条件下测量其发射光谱。以浓度 c 或 $\lg c$ 为横坐标，分析线强度 I、相对强度 R 或 $\lg R$ 为纵坐标，绘制标准曲线，见图 3.14(a)。在同样的分析条件下，测量试样光谱的 I_x、R_x 或 $\lg R_x$，由标准曲线求得试样中待测元素的浓度。

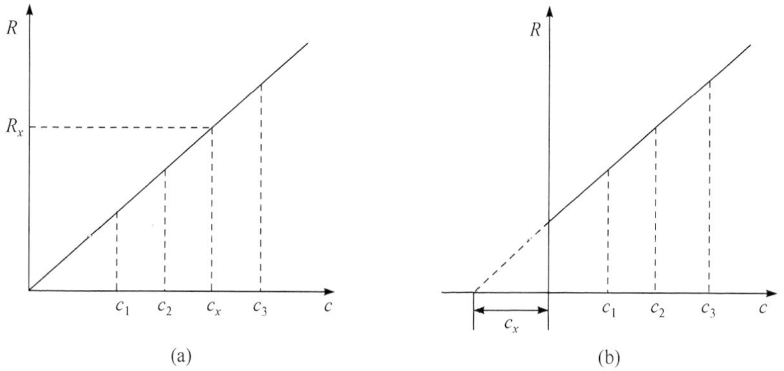

图 3.14　标准曲线

(a) 标准曲线法；(b) 标准加入法

2) 标准加入法

取几份相同的试样，其中一份不加入标准溶液，其他几份分别加入不同浓度待测元素的标准溶液，在同一条件下测量其发射光谱。当待测元素浓度很低时，可以认为自吸系数 $b = 1$。以浓度 c 为横坐标，I 或 R 为纵坐标，绘制标准曲线，见图 3.14(b)。将标准曲线延长与横坐标相交，交点处所对应的浓度即为试样中待测元素的浓度。

【例 3.1】　采用原子发射光谱法测定废水中铅的含量，以镁作为内标，每一份标准溶液和试样中含有镁 25.0 μg/L，测得铅在 283.3 nm、镁在 279.8 nm 的谱线强度列于表格中，计算废水中铅的质量浓度。

铅的质量浓度/(μg/L)	谱线强度	
	Pb(283.3 nm)	Mg(279.8 nm)
1	1.2	1.6
10	5.6	1.5
100	29	1.8
1000	136	1.7
10000	742	1.9
试样	5.3	1.7

解 原子发射光谱内标法定量分析的依据是

$$\lg R = \lg \frac{I}{I_0} = b \lg c + \lg a$$

一系列标准溶液测得铅谱线的强度为 I，镁谱线的强度为 I_0，计算出相应的相对强度 R，以 lg$c$ 为横坐标，lg$R$ 为纵坐标，绘制 lg$R$-lg$c$ 标准曲线，见图 3.15。

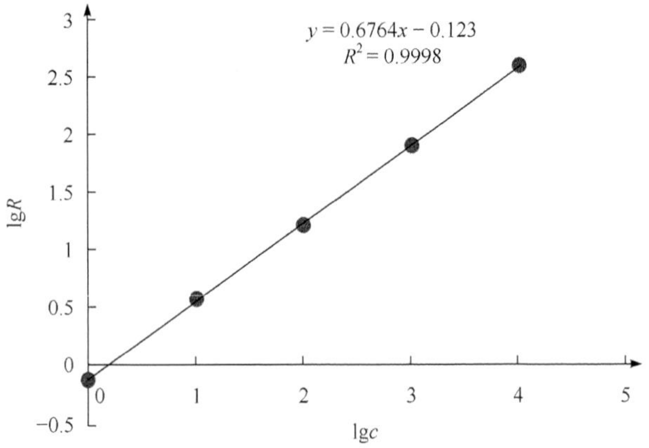

图 3.15 铅的标准曲线

由试样 $R_x = 5.3/1.7$，计算得到废水中铅的质量浓度 $c_x = 8.2$ μg/L。

3.4 原子发射光谱法的发展历史和趋势

原子发射光谱法是光学分析法中发展最早的一类仪器分析方法。19 世纪 50 年代，Kirchhoff 和 Bunsen 制造了第一台分光镜用于光谱分析，发现并研究了光谱和物质的内在关系及一些元素的特征光谱，奠定了光谱定性分析的基础。20 世纪 20 年代，Gerlach 提出了内标法的原理，克服了光源不稳定带来的问题，奠定了光谱定量分析的基础。20 世纪 60 年代后，电感耦合等离子体(ICP)光源的引入和商品化 ICP 光谱仪的大量涌现，为发射光谱分析开拓了新的研究领域并获得了快速发展。20 世纪 70 年代后，电荷耦合器件(CCD)等固态成像器件的广泛应用使多元素同时检测能力显著提高。原子发射光谱法的不足在于：不能直接用于分析元素的价态和存在的状态；不能用于研究物质分子的基团组成和空间结构。利用普通原子发射光谱仪难以对谱线在远紫外区的氧、氮、卤素等元素进行检测。磷、硒、碲等元素的激发能高，测量灵敏度较低。

3.4.1 光谱仪的制造与创新

随着先进光学技术和微电子元件制造技术的发展，原子发射光谱在仪器结构方面的研究非常活跃。在光源方面，除了应用最为广泛的电感耦合等离子体之外，微等离子体的发展也引起了极大关注。微等离子体，如介质阻挡放电(dielectric barrier discharge，DBD)、尖端放电(point discharge，PD)、辉光放电(glow discharge，GD)等，由于具有尺寸小、功耗低、温度低、激发能力可调、电子能量高等优点，被广泛用于组成各种微型发射光谱(optical emission spectrometry，OES)仪的激发光源，推动了小型化便携式分析仪器在痕量元素的现场分析和快速分析方面的研制和应用。例如，氢化物发生液体阴极辉光放电发射光谱(hydride generation-solution cathode glow discharge-optical emission spectrometry，HG-SCGD-OES)仪检测砷仅需一个电池驱动，其分析性能可与商品氢化物发生原子荧光光谱仪相媲美。钨丝电热蒸发进样与 PD-OES 联用实现了多元素同时高灵敏分析。微等离子体作为 OES 的激发源易于进行气体试样的分析，如检测氩气中的微量氮、氨、硫化氢以及挥发性硫化物等。微等离子体 OES 也被用作气相色谱的通用检测器，用于含碳化合物以及含氯、溴、碘的碳氢化合物的测定。为了提高对目标分析物的分析性能，一些仪器部件可通过 3D 打印技术制作，使装置结构更加紧凑，也为小型化原子光源仪的研制提供了一条新路径。

3.4.2　分析方法的开发与进展

在微等离子体原子发射光谱分析中，检出限往往受到仪器灵敏度及基体干扰的影响。发展样品引入技术，提高样品引入效率，降低进样量和减小基体效应也是一个重要的发展方向。电热蒸发进样技术样品用量小，与基体能够有效分离，进样效率高，可以直接分析固体样品，显著提高了分析灵敏度。化学蒸气发生，包括冷蒸气发生和氢化物发生，可作为 Hg、As、Cd、Bi、Sb、Se、Ge、Te、Sn、Pb、Zn 等元素以及部分过渡金属、贵金属的引入方式。光化学蒸气发生是一种绿色的蒸气发生技术，适用元素范围包括传统氢化物发生元素和一些过渡金属、贵金属和非金属元素，可用于不同基质样品中元素及其形态的分析。例如，利用 HG 进样技术与 PD-OES 构建的小型化分析仪器，可用于痕量 As、Bi、Sb、Sn 的检测。光化学蒸气发生(photochemical vapor generation，PVG)与液体电极辉光放电联用，无须色谱分离即可实现汞的形态分析。

随着科技的快速发展，原子发射光谱技术的分析性能显著提高，其分析对象也扩展到纳米材料领域。例如，通过 ICP-OES 对工业废水样品中二氧化钛和氧化锌两种纳米颗粒进行识别和定量分析。PD-OES 可用于碳纳米材料表面羧基的定量分析。

3.5　原子发射光谱法的应用实例

重金属元素锰是一种有毒元素，过量摄入会对人体健康产生危害。锰的含量是白酒国家标准的卫生指标。为了了解白酒中锰的含量，采用电感耦合等离子体原子发射光谱法进行测定。

3.5.1　操作及实验条件

准确移取白酒样品 50 mL 于烧杯中，置于电热板上加热蒸发至 1 mL 左右，加入一定量浓硝酸，小火硝化至大量白烟冒尽，加水溶解转入 10 mL 容量瓶定容，摇匀备用。

测量仪器为 Optima-8000 型等离子体发射光谱仪。仪器最佳工作参数为：射频功率 1.2 kW，雾化器流量 0.55 L/min，辅助气流量 0.2 L/min，冷却气流量 12 L/min。Mn 分析线波长为 257.610 nm。

吸取锰标准储备液(1.0 g/L)配制一系列标准溶液，并在最佳测量条件下测量其光强度。

3.5.2 数据分析

以浓度 c 为横坐标，光强度 I 为纵坐标，绘制标准曲线，并通过相关软件拟合得到线性方程和相关系数，见图 3.16。在相同条件下测量样品溶液的光强度，由线性方程计算得到白酒中锰的含量。

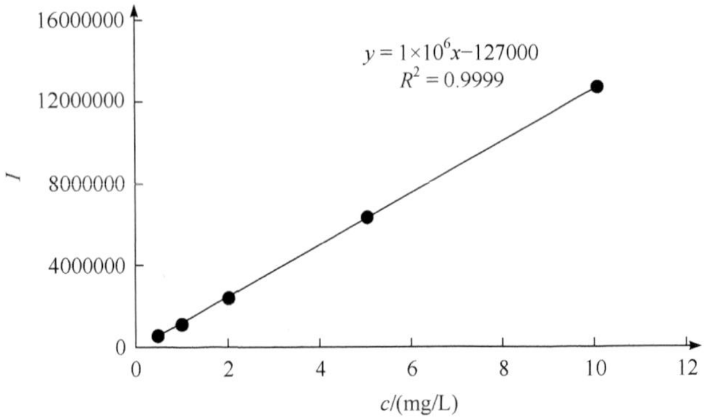

图 3.16　锰的标准曲线

习题与拓展

1. 原子光谱谱线与原子结构及原子能级有什么关系？为什么能用原子发射光谱进行物质的定性分析？

2. 简述原子发射光谱产生的过程。

3. 原子发射光谱定量分析的依据是什么？主要包括哪些方法？为什么要采用内标法？

4. 原子发射谱线的强度与哪些因素有关？

5. 光谱项的意义是什么？

6. 什么是谱线的自吸与自蚀？谱线自吸对光谱分析有什么影响？

7. 原子发射光谱仪由哪几部分组成？各部分的作用是什么？

8. 常用的激发光源有哪些？各有什么特点？ICP 光源的形成原理是什么？

9. 为什么氩气广泛应用于等离子体？

10. 分析下列试样应选用什么光源？

(1) 矿石的定性、半定量分析；

(2) 合金中的铜含量(x%)；

(3) 钢中的锰含量(0.0x%)；

(4) 污水中的 Cr、Mn、Cu 等含量(mg/L)。

11. 什么是光谱通带？如何选择光谱通带？

12. 什么是元素的共振线、分析线、灵敏线、最后线？它们之间有什么联系？

13. 钠原子在火焰中被激发，当它由 3*P* 激发态跃迁到 3*S* 基态时辐射 589.6 nm 的黄光，此光的激发电位为多少电子伏特？

14. 用 ICP-AES 测量水中镁的含量，取待测试样 5.0 mL，用 1% HNO_3溶液稀释至 50.0 mL，测量数据如下表所示，求水中镁的质量浓度。

溶液	镁的质量浓度/(μg/mL)	谱线强度
1	0.1	10.3
2	0.5	66.7
3	2.5	271
4	5	552
5	10	1100
试样	?	516

15. 在原子发射光谱分析中，采用标准加入法测定硅酸盐样品中微量 Fe 的含量，以 Fe 在 302.06 nm 的谱线为分析线，Si 在 302.00 nm 的谱线为内标线。标准溶液中 Fe 的加入量和分析线对相对强度测得值如下表所示，求试样中 Fe 的质量分数。

溶液	ω_{Fe}/%	R
1	0	0.23
2	0.001	0.38
3	0.002	0.52
4	0.003	0.64
5	0.004	0.78

16. 拓展练习：

(1) 查阅一篇与原子发射光谱法相关的文献，结合本章的知识点对文献进行解读，需包括：简要的文献总结、章节知识点与文献内容的关联以及改进的思考。

(2) 查阅资料，归纳总结原子发射光谱法在仪器部件和分析应用上的发展创新，需列出相应的参考文献。

参考文献

柴逸峰, 邸欣, 凌笑梅, 等. 2016. 分析化学. 8 版. 北京: 人民卫生出版社.
方惠群, 于俊生, 史坚. 2002. 仪器分析. 北京: 科学出版社.
侯贤灯, 王秋泉, 史建波, 等. 2022. 原子光谱分析前沿. 北京: 科学出版社.
华中师范大学, 陕西师范大学, 东北师范大学, 等. 2012. 分析化学(下册). 4 版. 北京: 高等教育出版社.
刘密新, 罗国安, 张新荣, 等. 2002. 仪器分析. 2 版. 北京: 清华大学出版社.
武汉大学. 2018. 分析化学(下册). 6 版. 北京: 高等教育出版社.
叶宪曾, 张新祥. 2007. 仪器分析教程. 2 版. 北京: 北京大学出版社.
曾泳淮. 2010. 分析化学(仪器分析部分). 3 版. 北京: 高等教育出版社.
朱明华, 胡坪. 2008. 仪器分析. 4 版. 北京: 高等教育出版社.
庄乾坤, 刘虎威, 陈洪源. 2012. 分析化学学科前沿与展望. 北京: 科学出版社.

Deng Y J, Hu J, Li M T, et al. 2021. Interface-free integration of electrothermal vaporizer and point discharge microplasma for miniaturized optical emission spectrometer. Analytica Chimica Acta, 1163: 338502.

Li M T, Li K, He L, et al. 2019. Point discharge microplasma optical emission spectrometer: Hollow electrode for efficient volatile hydride/mercury sample introduction and 3D-printing for compact instrumentation. Analytical Chemistry, 91(11): 7001-7006.

Mo J M, Li Q, Guo X H, et al. 2017. Flow injection photochemical vapor generation coupled with miniaturized solution-cathode glow discharge atomic emission spectrometry for determination and speciation analysis of mercury. Analytical Chemistry, 89(19): 10353-10360.

Yang R, Lin Y, Liu B Y, et al. 2020. Simple universal strategy for quantification of carboxyl groups on carbon nanomaterials: Carbon dioxide vapor generation coupled to microplasma for optical emission spectrometric detection. Analytical Chemistry, 92(5): 3528-3534.

原子发射激发
光源的发展

第 4 章　原子吸收光谱法

原子吸收光谱法(atomic absorption spectrometry，AAS)是基于气态的基态原子对其共振辐射的吸收而建立起来的定量分析方法。

原子吸收光谱法的主要优点是：①灵敏度高，检出限低，如火焰原子吸收光谱法的检出限可达 ng/mL 数量级，石墨炉原子吸收光谱法的绝对灵敏度可达 10^{-14}～10^{-10} g；②精密度高，如火焰原子吸收光谱法的相对标准偏差小于 1%，石墨炉原子吸收光谱法的相对标准偏差一般为 3%～5%；③选择性好，易于消除共存元素的干扰；④应用范围广，可测定 70 多种元素，测量范围从直接测定金属元素扩大到利用间接方法测定卤素、硫、磷等共振吸收线位于真空紫外区的非金属元素，灵敏度很低的难熔元素(如硼、铌、钨、锆、铀、钸、镨、铷、镧等)以及有机化合物(如葡萄糖、维生素 B_{12} 等)；⑤仪器操作方便，分析速度快。目前，原子吸收光谱分析广泛应用于冶金、地质、石油、农业、生物医学、地球化学、材料科学、环境科学等领域。

4.1　原子吸收光谱法的基本原理

4.1.1　原子吸收光谱的产生

一般情况下，原子处于能量最低的稳定状态，称为基态。当气态基态原子受到外界电磁辐射的作用，并且辐射提供的能量与原子发生能级跃迁需要的能量相等时，原子将吸收电磁辐射的能量使得外层电子从基态跃迁到激发态，产生原子吸收光谱。

原子的外层电子从基态跃迁到激发态产生的谱线称为共振吸收线，简称共振线。不同元素的原子结构和能级分布不同，电子从基态跃迁到激发态吸收的能量不同，因此不同元素共振线的波长不同，具有特征性。电子从基态跃迁到第一激发态所需能量最低，发生概率最大，因此相应的主共振线(或第一共振线)最强。共振线对于大多数元素而言是最灵敏的谱线。

4.1.2　基态原子数与激发态原子数的关系

一个原子可具有多种能级状态，在通常的原子吸收测定条件下，原子蒸气中既有基态原子，也有少量激发态原子存在。根据热力学原理，在一定温度下达到热平衡时，基态与激发态的原子数之比遵循玻尔兹曼分布定律，即

$$\frac{N_i}{N_0}=\frac{g_i}{g_0}e^{-\frac{E_i}{kT}} \tag{4.1}$$

式中，N_0 和 N_i 分别为基态和激发态的原子数；g_i 和 g_0 分别为激发态和基态的统计权重；

E_i 为激发电位；k 为玻尔兹曼常量；T 为热力学温度。

对于一定波长的谱线，g_i/g_0 和 E_i 是确定的，根据温度可以计算出 N_i/N_0 值。表 4.1 列出了几种元素共振线的 N_i/N_0。由于原子吸收光谱分析中大多数元素的第一共振线波长都小于 600 nm，原子化温度一般低于 3000 K，则 N_i/N_0 值小于 10^{-3}，也就是说相对于基态原子数，激发态原子数是可以忽略的，因此基态原子数近似等于总原子数。原子化器中的原子几乎都是从基态跃迁到激发态，产生的吸收线少，光谱干扰较小，测量选择性好。在定量分析中，谱线吸光度与基态原子数成正比，即与原子总数成正比。

表 4.1　几种元素共振线的 N_i/N_0

元素	波长/nm	g_i/g_0	E_i/eV	N_i/N_0		
				2000 K	2500 K	3000 K
Na	589.0	2	2.104	9.90×10^{-6}	1.14×10^{-4}	5.83×10^{-4}
Ca	422.7	3	2.932	1.22×10^{-7}	3.67×10^{-6}	3.55×10^{-5}
Mg	285.2	3	4.346	3.35×10^{-11}	5.20×10^{-9}	1.50×10^{-7}
Zn	213.9	3	5.795	7.45×10^{-15}	6.22×10^{-12}	5.50×10^{-10}

4.1.3　原子吸收谱线的轮廓和变宽

1. 原子吸收谱线的轮廓

原子吸收光谱产生于原子的外层电子在电子能级间的跃迁，属于线状光谱。但受各种因素的影响，原子吸收谱线不是几何意义上的线，而是具有相当窄的频率或波长范围，即有一定的宽度和轮廓。原子吸收谱线的轮廓如图 4.1 所示。图 4.1(a)是不同频率但强度都为 I_0 的入射光通过原子蒸气时，透过光强度 I_ν 与频率 ν 的关系图，图 4.1(b)是不同频率下吸收系数 K_ν 与频率 ν 的关系图。原子吸收谱线的轮廓用原子吸收谱线的中心频率(或中心波长)和半宽度这两个参数表征，分别表示吸收线的位置和宽度。最大吸收对应的频率称为中心频率 ν_0，其值由原子能级决定。最大吸收对应的吸收系数 K_0 称为峰值吸收系数，其值一半处所对应的吸收谱线轮廓上两点之间的频率差称为半宽度，用 $\Delta\nu$ 表示，半宽度与实验条件有关。

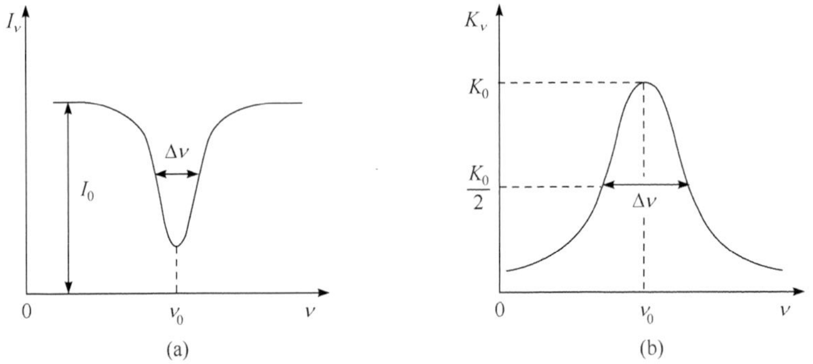

图 4.1　原子吸收线的轮廓

ν_0. 中心频率；K_0. 峰值吸收系数；$\Delta\nu$. 半宽度

2. 导致谱线变宽的因素

原子吸收谱线具有一定的宽度，这是多种因素导致的，下面讨论几种导致谱线变宽的主要因素。

1) 自然宽度

谱线在没有外界条件影响下仍然具有一定的宽度，称为自然宽度。自然宽度与激发态原子的平均寿命有关，平均寿命越长，谱线自然宽度越窄。大多数谱线的自然宽度大约为 10^{-5} nm 数量级。

2) 多普勒变宽

多普勒变宽又称为热变宽，是由原子的无规则热运动引起的。物理学中多普勒效应是指当一个发光原子向着仪器检测器的方向运动，检测器接收光的频率比静止原子发光的频率高，反之，检测器接收光的频率比静止原子发光的频率低。原子吸收分析中，气态原子处于无规则的热运动，由于多普勒效应，检测器所接收的光的频率会有所不同，从而使原子的吸收谱线发生变宽。多普勒变宽是制约原子吸收谱线宽度的主要因素，宽度大约为 10^{-3} nm 数量级。

3) 压力变宽

压力变宽是原子蒸气中吸光原子与原子或分子相互碰撞引起吸光原子能级的微小变化，发射或吸收光量子频率发生改变引起的谱线变宽。根据碰撞粒子的不同，压力变宽分为共振变宽和洛伦兹变宽。

(1) 共振变宽。待测元素原子之间相互碰撞引起的谱线变宽，称为共振变宽，又称赫鲁兹马克变宽。当待测原子蒸气浓度较高或压力较大时，谱线就会产生共振变宽。在通常的测定条件下，共振变宽效应一般可以忽略。

(2) 洛伦兹变宽。待测元素原子与其他粒子相互碰撞引起的谱线变宽，称为洛伦兹变宽。当原子化器内原子蒸气压力增大或温度升高时，洛伦兹变宽会随之增大。洛伦兹变宽是制约原子吸收谱线宽度的主要因素，大约为 10^{-3} nm 数量级。

除上述因素外，场致变宽、自吸效应等因素也会影响谱线的宽度，但这些因素的影响都不大。在通常的实验测定条件下，多普勒变宽和洛伦兹变宽是影响吸收线轮廓的主要因素。谱线变宽会使得峰值吸收下降，测量灵敏度降低。

4.1.4　原子吸收的测量

1. 积分吸收

原子吸收谱线的轮廓是由吸收系数 K_ν 对频率 ν 作图得到，是具有一定宽度(频率)范围的谱线。对原子吸收进行准确测量，即是计算吸收曲线下面所包括的整个吸收峰的面积，表示基态原子蒸气吸收的全部能量，称为积分吸收。其计算表达式为

$$\int K_\nu \mathrm{d}\nu = \frac{\pi e^2}{mc} N_0 f \tag{4.2}$$

式中，K_ν 为吸收系数；e 为电子电量；m 为电子质量；c 为光速；N_0 为单位体积原子蒸气

中的基态原子数；f为振子强度，表示入射光能够激发的每个原子的平均电子数。当元素和测量条件一定时，f为定值。

从这个公式可以看出，在一定条件下，积分吸收值与基态原子数 N_0 成正比，原子化器中基态原子数又近似等于原子总数，因此只要测得积分吸收值，即可算出待测元素的含量。

如图 4.2 所示，在原子吸收光谱分析中，如果采用连续光源产生的辐射经单色器色散后通过出射狭缝，光谱通带约为 0.2 nm，原子吸收线的宽度约为 10^{-3} nm，原子所吸收的光强度只有入射光总强度的 0.5%，测量灵敏度极差。在 10^{-3} nm 宽度内进行积分吸收的测量需要使用分辨率很高的单色器，这也是导致原子吸收现象在一百多年时间内未能应用于定量分析的原因。虽然目前商用仪器已经有高分辨率的单色器能够实现积分吸收测量，但是为了降低仪器成本，在原子吸收分析中仍然采用低分辨率的单色器。使用发射线宽度窄的锐线光源，以峰值吸收代替积分吸收，则可以提高测量灵敏度。

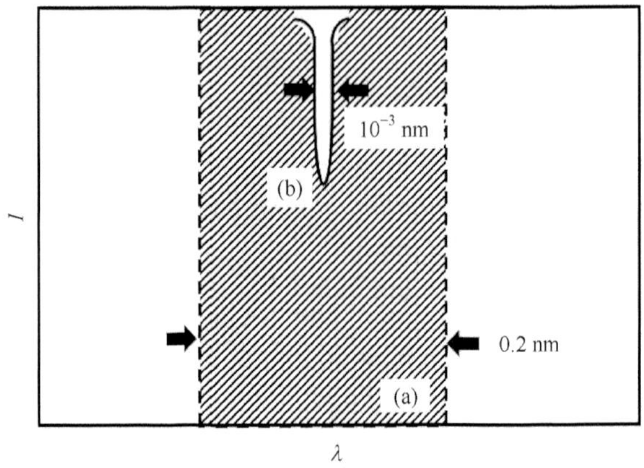

图 4.2　连续光源(a)与原子吸收线(b)的通带宽度示意图

2. 峰值吸收

由于使用低分辨率的单色器难以进行积分吸收，澳大利亚物理学家 Walsh 在 1955 年提出了利用峰值吸收代替积分吸收的解决办法，即在一定条件下，原子吸收曲线的峰值吸收系数 K_0 与基态原子数 N_0 之间存在线性关系：

$$K_0 = \frac{2\sqrt{\pi \ln 2}}{\Delta \nu_D} \cdot \frac{e^2}{mc} N_0 f \tag{4.3}$$

式中，K_0 为峰值吸收系数；$\Delta\nu_D$ 为多普勒变宽；e 为电子电量；m 为电子质量；c 为光速；N_0 为单位体积原子蒸气中的基态原子数；f为振子强度。

只要测得峰值吸收系数 K_0，即可得到基态原子数 N_0，也就能算出待测元素的含量。但是 K_0 值的测量必须满足两个条件：一是采用锐线光源，发射线的半宽度远小于吸收线的半宽度；二是发射线的中心频率与吸收线的中心频率 ν_0 一致。由于锐线光源发射的谱线宽度很窄，可以近似认为原子吸收仅限于发射线的半宽度范围内，并且在此范围内不同频率条件下的吸收系数都近似等于峰值吸收系数 K_0。目前原子吸收采用空心阴极灯等光源来产生锐线发射。图 4.3 为峰值吸收测量示意图。

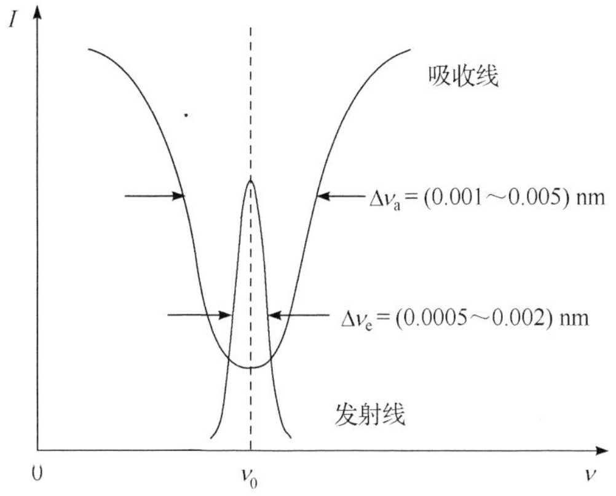

图 4.3　峰值吸收测量示意图

3. 原子吸收光谱定量分析的基础

原子吸收光谱通常是通过测量峰值吸收的吸光度来进行定量分析。原子对光的吸收遵循朗伯(Lambert)定律。当一束频率为 ν、强度为 I 的平行光通过原子蒸气时，有

$$I = I_0 e^{-K_\nu L} \tag{4.4}$$

式中，I 为透过光强度；I_0 为入射光强度；K_ν 为吸收系数；L 为原子蒸气层的厚度。

由于使用了锐线光源，发射线半宽度远小于吸收线半宽度，发射线的中心频率和吸收线的中心频率一致，原子蒸气在发射线的范围内产生吸收，因此可以近似认为在此范围内不同频率下的吸收系数都近似等于峰值吸收系数 K_0。

$$I_0 = \int_0^{\Delta\nu_e} I_{0,\nu} d\nu \tag{4.5}$$

$$I = \int_0^{\Delta\nu_e} I_\nu d\nu = \int_0^{\Delta\nu_e} I_{0,\nu} e^{-K_\nu L} d\nu \tag{4.6}$$

由吸光度 A 的定义式，可以得到

$$A = \lg\frac{I_0}{I} = \lg\frac{\int_0^{\Delta\nu_e} I_{0,\nu} d\nu}{\int_0^{\Delta\nu_e} I_{0,\nu} e^{-K_\nu L} d\nu} = \lg\frac{\int_0^{\Delta\nu_e} I_{0,\nu} d\nu}{e^{-K_\nu L}\int_0^{\Delta\nu_e} I_{0,\nu} d\nu} = \lg\frac{1}{e^{-K_\nu L}} = \lg e^{K_\nu L} = 0.43K_0 L \tag{4.7}$$

$$A = 0.43\frac{2\sqrt{\pi\ln 2}}{\Delta\nu_D}\cdot\frac{e^2}{mc}N_0 fL \tag{4.8}$$

当测量条件一定时，原子蒸气中基态原子数 N_0 近似等于总原子数 N，N 与待测元素的含量 c 成正比，α 是与测量条件有关的比例常数。

$$N = \alpha c \tag{4.9}$$

$$A = 0.43\frac{2\sqrt{\pi \ln 2}}{\Delta \nu_{D}} \cdot \frac{e^2}{mc} fL\alpha c \tag{4.10}$$

将各有关参数合并为常数 k，则有

$$A=kc \tag{4.11}$$

即原子吸收光谱法定量分析的依据是吸光度与试样待测元素浓度成正比。

4.2 原子吸收光谱仪

原子吸收光谱仪又称为原子吸收分光光度计，由光源、原子化器、分光系统、检测系统等几部分组成。锐线光源发射的特征辐射被原子化器中待测元素的气态基态原子吸收，再经分光系统分光后由检测系统测量特征辐射的强度，根据辐射减弱的程度即吸光度进行定量分析。图 4.4 为原子吸收分光光度计示意图。

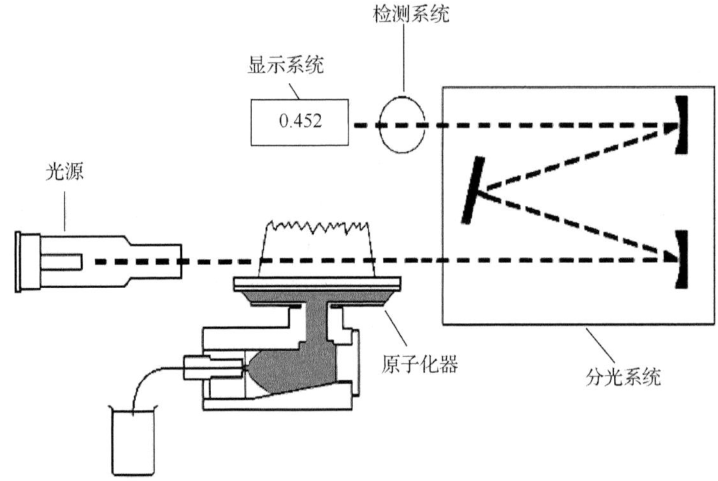

图 4.4　原子吸收分光光度计示意图

4.2.1 光源

光源的作用是产生待测元素的特征共振辐射。在实际应用中，光源应满足以下条件：发射线半宽度要明显小于吸收线的半宽度，应该具有足够的辐射强度、良好的稳定性和较长的使用寿命。满足上述条件的锐线光源有空心阴极灯、无极放电灯等，其中应用最广泛的是空心阴极灯。

1. 空心阴极灯

空心阴极灯(hollow cathode lamp，HCL)是一种性能优良的锐线光源，其结构如图 4.5 所示。它是一个由玻璃制成的气体放电灯，灯内充有几百帕低压的惰性气体(氖气或氩气)，一端有石英窗或玻璃窗。阴极由待测元素的金属或合金制成，呈空心圆筒形。阳极由钛、锆、钽或其他材料制成，但最常用的是钨棒。

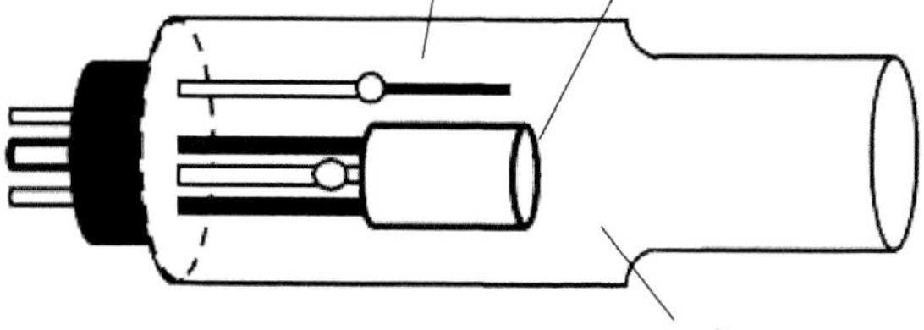

图 4.5　空心阴极灯示意图

在空心阴极灯两电极之间施加一定电压时，灯内气体中存在的电子在电场作用下向阳极运动，运动过程中与惰性气体原子碰撞并发生电离，产生二次电子和正离子。正离子向阴极运动并轰击阴极表面，使阴极表面的金属原子从晶格中溅射出来，再与放电灯内的电子、原子、离子等发生相互碰撞获得能量被激发，发射出相应元素的特征共振辐射。

空心阴极灯具有很多优点：阴极表面的金属原子可以多次溅射和激发，发射谱线强度大；工作电流通常只有几毫安或几十毫安，灯内温度低，多普勒变宽小；灯内气体压力低，蒸气相金属原子密度低，压力变宽和自吸变宽小。空心阴极灯是一种性能优良的锐线光源，能够提供强度大、宽度窄的共振特征辐射。不足之处在于空心阴极灯大多是使用一种金属制成阴极的单元素灯，测定不同元素时需要更换元素灯；由多种金属制成阴极的多元素灯发射强度低，使用寿命短，谱线干扰较大。

2. 无极放电灯

对于大多数元素，空心阴极灯具有优良的发射性能。但是对于某些易挥发、熔点低的元素，如砷、硒、碲、锡等，它们的空心阴极灯则很难激发，这些元素常使用无极放电灯作光源，其优点是发射强度大，谱线纯度高。无极放电灯由一个真空石英管制成，管内充入惰性气体与少量的待测元素或其化合物，将放电管置于微波装置的谐振腔内，在微波电场的耦合作用下，惰性气体形成高温等离子体，待测元素吸收能量后蒸发、原子化、激发而发射原子特征谱线。无极放电灯产生的谱线强度比空心阴极灯大几个数量级，其局限性在于仅适用于一些具有较高蒸气压的元素。

3. 光源的调制

在原子吸收光谱分析中，原子化器内产生的各种发射线会干扰待测元素共振线的测定。这些干扰包括：待测元素的基态原子吸收能量激发后返回基态产生的特征辐射，火焰燃烧过程中产生的 CO、CO_2、CH、CN、OH 等分子和游离基发射的连续辐射。采用电调制法和机械调制法可以克服这些谱线的干扰。

电调制法是利用脉冲供电方式使光源发射脉冲信号，检测系统采用与光源相同频率的交流放大器去除火焰中的直流发射，从而降低噪声，提高了光源的发射强度。

机械调制法是在光源与火焰原子化器之间加上一个切光器，将光源的辐射调整为一定频率，检测系统采用相应的交流放大器与光源频率相一致来接收交流信号，而直流信号被分离。

4.2.2 原子化器

原子化器的作用是提供能量，使待测元素解离成为气态基态原子。原子化器应满足以下基本要求：原子化效率高，稳定性和重现性好，操作简单，干扰小。目前常用的原子化器有两类：火焰原子化器和非火焰原子化器。

1. 火焰原子化器

火焰原子化器通常使用预混合型原子化器，由雾化器、雾化室和燃烧器三部分组成，如图 4.6 所示。雾化器的作用是使试样雾化形成微米级的气溶胶。雾滴越小越易解离形成气态基态原子。火焰原子化雾化效率较低，为 5%～10%，对原子吸收光谱测量的灵敏度有较大影响。雾化室有两个作用：一是使燃气、助燃气和雾滴混合均匀，减少对火焰的扰动；二是除去较大的雾滴。尽管喷嘴前的撞击球有助于形成均匀细小的雾滴，但是在雾化过程中仍然产生了部分大雾滴，利用扰流器对大雾滴的阻挡作用，可以使大雾滴凝聚下沉后沿废液管排出。燃烧器的作用是产生火焰，使试样气溶胶蒸发、解离为气态基态原子。最常用的燃烧器是单缝燃烧器。

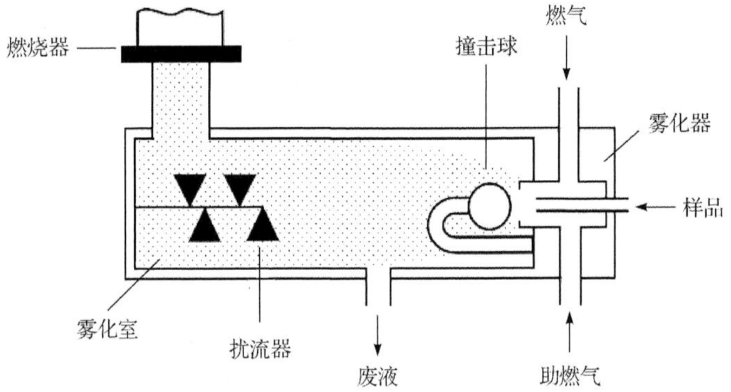

图 4.6　火焰原子化器示意图

按照燃气和助燃气的比例不同，可将火焰分为三类：中性火焰、富燃火焰、贫燃火焰。中性火焰的燃气和助燃气比例接近化学反应计量关系，其特点是燃烧稳定，温度高，背景低，适合大多数元素的测定。富燃火焰的燃气大于化学计量，是还原性火焰，其特点是燃烧不完全，温度比中性火焰低，背景高，适合易形成难解离氧化物的元素的测定。贫燃火焰的助燃气大于化学计量，是氧化性火焰，其特点是燃烧充分，温度比中性火焰高，适合易解离、电离元素的测定。

在实际应用中应根据测量元素选择适宜的火焰类型。最常用的火焰是乙炔-空气火焰，其次是氢气-空气火焰和乙炔-氧化亚氮高温火焰。乙炔-空气火焰稳定性好，噪声低，温度较高，适合测定碱金属、碱土金属和贵金属。氢气-空气火焰是氧化性火焰，背景发射较弱，温度较低，适合测定易电离的金属元素。乙炔-氧化亚氮火焰是一种还原性高温火焰，可用于测定 70 多种元素，化学干扰小，对能生成难熔氧化物的元素有较高灵敏度。几种常用火焰的燃烧特性如表 4.2 所示。

表 4.2　几种常用火焰的燃烧特性

燃气	助燃气	最高火焰温度/℃	最快燃烧速率/(cm/s)
乙炔	空气	2250	158
乙炔	氧化亚氮	2700	160
氢气	空气	2050	310

火焰温度是影响原子化程度的重要因素。温度过高，会使试样原子激发或电离，基态原子数减少，吸光度下降；温度过低，试样解离程度低，测定灵敏度降低。如果存在分子的吸收，干扰会更大。

火焰原子化器的优点是操作简便，重现性好，有足够的灵敏度；缺点是雾化效率低，待测元素易被周围空气氧化，导致原子化效率降低，只适宜分析液体试样。

2. 非火焰原子化器

非火焰原子化器包括石墨炉原子化器和电加热石英管原子化器，最常用的是石墨炉原子化器。

1) 石墨炉原子化器

石墨炉原子化器的工作原理是利用大电流加热石墨管，使其中的试样在高温高热作用下实现原子化。其结构如图 4.7 所示，由三部分组成：加热电源、炉体和石墨管。加热电源的作用是用大电流通过石墨管使其产生高温(3000℃)，为原子化器提供能量。炉体包括保护气控制系统、循环水冷却系统等。保护气体常采用氩气。外气路中连续通入氩气，其作用是保护石墨管不被氧化和烧蚀。内气路从石墨管两端进气，由加样孔出气，其作用是使解离的原子蒸气处于氩气气氛中免于被氧化，并且除去干燥和灰化过程产生的基体蒸气，同时防止石墨管在高温下被氧化。采用循环水冷却系统，其作用一方面是保护炉体不被高温损坏，另一方面是使原子化器在升温程序完成后迅速降到室温。石墨管主要有普通石墨管、热解涂层石墨管和 L'vov 平台石墨管等。

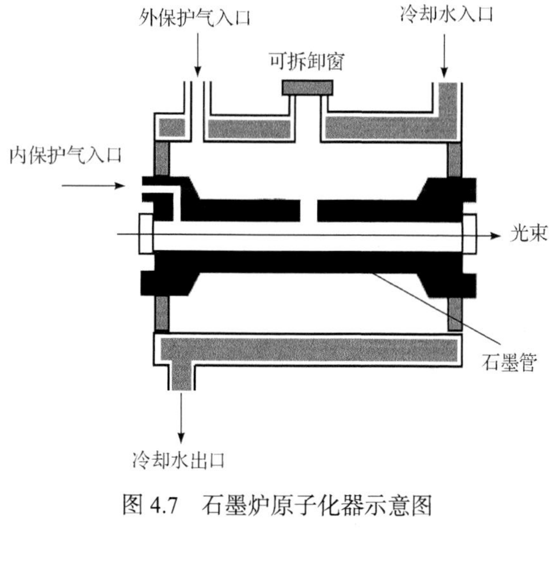

图 4.7　石墨炉原子化器示意图

石墨炉原子化器通常采用程序升温的方式，如图 4.8 所示，分为干燥、灰化、原子化和净化四步。干燥试样是为了除去溶剂和水分，干燥温度应稍高于溶剂沸点，通常在105℃左右；灰化的目的是除去基体和干扰元素，灰化温度通常为 300～1200℃，主要取决于试样的基体和待测元素的性质，在保证待测元素没有损失的前提下应尽可能使用较高的灰化温度；原子化是使试样分子解离为中性原子，原子化温度应选择能达到最大吸收信号的最低温度，通常为 2400～3000℃，在原子化阶段应停止通入保护气，以增加自由原子在石墨管内的平均停留时间；净化是在稍高于原子化温度的条件下除去石墨管中的残留物，避免对下一试样产生记忆效应。

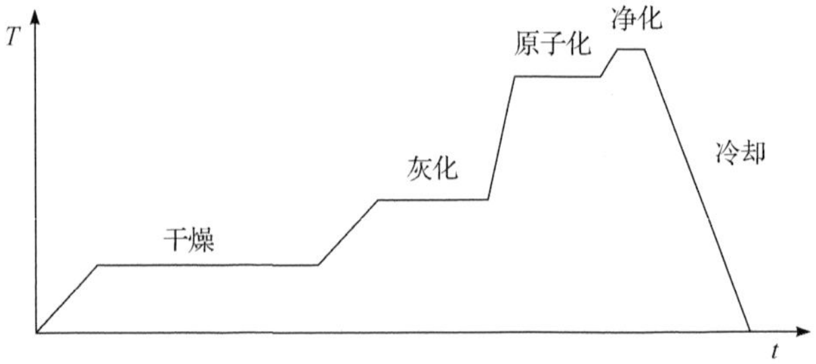

图 4.8　石墨炉升温程序

石墨炉原子化器的优点是注入的试样可以完全原子化，基态原子在吸收区内平均停留时间较长，原子蒸气浓度大，原子化效率高。与火焰原子化法相比，石墨炉原子化的灵敏度一般可以增加 10～200 倍。原子化温度高，有利于难挥发和原子化的元素的分析。液体和固体试样均可直接进样，试样用样量小，液体试样只需要 1～50 μL，固体试样只需要几毫克。缺点是共存组分干扰严重，需要进行背景校正；仪器操作条件不稳定，测定精密度不如火焰原子化；设备复杂，购买价格及运行费用较高。

2) 电加热石英管原子化器

对于含有汞、砷、硒等元素的物质，采用火焰原子化或者石墨炉原子化的测量灵敏度都不高，化学干扰和基体效应较大，但采用低温原子化法则能使目标分析物与基体有效分离，从而提高测量灵敏度。低温原子化法是指利用一些化学反应使待测物转化为气态分析物，引入石英管原子化器在较低温度下原子化，包括氢化物原子化法和冷原子化法。原子化温度一般为室温至几百摄氏度。电加热石英管原子化器示意图如图 4.9 所示。

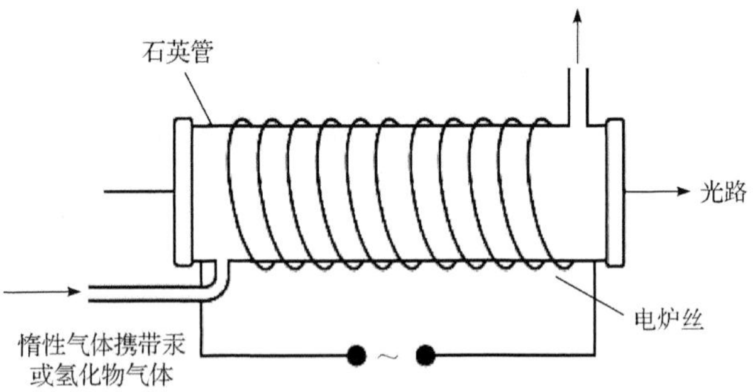

图 4.9　电加热石英管原子化器示意图

氢化物原子化法适合测定 As、Sb、Se、Sn、Bi、Ge、Pb、Te 等能生成氢化物的元素。其原理是在酸性溶液中，利用强还原剂($NaBH_4$或KBH_4)将待测元素还原成极易挥发的氢化物，如 AsH_3、SnH_4、BiH_3 等，由载气送入石英管通过加热分解为相应的基态原子。例如，As 的测定可以利用反应：

$$AsCl_3 + 4NaBH_4 + HCl + 8H_2O = AsH_3\uparrow + 4NaCl + 4HBO_2 + 13H_2$$

冷原子化法只适用于汞的分析，其原理是在常温下利用 $SnCl_2$ 等还原剂将汞化合物还原为汞原子，由载气送入吸收池进行测定。

低温原子化由于具有气液分离的过程，基体干扰和化学干扰小，因此进样效率高，测量灵敏度和准确度都高。

4.2.3　分光系统

原子吸收光谱仪的分光系统由入射狭缝、出射狭缝、色散元件、反射镜等组成，其中色散元件通常采用光栅。分光系统的作用是将待测元素的共振吸收线和邻近的谱线分开，其分光能力取决于色散元件的色散能力和出射狭缝的宽度。色散元件的倒线色散率与出射狭缝宽度的乘积称为光谱通带，表示分光系统出射狭缝所能通过的谱线的宽度，可以表示为

$$W = D \cdot S \tag{4.12}$$

式中，W 为光谱通带(nm)；D 为色散元件的倒线色散率(nm/mm)；S 为狭缝宽度(mm)。

由于每台仪器采用色散元件的色散率是一定的，分光能力仅与出射狭缝有关，因此可以根据需要的出射光强度来调节狭缝宽度，从而改变光谱通带。狭缝宽度越小，越有利于消除干扰谱线，但狭缝太小，透过光强度又会减弱，导致灵敏度降低。

4.2.4　检测系统

原子吸收光谱仪的检测器通常采用光电倍增管，其作用是将光信号转换为电信号进行光强度的测量。新型的 CCD、CID 检测器具有灵敏度高、线性范围宽、暗电流小等优点，特别适合微弱光的检测。

4.3　干扰及其消除方法

原子吸收光谱法的优点是干扰较小、选择性好，主要原因是使用了锐线光源，测量的是基态原子的共振吸收，吸收线的数目远少于发射线，谱线重叠的可能性小。但是在某些情况下干扰仍然存在，主要有四种类型的干扰：物理干扰、化学干扰、电离干扰、光谱干扰。

4.3.1　物理干扰

物理干扰是指由于试样黏度、表面张力、密度等物理特性在其转移、蒸发和原子化过程中发生变化而引起的原子吸收信号减小的干扰效应。物理干扰对试样中不同元素产

生的影响几乎是相似的，没有选择性。

减小或消除物理干扰最常用的方法是配制与待测试样组成相似的标准试样或采用标准加入法。待测试样浓度高还可以使用稀释法。

4.3.2 化学干扰

化学干扰是由于待测元素的原子与共存物质之间发生化学反应而引起原子化效率降低的干扰效应。化学干扰具有选择性，对不同元素、不同测量条件的影响各不相同。例如，待测元素与共存物质反应生成更稳定的化合物，从而影响待测元素化合物的解离和原子化。化学干扰是一个复杂的过程，是原子吸收光谱分析中的主要干扰，应根据实际情况采取不同的措施来消除干扰。

(1) 使用释放剂，能够与干扰物质发生化学反应生成更稳定或更难挥发的化合物，有利于释放待测元素。例如，在测定钙时加入氯化镧作释放剂，镧与磷酸盐生成更稳定的化合物从而使钙释放出来。

(2) 使用保护剂，能够与待测元素形成更易分解和原子化的化合物。例如，在测定钙时加入 EDTA 作保护剂，EDTA 与钙生成的配位化合物更容易被原子化，同时可以抑制磷酸盐对钙的干扰。在镁盐、铁盐溶液中加入 8-羟基喹啉生成 8-羟基喹啉铝，可消除铝对镁、铁的干扰。有机配位剂与金属离子生成有机物后更容易在火焰中被分解，因此更有利于与其配位的金属元素原子化。

(3) 使用化学改进剂，在石墨炉原子化的干燥和灰化阶段与试样发生化学反应，改变基体的挥发性或待测元素的挥发性，从而避免化学干扰。例如，在测定海水中的镉时加入 NH_4NO_3 作为基体改进剂，海水中的 NaCl 与其反应生成 NH_4Cl 和 $NaNO_3$，在灰化阶段可以挥发除去。

(4) 使用缓冲剂，能够使干扰元素在试样和标准溶液中都达到饱和状态，此时其干扰将趋于稳定。例如，在用乙炔-氧化亚氮火焰测定钛时，铝抑制钛的原子化，但在试样和标准溶液中都加入 200 μg/g 的铝盐，铝元素的干扰稳定，从而消除了对钛测定的干扰。

(5) 使用高温火焰或提高石墨炉原子化温度，可以抑制某些化学干扰。例如，在高温火焰中，磷酸根不干扰钙的测定；乙炔-氧化亚氮火焰可提高含 Si、Al 等元素化合物的原子化效率。

(6) 改变火焰特性，在强还原性的火焰中可以促进待测物质还原。例如，测定 Cr 时，在乙炔-空气富燃火焰中 CrO 与 C 反应，CrO 被还原为 Cr。

4.3.3 电离干扰

电离干扰是原子在高温下产生电离，使基态原子数减少，原子吸收信号和灵敏度降低的干扰效应。在火焰温度高且待测元素电离电位低的情况下，这种干扰最容易发生。加入更易电离的碱金属元素(即消电离剂)，碱金属元素首先被电离产生大量电子，可以抑制待测元素原子的电离，从而有效地消除电离干扰。例如，在测定钙时常加入一定量的钾盐溶液，大量的钾电离出自由电子，使钙的电离被抑制。

$$K \longrightarrow K^{+} + e^{-}$$

$$Ca^{2+} + 2e^{-} \longrightarrow Ca$$

4.3.4　光谱干扰

光谱干扰是与光谱发射和吸收有关的干扰，包括谱线干扰和背景吸收产生的干扰。

1. 谱线干扰

谱线干扰有几种情况：待测元素的分析线与共存元素的吸收线相互重叠，光谱通带内存在非吸收线，原子化器内的直流发射等。当共存元素吸收线与待测元素分析线波长很接近时，如 Ge 的测定采用 422.66 nm 的分析线，Ca 的吸收线为 422.67 nm，对于光谱线重叠引起的这种干扰，由于多数元素都有几条分析线，因此可以选用其他谱线或分离干扰元素来避免干扰。对于光谱通带内存在非吸收线，如铬空心阴极灯产生 Ar 的 357.7 nm 的谱线与 Cr 的 357.9 nm 的分析线，分光系统难以分离，则可以通过减小狭缝宽度来减小或消除干扰。对于原子化器内火焰燃烧本身或原子蒸气中待测元素的直流发射，可采用交流调制等技术消除干扰，同时也可以适当增大灯电流，使光源发射强度增加，从而提高信噪比。

2. 背景吸收

背景吸收包括分子吸收、光散射等。分子吸收干扰是指在原子化过程中生成的气体分子、难解离的盐、氧化物、氢氧化物等对待测元素的共振辐射产生吸收而引起的干扰。光散射是指原子化过程中产生的烟雾或固体微粒对光产生散射，形成假吸收，使吸光度值偏高。石墨炉原子化过程形成固体微粒和难解离分子的可能性更大，其背景吸收远比火焰原子吸收高。消除背景吸收常采用邻近非共振线背景校正法、连续光源背景校正法、塞曼效应背景校正法。

1) 邻近非共振线背景校正法

由于背景吸收是宽带吸收，与分析线邻近的非共振线不产生原子吸收，因此可以用来测量分析线背景吸收的吸光度。分析线测量的是原子吸收与背景吸收的总吸光度。两次吸光度之差即为原子吸收的吸光度。表 4.3 列出了常用于校正背景的非共振吸收线。这种方法准确度较差。

表 4.3　非共振吸收线　　单位：nm

分析线	非共振线	分析线	非共振线	分析线	非共振线
Ag　328.07	Ag　312.30	Ca　422.67	Ne　430.40	K　766.49	Pb　763.22
Al　309.27	Mg　313.16	Cd　228.80	Cd　226.50	Li　670.78	Ne　671.70
Au　242.80	Pt　265.95	Co　240.71	Co　241.16	Mg　285.21	Mg　280.26
Au　267.60	Pt　265.96	Cr　357.87	Ar　358.27	Mn　279.48	Cu　282.44
B　249.67	Cu　244.16	Cu　324.75	Cu　323.12	Mo　313.26	Mo　311.22
Ba　553.55	Ne　556.28	Fe　248.33	Cu　249.21	Na　588.99	Ne　585.25
Be　234.86	Cu　244.16	Hg　253.65	Al　266.92	Ni　232.00	Ni　231.60
Bi　223.06	Bi　227.66	In　303.94	In　305.12	Pb　283.31	Pb　282.32

续表

分析线	非共振线	分析线	非共振线	分析线	非共振线
Pd　247.64	Pd　247.70	Si　251.67	Cu　252.67	V　318.34	V　319.98
Pd　247.64	Pd　247.75	Sn　224.61	Cu　224.70	V　318.40	V　319.98
Pt　265.95	Pt　264.69	Sr　460.73	Ne　453.78	W　255.14	W　255.48
Sb　217.59	Sb　217.93	Ti　364.27	Ne　352.05	Zn　213.86	Zn　210.22
Se　196.03	Se　203.99	Tl　276.79	Tl　277.50		

2) 连续光源背景校正法

连续光源扣除背景是使用锐线光源和连续光源产生的光辐射交替通过原子化器。锐线光源发出的光辐射通过原子化器时，测定分析线的原子吸收和背景吸收的总吸光度。连续光源(氘灯、碘钨灯、氙灯)发出的光辐射通过原子化器，在同一波长测定的是背景吸收，待测原子的吸收可以忽略不计。两者之差即为待测元素的吸收。商品仪器多采用氘灯校正背景，因此该方法也称为氘灯扣除背景法。氘灯扣除背景法的优点是装置简单、操作简便、应用广泛；不足之处是只能在小于 360 nm 的范围内使用，波长范围较窄。图 4.10 是氘灯扣除背景法的装置。

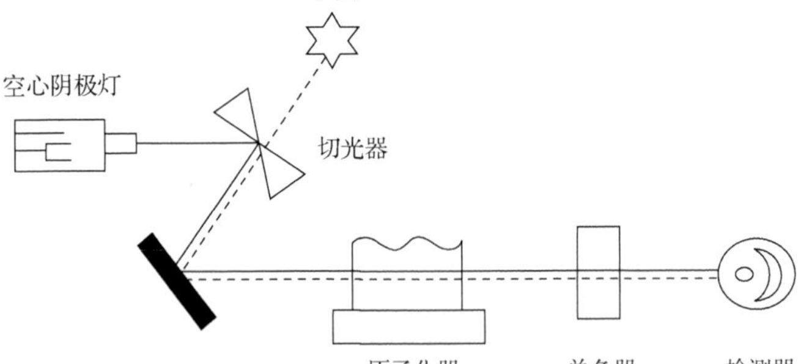

图 4.10　氘灯扣除背景法的装置

3) 塞曼效应背景校正法

塞曼效应是指在外磁场的作用下原子光谱线发生分裂的现象。利用塞曼效应扣除背景是根据原子谱线的磁效应和偏振特性来区分原子吸收和背景吸收。扣除背景的方法有光源调制法与吸收线调制法。光源调制法将磁场加在光源上，而吸收线调制法将磁场加在原子化器上。吸收线调制法又分为恒定磁场调制方式和交变磁场调制方式，应用更广泛。

恒定磁场调制方式如图 4.11 所示，是在原子化器上施加一个与入射光方向垂直的磁场。原子吸收线在磁场作用下分裂为不同方向的 π 组分和 $\sigma^{\pm}$ 组分。π 组分平行于磁场方向，波长不变；σ^{+}和 σ^{-} 组分垂直于磁场方向，波长分别向长波和短波方向移动。在偏振器的作用下，光源发出的共振发射线形成偏振光。当偏振器旋转到一定位置时，平行于磁场方向的偏振光通过原子化器，被吸收线 π 组分和背景吸收，测得原子吸收和背景吸收的总吸光度；当偏振器旋转到另一位置时，垂直于磁场方向的偏振光通过原子化器，不被 $\sigma^{\pm}$ 组分吸收，只产生背景吸收。两次吸光度之差即为原子吸收的吸光度。

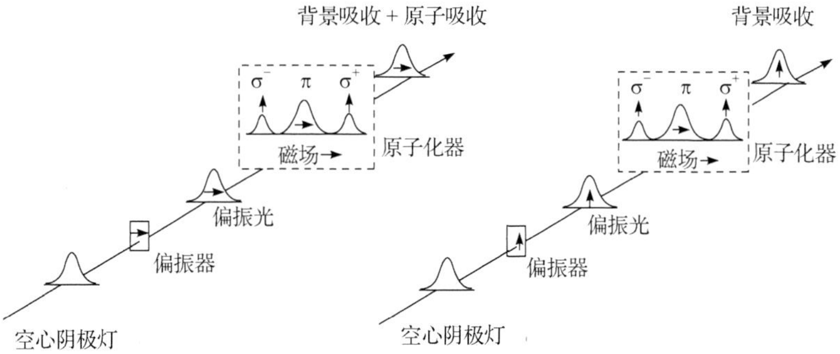

图 4.11　恒定磁场调制方式的塞曼效应背景校正示意图

交变磁场调制方式是在原子化器上加上磁场，磁场仅在原子化阶段开启，偏振器固定不旋转，只让垂直于磁场方向的偏振光通过原子化器。当关闭磁场时，原子吸收线不发生分裂，测得原子吸收和背景吸收的总吸光度。当开启磁场时，原子吸收线发生分裂，垂直于磁场的偏振光产生背景吸收，测得背景吸收的吸光度。两次吸光度之差即为原子吸收的吸光度。

与连续光源背景校正法相比，塞曼效应背景校正法准确度更高，可在全波段范围内进行，缺点是测定灵敏度有一定损失。

4.4　原子吸收光谱法的应用

在原子吸收光谱分析中，测量灵敏度和准确度与分析条件密切相关。为了获得满意的分析结果，需要选择最佳的测量条件和分析方法。

4.4.1　测量条件的选择

1. 分析线

分析线的选择应从灵敏度高和干扰少两方面考虑，通常选用共振吸收线作为分析线。测定高含量元素时，选用灵敏度较低的非共振吸收线作为分析线，可以获得适当的吸收值，以避免试样的过度稀释。共振吸收线在 200 nm 以下的远紫外区的元素，如 As、Se 等，火焰对其谱线有较强的吸收，因此可以选用非共振线作为分析线。

2. 狭缝宽度

光谱通带与检测器接收的光强度受到狭缝宽度的影响。狭缝宽度的选择应能使吸收线和邻近干扰谱线分开。采用锐线光源使得谱线不易重叠，因此使用较宽的狭缝可以获得较高的灵敏度和信噪比。当狭缝增宽到一定程度时，其他谱线或非吸收线出现在光谱通带内，造成吸光度减小。不引起吸光度减小的最大狭缝宽度即为最合适的狭缝宽度。通常通过调节不同的狭缝宽度测量试样的吸光度来确定狭缝宽度。

3. 灯电流

空心阴极灯的发射特性与工作电流有关。灯电流太小，放电不稳定，发射强度小；灯电流太大，光输出稳定性差，谱线变宽，灵敏度下降，也会影响灯的使用寿命。在实际工作中，可以通过绘制吸光度-灯电流曲线选择最佳灯电流。灯电流的选择原则是在保证放电稳定和适当光强的条件下，尽量选用较低的工作电流。空心阴极灯的工作电流通常为最大电流的 1/2～2/3，并且在使用前需要预热 10～30 min。

4. 原子化条件的选择

在火焰原子化法中，为了提高原子化效率，应根据试样组成和元素的特点选择火焰的类型。对于易解离的元素，宜采用乙炔-空气火焰；对于难解离和难熔化的元素，宜采用乙炔-氧化亚氮火焰；对于分析线在 200 nm 以下的元素，宜采用氢气-空气火焰。当火焰种类选定后，可通过调节燃气与助燃气的比例获得所需性质的火焰。中性火焰或贫燃火焰适合易生成不稳定氧化物的元素，富燃火焰适合易生成难解离氧化物的元素。由于基态原子在火焰中的空间分布不均匀，因此应调节燃烧器的高度，使空心阴极灯发出的光从基态原子浓度最大的区域通过，从而提高测量灵敏度。适宜的燃烧器高度需要通过绘制吸光度-燃烧器高度的关系曲线来确定。

在石墨炉原子化法中，通过实验选择适宜的干燥、灰化、原子化的温度和时间，以获得更大的吸收值。在原子化完成后应迅速升到更高的温度空烧以消除记忆效应，时间一般为 3～5 s，否则会使石墨管寿命大为缩短。加入基体改进剂可以消除基体效应的影响。

5. 进样量

进样量的大小也会影响原子吸收的测量。进样量太小，吸收信号较弱，信噪比低；进样量太大，在火焰原子化法中对火焰有冷却作用，使吸光度下降，而在石墨炉原子化法中会增加净化石墨管的难度。在实际工作中应通过测量不同进样量时的吸光度来确定最佳进样量。

4.4.2 定量分析的方法

1. 标准曲线法

根据原子吸收光谱法定量分析的理论依据，原子的吸光度与原子浓度在一定浓度范围内成正比，因此可以采用标准曲线法进行定量分析。配制一系列浓度不同的标准溶液，在最佳测定条件下测定它们的吸光度 A，以浓度 c 为横坐标，吸光度 A 为纵坐标，绘制 A-c 标准曲线。在相同条件下测定试样的吸光度 A_x，根据 A-c 标准曲线求出试样中待测元素的浓度或含量。

2. 标准加入法

对于较复杂的试样体系，如果标准溶液与试样组成无法匹配时，应使用标准加入法。

取几份相同的试样，其中一份不加入待测元素，其余各份分别加入不同量的待测元素，在选定条件下分别测定它们的吸光度 A，绘制 A-c 标准曲线。将标准曲线延长与横坐标相交，根据交点至原点的距离所对应的浓度 c_x 即可计算试样中待测元素的浓度或含量。

【例 4.1】 采用标准加入法测量废水中的铜。取 5 份 5.0 mL 试样于 50 mL 容量瓶中，然后加入不同体积 10.0 mg/L 的铜标准溶液，用蒸馏水定容至刻度。在选定条件下测得吸光度列于表格中，计算试样中铜的质量浓度。

水样体积/mL	加入铜标准溶液体积/mL	吸光度 A
5.0	0.0	0.164
5.0	5.0	0.283
5.0	10.0	0.404
5.0	15.0	0.531
5.0	20.0	0.645

解 标准溶液中铜的浓度依次为 0.0 mg/L、1.0 mg/L、2.0 mg/L、3.0 mg/L、4.0 mg/L，以浓度 c 为横坐标，吸光度 A 为纵坐标，绘制标准曲线，见图 4.12。

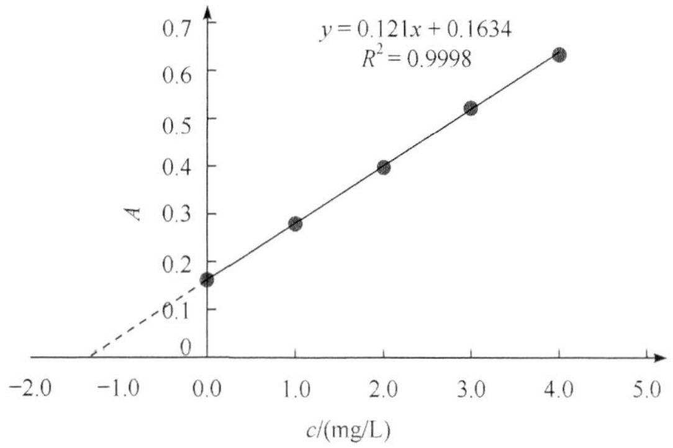

图 4.12　铜的标准曲线

将标准曲线外推与横坐标相交，其值为 1.35 mg/L。水样中铜的质量浓度为

$$\frac{1.35\ \text{mg/L}\times 50.0\ \text{mL}}{5.0\ \text{mL}}=13.5\ \text{mg/L}$$

4.5 灵敏度和检出限

灵敏度与检出限是评价分析方法和分析仪器的两个重要指标。

4.5.1 灵敏度

在原子吸收光谱分析中，灵敏度 S 定义为校正曲线的斜率。

$$S = \mathrm{d}A/\mathrm{d}c \tag{4.13}$$

式中，A 为吸光度；c 为待测元素的浓度或含量。

灵敏度通常用特征浓度或特征质量来表示。特征浓度或特征质量越小，元素测定的灵敏度越高。

1. 特征浓度

火焰原子吸收光谱法通常用特征浓度来表示灵敏度。特征浓度是指产生 1% 的吸收(即吸光度为 0.0044)时待测元素的质量浓度[(μg/mL)/1%]或质量分数[(μg/g)/1%]。

【例 4.2】 某铜溶液浓度为 2.0 μg/mL，原子吸收光谱法测得吸光度为 0.236，计算铜的特征浓度。

解 铜的特征浓度为

$$\frac{2.0\ \mu\text{g/mL}}{0.236} \times 0.0044 = 0.037\ (\mu\text{g/mL})/1\%$$

2. 特征质量

在石墨炉原子吸收光谱法中，通常用特征质量来表示灵敏度。特征质量是指产生 1% 的吸收(即吸光度为 0.0044)时待测元素的质量(g/1%)。

4.5.2 检出限

检出限是指使用一定的仪器和分析方法以适当的置信度检出待测元素的最小浓度或最小质量。根据国际纯粹与应用化学联合会(International Union of Pure and Applied Chemistry，IUPAC)的规定，检出限对应的最小检测信号为

$$\bar{A}_{\text{L}} = \bar{A}_{\text{b}} + KS_{\text{b}} \tag{4.14}$$

式中，$\bar{A}_{\text{L}}$ 为最小检测信号值；$\bar{A}_{\text{b}}$ 为空白试样多次测量值的平均值(噪声)；S_{b} 为空白试样多次测量值的标准偏差；K 为置信水平决定的系数，IUPAC 推荐 $K = 3$。

检出限为

$$c_{\text{L}} = \frac{3S_{\text{b}}}{S} \quad \text{或} \quad m_{\text{L}} = \frac{3S_{\text{b}}}{S} \tag{4.15}$$

式中，c_{L} 为最小检出浓度；m_{L} 为最小检出质量；S 为灵敏度。

可以看出，检出限的高低与灵敏度和空白值的标准偏差有关。灵敏度越高，噪声越小，检出限越低。

4.6 原子吸收光谱法的发展历史和趋势

原子吸收光谱法的发展晚于原子发射光谱法。1802 年，Wollaston 在观察太阳连续光谱时首次发现了太阳光谱的暗线。1817 年，Fraunhofer 将观察到的这些暗线称为 Fraunhofer 线，但无法解释其产生的原因。1859 年，Kirchhoff 和 Bunsen 通过实验证实了太阳光谱中的 D 暗线是大气中的气态钠原子吸收太阳光谱中的钠辐射而产生的。1955 年，Walsh 创立了原子吸收光谱法。20 世纪 60 年代，L'vov 和 Massman 提出了电热原子化技

术，建立了石墨炉原子吸收光谱法。1970 年制成商品仪器后原子吸收光谱法得到迅速发展。背景校正技术、石墨炉技术、计算机技术的发展，促使原子吸收技术不断更新，仪器的分析性能和自动化程度不断提高。目前，原子吸收光谱法已经广泛应用于冶金、地质、石油、化工、农业、生物、医药、环境保护、材料科学等领域。原子吸收光谱法的缺点是大多数仪器测定不同元素需要更换不同的空心阴极灯，虽然已经研制出多元素灯，但光强度和稳定性不足，应用受到一定限制，难以进行多元素同时测定；标准曲线线性范围窄，测定一些非金属元素的灵敏度较低。

4.6.1　光谱仪的制造与创新

原子吸收光谱仪的光源、原子化器、分光系统、检测系统等仪器部件一直在不断完善和发展。在光源方面，开发高分辨率连续光源原子吸收光谱(HR-CS-AAS)具有单一光源多元素适用的优点，可实现元素的顺序或同时检测，对一些无法制成空心阴极灯的元素也能测定，且能获得比传统空心阴极灯更高的灵敏度。与其他相关技术联用还可以测定卤素、S、P 等非金属元素。在原子化器方面，火焰炉原子吸收光谱仪器将管式火焰炉置于火焰原子吸收光谱仪燃烧器的前端进行原子化，有效延长了自由原子在火焰炉中的停留时间，进而提高了仪器灵敏度。以钨丝或钼丝为代表的电热原子化装置提高了原子化温度，有利于痕量难熔元素的检测。另外，发展小型化、高灵敏的分析仪器和分析仪器部件，有利于建立原位、活体、实时和在线的动态分析检测方法，也是当前分析仪器可持续发展的必然趋势。钨丝电热蒸发低能耗、便携式原子吸收光谱仪已有商品化仪器。基于微等离子体原子化器的微型化、低能耗、便携式原子吸收光谱仪的开发将是一个重要的发展方向。例如，DBD 作为原子化器与二极管激光吸收光谱法联用，实现了卤代烃的裂解和测定。将 DBD-AAS 系统应用于汞的非色谱形态分析，以 $NaBH_4$ 作为还原剂，在打开 DBD 的情况下测量总汞，关闭 DBD 的情况下只检测无机汞。

4.6.2　分析方法的开发与进展

在石墨炉原子化中，各种化学改进剂(如 Pd、Pt、铵盐、无机酸、有机酸、纳米材料等)的使用和持久化学改进技术的开发减少或消除了基体干扰、背景吸收和分析物灰化损失。

原子吸收光谱与色谱的联用在元素定量分析和形态分析方面获得了广泛应用。气相色谱与原子吸收光谱联用，适用于易挥发性金属化合物的痕量分析，具有高选择性和高灵敏度。仪器接口是联用技术的关键。采用可控温加热套管、热裂解装置可保证接口处目标分析物的气化和原子化。液相色谱与原子吸收光谱的联用常采用氢化物/冷蒸气发生或光化学蒸气发生的接口。

分离富集技术与方法的研究仍然是原子吸收光谱领域的热点之一。利用新型吸附剂材料，如碳纳米管、石墨烯及磁性复合材料等，借助固相萃取、液相萃取、固相微萃取等分离预富集手段，可以降低方法检出限，减小干扰效应，改善测量灵敏度。例如，铜(Ⅱ)基纳米花用作镉的预富集吸附剂，经分散固相萃取后，镉信号增强几十倍。利用微波辅助合成硫化镉纳米颗粒，对植物叶提取物中的铜离子进行预富集/分离，火焰原子吸收光谱法(flame atomic absorption spectrometry，FAAS)检测能力增强 100 多倍。

4.7　原子吸收光谱法的应用实例

铬是自然界普遍存在的一种重金属元素，广泛应用于钢铁、电镀、印染、制革、造纸、制药等工业。如果将其工业废水排放到灌溉农田，土壤会受到铬污染，食用含铬量过高的粮食或植物，人类和牲畜的健康将受到不同程度的危害。为了了解农业土壤受到重金属元素铬污染的情况，采用火焰原子吸收光谱法对土壤中的铬含量进行测定。

4.7.1　操作及实验条件

称取 0.2000 g 土壤样品于微波消解罐中，加入 6 mL 硝酸、2 mL 过氧化氢、2 mL 氢氟酸，混匀，盖上密封盖，置于微波炉消解，冷却后转移到 100 mL 容量瓶，用 1% 硝酸溶液定容，摇匀备用。

测量仪器为 Z5000 原子吸收光谱仪(日本日立公司)。优化后的测量条件为：分析线 Cr 357.9 nm，灯电流 9.0 mA，光谱通带 1.3 nm，乙炔流量 28 L/min，空气流量 15 L/min，燃烧器高度 7.5 mm。由于铬元素在火焰中易形成难解离的氧化物，因此采用强还原性乙炔-空气火焰测定，选择富燃火焰能有效提高测量灵敏度。

吸取铬储备液(50 mg/L)配制一系列铬标准溶液，测量其吸光度。

4.7.2　数据分析

以浓度 c 为横坐标，吸光度 A 为纵坐标，绘制标准曲线，通过相关软件拟合得到线性方程和相关系数，如图 4.13 所示。在相同条件下测量样品溶液的吸光度，由线性方程计算得到土壤中铬的含量。

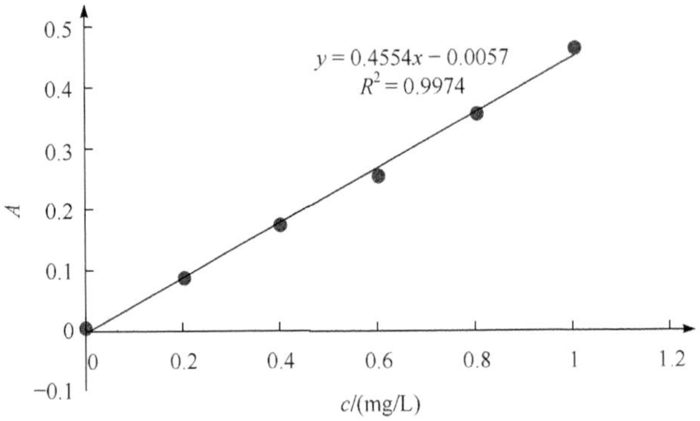

图 4.13　铬的标准曲线

4.8　原子荧光光谱法

原子荧光光谱法(atomic fluorescence spectrometry，AFS)是基于经外部光能作用后处于激发态的气态待测原子返回基态或较低的激发态时发射的荧光，建立对待测元素定量分析的方法。

原子荧光光谱法的优点是灵敏度高，谱线简单，选择性好，线性范围宽，通常为 3～5 个数量级，可进行多元素测定，目前已成为测定痕量元素的重要分析技术，在冶金、地质、石油、农业、生物医学、地球化学、材料科学、环境科学等领域得到了广泛应用。

原子荧光光谱法和原子发射光谱法都属于发射光谱，但是激发能不同，原子荧光是光致发光现象，而原子发射光谱是受到热能或电能的激发产生的。

由于原子荧光分析仪器的组成部件与原子吸收光谱仪类似，因此被归入原子吸收章节进行简要介绍。

4.8.1　原子荧光光谱法的基本原理

1. 原子荧光的产生

气态基态原子吸收电磁辐射后受到激发，原子的外层电子从基态跃迁到激发态，激发态不稳定，又跃迁回到基态或较低的激发态，以光辐射的形式释放出多余的能量，称为原子荧光。荧光是光致发光现象，当激发光源停止照射时，荧光的发射过程立即停止。

2. 原子荧光的类型

原子荧光分为三类：共振荧光、非共振荧光、敏化荧光。荧光产生的过程如图 4.14 所示。

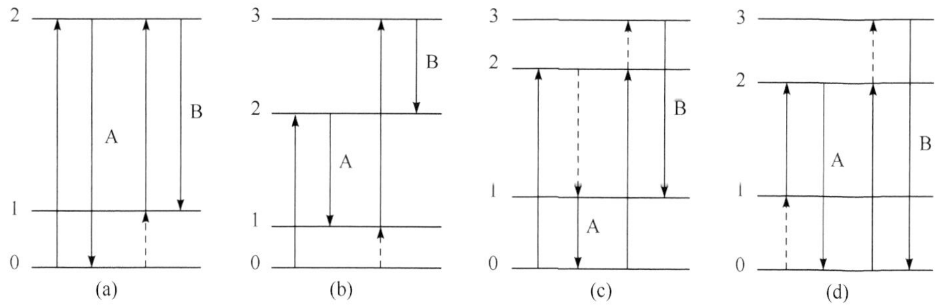

图 4.14　原子荧光产生的过程

(a) 共振原子荧光，A. 起源于基态，B. 热助共振荧光；(b) 直跃线荧光，A. 起源于基态，B. 起源于亚稳态；(c) 阶跃线荧光，A. 正常阶跃线荧光，B. 热助阶跃线荧光；(d) 反斯托克斯荧光，A. 起源于亚稳态，B. 起源于基态

1) 共振荧光

气态基态原子吸收特征辐射的能量被激发到激发态，再返回到基态，发射的荧光波长与激发光波长相同，这种荧光称为共振荧光。共振荧光在激发和发射过程中涉及相同的基态和激发态。在原子荧光分析中，共振荧光最强，应用最广泛。

2) 非共振荧光

当激发光波长与原子发射的荧光波长不同时，产生非共振荧光。非共振荧光包括直跃线荧光、阶跃线荧光与反斯托克斯荧光。直跃线荧光是激发态原子直接跃迁到较低的激发态时所发射的荧光，其特点是荧光波长大于激发光波长。阶跃线荧光有两类：一类是激发态原子先以非辐射形式失去部分能量回到较低的激发态，再以辐射形式去活化回到基态而发射的荧光，称为正常阶跃线荧光；另一类是激发态原子先通过非辐射过程吸收能量而激发到更高的激发态，再以辐射的形式去活化回到基态或较低的激发态而发射的荧光，称为热助阶跃线荧光。原子吸收辐射能和热能被激发到激发态，再返回低能级发射出荧光，其荧光波长小于激发光波长，称为反斯托克斯荧光。

3) 敏化荧光

受到光辐射作用而激发的原子本身不直接发射荧光，而是通过碰撞将其能量转移给其他元素的原子使其激发，该激发原子再以辐射的形式去活化而发射荧光，这种荧光称为敏化荧光。

4.8.2　原子荧光光谱仪

原子荧光光谱仪的组成与原子吸收光谱仪相似，由光源、原子化器、分光系统、检测系统等组成。其中检测系统与激发光源往往呈直角配置，避免了激发光源发射的辐射对原子荧光信号产生影响。

1. 光源

激发光源既可以用连续光源(如氙弧灯)，也可以用锐线光源(如高强度空心阴极灯、无极放电灯、激光等)。连续光源的优点是发光稳定，使用寿命长，能用于多元素同时测定，但检出限较差。由于荧光是光致发光现象，荧光强度与激发光强度成正比，因此采用发射高强度辐射线的锐线光源测量灵敏度更高，检出限更低。

2. 原子化器

原子化器通常采用火焰或石墨炉原子化器，但是对于 Hg、As、Se 等元素，采用冷蒸气发生或氢化物发生将气态待测物送入石英管低温原子化，测量灵敏度更高。

3. 分光系统

原子荧光光谱仪分为色散型和非色散型两类，如图 4.15 所示。色散型仪器常用的色散元件是光栅，非色散型仪器用滤光片来分离分析线和邻近谱线，以减小背景干扰。

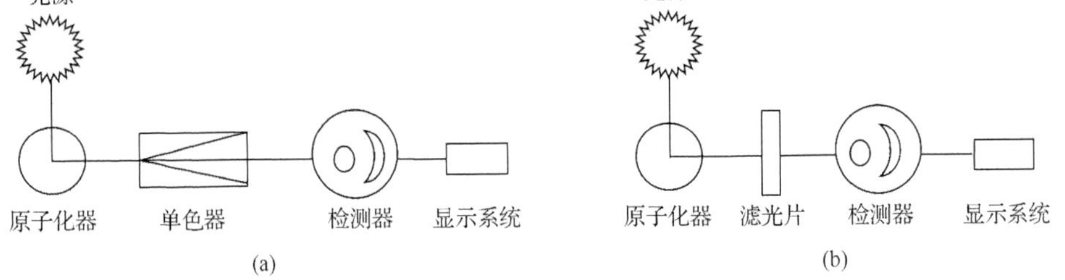

图 4.15　原子荧光光谱仪示意图

(a) 色散型；(b) 非色散型

4. 检测系统

色散型仪器常用的检测器是光电倍增管，非色散型仪器为了消除日光的影响，大多采用日盲光电倍增管。

由于原子荧光是向空间不同方向发射，因此可以制成多个通道对不同元素的荧光进行测量。多元素测量的原子荧光光谱仪为每一种元素的测量配置了各自的光源(空心阴极灯)和滤光片，但是共用一个原子化器和检测器，可实现多种元素的顺序测量。

4.8.3 原子荧光光谱法的应用

假设激发光是一束强度为 I_0 的平行光，则基态原子对光的吸收强度 I_a 为

$$I_a = I_0 A(1 - e^{-KLN}) \tag{4.16}$$

式中，I_a 为吸收光强度；I_0 为激发光强度；A 为光源照射的有效面积；K 为峰值吸收系数；L 为吸收光程长；N 为单位体积内的基态原子数目。

荧光的强度 I_f 与 I_a 的关系为

$$I_f = \phi I_a \tag{4.17}$$

式中，ϕ 为荧光量子效率，是发射荧光光量子数与吸收激发光光量子数之比。

$$I_f = \phi I_0 A(1 - e^{-KLN}) \tag{4.18}$$

$$\begin{aligned} I_f &= \phi I_0 A\left[KLN - \frac{(KLN)^2}{2!} + \frac{(KLN)^3}{3!} - \frac{(KLN)^4}{4!} + \cdots\right] \\ &= \phi I_0 AKLN\left[1 - \frac{KLN}{2} + \frac{(KLN)^2}{6} - \frac{(KLN)^3}{24} + \cdots\right] \end{aligned} \tag{4.19}$$

当原子浓度较低时，$KLN/2$ 及以后各项可以忽略，则

$$I_f = \phi I_0 AKLN \tag{4.20}$$

当测量条件一定时，原子荧光强度与待测原子浓度 c 成正比，即

$$I_f = kc \tag{4.21}$$

这是原子荧光定量分析的基本关系式。通常采用标准曲线法进行定量分析，有时也采用标准加入法。

原子荧光光谱法特别适用于 As、Sb、Bi、Hg、Ge、Sn、Pb、Zn、Cd、Se、Te 等能形成氢化物的元素的分析，而且测定 Cd、Zn 等 20 多种吸收线小于 300 nm 的元素的检出限优于原子吸收光谱法和原子发射光谱法。

4.8.4 原子荧光光谱法的发展历史和趋势

原子荧光光谱法最早由 Winfordner 和 Vickers 提出，是 20 世纪 60 年代以后发展起来的一种原子光谱分析方法。我国专家学者对原子荧光分析技术的研究开始于 20 世纪 70 年代中期，80 年代以来化学蒸气发生原子荧光光谱(chemical vapor generation-atomic fluorescence spectrometry，CVG-AFS)技术在我国发展迅速，对激发光源、原子化器和进样系统等关键仪器部件进行改进，使得该技术在冶金、地质、生物医学、地球化学、材料科学、环境科学、生命科学等领域得到了广泛应用。经过几十年的不断努力，我国原

子荧光分析在仪器开发、分析方法和应用研究等方面处于国际领先水平。

原子荧光光谱法灵敏度高、选择性好，但在仪器组成部件及进样体系等方面仍需改进和完善。微等离子体被用于 AFS 的原子化器研究，通过对装置结构的调整，可获得与传统原子化器相当的灵敏度。基于微等离子体的原子荧光分析系统有望被制成便携式、微型化的分析仪器，以满足现场快速分析以及工业生产、特殊环境中自动监测的需要。在进样方式方面，原子荧光分析以化学蒸气发生和光化学蒸气发生将分析物以气态的方式引入原子荧光光谱仪，具有显著提高样品的进样效率、高效实现分析物与基体的分离、改善方法检出限等优点。原子荧光光谱与气相色谱、液相色谱联用在有机金属化合物的检测灵敏度上有一定优势。

习题与拓展

1. 原子吸收光谱分析使用锐线光源的原因是什么？

2. 影响原子吸收光谱谱线变宽的因素有哪些？这些因素如何影响谱线的宽度？

3. 为什么选用共振线作为原子吸收光谱分析的分析线？

4. 原子吸收光谱仪主要由哪几部分组成？各有什么作用？

5. 原子吸收光谱分析对光源的基本要求是什么？简述空心阴极灯的工作原理和特点。

6. 简述常用原子化器的类型及其特点。

7. 原子吸收光谱分析中有哪些干扰因素？如何消除或减少干扰？

8. 原子吸收光谱中背景吸收是怎样产生的？如何校正背景？

9. 原子吸收光谱法定量分析的依据是什么？

10. 原子荧光是怎样产生的？有什么特点？原子荧光光谱分析对仪器有什么要求？

11. 原子荧光光谱法定量分析的依据是什么？

12. 试从原理、仪器、应用三方面对原子发射光谱法、原子吸收光谱法、原子荧光光谱法进行比较。

13. 用原子吸收光谱仪测定浓度为 2 μg/mL 的含铜溶液，测得其透光率为 50%，计算其灵敏度。

14. 用原子吸收光谱法分析血清中的镁。测定镁标准溶液得到如下数据，取血清 2 mL，用水稀释 50 倍，在相同条件下测得吸光度为 0.213，求血清中镁的含量。

c/(mg/mL)	0.2	0.4	0.6	0.8	1.0
A	0.079	0.161	0.236	0.318	0.398

15. 测定废水试样中铅的含量。将两份 0.5 mL 的废水分别加至 5.0 mL 水中，然后在这两份溶液中分别加入 0.0 mL 和 1.0 mL 0.0500 mol/L 的铅标准溶液，用原子吸收光谱仪测得吸光度分别为 0.230 和 0.453，计算废水中铅的质量浓度。

16. 用原子荧光光谱法测定电镀废水中砷的含量。砷标准溶液和试样溶液的荧光强度列于表中，计算电镀废水中砷的含量。

c/(μg/L)	2	4	6	8	10	试样
相对荧光强度	14.8	30.6	45.2	60.5	75.7	50.3

17. 拓展练习：

(1) 查阅一篇与原子吸收光谱法或原子荧光光谱法相关的文献，结合本章的知识点对文献进行解读，需包括：简要的文献总结、章节知识点与文献内容的关联以及改进的思考。

(2) 查阅资料，归纳总结原子吸收光谱法或原子荧光光谱法在仪器部件和分析应用上的发展创新，需列出相应的参考文献。

参 考 文 献

柴逸峰, 邸欣, 凌笑梅, 等. 2016. 分析化学. 8 版. 北京: 人民卫生出版社.

方惠群, 于俊生, 史坚. 2002. 仪器分析. 北京: 科学出版社.

侯贤灯, 王秋泉, 史建波, 等. 2022. 原子光谱分析前沿. 北京: 科学出版社.

华中师范大学, 陕西师范大学, 东北师范大学, 等. 2012. 分析化学(下册). 4 版. 北京: 高等教育出版社.

刘密新, 罗国安, 张新荣, 等. 2002. 仪器分析. 2 版. 北京: 清华大学出版社.

武汉大学. 2018. 分析化学(下册). 6 版. 北京: 高等教育出版社.

叶宪曾, 张新祥. 2007. 仪器分析教程. 2 版. 北京: 北京大学出版社.

曾泳淮. 2010. 分析化学(仪器分析部分). 3 版. 北京: 高等教育出版社.

朱明华, 胡坪. 2008. 仪器分析. 4 版. 北京: 高等教育出版社.

庄乾坤, 刘虎威, 陈洪源. 2012. 分析化学学科前沿与展望. 北京: 科学出版社.

Hanna S N, Jones B T. 2011. A review of tungsten coil electrothermal vaporization as a sample introduction technique in atomic spectrometry. Applied Spectroscopy Reviews, 46(8): 624-635.

Jinadasa K K, Peña-Vázquez E, Bermejo-Barrera P, et al. 2022. Smart materials for mercury and arsenic determination in food and beverages. Microchemical Journal, 179: 107472.

Karlidağ N E, Toprak M, Demirel R, et al. 2022. Development of copper nanoflowers based dispersive solid-phase extraction method for cadmium determination in shalgam juice samples using slotted quartz tube atomic absorption spectrometry. Food Chemistry, 396: 133669.

Nguyen Van D, Radziuk B, Frech W. 2006. A comparison between continuum- and line source AAS for speciation analysis of butyl and phenyltin compounds. Journal of Analytical Atomic Spectrometry, 21(7): 708-711.

Wu P, He S P, Luo B, et al. 2009. Flame furnace atomic absorption spectrometry: A review. Applied Spectroscopy Reviews, 44(5): 411-437.

Zou Z R, Deng Y J, Hu J, et al. 2018. Recent trends in atomic fluorescence spectrometry towards miniaturized instrumentation: A review. Analytica Chimica Acta, 1019: 25-37.

原子吸收与原
子荧光的比较

第 5 章　紫外-可见分光光度法

紫外-可见分光光度法(ultraviolet and visible spectrophotometry，UV-vis)是基于物质分子、无机离子化合物或纳米材料对紫外光区(200～400 nm)和可见光区(400～760 nm)辐射的吸收特性建立的一种定性、定量和结构分析的方法，又称紫外-可见吸收光谱法。该方法灵敏度较高，可以测定 10^{-7}～10^{-4} g/mL 的微量组分；准确度较高，相对误差一般在 1%以内；仪器价格较低且操作简便快速。紫外-可见分光光度法已广泛应用于生物化学传感、食品分析、环境检测、临床诊断等领域。

5.1　紫外-可见分光光度法的基本原理和概念

5.1.1　吸收光谱的产生

紫外-可见吸收光谱是分子、离子化合物或纳米材料中的价电子在不同轨道或能带之间跃迁产生的，因此紫外-可见吸收光谱属于电子光谱。分子内部的运动比原子复杂，除了价电子的运动，还有内部原子在平衡位置附近的振动和分子绕其质心的转动。因此，分子吸收光谱源于分子电子能级、振动能级和转动能级的跃迁。图 5.1 是多原子分子的能级吸收跃迁示意图，其中 S_0 和 S_1 分别代表不同能量的电子能级，在每个电子能级中包含若干个振动能级($v = 1, 2, 3, 4, \cdots$)和转动能级($r = 1, 2, 3, 4, \cdots$)。因此，分子的总能量可以认为近似等于这三种运动能量之和[图 5.1(a)]。依照光谱分析导论中介绍的光的能量与波长及频率的关系，若照射分子的电磁辐射的能量 $h\nu$ 大于等于分子能级间的能量差 ΔE 时，分子吸收能量，电子将从低能级跃迁至较高能级。

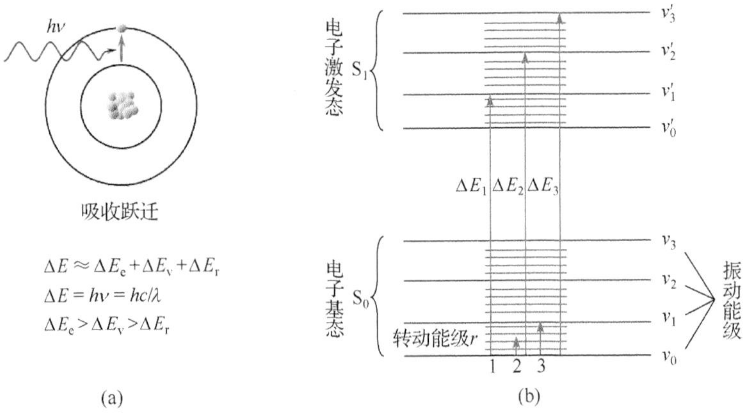

图 5.1　多原子分子吸收跃迁示意图及相关能量关系(a)与分子部分能级示意图(b)

1. 电子跃迁；2. 转动跃迁；3. 振动跃迁

分子中的三种能级能量差有显著差别，一般电子能级的能量差(或称每个能级间距)为 1～20 eV，所对应的波长范围为 62～1240 nm，因此由于电子能级跃迁而产生的吸收光谱主要处于紫外和可见光区域(200～760 nm)。振动能级能量差次之，一般为 0.05～1 eV，相应的分子吸收属于红外光谱，而转动能级间距最小，一般为 0.005～0.05 eV，与之对应的分子吸收属于远红外光谱。发生振动和转动跃迁所需的能量远小于发生电子跃迁所需的能量，因此当发生电子能级跃迁时，不可避免地会引起振动和转动能级的跃迁。转动能级约为电子能级的间隔的 1/1000，现假设分子电子能级间距为 5 eV，即对应的波长为 250 nm，那么转动能级谱线波长间隔为 250 nm × 0.001 = 0.25 nm。一般分光光度计的分辨率无法区分如此小的间隔，因此观察到的是连在一起较宽的带，称为带状光谱(band spectrum)。

各种分子不同的内部结构导致分子的能级千差万别，各种能级之间的间隔也互不相同，这样的性质决定了它们对不同波长的光具有不同的吸收能力。通常物质分子也只能选择性地吸收那些能量相当于该分子电子运动能、振动能和转动能变化总和的电磁辐射。通过改变入射光的波长，并记录物质在每一波长处的吸光度，然后得到以波长为横坐标和吸光度为纵坐标的谱图，称为该物质的吸收光谱。物质的吸收光谱反映它对不同波长光吸收能力的分布情况，因此可以从光谱形状、峰强度、位置及数目研究物质的内部结构。

5.1.2 电子跃迁类型

在紫外-可见光区域，有机化合物的吸收光谱主要由 $\sigma\rightarrow\sigma^*$、$\pi\rightarrow\pi^*$、$n\rightarrow\sigma^*$、$n\rightarrow\pi^*$及电荷迁移跃迁产生，而无机化合物的吸收光谱主要源于电荷迁移跃迁和配位场跃迁。对于新型纳米材料而言，除了常见跃迁外，还涉及价带电子向导带跃迁(半导体纳米材料)和表面等离子体共振吸收(贵金属纳米颗粒)等，此内容不作过多描述，详情可参阅相关文献。图 5.2 为几种常见的紫外与可见吸收光谱的位置以及对应的摩尔吸光系数[ε，单位 L/(mol · cm)]示意图，以下将详细介绍有机和无机化合物紫外-可见吸收光谱所涉及的跃迁类型。

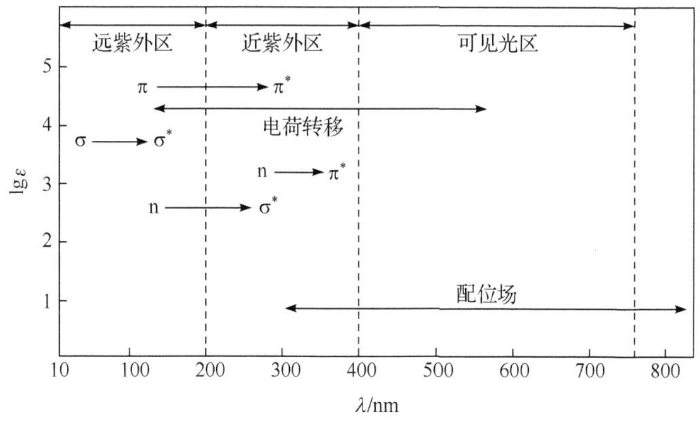

图 5.2 几种常见的紫外与可见吸收光谱的位置以及对应的摩尔吸光系数示意图

1. 有机化合物的电子跃迁类型

从化学键的性质来看，与有机化合物分子的紫外-可见吸收光谱相关的电子主要有三种：即形成单键的 σ 电子、形成双键的 π 电子和未成键的 n 电子。根据分子轨道理论，分子中的这三种电子的能级从低到高依次为：$\sigma < \pi < n < \pi^* < \sigma^*$。其中 σ 和 π 表示分子成键轨道，n 表示分子非键轨道，π^*和 σ^*代表分子反键轨道(图 5.3)。当分子受到合适的外来电磁辐射激发时，处在较低能级的电子就能跃迁到较高的能级。由于各个分子轨道之间的能量差值不同，因此要实现各种跃迁所需要的能量也是各不相同的。成键电子 π 较 σ 具有更高的能级，反键电子反之。一般情况下孤对电子 n 容易跃迁至激发态，因此简单分子中 $n\to\pi^*$跃迁所需能量最小，吸收峰位于长波区；电子跃迁时吸收能量的大小顺序为：$\sigma\to\sigma^* > n\to\sigma^* > \pi\to\pi^* > n\to\pi^*$。

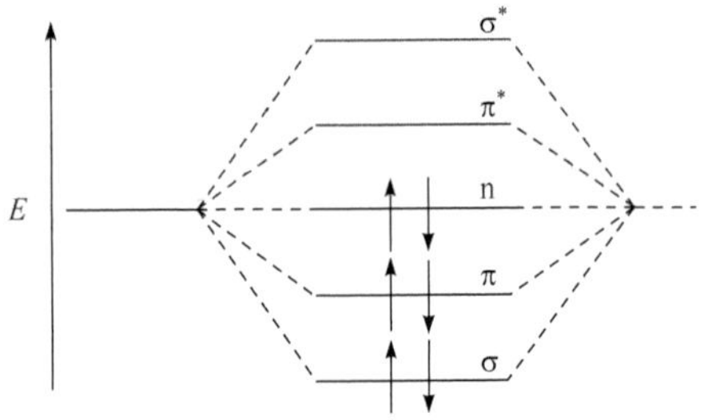

图 5.3　分子的电子能级

1) $\sigma\to\sigma^*$跃迁

$\sigma\to\sigma^*$跃迁是指处于 σ 成键轨道上的电子在吸收光能后跃迁至 σ^*反键轨道的过程，这是所有存在 σ 键的有机化合物都可以发生的跃迁类型。分子中 σ 键较为牢固，跃迁需要较高的能量，所产生的吸收峰出现在远紫外区，通常 $\lambda < 200$ nm。饱和烃类的 C—C 键就属于这类跃迁，甲烷的最大吸收峰 λ_{max} 为 125 nm，乙烷的 λ_{max} 为 135 nm。O_2 和 H_2O_2 在远紫外区域也有较强吸收，分光光度计还难以在此区域做定性或定量分析，因此一般情况下不讨论 $\sigma\to\sigma^*$跃迁所产生的吸收带。由于仅能产生 $\sigma\to\sigma^*$跃迁的物质在 200 nm 以上区域没有吸收，故常采用饱和烃类化合物(如正己烷、环己烷、正庚烷等)作紫外-可见吸收光谱分析时的溶剂。

2) $n\to\sigma^*$跃迁

$n\to\sigma^*$跃迁是指孤对电子 n 在吸收光能后从非键轨道向 σ^*反键轨道的跃迁，凡含有 n 电子的杂原子(如 N、O、S、P、X 等)的饱和化合物都可发生此类跃迁。$n\to\sigma^*$跃迁比 $\sigma\to\sigma^*$所需能量更小，因此吸收光的波长会长一些，但也只是在近紫外区域(约 200 nm)。最大吸收峰 λ_{max} 随杂原子的电负性不同而存在显著差异，一般电负性越大，n 电子被束缚得越紧，跃迁所需的能量越大，则吸收光的波长越短。例如，CH_3Cl 的 λ_{max} 为 173 nm，CH_3Br 的 λ_{max} 为 204 nm，而 CH_3I 的 λ_{max} 为 258 nm。此外，$n\to\sigma^*$跃迁所引起的吸收强度低，摩尔吸光系数 ε 通常为 100～300。

3) $\pi\to\pi^*$跃迁

$\pi\to\pi^*$跃迁是指处于 π 成键轨道上的电子在吸收光能后跃迁至 π^*反键轨道的过程，可能发生在任何具有不饱和键的有机化合物分子中。跃迁所需能量较小，且随着共轭程度增加而减小，一般孤立的 $\pi\rightarrow\pi^*$跃迁在 200 nm 左右。此外，共轭作用使吸收能力大幅增强，波长向长波方向移动(红移)，即 λ_{max} 和 ε_{max} 均增加。例如，丁二烯的 λ_{max} 为 217 nm，ε_{max} 为 21000；1,3,5-己三烯的 λ_{max} 为 258 nm，ε_{max} 为 35000。

4) $n\rightarrow\pi^*$跃迁

$n\rightarrow\pi^*$跃迁是指孤对电子 n 在吸收光能后从非键轨道向 π^*反键轨道的跃迁，可能发生在任何含有杂原子的不饱和化合物中，如 C═O、C═S、—N═N—等。这种跃迁吸收峰一般在近紫外区(200～400 nm)，与 $\pi\rightarrow\pi^*$跃迁的区别在于前者跃迁概率小，是弱吸收带，一般 $\varepsilon_{max} < 100$。例如，丙酮的 $n\rightarrow\pi^*$跃迁吸收峰 λ_{max} 为 279 nm，ε_{max} 为 30。

5) 电荷迁移跃迁

有些分子同时具有电子给体和电子受体两部分，这种分子在电磁辐射的激发下会强烈地吸收辐射，使电子从给予体向电子受体相关联的轨道跃迁，称为电荷迁移跃迁。例如，苯胺分子中的苯环可以作为电子受体，氮可以作为电子给体，在光子的作用下产生电荷迁移(图 5.4)。电荷迁移跃迁的特点是吸收光谱较宽且 λ_{max} 较大(一般在可见光区)；吸收强度大，一般 $\varepsilon_{max} > 10^4$，常用于定量分析，也是现代比色法常选择的信号探针之一。

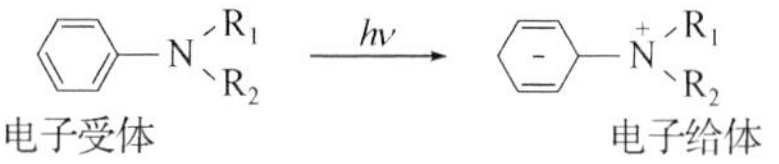

图 5.4　分子在光子作用下产生电荷迁移示意图

2. 无机化合物的电子跃迁类型

无机化合物产生紫外-可见吸收光谱主要源于两种电子跃迁类型，即电荷迁移跃迁和配位场跃迁。

1) 电荷迁移跃迁

与某些有机物类似，许多无机化合物也能产生电荷迁移跃迁光谱。一般配合物的金属中心离子(M^{n+})具有正电荷中心，是电子受体，配体(L^{m-})具有负电荷中心，是电子给体。当化合物受到电磁辐射照射时，一个电子由配体的轨道跃迁至金属离子的电子轨道，此时即可产生电荷迁移跃迁光谱(图 5.5)。这种跃迁实质上是配体与金属离子之间发生分子内的氧化-还原反应。

$$M^{n+}—L^{m-} \xrightarrow{h\nu} M^{(n-1)+}—L^{(m-1)-}$$

$$\underset{\text{电子受体}}{Fe^{3+}}—\underset{\text{电子给体}}{SCN^-} \xrightarrow{h\nu} \underset{\text{血红色配合物}}{Fe^{2+}—SCN}$$

图 5.5　配合物单电子电荷迁移跃迁表达式

2) 配位场跃迁

配位场跃迁吸收光谱的产生来源于过渡金属离子与配体(通常是有机化合物)所形成的配合物在外来电磁辐射作用下的 d-d 跃迁和 f-f 跃迁。元素周期表中第四周期和第五周期的过渡金属元素中分别含有 3d 和 4d 电子轨道，镧系和锕系元素分别含有 4f 和 5f 电子轨道。这些轨道的能量通常是相等的(简并的)，当配体按照一定的几何方向配位在金属离子周围时，原来简并的 5 个 d 轨道和 7 个 f 轨道分别裂分为几组能量不等的 d 轨道和 f 轨道(图 5.6)。如果轨道是未充满的，当它们吸收光能后，低能态的 d 电子或 f 电子可以分别跃迁到高能态的 d 轨道或 f 轨道。配位场导致分裂的轨道间能量差别较小，因此这类跃迁吸收光谱一般位于可见光区。与电荷迁移跃迁相比，由于选择定则的限制，配位场跃迁吸收的摩尔吸光系数较小，一般 $\varepsilon_{max} < 100$。配位场吸收较少用于定量分析，但在研究配合物的结构及无机配合物键合理论等方面有独特的优势。

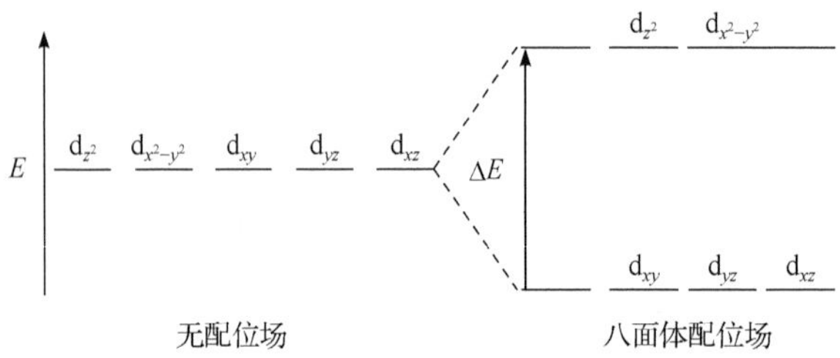

图 5.6　在八面体配位场中 d 轨道的分裂示意图

5.1.3　紫外-可见吸收光谱相关术语

(1) 吸收光谱(absorption spectrum)：又称吸收曲线，是以吸光度(absorbance，A)或透光率(transmittance，T)为纵坐标，以波长 λ(nm)为横坐标绘制的曲线(图 5.7)。

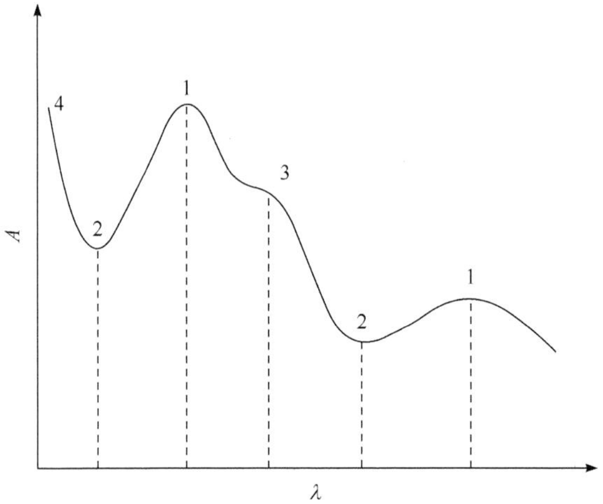

图 5.7　吸收光谱示意图

(2) 吸收峰(absorption peak)：是吸收曲线上吸光度最大的地方，所对应的波长称为最大吸收波长 λ_{max}(图 5.7 中 1)。

(3) 谷(valley)：是峰与峰之间最低的部分，所对应的波长称为最小吸收波长 λ_{min}(图 5.7 中 2)。

(4) 肩峰(shoulder peak)：在一个吸收峰旁边产生的一个曲折(图 5.7 中 3)。

(5) 末端吸收(end absorption)：只在谱图短波端呈现强吸收而不形成峰形的部分(图 5.7 中 4)。

(6) 生色团(chromophore)：是有机化合物分子结构中含有能产生 $\pi\rightarrow\pi^*$或 $n\rightarrow\pi^*$跃迁的基团，如 C═C、C═O、—C═S、$—NO_2$、—N═N—等，能在紫外-可见光范围内产生吸收。

(7) 助色团(auxochrome)：指含有非键电子对的杂原子饱和基团，如—OH、$—NH_2$、—SH、—OX(X 表示卤素)、—OR 等，生色团或饱和烃与其相连时，吸收峰向长波方向移动，且吸收强度增加。

(8) 红移(red shift)：也称长移，是由于化合物的结构改变，如发生共轭作用、引入助色团或溶剂改变等，使吸收峰向长波方向移动的现象。

(9) 蓝移(blue shift)：又称紫移或短移，是化合物结构变化或溶剂改变时吸收峰向短波方向移动的现象。

(10) 增色和减色效应：化合物结构改变或其他原因使吸收增强的现象称为增色效应(hyperchromic effect)；反之，使吸收强度减弱的现象称为减色效应(hypochromic effect)。

(11) 强带(strong band)和弱带(weak band)：化合物的紫外-可见吸收光谱中摩尔吸光系数 $\varepsilon_{max} > 10^4$ 的吸收峰称为强带；$\varepsilon_{max} < 10^2$ 的吸收峰称为弱带。

(12) R 带：由德文 radikal(基团)得名，是由含杂原子的生色团的 $n\rightarrow\pi^*$跃迁引起的吸收带。特点是强度弱($\varepsilon_{max} < 10^2$)，吸收峰通常位于 200～400 nm。

(13) K 带：由德文 konjugation(共轭作用)得名，是共轭体系 $\pi\rightarrow\pi^*$跃迁产生的吸收带。特点是吸收强度大($\varepsilon_{max} > 10^4$)，吸收峰位置一般处于 217～280 nm。K 带的波长及强度与共轭体系的数目、位置以及取代基的种类有关，是紫外-可见吸收光谱中应用最多的吸收带。

(14) B 带：由 benzenoid(苯的)得名，是芳香族化合物 $\pi\rightarrow\pi^*$跃迁而产生的精细结构吸收带。苯的 B 带摩尔吸光系数 ε_{max} 约为 200，吸收峰出现在 230～270 nm(图 5.8)。

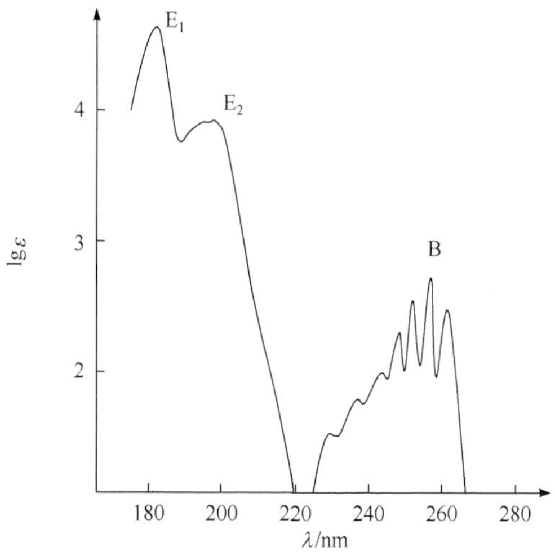

图 5.8　苯的异丙烷溶液紫外吸收光谱示意图

(15) E 带：也是芳香族化合物 $\pi\rightarrow\pi^*$跃迁而产生的吸收带，可分为 E_1 和 E_2 带(图 5.8)。E_1 带的吸收峰位置约为 180 nm，ε_{max} 为 4.7×10^4；E_2 带的吸收峰位置约为 200 nm，ε_{max} 为 7×10^3，都属于强吸收峰。

5.1.4　紫外-可见吸收光谱的影响因素

紫外-可见吸收光谱吸收带的位置和强度易受分子中结构因素和测定条件等诸多因素影响，且在较宽的波长范围内变动。紫外-可见吸收光谱源于化合物电子的跃迁，因此分子中电子共轭结构的影响是核心因素。

1. 共轭效应

共轭效应使共轭体系形成大 π 键，导致电子离域到多个原子之间，使各能级间的能量差减小，进而 $\pi\rightarrow\pi^*$跃迁能量降低，同时跃迁概率增加。因此，共轭效应对共轭体系的宏观影响既表现为吸收波长红移，又使吸收强度增加(表 5.1)。

表 5.1　共轭多烯 $[H(CH{=}CH)_nH]$ 的吸收峰与摩尔吸光系数

n	λ_{max}/nm	ε_{max}/[L/(mol · cm)]
1	180	10000
2	217	21000
3	268	34000
4	304	64000
5	334	121000
6	364	138000

2. 立体化学效应

立体化学效应是指因空间位阻、构象或跨环共轭等因素导致吸收光谱发生红移或蓝移，并伴随增色或减色效应的现象。空间位阻会妨碍分子内共轭的生色基团处于同一平面，使共轭效应减小甚至消失，进而显著影响吸收峰的波长和摩尔吸光系数。例如，二苯乙烯分子中，反式结构的 K 带 λ_{max} 比顺式结构的更长，且摩尔吸光系数也显著增加(图 5.9)。该分子顺式结构有立体阻碍，因此苯环与乙烯双键不能同平面，不易产生共轭效应。

λ_{max} = 280 nm，ε_{max} = 10500　　λ_{max} = 295.5 nm，ε_{max} = 29000

顺式二苯乙烯　　反式二苯乙烯

图 5.9　二苯乙烯顺反结构示意图

跨环效应是指两个生色团虽不共轭，但特殊的空间排列会使它们的电子云仍能相互影响，进而使 λ_{max} 和 ε_{max} 发生变化。例如，在有些 β、γ 不饱和酮中，虽然双键与酮基不产生共轭体系，但由于适当的立体排列，使羰基氧的孤对电子和双键的 π 电子发生作用，进而影响电子跃迁过程。

3. 溶剂效应

溶剂效应是指溶剂极性对化合物的紫外-可见吸收光谱的影响，除了能改变吸收峰的位置，也能影响吸收强度及光谱精细结构。当物质分子处于气态时，它的吸收光谱是由孤立分子给出的，因此谱图可表现分子振动和转动相关光谱的精细结构。但当物质溶解在溶剂中时，溶剂围绕在溶质分子周围，严重限制了物质分子的自由转动，因此使转动相关光谱无法表现出来。此外，溶剂的极性越大，溶剂与溶质分子的作用力越强，进而导致物质分子的振动受限，因此与振动相关的光谱信息会损失。图 5.10 是四嗪分子在气态、非极性溶剂和极性溶剂中的吸收光谱。

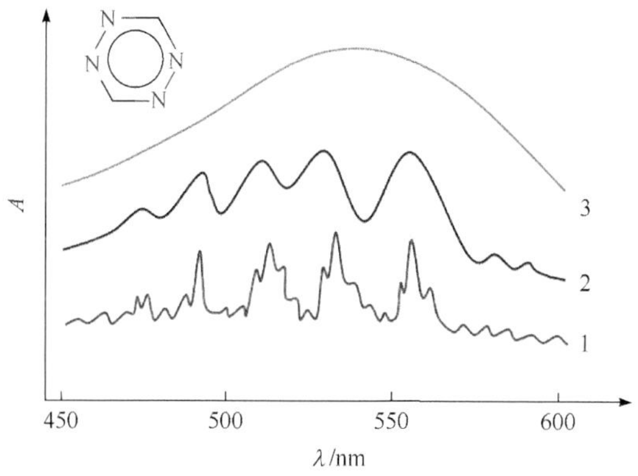

图 5.10　对称四嗪在不同状态下的紫外-可见吸收光谱示意图
1. 蒸气状态；2. 环已烷中；3. 水中

当溶剂的极性增大时，会使由 $\pi\rightarrow\pi^*$ 跃迁引起的吸收峰发生红移。发生 $\pi\rightarrow\pi^*$ 跃迁的分子，其激发态的极性总比基态的极性大，因此激发态与极性溶剂的相互作用导致的能量降低程度比基态的大。换言之，在极性溶剂的作用下，基态与激发态间的能量差减小了，表现为 $\pi\rightarrow\pi^*$ 所产生的吸收光谱红移的现象[图 5.11(a)]。与之相反的是，极性溶剂中，由 $n\rightarrow\pi^*$ 跃迁引起的吸收峰发生蓝移。

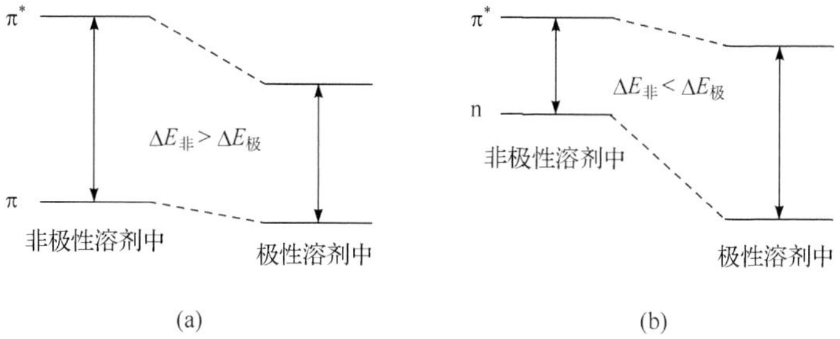

图 5.11　溶剂极性对 $\pi\rightarrow\pi^*$(a)和 $n\rightarrow\pi^*$跃迁(b)能量影响示意图

4. pH 的影响

无论是碱性、中性还是酸性介质，体系的 pH 对物质的紫外-可见吸收光谱的影响是比较普遍的。例如，苯酚在碱性介质中能形成苯酚阴离子，其吸收峰从 210 nm、270 nm 分别红移至 235 nm、287 nm(图 5.12)。相反，苯胺在酸性条件下形成苯铵盐阳离子，其吸收峰从 230 nm、280 nm 分别蓝移至 203 nm、254 nm。

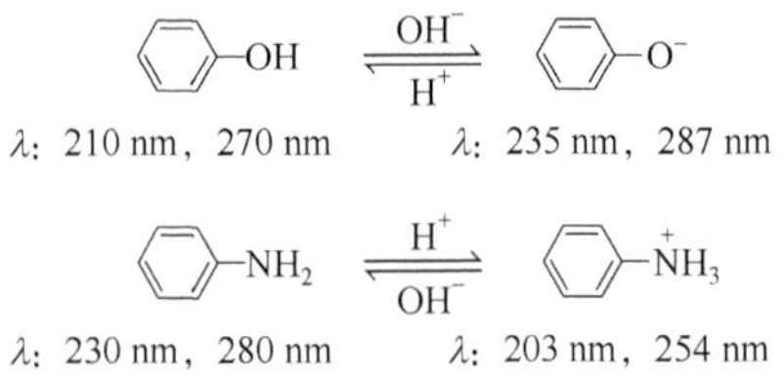

图 5.12　苯酚和苯胺在不用 pH 条件下的分子结构与吸收波长示意图

对于大多数的配合物而言，溶液的酸碱度同样影响它们的紫外-可见吸收光谱。例如，Fe^{3+}与磺基水杨酸 ($C_7H_4SO_6^{2-}$) 配位时，在 pH = 1.8～2.5 时生成红褐色的$[Fe(C_7H_4SO_6)]^+$；pH = 4～8 时生成褐色的$[Fe(C_7H_4SO_6)_2]^-$；pH = 8～11.5 时则生成黄色的$[Fe(C_7H_4SO_6)_3]^{3-}$。有些反应也对溶液的酸碱性很敏感，如氧化还原反应和缩合反应等，因此 pH 会间接影响物质分子的组成进而影响吸收光谱。

5.1.5　朗伯-比尔定律

朗伯-比尔定律(Lambert-Beer law)是光吸收的基本定律，是描述物质对单色光吸收的强弱与吸光物质浓度和厚度间的关系，也是分光光度分析法进行定量检测的依据和基础(图 5.13)。

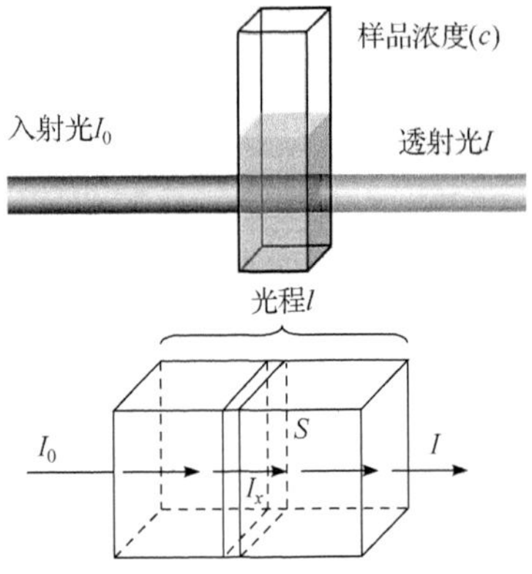

图 5.13　光通过吸收介质示意图

Lambert 和 Beer 分别于 1760 年和 1852 年研究了溶液的吸光度与溶液浓度和厚度之间的关系，定律的简要推导如下。

光束在单位时间内传输的光子数是光的功率，在光度法中常用光强(intensity，I)来替代光功率。假设一束平行单色光通过一个含有吸光物质的气体、液体或固体，由于一些光子被吸收，其强度由 I_0 降低至 I，吸光物体对入射光吸收截面积为 S，厚度为 l(图 5.13)。假设光线通过含有 n 个吸光质点的吸光物体后光强发生改变，取物体中一个极薄的断层来讨论分析，设此断层中所含吸光质点数目为 dn，这些能吸收光子的质点可以看作截面 S 上挡住光子的面积 dS，即可得到

$$dS = k\,dn \tag{5.1}$$

则当光子通过断层时，被断层上质点吸收的概率为

$$\frac{\mathrm{d}S}{S}=\frac{k\mathrm{d}n}{S} \tag{5.2}$$

投射于此断层的光强 I_x 被减弱了 $\mathrm{d}I_x$，因此可得出

$$-\frac{\mathrm{d}I_x}{I_x}=\frac{k\mathrm{d}n}{S} \tag{5.3}$$

由此可以计算光透过厚度为 l 的物体时，

$$\int_{I_0}^{I}\frac{\mathrm{d}I_x}{I_x}=\int_0^n\frac{k\mathrm{d}n}{S} \tag{5.4}$$

通过微分计算可得

$$-\ln\frac{I}{I_0}=\frac{kn}{S}，即-\lg\frac{I}{I_0}=\lg e\times k\times\frac{n}{S}=E\times\frac{n}{S} \tag{5.5}$$

又因为吸收截面积 S 与吸收物体体积 V，以及吸收质点总数 n 与吸收体浓度 c 有以下关系：

$$S=\frac{V}{l}，\quad n=V\times c \tag{5.6}$$

所以：

$$\frac{n}{S}=l\times c，\quad -\lg\frac{I}{I_0}=Ecl \tag{5.7}$$

式(5.7)即为朗伯-比尔定律的数学表达式，其中 I/I_0 是透光率 T，常用百分数表示，又以吸光度 A 代表 $-\lg T$，即

$$A=-\lg T=Ecl 或 T=10^{-A}=10^{-Ecl} \tag{5.8}$$

式(5.8)说明单色光通过吸光介质后，透光率与物质浓度或厚度之间符合指数函数的关系。例如，吸收体浓度增大一倍时，透光率从 T 下降至 T^2。吸光度 A 与浓度或厚度之间呈现简单的正比关系，其中 E 为吸光系数。吸光系数表示吸光物质在单位浓度和单位厚度情况下的吸光度。在给定条件下，吸光系数是物质的特性常数，即表明物质对某一单色光的吸收能力。不同物质对同一单色光的吸光能力有所不同，吸光系数越大表明该物质吸光能力越强，测试的灵敏度越高，因此吸光系数是紫外-可见分光光度法定性和定量分析的依据。

E 的值及单位与 c 和 l 采用的单位有关，l 的单位通常以 cm 表示(常见的吸收池为边长 1 cm 的正方形)，因此 E 的单位主要取决于 c 采用的单位。浓度 c 主要有 mol/L 和 g/L 两种单位，吸光系数常用以下两种方式表达。

(1) 摩尔吸光系数：指在一定波长下，溶液浓度为 1 mol/L 和厚度为 1 cm 时的吸光度，吸光系数用 ε 或 E_{M} 表示。

(2) 百分吸光系数或比吸光系数：指在一定波长下，100 mL 溶液中含有吸光物质 1 g 和厚度为 1 cm 时的吸光度，吸光系数用 $E_{1\,\mathrm{cm}}^{1\%}$ 表示。

在已知吸收物质摩尔质量的情况下，两者之间的关系是

$$\varepsilon = \frac{M}{10} E_{1\,\text{cm}}^{1\%} \tag{5.9}$$

摩尔吸光系数 ε 一般不超过 10^5 数量级，一般由较稀浓度的溶液的吸光度计算求得。由于 ε 与入射波长有关，因此需标注某物质在某一入射波长下的 ε。

如果溶液中同时含有两种或两种以上的吸光物质，只要共存物质不相互影响吸光性质，溶液在某个波长下的总吸光度是各物质单独吸光度的总和，即

$$A_{总} = A_1 + A_2 + A_3 + \cdots + A_n = \sum_{i=1}^{n} \varepsilon_i c_i l \tag{5.10}$$

这种加和性质也是利用紫外-可见分光光度法测定混合组分的重要依据。

5.1.6　导致偏离朗伯-比尔定律的因素

按照朗伯-比尔定律，吸光度 A 与吸光体浓度 c 之间的关系是一条过坐标原点的直线，然而事实上在测量过程中容易发生正负偏离直线的现象(图 5.14)。导致偏离而引入测量误差的主要原因有化学、光学以及测量误差几方面的因素。

1. 化学因素

溶液中吸收体因浓度改变而有解离、缔合或与溶剂相互作用等原因造成偏离朗伯-比尔定律的现象归结于化学因素。例如，亚甲基蓝阳离子在浓度较低(约 10^{-6} mol/L)时在溶液中以单体存在，吸收峰位于 660 nm；当其浓度增加 100 倍时，亚甲基蓝阳离子以二聚体形式存在，660 nm 处的吸收峰显著降低，出现 610 nm 的最大吸收峰，吸收光谱形状也发生明显改变(图 5.15)。

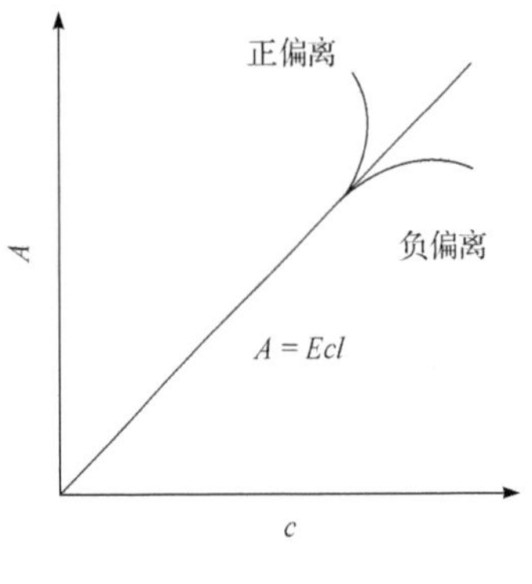

图 5.14　实际测量时朗伯-比尔定律的偏离现象示意图

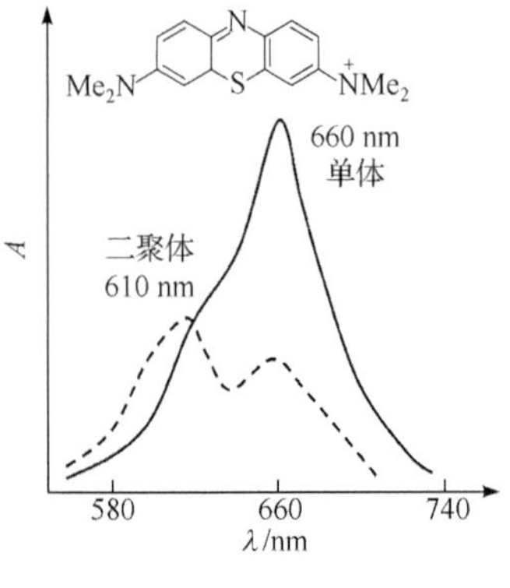

图 5.15　高浓度(虚线)和低浓度(实线)亚甲基蓝阳离子水溶液的吸收光谱示意图

又如，$Cr_2O_7^{2-}$ 水溶液存在以下平衡：

$$Cr_2O_7^{2-} + H_2O \rightleftharpoons 2H^+ + 2CrO_4^{2-}$$

若溶液稀释 2 倍，水解平衡向右移动，$Cr_2O_7^{2-}$ 浓度并不是等比例降低为 1/2，测量结果产生误差。由化学因素引起的偏离有时可以通过控制测试条件避免，如在强酸性条件下测

定 $Cr_2O_7^{2-}$ 浓度可不受水解平衡影响而避免出现偏离现象。

2. 光学因素

1) 非单色光

严格讲，朗伯-比尔定律只适用于单色光，但事实上真正的单色光是难以得到的。从连续光源发出的光经单色器分光，为满足实际测试中足够强的入射光，单色器的狭缝具有一定宽度，这也意味着单色器分离出来的光包含所需波长及其附近波长的光[图 5.16(a)]。这种非单色光是所有偏离朗伯-比尔定律因素中较为重要的，因为吸光物质对不同波长的光吸收能力不一，复合光会导致正负偏离。在所使用的波长范围内，吸光物质的吸光系数变化越大，这种偏离越大。如图 5.16(b)所示，谱带区域Ⅰ的吸光系数差别不大，因此采用谱带Ⅰ进行定量分析时造成的偏离影响比谱带Ⅱ小。所以通常选用吸光体的最大吸收波长作为分析波长，这样既能保证测量有较高的灵敏度，也能确保偏离程度较小。另外，在保证一定入射光强的前提下，应使用尽量窄的有效带宽，同时避免使用尖锐峰进行定量分析。

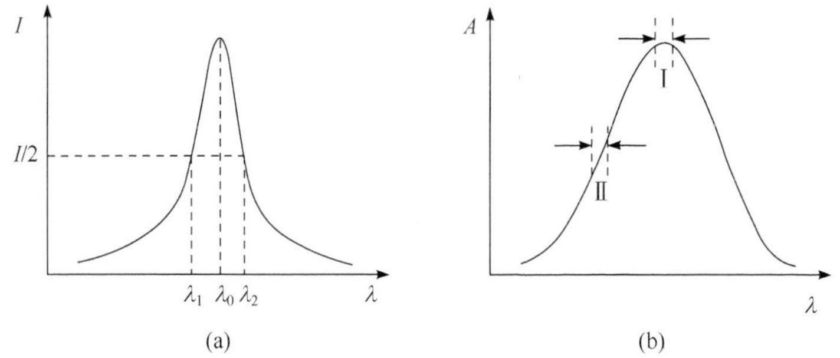

图 5.16　单色光的谱带宽度示意图(a)和分析谱带的选择(b)

2) 杂散光

杂散光一般来自仪器制造过程中难以避免的瑕疵或受到尘染或霉蚀的光学元件，是一些不在谱线宽度范围内的与所需波长相隔较远的光。杂散光除了偏离朗伯-比尔定律外，还会影响光谱形状。虽然现代仪器中杂散光的影响可以减少到忽略不计，但在接近吸收末端时，部分杂散光会导致假峰的出现。

3) 散射和反射光

样品溶液中悬浮的微粒质点会对入射光有散射或反射效果，此外吸收池内外边界也会对入射光有反射作用。散射和反射光与入射光谱带范围相近，因此对透射光强度有直接影响。真溶液所含分子或离子粒径很小，散射光很弱，采用空白样品对比可以基本消除偏差。但对于胶体、乳状液或有悬浮物样品，散射光强，一般不易制备对比空白试样进行补偿，常使测定的吸光度偏高，分析中不容忽视。此外，质点对入射光的散射强度与入射光波长的 4 次方成反比，因此散射对紫外区的测量影响更为显著。反射也会使测量的透射光减弱，一般也可采用对比空白试样消除，需要测试溶液与空白试样折射率相近。

4) 非平行光

通过吸收池的光线不是真正的平行光，因此入射光经过样品的实际光程 l 更长，进而影响测量结果。这种测量误差也是同一物质在不同仪器测量结果有细微偏差的主要原因。

3. 透光率测量误差因素

透光率的测量误差 ΔT 是测量过程中的随机误差，主要来自仪器的噪声，可分为暗噪声(与光信号无关)和散粒噪声(随光信号强弱而变化)。

1) 暗噪声

光电检测器与放大器各部件的不稳定性会导致暗噪声，有无光照，噪声幅度不变，即 ΔT 可视为一个常量。高精度的分光光度计暗噪声 ΔT 可低于 0.01%，常见的分光光度计暗噪声为±0.2%～±1%。由式(5.8)可以得到样品浓度与透光率的关系式：

$$c = \frac{-\lg T}{El} \tag{5.11}$$

微分后可得

$$\frac{\Delta c}{\Delta T} = -\frac{0.434}{TEl} \tag{5.12}$$

浓度的相对误差 $\Delta c/c$ 即为式(5.12)与式(5.11)的商：

$$\frac{\Delta c}{c} = \frac{0.434\Delta T}{T\lg T} \tag{5.13}$$

当相对误差最小时，有

$$\left(\frac{\Delta c}{c}\right)' = \left(\frac{0.434\Delta T}{T\lg T}\right)' = \left(\frac{\Delta T}{T\ln T}\right)' = -\Delta T \cdot \frac{1+\ln T}{(T\ln T)^2} = 0$$

可计算出此时透光率 T 为 0.368，对应的吸光度 A 为 0.434。当然在实际测量过程中没有必要刻意寻求这一最小误差点，只要求测量时吸光度 A 在一个范围内满足较小误差即可。当仪器的暗噪声是一个确认值时，如将 ΔT 为 0.5%代入式(5.13)，可以获取浓度相对误差与吸光度的关系曲线，结果表明吸光度为 0.2～0.7 为最适范围(图 5.17 黑色线)。

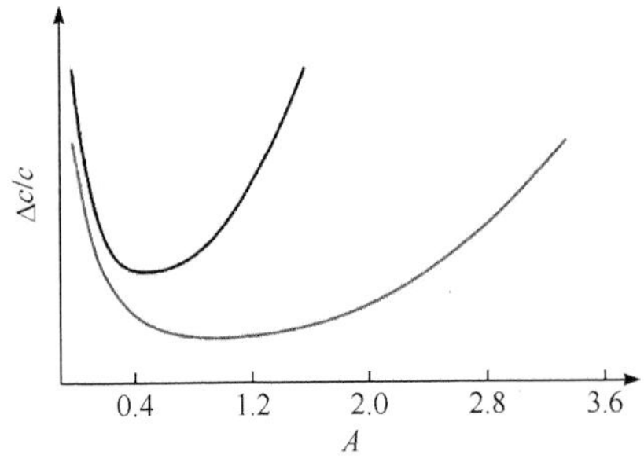

图 5.17　暗噪声(黑色线)与散粒噪声(灰色线)的误差曲线示意图

2) 散粒噪声

虽然光敏元件受到光照射后电子一个一个受激迁移，但是单位时间中电子迁移数量是一定范围内的随机值，这会导致测量光强的不确定性。随机数变动幅度随光强增加而增大，散粒噪声与光强的平方根成正比，造成的偏差与光的波长和光敏元件的品质有关。散粒噪声所造成的浓度相对误差如图 5.17 灰色曲线所示，误差较小的范围一直延伸到高吸光区域，表明散粒噪声对透光率的测量干扰较小。

5.2　紫外-可见分光光度计

紫外-可见分光光度计是在紫外-可见光区域测定任意不同波长下物质吸光度的仪器，也称紫外-可见吸收光谱仪。目前该商品仪器类型很多，虽然外观、价格及性能差别较大，但基本组成相似(图 5.18)。以下将简要讲述仪器主要部件及其功能和紫外-可见分光光度计的类型及其光学性能。

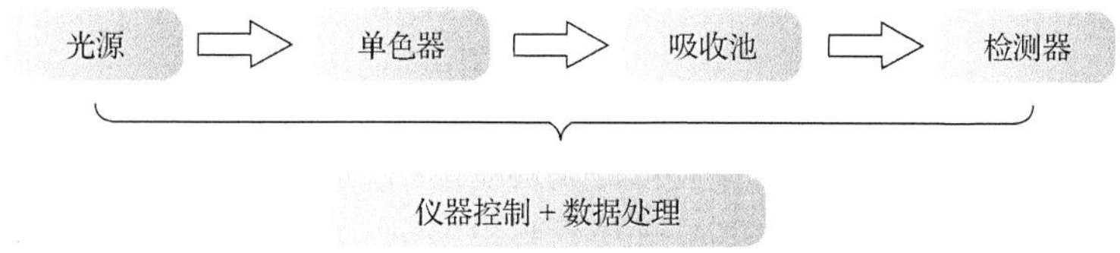

图 5.18　紫外-可见分光光度计基本结构示意图

5.2.1　主要部件

1. 光源

与其他光谱仪器一样，紫外-可见分光光度计的光源也是提供入射光的装置。分子吸收通常需要扫描测量不同波长下的吸光度，因此光度计要求光源提供强度高、稳定且有连续光谱的光线。氘灯与卤钨灯分别用于提供紫外和可见区的入射光线。

1) 氘灯

稳定电流激发氘气体可以辐射出 150～400 nm 的连续光，是紫外区光源的理想选择。再加上对紫外光极低吸收的石英窗或石英灯管即可获得目前大多数仪器使用的紫外光源氘灯。

2) 卤钨灯

与白炽灯一样，卤钨灯是一种固体炽热发光的光源，灯泡内含有低压蒸气的碘和溴可以显著延长光源的使用寿命和增加光强。卤钨灯发射的光线波长覆盖较宽，但紫外区很弱，因此通常取其波长大于 350 nm 的区域作为可见光区激发源。

2. 单色器

光谱仪器的单色器内容，包括色散元件棱镜和光栅的分光原理在光谱分析导论中有详细讲述，本章节讲述的紫外-可见分光光度计的单色器依旧由入射狭缝、准直镜、色散元件、物镜和出射狭缝构成。其中光栅由于几乎均匀一致的色散率在近年来逐渐替代棱镜，成为目前应用最多的色散元件。用于紫外区的光栅一般用铝作反射面，平滑玻璃表面每 1 mm 刻槽会有 600～1200 条刻线。近年来采用激光技术生产的全息光栅(可达约 4000 条刻线/mm)有更好的分光质量，已经得到广泛应用。

由于铝对紫外光反射率比其他金属高，因此一般用镀铝的柱面反射镜作为准直镜，但铝易受腐蚀，应注意保护。此外，测试过程中需要选择合适的狭缝，单色器的狭缝过宽会导致单色光范围宽，使吸光度偏移；狭缝过窄会使光通量减少，测试灵敏度下降。

3. 吸收池

由光学玻璃制成的吸收池只适用于可见光区，而用熔融石英制成的吸收池可以满足紫外-可见光区域的测量要求。空白和试样吸收池应相互匹配消除偏差，即有相同的厚度和透光性。吸收池两个光面容易损坏或沾染挡光物质，应注意保护和保持表面清洁，以免造成测量误差。

4. 检测器

紫外-可见分光光度计的检测器是将透过试样后的单色光转化为电信号的装置，透射光的强度与产生的电信号成正比。随着科技的进步，高灵敏和高速检测器得到飞速发展，以下简要介绍几种紫外-可见分光光度计的常见检测器。

1) 光电池

光电池是一种光敏半导体，主要有硒光电池(适用于可见光区)和硅光电池(适用于紫外-可见光区)。光电池产生的光电流在一定范围内与透射光强度成正比，用微电流计即可进行测量，目前只适用于低档仪器。

2) 光电管

光电管是由一个阳极和一个表面镀有碱金属或碱金属氧化物的光敏阴极组成的真空二极管。阴极在受到光照后产生电子转移至阳极进而产生电流，电流大小与照射光强成正比。由于光电管有很高的内阻，因此产生的电流容易放大，灵敏度较高。目前国产的铯阴极光电管适用于 200～625 nm，银氧化铯阴极的红敏光电管可用于可见光区和红外区(625～1000 nm)。

3) 光电倍增管

光电倍增管(photomultiplier tube，PMT)的原理与光电管类似，只是 PMT 在光敏金属阴极与阳极之间还有几个电子倍增极(一般有 9 个)。光敏阴极受光照后发射的电子被高 90 V 的第一电子倍增极吸引，当电子打击此倍增极后会发射几个额外的电子。随后这些电子再被高 90 V 的第二倍增极吸引，每个电子在打击倍增极后都会发射出几个额外的电子。以此类推，从第九电子倍增极发射出的电子已经远远超过第一倍增极发射的电子，然后阳极收集这些电子后产生强电流，进而获得高灵敏的信号。

4) 光二极管阵列检测器

在检测器与单色器共同作用下可以获取物质的吸收光谱，扫描时间取决于单色器的分光速率以及检测器的响应时间。近年来多通道的光二极管阵列检测器(photodiode array detector，PAD)由于超快的检测速度而被广泛应用于光谱仪中。PAD 是在晶体硅上紧密排列的一系列光二极管，每个二极管相当于一个单色器的出口狭缝，两个二极管之间的距离称为采样间隔，因此二极管的数量越多，检测器的分辨率越高。例如，安捷伦的 8453 型紫外-可见分光光度计配备的 PAD 检测器由 1024 个二极管组成，可在 100 ms 时间内得到 190～1100 nm 的全谱图，检测效率大大提升。

5. 控制系统

控制系统主要基于开发的软件协调仪器各部分硬件的运行，如调控单色器的狭缝宽度、分光系统的测量波长范围、单点或谱图测量模式、扫描速率以及数据处理等。优异的控制系统不仅可以确保仪器硬件的良好运转，也能使测量过程变得更快速和简便。

5.2.2 分光光度计的类型及光学参数

1. 几种不同光路类型的光度计

目前紫外-可见分光光度计的光路类型主要分为单光束、双光束、双波长、二极管阵列和光纤探头等。以下简要介绍上述几种光度计的构造、功能及其各自优势。

1) 单光束分光光度计

单光束分光光度计的光路系统如图 5.19 所示，从光源到检测器只有一束单色光。虽然该类型的光度计具有结构简单、操作方便且成本较低等优势，但需要测试过程交换吸收池，电源波动导致光源强度变化则会造成较大误差，且一般不能进行全波长范围的光谱扫描。

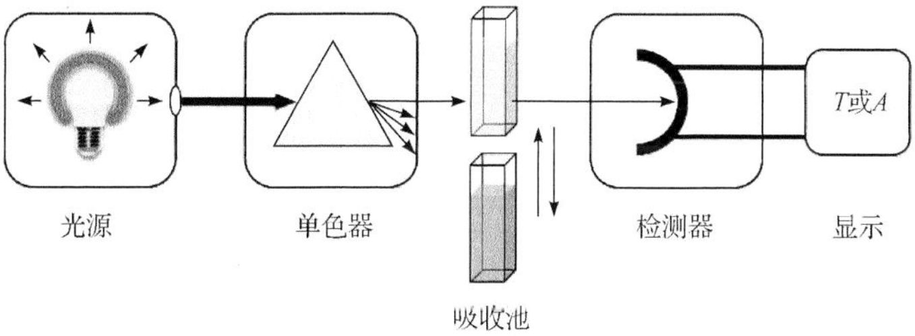

图 5.19　单光束分光光度计光路示意图

2) 双光束分光光度计

常见的双光束分光光度计的光路系统如图 5.20 所示，与单光束的区别是从单色器出来的单色光经过切光器(或称光束分束器)分解为强度相等的两束光，一束通过参比池，一束通过样品池。光度计能自动比较两束光的强度，转化为透光率或吸光度输出。测量中不需要移动吸收池，不仅方便进行全波段扫描，还能自动消除光源强度波动所引起的误差。该仪器比单光束分光光度计昂贵，同时对两个吸收池的匹配度要求高。

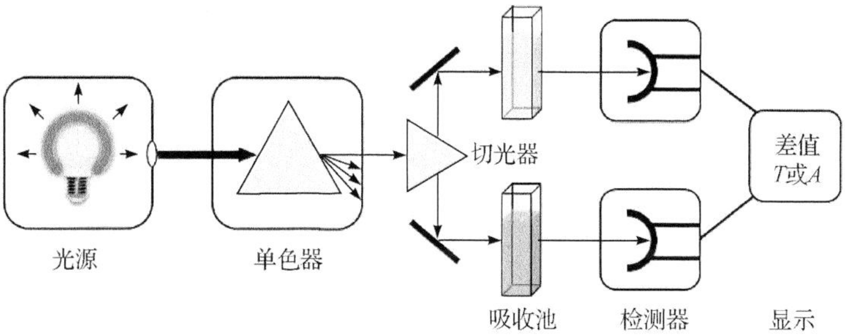

图 5.20　双光束分光光度计光路示意图

3) 双波长分光光度计

双波长分光光度计的光路系统如图 5.21 所示，光源后连接两个并列的单色器，进而产生两束不同波长的单色光(λ_1 和 λ_2)。利用斩光器使两束光以一定频率交替照射同一吸收池，得到的结果是试样对两种单色光的吸光度之差。利用双波长分光光度计测试存在背景干扰或共存组分干扰样品时，显现出高灵敏度和选择性。

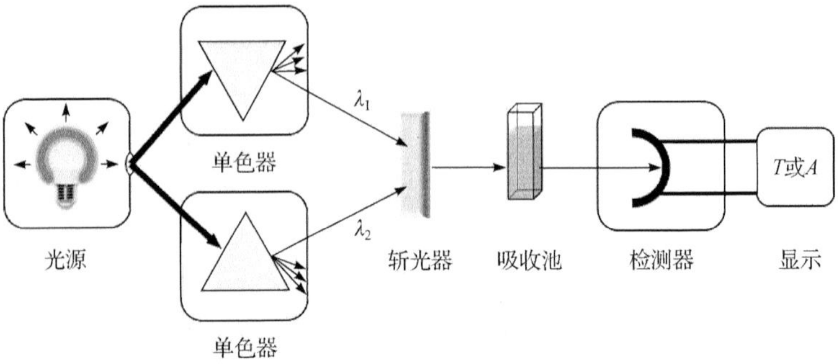

图 5.21　双波长分光光度计光路示意图

4) 二极管阵列分光光度计

基于二极管阵列检测器的分光光度计具有全新光路系统(图 5.22)，光源发出的光经过透镜聚焦后通过样品，全息光栅将透射光色散并投射到二极管阵列检测器上。由于可在极短时间内给出谱图，这种光度计特别适合用于研究快速反应动力学体系和多组分分析。

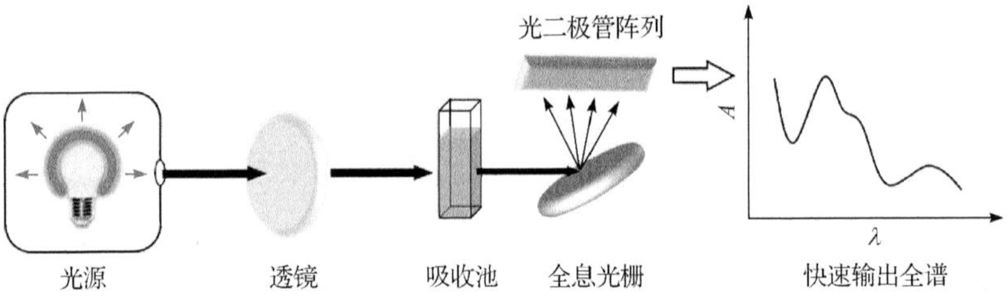

图 5.22　二极管阵列分光光度计光路示意图

5) 光纤探头式光度计

将光学纤维替换传统光度计的光路即可获得光纤探头式光度计，其特点是仪器设备小，与 pH 计大小差不多。此外，这类光度计不需要吸收池，直接将探头插入样品溶液即可进行原位检测(图 5.23)，操作灵活，常用于生产过程中的质量监控和环境监测。

2. 光度计的光学参数

随着科技的飞速发展，目前紫外-可见分光光度计的型号很多，具有不同光学参数的光度计适用于不同的应用场景和领域。现以国内某高档光度计的光学性能加以说明，但不仅仅限于以下参数。

(1) 光学系统：双光束。

(2) 光源：氘灯和碘钨灯，软件控制光源自动切换，可选择切换位置。

(3) 波长范围：190～1100 nm。

(4) 光谱带宽：0.5 nm、1.0 nm、2.0 nm、5.0 nm、20.0 nm。

(5) 杂散光：通常以光信号较弱的波长处所含杂散光的强度百分数为指标，≤0.02%(220 nm)。

(6) 波长精度：仪器显示的波长数与单色光实际波长的误差，±0.1 nm。

(7) 波长重复性：重复使用同一波长，单色光实际波长的变动值，±0.1 nm。

(8) 光度计精度：以吸光度测量的误差表示，±0.004 A(测量 1 A 时)。

(9) 光度计重复性：同样情况下重复测量吸光度的变动性，±0.001 A。

(10) 稳定性：单位时间内某一波长下的吸光度波动，0.0003 A/h(500 nm)。

(11) 扫描速率：1～3000 nm/min 可调。

(12) 吸光度范围：±4 A。

图 5.23　光纤探头式光度计光路示意图

3. 光度计的校准

一般情况下，需要定期对仪器的主要性能进行检测以确保测试的准确性，主要包括波长、吸光度和吸收池等。以下简要介绍几种常见的较为简便和实用的方法。

(1) 波长的校准：可利用标准稀土玻璃(如镨钕玻璃、钬玻璃)对光度计的波长进行校准。稀土玻璃在很宽的波长范围内有特征吸收峰，可用于检测和校准光度计的光源和单色器。

(2) 吸光度的校准：某些物质如硫酸铜、重铬酸钾的标准溶液，由于特征且强的吸收峰和稳定的摩尔吸光系数，常被用于检测和校准光度计的吸光度。

(3) 吸收池的校准：目前光度计的光路类型以双光束为主，因此吸收池的配对要求高。可在吸收池 1 和吸收池 2 中分别装入参比液和试液，测量吸光度后洗净再交换装入溶液，测量吸光度后计算差值，小于 1%即可认为偏差较小。

5.3　紫外-可见分光光度法的应用

紫外-可见分光光度法不仅可以对物质进行定性和结构分析，还可以进行定量分析，并基于此对某些化合物的物理化学参数进行测量。

5.3.1　定性分析

紫外-可见分光光度法常用于有机化合物的定性鉴定和结构分析中，尤其适用于具有特征吸收光谱的不饱和有机化合物。例如，可以通过分子的吸收光谱形状，吸收峰的数目、波长、强度和对应的摩尔吸光系数等来对化合物进行定性分析。结构完全相同的化合物的吸收光谱应该完全相同，但吸收光谱相同的化合物未必是同一种物质。目前一般采用比较法来对未知化合物进行定性鉴定。对比未知样和标准样的图谱，如果图谱一致，表明可能是同一化合物，反之则不同。Woodward-Fieser 规则和 Scott 规则被提出用于经验计算共轭烯烃和芳香羰基化合物的最大吸收波长，但种类繁多的有机化合物导致该经验规则普适性偏低，详细计算规则可参照《仪器分析教程》等书籍。此外，紫外-可见吸收光谱特征较少，仅利用光谱数据或曲线对化合物进行定性分析有一定局限，因此可配合红外光谱、核磁共振波谱和质谱法对其进行准确定性。

(1) 对比吸收光谱特征参数：吸收光谱中的 λ_{max} 和与之对应的 ε_{max} 是常用于鉴别化合物的光谱特征参数。不同的化合物有可能具有相同的 λ_{max}，但它们的摩尔质量一般难以相同，因此常结合 ε 或 $E_{1cm}^{1\%}$ 来对化合物进行定性鉴定。例如，两个甾体化合物甲羟孕酮(安宫黄体酮)和炔诺酮在无水乙醇中的 λ_{max} 值相同，但两者的 $E_{1cm}^{1\%}$ 有显著差异，因此可判别为不同物质(图 5.24)。

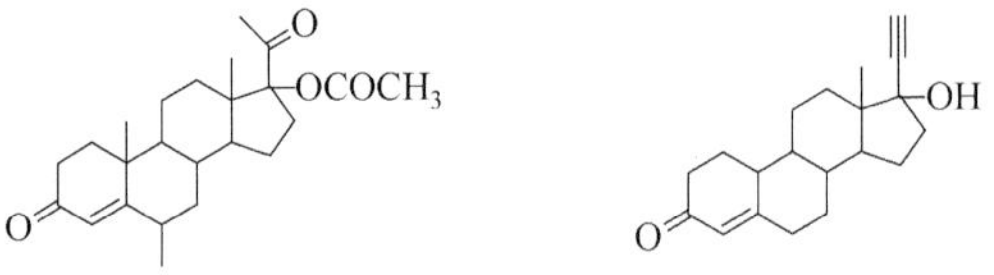

安宫黄体酮(M = 386.52 g/mol)　　炔诺酮(M = 298.42 g/mol)

λ_{max} = 240 nm，$E_{1cm}^{1\%}$ = 408　　λ_{max} = 240 nm，$E_{1cm}^{1\%}$ = 571

图 5.24　安宫黄体酮和炔诺酮的结构式及相关光谱数据

(2) 对比吸光度的比值：当化合物的紫外-可见吸收光谱不止一个吸收峰时，可根据不同吸收峰之间的吸光度比值进行鉴定分析。例如，《中华人民共和国药典》(2015 版)规定维生素 B_{12} 的吸收峰 361 nm 与 278 nm 的吸光度比值为 1.70～1.88，吸收峰 361 nm 与 550 nm 的吸光度比值为 3.15～3.45。

(3) 对比吸收光谱的一致性：通过以上数据鉴别化合物时会忽略吸收光谱中其他部分的差异，因此在必要时需将试样与标准样品配制相同浓度并比较两者吸收光谱的一致性。为了使分析更加准确，应采用与化合物作用力较小的溶剂，且调小光谱数据点间距，尽量保持光谱的精细结构。

5.3.2　结构分析

有机化合物的紫外-可见吸收光谱主要源于分子中生色团和助色团以及它们的共轭效应，多数情况并不能体现整个分子的特征。因此，利用紫外-可见吸收光谱研究化合物的结构时，可以推断分子的主要生色团、共轭体系、主要骨架和异构体等信息。

(1) 主要官能团的推定：化合物在 220～800 nm 如果没有明显吸收，那么可能是饱和脂肪烃、胺、醇、醚、氟代烃或氯代烃化合物。如果在 210～250 nm 有明显吸收，可能含有两个共轭基团；在 260～300 nm 有强吸收带，则可能含有 3～5 个共轭生色团；在 250～300 nm 有中等强度吸收，且含有振动跃迁信息，则表明含有苯环结构；在 250～300 nm 有弱的吸收带，表明有羰基基团；如果化合物有明显的颜色，则表明有 5 个以上的共轭生色团。

(2) 分子骨架的推定：未知化合物与已知标准样品的紫外-可见吸收光谱一致时，虽然不能确认两者是同一物质，但大体上可以认为两者有同样的生色团，即包含相同的主要分子骨架。例如，维生素 K_1 有三个吸收峰，与 2,3-二烷基-1,4-萘醌的吸收带相似(图 5.25)，两者在相同条件下测试的吸收光谱接近，可以推断维生素 K_1 的骨架。

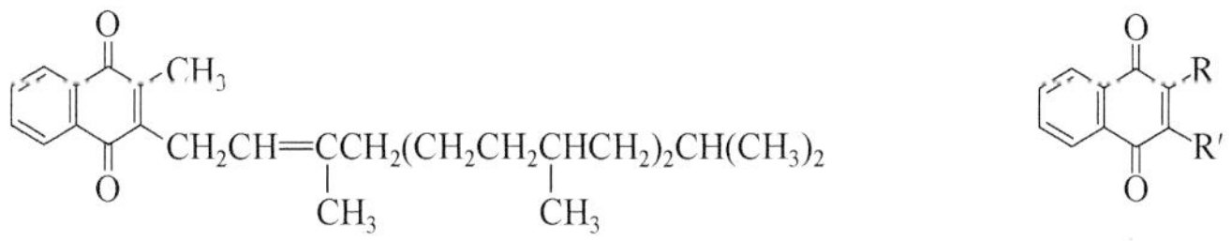

维生素 K_1　　2,3-二烷基-1,4-萘醌

λ_{max} = 249 nm(lgε = 4.28)　　λ_{max} = 250 nm(lgε = 4.6)

λ_{max} = 260 nm(lgε = 4.26)　　λ_{max} = 330 nm(lgε = 3.8)

λ_{max} = 325 nm(lgε = 3.28)

图 5.25　维生素 K_1 和 2,3-二烷基-1,4-萘醌的结构式及相关光谱数据

(3) 异构体的推定：紫外-可见吸收光谱也可以用于确定一些化合物的构象。例如，之前所提到的空间位阻会影响共轭基团的电子跃迁，进而可以确定顺式异构体一般都比反式的波长更短，而且 ε_{max} 更小。此外，一般共轭体系的 λ_{max} 和 ε_{max} 大于非共轭体系的，因此利用异构体之间双键位置不同并结合紫外-可见吸收光谱可以推定异构体的结构。例如，松香酸和左旋松香酸的 λ_{max} 和 ε_{max} 分别为 238 nm 和 15100 以及 273 nm 和 7100。左旋松香酸为同环共轭双烯，平面性更好，具有较大的 λ_{max}，但同时带来更大的空间位阻，因而 ε_{max} 较小(图 5.26)。

松香酸　　左旋松香酸

图 5.26　松香酸和左旋松香酸的结构式

5.3.3　定量分析

紫外-可见分光光度法的定量依据是基于朗伯-比尔定律中定义的一定波长处吸光度与浓度之间的线性关系。因此，通过测量物质吸收峰的吸光度即可灵敏且准确地计算其浓度。对于能直接产生吸收信号的组分，需要选择合适的波长、溶剂和参比溶液以达到最佳的测量效果。对于一些需要通过一定的化学反应才能产生吸收信号的体系，除了要考虑溶剂性质外，还需要对反应条件进行优化以获取最佳的分析性能。

1. 波长的选择

一般情况下优先选择最大吸收处的波长 λ_{max} 为测量波长，主要原因是在该波长下灵敏度最高，此外 λ_{max} 附近吸光度随波长变化较小，误差也较小。如果溶液中某些物质在被测物质的 λ_{max} 处也有明显吸收时，可以选择影响较小的其他吸收峰波长作为测试波长。

2. 溶剂的选择

许多溶剂本身在紫外区有很强的吸收，应选用能尽量增加物质溶解度且截止波长小于测试波长区域的溶剂。常见溶剂的截止波长如表 5.2 所示。

表 5.2 常见溶剂的截止波长 单位：nm

溶剂	截止波长	溶剂	截止波长	溶剂	截止波长
水	200	乙醇	215	乙酸乙酯	260
环己烷	200	正己烷	220	四氯化碳	260
甲醇	205	甘油	230	甲苯	285
正丁醇	210	1,2-二氯乙烷	233	吡啶	305
乙醚	210	二氯甲烷	235	丙酮	330
96%硫酸	210	三氯甲烷	245	二硫化碳	385

3. 参比溶液的选择

参比溶液用于消除溶液中其他成分以及吸收池和溶剂对光的反射和吸收所带来的误差。常根据试样溶液的性质选择合适组分的参比溶液。例如，当试样溶液的组成较为简单且共存的其他组分对测定波长的光几乎没有吸收时，可采用溶剂作为参比溶液。如果显色剂或共存物质在测定波长有一定吸收时，可按照显色反应相同的反应条件以试剂溶液作参比溶液。如果测试的样品基体在测定波长有一定吸收且不与显色剂反应时，可按照显色反应相同的反应条件(不加显色剂)以测试样品为参比溶液。或者可以用不含被测组分的试样与被测试样进行同样的操作，由此得到平行操作参比溶液。

4. 反应条件的选择

紫外-可见分光光度法中以可见光区域为基础的测定方法称为比色法，由于方法灵敏、操作简便、干扰小等优点已被广泛应用。此外，许多在可见光区域没有吸收的无色物质在经过显色反应后变成有色物质，进而提高方法的选择性。显色反应种类有很多，如配位反应、缩合反应、氧化还原反应，其中配位反应应用最广。为了获取方法最佳的灵敏度和准确性，选择合适的反应条件是测试的前提。以下简要介绍显色反应相关的条件选择。

(1) 显色试剂种类和用量：除了考虑被测物质与和显色剂生成的有色物质之间存在确定的定量关系外，还需要依据显色反应的灵敏度、显色的稳定性和反应的选择性选择合适的显色剂。此外，为了使反应能完全进行，一般需要过量的显色剂，但有时过量的试剂会影响产物的组成。例如，Fe^{3+}与 SCN^-在发生配位时，SCN^-浓度低时主要产物是$[Fe(SCN)]^{2+}$；当浓度为 0.1 mol/L 时主要产物为$[Fe(SCN)_2]^+$；当浓度高于 0.2 mol/L 时主要产物为$[Fe(SCN)_6]^{3-}$。因此，为了使有色产物组成一定，常需要优化控制试剂的浓度。

(2) 反应溶液 pH：许多有色物质的颜色随溶液中氢离子的浓度变化而变化。此外，溶液的 pH 会影响大多数显色反应过程，因此溶液的酸碱性是反应的重要条件之一，通常采用缓冲溶液来保持溶液 pH 的稳定。

(3) 反应时间：各个显色反应速率有所差别，因此反应时间常有较大差异。此外，有色产物的稳定性也与存放时间有关，因此在进行准确测试之前常需要进行相关优化实验以确定该反应所需的时间。

(4) 反应温度：很多显色反应在室温下即可高效进行，因此只要室温变动不大则对测量结果影响较小。对于一些需要高温促进反应速率的体系，一般需要对温度进行条件优化，以避免过高温度产生副反应降低灵敏度。

5. 单组分定量方法

(1) 标准曲线法：这是实际工作中最常用的一种方法。具体操作是配制一系列不同含量的标准溶液，以不含试样的空白溶液为参比，在相同条件下测试各溶液的吸光度，绘制吸光度-浓度曲线，又称工作曲线。在相同的测试条件下测定未知样的吸光度，然后代入线性方程即可计算未知样的含量。在实际测试过程中，要先确定符合朗伯-比尔定律的浓度范围，再进行线性范围内的测量。

(2) 对照法：在相同条件下测试未知样品和某一浓度的标准样品的吸光度 A_x 和 A_s，由已知的标准样品浓度 c_s 即可计算出未知样品的浓度 c_x：

$$A_s = \varepsilon c_s l\ ,\quad A_x = \varepsilon c_x l\ ,\quad c_x = \frac{c_s A_x}{A_s}$$

虽然这种方法比较简单，但需要测试浓度范围内完全遵循朗伯-比尔定律，且 c_s 和 c_x 很接近时才能得到较为准确的结果。

6. 多组分定量方法

吸光度具有加和性，因此可以测定同一试样中两种或多种共存组分。假设有两种组分 a 和 b，它们的最大吸收波长分别为 λ_1 和 λ_2，两种组分的吸收光谱可能存在三种重叠形式[图 5.27(a)]。图中左侧情况最为简单，两者虽然有部分光谱重叠，但都没有影响各自的吸收峰的区域，因此可分别测定 λ_1 和 λ_2 对应的吸光度进行组分的浓度计算。第二种情况是 b 组分干扰 a 组分的测定，但 a 组分对 b 组分无干扰[图 5.27(b)]。此时可先在 λ_2 处测量溶液的吸光度 A_{λ_2} 并计算出 b 组分的浓度 c_b，然后再在 λ_1 处测量溶液的吸光度 $A_{\lambda_1}^{a+b}$，结合 a 和 b 物质在 λ_1 处的 $\varepsilon_{\lambda_1}^{a}$ 和 $\varepsilon_{\lambda_1}^{b}$，可通过公式 $A_{\lambda_1}^{a+b} = \varepsilon_{\lambda_1}^{a} c_a l + \varepsilon_{\lambda_1}^{b} c_b l$ 计算 a 组分的浓度 c_a。

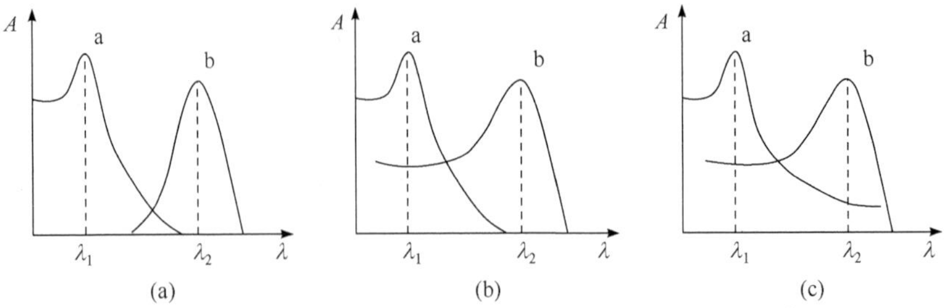

图 5.27　两种混合组分吸收光谱的三种可能情况示意图

第三种情况即为两者相互影响[图 5.27(c)]，此时可以测量溶液 λ_1 处的吸光度 $A_{\lambda_1}^{a+b}$ 和 λ_2 处的吸光度 $A_{\lambda_2}^{a+b}$，然后结合 a 和 b 组分分别在 λ_1 和 λ_2 处的 $\varepsilon_{\lambda_1}^{a}$、$\varepsilon_{\lambda_1}^{b}$ 和 $\varepsilon_{\lambda_2}^{a}$、$\varepsilon_{\lambda_2}^{b}$，即可通过以下方程组求出 a 和 b 组分的浓度。对于更为复杂的多组分体系，可用计算机处理所得的数据进行分析。

$$A_{\lambda_1}^{a+b} = \varepsilon_{\lambda_1}^{a} c_a l + \varepsilon_{\lambda_1}^{b} c_b l \text{，} \quad A_{\lambda_2}^{a+b} = \varepsilon_{\lambda_2}^{a} c_a l + \varepsilon_{\lambda_2}^{b} c_b l$$

7. 等吸收双波长法

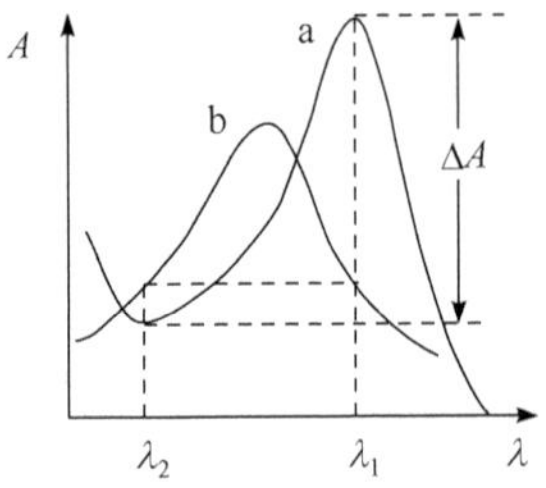

图 5.28　等吸收双波长法示意图

当吸收光谱相互重叠的两种组分共存时，两者都会对各自的测定造成影响，此时可以利用等吸收双波长法对单个组分或两者进行测量。如图 5.28 所示，当 a 和 b 两种组分共存时，如果要测定 a 组分，b 组分的干扰可以通过选择 b 光谱上两个吸光度相等的波长 λ_1 和 λ_2 进行消除。以 λ_1 为参比波长，λ_2 为测量波长，对混合物进行测定，可得到方程组：

$$A_{\lambda_1} = A_{\lambda_1}^{a} + A_{\lambda_1}^{b} \text{，} \quad A_{\lambda_2} = A_{\lambda_2}^{a} + A_{\lambda_2}^{b} \text{，} \quad A_{\lambda_1}^{b} = A_{\lambda_2}^{b}$$

$$\Delta A = A_{\lambda_1} - A_{\lambda_2} = A_{\lambda_1}^{a} - A_{\lambda_2}^{a} = (\varepsilon_{\lambda_1}^{a} - \varepsilon_{\lambda_2}^{a}) c_a l \tag{5.14}$$

通过式(5.14)可以看出 b 组分对 a 组分的干扰被消除了，且 ΔA 的值越大，越有利于测定。同理也可以通过等吸收双波长法对 b 组分进行准确测量。

8. 导数分光光度法

导数分光光度法是解决干扰物质与试样光谱重叠，消除胶体和悬浮物散射问题以及提高光谱分辨率的一种方法。策略是将朗伯-比尔定律公式 $A_\lambda = \varepsilon_\lambda cl$ 对 λ 进行 n 次求导，获得的式(5.15)依旧对试样浓度呈正比关系，可用于定量分析。

$$\frac{d^n A_\lambda}{d\lambda^n} = \frac{d^n \varepsilon_\lambda}{d\lambda^n} cl \tag{5.15}$$

具体操作是将获取的吸收光谱进行 n 阶求导，然后通过测量导数光谱获得导数值再进行计算。图 5.29 是一个吸收光谱的导数光谱图，一般可以通过三种方法对其进行测量。正切法：画一条直线正切于两个邻近的极大或极小，然后测量中间极值至切线的距离 d。

该方法可用于试样存在线性背景干扰时的测定。峰谷法：在多组分的定量分析中常采用两个极值之间的距离(p_1和p_2)作为导数值。峰值法：极值与零线间的距离 z，只适用于导数光谱对称时的情况。导数光谱由于具有灵敏度高、噪声低且分辨率高的特点，常用于核酸酶、蛋白酶、细胞色素等分子的鉴定。

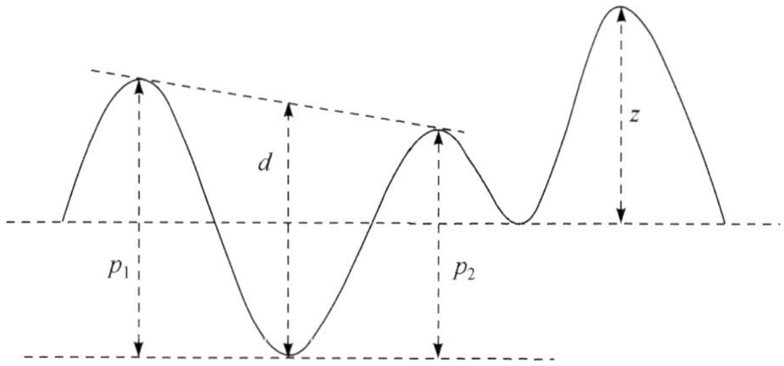

图 5.29　导数光谱的求值示意图

d表示正切法；p_1和p_2表示峰谷法；z表示峰值法

5.3.4　其他应用

1. 纯度检查

如果一种化合物在紫外-可见吸收的某区域没有明显吸收，而杂质有较强吸收峰时，就可以方便地检出该化合物中的痕量杂质。例如，肾上腺素药物中含有少量的肾上腺酮杂质，后者含量过高会影响肾上腺素的疗效。肾上腺素的最大吸收峰在 280 nm 且 300 nm 以后几乎没有吸收，而肾上腺酮在 310 nm 有很强的吸收峰，因此可检测药品 310 nm 的吸光度值再结合肾上腺酮的百分吸光系数即可获取杂质含量。

2. 酸碱解离常数的测定

紫外-可见分光光度法也可用于测定弱酸或弱碱的解离常数，以一元弱酸 HA 的解离平衡为例。调节浓度为 c 的弱酸溶液的 pH，再测定某波长(HA 和 A^-在此波长下均有吸收)下的吸光度值。在高酸介质中，该酸几乎以 HA 形式存在，反之高碱条件下以 A^-存在，两种条件下溶液的吸光度分别为

$$A_{HA}=\varepsilon_{HA}c\ ,\quad A_{A^-}=\varepsilon_{A^-}c$$

当溶液的酸碱适中时，根据吸光度加和性及酸碱平衡公式可得

$$A=\varepsilon_{HA}[HA]+\varepsilon_{A^-}[A^-]=\varepsilon_{HA}\frac{c[H^+]}{K_a+[H^+]}+\varepsilon_{A^-}\frac{cK_a}{K_a+[H^+]},\quad K_a=\left(\frac{A_{HA}-A}{A-A_{A^-}}\right)[H^+] \tag{5.16}$$

由式(5.16)可知，当测得吸光度和 pH 相关数据时即可获取弱酸的解离常数 K_a。

3. 氢键强度的测定

在溶剂效应章节中，已知 $n\to\pi^*$吸收带在极性溶剂中比非极性溶剂中的波长更短，原因是极性溶剂中分子间形成的氢键导致吸收能量增强。形成分子间氢键的分子在实现 $n\to\pi^*$跃迁的同时还需要更多的能量用于断裂氢键，而在非极性溶剂中无此效应。因此，

只要测定同一化合物在极性和非极性溶剂中的吸收带，计算差值即可推定其在极性溶剂中形成的分子间氢键强度。例如，丙酮在水中的 $n \to \pi^*$吸收峰为 264.5 nm，对应的光子能量为 452.99 kJ/mol，在环己烷中的吸收波长红移至 279 nm，对应的能量为 429.40 kJ/mol，以此可计算丙酮分子在水中的氢键强度为 23.59 kJ/mol。

5.4　紫外-可见分光光度法的发展概况

紫外-可见分光光度法有较长的发展历史，其主要理论框架早已建立，方法使用广泛且仪器制作技术相对成熟。随着科技的不断进步和日益增加的各类需求，研制小型化、智能化和网络化的紫外-可见吸收光谱仪以及开发低成本、快速和操作简便的分析方法逐渐成为现代紫外-可见吸收光谱的研究热点。以下简要介绍现代紫外-可见吸收光谱仪及分析方法的创新和未来发展前景。

5.4.1　光谱仪的制造与创新

现代科技飞速发展，光谱仪中含有的光源、单色器、检测器、显示和记录系统等组件不断得到开发和完善，特别是全息光栅的成功研制使光谱仪有了更快的响应速度。此外，紧凑且实用的分光系统使光谱仪的体积最大限度地缩小。例如，USB4000 光纤光谱仪已经设计为手掌大小，并使用光纤传输光学信号[图 5.30(a)]。在微型光谱仪的技术支持下，各种便携式的紫外-可见吸收光谱仪应运而生[图 5.30(b)和(c)]。虽然微型光谱仪极大地增强了仪器的便携性，但相应地成本也较高。因此，很多科研团队以智能手机摄像头

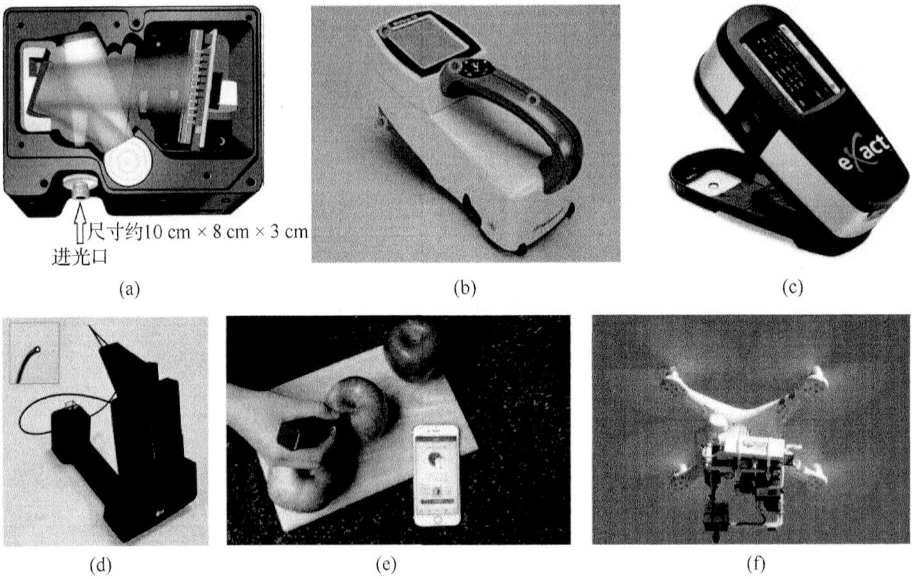

图 5.30　一些现代研究的紫外-可见吸收光谱仪示例

(a) USB4000 光纤光谱仪；(b) EZ4500L 便携式光谱仪；(c) eXact 便携式光谱仪；(d) 基于智能手机的便携式光谱仪；(e) 正在用于水果新鲜度分析的 LinkSquare 智能手机光谱仪；(f) 安装在无人机上的光谱仪

为检测器，结合 3D 打印等微加工技术开发了多种便携式的紫外-可见光谱设备，以满足低成本的需求[图 5.30(d)]。为了进一步满足快速、原位检测需求，新型的紫外-可见吸收光谱仪采用光导纤维探头对样品进行原位测量，不需要吸收池，外界光线干扰小，操作更为简便，常用于环境、食品和药物检测等领域。图 5.30(e)为 LinkSquare 智能手机光谱仪分析水果新鲜度，装置配备无线传输功能，进一步提升了设备的便携性。无人化操作是未来重要的发展方向，可以针对各种对人类不友好的检测条件提出相应的解决方案。例如，将光谱仪与无人机结合[图 5.30(f)]，可以实现一定时空范围内物质的快速测量，并实时回传数据，为积极采取应对措施提供强有力的技术支撑。为了满足日益增长的各类需求，发展便携、操作简便、高灵敏、低成本、能实现实时监测的紫外-可见吸收光谱仪是科研人员共同努力的方向。

5.4.2　分析方法的开发与进展

随着材料科学的迅猛发展，比色法已经不再局限于传统的配位反应、氧化还原反应、缩合反应等，取而代之的是基于各种新型纳米材料的比色体系。例如，金纳米颗粒的尺寸通常为 0.8～250 nm，在水中以溶胶形式存在，液体主要呈现酒红色(尺寸小于 100 nm 且呈分散状态)或蓝紫色(较大颗粒或由小颗粒聚集)[图 5.31(a)]。其摩尔吸光系数通常大于 10^5，因此基于金纳米颗粒的传感策略比有机分子有更高的灵敏度。加上高的稳定性和易于修饰等优势，金纳米颗粒已经广泛用于各类与检测相关的领域。例如，新型冠

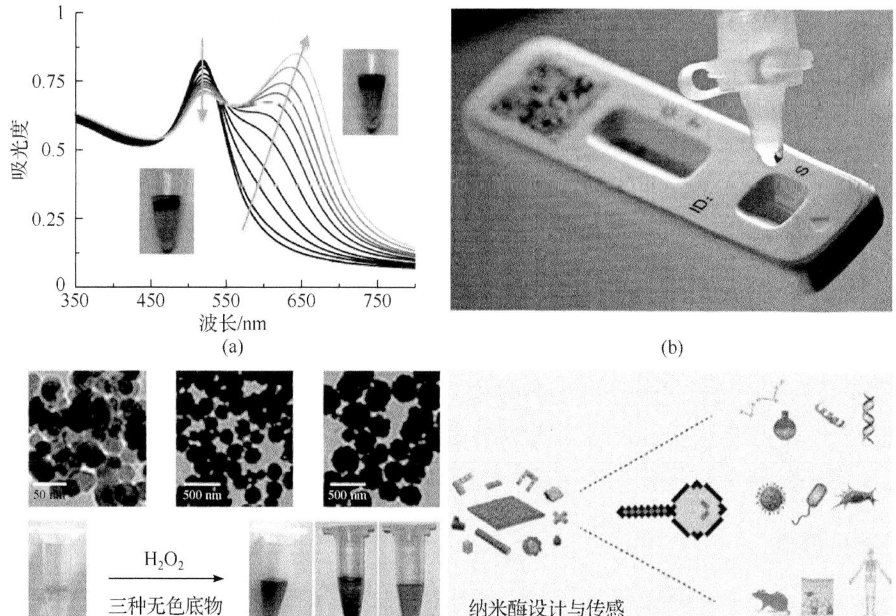

图 5.31　(a) 金纳米颗粒在聚集和分散情况下的紫外-可见吸收光谱和对应的溶液；(b) 基于胶体金显色的新型冠状病毒抗原检测试剂盒；(c) 纳米四氧化三铁电镜图和催化底物氧化情况；(d) 纳米酶在分析化学领域的设计与传感示意图

状病毒抗原检测试剂盒，其原理就是结合抗体与金纳米颗粒构建的选择性显色策略[图 5.31(b)]。除了金纳米颗粒，近年来各种具有类生物酶活性的纳米颗粒也受到广泛关注，即纳米酶(nanozyme)。纳米酶的相关概念和理论基础最先由我国科学家阎锡蕴院士在 2007 年发表的论文中提出[图 5.31(c)]，随后在各国研究者的努力下，纳米酶在 2022 年入选了 IUPAC 十大化学新兴技术。相比于天然酶，纳米酶拥有更多的优势，如可以承受广泛的不同环境条件，并进行持久、安全和稳定的储存，而且通常具有更高的催化活性。因此，基于纳米酶催化的显色分析体系已广泛应用于各种生物与化学传感领域[图 5.31(d)]。

5.5 紫外-可见分光光度法的应用实例

紫外-可见分光光度法目前已广泛应用于化学与生物传感、食品分析、环境监测等领域。例如，国家标准方法(GB 7467-1987)就是采用可见分光光度法来测定水中的六价铬含量。由于 Cr^{6+}本身的吸光系数比较小且在可见光区吸收很弱，因此通过加入二苯碳酰二肼(diphenylcarbazide，DPC)显色剂与其发生氧化还原反应和配位反应，生成具有较大摩尔吸光系数[4×10^4 L/(mol · cm)]的紫红色配合物(图 5.32)，测定该配合物在其最大吸收波长(540 nm)处的吸光度，并通过标准曲线法实现对水中 Cr^{6+}含量的测定。

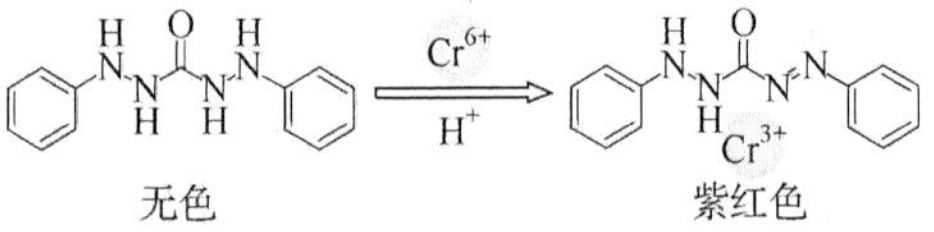

图 5.32　二苯碳酰二肼与六价铬反应生成紫红色配合物示意图

5.5.1　操作及实验条件

在试管中依次加入硫酸溶液、DPC 丙酮溶液，以及 5 种不同浓度的 Cr^{6+}溶液(1 μmol/L、4 μmol/L、10 μmol/L、20 μmol/L 和 40 μmol/L)，在一定温度下反应一定时间，将溶液倒入 1 cm 光程的石英比色皿，并用不含 Cr^{6+}的试剂溶液作参比，用 Lambda365 型紫外-可见分光光度计测试溶液的吸收光谱。通过条件优化确定 DPC 的终浓度用量为 0.005%，硫酸浓度为 0.18 mol/L，温度为室温，反应时间为 10～15 min。不同浓度的 Cr^{6+}溶液与试样在最佳实验条件下经过相同反应后测试吸收光谱。

5.5.2　数据分析

绘制上述反应溶液的紫外-可见吸收光谱[图 5.33(a)]，选择最大吸收波长 540 nm 作为测定波长，基于 540 nm 处的吸光度与对应的 Cr^{6+}浓度绘制标准曲线，并通过相关软件拟合得到线性方程和相关系数[图 5.33(b)]。最后测定未知浓度的样品溶液在 540 nm 处的吸光度，代入线性方程，即可获取样品中 Cr^{6+}的含量。

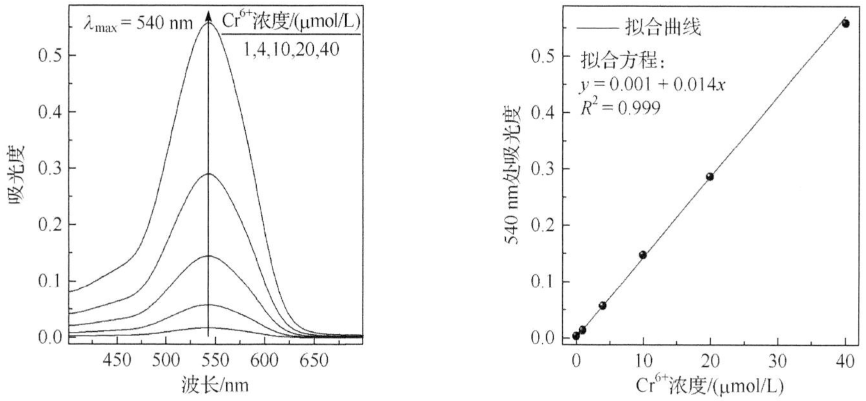

(a)　　(b)

图 5.33　(a) DPC 与不同浓度 Cr^{6+}反应生成配合物的紫外-可见吸收光谱；(b) 图(a)中对应光谱 540 nm 处吸光度与不同浓度 Cr^{6+}绘制的标准曲线

习题与拓展

1. 紫外-可见吸收光谱法与原子吸收光谱法在原理和仪器装置上有什么异同？并说出依据。

2. 紫外-可见分光光度法的定量分析基础是朗伯-比尔定律 $A = \varepsilon bc$，如何提升该方法的灵敏度？

3. 紫外-可见分光光度计由哪几个主要部件组成？针对这些基本部件是否能够引入新的或者其他的技术来进一步推进紫外-可见分光光度计的发展？

4. 有机和无机化合物的电子跃迁类型分别有哪几种？

5. 为什么溶剂极性增强时对 $\pi\rightarrow\pi^*$和 $n\rightarrow\pi^*$跃迁的影响一个是红移，一个是蓝移？

6. 苯甲醛分子中有几种类型的价电子？在紫外光辐照下可能发生哪种类型的电子跃迁？

7. 化合物 $CH_3COOCH{=}C(CH_3)_2$ 的 $n\rightarrow\pi^*$跃迁谱带在氯仿、水、环己烷、甲醇溶剂中λ_{max}最短的是哪种溶剂，为什么？

8. 在紫外-可见吸收光谱中，助色团会使谱带波长发生什么变化？

9. 1,3,5-己三烯和 1,3-丁二烯的最大吸收波长哪个更长？主要原因是什么？

10. 紫外-可见分光光度计由哪几个主要部件组成？单光束、双光束、双波长分光光度计在光路设计上有什么不同？

11. α 异构体的吸收峰在 228 nm，ε 为 14000 L/(mol · cm)，β 异构体的吸收峰在 296 nm，ε 为 11000 L/(mol · cm)，试指出这两种异构体对应的结构：

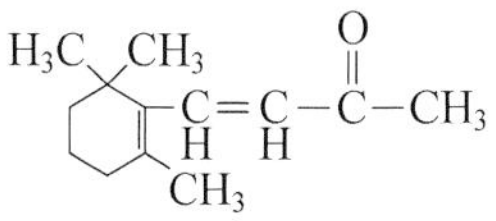

1

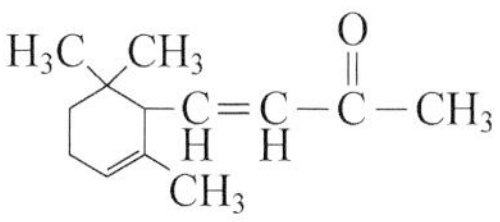

2

12. 已知甲苯在 208 nm 的 ε 为 7900 L/(mol · cm)，要在 1.0 cm 的吸收池中得到 50%透光率，需要将多少质量的甲苯配成 100 mL 溶液？

13. 在 1.0 cm 的吸收池中，5.00×10^{-4} mol/L 的 A 物质溶液在 440 nm 和 590 nm 的吸光度分别为

0.683 和 0.139；8.00×10^{-5} mol/L 的 B 物质溶液在这两个波长处的吸光度分别为 0.106 和 0.470；物质 A 和 B 的混合物在这两个波长处测得的吸光度分别为 1.022 和 0.414，试求混合溶液中 A、B 物质的浓度。

14. 已知 $KMnO_4$ 在波长 520 nm 处的 ε 为 2.2×10^3 L/(mol · cm)，试计算：

(1) 在此波长下质量分数为 0.002%的 $KMnO_4$ 溶液在 3.0 cm 吸收池中的透射比；

(2) 若将溶液稀释 1 倍后，其透射比是多少？

15. 以邻二氮菲光度法测定 Fe^{2+}，称取试样 0.500 g，经处理后加入显色剂，最后定容为 50.0 mL，用 1.0 cm 吸收池在 510 nm 下测得吸光度 A 为 0.430。试计算：

(1) 试样中铁的质量分数；

(2) 当将溶液稀释 1 倍后，其透射比为多少？[$\varepsilon_{510} = 1.1 \times 10^4$ L/(mol · cm)]

16. 强心药托巴丁胺($M_r = 270$)在 260 nm 处有最大吸收，ε 为 7.0×10^2 L/(mol · cm)。取一片该药溶于水并稀释至 2.0 L，静止后取上层清液用 1.0 cm 吸收池于 260 nm 处测得吸光度为 0.687，计算药片中含托巴丁胺多少克？

17. 将已知浓度为 2.00 mg/L 的蛋白质溶液用碱性硫酸铜溶液显色后，在 540 nm 处测得吸光度为 0.300。另取试样溶液经同样处理后，在同样条件下测得其吸光度为 0.699，求试样中蛋白质的浓度。

18. 含有 a 和 b 两种化合物的混合溶液，已知 a 化合物在 λ_{238} 和 λ_{282} 的吸光系数分别为 270 L/(g · cm) 和 720 L/(g · cm)；b 化合物在上述两个波长处的吸光度相等。现将该混合溶液用 1 cm 吸收池测得在 λ_{238} 和 λ_{282} 处的吸光度分别为 0.278 和 0.442，试求 a 组分的浓度(mg/100 mL)。

19. 拓展练习：

(1) 查阅一篇与紫外-可见吸收光谱法相关的文献，结合本章的知识点对文献进行解读，需包括：简要的文献总结、章节知识点与文献内容的关联以及改进的思考。

(2) 查阅资料，归纳总结紫外-可见吸收光谱法在仪器部件和分析应用上的发展创新，需列出相应的参考文献。

参考文献

柴逸峰，邸欣，凌笑梅，等. 2016. 分析化学. 8 版. 北京：人民卫生出版社.

武汉大学. 2007. 分析化学(下册). 5 版. 北京：高等教育出版社.

叶宪曾，张新祥. 2007. 仪器分析教程. 2 版. 北京：北京大学出版社.

Das A. 2021. Portable UV-visible spectroscopy-instrumentation, technology, and applications, portable spectroscopy and spectrometry 1: Technologies and instrumentation//Crocombe R, Leary P, Kammrath B. Portable Spectroscopy and Spectrometry. London: Wiley Online Library.

Doyen M, Goole J, Bartik K, et al. 2016. Amino acid induced fractal aggregation of gold nanoparticles: Why and how. Journal of Colloid and Interface Science, 464(15): 160-166.

Gao L, Zhuang J, Nie L, et al. 2007. Intrinsic peroxidase-like activity of ferromagnetic nanoparticles. Nature Nanotechnology, 2(9): 577-583.

Li S, Zhang Y, Wang Q, et al. 2022. Nanozyme-enabled analytical chemistry. Analytical Chemistry, 94(1): 312-323.

紫外-可见光谱
的宏观与微观

第6章　分子发光光谱法

物质分子的外层电子吸收能量跃迁到激发态，处于激发态的分子不稳定，通过辐射跃迁回到基态从而产生的发光现象称为分子发光(molecular luminescence)。分子发光主要有荧光(fluorescence)、磷光(phosphorescence)和化学发光(chemiluminescence)三种类型。分子激发过程中，激发能量包括光能、化学能、热能及电能等。如果被测物质分子是通过吸收光能而被激发发光，称为光致发光，荧光和磷光属于此类；如果被测物质分子通过吸收化学能而被激发发光，称为化学发光。分子发光光谱法可通过测定辐射光强度实现对被测物质的定量检测，灵敏度比紫外-可见吸收光谱法高几个数量级，且具有线性范围宽、选择性好及分析速度快等优点，广泛应用于生物医学、药学、食品科学及环境科学等领域。

6.1　荧光、磷光的基本原理和概念

6.1.1　荧光、磷光的产生

1. 分子的电子能级与激发过程

分子中同一轨道中的两个电子通常是自旋配对的，即两个电子的自旋方向相反。如果分子中的全部电子均自旋配对，则该分子为单重态分子，其能级状态称为单重态，用S表示(图6.1，其中箭头表示自旋方向)。分子吸收外来能量时，分子的外层价电子被激发而从较低的电子能级跃迁到较高的电子能级，这时分子处于激发态，称为激发态分子。当单重态分子吸收能量并发生电子能级跃迁后，如果发生跃迁的电子不发生自旋方向的变化，这时的激发态分子处于激发单重态；如果发生跃迁的电子发生了自旋方向的改变，则分子具有两个自旋不配对的电子，这时的分子为激发三重态分子，其能级状态称为三重态，用T表示。

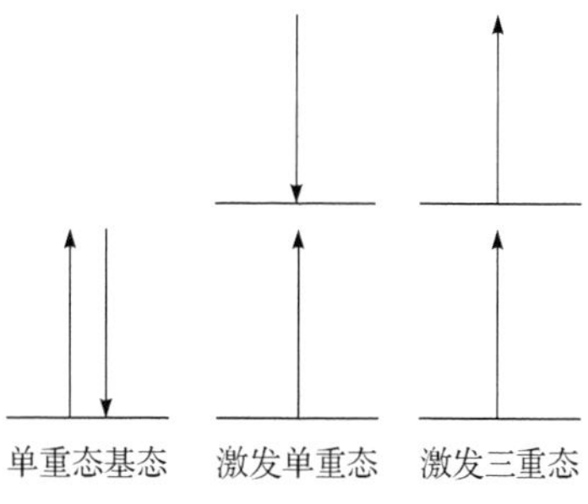

图6.1　单重态和三重态

分子吸收和发射过程如图6.2所示。图中，S_0、S_1和S_2分别表示分子的基态、第一激发单重态和第二激发单重态；T_1和T_2分别表示第一激发三重态和第二激发三重态。由于自旋平行比自旋配对的状态更稳定，三重态的能级比单重态的能级略低。每个电子能级都有多个振动能级，在同一个电子能级中，最低的线代表该能级的振动基态。根据光谱选律，分子直接被激发到三重态的概率比较小，因为$S_0 \rightarrow T_1$属于“禁阻”跃迁。激发

三重态的平均寿命为 10^{-4} s 到几秒，而激发单重态的平均寿命约为 10^{-8} s。

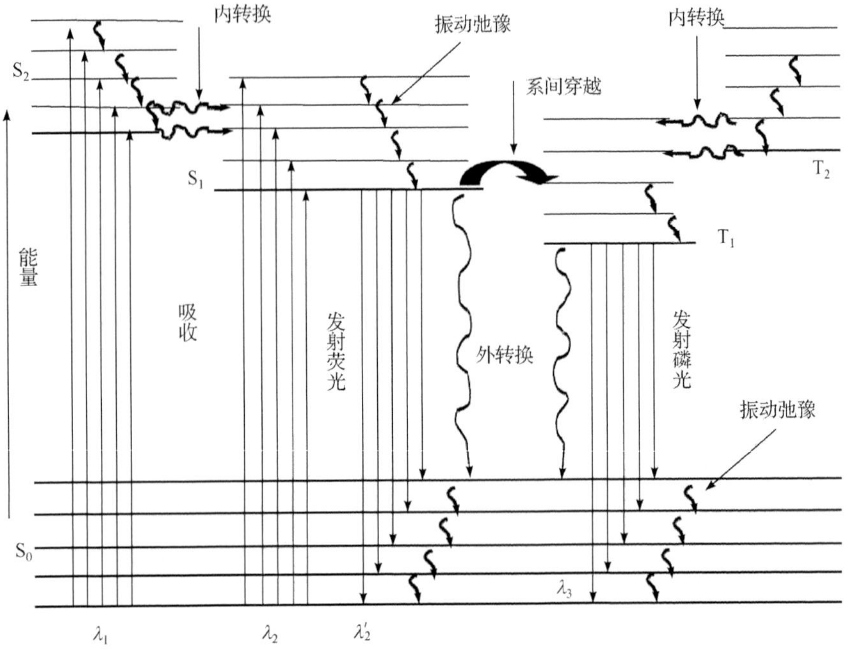

图 6.2　分子吸收和发射过程的 Jablonski 能级图

2. 荧光、磷光的产生

如图 6.2 所示，分子选择性地吸收入射光子的能量后，价电子从较低的能级跃迁到较高的能级(从 $S_0 \rightarrow S_1$ 或从 $S_0 \rightarrow S_2$)，即从基态转变为激发态。但从 S_0 到第一激发三重态 T_1 的直接跃迁概率很小，几乎观察不到，因为这一跃迁伴随着分子多重态的改变，是禁阻跃迁。

激发态分子不稳定，可能通过辐射跃迁和非辐射跃迁的衰变过程返回基态，属于分子内能量的去激发过程。当然，激发态分子还可以通过分子间的相互作用而失活，该过程是分子间的能量转移现象。

其中，非辐射去激发过程有以下几种形式。

(1) 振动弛豫。振动弛豫是处于激发态各振动能级的分子通过与溶剂分子的碰撞而将部分振动能量传递给溶剂分子，其电子则返回到同一电子激发态最低振动能级的过程。由于能量不是以光辐射的形式放出，故振动弛豫属于非辐射跃迁。

(2) 内转换。发生在同种多重态间两个电子态的非辐射跃迁过程(如 $S_2 \rightarrow S_1$、$T_2 \rightarrow T_1$)，称为内转换。

(3) 外转换。外转换是指由激发态分子与溶剂或其他溶质碰撞引起的以热能形式释放能量的转换过程。外转换过程是荧光或磷光的竞争过程，因此该过程使发光强度减弱或消失，这种现象称为“猝灭”或“熄灭”。

(4) 系间穿越。系间穿越是指发生在不同多重态间的非辐射失活过程(如 $S_1 \rightarrow T_1$、$T_1 \rightarrow S_0$)。由于系间穿越伴随着激发态分子电子自旋方向的改变，因此不如内转换过程容易。

辐射跃迁有荧光发射和磷光发射两种形式，其中荧光是来自从最低激发单重态 S_1(S_2、S_3 很少)跃迁至基态 S_0 任一振动能级过程所伴随的发光现象，发射荧光的过程为 10^{-9}～10^{-7} s，激发态的寿命很短；而磷光是来自从最低激发三重态跃迁至基态任一振动能级过程($T_1 \rightarrow S_0$)所伴随的发光现象，发射磷光的过程为 10^{-4}～10 s 或更长，激发态的寿命相对较长。所以，将激发光从磷光样品移走后，还常可观察到后发光现象，而荧光发射却观察不到该现象。

6.1.2　激发光谱和发射光谱

荧光和磷光分子都具有两个特征光谱：激发光谱和发射光谱。以荧光为例，固定发射波长(即测定波长)，测量该波长下的荧光发射强度随激发光(即入射光)的波长变化，所得的发光强度对激发波长的图谱称为荧光激发光谱。固定某一激发波长和强度，测定荧光发射强度随发射波长变化，所得到的发光强度对发射波长的图谱称为荧光发射光谱，简称荧光光谱。激发光谱和发射光谱可用于识别发光物质，并可作为定量分析时确定合适激发波长和测定波长的依据。

荧光光谱有以下特征：

(1) 斯托克斯位移(Stokes shift)。与激发光谱相比，荧光光谱的波长总是出现在更长的波长处，这一现象称为斯托克斯位移。其产生的主要原因是：激发过程中分子往往被激发到更高的振动能级或电子能级，但经过振动弛豫、内转换等过程损失部分激发能后衰变到最低激发单重态的最低振动能级。

(2) 荧光光谱形状与激发波长无关。荧光光谱通常只有一个吸收带，这是因为荧光分子无论被激发到哪个激发态，荧光发射仅是对应其 S_1 的最低振动能级至 S_0 的各振动能级的跃迁，因而光谱形状与激发波长无关。

(3) 激发光谱与发射光谱呈镜像对称关系。由于吸收光谱的带宽对应于激发态振动能级的能量差，荧光发射带间隔与基态振动能级之间的能量差相等。因此，如果激发态和基态的振动能级间隔相似，则激发光谱和荧光光谱是镜像对称的，如图 6.3 所示。

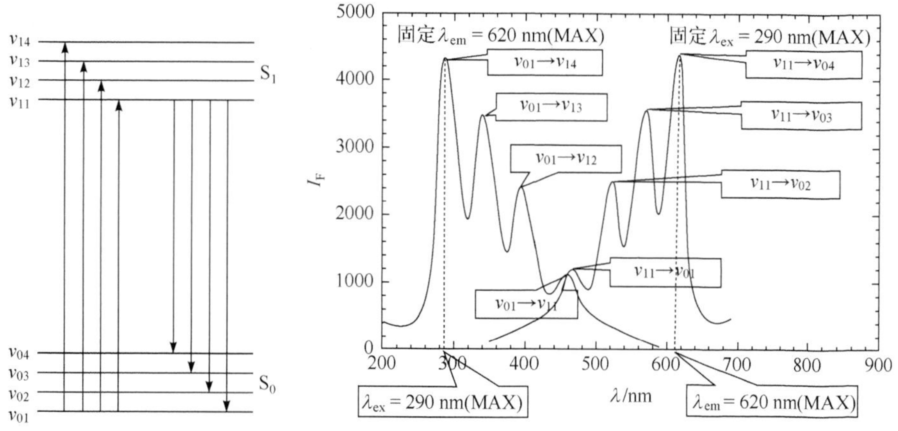

图 6.3　激发光谱与发射光谱的镜像关系

6.1.3　发光参数

1. 荧光与磷光的寿命

发光寿命是发光分子的重要发光参数。荧光寿命(τ_f)指的是荧光分子处于 S_1 激发态的平均寿命，可用下式表示：

$$\tau_f = 1/\left(k_f + \sum K\right) \tag{6.1}$$

式中，k_f为荧光发射过程的速率常数；$\sum K$ 为各种分子内的非辐射衰变过程的速率常数的总和。

磷光寿命(τ_p)指的是磷光分子处于 T_1 激发态的平均寿命，可由类似的公式表示。由于 $T_1 \rightarrow S_0$ 的跃迁属于自旋禁阻的跃迁，磷光发射过程的速率常数(k_p)比 k_f 要小得多，因而磷光的寿命比荧光要长得多，通常达到毫秒级。

荧光(或磷光)强度的衰减速度符合动力学一级反应：

$$\ln I_0 - \ln I_t = t / \tau \tag{6.2}$$

式中，I_0 和 I_t 分别为 $t=0$ 和 $t=t$ 时刻的荧光(或磷光)强度。作出 $\ln I_t$-t 的关系曲线，可得一条直线，其斜率为 $1/\tau$。

2. 荧光与磷光的发光效率(量子产率)

发光效率也称为发光量子产率，是另一个重要的发光参数。荧光量子产率(Φ_f)定义为发光物质发射的光子数与吸收的光子数之比。由于激发态分子的衰变过程包含辐射跃迁和非辐射跃迁，Φ_f 可表示为

$$\Phi_f = k_f / \left(k_f + \sum K\right) \tag{6.3}$$

可见荧光量子产率的大小取决于荧光发射过程与非辐射跃迁过程的竞争结果。通常情况下，Φ_f 的数值总是小于 1。Φ_f 的数值越大，表明化合物的荧光越强。

磷光的量子产率(Φ_p)定义为

$$\Phi_p = \Phi_{st} k_p / \left(k_p + \sum K_j\right) \tag{6.4}$$

式中，k_p 为磷光发射的速率常数；Φ_{st} 为 $S_1 \rightarrow T_1$ 系间穿越的量子产率；$\sum K_j$ 为与磷光辐射过程相竞争的从 T_1 态发生的所有非辐射跃迁过程的速率常数的总和。

荧光(或磷光)量子产率的大小，主要取决于化合物的结构与性质，同时也与化合物所处的环境因素有关。荧光量子产率可通过参比法测定。该法通过比较待测荧光物质和已知荧光量子产率的参比荧光物质两者的稀溶液，在同样激发条件下所测得的积分荧光强度(即校准的发射光谱所包含的面积)和对该激发波长入射光的吸光度而测量的：

$$\Phi_u = \Phi_s F_u A_s / F_s A_u \tag{6.5}$$

式中，Φ_u、F_u 和 A_u 分别为待测物质的荧光量子产率、积分荧光强度和吸光度；Φ_s、F_s 和 A_s 分别为参比物质的荧光量子产率、积分荧光强度和吸光度。

表 6.1 列出了典型荧光化合物的荧光量子产率。

表 6.1　典型荧光化合物的荧光量子产率

化合物	荧光量子产率	溶剂
荧光素	0.92	0.1 mol/L NaOH
曙红	0.19	0.1 mol/L NaOH
罗丹明 B	0.97	乙醇
蒽	0.31	己烷
核黄素	0.26	水，pH 7
菲	0.1	乙醇
萘	0.12	乙醇
酚	0.22	水
叶绿素	0.32	苯

6.1.4　荧光、磷光与分子结构的关系

不是所有分子都能发射荧光和磷光。分子发射荧光必须具备两个条件：①较强的紫外-可见吸收；②一定的荧光发光效率。一般来说，长共轭分子具有 $\pi \to \pi^*$ 跃迁的较强紫外吸收(K 带)，刚性平面结构分子具有较高的荧光效率，而在共轭体系上的取代基对荧光光谱和荧光强度也有很大影响。

分子能否发射荧光或磷光，在很大程度上取决于它们的分子结构。具有强荧光性的物质，其分子往往具有以下特征。

1. 共轭 π 键体系

具有共轭双键体系的分子，含有易被激发的非定域 π 电子，共轭程度越大，发射波长红移，发光强度增加(图 6.4)。能产生荧光的物质大多含有芳环或杂环，或是长共轭双键的脂肪烃。

2. 刚性平面结构

具有刚性平面构型的分子，其振动和转动的自由度减小，减少了非辐射跃迁的概率，从而增大了发光效率。同一分子在构型发生变化时，其荧光光谱和荧光强度也将发生变化。试剂与金属配合后，刚性增强，荧光强度也增强。例如，芴(fluorene)与联苯(biphenyl)的荧光量子产率分别为 1.0 和 0.2(图 6.5)。产生这样差异的原因来自两个荧光分子的结构。芴中亚甲基的固定使得两个苯环的自由旋转受到限制，其结构相比于联苯具有更大的刚性。

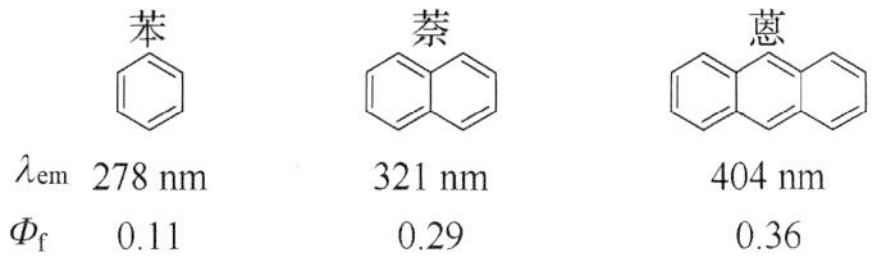

图 6.4　分子共轭程度对发射波长和荧光量子产率的影响

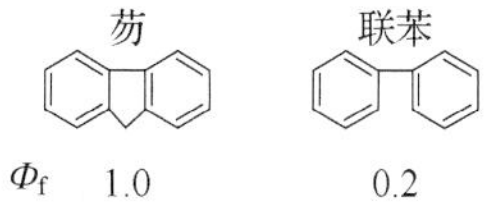

图 6.5　刚性平面结构对荧光量子产率的影响

3. 取代基的影响

给电子取代基，如烷基、—OH、—OCH_3、—NH_2 等常使荧光强度增加。含这类取代基的荧光体，其激发态常由环外的羟基或氨基上的 n 电子激发转移到环上而产生，其 n 电子的电子云几乎与芳环上的 π 轨道平行，从而共享了共轭 π 电子结构，扩大了共轭双键体系。

吸电子取代基，如—COOH、—NO、—NO_2、—SH、—OCR 等常使荧光强度降低。它们虽然也含有 n 电子，但 n 电子的电子云并不与共轭体系的 π 电子云共平面，其 $n\to\pi^*$ 跃迁为禁阻跃迁，且 $S_1\to T_1$ 系间穿越的概率大，从而使荧光强度减弱。例如，苯发射荧光，硝基苯不发射荧光。

卤素取代基随卤原子序数的增加而使荧光强度下降、磷光强度增强，这是由于重原子效应的影响。将一个高原子序数的原子引入到发光分子的 π 电子体系中，往往会增强磷光强度而减弱荧光强度，这种作用称为内部重原子效应。例如，对于卤代苯，氟苯的荧光效率为 0.16，氯苯为 0.05，溴苯为 0.01，碘苯则没有荧光。这是因为在原子序数较高的原子中，电子自旋和轨道运动间的相互作用变大，更有利于电子自旋的改变，增大了系间穿越的速度，而使荧光强度减弱，磷光强度增强。若使用含重原子的溶剂，也会发生外部重原子效应，导致磷光强度增强和荧光强度减弱。

6.1.5　影响荧光、磷光的外部因素

分子所处的外界环境，如温度、溶剂、酸度、熄灭剂等都会影响荧光和磷光效率，甚至影响分子结构及立体构象，从而影响荧光和磷光光谱的形状和强度。了解和利用这些因素，选择合适的测定条件，可以提高荧光和磷光分析的灵敏度和选择性。

1. 溶剂

同一物质在不同溶剂中，其荧光和磷光光谱的形状和强度都有差别。一般情况下，荧光波长随着溶剂极性的增大而红移，荧光强度也增强。在极性溶剂中，$\pi\to\pi^*$跃迁的能量差减小，使紫外吸收波长和荧光波长均红移。此外，跃迁概率也增加，故荧光强度也增强。

除了溶剂极性的影响外，倘若荧光体与溶剂之间发生了特殊的化学作用(如形成氢键)，便会导致荧光光谱发生更大的位移。一般来说，由于在 $n\to\pi^*$跃迁和某些分子内电荷转移跃迁中涉及非键的孤对电子，故溶剂的氢键形成能力对这一跃迁类型的光谱有较大影响，随着溶剂形成氢键的能力增大，荧光光谱向短波方向移动。

2. 酸碱性

每一种荧光和磷光物质都有其最适宜的 pH 范围。如果荧光物质是一种有机弱酸或弱碱，它们的分子及相应的离子，可视为两种具有不同荧光特性的型体。介质的酸碱性变化将使两种不同型体的比例发生变化，从而对荧光光谱的形状和强度产生很大影响。具有酸性基团或碱性基团的芳香族化合物，其酸性基团的解离作用或碱性基团的质子化作用，可能改变与发光过程相竞争的非辐射跃迁过程的性质和速率，从而影响化合物的

发光特性。例如，在 pH = 5～12 的溶液中，苯胺以分子形式存在，产生蓝色荧光(图 6.6)；当 pH < 5 时，它以苯胺阳离子的形式存在，而当 pH > 12 时，它以阴离子形式存在，其阳离子和阴离子均无荧光。因此，在荧光测量中往往需要控制溶液的 pH。

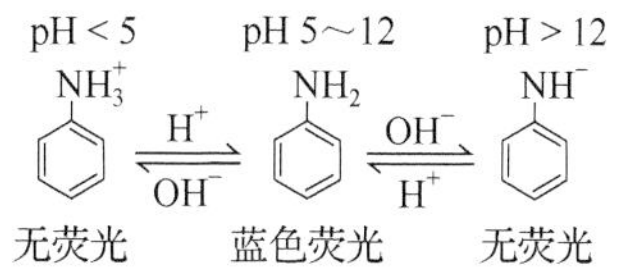

图 6.6　苯胺分子在不同 pH 条件下的荧光

溶液的 pH 也会影响金属配合物的荧光性质。例如，Ga^{3+}与邻、邻二羟基偶氮苯在 pH = 3～4 的溶液中形成 1∶1 配合物，该配合物发荧光；而在 pH = 6～7 的溶液中形成不发荧光的 1∶2 配合物。

3. 温度和黏度

温度上升，将使激发态分子的振动弛豫和内转化作用的过程加剧，同时增大了发光分子与溶剂分子碰撞失活的机会。因此，这将导致溶液的荧光或磷光强度下降。

介质黏度的提高，将减小激发态分子振动和转动的速率，降低与其他溶质分子的碰撞概率，有利于提高荧光或磷光的强度。

4. 散射光

当一束平行单色光照射在液体样品上时，大部分光线透过溶液，小部分由于光子和物质分子相碰撞，光子的运动方向发生改变而向不同角度散射，这种光称为散射光。散射光对荧光测定有干扰，尤其是波长比入射光波长更长的拉曼散射光，因其波长与荧光波长接近，对荧光测定的干扰较大。选择适当的激发波长往往可消除散射光的干扰。

5. 荧光和磷光猝灭

荧光和磷光猝灭是指发光分子与溶剂或溶质分子之间发生的导致发光强度下降的物理或化学作用过程，可分为动态猝灭和静态猝灭。在动态猝灭过程中，发光物质的激发态分子通过与猝灭剂分子的碰撞作用，以能量转移机理或电荷转移机理丧失其激发能而返回基态。静态猝灭指的是猝灭剂与发光物质的基态分子发生络合反应，所产生的络合物在实际检测的光谱区内不发光。

与发光分子相互作用而引起发光强度下降的物质，称为猝灭剂。常见的猝灭剂有卤素离子、重金属离子、氧分子、硝基化合物、重氮化合物和羰基化合物等。如果一种荧光猝灭剂加入后能够使得荧光强度的降低与其浓度呈线性关系，则可以利用这一性质测定猝灭剂的含量，这种分析方法称为荧光猝灭法。

6. 内滤作用

当溶液中存在能吸收荧光和磷光物质的激发光或发射光的物质时，也会使体系的荧光和磷光强度减弱，这种现象称为内滤作用。如果荧光和磷光物质的荧光和磷光发射光谱与该物质的吸收光谱有重叠，当浓度较大时，部分基态分子将吸收体系发射的荧光和磷光，从而使荧光和磷光强度降低，这种自吸现象也是一种内滤作用。

6.1.6 荧光(磷光)的定量分析

1. 荧光(磷光)分析法的定量关系式

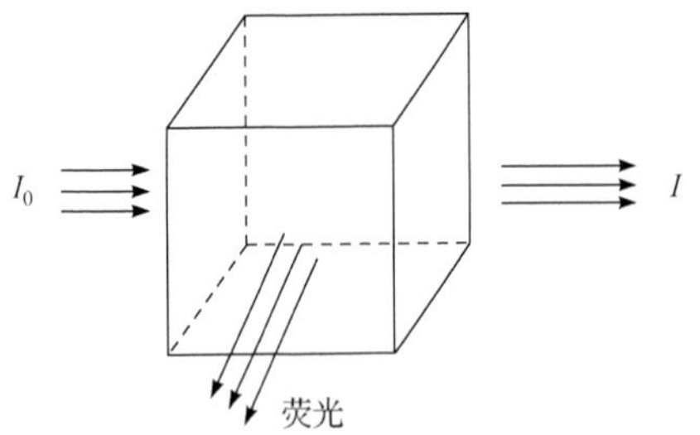

图 6.7 溶液的荧光测定

溶液中荧光物质被入射光激发后，可以在溶液的各个方向观察荧光强度。但由于激发光的一部分被透过，因此在激发光的方向观察荧光是不适宜的。一般是在与激发光垂直的方向观测，如图 6.7 所示。

荧光(或磷光)发射强度与吸收的光强度 I_a 及量子产率 Φ_f 成正比：

$$I_f = \Phi_f I_a \tag{6.6}$$

根据朗伯-比尔定律可推导出：

$$I_f = \Phi_f I_0(1-10^{-\varepsilon bc}) = \Phi_f I_0(1-e^{-2.3\varepsilon bc}) \tag{6.7}$$

将指数展开：

$$\begin{aligned} I_f &= \Phi_f I_0\left\{1-\left[1+\frac{(-2.3\varepsilon bc)}{1!}+\frac{(-2.3\varepsilon bc)^2}{2!}+\frac{(-2.3\varepsilon bc)^3}{3!}+\cdots\right]\right\} \\ &= \Phi_f I_0\left[2.3\varepsilon bc-\frac{(-2.3\varepsilon bc)^2}{2!}-\frac{(-2.3\varepsilon bc)^3}{3!}-\cdots\right] \end{aligned} \tag{6.8}$$

对于稀溶液，$\varepsilon bc < 0.05$ 时，方括号中其他各项与第一项相比均可忽略，上式可转化为如下的线性形式：

$$I_f = 2.3\Phi_f I_0 \varepsilon bc \tag{6.9}$$

式中，b 和 c 分别为液池的厚度和溶液的浓度。即溶液的浓度足够小使得对激发光的吸光度很低时，所测溶液的荧光强度与该荧光物质的浓度成正比，$I_f = Kc$，K 为常数，此为荧光定量分析法的依据。

与荧光类似，在低浓度的情况下，溶液的磷光强度(I_p)与磷光物质浓度之间的关系可表示如下：

$$I_p = 2.3\Phi_{st}\Phi_p I_0 \varepsilon bc \tag{6.10}$$

式中，Φ_{st}、Φ_p 和 I_0 分别为 $S_1 \rightarrow T_1$ 系间穿越的量子产率、磷光的量子产率和入射光强度；ε 为摩尔吸光系数；b 和 c 分别为液池的厚度和溶液的浓度。与荧光定量分析类似，在对同一磷光分子体系进行定量分析时，Φ_{st}、Φ_p、I_0、ε 和 b 都是保持不变的，因此也可将其统一成一个常数 K 值，所测溶液的磷光强度与该物质的浓度成正比，即 $I_p = Kc$。

因此，在低浓度时，荧光和磷光强度与物质浓度呈线性关系；在高浓度时，由于自猝灭和自吸收等原因，荧光和磷光强度与浓度不呈线性关系。

荧光分析测定的是在很弱背景下的发射光强度，且其测定的灵敏度取决于检测器的灵敏度，即只要改进光电倍增管和放大系统，使极微弱的荧光也能被检测到，就可以测定很小的物质浓度。此外，增强入射光 I_0 的强度可以有效地增强 I_f 的强度。因此，荧光分析法的灵敏度很高。而紫外-可见分光光度法测定的是透过光强和入射光强的比值，即 I/I_0，当浓度很低时，检测器难以检测两个大信号(I_0 和 I)之间的微小差别，而且即使将光强信号放大，由于透过光强和入射光强都被放大，比值仍然不变，对提高检测灵敏度不起作用，故紫外-可见分光光度法的灵敏度不如荧光分析法高。

2. 荧光定量分析方法

荧光定量分析方法与紫外-可见分光光度法的定量方式类似，以荧光强度为纵坐标，标准溶液的浓度为横坐标绘制标准曲线。然后在同样条件下测定试样溶液的荧光强度，由标准曲线求出试样中荧光物质的含量。

当被测物本身发荧光时，可以直接测定其荧光强度来确定该物质的含量。当被测物本身不产生荧光或荧光量子产率很低时，可以采用间接测定的方法。一种是利用化学反应使其从非荧光物质转变成可用于测定的荧光物质，如环状醇类结构可经浓硫酸处理后变成能产生荧光的酚类结构。另一种是基于该物质可使某荧光物质的荧光发生猝灭现象，测量荧光强度的降低程度来测定其浓度，如对氯、硫、铁、银、钴和镍等元素的测定。

开展多组分混合物的荧光分析时，当各组分荧光峰无显著干扰时，可分别在不同波长下测定各个组分的荧光强度，然后直接求解各组分浓度。当荧光峰相互重叠时，则可利用荧光强度的加和性质，分别测定混合物以及各个单一组分在同一波长下的强度，再联立方程求解，从而测定多组分物质各自的含量。此外，开展多组分混合物的荧光分析时，也可以用分离方法如液相色谱将混合物分离后检测。

6.2　荧光与磷光分析仪器

一般进行荧光测定的仪器称为荧光分光光度计，由光源、单色器、样品池、光检测器及数据处理装置五个部分所组成。荧光分光光度计基本部件和紫外-可见分光光度计大致相同。光源和检测器的光路在紫外-可见分光光度计中成一条直线，而在荧光分光光度计中往往是成直角分布的。荧光分光光度计的构造简图如图 6.8 所示。

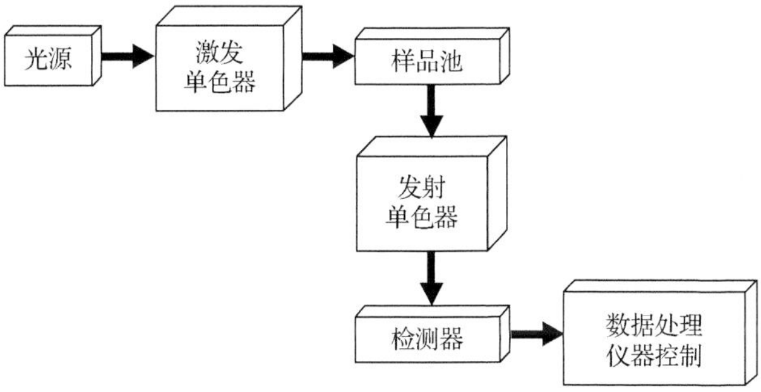

图 6.8　荧光分光光度计的构造简图

6.2.1　光源

分子荧光和磷光涉及价电子的电子能级的激发跃迁，因此和紫外-可见吸收光谱相似，也需要紫外-可见光区的光源。但由于光源的强度直接影响荧光测量的灵敏度，荧光测量中常用的光源为能产生强烈辐射的氙灯和高压汞灯。而在紫外-可见分光光度计中，紫外区光源是氢灯或氘灯，可见光区光源是钨灯或卤钨灯。

氙灯是目前荧光分光光度计应用最广泛的一种光源，其放电灯外套为石英，内充氙气，在 400～800 nm 波长内提供连续的光输出，在 450 nm 附近和 800 nm 以上有许多锐线。近些年新推出的闪烁式氙灯，特别适用于光敏性试样的测定。结合相应的信号调制处理技术，可在试样暴露于日光的情况下测定荧光强度。

汞灯是利用汞蒸气放电发光的光源，分为低压汞灯和高压汞灯两种。低压汞灯发射非常敏锐的汞的线状光谱，能量主要集中在紫外光区，主要用来校正仪器的波长读数。高压汞灯由于汞蒸气压力增大，汞蒸气放电的光谱由线状光谱转为略呈带状的光谱，并出现较宽的连续光谱，适合作为荧光光谱仪的光源。

6.2.2　单色器

单色器是用来产生单色光的装置，荧光分光光度计大多采用光栅作为单色器。光栅有两个主要的性能指标，即色散能力和杂散光水平。色散能力越大，则分辨能力越强；而杂散光水平是另一关键参数，因为通过单色器的长波长杂散光很容易干扰荧光检测。

与紫外-可见分光光度计不同的是荧光分光光度计中共有两个单色器，分别位于样品池之前和样品池之后，排布呈 90°直角，分别用于对激发波长和发射波长进行分光，而在紫外-可见分光光度计中仅在样品池之前有一个单色器用于获得单色光。

6.2.3　样品池

待测荧光物质的溶液盛放于样品池中，通常是一个长、宽各为 1 cm 的柱形石英液池。当与流动注射分析技术联用时，则应配置石英微流通池。

根据荧光光源和检测器的光路呈 90°直角的特点，荧光的样品池四壁均需为光学透明面，材质为石英；而紫外光的光路是直线，所用样品池仅需两面为光学透明面，材质有石英和玻璃两种。为避免紫外光吸收，在使用紫外光时一般选用石英样品池。

6.2.4　光检测器

光检测器是将光信号转换成可量化输出的电信号的检测器，常见的光检测器有光电倍增管和电荷耦合器件两种。

光电倍增管(PMT)：目前几乎所有常规的荧光分光光度计都采用 PMT 作为检测器。在一定条件下，PMT 的电流量与入射光强度成正比。PMT 工作时，要求其高压电源很稳定，以保证它对入射光有良好的线性响应。PMT 的光谱响应取决于用作 PMT 的透明窗口和光阴极的材料。商品仪器中所配置的 PMT 大多数是蓝敏的，即对紫外光、蓝光和

300～500 nm 的光线比较敏感。当需要测定波长在 600 nm 以上的荧光时，则需要采用具有不同光阴极材料的红敏 PMT。

电荷耦合器件(CCD)：是一种多通道检测器，以电荷作信号，检测一定时间内不同像素的累计光生电荷量；具有光谱范围宽、灵敏度高、噪声低、线性动态范围宽及可获得三维图像的优点。CCD 有线阵和面阵两种形式，前者获取的信息量小，不能处理复杂的图像，但处理信息的速度快，后续电路简单；后者获取的信息量大，能处理复杂的图像，但处理信息速度慢，价格较昂贵。

6.2.5 磷光分析仪器

磷光分光光度计的基本部件与荧光分光光度计类似，所以如果试样只发磷光，可在荧光分光光度计上直接测定。由于磷光寿命较长，容易遭受动态猝灭，一般需在较低温度下测量，因此与荧光分光光度计相比，其在样品池方面也有所不同，往往需要配备低温冷冻装置，通常要将试液装入内径为 1～3 mm 的石英细管中，再将其插入盛有液氮的杜瓦瓶内[图 6.9(a)]。而对固体表面室温磷光进行分析时，测量的是室温下吸附于固体基体表面的分析物所发出的磷光。固体可将试样束缚在基体上以增加其刚性，减少三重态的碰撞猝灭，增强磷光强度。除此以外，还可将试样溶解在胶束或环糊精溶液中，也能达到室温下测定磷光的效果。

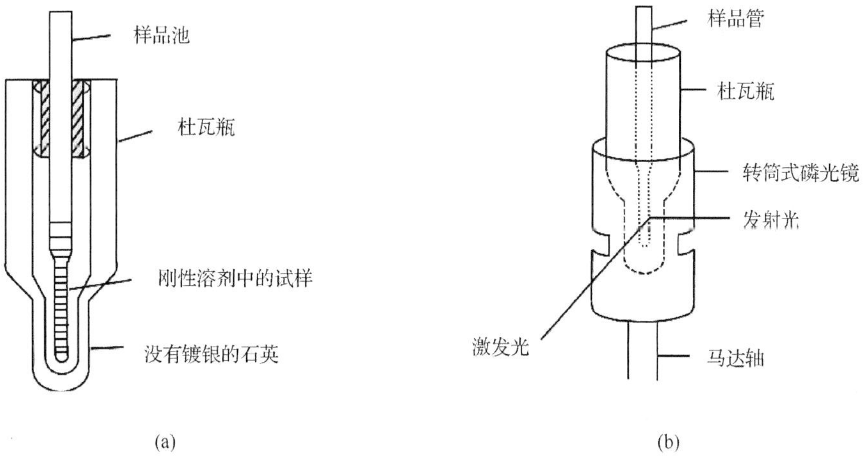

图 6.9 磷光分光光度计的低温样品池(a)和转筒式磷光镜(b)

如果试样同时发射荧光和磷光时，通常必须借助荧光与磷光寿命的差别，在荧光分光光度计上配备适当的附件(一种称为“磷光镜”的机械装置)将荧光隔开后，便可用于磷光的测定[图 6.9(b)]。比较先进的方法是采用脉冲光源和门控检测技术的时间分辨分光光度计。其中，磷光镜用于调制来自光源的入射光和来自试样发射的磷光。这种调制是周期性的：当转动磷光镜时，在第一段时间，激发光照射样品溶液，荧光和磷光被阻挡而无法到达检测器；而在第二段时间，激发光被阻挡，荧光因寿命极短而立即消失，只剩下寿命较长的磷光到达检测器而被测到，从而达到检测磷光的目的。

6.3　化学发光分析

化学发光是由化学反应提供能量激发物质所产生的光辐射。生物发光是指产生于生物体系中的化学发光，如萤火虫，有些细菌、真菌、原生动物、蠕虫以及甲壳动物等所发射的光。基于这类发光现象的分析方法，称为化学发光(或生物发光)分析法。

化学发光法具有以下优点：①灵敏度很高。例如，应用荧光素酶和腺苷三磷酸(ATP)的化学发光反应，可测定低至 2×10^{-17} mol 的 ATP，达到检出单个细菌中 ATP 含量的要求。②仪器设备简单，无须光源和单色器，因而也消除了散射光和杂散光的干扰。③线性范围宽。④分析速度快。

6.3.1　基本原理

某一化学反应产生电子激发态产物，其返回基态时发出光的现象称为化学发光(chemiluminescence，CL)。基于这一现象进行分析的方法称为化学发光法。

$$A + B \longrightarrow C^{*} + D$$

$$C^{*} \longrightarrow C + h\nu$$

从发光机理上讲，化学发光过程必须满足以下条件：首先，必须由化学反应释放出足够的化学能，大多数化学发光反应为氧化还原反应；其次，该反应释放的化学能必须能被一种物质分子所吸收(通常是该反应的产物之一)，并使得其外层电子跃迁至激发态，而不是以热的形式释放；最后，该激发态物质分子通过辐射跃迁回到基态的概率必须足够大，即可以显著发光，或者能够通过能量转移的方式将激发能有效地转移给另一个发光分子受体并显著发光。

能产生化学发光的物质有限，往往需要含有—CO、—NH、—NHR 等基团。最常见的化学发光物质是鲁米诺(luminol)，在催化剂存在下，它可以与 H_2O_2 反应生成 3-氨基苯甲酸，并发出蓝光。

6.3.2　化学发光效率

化学发光效率 φ_{CL}、生成激发态产物的效率 φ_{CE} 和激发态产物的发光效率 φ_{EM} 定义如下：

$$\varphi_{CE} = \text{生成激发态的分子数} / \text{参加反应的分子数} \tag{6.11}$$

$$\varphi_{EM} = \text{发光的分子数} / \text{生成激发态的分子数} \tag{6.12}$$

$$\varphi_{CL} = \varphi_{CE}\varphi_{EM} = \text{发光的分子数} / \text{参加反应的分子数} \tag{6.13}$$

化学发光的定量分析是基于发光强度与被测物质的浓度成正比。化学发光反应的发光强度，以单位时间内发射的光子数表示。由以上定义可知，发光强度等于单位时间内发生反应的被测物质的浓度变化 dc 与化学发光效率 φ_{CL} 的乘积：

$$I_{CL}(t) = \varphi_{CL} \times \mathrm{d}c / \mathrm{d}t \tag{6.14}$$

6.3.3　化学发光类型

1. 直接化学发光和间接化学发光

按照反应体系的发光对象分类，化学发光可分为直接化学发光和间接化学发光。

(1) 直接化学发光。待测物 A 和 B 作为反应物直接参加化学发光反应，生成的激发态产物分子 C^*跃迁回基态时发光。

$$A + B \longrightarrow C^* + D$$

$$C^* \longrightarrow C + h\nu$$

(2) 间接化学发光。待测物 A 和 B 通过化学反应产生激发产物 C^*，但该产物不直接发光，而是作为激发中间体将能量传递给另一分子 F，使后者跃迁至激发态后 F^*又回到基态从而发光。

$$A + B \longrightarrow C^* + D$$

$$C^* + F \longrightarrow F^* + E$$

$$F^* \longrightarrow F + h\nu$$

2. 气相化学发光和液相化学发光

按照反应体系的状态分类，化学发光可分为气相化学发光和液相化学发光。

(1) 气相化学发光主要有 O_3、NO 和 S 等的化学发光反应，可用于检测空气中的 O_3、NO、NO_2、H_2S、SO_2 和 CO 等气体。

(2) 液相化学发光的常见发光试剂有鲁米诺、光泽精、洛粉碱、没食子酸及过氧草酸盐等。其中最常用的是鲁米诺，其化学发光体系可用于测量痕量的 H_2O_2，Cu、Mn、Co、V、Fe、Cr、Ce、Hg 和 Th 等金属离子，以及包括蛋白质和核酸的生物分子等。鲁米诺产生的化学发光反应的化学发光效率 φ_{CL} 一般为 0.01～0.05。

鲁米诺为 3-氨基苯二甲酸肼，在碱性溶液中与 H_2O_2 作用，氧化过程中产生的化学能使氧化产物氨基邻苯二甲酸根离子激发，当其价电子从第一电子激发单重态的最低振动能级返回基态时伴随着最大发射波长为 425 nm 的光辐射，如图 6.10 所示。

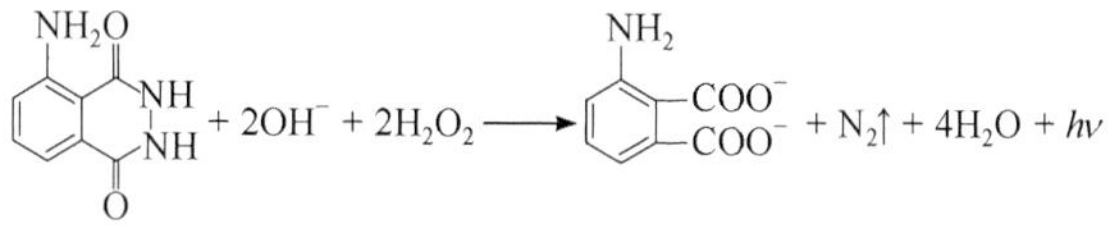

图 6.10　鲁米诺的化学发光

化学发光分析法的测量仪器简单，主要由样品池、滤光片、检测器及记录系统组成(图 6.11)。与荧光光谱仪相比，它不需要光源和单色器，从而消除了散射光和杂散光的干扰；反应在样品池中进行，发出的光直接照射在检测器上，使仪器更加简单方便易操作。

化学发光分析具有选择性好、灵敏度高的特点，特别适合于痕量组分的分析。近年来，化学发光分析法已成为医学、生物学、生物化学中的一个重要研究手段。

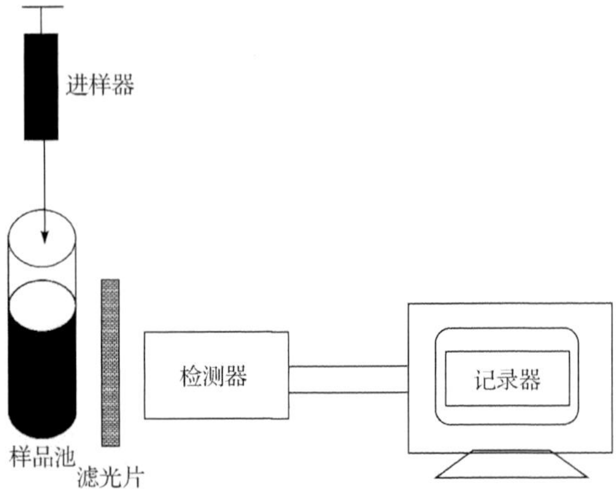

图 6.11　化学发光分析仪器

6.4　分子发光分析法的应用和发展

6.4.1　分子发光分析法的应用

荧光和磷光是由光提供能量激发物质分子所产生的光辐射。1852 年，Stokes 提出“荧光”这一概念用于描述奎宁和叶绿素的发光。1935 年，Jablonski 提出了用能级图解释光致发光的现象，根据光致发光激发态能级辐射跃迁的不同，可将其分为寿命较短的荧光和寿命更长的磷光。荧光/磷光分析法的应用主要可分为以下几类：一是对无机化合物的分析，如 Be、B、Mg、Al、S、Fe、Ag、Co、Ni 等元素，可通过与荧光试剂组成能发出荧光的物质以测定本身无荧光的元素；二是对有机化合物的分析，如肾上腺素、青霉素、苯巴比妥、维生素等物质，为提高灵敏度和选择性也可对其进行处理形成强荧光产物再进行测定；三是对荧光/磷光探针的设计，因其具有较高的荧光/磷光量子产率、较好的生物相容性以及波段随着分子结构可调等优点，可广泛应用于生物大分子(核酸、蛋白质)、生物成像及疾病诊断等领域。

荧光分析法因其灵敏度高、选择性好等优势，具有广阔的发展前景。例如，荧光探针在生物分析如核酸染色、定量 PCR(聚合酶链反应)以及 DNA 测序等方面获得了广泛应用，并成为医疗机构应对新型冠状病毒检测挑战的主流标记试剂；开发新技术以提高检测性能、拓宽荧光分析的应用范围，如激光诱导荧光分析、时间分辨荧光技术、荧光偏振技术及同步荧光分析等；将荧光仪与其他分析方法联用，提高荧光分析的灵敏度、选择性以及分析过程的自动化。在磷光分析测定中磷光寿命等指标也可以为生物大分子与小分子之间的相互作用提供有用信息；并且，将磷光分析与其他分析技术联用也发挥出重要作用。

化学发光是由化学反应提供的能量激发物质所产生的光辐射，最早是在生物体内的发光现象。1877 年，Radziszewski 观察到洛芬碱在碱性介质中氧化而发出绿光，实现了人工产生化学发光。随后，在科学家的不断努力下，逐渐开发出了一系列成熟的化学发光体系，如鲁米诺 + 氧化剂(H_2O_2、$NaClO_4$、$KMnO_4$ 及 KIO_4)、光泽精 + H_2O_2、

过氧草酸酯 + H_2O_2 + 荧光物质、四价铈离子、联吡啶钌电化学发光等体系。化学发光有如下发展趋势：提高化学发光的发光效率，如开发新的化学发光剂或增强剂，引入新型纳米材料等；针对复杂样品的分析，主要在于前处理方法(前期分离富集)与化学发光的联用，目前已有与分子印迹、固相萃取、高效液相色谱及毛细管电泳等技术联用的报道；实现仪器小型化，化学发光分析仪已逐渐向集成化和快速化方向发展，为满足实际样品的实时在线分析，需要进一步推动仪器设备的小型化、一体化、自动化。

6.4.2　其他发光分析技术简介

随着物理学、计算机等学科新成就的不断引入，发光分析法的技术和仪器日益拓展。时间分辨荧光、室温磷光和化学发光免疫分析等技术的提出和应用，以激光作为光源的仪器的研制和发展，都极大地推动和促进了发光分析法的发展，使得发光分析法从灵敏度到选择性都得到很大改善。

1. 激光诱导荧光分析

激光诱导荧光分析法是指采用单色性极好、强度更大的激光作为光源的荧光分析方法。由于 $I_f = 2.3\Phi_f I_0 \varepsilon bc$，激光诱导荧光仪器与一般荧光仪器的光源相比 I_0 很强，灵敏度大大提高，甚至可实现单分子检测。激光诱导荧光分析法已成为分析超低浓度物质灵敏而有效的方法，应用领域越来越广泛。

2. 时间分辨荧光分析

时间分辨荧光分析利用不同物质的荧光寿命不同，在激发和检测之间延缓时间的不同，以实现选择性检测。时间分辨荧光分析采用脉冲激光作为光源。激光照射试样后所发射的荧光是一混合光，包括待测组分的荧光、其他组分或杂质的荧光和仪器的噪声。如果选择合适的延缓时间，可测定被测组分的荧光而不受其他组分、杂质的荧光及噪声等的干扰；可对光谱重叠，但荧光寿命不同的组分进行分别测定。将时间分辨荧光分析法应用于免疫分析，已发展成为时间分辨荧光免疫分析法。

3. 室温磷光分析

表面活性剂胶束溶液具有增溶、增敏和增稳的作用。当磷光体进入胶束后，其微环境发生显著变化，从而减小了磷光分子的非辐射失活概率，明显增强了三重态的稳定性，使磷光发射强度显著增大。利用胶束的稳定因素，并结合重原子微扰剂的作用，在通氮除氧的条件下，可以构建一些物质的室温磷光分析法。除胶束有序介质外，一些典型的对氧敏感性差的有序介质，如环糊精、微乳液、微胶囊等，均已用于非除氧条件下的室温磷光分析法的构建。

4. 纳米催化发光气体传感分析

气体分子经过纳米颗粒表面时会产生强烈的催化化学发光信号，研究结果表明此化学发光信号与纳米材料种类、结构以及气体分子三者之间存在密切联系。基于纳米材料的催化和发光特性，可应用于气固界面发光的传感识别。在综合纳米催化传感材料合成方法、结构与形貌的基础上，可建立光谱信息与气体分子结构之间的关系，获得具有强烈化学发光特性和分子识别功能的纳米催化传感材料，实现其对硫化氢、乙醇、丙酮、挥发性有机物(VOCs)等气体分子的快速传感与识别。

5. 化学发光免疫分析

化学发光免疫分析是指将具有高灵敏度的化学发光测定技术与高特异性的免疫反应相结合，用于检测各种抗原、抗体、激素、酶、脂肪酸、维生素和药物等的分析技术。化学发光免疫分析将化学发光与免疫反应结合，利用发光物质、催化剂或氧化剂三者之一标记抗原或抗体，在免疫反应后，免疫复合物中存在这种标记成分。当加入另两种成分时，立即产生光子用于检测。该方法快速、灵敏，又具有免疫反应的高度特异性，因此是一种很有竞争力的方法。化学发光免疫分析是继放射免疫分析、酶免疫分析、荧光免疫分析和时间分辨荧光免疫分析之后发展起来的一项重要的高灵敏度免疫测定技术，已广泛应用于临床医学检验。

6.5 分子发光分析法的应用实例

分子发光分析法目前已广泛应用于生物医学、药学、食品科学及环境科学等领域。例如，国家标准方法《食品安全国家标准 乳及乳制品中噻菌灵残留量的测定 荧光分光光度法》(GB 23200.87—2016)就是用荧光分析法来测定乳及乳制品中噻菌灵的残留量。噻菌灵分子中具有共轭双键体系(图 6.12)，含有易被激发的非定域的π电子，共轭度较大，因此具有较强荧光[图 6.13(a)]。

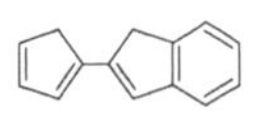

图 6.12 噻菌灵的结构式

6.5.1 操作及实验条件

1. 样品处理

称取试样于锥形瓶中，加入氢氧化钾溶液，接上冷凝管，在沸腾的水浴上回流皂化。将冷却的皂化液移入分液漏斗中，加入乙酸乙酯提取噻菌灵，摇晃后静置分层，获得乙酸乙酯提取液，并在容量瓶中用盐酸溶液定容后供荧光分光光度法测定。

2. 测定

在日立 F-4600 荧光分光光度计上设置激发波长 307 nm 和发射波长 359 nm。准确称取适量的噻菌灵标准品，用盐酸溶液稀释成适当浓度的系列标准溶液。用荧光分光光度计测定各标准溶液和样品溶液的荧光吸光度。

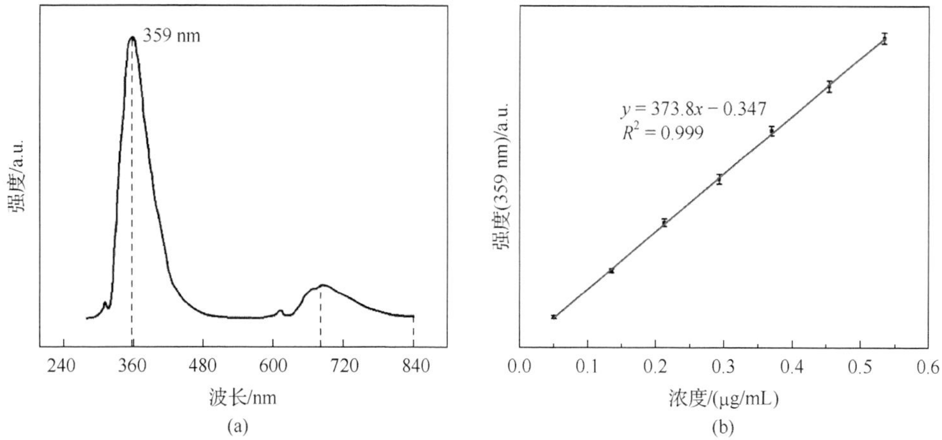

图 6.13　噻菌灵分子的荧光发射光谱(a)和定量标准曲线示例(b)

6.5.2　数据分析

用 359 nm 处的荧光发射强度与对应的噻菌灵浓度绘制标准曲线[图 6.13(b)]，并通过数据处理软件拟合得到线性方程和相关系数。最后将样品溶液所得荧光发射光的强度代入线性方程，即可获取样品溶液中噻菌灵的含量，通过换算可以获得乳及乳制品样品中噻菌灵的浓度。

习题与拓展

1. 从原理和仪器结构方面阐述原子发射光谱法与荧光光谱法的异同？为什么会有这些异同？

2. 从原理和仪器结构方面阐述紫外吸收光谱法与荧光光谱法的异同？荧光分析具有哪些优点？为什么？

3. 针对荧光光谱仪的基本组成部件思考：能否引入新的或者其他技术进一步提升和推进其发展？

4. 解释下列名词：

①单重态；②三重态；③振动弛豫；④内转换；⑤系间穿越；⑥量子产率；⑦荧光猝灭；⑧荧光量子产率。

5. 简要说明荧光、磷光、化学发光在原理和仪器上的主要区别，并简述它们各自的优缺点。

6. 能够发射强荧光的分子通常需要具备什么结构？为什么？

7. 简述影响荧光效率的主要因素。

8. 比较下列几组化合物的荧光量子产率，并简要说明原因。

(1) 苯、萘、蒽；(2) 联苯、芴；(3) 酚酞、荧光素；(4) 苯胺、苯甲酸。

9. 硫酸奎宁分子为环状结构，可产生较强且稳定的荧光。在 360 nm 激发波长和 445 nm 发射波长下测定荧光强度，所得数据如下表所示，计算样品溶液的浓度。

硫酸奎宁浓度/(μg/mL)	0.4	0.8	1.2	1.6	2.0	样品
相对荧光强度	10.7	21.2	31.6	41.7	51.6	32.0

10. 拓展练习：

(1) 查阅一篇与分子发光相关的文献，结合本章的知识点对文献进行解读，需包括：简要的文献总结、章节知识点与文献内容的关联以及改进的思考。

(2) 查阅资料，归纳总结分子发光光谱法在仪器部件和分析应用上的发展创新，需列出相应的参考文献。

参 考 文 献

柴逸峰, 邸欣, 凌笑梅, 等. 2016. 分析化学. 8 版. 北京: 人民卫生出版社.

方惠群, 于俊生, 史坚. 2002. 仪器分析. 北京: 科学出版社.

胡坪, 王氢. 2019. 仪器分析. 5 版. 北京: 高等教育出版社.

刘密新, 罗国安, 张新荣, 等. 2002. 仪器分析. 2 版. 北京: 清华大学出版社.

武汉大学. 2018. 分析化学(下册). 6 版. 北京: 高等教育出版社.

叶宪曾, 张新祥. 2007. 仪器分析教程. 2 版. 北京: 北京大学出版社.

Siraj N, El-Zahab B, Hamdan S, et al. 2016. Fluorescence, phosphorescence, and chemiluminescence. Analytical Chemistry, 88(1): 170-202.

Skoog D A, Holler F J, Crouch S R. 2007. Principle of Instrumental Analysis. 6th ed. Boston: Cengage Learning.

Wu L, Zhang L, Sun M, et al. 2017. Metal-free cataluminescence gas sensor for hydrogen sulfide based on its catalytic oxidation on silicon carbide nanocages. Analytical Chemistry, 89(24): 13666-13672.

Zheng H, Cao P, Wang Y, et al. 2021. Ultralong room-temperature phosphorescence from boric acid. Angewandte Chemie-International Edition, 60(17): 9500-9506.

了解分子发光

第 7 章　红外光谱法与拉曼光谱法

红外光谱法(infrared spectrometry，IR)是以连续波长的红外光照射物质时，引起分子振动能级之间的跃迁而产生的吸收光谱来进行定性、定量及结构分析的方法。红外光是指波长在 0.78～1000 μm 的电磁辐射，处于可见光区和微波光区之间。习惯上将其划分为近红外区(波长 0.78～2.5 μm，波数 12800～4000 cm^{-1})、中红外区(波长 2.5～25 μm，波数 4000～400 cm^{-1})和远红外区(波长 25～1000 μm，波数 400～10 cm^{-1})。其中，中红外区是研究分子振动能级跃迁最多、应用最广的区域。

与紫外-可见吸收光谱不同，红外光的波长更长、光子能量更低，分子吸收红外光后不能引起电子能级的跃迁，只能引起振动和转动能级跃迁，因此又称为分子振动转动光谱。红外光谱法对气体、液体、固体样品都可以测定，具有样品用量少、分析速度快、不破坏样品等特点，成为现代分析化学和结构化学不可缺少的工具。

7.1　红外光谱法的基本原理

当试样分子受到频率连续变化的红外光照射时，分子选择性地吸收某些波数范围的辐射，引起偶极矩(dipole moment，μ)的变化，产生分子振动和转动能级从基态到激发态的跃迁，并使相应的透射光强度减弱。红外光谱中，吸收峰出现的频率位置由振动能级差决定，吸收峰的个数与分子振动自由度的数目有关，而吸收峰的强度则主要取决于振动过程中偶极矩变化的大小、能级跃迁的概率。

7.1.1　分子的振动

1. 振动能级

红外光谱是由分子振动能级跃迁(同时伴随转动能级跃迁)而产生的。这里以双原子分子振动为例说明分子的振动能级跃迁、振动频率与振动形式。将原子 A、B 看作质量分别为 m_A、m_B 的两个小球，将连接它们的化学键看作质量可以忽略不计的弹簧，弹簧的长度 r_e 就是分子化学键的长度；那么这两个原子以其平衡点为中心做周期性伸缩振动，可以看成沿键轴方向的谐振子的“简谐”振动[图 7.1(a)]。简谐振动过程中，位能 U 与原子间距离 r 及平衡距离 r_e 之间的关系为

$$U=\frac{1}{2}k(r-r_e)^2=\frac{1}{2}kX^2 \tag{7.1}$$

式中，k 为化学键的力常数(N/cm)。分子在振动过程中的总能量为：$E_n = U + T$，T 为动能。当分子处于平衡位置($r = r_e$)时，$U = 0$，则 $E_n = T$。在 A、B 两原子距离平衡位置最远时，$T = 0$，$E_n = U$。

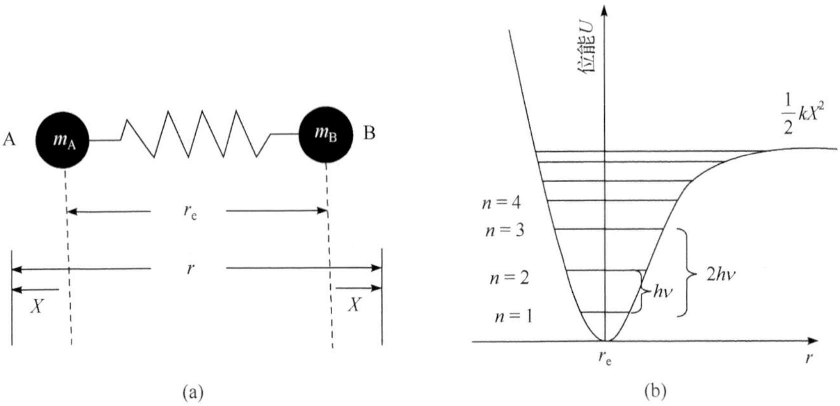

图 7.1 双原子分子振动示意图(a)与振动位能曲线(b)

根据量子力学，分子振动的总能量 E_n 为

$$E_n = \left(n + \frac{1}{2}\right)h\nu \tag{7.2}$$

式中，h 为普朗克常量；ν 为分子振动频率；n 为振动量子数，取值为 0, 1, 2, 3, …。分子处于基态时，$E_n = \frac{1}{2}h\nu\ (n = 0)$，此时分子振动的振幅很小。当分子受到红外光照射，并且红外光的光子所具有的能量 $h\nu_1$ 与发生分子振动跃迁两能级间的能量差(ΔE_n)相等时，分子将吸收红外辐射由基态跃迁至激发态，振动的幅度增大。由式(7.2)可得，分子的振动能级差为

$$\Delta E_n = \Delta n \cdot h\nu \tag{7.3}$$

将 $h\nu_1 = \Delta E_n$ 代入式(7.3)得

$$\nu_1 = \Delta n \cdot \nu \tag{7.4}$$

式(7.4)说明，只有当红外辐射频率等于分子振动频率的 Δn 倍时，分子才能吸收红外辐射产生红外光谱。

2. 振动形式

双原子分子只有一种振动形式，即伸缩振动(stretching vibration)。多原子分子由于组成原子数目增多，组成分子的所有键或基团和空间结构的不同，其振动光谱比双原子分子要复杂得多，但是研究过程中可以将多原子分子的振动分解成许多简单的基本振动。基本振动又称为简正振动(normal vibration)，包括伸缩振动和弯曲振动(bending vibration)两种基本类型。研究各种分子的振动形式，有利于进一步了解光谱中吸收峰的起因、数目和变化规律。下面以亚甲基和甲基为例，详细说明不同的振动形式(图 7.2)。

伸缩振动指化学键两端的原子沿键轴方向进行周期性伸缩，键长发生变化而键角不变的振动，用 ν 表示，一般出现在高波数区。伸缩振动又分为对称伸缩振动(symmetrical stretching vibration，ν^s)和不对称伸缩振动(asymmetrical stretching vibration，ν^{as})。亚甲基的对称伸缩振动指两个碳氢键同时伸长或缩短；亚甲基的不对称伸缩振动指两个碳氢键交替伸长或缩短。对于同一基团，不对称伸缩振动的频率要稍高于其对称伸缩振动。

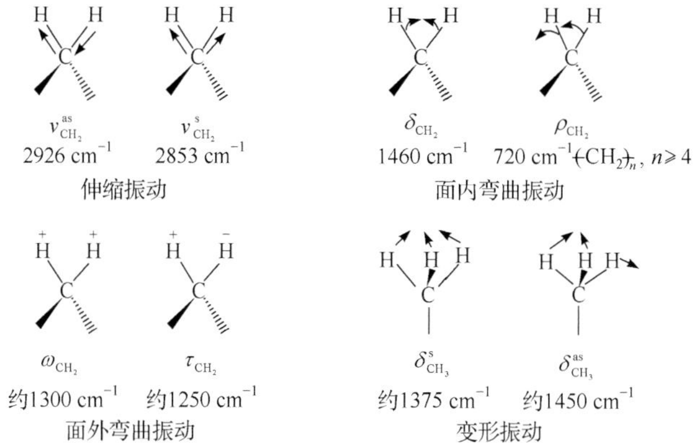

图 7.2　亚甲基、甲基的振动形式示意图(+、–分别代表运动方向垂直于纸面向内与向外)

弯曲振动(变形振动)指键角发生周期性变化而键长不变的振动。弯曲振动又分为面内弯曲振动(in-plane bending vibration)和面外弯曲振动(out-of-plane bending vibration)以及变形振动(deformation vibration)，一般出现在低波数区。具体描述如下：

(1) 面内弯曲振动：在由几个原子所构成的平面内进行的弯曲振动，用 β 表示，又分为剪式振动(scissoring vibration，用 δ 表示)和平面摇摆振动(rocking vibration，用 ρ 表示)。例如，亚甲基的剪式振动表现为两个碳氢键间夹角的规律性变化，似剪刀的“开”与“闭”。亚甲基的平面摇摆振动则表现为两个碳氢键的同方向同角度的摆动。

(2) 面外弯曲振动：在垂直于由几个原子所构成的平面内进行的弯曲振动，用 γ 表示，又分为面外摇摆振动(out-of-plane wagging vibration，用 ω 表示)和扭曲振动(twisting vibration，用 τ 表示)。例如，亚甲基的两个氢原子同时做同向垂直于平面方向上的运动为面外摇摆振动，而亚甲基的两个氢原子同时做反向垂直于平面方向上的运动为扭曲振动。

(3) 变形振动：指多个化学键端的原子相对于分子的其余部分的弯曲振动，用 δ 表示，又细分为对称变形振动和不对称变形振动。对称变形振动是分子中三个化学键与分子轴线构成的夹角同时变大或变小，形似花瓣的“开”与“闭”。例如，甲基的三个碳氢键同时向轴线做同角度的变化，亚甲基的剪式振动也是一种变形振动。不对称变形振动是与分子轴线构成的夹角交替变大或变小。

3. 基本振动数

分子基本振动数即是简正振动的理论数，又称为振动自由度，每个振动自由度对应红外光谱上一个基频吸收带。两个原子以上的多原子分子可能包含了所有形式的振动。一个由 n 个原子组成的分子的运动自由度应该等于各原子运动自由度的和。确定一个原子相对于分子内其他原子的位置需要 x、y、z 三个空间坐标，n 个原子则需要 $3n$ 个自由度，分别对应于 $3n$ 种运动状态，包括平移运动、转动与振动。对于非直线型分子，分子绕其重心的转动用去 3 个自由度，分子重心的平移运动又需要 3 个自由度，这 6 种运动都不是分子的振动，因此剩余的 $3n-6$ 个自由度才是分子的基本振动数。对于直线型分子，沿其键轴方向的转动并没有引起原子空间位置的变化，因此转动只需要 2 个自由度，直线型分子的基本振动数为 $3n-5$。例如，H_2O 是非线型分子，基本振动数 = 3 × 3 − 6 = 3，其简正振动形式如图 7.3(a)所示；而 CO_2 分子是线型分子，基本振动数 = 3 × 3 − 5 = 4，其简正振动形式如图 7.3(b)所示。

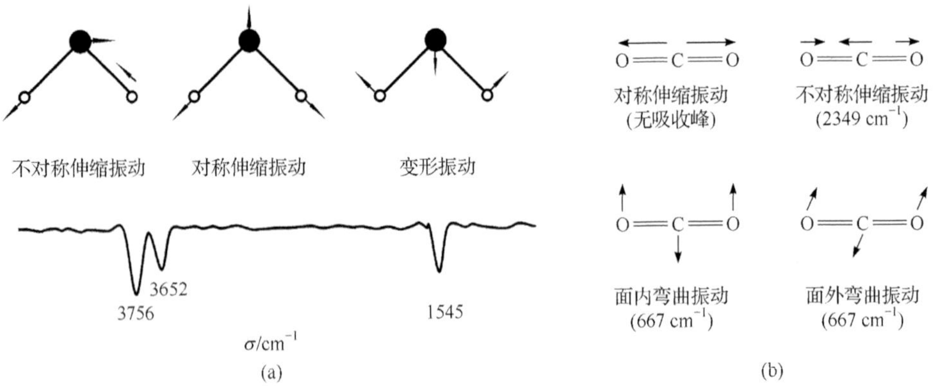

图 7.3　H_2O 分子(a)和 CO_2 分子(b)的简正振动形式

每种简正振动都有其特定的振动频率对应一定的红外吸收谱带。但实际上，绝大多数化合物在红外光谱图上出现的谱峰数目要小于计算的基本振动数，其原因是：

(1) 非红外活性振动。偶极矩没有变化的振动不产生红外吸收。例如，CO_2 分子的对称伸缩振动，其偶极矩没有变化($\Delta\mu = 0$)，是一种非红外活性振动，不产生吸收。

(2) 简并。振动频率相同的吸收峰在红外光谱中会重叠在一起，这种现象称为简并。例如，CO_2 分子的面内与面外弯曲振动，虽然振动形式不同，但二者振动频率完全相同，因此在红外光谱图上简并为一个吸收峰。

(3) 仪器分辨率不高或灵敏度不够，对一些频率很接近的吸收峰分不开或对一些弱峰不能检出。

(4) 振动频率对应的吸收波长不在中红外区。另外，由于真实的分子振动不是严格的简谐振动，光谱中观察到的情况还要更复杂，有时也有多于简正振动的情况。

7.1.2　红外吸收产生的条件

1. 分子振动跃迁吸收红外辐射应满足两个条件

(1) 红外辐射的能量与发生振动跃迁所需要的能量相等。

当分子受到红外辐射照射时，辐射光子所具有的能量与分子振动跃迁的能级差满足 $h\nu_1 = \Delta E_n$ 时，分子才能吸收红外辐射由基态跃迁至激发态，即

$$\nu_1 = \Delta n \cdot \nu \tag{7.5}$$

只有当红外辐射频率等于分子振动频率的 Δn 倍时，分子才能吸收红外辐射产生吸收光谱。当分子振动由基态($n = 0$)跃迁到第一振动激发态($n = 1$)，即 $\Delta n = 1$ 时，所产生的吸收谱带称为基频峰(fundamental band)。当 $\Delta n = 2, 3$ 时，产生倍频峰(overtune)。

(2) 分子振动必须伴随偶极矩的变化。

分子振动必须伴随瞬时偶极矩的变化($\Delta\mu \neq 0$)才能产生红外吸收。红外光谱中，分子吸收能量发生跃迁的机理是通过分子振动过程中偶极矩的变化和红外光的交变电磁场相互作用而发生的。由于构成分子的各原子的电负性不同，显示不同的极性，称为偶极子。通常用分子的偶极矩来描述分子极性的大小。如图 7.4 所示，设正负电中心的电荷分别为 q^+和 q^-，二者距离为 r，则分子的固有偶极矩 $\mu = q \cdot r$。偶极子本身具有一定的固有振动频率，只有当外来的辐射频率与偶极子的频率相匹配时，分子才能与外来辐射发生振动耦合作用而增加它的振动能，使其振幅增大，即分子由原来的基态振动跃迁到较高的振动能级。所以，并非所有的振动都会产生红外吸收，只有伴随偶极矩的变化($\Delta\mu \neq 0$)的振动才能获得可观测的红外吸收光谱，分子才具有红外活性；否则，$\Delta\mu = 0$ 的振动不能产生红外吸收，不具有红外活性。

图 7.4　H_2O 分子和 CO_2 分子的偶极矩

2. 红外吸收光谱图

当物质分子受到波长连续变化的红外光照射时，分子吸收了某些波长的光，引起分子偶极矩的变化，产生分子振动-转动能级从基态到激发态的跃迁，并使相应吸收区域的透射光强度减弱。记录红外光的透射比(T, %)与波数(σ, cm^{-1})或波长(λ, μm)的关系曲线，就得到红外光谱图，如图 7.5 所示。

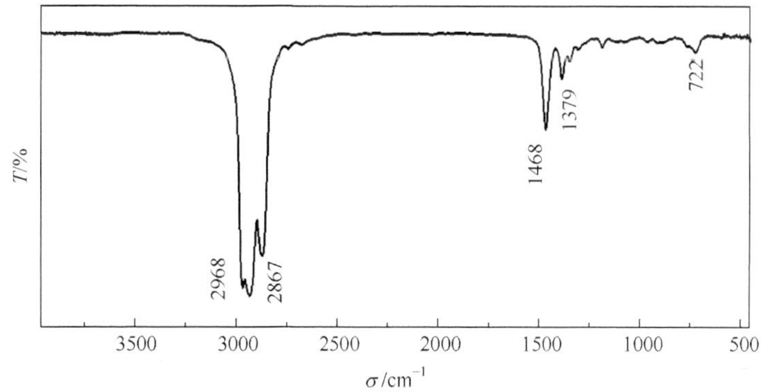

图 7.5　正辛烷的红外光谱图

7.2　红外光谱与分子结构的关系

7.2.1　基团频率及其影响因素

基团频率通常用波数 σ 或波长 λ 表示。

1. 基团振动频率

如前所述，将化学键相连的两个原子看作谐振子，根据经典力学(Hooke 定律)可得化学键的基本振动频率为

$$\nu = \frac{1}{2\pi}\sqrt{\frac{k}{\mu}} \qquad \mu = \frac{m_A \times m_B}{m_A + m_B} \tag{7.6}$$

式中，ν 为振动频率；k 为化学键的力常数(N/cm)；μ 为两原子折合质量(g)。根据 $\sigma = \frac{1}{\lambda} = \frac{\nu}{c}$ [σ 为波数(cm^{-1})； c 为光速(2.998×10^{10} cm/s)]可得

$$\sigma = \frac{1}{2\pi c}\sqrt{\frac{k}{\mu}} \tag{7.7}$$

将原子 A 和 B 的折合相对原子质量 μ' 代替小球折合质量 μ，则有

$$\sigma = 1302\sqrt{\frac{k}{\mu'}} \tag{7.8}$$

由式(7.8)计算所得的波数值 σ 与实验测定值是比较接近的。可知，决定基团振动频率大小的直接因素是相对原子质量和化学键力常数。单键、双键和三键的力常数近似为 5 N/cm、10 N/cm 和 15 N/cm。化学键力常数 k 越大，折合相对原子质量 μ'越小，化学键的振动频率越高，红外吸收峰将出现在高波数区；反之，出现在低波数区。例如，C≡C、C═C、C—C 的折合相对原子质量相同，键力常数的顺序为 $k_{C≡C} > k_{C=C} > k_{C-C}$，因而在红外光谱图中，它们的振动吸收峰分别出现在 2222 cm^{-1}、1667 cm^{-1}、1429 cm^{-1} 处；再如，C—C、C—N、C—O 的力常数相近，但因为折合相对原子质量 $\mu'_{C-O} > \mu'_{C-N} > \mu'_{C-C}$，$\nu_{C-C}$、$\nu_{C-N}$、$\nu_{C-O}$ 分别出现在 1430 cm^{-1}、1330 cm^{-1}、1280 cm^{-1} 附近。表 7.1 列举了一些化学键的力常数。

表 7.1　化学键的力常数

化学键	C—C	C═C	C≡C	C—H	N—H	O—H	C═O
键长/Å	1.54	1.34	1.20	1.09	1.00	0.96	1.22
k /(N/cm)	4.5	9.6	15.6	5.1	6.4	7.7	12.1

【例 7.1】 计算 C═O 伸缩振动所产生的基频吸收峰的波数与频率，已知 $k_{C=O}$ 为 12.1 N/cm。

解　根据式(7.6)和式(7.8)得

$$\mu' = \frac{12 \times 16}{12 + 16} = 6.86 \qquad \sigma = 1302 \times \sqrt{\frac{12.1}{6.86}} = 1727\ (cm^{-1})$$

$$\nu = \sigma \cdot c = 1727\ cm^{-1} \times 2.998 \times 10^{10}\ cm/s = 5.18 \times 10^{13}\ Hz$$

需要指出的是，上述用经典力学理论来描述分子的振动是宏观处理方法，是一种近似处理。但一个真实分子的振动能量变化是量子化的。另外，分子中基团与基团之间，

基团中的化学键之间都有相互影响，基本振动频率除了受化学键两端的原子质量、化学键力常数影响外，还与内部因素(结构因素)和外部因素(化学环境)有关。例如，酮分子中 $\nu_{C=O}$ 在 1715 cm^{-1}，酯分子中 $\nu_{C=O}$ 在 1735 cm^{-1}。

2. 基频峰和泛频峰

(1) 基频峰。如前所述，当分子振动由基态($n=0$)跃迁到第一振动激发态($n=1$)时产生的吸收峰称为基频峰。一般情况下，基频峰的位置比较有规律，且峰强度比较大，在红外光谱中易识别。

(2) 泛频峰。除了基团由基态向第一振动激发态跃迁所产生的基频峰外，还有由基态跃迁到第二激发态，甚至第三激发态所产生的吸收峰，称为倍频峰。注意：由于分子振动的非谐振性质，位能曲线中的能级并非等距[图 7.1(b)]，随着振动量子数 n 的增加，其振动能级差 ΔE 逐渐减小，倍频峰的频率并不是基频峰频率的整数倍，而是略小一些。

此外，由吸收红外光后同时激发两种(或更多)频率的振动，称为合频峰；或是由已经处于某一激发态的分子在吸收红外光后跃迁到另一激发态的差频峰，其吸收频率是两个频率之差。合频峰与差频峰统称为组合频峰。倍频峰、组合频峰统称为泛频峰。泛频峰一般很弱，并且多数出现在近红外区，一般不易辨认，但它们的存在增加了红外光谱鉴别分子结构的特征性。

3. 影响基团频率的因素

分子中化学键的振动并不是孤立的，受分子内部结构影响，同一基团在不同分子中吸收红外光频率也会出现差异，有时还会受到溶剂和测定条件等外部化学环境的影响。因此，了解影响分子中基团红外吸收位置的因素，有利于对红外光谱图进行准确解析，对分子的结构进行准确判定。

1) 分子内部结构因素

(1) 电子效应(electronic effect)，包括诱导效应(inductive effect)和共轭效应(conjugated effect)，是由化学键的电子分布变化引起的。

诱导效应指由于取代基的电负性不同，通过静电诱导作用引起电子分布发生变化，进而改变键力常数，使基团的特征吸收频率发生移动。例如，C═O 与吸电子的电负性基团相连时，羰基键上的电子云密度增加、力常数 k 增大，ν 变大，如图 7.6 所示。

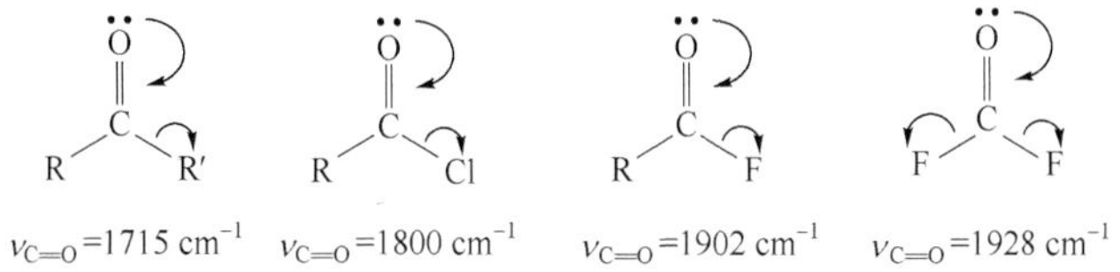

图 7.6　诱导效应对 C═O 伸缩振动频率的影响

共轭效应使共轭体系中电子云密度平均化，结果使共轭双键的力常数减小，但共轭单键的力常数增大，因此双键的吸收频率向低波数移动，但共轭单键的频率会向高波数移动，如图 7.7 所示。注意在同一化合物中，诱导效应与共轭效应往往同时存在，这时吸收峰的位置由占主导地位的影响因素决定。

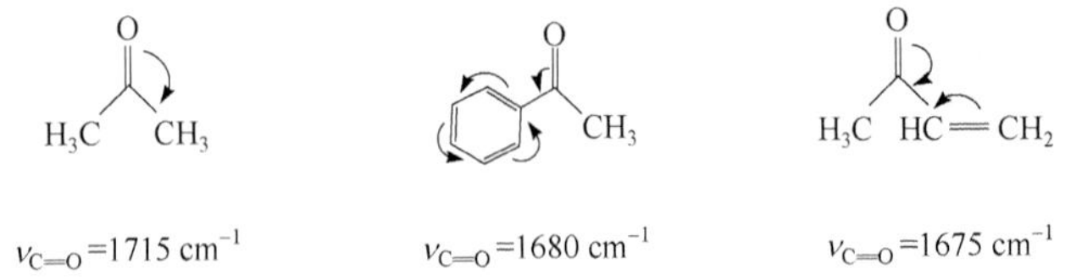

图 7.7　共轭效应对 C═O 伸缩振动频率的影响

(2) 空间效应(steric effect)：空间效应可通过影响共面性来削弱共轭作用，使得共轭中双键的吸收频率向高波数移动，如图 7.8 所示。

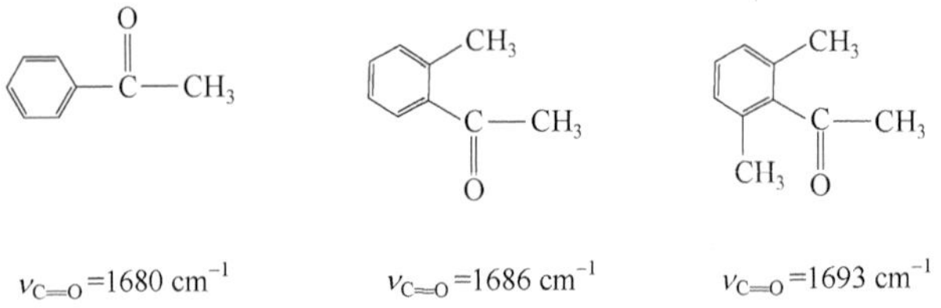

图 7.8　空间效应对 C═O 伸缩振动频率的影响

或通过改变键长、键角产生某种“张力”影响键的力常数从而改变其吸收频率。例如，环状化合物吸收频率比同碳链状化合物吸收频率高。如图 7.9 所示，环状化合物随着环元素的减少，环张力增加，环外双键被增强，振动频率升高；环内双键被削弱，双键振动频率降低。

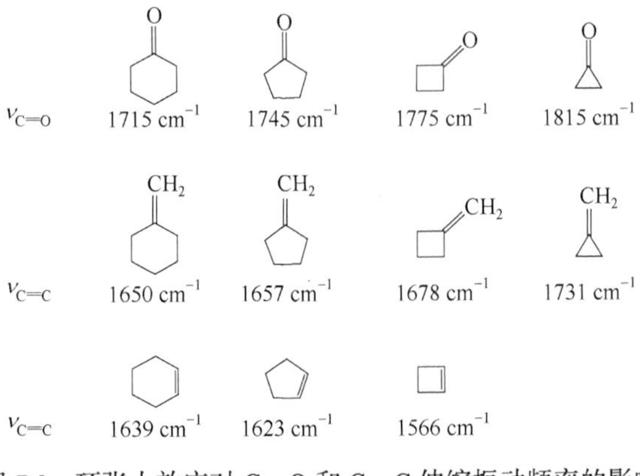

图 7.9　环张力效应对 C═O 和 C═C 伸缩振动频率的影响

(3) 振动耦合(vibronic coupling)：指分子中两个相同或相近的基团相邻且共用一原子时，其中一个键的振动通过共用原子引起另一个键的长度改变，产生振动耦合，其结果是使特征振动频率发生变化，吸收峰发生分裂，一个移向低波数，一个移向高波数。例如，$—C(CH_3)_3$ 中 C—H 键弯曲振动峰 1380 cm^{-1} 发生裂分；羧酸酐中两个 C═O 耦合使得伸缩振动峰分裂为 ν^{as} 1820 cm^{-1}、ν^{s} 1760 cm^{-1}。

(4) 费米共振(Fermi resonance)：当一振动的泛频峰与另一振动的基频峰的频率相近

$(2\nu_A=\nu_B)$时，由于发生相互作用而产生很强的吸收峰或发生分裂的现象。例如，脂肪醛的 $\nu_{CH(O)}$ 2820 cm^{-1} 和 2720 cm^{-1} 两个吸收峰是由醛基中 C—H 键伸缩振动峰 ν_{CH} 2800 cm^{-1} 与其弯曲振动峰 δ_{CH} 1380 cm^{-1} 的二倍频峰 2760 cm^{-1} 发生费米共振引起的。

(5) 氢键效应(hydrogen bond effect)：形成氢键的基团的伸缩振动，其吸收频率会明显地向低波数移动且峰形变宽，强度增大。形成分子内氢键的基团的振动频率与化合物浓度无关，但形成分子间氢键的基团的振动频率受化合物浓度影响较大。例如，当乙醇浓度小于 0.01 mol/L 时，游离乙醇的 ν_{OH} 在 3640 cm^{-1}；当乙醇浓度增加时易形成二聚体甚至多聚体，羟基 ν_{OH} 下降为 3515 cm^{-1}、3350 cm^{-1}，且吸收强度增大。

2) 外部因素

(1) 物态效应：同一化合物在不同的聚集状态下，红外吸收频率和强度都会发生变化。气态样品由于分子间距离大、相互作用力小，其红外光谱通常可提供游离化合物的结构信息。液态样品由于分子间距离减小、作用力变大，易产生缔合和形成氢键，吸收峰向低频移动，且峰变宽(图 7.10)。此外，固态样品的红外吸收峰尖锐且丰富。因此，在查阅标准谱图时，要注意试样状态及制样方法等。

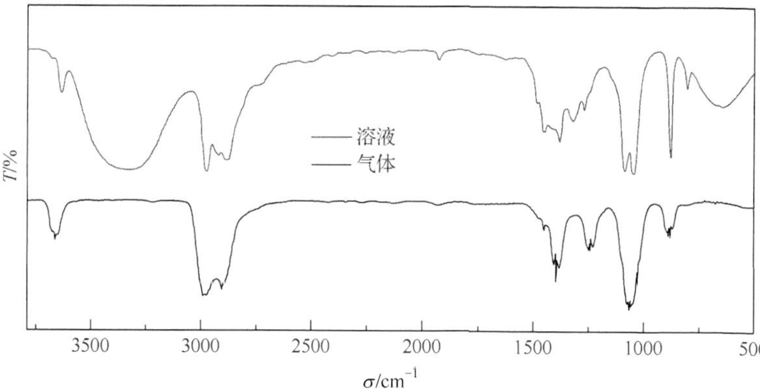

图 7.10　乙醇的液态和气态样品的红外光谱图

(2) 溶剂效应：溶质的极性基团(如 C═O、N═O 等)的振动频率随溶剂极性的增大而降低，且峰强增加。其主要原因是溶质的极性基团和极性溶剂间可形成氢键，使吸收峰向低波数移动。因此，在测定化合物红外吸收光谱时，优先选择在非极性溶剂中进行。

4. 基团吸收峰的强度

基团吸收峰的强度主要由以下两个因素决定：

(1) 振动过程中偶极矩变化。通常偶极矩变化越大，吸收峰的强度越大。由于偶极矩的变化与基团的正负电荷数及其正负电荷中心的距离有关，因此一般连有电负性较强原子的化学键(如 C═O、C—X 等)的振动吸收峰强度较大；连有电负性较弱原子的化学键(如 C═C、C—C 等)振动吸收较弱(图 7.11)。并且，偶极矩变化与分子结构的对称性有关，这是由于其对称性也决定了正负电荷中心距离，因此分子的对称性越高，振动中分子偶极矩变化越小，吸收峰强度就越弱。此外，吸收峰强度还与振动形式有关，不同的振动形式具有不同的偶极矩变化。通常峰强度与振动形式之间符合 $\nu^{as} > \nu^{s}$ 和伸缩振动 > 弯曲振动的规律。

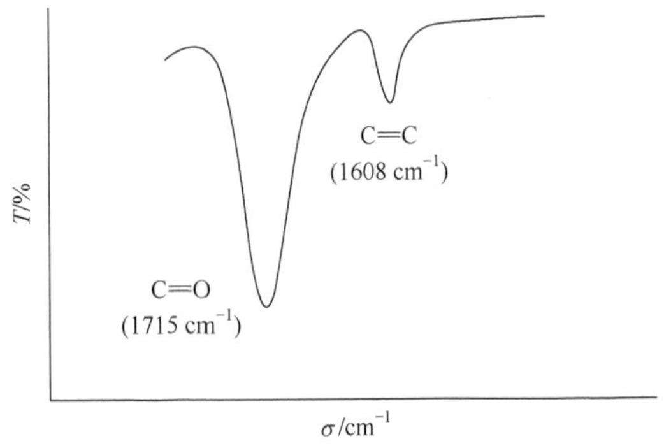

图 7.11 C═O 和 C═C 的振动吸收峰

(2) 振动能级的跃迁概率。基频吸收带一般较强，而倍频峰因为跃迁概率很小，吸收带一般都很弱，常观察不到。

吸收峰的绝对强度，一般用摩尔吸收系数 ε 来描述，与紫外-可见吸收光谱相比，红外吸收峰的 ε 要小很多。对于红外吸收光谱而言，当 $\varepsilon > 100$ 时，称为非常强峰(vs)；$\varepsilon = 20 \sim 100$ 为强峰(s)；$\varepsilon = 10 \sim 20$ 为中强峰(m)；$\varepsilon = 1 \sim 10$ 为弱峰(w)；$\varepsilon < 1$ 时为非常弱峰(vw)。

7.2.2 基团的特征吸收峰

在红外光谱图中，同一基团的振动频率总是出现在一定区域，具有特征性，是鉴定化合物中基团存在的凭据。多原子分子中，一个基团往往有数种振动形式，而每一种红外活性的振动通常都产生一个相应的吸收峰，因此需要用一组具有相互依存和佐证关系的吸收峰共同确认一个基团的存在。例如，羟基除在 3600～3200 cm^{-1} 处有 O—H 的伸缩振动吸收峰外，还应在 1450～1350 cm^{-1} 和 1160～1000 cm^{-1} 处分别有 O—H 的面内变形振动吸收峰和 C—O 的伸缩振动吸收峰，后面两个峰的出现能进一步确认羟基的存在。一组相关峰确定一个基团的存在是红外光谱解析的重要原则。有时由于峰与峰的重叠或峰强度太弱，并非所有相关峰都能被观测到，但必须找到主要的相关峰才能认定基团的存在。

按照基团振动频率出现在红外光谱图上的位置，习惯上将 4000～1300 cm^{-1} 区域称为基团频率区或官能团区，将 1300～400 cm^{-1} 区域称为指纹区。基团频率区内的峰比较稀疏，易于辨认，因为每一个吸收峰都对应一定的基团，一般用于鉴定官能团。它通常又细分为三个区域。

1. 4000～2500 cm^{-1} 为 X—H 单键伸缩振动区(X 可以是 C、N、O、S 原子)

(1) OH 的伸缩振动峰出现在 3600～3200 cm^{-1}，它可以作为判断有无醇类、酚类和有机酸类的重要依据。游离氢键的羟基在 3600 cm^{-1} 附近，为中等强度的尖峰，形成氢键后，键力常数减小，移向低波数，产生宽而强的吸收。需要注意的是水分子在 3300 cm^{-1} 附近有吸收，样品含有微量水分时会在此处出峰。

(2) CH 的吸收出现在 3000 cm^{-1} 附近。不饱和 CH 在 > 3000 cm^{-1} 出峰，而饱和 CH 在接近且< 3000 cm^{-1} 出峰，取代基对它们的影响很小。

(3) NH 吸收出现在 3500～3300 cm^{-1}，为中等强度的尖峰。伯胺基有两个 N—H 键，因此有 ν_{NH}^{as}、ν_{NH}^{s} 两个吸收峰。仲胺基有一个吸收峰，叔胺基无 N—H 吸收。

2. 2500～2000 cm^{-1} 为三键和累积双键伸缩振动区(如 C≡C、C≡N、C═C═C 等)

O═C═O 的不对称伸缩振动吸收在 2349 cm^{-1}，除此以外，此区间的任何小的吸收峰都与分子结构相关。

3. 2000～1500 cm^{-1} 为双键伸缩振动区(如 C═C、C═O 等)

(1) 羰基 $\nu_{C=O}$ 一般为最强峰或次强峰，一般出现在 1820～1650 cm^{-1}，受羰基相连基团的影响会发生移动。另外，酸酐的羰基吸收带 $\nu_{C=O}$ 由于振动耦合而呈现双峰。

(2) 烯烃类化合物 C═C 的振动峰出现在 1667～1640 cm^{-1}，为中等强度或弱的吸收峰。

(3) 芳香族化合物环上碳原子间伸缩振动引起环的骨架振动而有特征吸收峰，出现在 1650～1430 cm^{-1}，因环上取代基的不同吸收峰会有所差异。杂芳环和芳香单环、多环化合物的骨架振动相似。

4. 1500～1300 cm^{-1} 为 C—H 弯曲振动吸收区

CH_3 有两个弯曲振动吸收峰($\delta_{CH_3}^{s}$约1375 cm^{-1}、$\delta_{CH_3}^{as}$约1450 cm^{-1})，并且当 CH_3 与其他碳原子相连时，$\delta_{CH_3}^{s}$ 几乎不变位置，吸收强度 $\delta_{CH_3}^{s} > \delta_{CH_3}^{as}$。$\delta_{CH_3}^{as}$ 吸收峰一般会与 CH_2 的剪式弯曲振动峰(δ_{CH_2}约1465 cm^{-1})有重叠。

5. 1300～910 cm^{-1} 为单键伸缩振动区

C—O 振动峰在 1300～1050 cm^{-1}，如醇、酚、醚、羧酸、酯等，为强吸收峰。将此区间的吸收峰与其他区间的吸收峰一起对照，在谱图解析时很有用。例如，醇在 1150～1050 cm^{-1} 有强吸收峰；酚在 1250～1100 cm^{-1} 有强吸收峰；而酯在此区间有两组吸收峰，分别为 1050 cm^{-1} 附近的 C—C—O 伸缩振动吸收峰和 1240 cm^{-1} 附近的 C—C(O)—O 伸缩振动吸收峰。C—C、C—X(卤素)的伸缩振动也在此区间出峰。

6. < 910 cm^{-1}

苯环面外弯曲振动、环弯曲振动会出现在此区间。此区域内的吸收峰通常与环的取代位置有关，如果在此区间无强吸收峰，一般表示无芳香族化合物。

表 7.2 列出红外光谱中常见基团的特征吸收频率。

表 7.2　红外光谱中常见基团的特征吸收频率

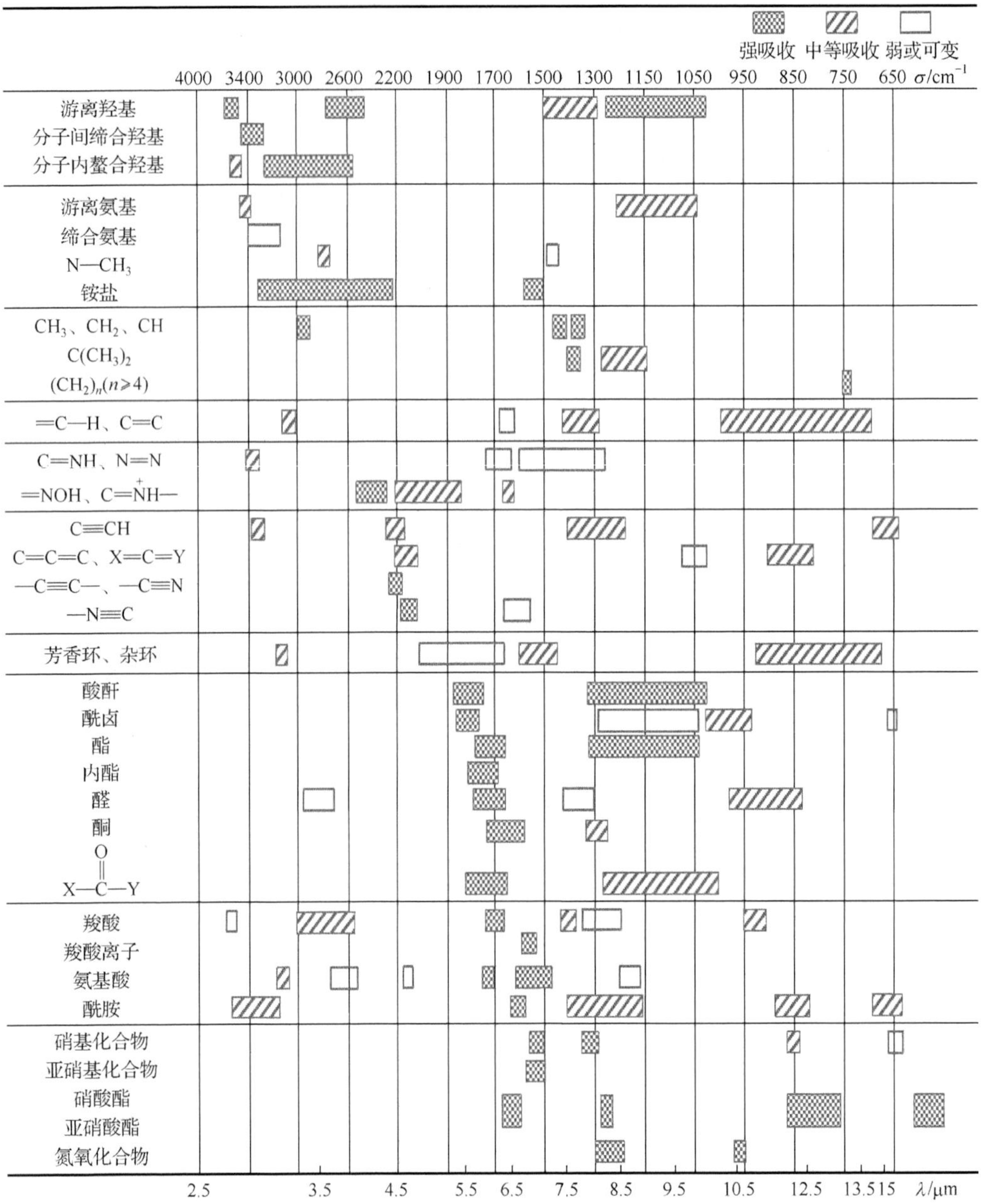

7.3　有机化合物的典型红外吸收光谱

7.3.1　烃类化合物

1. 烷烃

烷烃的组成主要是 C—C 键和 C—H 键，由于 C—C 键的偶极矩小，峰的吸收强度弱(完全对称的 C—C 键的偶极矩为 0)，因此烷烃的主要特征峰通常为碳氢伸缩振动吸收

峰 ν_{CH} 和碳氢弯曲振动吸收峰 δ_{CH}。图 7.12(a)和(b)分别显示了正己烷和 2, 3-二甲基丁烷的红外光谱图。

(1) 碳氢伸缩振动吸收峰 ν_{CH}：烷烃的 ν_{CH} 波数小于 3000 cm^{-1} 但接近 3000 cm^{-1}，并且有 $\nu_{CH_3}^{as} > \nu_{CH_2}^{as} > \nu_{CH_3}^{s} > \nu_{CH_2}^{s}$。其中：①甲基 CH_3 有两个明显的吸收带($\nu_{CH_3}^{as}$ 约2962 cm^{-1}，$\nu_{CH_3}^{s}$ 约2872 cm^{-1})，分子中甲基数目多时，上述频率峰呈现强吸收；②亚甲基 CH_2 有两个吸收带($\nu_{CH_2}^{as}$ 约2926 cm^{-1}，$\nu_{CH_2}^{s}$ 约2853 cm^{-1})；次甲基 CH 的 ν_{CH}(m)常被 CH_3 和 CH_2 的伸缩振动掩盖。

(2) 碳氢弯曲振动吸收峰 δ_{CH}：烷烃的 δ_{CH} 处于 1500～1300 cm^{-1}。其中：①CH_3 的两个弯曲振动吸收峰 δ^{as} 1460 cm^{-1}，δ^{s} 1375 cm^{-1} 都属于较强峰。②CH_2 的 δ^{as} 约位于 1455 cm^{-1}。其中，$\delta_{CH_3}^{as}$ 与 $\delta_{CH_2}^{as}$ 在谱图上通常叠加。③当两个或三个甲基连接在同一碳原子上时，由于振动耦合，$\delta_{CH_3}^{s}$ 1375 cm^{-1} 发生分裂，出现双峰。如果是异丙基—$CH(CH_3)_2$，双峰分别位于 1385 cm^{-1} 和 1365 cm^{-1} 左右，两峰强度基本相等，如图 7.12(b)所示；若为叔丁基—$C(CH_3)_3$，双峰强度不等且 1365 cm^{-1} 处峰的强度明显高于 1395 cm^{-1}。$\delta_{CH_3}^{s}$ 的出现是化合物中存在甲基的有力证据。④直链烷烃 $\text{-}(CH_2)_n\text{-}$ 如果 $n \geqslant 4$，则 720 cm^{-1} 左右会出现 ρ_{CH_2}，且随着 n 越大，ρ_{CH_2} 向低波数移动，如图 7.12(a)所示。

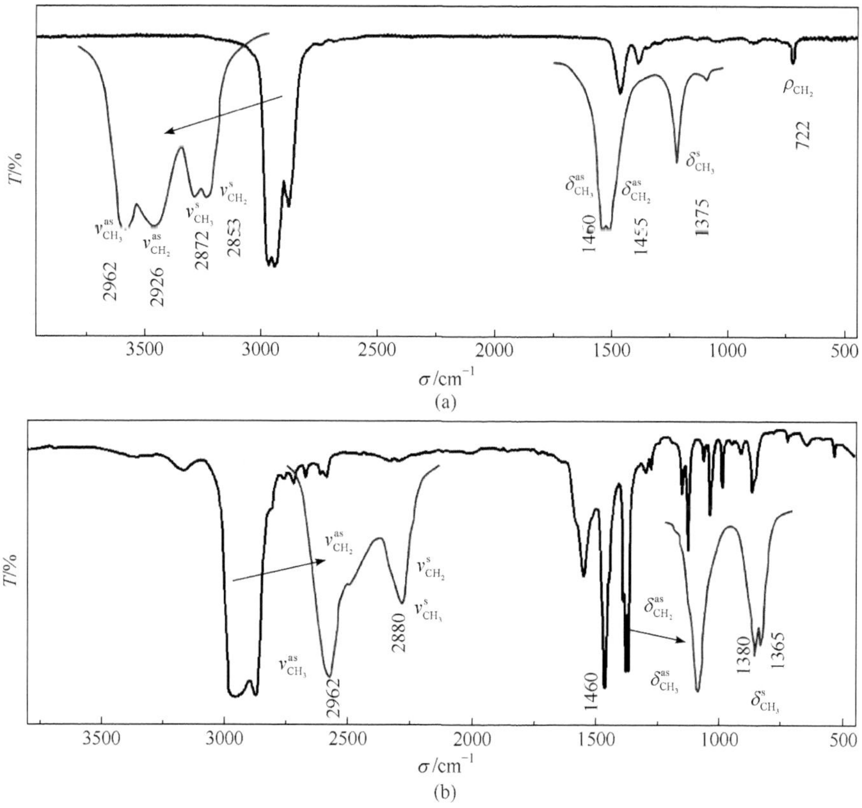

图 7.12　正己烷(a)和 2, 3-二甲基丁烷(b)的红外光谱图

2. 烯烃

烯烃的主要基团是 C═C 双键以及连接在双键上的 C—H 键，因此烯烃的主要特征峰为 $\nu_{=C-H}$、$\nu_{C=C}$ 和 $\gamma_{=C-H}$。

烯烃吸收峰中：①$\nu_{=C-H}$ 接近 3000 cm^{-1} 且高于 3000 cm^{-1}，中等偏弱峰，是烯烃的重要特征峰之一。②$\nu_{C=C}$ 处于双键区，出现在约 1650 cm^{-1}，为中等强度尖锐吸收峰。峰位和峰的强度都与取代情况有关，例如，乙烯或具有对称中心的反式烯烃和四取代烯烃中 $\nu_{C=C}$ 峰会消失，当 C═C 与 C═O、C≡N、芳环等共轭时，$\nu_{C=C}$ 频率会降低。③$\gamma_{=C-H}$ 处于指纹区 1010～650 cm^{-1}，其位置主要取决于双键上的取代类型。端烯 $\gamma_{=CH_2}$ 约在 990 cm^{-1} 处有面外扭曲峰和约 910 cm^{-1} 处有面外弯曲峰。图 7.13(a)为 1-辛烯的红外光谱图。④环烯中，随着环上原子数的减少，环张力增加，环烯双键 $\nu_{C=C}$ 振动频率减小，环丁烯达到最小。

3. 炔烃

炔烃的特征官能团是碳碳三键，因此主要特征峰是与三键相关的 $\nu_{\equiv C-H}$ 和 $\nu_{C\equiv C}$。其中：①$\nu_{\equiv C-H}$ 出现在大于 3000 cm^{-1}，且比烯烃的 $\nu_{=C-H}$ 更高波数的位置，通常处于约 3300 cm^{-1}，属于强吸收的尖锐峰，峰形比出现在相近位置的 ν_{OH} 和 ν_{NH} 要窄，易于与 ν_{OH} 和 ν_{NH} 区分。②$\nu_{C\equiv C}$ 出现在三键伸缩振动区 2300～2100 cm^{-1}，中等尖锐峰，是炔烃的典型特征峰。③端炔 $\gamma_{\equiv C-H}$ 会在约 630 cm^{-1} 出现强峰，如图 7.13(b)中 1-辛炔的红外光谱图所示。

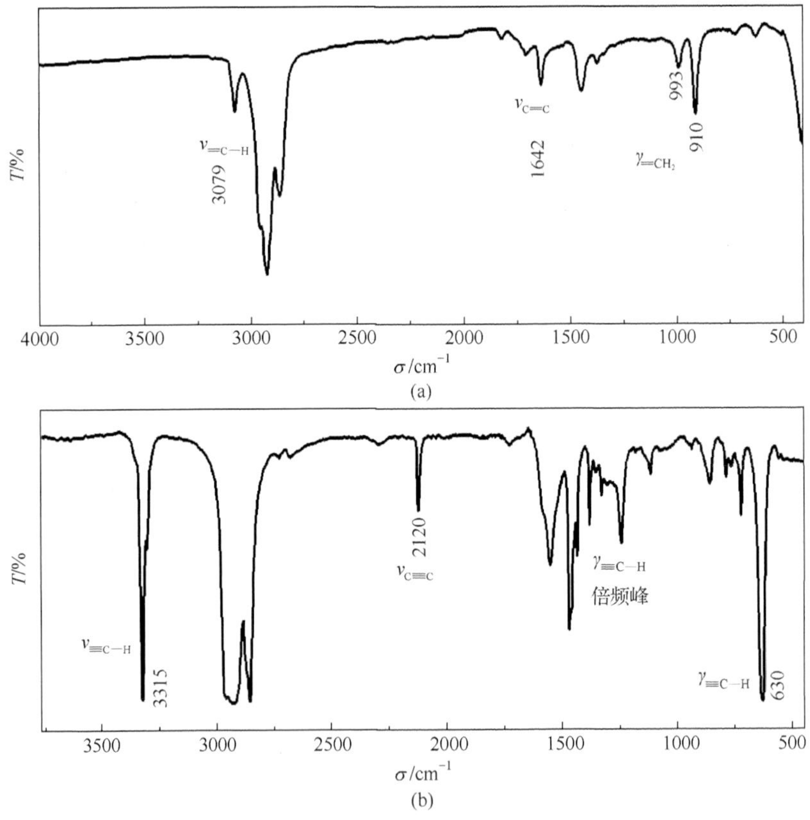

图 7.13　1-辛烯(a)和 1-辛炔(b)的红外光谱图

4. 芳烃

芳香族化合物主要官能团为苯环，因此其特征峰是与苯环相关的 $\nu_{=C-H}$、$\nu_{C=C}$、$\gamma_{=C-H}$。图 7.14 显示了甲苯和二甲苯的红外光谱图，其中，①芳氢伸缩振动 $\nu_{=C-H}$ 在约 3050 cm^{-1} 处，与烯烃的 $\nu_{=C-H}$ 类似。②$\nu_{C=C}$ 为苯环的骨架振动，是在 1650～1430 cm^{-1} 出现的 3～4 个吸收峰，是鉴别有无芳环存在的重要凭据，其中约 1600 cm^{-1} 和约 1500 cm^{-1} 处两个吸收峰最为重要；在 1450 cm^{-1} 处出现的吸收峰，易与 $\nu_{CH_3}^{as}$、$\nu_{CH_3}^{s}$ 峰发生重叠，不易辨认。苯环与取代基 C=C 共轭后，除约 1600 cm^{-1}(w)和约 1500 cm^{-1}(m)处外，因共轭作用 1600 cm^{-1} 处峰会发生分裂，在约 1580 cm^{-1} 处产生一个新的中等强度的吸收峰。当分子是对称结构时约 1600 cm^{-1} 处谱峰很弱，不易识别。③芳环在 910～665 cm^{-1} 出现的强吸收峰能提供取代基的位置信息，包含苯环芳氢的面外弯曲振动吸收峰 $\gamma_{=C-H}$ 和苯环骨架面外弯曲振动吸收峰 $\gamma_{C=C}$。此外，芳烃在 2000～1660 cm^{-1} 还存在 $\gamma_{=C-H}$ 的倍频峰和合频峰引起的泛频峰，峰很弱，通常与 $\gamma_{=C-H}$ 相结合来反映苯环被取代后的剩余相邻质子振动耦合的情况，从而鉴别芳环的取代情况，如表 7.3 所示。除此以外，芳氢面内弯曲振动吸收峰 $\beta_{=C-H}$ 出现在 1250～1000 cm^{-1}，常与该区域的其他峰重叠而不易辨认。

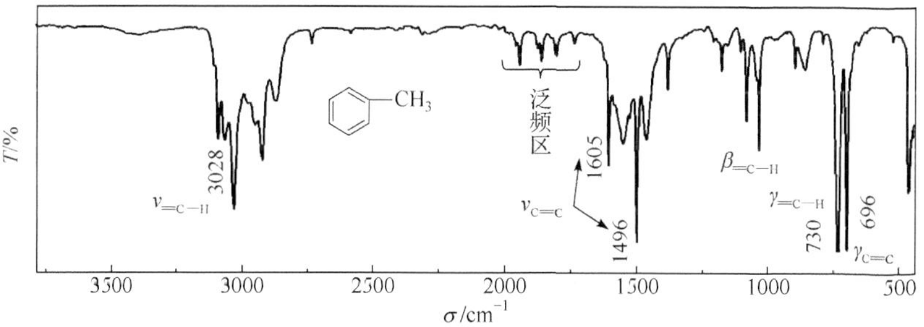

(a)

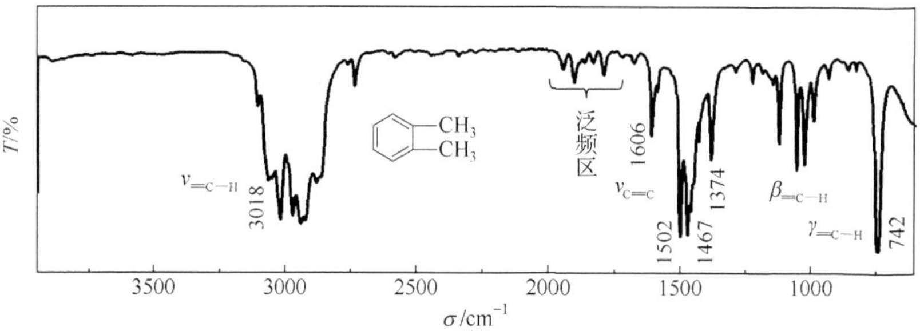

(b)

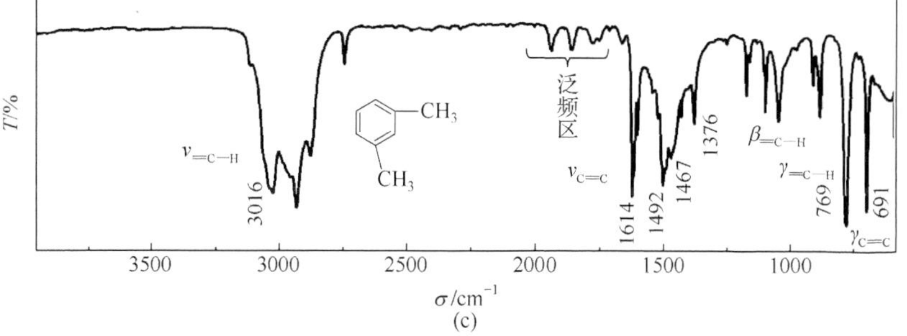

(c)

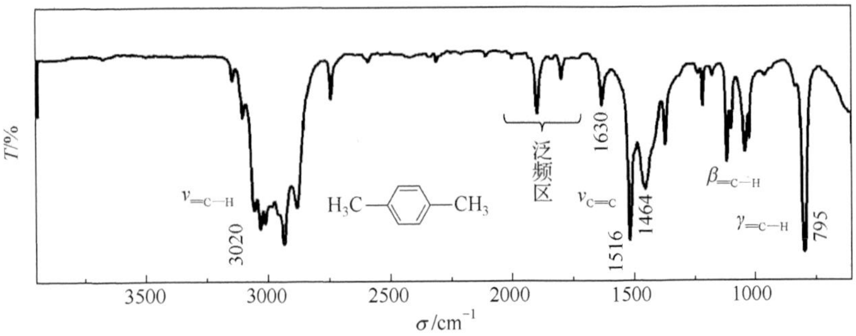

(d)

图 7.14　甲苯和二甲苯的红外光谱图

(a) 甲苯；(b) 邻二甲苯；(c) 间二甲苯；(d) 对二甲苯

表 7.3　取代苯在泛频区和面外变形振动的特征吸收

取代类型	取代苯泛频区的特征吸收	面外变形振动的特征吸收
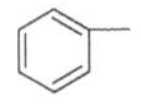	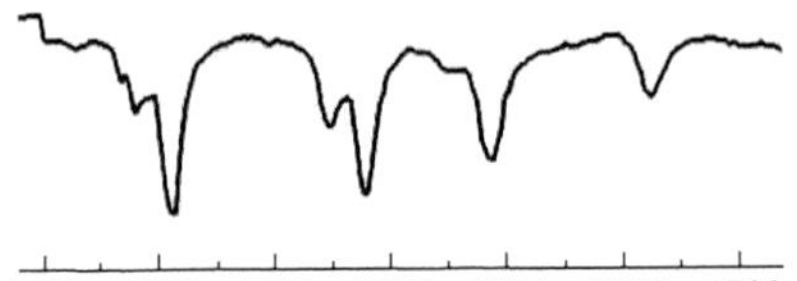	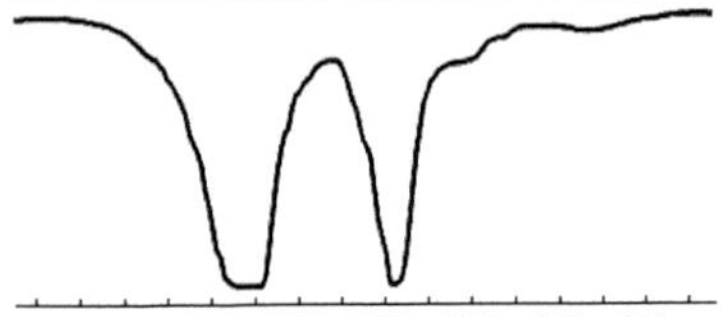
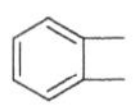	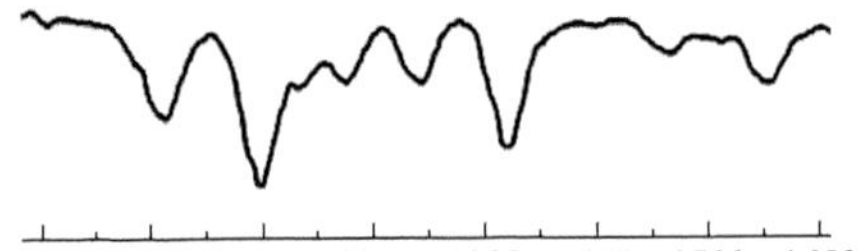	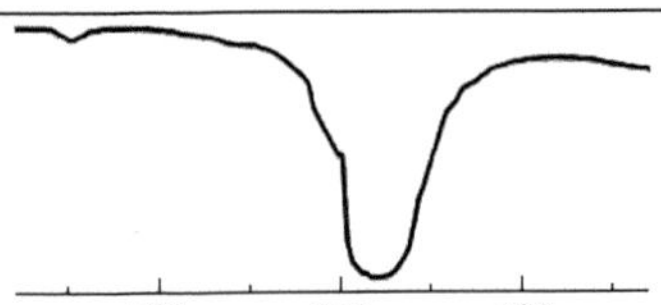
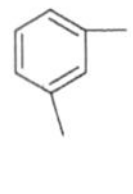	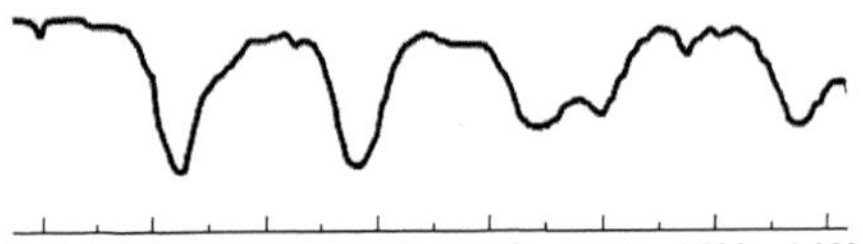	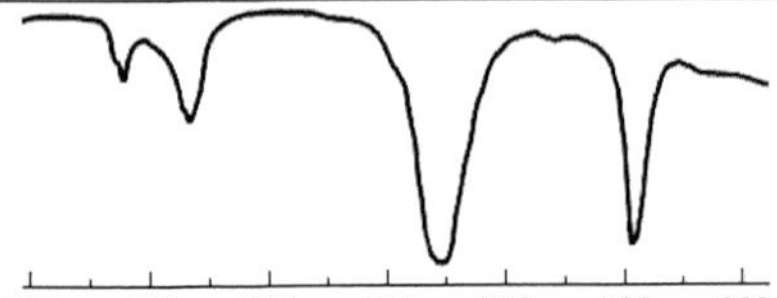
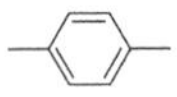	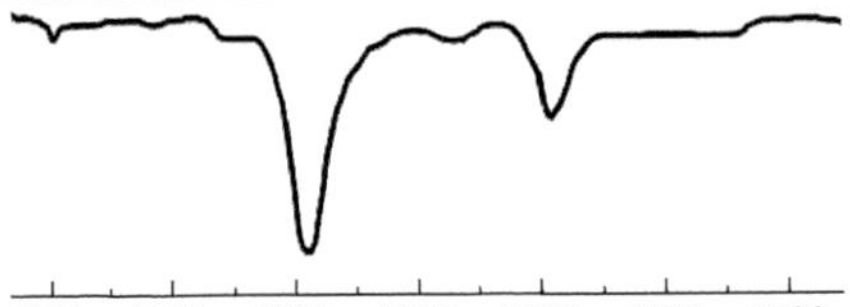	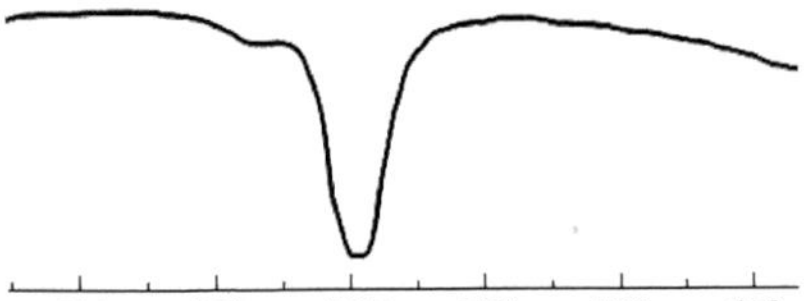

7.3.2　醇、酚和醚类化合物

1. 醇和酚

醇和酚的共同点是都含有—OH 基团，因此两者的特征吸收峰都包括 ν_{O-H}、ν_{C-O} 和 β_{O-H}，但 β_{O-H} 特征性差，约位于 1350 cm^{-1} 处，如图 7.15(a)和(b)所示。

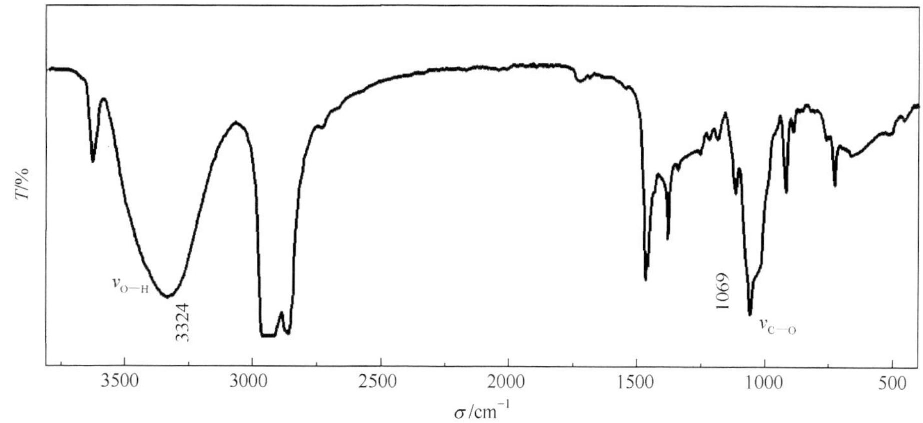

(a)

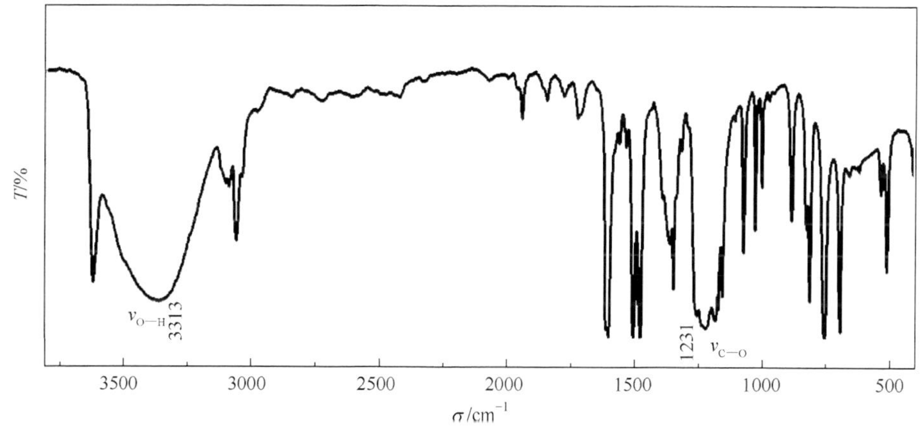

(b)

图 7.15　正己醇(a)和苯酚(b)的红外光谱图

(1) 羟基伸缩振动吸收峰 ν_{O-H} 的峰位置和峰强度受温度、浓度和聚集状态等因素影响很大。ν_{O-H} 位于 3600～3200 cm^{-1}，峰强，游离的 ν_{O-H} 及形成分子内氢键的 ν_{O-H} 峰形较尖锐，而分子间氢键的 ν_{O-H} 峰较宽，越是多缔合体，吸收带越向低波数移动。

(2) 碳氧单键伸缩振动吸收峰 ν_{C-O}，吸收强度大，从伯醇、仲醇和叔醇，吸收带依次向高波数移动，分别在约 1050 cm^{-1}、约 1100 cm^{-1}、约 1150 cm^{-1} 附近，可用于区分伯、仲、叔醇类；酚的 ν_{C-O} 在 1250～1170 cm^{-1}，为强峰，但酚还具有芳香族化合物结构的相关峰，可用于区别醇与酚。

2. 醚

醚的特征基团为—C—O—C—，因此其主要特征峰为 ν^{as}_{C-O-C} 和 ν^{s}_{C-O-C}。① ν^{as}_{C-O-C} 吸收带位于 1150～1070 cm^{-1}，为强吸收峰，如图 7.16 所示。ν^{s}_{C-O-C} 位于 1050～940 cm^{-1}，为弱吸收峰，如果化合物结构对称，ν^{s}_{C-O-C} 会减弱或消失。带有支链的醚在 1170～1070 cm^{-1} 有两个吸收峰。②烷基芳香醚和乙烯基醚均因氧与双键共轭，═C—O 键力常数 k 增大，频率升高，有约 1250 cm^{-1} 和约 1050 cm^{-1} 处两个强吸收峰。

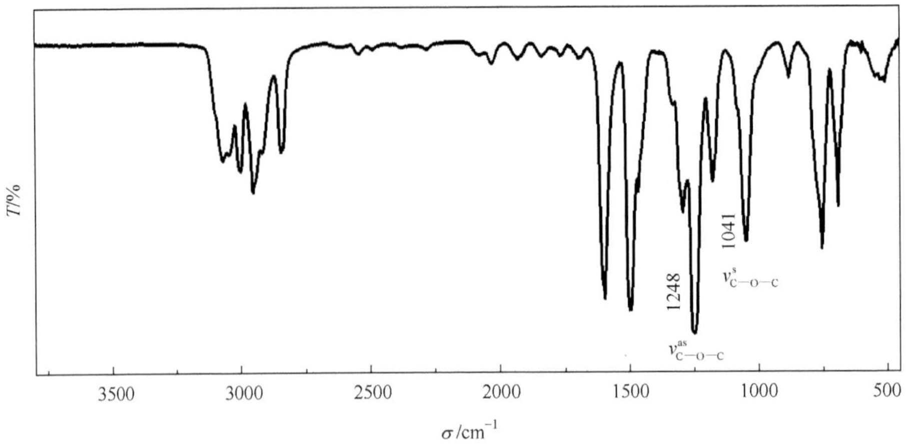

图 7.16　苯甲醚的红外光谱图

7.3.3　羰基化合物

羰基中碳和氧的电负性差异大，使得其偶极矩变化大，因此在 1820～1650 cm^{-1} 会出现强吸收峰，由于此区域干扰较少，因此 $\nu_{C=O}$ 是红外吸收光谱上最易识别的吸收峰。

1. 醛、酮

醛类化合物的 $\nu_{C=O}$ 1725 cm^{-1} 和醛基氢的 $\nu_{CH(O)}$约 2820 cm^{-1}、约 2720 cm^{-1} 是鉴定醛类化合物的主要特征峰。由于醛基的 $\nu_{CH(O)}$与其 δ_{C-H}(1390 cm^{-1})的倍频峰发生费米共振，出现约 2820 cm^{-1} 和约 2720 cm^{-1} 两个中等强度的醛基氢 $\nu_{CH(O)}$峰，2820 cm^{-1} 处峰有时易被分子中的烃基 ν_{C-H} 吸收峰掩盖，2720 cm^{-1} 特征性较强。当 C=O 的 α 位由电负性基团取代时，$\nu_{C=O}$ 的振动频率向高波数移动。当羰基与双键或芳环共轭时，$\nu_{C=O}$ 向低波数移动。图 7.17(a)为庚醛的红外光谱图。

通常饱和脂肪酮的 $\nu_{C=O}$ 出现在 1715 cm^{-1}，为强峰，$\nu_{C=O}$ 的倍频峰出现在 3430 cm^{-1} 附近，为弱峰。α,β-不饱和酮及芳香酮由于共轭 $\nu_{C=O}$ 向低波数移动。环酮随环张力增大，$\nu_{C=O}$ 的频率增大，出现在 1815～1715 cm^{-1}，为强峰。图 7.17(b)是甲乙酮的红外光谱图。

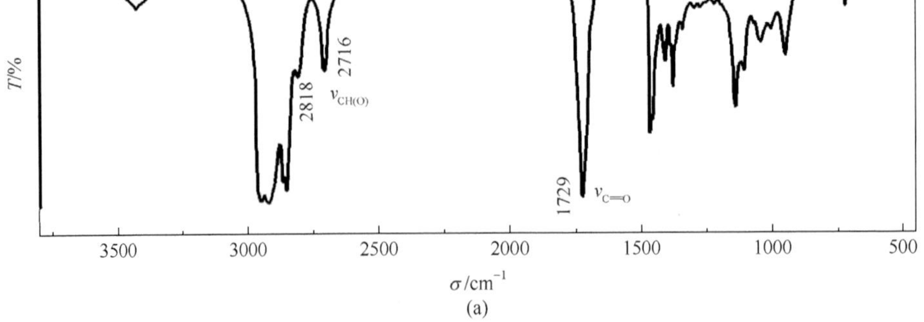

(a)

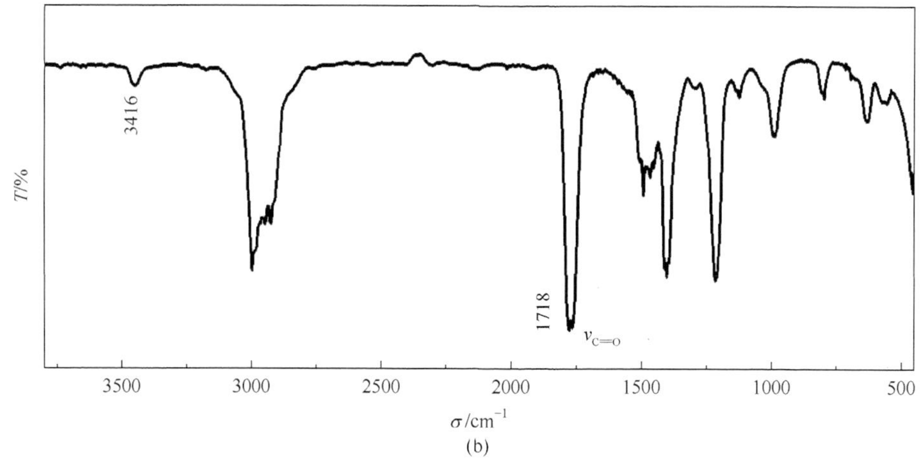

图 7.17　庚醛(a)和甲乙酮(b)的红外光谱图

2. 羧酸

羧酸与酮类化合物相比，除了羰基外还存在羟基特征基团，因此其主要特征峰有 ν_{O-H}、$\nu_{C=O}$ 和 γ_{O-H}。图 7.18 为辛酸的红外光谱图。

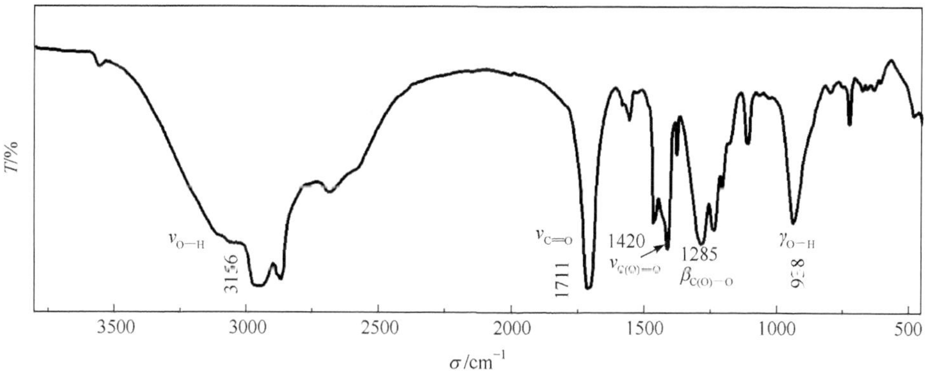

图 7.18　辛酸的红外光谱图

(1) $\nu_{C=O}$。游离的饱和脂肪酸的 $\nu_{C=O}$ 出现在约 1760 cm^{-1} 处，羧酸二聚体的 $\nu_{C=O}$ 向低波数移动至约 1700 cm^{-1}，芳香酸因其共轭作用 $\nu_{C=O}$ 向低波数移动，羰基 α 位由电负性基团取代时，$\nu_{C=O}$ 向高波数移动。

(2) ν_{O-H}。羧酸单体的 ν_{O-H} 约为 3550 cm^{-1}，峰形尖锐，聚合体的 ν_{O-H} 处于 3400～2500 cm^{-1}，峰形宽而钝，碳氢伸缩振动峰常被 ν_{O-H} 部分淹没，只露出峰顶。

(3) —C(O)—O 在约 1425 cm^{-1} 和约 1285 cm^{-1} 两处有中等强度吸收带，作为—COOH 基团存在的特征谱带。

(4) γ_{O-H}。在 955～915 cm^{-1} 有一特征的宽谱带，是由羧酸二聚体的 γ_{O-H} 引起的，常用于确认—COOH 基团的存在。

3. 酸酐

酸酐的两个羰基伸缩振动因为耦合作用在 $\nu_{C=O}^{as}$ 1850～1800 cm^{-1} 和 $\nu_{C=O}^{s}$ 1780～1740 cm^{-1} 出现两个强的特征吸收峰，两峰相距约 70 cm^{-1}。另外，$\nu_{OC-O-CO}^{s}$ 位于 1150～1000 cm^{-1}，如图 7.19 所示。

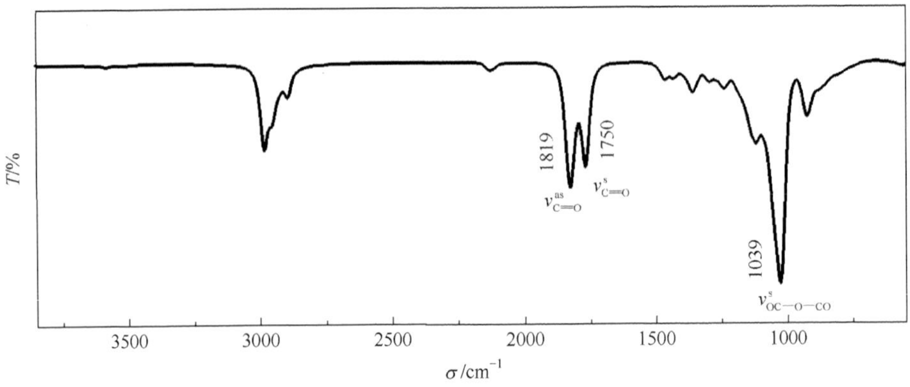

图 7.19 丁酸酐的红外光谱图

4. 酯

酯的主要特征峰有 $\nu_{C=O}$ 和 ν_{C-O-C}。图 7.20 为乙酸乙酯的红外光谱图。

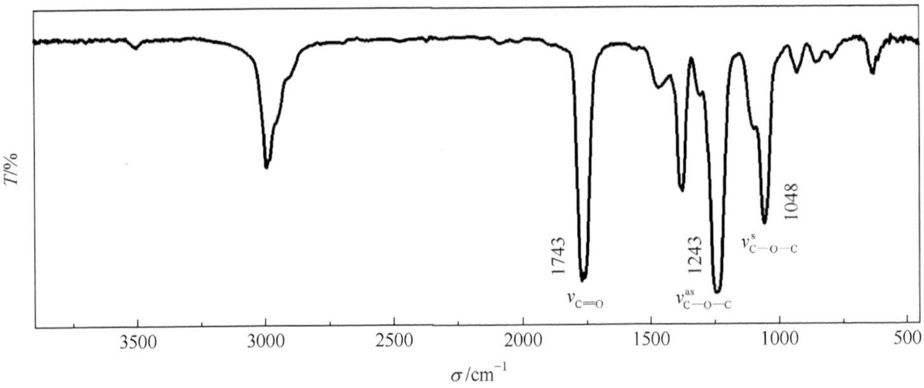

图 7.20 乙酸乙酯的红外光谱图

(1) $\nu_{C=O}$。饱和酯的 $\nu_{C=O}$ 位于约 1735 cm^{-1}，强峰，有时 $\nu_{C=O}$ 的倍频峰出现在 3450 cm^{-1} 附近，此峰虽然很弱，但也能用来确定酯的结构。甲酯、α,β-不饱和酯和芳香酯的 $\nu_{C=O}$ 向低波数移动。酯的羰基峰通常处于酮羰基和羧酸羰基之间。

(2) ν_{C-O-C}。酯在 1300～1000 cm^{-1} 有 ν_{C-O-C}^{as} 和 ν_{C-O-C}^{s} 两个吸收峰，其中 ν_{C-O-C}^{as} 位于 1300～1150 cm^{-1}，ν_{C-O-C}^{s} 位于 1150～1000 cm^{-1}。ν_{C-O-C}^{as} 峰强而宽，ν_{C-O-C}^{s} 峰强度稍小。

5. 酰氯

酰氯的 $\nu_{C=O}$ 和 ν_{C-Cl} 是其主要特征峰，与常规酮类化合物中的羰基相比，由于电负性基团—Cl 的诱导效应，其 $\nu_{C=O}$ 会更高。例如，饱和酰氯的 $\nu_{C=O}$ 约位于 1800 cm^{-1}，不饱和酰氯 $\nu_{C=O}$ 位于 1780～1750 cm^{-1}。

7.3.4　含氮化合物

含氮有机化合物主要包括胺类、酰胺、氨基酸、硝基化合物、*N*-杂环化合物及腈类等，这里只代表性地讨论胺、酰胺、硝基和腈类化合物的特征吸收情况。

1. 胺

胺的主要特征峰包括与其特征官能团氨基有关的 ν_{N-H}、δ_{N-H}、ν_{C-N}。

① ν_{N-H}。游离伯胺有双峰分别位于 ν_{N-H}^{as} 3500 cm^{-1} 和 ν_{N-H}^{s} 3400 cm^{-1}，中等尖锐峰，缔合将使两峰向低波数移动。游离仲胺 ν_{N-H} 出现在 3500～3300 cm^{-1}，叔胺无 ν_{N-H} 峰。芳香胺 ν_{N-H} 强度大于脂肪胺。②δ_{N-H}。伯胺的 δ_{N-H} 位于 1650～1570 cm^{-1}，较弱，芳香族仲胺的 δ_{N-H} 在 1515 cm^{-1} 附近。③ν_{C-N}。脂肪胺的 ν_{C-N} 位于 1250～1020 cm^{-1}，很弱。芳香族胺的 ν_{C-N} 在 1380～1250 cm^{-1}，稍强。④在 900～650 cm^{-1} 出现 γ_{N-H} 中等强度的宽带吸收，如图 7.21 所示。

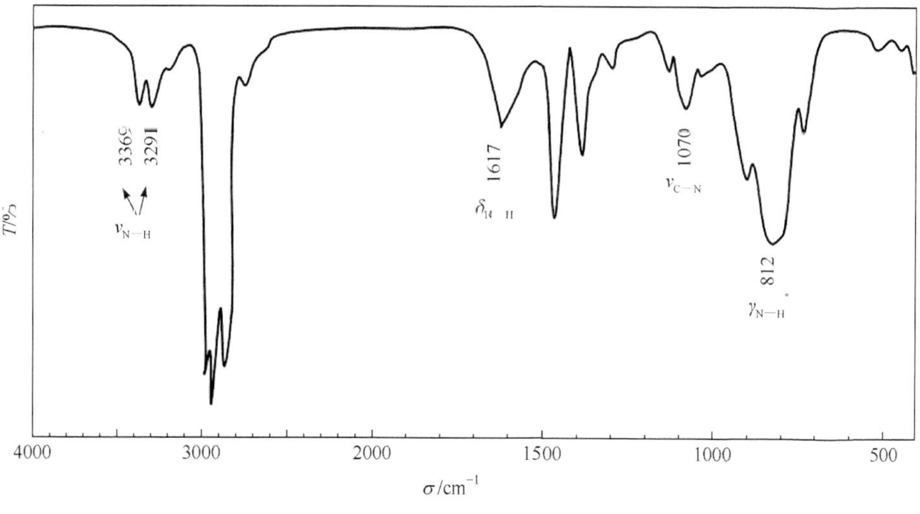

图 7.21　正己胺的红外光谱图

2. 酰胺

酰胺类化合物的特征官能团除了氨基外还涉及羰基，因此其主要特征峰为 ν_{N-H}、$\nu_{C=O}$、β_{N-H}、ν_{C-N}。因为伯、仲酰胺能形成分子间氢键，所以在较浓溶液和固态样品中常看到的是缔合态的 ν_{N-H} 和 $\nu_{C=O}$。图 7.22 为苯甲酰胺的红外光谱图。

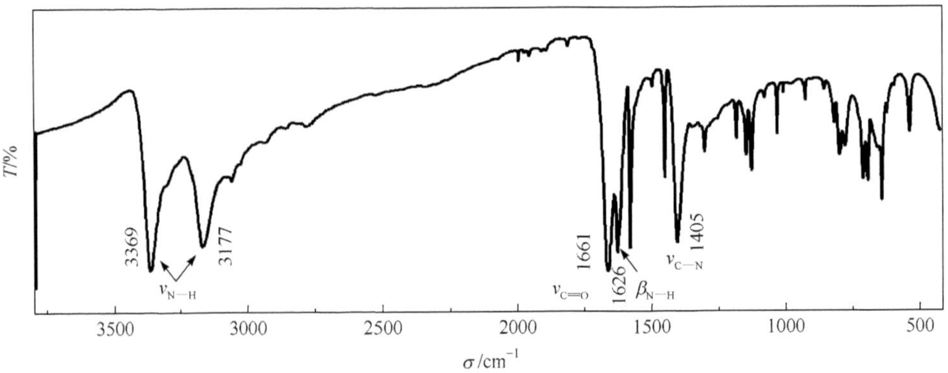

图 7.22　苯甲酰胺的红外光谱图

①ν_{N-H}为中等强度的尖锐吸收峰。游离伯酰胺的 ν_{N-H}在约 3500 cm^{-1}和约 3400 cm^{-1}处出现强度大致相等的双峰，缔合态时 ν_{N-H}的双峰向低波数移动。游离仲酰胺的 ν_{N-H}在 3500～3400 cm^{-1}出现单峰。叔酰胺无此峰。②$\nu_{C=O}$(酰胺Ⅰ谱带)。酰胺游离态的 $\nu_{C=O}$在 1690～1630 cm^{-1}，缔合态向低波数移动。若氮原子连接的 R 基为吸电子基团，则 $\nu_{C=O}$的频率增大。③β_{N-H}(酰胺Ⅱ谱带)。游离态的伯酰胺 β_{N-H}在 1665～1610 cm^{-1}，缔合态向低波数移动。游离态的仲酰胺 β_{N-H}在 1550～1510 cm^{-1}。酰胺Ⅱ谱带的波数比酰胺Ⅰ谱带的波数略低一些，两峰可能产生重叠，互相干扰。④ν_{C-N}为强峰，伯酰胺约出现在 1400 cm^{-1}，仲酰胺约在 1300 cm^{-1}。

3. 硝基化合物

硝基化合物有两个与—NO_2 相关的强特征峰，分别为 $\nu_{NO_2}^{as}$ 约 1550 cm^{-1} 和 $\nu_{NO_2}^{s}$ 约 1350 cm^{-1}，容易辨认。图 7.23 为对硝基苯甲醛的红外光谱图。

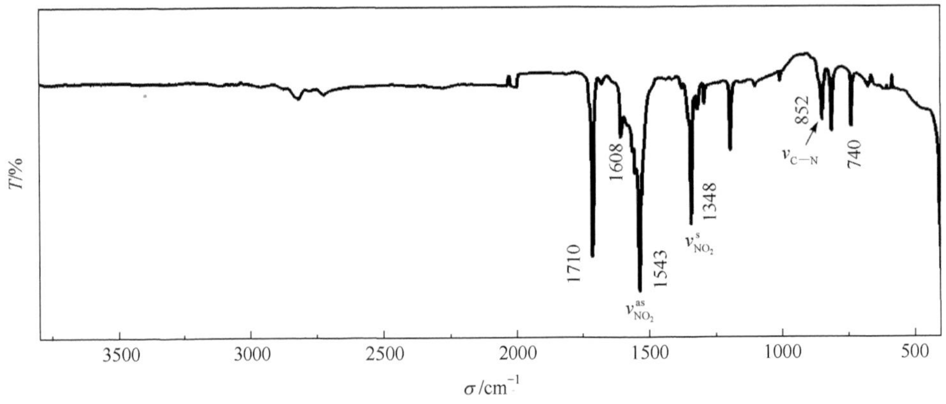

图 7.23　对硝基苯甲醛的红外光谱图

4. 腈

腈类化合物的特征峰为 $\nu_{C\equiv N}$，中等尖锐，位于 2260～2215 cm^{-1}。图 7.24 为庚腈的红外光谱图。当 α 位碳原子上有氧、氯等吸电子原子时，峰变弱甚至消失。共轭效应使 $\nu_{C\equiv N}$向低波数移动。

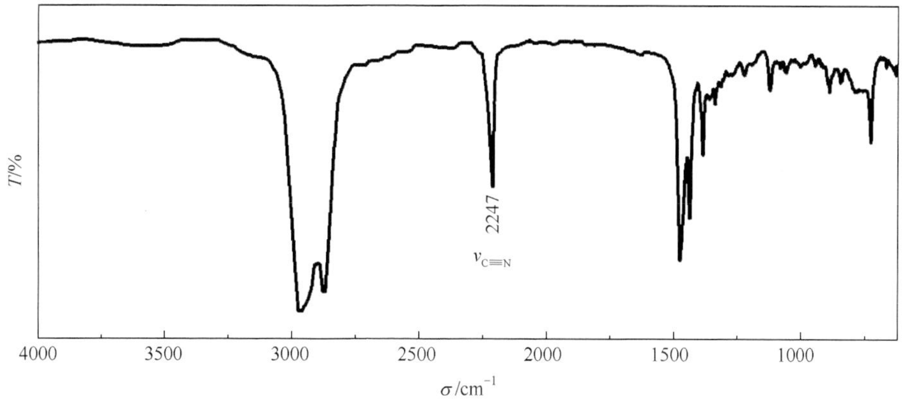

图 7.24　庚腈的红外光谱图

7.4　红外光谱仪

红外光谱仪基于分光系统的差异分为色散型红外光谱仪和傅里叶变换红外光谱仪(Fourier transform infrared spectrophotometer，FTIR)，后者是在前者的基础上发展起来的，目前在应用中以 FTIR 为主。

7.4.1　色散型红外光谱仪

色散型红外光谱仪与紫外-可见分光光度计的组成基本相同，都是由光源、样品池、单色器、检测器及记录仪等部分组成，但两种仪器具体部件差异很大，且它们的排列顺序也不同。色散型红外光谱仪的分光系统置于样品池后面，而紫外-可见分光光度计的分光系统一般置于样品池前面。

红外光谱仪一般采用双光束，如图 7.25 所示。将光源发射的红外光分成两束，一束样品光束，另一束作为参比光束，两光束分别经过平面反射镜 M_3 和 M_4 的反射，利用旋转扇面镜使样品光束和参比光束交替通过到达曲面镜 M_5，再经平面镜 M_6 反射后进入狭

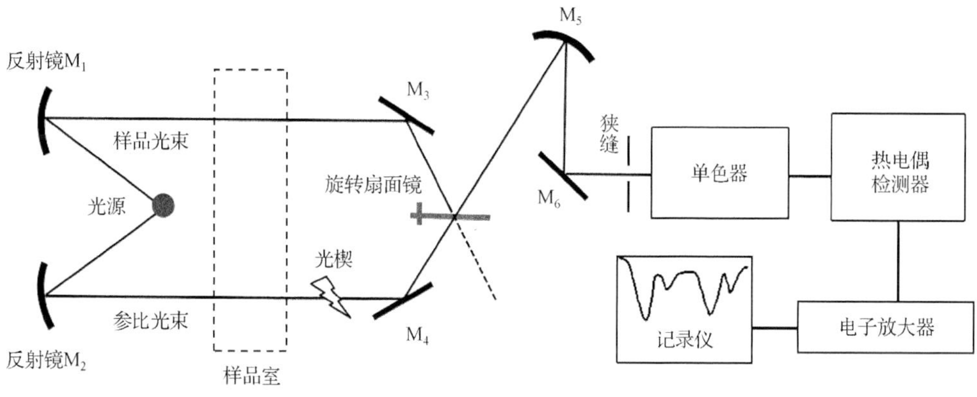

图 7.25　色散型双光束红外光谱仪结构示意图

缝，经光栅分光后被检测器检测。在光学零位法中，当两光束强度相等时，检测器不产生交流信号；当样品有吸收导致两光束强度不等时，检测器会产生与光强差成正比的交流信号。采用光楔调节使参比光束减弱直至与样品光束强度相等，由于记录仪与光楔同步移动，故记录仪在波数扫描过程中可绘制样品的红外光谱。

1. 光源

红外吸收光谱来自分子的振动-转动能级的跃迁，需要能量比紫外-可见光更低的红外光源。凡是能发射连续波长的红外线且发散度小、寿命长的物体均可作为红外光源。中红外区常用的光源有碳化硅棒、能斯特灯等。

碳化硅棒(globar)是由 SiC 加压烧结而成的实心棒，一般工作温度为 1200～1500℃，使用波数范围宽，覆盖 5000～200 cm^{-1}。此外，它坚固、发光面积大、寿命长、稳定性好且结构简单。

能斯特灯(Nernst glower)是由氧化锆、氧化钇、氧化钍等稀土金属氧化物烧结的空心棒或实心棒，一般工作温度为 1500～2000℃，最大发射波数可达 7100 cm^{-1}。其优点是发光强度大、寿命长、稳定性好；缺点是质脆易碎且价格较贵。

2. 样品池

由于玻璃和石英对中红外光有强烈吸收，红外吸收池要用可透过红外光的 NaCl、KBr、CsI、KRS-5(TlI 58%、TlBr 42%)等材料制成窗片。在实际操作中，需保持试样干燥，以免盐窗吸潮模糊。试样状态(固态、液态、气态)不同，试样池也不同。固体试样常与纯 KBr 混合压片后直接测定。红外光谱仪常用样品池和盐窗的材质及其透光范围如表 7.4 所示。

表 7.4 红外光谱仪常用样品池和盐窗的材质及其透光范围

材料名称	化学组成	水中溶解度/(g/100 mL)	透光范围	
			cm^{-1}	μm
氯化钠	NaCl	35.7(0℃)	5000～625	2～16
溴化钾	KBr	53.5(0℃)	5000～400	2～25
碘化铯	CsI	44.0(0℃)	5000～165	2～61
KRS-5	TlBr + TlI	0.02(20℃)	5000～250	2～40
氯化银	AgCl	不溶	5000～435	2～23
氟化钙	CaF_2	0.0016(20℃)	5000～1110	2～9
氟化钡	BaF_2	0.17(20℃)	5000～830	2～12

3. 单色器

单色器由色散元件、准直镜和狭缝构成。复制的闪耀光栅是最常用的色散元件，它的分辨本领高，易于维护。红外光谱仪常用几块光栅常数不同的光栅自动更换，使测定的波数范围广，分辨率更高。色散型红外光谱仪在任一瞬间只能观测一段很窄的频率范围，一次完整的扫描需要数分钟。狭缝宽度可控制单色光的纯度和强度，狭缝越窄，分辨率越高，但会使得光源能量的输出减少，这在红外光谱分析中尤其突出。并且光源发出的红外光在整个波数范围内不是恒定的，在扫描过程中狭缝将随光源的发射特性曲线自动调节宽度，既要使到达检测器上的光的强度近似不变，又要达到尽可能高的分辨能力。

4. 检测器

因为红外光子能量较弱，不足以引起光电子发射，所以紫外-可见分光光度计中所用的光电管或光电倍增管等不适用于红外区，色散型红外光谱仪常用高真空热电偶作为检测器。

真空热电偶是以一小片涂黑的金箔作为红外辐射的接受面，在金箔的一面焊接金属或半导体作为热接点，冷接点作为参比(通常为室温)，连接有金属导线。将热电偶封闭于真空度约为 7×10^{-7} Pa 的腔体内，如图 7.26 所示，在腔体上对着涂黑的金箔开一小窗，窗口采用红外透光材料。当红外光透过此窗口射到涂黑的金箔上时，热接点温度上升，产生温差电动势，在回路中有电流通过，而电流的大小则随照射的红外光的强弱变化。

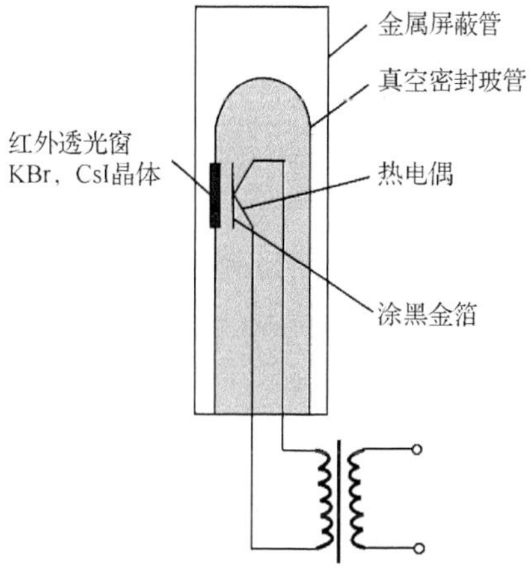

图 7.26　真空热电偶的结构示意图

7.4.2　傅里叶变换红外光谱仪

前面介绍的以光栅作为色散元件的红外光谱仪在许多方面已经不能满足需要。由于采用了狭缝，光能受到限制，尤其在红外区能量很弱；此外，它的扫描速率慢，增加了其在动态研究和其他仪器(如色谱)联用。随着光学、电子学，尤其是计算机技术的迅速发展，20 世纪 70 年代出现了基于干涉调频分光的傅里叶变换红外光谱仪。这种仪器使用干涉仪代替光栅，消除了光栅狭缝对光能的限制，并且可以获得红外全谱信息。

1. 傅里叶变换红外光谱仪的主要部件与工作原理

FTIR 光谱仪主要由光源、迈克尔逊(Michelson)干涉仪、检测器、计算机系统等组成[图 7.27(a)]。其核心部分是 Michelson 干涉仪，它将光源信号以干涉光的形式通过样品后，带有样品信息的干涉光到达检测器，检测器将干涉光信号转变为电信号送到计算机，通过快速傅里叶变换的方法得到红外光谱图。

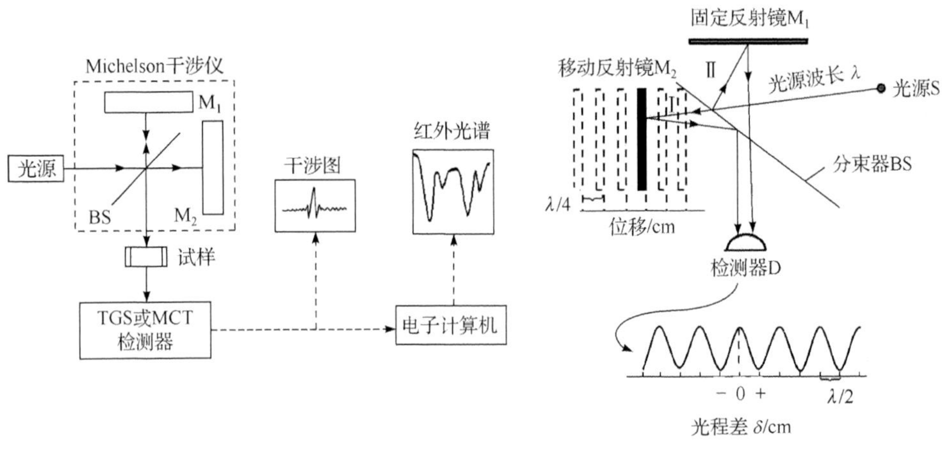

(a)　　(b)

图 7.27　FTIR 光谱仪(a)与迈克尔逊干涉仪工作原理示意图(b)

1) 光源和样品池

色散型红外光谱仪使用的光源和样品池，同样适用于 FTIR 光谱仪。

2) 迈克尔逊干涉仪

FTIR 光谱仪没有色散分光元件，而是采用迈克尔逊干涉仪，一次扫描可得到全谱。干涉仪的工作原理示意图如图 7.27(b)所示，固定反射镜 M_1 与移动反射镜 M_2 互相垂直放置，M_1 固定不动，M_2 可沿图中方向平行移动。在 M_1 及 M_2 呈 45°的位置上放有半透膜分束器 BS(由半导体锗和 KBr 单晶组成)，BS 可使入射光一半透过，一半被反射。从光源发出的红外光进入干涉仪后，被分束器分成完全相同的两束光，光束Ⅰ(透射光)射至动镜 M_2，光束Ⅱ(反射光)射至定镜 M_1，它们分别被动镜和定镜反射至分束器，光束Ⅰ再被反射到样品，光束Ⅱ透过分束器同时到达样品。当动镜 M_2 移动时，可使光束Ⅰ和光束Ⅱ的光程差发生变化，这就使光束Ⅰ和光束Ⅱ的相位也发生变化，两束光发生干涉后可看到干涉条纹。当动镜 M_2 连续匀速移动时，即匀速连续改变两光束的光程差，当光程差是 $\lambda/2$ 的偶数倍时，发生相长干涉，产生明线；当光程差为 $\lambda/2$ 的奇数倍时，发生相消干涉，产生暗线；若光程差既不是 $\lambda/2$ 的偶数倍也不是奇数倍，则相干光强度介于两种情况之间。

图 7.28(a)和(b)分别是入射光波长为 λ_1 和 λ_2 的单色光所得到的干涉图，如果是两种波长的光一起进入干涉仪，则得到如图 7.28(c)所示的两种单色光干涉图的加合图。当多个波长的光进入干涉仪后叠加，记录中央干涉条纹的光强变化，获得光源提供的所有光的干涉图，如图 7.28(d)所示。当干涉光透过样品(或被样品反射)时，干涉光中某些波长的光可被样品吸收，使得干涉图发生变化，得到带有样品信息的干涉信号。干涉信号经检测器转变成电信号，但这种带有样品信息的干涉信号难以进行光谱解析，必须由计算机进行傅里叶变换，将其转换成吸收强度或透光度随频率或波数变化的红外光谱图[图 7.28(e)和(f)]。

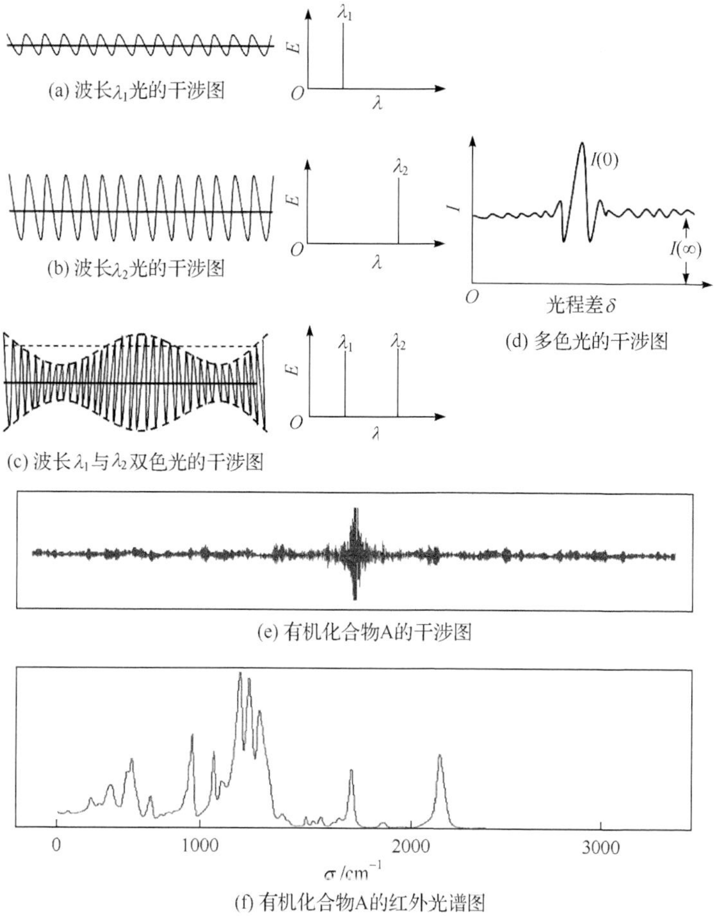

(a) 波长λ_1光的干涉图

(b) 波长λ_2光的干涉图

(c) 波长λ_1与λ_2双色光的干涉图

(d) 多色光的干涉图

(e) 有机化合物A的干涉图

(f) 有机化合物A的红外光谱图

图 7.28　迈克尔逊干涉仪获得的：(a)、(b)单色光的干涉图；(c)双色光的干涉图；(d)多色光的干涉图；有机化合物 A 的干涉图(e)和红外光谱图(f)

3) 检测器

由于 FTIR 光谱仪具有极快的扫描速率，因此现今多采用热电检测器和光电导型检测器。

热电检测器使用具有特殊热电性质的材料，如硫酸三苷肽(TGS)的单晶片。将 TGS 薄片正面镀铬，反面镀金，形成两电极。当红外光照射至 TGS 薄片上时，温度升高，表面电荷减少，相当于 TGS 释放了部分电荷，释放的电荷经放大转变成电信号进行测量。热电检测器的响应速度很快，可以跟踪干涉仪随时间的变化，室温下即可使用，且价格低廉。

光电导型检测器采用半导体薄膜材料，如 Hg-Cd-Te(MCT)或 PbS 或 InSb，将其置于非导电的玻璃表面密闭于真空腔内。吸收辐射后不导电的价电子跃迁至高能量的导电带，从而降低了半导体的电阻，产生信号。光电导型检测器的灵敏度一般比热电检测器要高一个数量级，响应速度快，可检测波数范围 5000～400 cm^{-1}，但它需要冷却至液氮温度以降低噪声，在 FTIR 光谱仪以及色谱-红外光谱联用的仪器中获得广泛应用。

4) 计算机系统

由于带有样品信息的干涉信号是时间相关的时域谱，难以解析，必须由计算机进行傅里叶变换，将其转换成频率或波数相关的频域谱后，进行红外光谱图分析。

2. 傅里叶变换红外光谱仪的特点

(1) 灵敏度高。FTIR 光谱仪所用的光学元件少，无狭缝和光栅分光器，因此到达检测器的辐射强度大，信噪比大，灵敏度高。

(2) 分辨率高，精度高。由于引入激光参比干涉仪，用激光干涉条纹准确测定光程差，可使得波数准确度达到 $\pm 0.1\ cm^{-1}$，甚至更低。

(3) 测量速度快。FTIR 光谱仪完成一次扫描所需时间不到 1 s，测定的光谱范围宽，可同时测定全光谱范围区间，这些特点使得色谱-红外光谱联用成为现实。

7.5　红外光谱法的应用

紫外-可见吸收光谱法常用于研究不饱和有机化合物，特别是具有共轭体系的有机化合物；而红外光谱法主要研究分子振动过程中伴随有偶极矩变化的化合物，因此除了单原子分子及同核的双原子分子外，几乎所有的有机化合物都有红外吸收。红外光谱的吸收峰与化学键两端的原子有关，谱图中吸收峰的位置、强度及形状反映了化合物相关特征基团，因此比紫外吸收光谱更具分子结构的特征性，可用于判断化合物的类别、基团种类、取代类型、结构异构及氢键等，进而可对物质进行定性和结构分析；并且吸收谱带的吸收强度与分子中化学基团的含量有关，可用于定量分析。

7.5.1　试样的制备

红外吸收光谱分析对样品的要求主要包括以下几个方面：①样品的纯度大于98%，否则要先进行分离提纯；②样品不能含水分，否则不仅干扰样品中 O—H 峰的观察，而且影响高波数区吸收峰的测定；③选择符合所测光谱范围要求的溶剂配制溶液；④在空白透光率为 90%～95%条件下，试样的适宜浓度和厚度应使最强谱峰的透光率为 1%～5%。

1. 固体试样

1) 压片法

压片法是固体样品测定的标准方法。将经干燥处理后的试样和光谱纯级的 KBr 粉末按约 1∶100(体积比)的比例倒入玛瑙研钵中研细混匀，使粒度小于 2 μm，装入压片模具，在压片机上制成均匀透明的薄片，即可直接测定。整个操作过程应在红外灯下进行，以防吸潮。

2) 调糊法

将干燥处理后的试样研细后分散在与其折射率相近的液体介质中，调成糊状，取适量夹在两片空白的 KBr 盐片中测定。常用的液体分散介质有液状石蜡、全氟代烃、氟化煤油。

3) 薄膜法

薄膜法主要用于高分子化合物的测定。可将试样直接加热熔融后涂制或压制成厚度为 0.01～0.1 mm 的薄膜。也可以将试样溶解在低沸点、易挥发溶剂中，涂渍于盐片上，在减压干燥器中待溶剂挥发后成膜测定。

2. 液体试样

1) 液体池法

液体池法适用于挥发性、低沸点液体试样的测定。将试样溶解于 CS_2、CCl_4、$CHCl_3$ 等溶剂中配成质量分数约为 10%的溶液，用注射器注入装有岩盐窗片的液体池中，并以溶剂作空白进行测定。此法需要选用在测定波数区无严重干扰吸收、对试样溶解好、对试样没有强烈溶剂化效应且不侵蚀盐窗的溶剂。由于盐片窗口怕水，不能测定水溶液的红外光谱。对水溶液进行红外光谱测定的一种简易方法是利用聚乙烯薄膜，同时要注意，聚乙烯、水及重水都有红外吸收。

2) 液膜法(夹片法和涂片法)

该法适用于挥发性不大的液体试样。将 1～2 滴试样直接滴在两片 KBr 或 NaCl 盐片之间，形成液膜，用螺丝固定后放入试样室测量。对于黏度大的液体试样可采用涂片法，即将液体样品涂在一片 KBr 窗片上测定，不必夹片。KBr 窗片使用后，需用合适的有机溶剂清洗，晾干后存放。

3. 气体试样

气体试样可在玻璃气槽内进行测定，它的两端粘有红外透光的 KBr 或 NaCl 窗片，窗板间隔为 2.5～10 cm。先将气槽抽真空，再将试样注入。气体池还可用于挥发性很强的液体试样的测定。

当试样量特别少或试样面积特别小时，可采用光束聚光器并配微量池，结合全反射系统或用带有卤化碱透镜的反射系统进行测量。

7.5.2 定性分析

1. 已知物的定性

已知物质的鉴定常采用光谱对照法。即将试样与对照品在完全相同条件下进行红外光谱测定，若两者的光谱完全相同，即可确认为同一化合物，否则不是同一化合物或者试样有杂质。也可用红外标准谱图或文献上的谱图对照来判断，使用文献上的谱图时，应注意试样的状态和测定条件以及所用仪器类型是否一致。或使用分子式索引、化合物名称索引由计算机从红外标准谱图库检索，将纯物质的红外光谱与查找的红外标准谱图对照判别。

常用的网络红外标准谱图库有：

(1) 萨特勒(Sadtler)光谱数据库，网址：http://www.jetting.com.cn/Bio-Rad/Sadtler/SadtlerDB_IR.html (部分免费)。

(2) 有机化合物 SDBS 光谱数据库[National Institute of Advanced Industrial Science and Technology (AIST), Japan]，网址：https://sdbs.db.aist.go.jp/sdbs/cgi-bin/direct_frame_top.cgi。

(3) 美国技术与标准研究所化学网络手册，网址：https://webbook.nist.gov/chemistry/。

(4) 中国科学院上海有机化学研究所化学专业数据库，网址：https://www.organchem.nsdc.cn/nsdc/default.htm。

2. 未知物的定性

针对未知物红外光谱可提供化合物的类别、基团、结构等信息，进行未知化合物的结构分析。如果未知物不是新化合物，可以通过光谱解析判断出可能结构，再利用标准谱图进行确定。具体步骤如下：

(1) 红外光谱图解析前尽可能地收集试样的相关资料与数据，从以下几方面：

① 试样的来源和性质。试样的来源可帮助估计试样及杂质范围，试样纯度可帮助了解试样是否需要提纯。如果从样品的出处可以大致推测结构，则确认特定原子团或原子团间的结合就比较容易。

② 试样的物理化学常数。样品的熔点、沸点、折光率、色谱保留值等常数均可作为光谱解析确定化合物结构的佐证。

③ 化合物的分子式。根据质谱或元素分析结果得到分子式。由分子式计算不饱和度 U，用以估计化合物是否含有双键、三键及芳环。不饱和度 U 的经验计算公式为

$$U = 1 + n_4 + \frac{n_3 - n_1}{2} \tag{7.9}$$

式中，n_1、n_3、n_4 分别为一价、三价、四价元素数目，注意二价原子硫、氧不参与计算。根据计算得到的不饱和度，判断化合物是否属于链状饱和脂肪族化合物($U = 0$)，或含有双键、脂环($U = 1$)、三键($U = 2$)以及含芳环($U = 4$)等。

④ 对于全新化合物及结构复杂化合物的化学结构确证，仅凭红外光谱是不够的，还需要使用高分辨质谱、紫外-可见吸收、核磁共振、元素分析等方法进行综合光谱解析。

(2) 红外光谱图解析。

谱图解析时需要同时注意吸收峰的位置、强度和峰形。确认一个基团的存在通常需要一组相关峰，一般先从基团频率区的最强谱带开始，推测未知物可能含有的基团，排除不可能含有的基团；再进一步从指纹区找出可能含有基团的相关峰来验证该基团的存在。对于简单化合物，确认几个基团后，根据化学合理性，便可初步确定分子结构，然后比对标准谱图核实。对于较复杂的化合物，则需结合紫外光谱、质谱、核磁共振波谱等数据才能最终得出可靠的判断。下面通过实例来说明红外光谱的解析过程。

【例 7.2】 某未知化合物的化学式为 $C_9H_{10}O$，它的红外光谱图如图 7.29 所示，试推断其结构式。

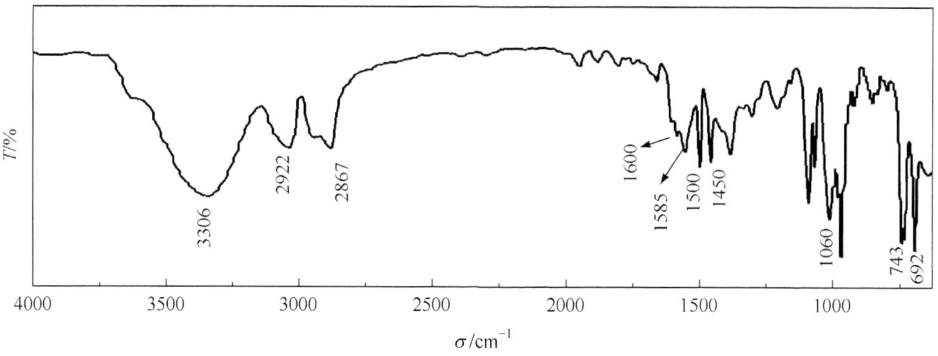

图 7.29　未知化合物 $C_9H_{10}O$ 的红外光谱图

解　(1) 不饱和度：$U=9-10/2+1=5$；

(2) C═O：1700 cm^{-1} 无吸收带，无羰基存在；

(3) O—H：ν_{OH} 3306 cm^{-1} 峰强而宽，ν_{C-O} 1060 cm^{-1}，伯醇；

(4) 苯环：苯环 $\nu_{C=C}$ 1600 cm^{-1}、1500 cm^{-1}、1450 cm^{-1} 尖锐吸收峰；

共轭：1500 cm^{-1} 强于 1600 cm^{-1} 吸收带，且 1600 cm^{-1} 裂分为两个带，说明有苯环与不饱和键相连；

(5) 苯环为单取代：在 900～600 cm^{-1} 出现了 δ_{CH} 743 cm^{-1}、692 cm^{-1} 两个吸收带；

(6) —CH_2：ν_{CH_2} 2922 cm^{-1}、2867 cm^{-1} 吸收峰，且在 1380 cm^{-1} 无 δ_{CH_3} 吸收峰；

综上所述，此化合物结构式为：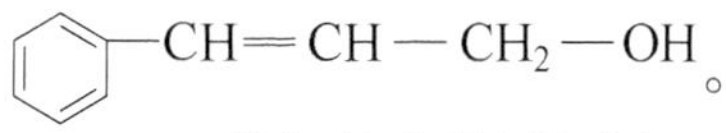

。

【例 7.3】　某未知物的分子式为 $C_3H_6O_2$，其红外光谱图如图 7.30 所示，试解析化合物结构。

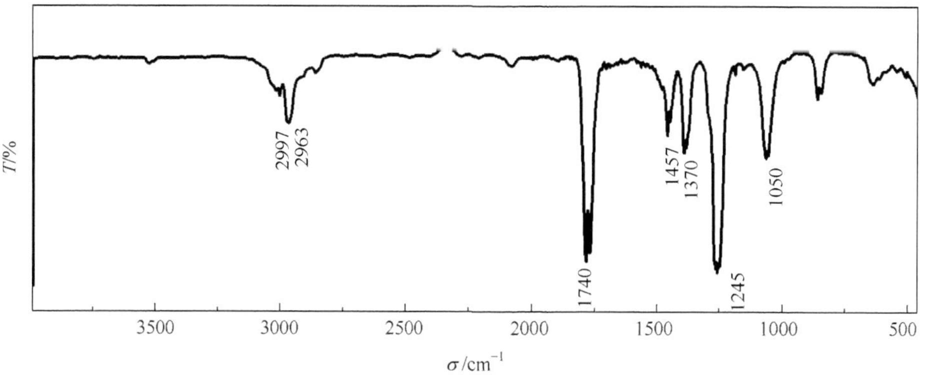

图 7.30　未知化合物 $C_3H_6O_2$ 的红外光谱图

解　(1) 不饱和度：$U=1+3+\dfrac{0-6}{2}=1$。

(2) C═O：在约 1740 cm^{-1} 出现 $\nu_{C=O}$ 的强吸收峰。

(3) C—O—C：ν^{as}_{C-O-C} 1245 cm^{-1}，ν^{s}_{C-O-C} 1050 cm^{-1}，结合分子中含有两个 O 原子，其中一个为 C═O，说明此化合物是酯。

(4) —CH_3：$\nu_{CH_3}^{as}$ 2997 cm^{-1} 和 $\nu_{CH_3}^{s}$ 2963 cm^{-1}，δ_{CH_3} 1370 cm^{-1}。

综上所述，该未知化合物的结构式可能为：$CH_3—\overset{\overset{\large O}{\|}}{C}—O—CH_3$。

7.5.3 定量分析

红外光谱法定量分析的依据与紫外-可见吸收光谱法一样，都是基于朗伯-比尔定律：$A = \varepsilon bc$。通过测量组分的特征吸收谱带强度来求其含量。但与紫外-可见吸收光谱法相比，红外光谱法在定量分析方面较弱，不适合微量组分测定。这是因为红外光谱图复杂，吸收峰强度不高，相邻峰重叠多，难以找到合适的检测峰；红外光谱峰形窄，光源强度低，检测器灵敏度低；红外测定时吸收池厚度不易确定，利用参比难以消除吸收池、溶剂的影响。因此，目前红外光谱法定量分析主要集中在吸收更强的近红外波段。

1. 吸收带的选择

由于红外光谱的谱带较多，谱图复杂且相邻峰重叠多，因此用于定量分析的吸收带的选择十分重要，在一定程度上决定了方法的选择性与灵敏度。应遵循以下要求：

(1) 必须是被测物质的特征吸收带。例如，分析酸、酯、醛、酮时，尽量选择 $\nu_{C=O}$ 特征吸收带。

(2) 所选择的吸收带的吸收强度应与被测物质的浓度呈线性关系。

(3) 所选择的吸收带应有较大的吸收系数且周围尽可能没有其他吸收带的干扰。

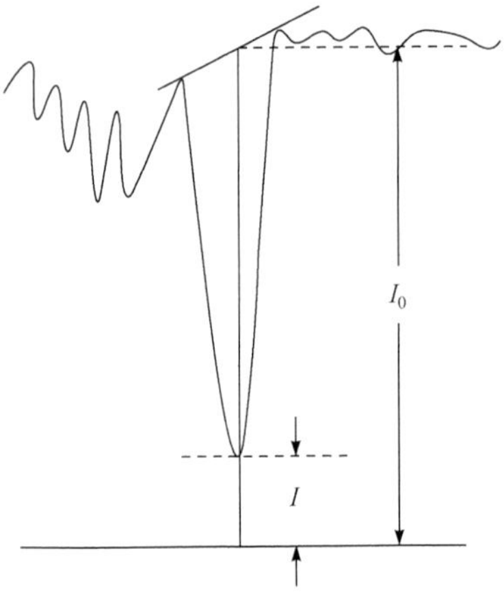

图 7.31 红外吸光度的测定(基线法示意图)

2. 吸光度的测定

如图 7.31 所示，通过谱图透射比最大点作光谱吸收的切线，作为该谱线的基线，分析波数处的垂线与基线的交点与最高吸收峰顶点的距离为峰高，即此峰对应透射比，再由公式 $A = \lg(1/T)$ 计算吸光度，而 A 与吸收谱带强度的关系为 $A = \lg(I_0/I)$。如果有标准样品，并且标准样品的吸收峰与其他成分的吸收峰重叠少，一般采用标准曲线法进行定量分析。

7.6 红外光谱法的发展趋势

虽然早在 1800 年，Herschel 就通过实验发现了红外光的存在，但是直到 20 世纪初，人们才进一步系统地了解到不同基团具有不同红外吸收频率这一事实。20 世纪 50 年代出现了自动记录式的红外分光光度计。红外光谱仪的发展大致经历了三个阶段。第一代红外光谱仪使用岩盐棱镜作为色散元件，岩盐棱镜因易吸潮损坏、分辨率低等缺点已被淘汰。20 世纪 60 年代出现了基于光栅分光的第二代光栅式红外光谱仪，价格便宜，对外界环境要求低，但是扫描速率慢，灵敏度较低，因此局限性大。第一代和第二代红外光谱仪都属于色散型红外光谱仪。20 世纪 70 年代以后诞生了第三代红外光谱仪，即基于干涉调频分光的傅里叶变换红外光谱仪。由于其具有分辨率高、扫描速率快、结构简单、体积小等优点，应用日益广泛，目前使用的几乎都是傅里叶变换红外光谱仪。

红外光谱最重要的应用是有机化合物的结构鉴定。在定量分析方面，红外光谱主要发展了近红外和远红外技术。近红外波段用于含有与 C、N、O 等原子相连基团化合物的定量，而远红外区则用于无机化合物研究等。另外，其他红外测定技术如全反射红外技术、红外光声光谱法、显微红外及色谱-红外联用技术等也不断发展和完善，使红外光谱法应用更加广泛。

7.6.1　近红外光谱

19 世纪末，Abney 和 Festing 在近红外短波区首次记录了有机化合物的近红外光谱(near infrared spectrum，NIR)。1928 年，Brackett 测定得到了第一张高分辨的 NIR 谱图，并解释了有关基团的光谱特性。随着计算机和化学计量学的应用发展，NIR 分析也得到了迅速发展。NIR 源于化合物中含氢基团，如 C—H、O—H、N—H、S—H 等振动光谱的倍频及合频吸收，其强度通常只有基频的 10%～0.1%。不同基团在此区域光谱的峰位、峰强和峰形不同，这是 NIR 进行定性和定量分析的依据。NIR 对样品的穿透强，样品基本不需要预处理就可以直接测量，这是 NIR 的优势，使得分析对象大大拓展，甚至可以对成品做在线无损分析，是一种不消耗试剂、不产生污染的绿色分析技术。但正因为没有复杂的预处理，样品的状态、测量条件和样品的复杂组成等因素使得光谱背景信号复杂，谱峰重叠严重。鉴于此，一般需要采用全谱扫描或宽波段扫描才能得到准确的定性和定量结果，且需采用合理的化学计量学方法并借助计算机才能识别，这是 NIR 分析技术中的一个难点。

NIR 的测量有透射方式和漫反射方式两种基本方法。透射测定法与分光光度法类似，将样品放于入射光源与检测器之间，用透射比 T 或吸光度 A 表示样品对光的吸收程度，吸光度与组分浓度的关系符合朗伯-比尔定律。对于均匀透明的液体样品一般采用透射方式，液体样品测量光程为 1～100 mm。如果样品是浑浊的、不透明的，甚至是半固体或全固体类样品，因为部分入射光会发生散射，透射光强度与样品浓度不再符合朗伯-比尔定律，则需要采用漫反射法。当光源垂直于样品表面，有一部分漫反射光会向各个方向散射，将检测器放在与样品表面呈 45°角方向，测定的散射光强称为漫反射法。漫反射强度 A 与反射率 R 的关系为

$$A = \lg(1/R) = \lg(R_0/R_1) \tag{7.10}$$

式中，R_1 为反射光强；R_0 为完全不吸收的表面反射光强。

20 世纪 90 年代以来，光纤技术在 NIR 中得到广泛应用，这使得近红外光谱仪从实验室走向现场，长距离传输可以实现生产过程的快速在线检测，通过光纤可对各种恶劣

危险环境的样品进行遥测。因此，NIR 作为一种无损绿色分析技术已广泛应用于石油化工、生命科学与医学、农产品与食品、化学品分析、聚合物合成加工、纺织、轻工、环境等领域。

7.6.2　特殊红外测定技术

红外吸收光谱法除了常见的透射光谱技术外，还发展了衰减全反射(attenuated total reflection，ATR)技术、反射吸收法(reflection absorption spectroscopy，RAS)、粉末反射法、显微红外法和红外光声光谱(infrared photoacoustic spectroscopy，IR-PAS)法等，下面简单介绍衰减全反射技术和红外光声光谱法。

1. 衰减全反射技术

红外衰减全反射技术的原理：光线由光密介质射入光疏介质时，若入射角大于临界角，光线将在界面上发生全反射。而发生全反射现象时，光线要稍许穿入反射表面之下(穿透深度约 5 μm 以下)才反射回来，如图 7.32 所示。衰减全反射技术可用于样品深度方向及表面分析。该技术主要用于检测不溶于有机溶剂又不能压成透明的薄膜样品，如织物、纸张、橡胶、表面涂层、高聚物薄膜、催化剂表面等。利用一特殊棱镜，如 AgCl、KRS-5(TlBr-TlI 制成)等折射率大的材料制成的棱镜，背面贴上检测样品，调整入射角(35°～50°)，使入射光进入样品几微米后发生全反射，当样品对某一波长的光有吸收时，从棱镜全反射出来的这一波长的光强度将衰减，经在样品、棱镜中多次反射后到达检测器，各波长光的衰减程度与样品对光的吸收性能有关。

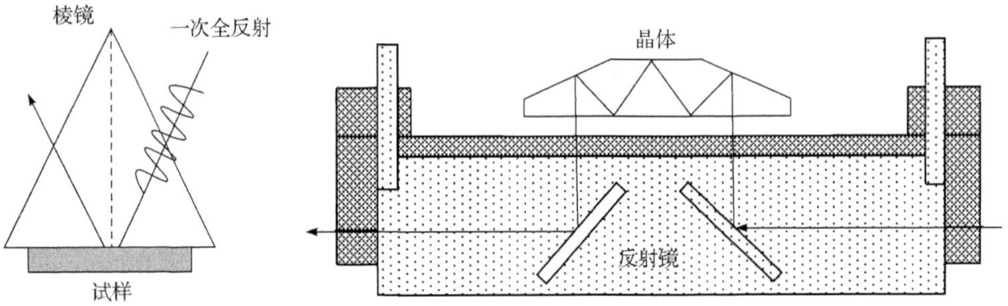

图 7.32　衰减全反射原理示意图

在 ATR-FTIR 中，入射光到达深度 d_p：

$$d_{\mathrm{p}}=\frac{\lambda}{2\pi\sqrt{\sin^2\theta-\left(\dfrac{n_{\mathrm{s}}}{n_{\mathrm{c}}}\right)^2}} \tag{7.11}$$

式中，λ 为入射光波长；θ 为入射角；n_c 和 n_s 分别为 ATR 棱镜晶体和样品的折射率。例如，ZnSe 晶体的 n_c 在中红外区均可近似为 2.40。这样当 λ 和 θ 都固定时，如果 n_s 也为定值，那么 d_p 也为定值。此时根据朗伯-比尔定律，吸光度直接与样品浓度成正比，可采用外标法进行定量分析。

2. 红外光声光谱法

用光声池、前置放大器代替傅里叶变换红外光谱仪的检测器，就构成了傅里叶变换红外光声光谱仪。将样品置于光声池中测定。红外光声光谱法主要测定的样品有强吸收、高分散的样品，如深色催化剂、煤和头发等；不允许加工处理的样品，如古物表层等。

7.7　红外吸收光谱法的应用实例

不同化合物由不同的基团组成，因此有不同的振动方式和频率，得到红外吸收光谱也不同。同一物质在相同的测定条件下测得的红外光谱有很好的重复性，如果两张谱图中各吸收峰的位置、形状及其相对吸收强度一致，则两种化合物具有相同的结构。因此，可以通过比对试样和标准物质的红外光谱图，或比较试样的红外光谱图与红外标准谱图进行鉴定。例如，采用红外光谱法鉴定苯甲酸样品，采用 KBr 压片法制样。

7.7.1　操作及实验条件

仪器：Nicolet5700 傅里叶变换红外光谱仪、油压式压片机和压片模具、玛瑙研钵、红外灯、试样勺、镊子等。

试剂：苯甲酸标样，预先烘干 48 h 并保存在干燥器内的溴化钾(KBr)，均为优级纯；苯甲酸试样。

实验条件：室内相对湿度< 65%，开机后，设置仪器测定波数范围 4000～400 cm^{-1}，以空气作参比，扫描次数 32 次，分辨率 4 cm^{-1}。

具体制样及测试步骤：取 2～3 mg 苯甲酸标样于干净的玛瑙研钵中，加入 150～200 mg KBr 粉末在红外灯下研磨成均匀细粉后，移入压片模中，将模子置于油压机上，加压，在 12～15 MPa 压力下维持 30 s，放气去压，取出模子进行脱模，可获得一片直径 13 mm、厚 1～2 mm 的半透明盐片，将其保存在干燥器内。同样的方式制备苯甲酸试样盐片。测定时将相应标样或试样盐片装在样品架上，即可进行红外光谱测定。

7.7.2　谱图及处理

(1) 谱图的结构解析：图 7.33 显示了苯甲酸试样和标样在上述条件下测定的红外光

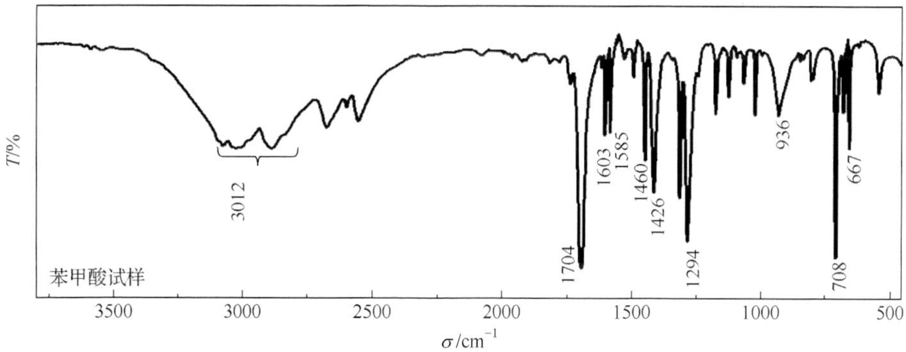

(a)

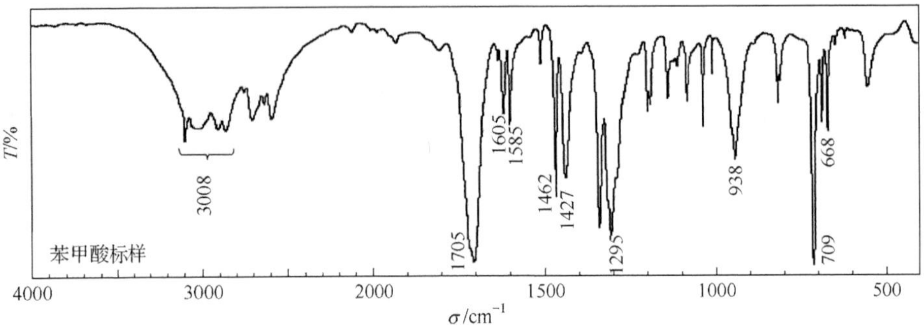

(b)

图 7.33　苯甲酸试样(a)和标样(b)的红外光谱图

谱图，并标出各特征吸收峰的波数，根据 7.5 节中图谱的结构解析步骤(特征峰与官能团)可初步推断试样的结构为苯甲酸。

(2) 标准试样的对比：为了进一步确定试样是否为苯甲酸，可将试样的吸收光谱与苯甲酸在同等条件下测定的标样谱图进行对照，对比各吸收峰的位置、形状和相对强度。如图 7.33 所示，在同等条件下测定的苯甲酸试样和标样的红外光谱图对照结果显示一致，因此，可确认试样成分就是苯甲酸。此外，也可对红外吸收光谱数据库进行联机检索，利用计算机辅助谱图解析，比对计算机查找的苯甲酸红外标准谱图(同等测定条件下)，确认了结构解析的准确性。

7.8　激光拉曼光谱法

拉曼光谱(Raman spectrometry)是建立在拉曼散射效应基础上的光谱分析方法。拉曼散射现象由印度物理学家 Raman 于 1928 年发现并提出其光谱分析方法，因此他获得了 1930 年的诺贝尔物理学奖。但是拉曼效应太弱，使得这种研究分子结构的光谱的应用和发展受到严重影响。直到 1960 年激光的发明并作为新型光源被引入拉曼光谱后，激光拉曼光谱(laser Raman spectrometry，LRS)才得以快速发展，成为分子光谱学的一个重要分支。目前，拉曼光谱在生物、材料、医药、食品、化学化工、考古等领域得到越来越多的应用。

拉曼散射与红外吸收一样，源于分子的振动-转动能级跃迁，属于分子振动-转动光谱，可以获得分子结构的直接信息。拉曼光谱法可以进行无损、原位测定及时间分辨测定，分辨率高、重现性好，简单快速，并且还具有以下特点：①适合水体系的研究，尤其对生物样品和无机物的研究远较红外吸收光谱方便；②拉曼光谱所需样品量少，微克(μg)级即可，并且一次可同时覆盖 50～4000 cm^{-1} 波数的区间；③拉曼光谱谱峰清晰尖锐，更适合定量研究，尤其是共振拉曼光谱，灵敏度高，检出限可到 10^{-6}～10^{-8} mol/L；④共振拉曼光谱中谱线的增强是有选择性的，因此可用于研究发色基团的局部结构特征。

7.8.1 基本原理

1. 拉曼散射与拉曼位移

当一束单色光(如激光)照射试样(气体、液体或固体)时会产生很多过程，如吸收、折射、衍射、反射及散射等。拉曼光谱与试样分子散射有关，如图 7.34(a)所示，散射过程有两种，一种是光子与分子间发生弹性碰撞。当具有能量 $h\nu_0$ 的入射光与处于振动基态($\nu=0$)的或处于振动第一激发态($\nu = 1$)的分子相撞时，分子吸收光子能量被激发到能量较高的虚态(vitual state)。分子在虚态很不稳定，将很快返回频率为 $\nu = 0$ 和 $\nu = 1$ 的状态并将吸收的能量以光的形式释放出来，散射光频率与入射光频率相同。这种光子能量未改变、仅传播方向发生改变的散射，称为瑞利散射(Rayleigh scattering)，其强度约是入射光强度的 10^{-3}。

如果是光子与分子间发生非弹性散射，则表现为光子从分子得到或失去能量的两种情况：一种是处于振动基态($\nu=0$)的分子，被入射光激发到虚态，然后回到振动激发态($\nu=1$)，产生能量为 $h(\nu_0 - \nu_1)$的拉曼散射，这种散射光的能量比入射光的能量低，此过程称为斯托克斯散射(Stokes scattering)。另一种处于激发态的分子，被入射光激发到虚态后跃迁回振动激发态，产生能量为 $h(\nu_0 + \nu_1)$的拉曼散射。这种散射光的能量比入射光的能量高，光子从分子得到部分能量，称为反斯托克斯散射(anti-Stokes scattering)。

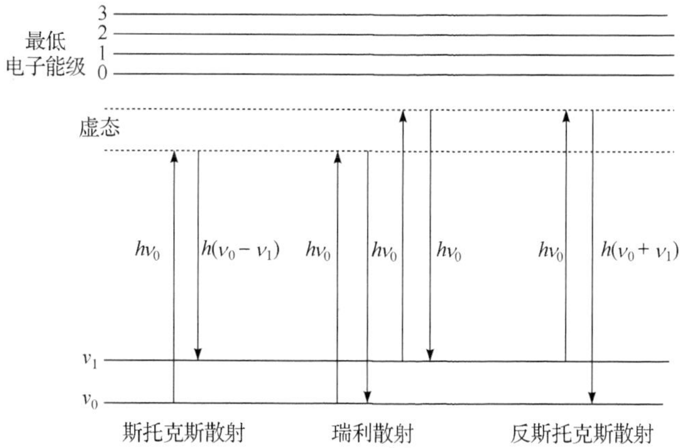

(a)

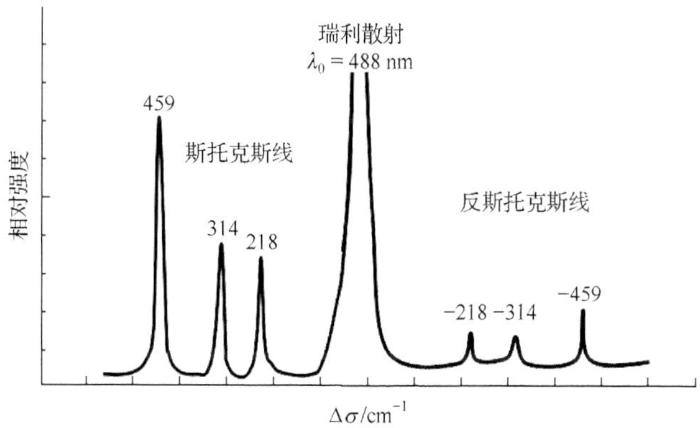

(b)

图 7.34 (a) 瑞利散射与拉曼散射示意图；(b) CCl_4 的拉曼光谱

两种散射光频率与入射光频率不同且方向改变，都属于拉曼散射，对应的谱线分别称为斯托克斯线和反斯托克斯线，二者与入射光的频率差或波数差都称为拉曼位移($\Delta\nu$或$\Delta\sigma$)。根据玻尔兹曼定律，常温下大多数分子处于基态，所以斯托克斯线强度比反斯托克斯线强度大得多，因此在拉曼光谱分子中多采用斯托克斯线，其强度是入射光强度的10^{-8}～10^{-6}。如图 7.34(b)所示为 CCl_4 的拉曼光谱。拉曼光谱以拉曼位移为横坐标(此处以波数 σ 表示)，散射线相对强度为纵坐标，若将入射线的波数视为零($\Delta\sigma = 0$)，定位在横坐标的右边，忽略反斯托克斯线，即可得到物质的拉曼光谱。

同一种物质分子，随着入射光频率的改变，拉曼散射线的频率也会改变，但拉曼位移 $\Delta\nu$ 与入射光频率无关，只与分子振动能级跃迁有关。即使改变入射光的波长，所测定的拉曼位移也是不变的，只是强度不同而已，与红外光谱一样，反映了分子具有不同的振动能级，因此利用拉曼光谱可研究分子结构和进行定性分析。

2. 拉曼活性与拉曼散射光强度

拉曼活性取决于分子振动中极化度(polarizability)是否变化。

入射光可以看成是互相垂直的电场和磁场在空间的传播。样品分子化学键上的电子云与入射光电场作用时会诱导出电偶极矩 P：

$$P = \alpha E = \alpha E_0\cos(2\pi\nu_0 t) \tag{7.12}$$

式中，α 为分子的极化度；E 为入射光的交变电场强度；E_0 和 ν_0 分别为分子在平衡位置的交变电场和散射频率。只有当键的极化度是成键原子间距离的函数，即分子振动产生的原子间距离改变引起分子极化度变化时，才能产生拉曼散射，分子才具有活性。

$$\alpha = \alpha_0 + (r - r_{eq})\mathrm{d}\alpha/\mathrm{d}r \tag{7.13}$$

式中，α_0 为分子在平衡位置的极化度；r_{eq} 为平衡位置的核间距；r 为分子中化学键处于任意位置时的核间距。核间距改变时产生的振动频率为 ν，与平衡位置的最大核间距为 r_m，则有

$$r - r_{eq} = r_m\cos(2\pi\nu t) \tag{7.14}$$

将式(7.13)代入式(7.14)得

$$\alpha = \alpha_0 + r_m\cos(2\pi\nu t)\mathrm{d}\alpha/\mathrm{d}r \tag{7.15}$$

则有

$$P = \alpha_0 E_0\cos(2\pi\nu_0 t) + 1/2\ E_0 r_m(\mathrm{d}\alpha/\mathrm{d}r)\cos[2\pi(\nu_0 - \nu)t] + 1/2\ E_0 r_m\cos[2\pi(\nu_0 + \nu)t] \tag{7.16}$$

式(7.16)第一项对应于瑞利散射，其频率为 ν_0；第二项为斯托克斯线；第三项为反斯托克斯线。此式表明只有 $\mathrm{d}\alpha/\mathrm{d}r \neq 0$ 时，才有拉曼散射线，分子的振动才具有拉曼活性。

不同于吸收光谱中吸光度与浓度呈对数关系，拉曼光谱与荧光光谱更相似。拉曼散射光强度取决于分子的极化度、光源的强度、活性基团的浓度等多种因素。极化度越高，分子中电子云相对位移越大，拉曼散射线越强，在不考虑吸收的情况下，有

$$I = I_0 \cdot K(\nu_0 - \nu)^4 \cdot (\mathrm{d}\alpha/\mathrm{d}r) \tag{7.17}$$

式中，I_0 为光源强度；K 为系数。拉曼散射光强度与入射光频率的 4 次方成正比。在实验条件确定的情况下，拉曼散射光强度与活性成分的浓度成正比($I \propto c$)，拉曼光谱据此进行定量分析。

3. 去偏振度

在拉曼光谱中，除拉曼位移与散射光强度外，还有一个反映分子对称性的参数，称为去偏振度 ρ。由于激光是偏振光，根据起偏器的安放方向与激光束的偏振方向平行或垂直，记录的拉曼谱带强度将有差别。当起偏器垂直于入射光方向时测得的散射光强度为 $I_\perp$，起偏器平行于入射光方向时测定的散射光强度为 $I_{//}$，定义 $I_\perp/I_{//}$比值为去偏振度 ρ。

去偏振度 ρ 与分子的极化度有关，如果分子的极化度中各向同性部分为 $\bar{\alpha}$，各向异性部分为 $\bar{\beta}$，则有

$$\rho = \frac{3\bar{\beta}^2}{45\bar{\alpha}^2 + 4\bar{\beta}^2} \tag{7.18}$$

球形分子 $\bar{\beta} = 0$，$\rho = 0$；各向异性分子 $\bar{\alpha} = 0$，$\bar{\beta} = 3/4$，$\rho > 0$。因此，ρ 越小，分子对称性越高。通过测量拉曼谱线的去偏振度可以确定分子的对称性。例如，图 7.35 所示的结晶紫有醌式和离子型两种结构，测定某结晶紫水溶液的拉曼光谱，分子中心碳原子的振动在 214 cm^{-1} 的 $\rho \to 0$，显示分子的对称性很高，说明在所测定条件下结晶紫分子为离子型结构。

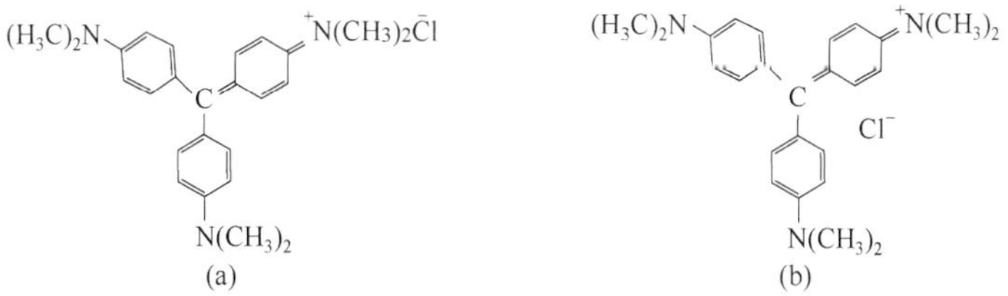

图 7.35　结晶紫的醌式(a)和离子型(b)结构

4. 拉曼光谱与红外光谱的比较

拉曼光谱与红外光谱都是研究分子的振动，既有相似之处也有明显差别，研究分子结构时与红外光谱互为补充。

(1) 红外与拉曼光谱的相同点：对一给定的化合物中一个给定的化学键，其红外吸收频率与拉曼位移基本一致，只是对应峰有强弱不同。拉曼光谱横坐标用拉曼位移表示，而红外光谱横坐标用红外吸收波数表示，如图 7.36 所示，二者都反映分子的结构信息。

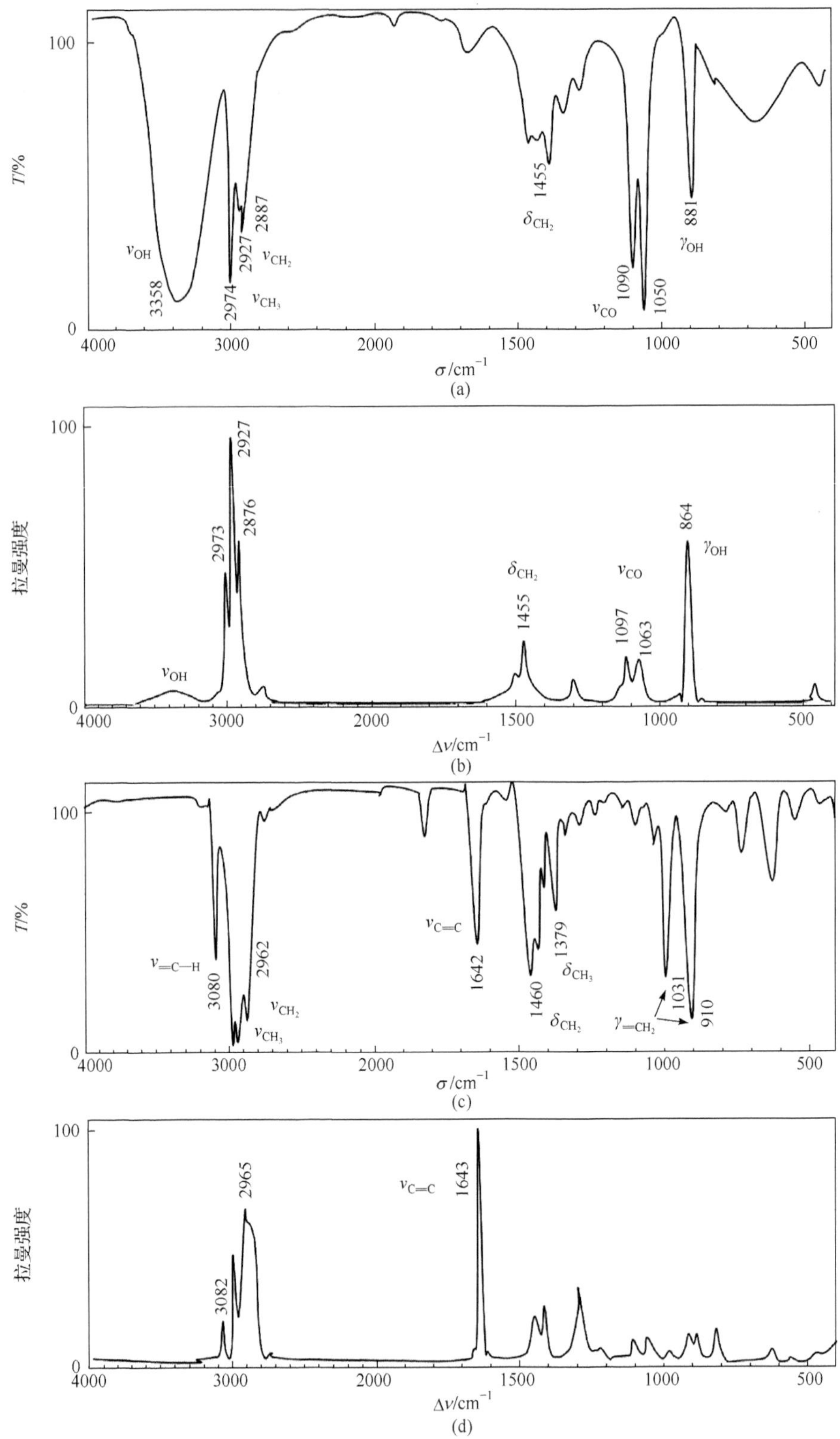

图 7.36　乙醇的红外光谱(a)与拉曼光谱(b)；1-己烯的红外光谱(c)与拉曼光谱(d)

(2) 二者产生的机理不同。分子振动时，只有产生偶极矩变化的化学键振动方式才有红外吸收，而拉曼散射需要化学键上的电子云产生瞬间变形以引起其极化度改变，返回基态时才有拉曼散射。如图 7.37 中 CS_2 的振动所引起的极化度变化示意图所示，CS_2 分子的对称伸缩振动 ν^s 虽然无红外活性，但电子云形状在振动平衡位置前后有较大变化，即极化度改变很多，因此 ν^s 具有拉曼活性。而 CS_2 分子的不对称伸缩振动 ν^{as} 和弯曲振动 δ 虽然都引起了偶极矩的变化，具有红外活性，但它们的电子云分布在振动平衡位置前后的形状完全相同，极化度没有改变，所以不具有拉曼活性。

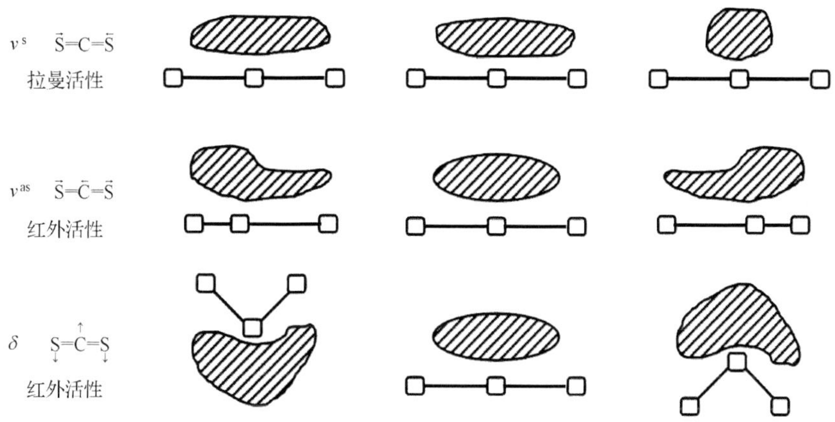

图 7.37　CS_2 的振动和所引起的极化度的变化示意图(弯曲振动 δ 是简并的)

(3) 二者研究对象不同。红外光谱研究具有偶极矩变化的极性基团和非对称性振动；而拉曼光谱研究的是具有分子极化度改变的非极性基团和对称性振动。极性基团振动时常伴随偶极矩变化，产生较强的红外吸收；而非极性基团振动时极化度变化越大，则拉曼散射线越强，故非极性基团分析常用拉曼光谱测定。具有对称中心的分子，其红外和拉曼活性是相互排斥的，红外吸收强则拉曼吸收弱。没有对称中心的分子，其红外和拉曼活性是相互允许的。对于少数分子的振动，其红外和拉曼光谱都是非活性的。例如，乙烯分子的扭曲振动，既没有偶极矩的变化，也没有极化度的变化，在红外和拉曼光谱中均得不到谱峰。

红外光谱适用于分子中基团的测定，拉曼光谱则更适用于分子骨架的测定。为了获得更完全的分子振动信息，通常需要红外和拉曼光谱互相补充。例如，强极性基团如 O—H、C═O、C—X 等在红外光谱中有强吸收带，但在拉曼光谱中却没有反映；对于非极性但易于极化的键，如 C—C、—N═C—、—N═N—、—S—S—以及反式烯烃的双键等，在红外光谱中不能获得明显反映，却在拉曼光谱中有明显的谱带。

(4) 红外和拉曼光谱法的入射光和检测光不同。红外光谱的入射光和检测光都是红外光，而拉曼光谱大多数采用的入射光是处于可见光区的激光，检测光也是可见光。

7.8.2　拉曼光谱仪

拉曼光谱仪的基本组成有激光光源、样品池、单色器和检测记录系统四部分，并配有计算机控制操作和处理数据。傅里叶变换拉曼光谱仪光路示意图如图 7.38 所示。

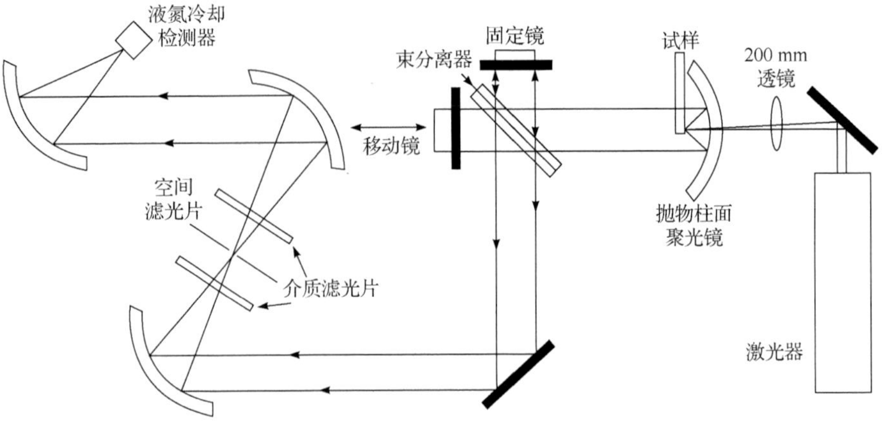

图 7.38　傅里叶变换拉曼光谱仪光路示意图

1. 光源

由于拉曼散射很弱，需要采用高强度的激光光源。激光光源包括连续激光器和脉冲激光器。按波长大小顺序有紫外激光器(308.0 nm 和 351 nm)、Ar^{3+}激光器(488.0 nm 和 514.5 nm)、He-Ne 激光器(632.8 nm)、红宝石激光器(694.0 nm)、二极管激光器(782 nm 和 830 nm)和 Nd:YAG 激光器(1064.0 nm)。前两种激光器功效大，能提高拉曼线强度。后面几种属于近红外辐射，优点在于辐射能量低，不易使样品分解，可以避免激发出试样外层电子的跃迁带来的荧光干扰。在傅里叶变换拉曼光谱仪中，多采用 Nd:YAG 激光器，可以避免大部分荧光对拉曼光谱的干扰。

2. 样品池

常用微量毛细管以及常量的液体池、气体池和压片样品架等。

3. 单色器

拉曼光谱仪对单色性要求较高，要求能有效消除杂散光的影响。色散型拉曼光谱仪最好是带有全息光栅的双单色器。在傅里叶变换拉曼光谱仪中，以 Michelson 干涉仪代替色散元件，光源利用率高，可采用红外激光光源，以避免分析物中杂质的荧光干扰。

4. 检测器

拉曼光谱仪的检测器一般采用光电倍增管，最常用的是高灵敏度的 Ge 或 InGaAs 光电倍增管。其光谱响应范围宽，量子效率高，在可见光区内响应稳定。为了降低噪声干扰和保持检测器良好的稳定性，通常需要用液氮冷却检测器。

5. 微区分析装置

微区分析装置是拉曼光谱仪的一个附件，由光学显微镜、电子摄像管、显像荧光屏、照相机等组成，可以将局部样品的放大图显示在荧光屏上，用照相机拍摄样品的显微图像。例如，人眼球晶体中白内障病变部分的观测等。

7.8.3　拉曼光谱应用与技术发展

拉曼位移 $\Delta\nu$ 表征了分子中不同基团振动的特性，可对分子进行定性和结构分析。另外，还可通过去偏振度 ρ 的测定确定分子的对称性。

1. 化合物结构分析

在无机化合物研究方面，拉曼光谱可以进行半导体、陶瓷等无机材料的分析，如剩余应力分析、晶体结构解析等。

对于有机化合物结构研究，拉曼光谱与红外光谱都反映了分子振动的信息，二者互补可以更好地解决分子结构的测定问题。例如，—C═C—、—C≡C—、—N═N—、—C—N—等基团的红外吸收较弱，而拉曼谱线一般都比较强，可以提供更为可靠明确的依据。拉曼光谱更适合测定有机分子的骨架，并能方便地区分各种异构体。例如，直链 CH_2 碳原子的折叠振动频率可以通过 $\nu = \dfrac{2400}{\text{碳原子数}}$ 确定。此外，拉曼光谱在燃烧物和大气污染物分析方面也有重要应用。

2. 高分子聚合物的研究

拉曼光谱特别适合高聚物碳链骨架或环结构、结晶度的测定，并能很好地区分各种异构体，如单体异构、几何异构、顺反异构等，对含有黏土、硅藻土等无机填料的高聚物，可不经分离直接上机测定。

3. 生物大分子的研究

水的拉曼散射很弱，因此拉曼光谱对水溶液的生物化学研究具有突出意义。激光束可聚焦至很小的范围内，测定的样品用量可低至几微克，并在接近于自然状态的极稀浓度下测定生物分子的组成、构象和分子间的相互作用等。另外，对于眼球晶体、皮肤及癌组织等生物组织切片，可不经处理而直接进行测定。因此，拉曼光谱法在测定如氨基酸、胰岛素、糖、激素、DNA 等生物学物质和医学研究领域得到广泛应用。

4. 定量分析

根据前面计算式(7.17)可知，拉曼散射线光强度和活性成分的浓度成正比，据此可利用拉曼光谱进行定量分析，但拉曼光谱信号弱且仪器价格较贵导致其在定量分析中长期以来不占优势，直到共振拉曼光谱法和表面增强拉曼光谱法的出现。

1) 共振拉曼光谱法

当入射激光频率与待测分子的电子吸收频率接近或重合时产生共振拉曼效应

(resonance Raman effect)，会使分子的某个或几个特征拉曼谱带强度选择性地增强到普通拉曼谱带的 10^2～10^6 倍，从而得到有关分子对称性、分子振动与电子运动相互作用的信息。因此，共振拉曼光谱法(resonance Raman spectroscopy，RRS)有利于低浓度和微量试样的检测，如低浓度生物大分子的水溶液测定，最低检出限可达 10^{-8} mol/L。RRS 与荧光发射的区别是：一般荧光发射指分子吸光后先发生振动弛豫，回到第一电子激发态的最低振动能级，再返回基态产生的发光现象，荧光寿命一般为 10^{-8}～10^{-6} s。

2) 表面增强拉曼光谱法

表面增强拉曼光谱法(surface-enhanced Raman spectroscopy, SERS)是用通常的拉曼光谱法测定吸附在金、银、铜等金属的粗糙表面或金属溶胶等粗糙表面上的样品。近些年，纳米材料也被用作表面增强拉曼光谱的新型基质材料，并在快速发展中。尽管原因尚不明朗，但此法可使某些拉曼谱带的强度提高 10^3～10^6 倍。如果将 SERS 与 RRS 二者结合，光谱强度的增加几乎是两种方法增强的和，其定量分析的检出限可低至 10^{-9}～10^{-12} mol/L，灵敏度在室温下可实现单分子和单纳米颗粒的光学检测水平。表面增强拉曼光谱已经广泛应用于吸附物质的表面状态，生物分子的界面取向及构型构象研究，表面配合物、痕量有机物分析等方面。

习题与拓展

1. 从原理、仪器组成和应用范围上分析紫外-可见吸收光谱与红外吸收光谱的异同，并说明依据。

2. 简述分子产生红外吸收的条件。

3. 简述傅里叶变换红外光谱仪与色散型红外光谱仪相比最大的区别是什么？优势是什么？还能从哪些方面进一步发展红外光谱仪？

4. 红外吸收也遵循朗伯-比尔定律，但为什么用于结构分析的中红外光谱较少用于定量分析？目前用于定量分析的主要是近红外光谱，为什么？

5. 由资料可知 C═C 键的 k 值为 10 N/cm，试计算 C═C 键的伸缩振动频率。

6. 画出 CH_2═CH_2 分子振动形式，并指出哪些振动形式具有红外活性，哪些具有拉曼活性。

7. 什么是基频、倍频及组合频？影响基团吸收频率的因素有哪些？

8. 影响基团红外吸收强度的因素有哪些？

9. 将下列三种化合物羰基振动吸收峰的波数按大小排序。

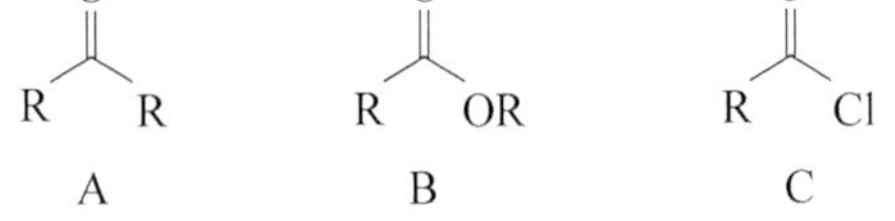

10. 下面物质(a)和(b)是同分异构体，怎样用红外光谱鉴定它们？

11. 2-戊酮在 95% 乙醇中所测得的最强吸收峰比在正己烷中测定的波数高还是低？为什么？

12. 什么是拉曼散射、斯托克斯线和反斯托克斯线？什么是拉曼位移？

13. 拉曼光谱法与红外光谱法相比在原理和仪器上有什么不同？在结构分析上有什么特点？

14. 指出紫外-可见吸收光谱法、红外吸收光谱法和激光拉曼光谱法分别适合下列哪些试样的检测。

(1) 气体；(2) 纯液体；(3) 水溶液；(4) 粉体；(5) 表面组成。

15. 针对下列试样，分析哪些样品适用于红外吸收光谱法，哪些适用于激光拉曼光谱法检测。

(1) 无机物；(2) 催化剂；(3) 高分子试样；(4) 生物试样；(5) 荧光染料。

16. 某化合物的分子式为 C_5H_8O，其红外光谱有如下主要吸收带：3020 cm^{-1}、2960 cm^{-1}、2920 cm^{-1}、1375 cm^{-1}、1690 cm^{-1} 和 1620 cm^{-1}，其紫外吸收峰在 λ_{max} = 227 nm，ε_{max} = 10^4 L/(mol · cm)。已知该化合物不是醛，试解析并指出它可能的结构。

17. 某未知物的分子式为 $C_{10}H_{10}O_4$，其红外吸收光谱如下图所示，试推断其分子结构式。

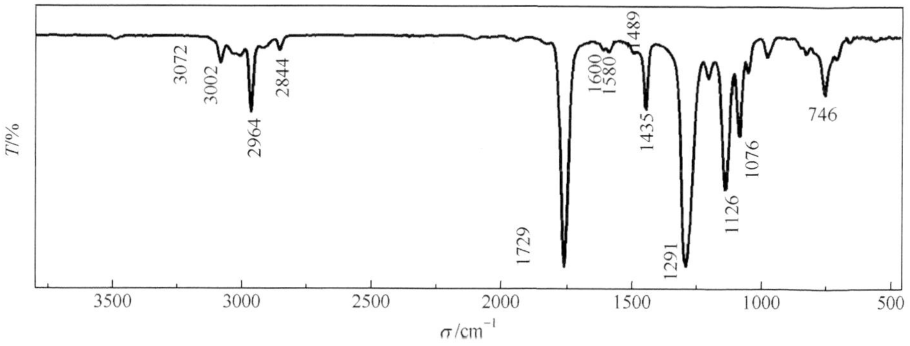

18. 某未知物分子式为 $C_8H_{10}O$，其红外光谱如下图所示，试从其红外光谱数据推断出结构式，并写出各吸收峰的振动形式和归属。

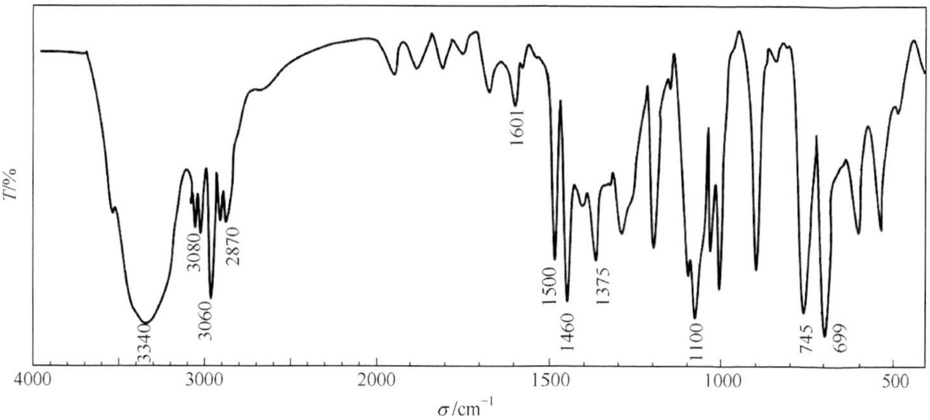

19. 某化合物的分子式为 C_8H_9NO，其红外光谱数据如下图所示，写出可能的结构。

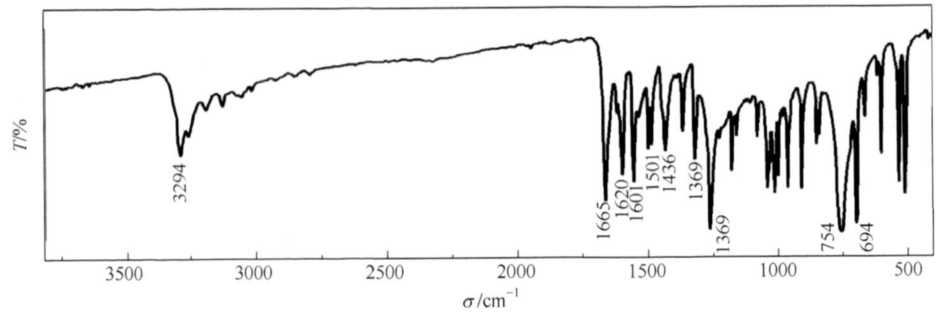

20. 某化合物的分子式为 $C_5H_8O_2$，其红外光谱如下图所示，写出可能的结构。

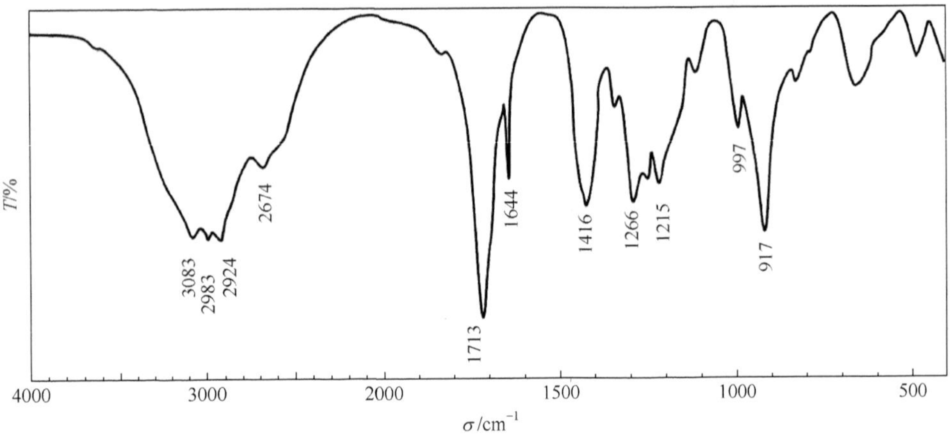

21. 拓展练习：

(1) 查阅与红外吸收或激光拉曼光谱法相关的文献，结合本章的知识点对文献进行解读，需包括：简要的文献总结、章节知识点与文献内容的关联以及改进的思考。

(2) 查阅资料，归纳总结红外光谱法和拉曼光谱法在仪器部件和应用上的发展创新，需列出相应的参考文献。

参 考 文 献

柴逸峰, 邸欣, 凌笑梅, 等. 2016. 分析化学. 8 版. 北京: 人民卫生出版社.

柯以侃, 董慧茹. 2016. 分析化学手册. 3 版. 北京: 化学工业出版社.

李克安. 2005. 分析化学教程. 北京: 北京大学出版社.

刘密新, 罗国安, 张新荣, 等. 2002. 仪器分析. 2 版. 北京: 清华大学出版社.

美国技术与标准研究所化学网络手册. 2023. NIST Chemistry WebBook, SRD 69. America: the U.S. Secretary of Commerce on behalf of the United States of America. https://webbook.nist.gov/chemistry/.

武汉大学. 2018. 分析化学(下册). 6 版. 北京: 高等教育出版社.

叶宪曾, 张新祥. 2007. 仪器分析教程. 2 版. 北京: 北京大学出版社.

朱明华, 胡坪. 2008. 仪器分析. 4 版. 北京: 高等教育出版社.

Li J, Huang Y, Ding Y, et al. 2010. Shell-isolated nanoparticle-enhanced Raman spectroscopy. Nature, 464: 392-395.

Matsuyama S, Takizawa Y, Kinugasa S, et al. 2018. Spectral Database for Organic Compounds, SDBS. Japan: National Institute of Advanced Industrial Science and Technology (AIST). https://sdbs.db.aist.go.jp/

Disclaimer.aspx.

Nie S, Emory S. 1997. Probing single molecules and single nanoparticles by surface-enhanced Raman scattering. Science, 275(5303): 1102-1106.

Tanabe K, Hiraishi J. 2018. Spectral Database for Organic Compounds, SDBS. Japan: National Institute of Advanced Industrial Science and Technology (AIST). https://sdbs.db.aist.go.jp/Disclaimer.aspx.

Wang Y, Zheng S, Yang W, et al. 2021. *In situ* Raman spectroscopy reveals the structure and dissociation of interfacial water. Nature, 600: 81-85.

红外和拉曼的异同

第 8 章　核磁共振波谱法

核磁共振波谱法(nuclear magnetic resonance spectroscopy，NMR spectroscopy)是通过强磁场中自旋原子核对射频辐射的吸收所产生的核磁共振波谱，对各种化合物的结构、成分进行定性和定量分析的方法，尤其适用于有机小分子的结构鉴定。与质谱、红外、紫外等谱学方法相比，NMR 检测灵敏度虽然不高，但所提供的原子水平上的结构信息是其他方法无法比拟的，已成为最重要、最强有力的物质结构鉴定方法，广泛应用于化学、物理学、生物学、医学、药学等领域。

8.1　基 本 原 理

8.1.1　原子核的自旋与磁矩

NMR 研究核磁矩不为零的原子核。原子核是带正电的粒子，它的自旋运动导致产生核磁矩。不是全部的核都有自旋，只有存在自旋的原子核才有核磁矩。原子核的核磁矩用自旋量子数 I 表征。$I = 0$ 的原子核没有 NMR 信号。原子核可以按照 I 的数值分成以下三类。

(1) 中子数、质子数均为偶数，$I = 0$，如 ^{12}C、^{16}O、^{32}S 等。

(2) 中子数、质子数为一奇一偶，I 为半整数，如 ^{1}H、^{13}C、^{19}F 等($I = 1/2$)，^{7}Li、^{11}B、^{37}Cl、^{39}K 等($I = 3/2$)，^{17}O、^{27}Al 等($I = 5/2$)。

(3) 中子数、质子数均为奇数，I 为整数，如 ^{2}H、^{14}N 等。

综上，只有(2)、(3)类原子核才是 NMR 关注的对象。其中，$I = 1/2$ 的原子核，如 ^{1}H、^{13}C、^{15}N、^{19}F、^{29}Si、^{31}P、^{77}Se、^{119}Sn、^{199}Hg 等，其正电荷均匀分布在表面，没有核四极矩，弛豫机理最简单，核磁谱线较窄，最利于 NMR 检测。

原子核的自旋角动量 P 与自旋量子数 I 在数量上有对应关系：

$$P = \frac{h\sqrt{I(I+1)}}{2\pi} \tag{8.1}$$

式中，h 为普朗克常量。

具有自旋角动量 P 的原子核同时具有磁矩μ，它们的方向一致，并有下述数量关系：

$$\mu = \gamma P \tag{8.2}$$

式中，γ 为磁旋比或旋磁比，是原子核的重要属性。

8.1.2　原子核的自旋能级与共振吸收

1. 核自旋能级

当无外磁场时，原子核的自旋运动是随机分布的，因此核磁矩在空间的取向也是任意的。当空间存在静磁场 B_0，则核磁矩将由无序随机排布变成有序排列，磁矩共有 $2I+1$ 个取向。假设磁场方向为 z 轴方向，由量子力学原理可知，原子核自旋角动量在 z 轴上的投影也只能是量子化的，即

$$P_z = \frac{mh}{2\pi} \tag{8.3}$$

式中，m 为原子核的磁量子数，代表原子核某个特定的能级状态。$m = -I, -I+1, \cdots, I$，共 $2I+1$ 个取向。例如，^1H 的 $I=1/2$，对应的 m 有 $-1/2$ 和 $1/2$ 共两种数值[图 8.1(a)]，这说明 $I=1/2$ 的核在外磁场中有两种取向。又如，^{14}N 的 $I=1$，对应的 m 有 -1、0、1 共三种数值，这说明 $I=1$ 的核在外磁场中有三种取向[图 8.1(b)]。

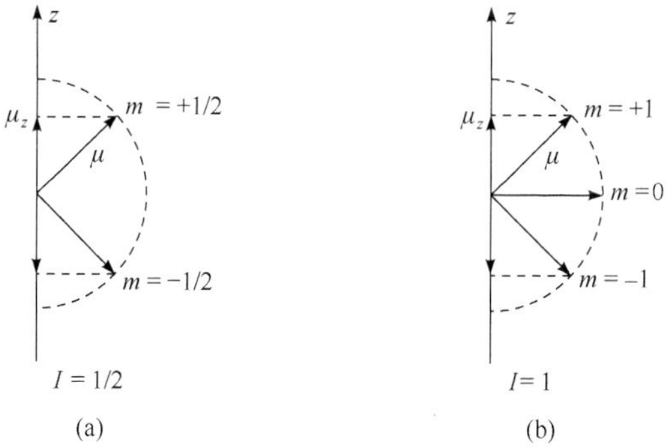

图 8.1　^1H(a)和 ^{14}N(b)的自旋取向

同样，核磁矩在外磁场作用下空间取向也不是任意的，也是量子化的，称为空间量子化。将式(8.3)代入式(8.2)，原子核磁矩在 z 方向上的投影 μ_z：

$$\mu_z = \frac{\gamma mh}{2\pi} \tag{8.4}$$

磁矩和磁场的相互作用能为

$$E = -\mu_z B_0 = \frac{-\gamma mhB_0}{2\pi} \tag{8.5}$$

由于量子力学的选择定律，只有相邻能级之间的跃迁才是允许的，即相邻能级之间的能级差 ΔE 为

$$\Delta E = \frac{\gamma m_2 hB_0}{2\pi} - \frac{\gamma m_1 hB_0}{2\pi} = \frac{\gamma hB_0}{2\pi} \tag{8.6}$$

2. 原子核的共振吸收

在外磁场中，通常核磁矩与外磁场有一定角度。原子核一边绕自旋轴自旋，同时还

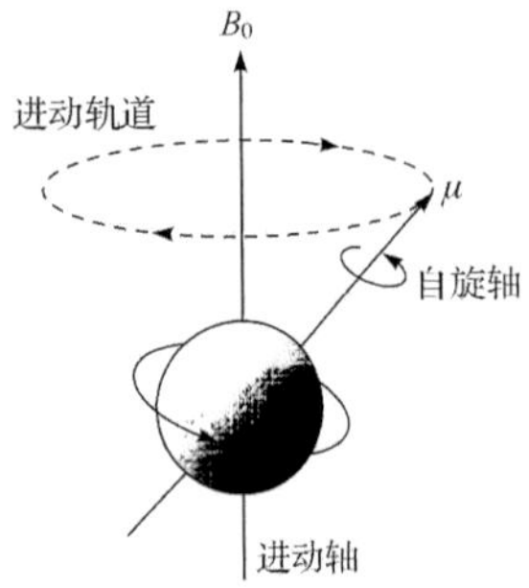

图 8.2　原子核在外磁场 B_0 中的进动示意图

绕着磁场方向回旋进动，称为 Larmor 进动(图 8.2)。进动频率 ν 与外磁场 B_0 存在以下关系：

$$\nu = \frac{\gamma B_0}{2\pi} \tag{8.7}$$

式中，γ 为常数，如 ^{1}H 的 γ 是 $2.675 \times 10^8\ T^{-1} \cdot s^{-1}$，^{13}C 的 γ 是 $6.726 \times 10^7\ T^{-1} \cdot s^{-1}$。因此，提高 B_0 的数值可以提高共振频率；在同一个磁场中，γ 值大的原子核共振频率高。例如，以 400 MHz 的 NMR 谱仪为例，$B_0 = 9.4$ T，对常见原子核的共振频率和天然丰度见表 8.1。

表 8.1　400 MHz 的 NMR 谱仪(B_0 = 9.4 T)中部分常见原子核的共振频率和天然丰度

原子核	^{1}H	^{19}F	^{31}P	^{13}C	^{29}Si	^{15}N
共振频率/MHz	400	376	162	100	79	40
天然丰度/%	99.98	100	100	1.1	4.7	0.37

同一谱仪对不同原子核的检测灵敏度是不一样的，灵敏度与原子核的 γ^3 和天然丰度两者都成正比。由于 ^{1}H 的 γ 数值大约是 ^{13}C 的 4 倍，^{1}H 天然丰度大约是 ^{13}C 的 100 倍，因此 ^{1}H 的灵敏度大约是 ^{13}C 的 $4^3 \times 100 = 6400$ 倍。因此，检测 ^{13}C NMR 谱时，通常要求加入的样品量远超过检测 ^{1}H NMR 谱的样品量。

由于静磁场中具有磁矩的原子核存在不同能级，如果施加某一特定频率的电磁波来激发样品，即满足式(8.7)，原子核可以进行能级之间的跃迁，这就是核磁共振现象。核磁共振的产生条件为电磁波的频率 ν 应满足：

$$h\nu = \frac{\gamma h B_0}{2\pi} \tag{8.8}$$

其对应的圆频率 ω 为

$$\omega = 2\pi\nu = \gamma B_0 \tag{8.9}$$

8.1.3　原子核的自旋弛豫与谱线宽度

当能量为 $h\nu$ 的电磁波恰好是分子的能级差 ΔE 时，样品能够吸收电磁波能量，从低能级跃迁到高能级。高能级的粒子可以通过自发辐射回到低能级，但自发辐射的概率正比于两个能级之间的能级差 ΔE。在核磁共振波谱中，由于 ΔE 非常小，实际上几乎不能发生自发辐射。按照玻尔兹曼分布，无激发条件下的核磁共振相邻能级之间的粒子数之差非常小。室温下 400 MHz 谱仪低能级与高能级的 ^{1}H 核数目比为 1.000064 ∶ 1。因此，相较于红外、紫外等分析手段，核磁共振波谱容易发生信号饱和。

因此，如果需要能够连续检测到核磁共振信号，必须存在某种过程，使高能级的原子核返回到低能级，以保持低能级的粒子数多于高能级的粒子数。这个过程称为弛豫，具体可以分为纵向弛豫和横向弛豫。纵向弛豫反映了体系和环境之间的能量交换，也称为自旋-晶格弛豫。横向弛豫反映了核磁矩之间的相互作用，能够使核磁矩在旋转坐标系下的 xy 平面上的投影绕坐标原点散开，这是一个熵增加的效应，因此横向弛豫又称为自旋-自旋弛豫。磁场的空间不均匀性也对横向弛豫有贡献。

类似于化学反应动力学的一级反应，原子核的纵向弛豫和横向弛豫可以分别用 $1/T_1$ 和 $1/T_2$ 描述，T_1 和 T_2 具有时间量纲，并且 $T_1 \geqslant T_2$。在核磁共振实验中，为了有效激发核磁共振信号，系统两次激发之间的间隔时间通常设为不小于体系中所观测原子核中最长的 T_1。在定量核磁共振实验中，为保证实验的准确性，系统两次激发之间的间隔时间通常设为体系中所观测原子核中最长的 T_1 的 3 倍以上。

8.2　化学位移

1950 年，Proctor 和虞福春研究硝酸铵的 ^{14}N 核磁共振波谱图时，发现有两条谱线。显然，这些谱线对应铵离子和硝酸根离子中不同的 ^{14}N 原子。实验结果还发现，^{1}H 原子在各种化合物中的共振频率也不尽相同，这说明核磁共振信号能够反映同一种原子核所处的不同化学环境。事实上，原子核不可能独立地存在于磁场中，而是被核外电子云所围绕，并受到周边化学环境的影响，这些因素都会影响原子核的核磁共振性质。

8.2.1　屏蔽效应

假设在某个磁场 B_0 下，由式(8.7)可知，不同的原子核因为 γ 不同，其共振频率 ν 不同；但对于同一种原子核，其共振频率应该相同。而在实际情况中，由于核所处的化学环境不同，其共振频率会有微小差别。这是因为核外电子对原子核有一定的屏蔽作用(图 8.3)，原子核感受到的外磁场不是 B_0，而是 $B_0(1-\sigma)$。σ 称为屏蔽常数，反映了核外电子对原子核的屏蔽作用的大小。它与原子核所处的基团有密切关系，即反映了核所处的化学环境。σ 通常远小于 1。这种核外电子和其他因素对抗外磁场的现象称为屏蔽效应。式(8.7)应该改写为

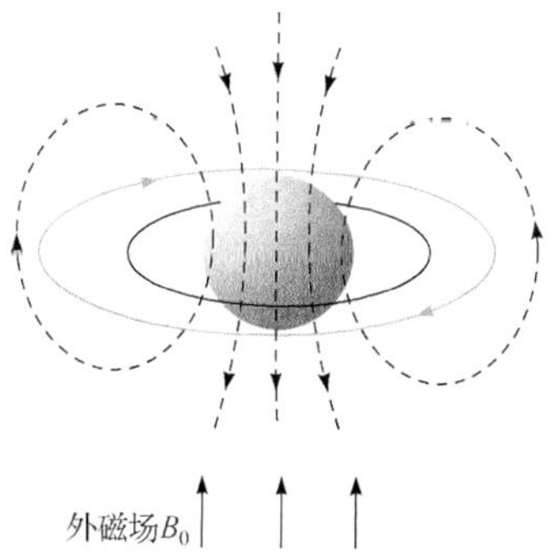

图 8.3　核外电子的磁屏蔽示意图

$$\nu = \frac{\gamma B_0}{2\pi}(1-\sigma) \tag{8.10}$$

屏蔽常数 σ 具体可用式(8.11)表示：

$$\sigma = \sigma_d + \sigma_p + \sigma_a + \sigma_s \tag{8.11}$$

式中，σ_d 为抗磁屏蔽。例如，氢原子的 s 电子在外磁场中产生抵消原磁场的附加磁场，使原子核感受的实际磁场略有降低，故称此屏蔽为抗磁屏蔽。σ_p 为顺磁屏蔽。分子中其他原子的存在，使所关注的原子核的核外电子运动受阻，即导致非球形电子云，这种非

球形电子云产生的磁场加强了外磁场，故称为顺磁屏蔽。因为 s 电子是球形对称的，所以不会导致顺磁屏蔽，而 p、d 轨道电子对顺磁屏蔽有贡献。σ_a代表相邻基团的磁各向异性，σ_s代表溶剂的影响。氢原子核外只有 s 电子，故抗磁屏蔽起主要作用，σ_a和σ_s起辅助作用。当抗磁屏蔽起主要作用时，如果结构上的变化或介质的影响使得氢的核外电子云密度下降，则更低的外磁场就能使氢原子发生共振，谱峰的位置向低场移动，即移向谱图的左方，这称为去屏蔽作用；反之，谱峰的位置向高场移动，即移向谱图的右方，这称为屏蔽作用。

8.2.2 化学位移的表示

由于屏蔽效应的存在，不同化学环境的同类原子核的共振频率不同，这称为化学位移现象。由于σ通常远小于 1，因此同类原子核的共振频率差别也很小，难以精确测量。常采用某一标准物质作为基准，以其谱线的位置作为核磁共振波谱图的坐标原点。其他官能团的原子核位置相对于原点的距离，即为化学位移δ，单位是 ppm，其定义见式(8.12)。化学位移是 NMR 的定性参数，而且是一个相对值，与谱仪无关。同一个样品的某个信号在不同 NMR 谱仪上检测，化学位移不变。

$$\delta = \frac{\nu_{样品} - \nu_{标准}}{\nu_{样品}} \times 10^6 \tag{8.12}$$

当磁场不变，扫描频率时，用式(8.12)计算化学位移；当频率固定，扫描磁场时，用式(8.13)计算化学位移。

$$\delta = \frac{B_{样品} - B_{标准}}{B_{样品}} \times 10^6 \tag{8.13}$$

四甲基硅烷(tetramethylsilane，TMS)是常用的标准物质，选取原因是：TMS 只有一个峰；沸点仅为 27℃，易于样品回收；核外电子屏蔽作用较强，如果以它的峰定义零点，大多数化合物的各个基团氢谱、碳谱化学位移均为正值；比较稳定，且一般不与其他物质发生反应。由于 TMS 不溶于水，在重水试剂中常用 3-(三甲基硅基)氘代丙酸钠(TMSP)或者三甲基硅丙磺酸钠(DSS)作为标准物质定义零点。TMSP 只在化学位移零点出峰，而 DSS 除了零点有信号外，它的三个亚甲基在 0.5～3.0 ppm 也有质子信号，会对样品产生干扰，因此推荐在重水中使用 TMSP 为内标。

8.2.3 影响化学位移的因素

1. 诱导效应与共轭效应

取代基团的电负性越强，诱导效应越强，与取代基团连接于同一个碳原子的氢原子上的电子云密度下降，氢原子共振峰向低场移动。例如，普通甲基氢的化学位移在 1 ppm 附近，而甲氧基的化学位移在 3～4 ppm，这是因为甲基旁边的氧原子电负性很强，使甲基上的氢原子电子云密度下降，化学位移增大。表 8.2 为 CH_3X 型化合物中甲基上 ^1H 的化学位移。

表 8.2　不同电负性基团取代时甲基上 ^{1}H 的化学位移

化合物	CH_3F	CH_3OH	CH_3Cl	CH_3I	CH_3CH_3	$Si(CH_3)_4$
化学位移/ppm	4.3	3.4	3.1	2.2	0.9	0.0

需要注意，取代基团的诱导效应能够沿碳链延伸，但影响迅速变小，通常连在同一碳原子(即α碳原子)上的氢原子化学位移影响最大，相邻的β碳原子上的氢原子有一定影响，γ碳及更远的碳原子上的氢受到的影响就很小。由于常见有机官能团的电负性均大于氢原子的电负性，因此通常情况下，叔碳上的氢化学位移大于仲碳上的氢化学位移，而仲碳上的氢化学位移大于伯碳上的氢化学位移。

除了诱导效应，共轭效应也会影响化学位移。例如，如图 8.4 所示，当乙烯的一个氢被甲氧基取代时，p-π 共轭效应使氧上的孤对电子向 π 键方向移动，导致与 π 键相连的氢原子的电子云密度增加，化学位移减小。而当乙烯上的一个氢被不饱和基团取代时，产生了π-π 共轭，则会使与 π 键相连的氢原子的电子云密度减小，化学位移增大。

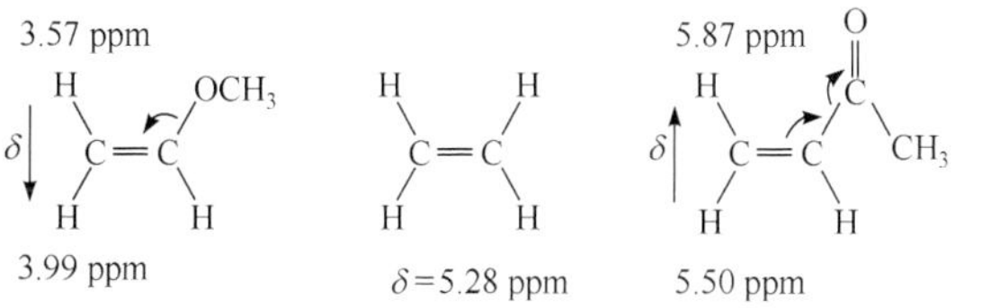

图 8.4　p-π和π-π共轭效应对化学位移的影响

2. 磁各向异性效应

当碳原子从 sp^3 杂化变化到 sp^2 杂化再变到 sp 杂化时，s 电子占比逐渐增加，即成键电子更靠近碳原子，与之相连的氢原子的去屏蔽作用增强，化学位移应向低场移动。如果只考虑电子屏蔽效应，烷氢、烯氢、炔氢的化学位移应该按由小到大的顺序排列。但是，由于磁各向异性效应的存在，实际是炔氢比烯氢处于更高场，苯环上的氢相较于烯氢处于更低场。

假如分子具有不饱和键，π 电子在外磁场的作用下会沿着某个方向流动形成环电流，并产生感应磁场，当氢原子处于感应磁场与外磁场方向相同的区域，即屏蔽区，化学位移偏向高场；反之，则处于去屏蔽区，化学位移偏向低场，这个现象称为磁各向异性。不同于通过化学键传递的电子效应，磁各向异性是通过空间传递的。当有不饱和基团，如羰基、双键、芳环等存在时，磁各向异性明显。另外，某些不能自由旋转的单键也显示出磁各向异性。

以乙烯为例，当乙烯平面与外磁场垂直时，它的 π 电子将产生如图 8.5 所示的环电流，此时氢原子处于去屏蔽区，共振信号移向低场。当乙烯平面与外磁场方向平行时，环电流产生的附加磁场与外磁场垂直正交，外磁场的大小不受影响，氢原子不受屏蔽作用影响。由于分子处于不规则的布朗运动，与外磁场呈各种取向的分子状态的平均决定了化学位移值，其平均结果是苯环上氢原子被去屏蔽，化学位移向低场移动，乙烯的化学位移值为 5.3 ppm。

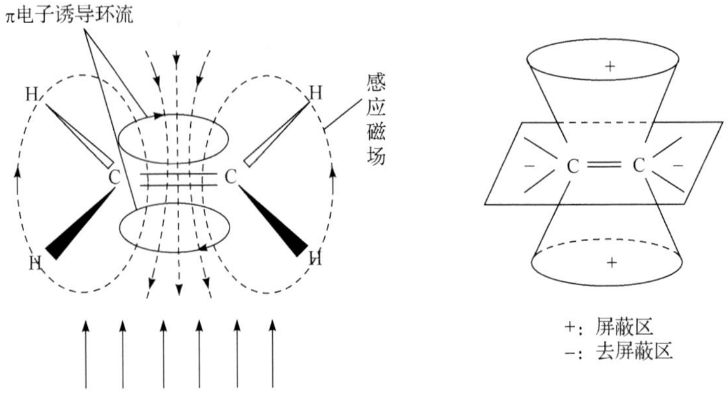

图 8.5　双键氢的磁各向异性去屏蔽效应

与乙烯类似，苯环上的氢原子处于去屏蔽区(图 8.6)，因其是含有离域 π 电子的环状共轭体系，具有更强烈的环电流效应，去屏蔽效应更强，化学位移向低场移动至 7.2 ppm。

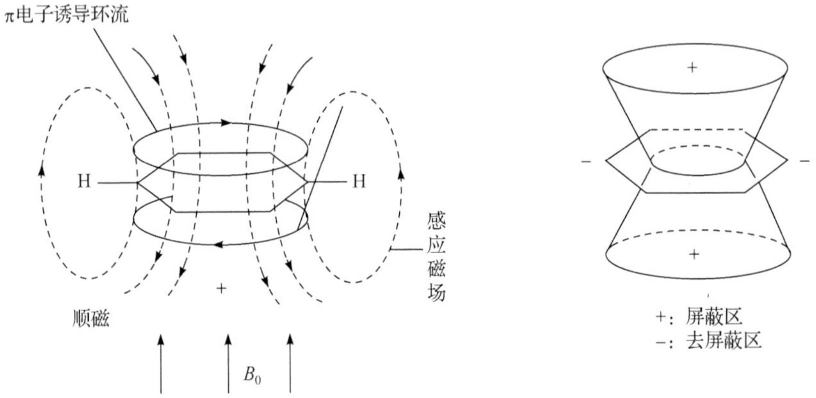

图 8.6　苯环上氢的磁各向异性去屏蔽效应

乙炔是线型分子，如图 8.7 所示，碳碳三键的 π 电子在外磁场作用下绕键轴呈圆筒状环电流，所产生的感应磁场使得在键轴方向上的炔氢受到强烈的屏蔽作用，化学位移向高场移动。

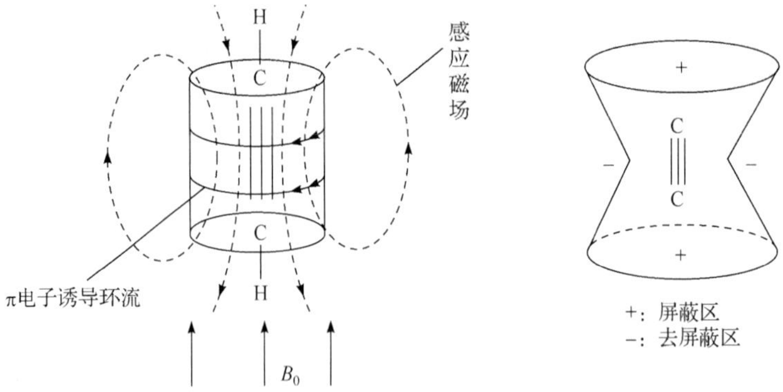

图 8.7　乙炔氢的磁各向异性屏蔽效应

3. 范德华效应

当两个原子的核间距小于范德华半径之和时，受范德华力的作用，电子相互排斥，导致原子核周围的电子云密度降低，化学位移向低场偏移。如图 8.8 所示的化合物中，H2 原子和 OH 间距小，范德华效应明显，H2 化学位移为 3.6 ppm，明显比 H1 的化学位移 0.9 ppm 偏向低场。

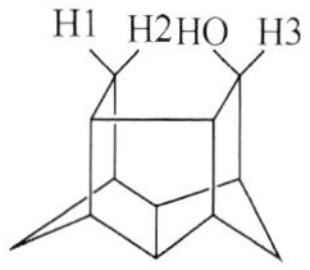

图 8.8　相邻基团范德华力对氢原子化学位移的影响

4. 溶剂效应

不同的溶剂有不同的磁导率，溶剂中的样品所受磁感应强度就会有所不同，从而对化学位移有影响。溶剂分子与溶质相互作用，可能会改变溶质的电子云分布形状，溶剂分子的磁各向异性也可能对溶质分子中的原子产生屏蔽作用或去屏蔽作用等。溶剂的不同会导致样品化学位移的变化，通常在核磁共振波谱图中标出所用的试剂。

5. 氢键

分子间和分子内氢键的形成会降低核外电子云密度，使形成氢键的质子受到去屏蔽作用，核磁共振信号向低场移动。例如，羧酸上羧基氢的化学位移常超过 10 ppm。氢键的形成与样品的状态，如化合物的特性、浓度、温度、pH、溶剂等密切相关，且对化学位移影响比较明显，因此羟基、氨基、巯基等化合物中质子的化学位移变化范围较大。表 8.3 给出了部分活泼氢，即与氧、氮、硫原子相连，易形成氢键的氢原子的化学位移的分布范围。

表 8.3　部分化合物中活泼氢的化学位移可能分布范围

化合物	化学位移/ppm	化合物	化学位移/ppm
烯醇	15～19	R—SH	0.9～2.5
其余醇	0.5～5.5	RNH_2，R_2NH	0.4～3.5
羧酸	10～13	$RCONH_2$	5～6.5
酚(分子内缔合)	10.5～16	RCONHR′	6～8.2
其余酚	4～8	RSO_3H	11～12

8.2.4　^{1}H 的化学位移分布范围

各个 ^{1}H 核由于所处的化学环境不同，其共振信号将出现在某些特定的区域，即具有不同的化学位移。各类基团中的 ^{1}H 在 ^{1}H-NMR 谱上出现的大致范围参见附表 2。部分 ^{1}H 核的化学位移值已经可以通过一些经验公式予以推测。

8.3　自 旋 耦 合

8.3.1　耦合裂分

Gutowsky 等在 1951 年发现 $POCl_2F$ 溶液中 ^{19}F-NMR 谱图中有两条谱线，而分子中

只含有一个 ^{19}F，由此发现了自旋耦合现象。分子中各个自旋量子数 $I \neq 0$ 的原子核之间存在相互作用，^{31}P 的自旋量子数是 1/2，在外磁场有两种取向，一种是平行，一种是反平行于外磁场，这两种取向的磁场影响了旁边 ^{19}F 实际感应到的外磁场强度，产生自旋耦合，使 ^{19}F 的化学位移值出现了增大和减小，由此分裂为两条谱线。

相邻自旋核之间的自旋耦合导致的裂分谱线的数目，即重峰数，与自旋核的数目相关。例如，CH_3CH_2Cl 中有两组氢原子，首先考虑 CH_2 上两个氢对 CH_3 产生的自旋耦合，氢核的两种自旋状态用α和β代表，则两个氢的自旋组合为αα、αβ、βα、ββ，若αα的自旋与外磁场一致，会使化学位移值增大，相应地ββ自旋会使其减小，在αβ和βα情况下化学位移不变，出现的概率是另两种情形的 2 倍，最终结果就是 CH_3 对应质子峰呈现自旋分裂的三重峰，峰强比为 1∶2∶1。以此类推，CH_2 对应质子峰在相邻基团 CH_3 三个氢的自旋耦合作用下，呈现自旋分裂的四重峰，峰强比为 1∶3∶3∶1。

推广到一般情形，当所观察的原子核有 n 个相关耦合的核，并且每个核有相同的耦合作用，每个核的磁矩都有 $2I+1$ 个取向，因此所观察的核的谱线分裂为 $2nI+1$ 条。对于 ^1H、^{13}C、^{15}N、^{19}F、^{29}Si、^{31}P 等 $I=1/2$ 的常见原子核，自旋-自旋耦合产生的重峰数目为 $2nI+1=n+1$，称为 $n+1$ 定律，多重峰峰高比符合二项式$(a+b)^n$展开的系数之比，即有单峰(single, s)、双峰(doublet, d, 1∶1)、三重峰(triplet, t, 1∶2∶1)、四重峰(quartet, q, 1∶3∶3∶1)、五重峰(quintet, 1∶4∶6∶4∶1)、六重峰(sextet, 1∶5∶10∶10∶5∶1)等。

若某氢与 n、n'、…个氢核相邻，如果耦合常数相同，峰裂距相等，仍服从 $n+1$ 规律，裂分峰的数目为$(n+n'+\cdots)+1$。如果耦合常数不相同，峰裂距不相等，则裂分峰数目为$(n+1)(n'+1)\cdots$。

如图 8.9(a)所示，乙醇分子中甲基氢($\delta=1.06$ ppm)被相邻的亚甲基上 2H 裂分为三重峰；同样地，羟基氢($\delta=4.34$ ppm)也显示出三重峰形态；中间的亚甲基氢在甲基与羟基两个基团上氢核的耦合作用下，裂分为$(3+1)\times(1+1)=8$ 重峰。但由于羟基与烷基两种不同类氢核的耦合作用弱，裂分峰间距较小，如果仪器分辨率较低，则图谱中无法显现出峰分裂。如

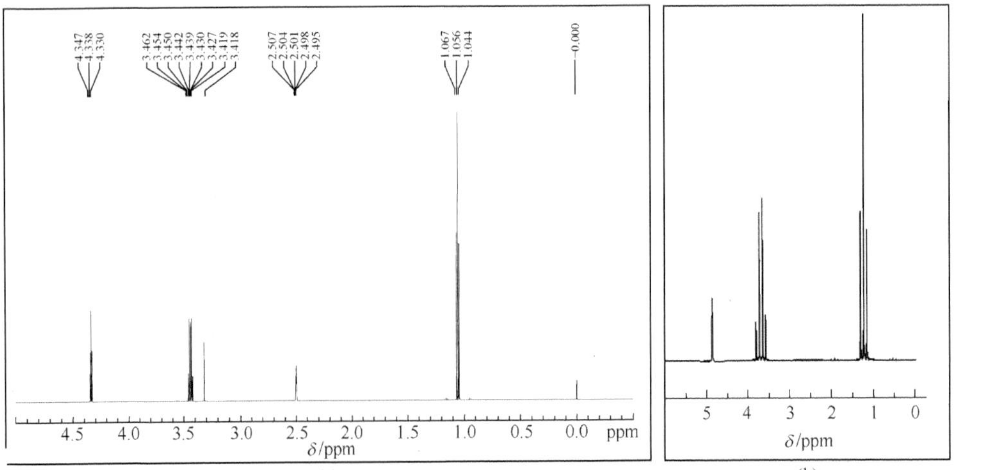

(a)　　　　(b)

图 8.9　乙醇的核磁共振氢谱

(a) 800 MHz 高分辨；(b) 90 MHz 低分辨

图 8.9(b)所示，在低分辨核磁共振波谱图中，乙醇分子的甲基为三重峰，羟基为单峰，亚甲基则为四重峰。随着仪器的发展，核磁共振波谱仪性能越来越好，其磁场强度、分辨率和灵敏度越来越高，因此需要注意不同型号核磁共振波谱仪上获得的谱图，化学位移不变，但是裂分峰峰形可能会有差异。

8.3.2 耦合常数

当自旋体系存在自旋-自旋耦合时，谱线将发生裂分。由于裂分所产生的间距反映了耦合作用的大小，称为耦合常数 J。J 的单位是 Hz，其大小与磁场强度无关。通常在 J 左上方标出耦合核间隔的化学键数目，如同碳 ^{1}H 之间的耦合，用 ^2J 表示。对于简单耦合而言，峰的裂分间距就是耦合常数。对于高级耦合，$n+1$ 定律不再适用，需要计算才能得到 J 的大小。

自旋耦合引起的共振峰的裂分只能在相互耦合的两个 ^{1}H 的化学位移不同时才能表现出来。例如，端烯的两个 ^{1}H，由于双键引起磁各向异性，通常化学位移不同，就能显示出 ^2J 导致的裂分。又如，长链中的 CH_2 基团，由于碳链可以自由旋转，两个 ^{1}H 的化学位移十分接近，此时在核磁共振氢谱上就不容易观察到 ^2J 耦合。

由于自旋耦合是通过成键电子传递的，随着化学键数目的增加，耦合常数将快速下降。同碳上 ^{1}H 的化学位移值通常相等，此时不产生裂分，^2J 约为 0 Hz。相邻碳上 ^{1}H 之间的耦合，即相距 3 个化学键的 ^3J 耦合，是 NMR 中最常见的耦合，一般为 6~8 Hz。相隔 4 个或 4 个以上的化学键 ^{1}H 之间的耦合称为远程耦合，通常观察不到峰的裂分。因此 ^3J 耦合在核磁共振氢谱中占有非常重要的地位。

耦合常数的大小随着取代基电负性增加，^3J 的绝对值下降，而且烯烃氢的 ^3J 下降更为明显。耦合常数的大小对角度很敏感。^3J 与二面角 φ 的关系可以由 Karplus-Conroy 关系概括，如图 8.10 所示。

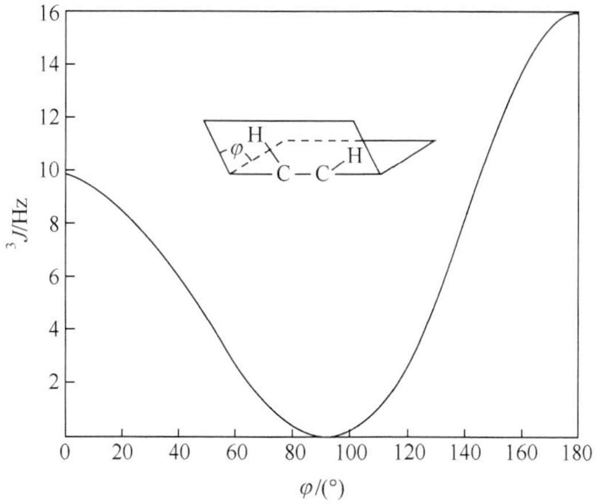

图 8.10　^3J 大小与二面角 φ 的关系

$$^3J = J_0 \cos^2 \varphi + C \quad (0° < \varphi < 90°)$$
$$^3J = J_{180} \cos^2 \varphi + C \quad (90° < \varphi < 180°) \tag{8.14}$$

式中，J_0 为 $\varphi=0°$ 的 J 值大小；J_{180} 为 $\varphi=180°$ 的 J 值大小；C 为常数项。由 Karplus-Conroy 关系可以判断烯烃的顺反异构：耦合常数为 14～16 Hz 的是反式，耦合常数为 8～10 Hz 的是顺式。

8.3.3 化学等价与磁等价

分子中的两个相同原子或基团处于相同的化学环境，则它们是化学等价的。化学环境不同的两个基团，在化学反应中可以有不同的反应速率。以柠檬酸(图 8.11)为例，两个与亚甲基相连的羧基的酶解速率不同，所以它们不是化学等价的。

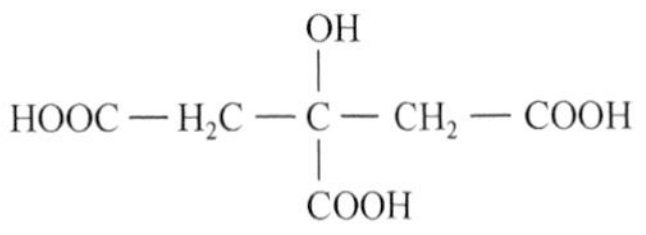

图 8.11　柠檬酸结构式

如果分子中的两个基团经过某些对称变换(如轴对称旋转)可以互换，则它们是等位的。在任何溶剂中，它们都在同一共振频率出峰，则它们是等频的。这样的两个原子或基团在任何化学环境中都是化学等价的。如果分子中的两个相同基团可以通过对称面而相互交换，则它们是对映异位的，即一个物体与其镜像的关系。对映异位的两个基团在非手性试剂中是等频的，即化学等价的；在手性试剂中是不是等价的，共振频率是有差异的，其差异大小与基团性质、所用手性试剂等因素相关。

由于分子内的快速运动，化学不等价的核有的可能变成化学等价，出现同频共振峰。最常见的分子内运动包括链的旋转、环的翻转等。例如，环己烷翻转时，直立氢和平伏氢相互交换，两氢不可区分，谱图上是一个共振峰。

两个核是磁等价的必须同时满足以下两个条件：

(1) 它们是化学等价的。

(2) 它们对分子中任意一个其他核的耦合常数 J 是相同的。

CH_2CF_2 是化学等价但磁不等价的典型例子，连在同一个碳上的两个 ^1H 是化学等价的。同样，连在同一个碳上的两个 ^{19}F 也是化学等价的。但是，以某个 ^{19}F 来说，一个 ^1H 与其是顺式耦合，另一个 ^1H 与其是反式耦合，不符合磁等价的第二个条件。因此，两个 ^1H 是化学等价，但不是磁等价。同理，CH_2CF_2 中的两个 ^{19}F 也是化学等价，但是磁不等价。

8.3.4 自旋体系

相互耦合的原子核组成一个自旋体系。自旋体系与自旋体系之间是隔离的。一个自旋体系内部的核相互耦合但是不与体系外的任何一个原子核耦合。例如，$CH_3CH_2OCH_3$ 有两个自旋系统，CH_3CH_2—和—CH_3。

自旋体系内耦合作用的强弱以 $\Delta\nu/J$ 的数值大小来判断($\Delta\nu$ 与 J 都以 Hz 为单位)。当 $\Delta\nu/J \geqslant 6$ 时，可以认为两核之间的相互作用很弱，为一级耦合，谱图较简单。当 $\Delta\nu/J \approx 1$ 或 $\Delta\nu/J < 1$ 时，两核之间的相互作用较强，谱图较复杂。

同一个自旋体系中化学位移相同的核组成一个核组，以一个大写的英文字母表示。几个核组之间分别用不同的字母标注。如果它们之间的化学位移差别大，则标注的字母之间距离也大。强耦合的两个核组通常用 A、B 代表，而弱耦合的两个核组以 A、M、X

代表。核组内的核如果磁等价，需在大写字母的右下角用数字标出此核组的数目；核组内的核如果磁不等价，需在大写字母的右上角用撇号加以区别。例如，某一个核组内有两个磁不等价的核可以用 AA′表示。

例如，$CH_3CH_2OCH_3$ 的自旋系统是 A_2X_3 和 A_3，对二甲苯中苯环上四个氢的自旋系统是 AA′BB′。

8.3.5　一级谱图与二级谱图

核磁共振波谱图分为一级谱图和二级谱图。

产生一级谱图的条件是：

(1) $\Delta\nu/J \geqslant 6$。

(2) 同一核组的核是磁等价的。例如，CH_2CF_2 分子中两个氢原子是磁不等价的，所以其谱图不是一级谱图。

一级谱图具有以下特点：

(1) 谱峰的数目可用 $2nI + 1$ 规律分析，对于 $I = 1/2$ 的原子核，就是 $n+1$ 规律。如果氢原子存在多个耦合常数 J_1、J_2、…，对应的耦合核数目分别是 n_1、n_2、…，则所观测核组具有$(n_1 + 1)(n_2 + 1)\cdots$个峰。

(2) 多重峰内各个信号的相对强度符合二项式展开系数。

(3) 从氢谱中可以直接读出化学位移值和耦合常数大小。多重峰的中心位置是化学位移；两个信号的距离为耦合常数。

不能同时符合一级谱图两个条件的谱图是二级谱图，二级谱图不符合 $n+1$ 规律，谱峰的数目超过 $n+1$ 规律所计算的结果；多重峰内各个信号的相对强度关系复杂；通常不可以直接读出化学位移值和耦合常数大小。

8.3.6　二级谱图简化

由于有机化合物中通常含有大量的氢原子，而核磁共振氢谱谱宽较窄，容易产生重叠，不易分辨，形成的二级图谱解析困难，需要借助一些其他方法来区分重叠的信号或者简化谱图。

1. 利用高场谱仪

$\Delta\nu/J$ 的数值大小决定了谱图的复杂程度。耦合常数的大小反映了原子核磁矩间相互作用能的大小，是分子的固有性质，不随实验条件的改变而改变。化学位移的差别若以 ppm 为单位，也是不随采样仪器的频率而变化；但是以 Hz 为单位的$\Delta\nu$与谱仪的共振频率成正比：假设$\Delta\nu = 0.1$ ppm，在 60 MHz 谱仪的谱图上对应化学位移频率差 6 Hz，而在 600 MHz 谱仪的谱图上对应化学位移频率差 60 Hz。因此，假如两个原子核间的耦合常数为 6 Hz，在 60 MHz 谱仪上检测，将得到二级谱图($\Delta\nu/J = 1$)；在 600 MHz 谱仪上检测，将得到一级谱图($\Delta\nu/J = 10$)。

使用高场谱仪还可以提高信噪比。因为激发态和基态的能级差ΔE 与磁场强度 B_0 成正比，而共振频率ν也与 B_0 成正比，即ΔE 与ν成正比，所以随着共振频率的变大，激发态和基态的能级差ΔE变大，从而提高信噪比。

由于上述原因，多年来核磁共振波谱仪的磁场强度一直在被提高，从最初的 90 MHz，到最近成功商业化的 1000 MHz 谱仪，仪器分辨率和灵敏度也都有大幅提升。

2. 改变实验温度

由于在不同温度条件下，氢原子共振信号的化学位移可能有一定的漂移，而不同氢原子共振信号的化学位移漂移的大小可能不一样，这样通过选择适当的实验温度，可以使得原本重叠的信号分离开，有利于简化谱图和信号识别。

3. 重氢交换实验

含有—OH、—SH、—NH_2 等基团的分子上的氢原子属于活泼氢，活泼氢的化学位移值因形成氢键程度的差异会有较大的变化范围，不易确定，所以经常通过重水交换实验确认活泼氢。在采集完正常氢谱后向核磁管中加入少量重水，振荡后再次采集核磁共振氢谱。此时活泼氢已部分或完全被氘原子取代，相应的谱峰将会明显变小甚至消失。通过加入重水前后两张氢谱的对比，可以确认分子内是否存在活泼氢以及哪些信号是活泼氢信号。

例如，通过对比 17-α 基黄体酮的核磁共振氢谱(DMSO-d6 作为溶剂，图 8.12)以及重氢交换后核磁共振氢谱实验(图 8.13)，可以确认分子中存在一个活泼氢，其积分面积在重水交换后明显变小，化学位移为 5.23 ppm。

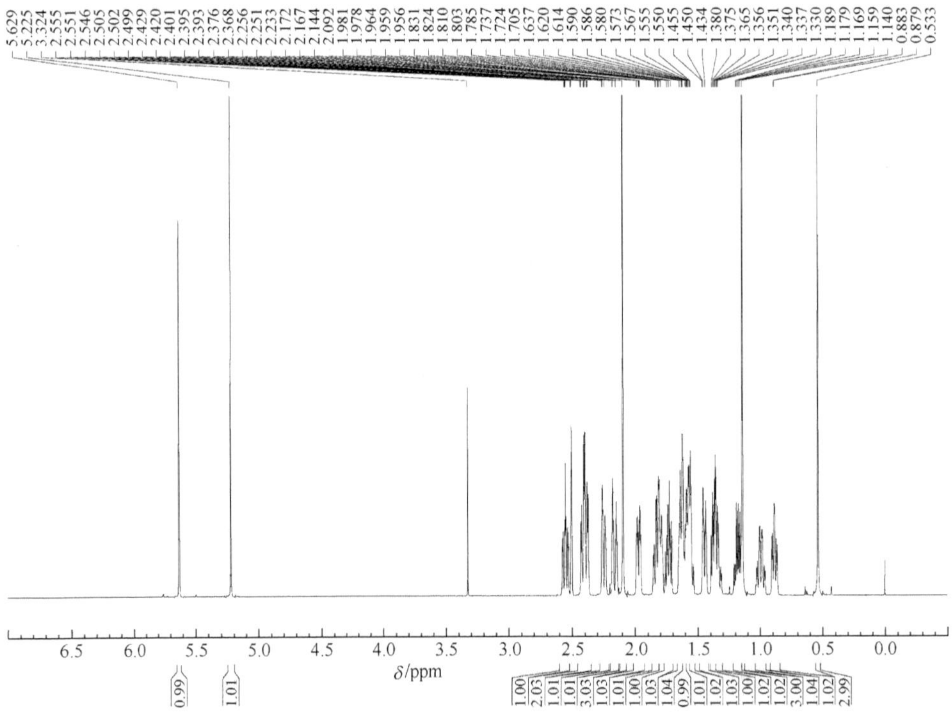

图 8.12　17-α 基黄体酮的核磁共振氢谱(DMSO-d6 作为溶剂)

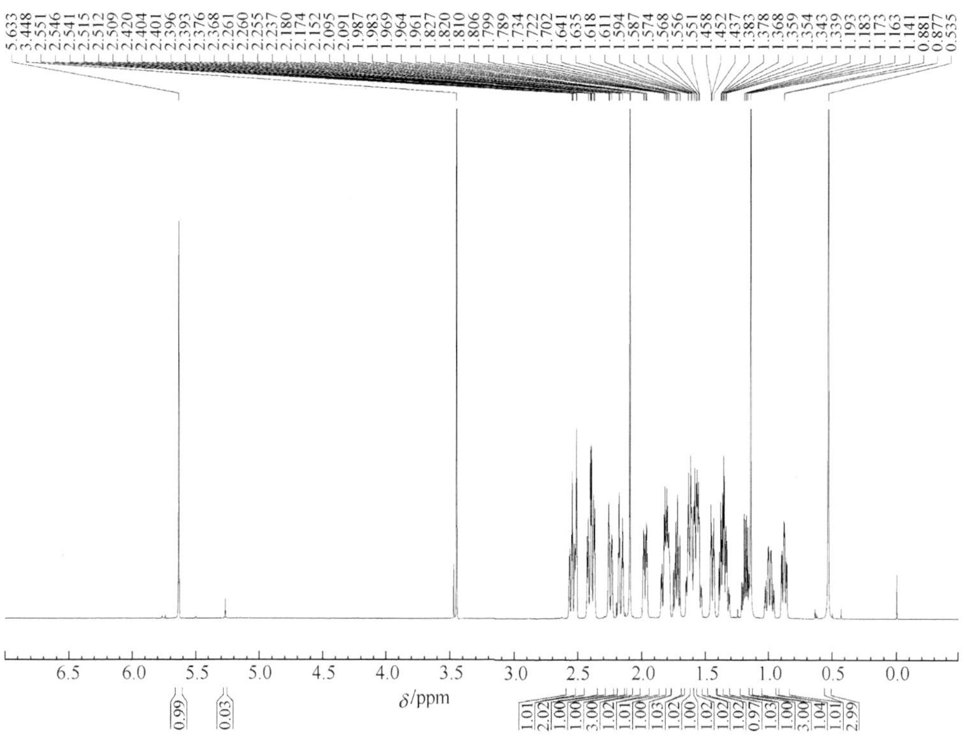

图 8.13　17-α 基黄体酮的重氢交换后核磁共振氢谱(DMSO-d6 作为溶剂)

4. 介质效应

由于苯、乙腈等分子具有强的磁各向异性，因此在溶液中加入少量的此类物质，它们会对溶质分子的不同部位产生不同的屏蔽效应。通常在氘代氯仿体系中如果某些谱峰重叠，可以考虑加入少量氘代苯，重叠的谱峰有可能分开，从而有利于谱峰识别。

5. 位移试剂

自从 1969 年发现位移试剂后，其应用发展很快。常见的位移试剂是镧系元素 Eu 或 Pr 与β-二酮的配合物。位移试剂中金属离子的未配对电子有顺磁矩，可以作用到溶质分子中各个有磁矩的原子核，并且这种作用与空间距离的三次方成反比。位移试剂和样品分子形成复合物的接触位点处的基团，如样品中的氨基、羟基等，化学位移变化量最大。当所观测基团渐渐远离位移试剂时，各个基团的化学位移变化值逐渐变小，因此原本重叠的谱线不再相互重叠，谱图变得简单，相对易于解析。样品化学位移的变化大小与位移试剂的浓度成正比。但是当位移试剂浓度达到某个特定数值后，位移就不再增加。

6. 计算机模拟

现在有很多专业软件都有谱图模拟功能，如 ChemDraw。在软件中输入分子结构，就可以得到一个计算机模拟的谱图。通过模拟谱图与实验结果对比，有助于复杂谱图的信号归属与结构解析。

8.4　核磁共振波谱仪

NMR 谱仪包括以下基本部件。

(1) 磁体：磁体产生强的静磁场，使置于其中的原子核能级发生分裂。

(2) 射频源：包括电源、射频单元、功率放大单元、梯度单元、同步单元等部分，能够产生、接收、放大无线电射频信号。目前这些单元通常整合在机柜中。

(3) 探头：探头位于磁体中心管下部，直接检测 NMR 信号。NMR 样品管置于探头内的检测线圈中。探头可以分为常温探头和低温探头。低温探头的变温范围较窄，但可以显著提高信噪比。

(4) 匀场线圈：可以调整静磁场的均匀性，提高谱仪分辨率。

(5) 计算机：计算机控制谱仪，进行参数设定和数据存储、处理。

(6) 辅助单元：通常包括不间断电源保护、空气压缩机、通风设施等。

NMR 谱仪可以分成不同种类，按照磁体可以分成永磁体 NMR 谱仪、电磁体 NMR 谱仪、超导磁体 NMR 谱仪；按照样品可以分成液相 NMR 谱仪、固体 NMR 谱仪(可以在固体 NMR 谱仪上加装微成像附件，完成部分核磁共振成像的功能)；按照扫场方式可以分成连续波 NMR 谱仪和脉冲傅里叶变换 NMR 谱仪。早期的 NMR 谱仪主要是连续波 NMR 谱仪。随着技术的进步，目前绝大部分 NMR 谱仪采用脉冲傅里叶变换技术。

8.4.1　连续波核磁共振波谱仪

连续波 NMR 谱仪一般采用电磁铁或永久磁铁来获得静磁场，结构如图 8.14 所示。它有两种扫场方式：可以固定静磁场强度 B_0，扫描电磁波频率 ν；或者固定电磁波频率 ν，扫描静磁场强度 B_0。无论采用哪种扫场方式，连续波 NMR 谱仪都采用单频发射和单频接收：在每个瞬间，最多只有一种原子核处于共振状态，而其他原子核都没有信号。为保障谱图质量，每一次的扫描速率必须控制。当样品浓度小时，需要多次累加以提升信噪比。对于信号较弱、谱宽较宽的原子核，如 ^{13}C 和 ^{15}N，所需要的时间将大大延长，而且也很难保证在这么长的时间内谱仪的稳定性。

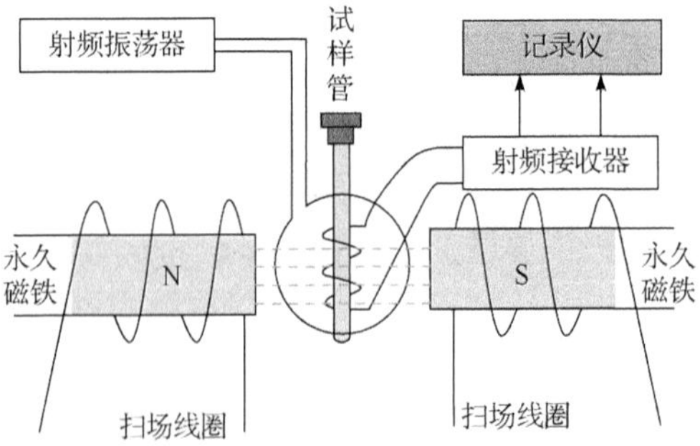

图 8.14　连续波核磁共振波谱仪示意图

为克服上述缺点，20 世纪 60 年代出现了脉冲傅里叶变换 NMR 谱仪，缩短了实验时间，同时大大提高了 NMR 的检测灵敏度。从此以后，连续波 NMR 谱仪已逐渐被脉冲傅里叶变换 NMR 谱仪取代。

8.4.2 脉冲傅里叶变换核磁共振波谱仪

傅里叶变换可以将时间域和频率域进行互换，一个时间域上短而强的脉冲对应频率域上非常宽的方波脉冲，而脉冲的长短与激发的方波宽度成反比。即一个非常短而强的脉冲可以同时激发一个宽的频率带，即使原子核处于不同的化学环境，也会被同时激发(如果脉冲足够短而强)，这样就克服了连续波谱仪先后激发不同化学环境的原子核的缺点。检测线圈将同时检测所有被激发核的自由感应衰减(free induction decay，FID)信号，再通过傅里叶变换将时间域上的 FID 信号变换到频率域上，得到观测核的化学位移为坐标的谱图，这就是脉冲傅里叶变换 NMR 谱仪的原理(图 8.15)。

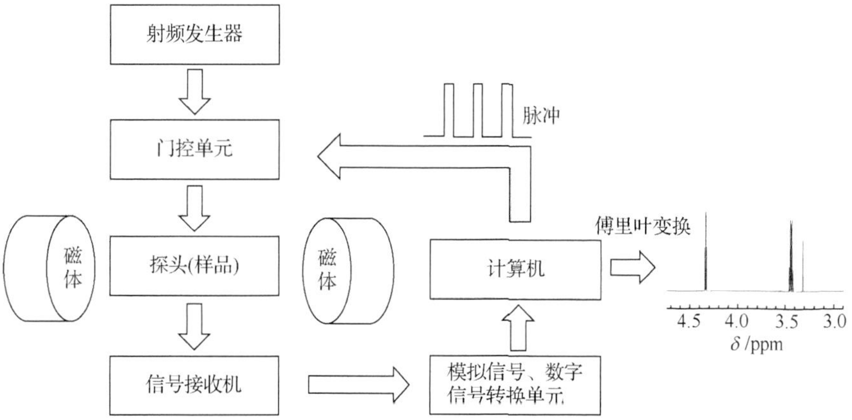

图 8.15 脉冲傅里叶变换核磁共振波谱仪原理示意图

NMR 样品管置于探头内的检测线圈中。所得 FID 信号经过傅里叶变换、相位校准、基线校准等步骤最后得到 NMR 谱图。

需要注意的是，由于材料等因素的限制，不可能得到一个无限短且无限强的脉冲，现阶段谱仪的脉冲通常作用时间为几微秒到十几微秒，强度在几十瓦到几百瓦，这意味着一次激发通常只能激发有限宽度的化学位移范围内的原子核信号。而对于个别化学位移分布非常宽的原子核，通常需要多次实验：每一次只能有效地激发一部分原子核，下一次实验再调整参数，得到另外一部分原子核的信号。最后将所有实验的结果进行“拼接”，得到完整的信号。

脉冲傅里叶变换 NMR 谱仪具有以下优点：

(1) 可以同时检测不同官能团的原子核，脉冲作用时间短，为微秒级别。在进行信号累加测量时，远比连续波 NMR 谱仪节约时间。

(2) 灵敏度较连续波 NMR 谱仪大大提高，因此可以降低对样品浓度的要求。

(3) 可以使用多种脉冲序列，可以对信号进行编辑。

(4) 磁体的稳定性较好。

8.5　核磁共振氢谱

^1H 是自然界中γ最大的原子核，即自然界中最灵敏的原子核。由于谱仪的制约，在很长的一段时间，核磁共振氢谱几乎就等同于核磁共振波谱。在 20 世纪 70 年代以后，随着脉冲傅里叶变换技术的发展，^{13}C 核的研究迅速展开，其他核的研究数据也有大量报道。相比于核磁共振碳谱，核磁共振氢谱的化学位移范围较窄，通常只有十几 ppm，容易发生谱峰重叠，造成对分析物的误判。但是因为氢核灵敏度高且积累的数据最丰富，至今核磁共振氢谱仍然是最重要且应用非常广泛的核磁图谱。

8.5.1　样品制备与溶剂选择

以目前常见的 400 MHz 的 NMR 谱仪(配备 5 mm 探头)为例，对于相对分子质量 400 左右的小分子溶质，只需要在 0.5 mL 的氘代试剂中加入 1 mg 左右的样品，采样累加 16 次通常就可以得到一张不错的核磁共振氢谱图。加入的样品量过少，会导致谱图信噪比变差；加入的样品量过大，会导致体系的黏滞系数变大，导致样品分子的翻滚变慢，核磁共振氢谱的裂分变差。对于高分子化合物或生物大分子，需要尽可能多地加入溶质。即便如此，400 MHz 的 NMR 谱仪的检测效果也往往不尽如人意，需要改用更高场的谱仪，或者改用超低温探头，或者增加累加次数。

液相核磁共振实验一般采用氘代试剂作为溶剂。氘代试剂几乎不含氢原子(如果氘代率为 100%，则完全不含氢原子)，通常不会干扰样品信号。氘代试剂中的氘信号又可以用来锁场、匀场，以提高谱仪的分辨率。也可以选择非氘代试剂，但此时不能锁场、匀场，因此需要限制采样时间来减少谱仪的磁场漂移。

氘代氯仿($CDCl_3$)是最常见的氘代试剂，因为它极性适中，价格较低，沸点较低，容易从体系中除去。但是 $CDCl_3$ 见光容易分解生成氘代盐酸(DCl)，对于不耐酸的体系不适用。氘代二甲基亚砜(DMSO-d6)也是比较普遍的氘代试剂，极性强，沸点高，不容易从体系中除去。重水(D_2O)是强极性溶剂，常见于盐和多糖体系。氘代丙酮(acetone-d6)是常见的弱极性溶剂。

除需要考虑溶剂的极性外，溶剂峰(指氘代溶剂中未氘代部分残留的 ^1H 的信号)的化学位移也是选择氘代溶剂需要考虑的因素之一，因为通常都不希望溶剂峰与待测物质的信号重叠。表 8.4 归纳了常见氘代试剂的溶剂峰、水峰的化学位移。当实际样品中水的含量较高时，水峰的信号会明显偏离表 8.4 中的结果。

表 8.4　常见氘代试剂的溶剂峰、水峰的化学位移　　单位：ppm

氘代试剂	溶剂峰化学位移	水峰化学位移
$CDCl_3$	7.26	1.56
DMSO-d6	2.50	3.33
D_2O	4.79	—
acetone-d6	2.05	2.84

续表

氘代试剂	溶剂峰化学位移	水峰化学位移
C_6D_6	7.16	0.4
CD_3CN	1.94	2.13
CD_3OD	3.31	4.87
TFA-d	11.53	—

注：TFA 表示三氟乙酸。

做变温 NMR 实验时，还必须考虑溶剂的沸点。做低温 NMR 实验时，通常选择低沸点的 $CDCl_3$ 或 CD_3OD。做高温 NMR 实验时，通常选择高沸点的 DMSO-d6。

除此以外，溶剂的毒性、价格也是选择氘代试剂时需要考虑的重要因素。

8.5.2　常见官能团的氢谱谱图

1. 单取代苯环

如果在苯环区内，从积分面积可以推断含有 5 个 ^1H 时，分子中很可能含有单取代苯环。

当取代基为甲基、亚甲基、乙烯基团、乙炔基团或氯原子、溴原子时，邻、间、对位的氢原子的化学位移相对于未取代苯环上的变化都不大，因此 5 个 ^1H 峰通常不容易分开，当仪器分辨率不够时，将产生一个中间高、两边低的大峰。

当取代基是 —OH、—OR、—NH_2、—NHR 等含饱和杂原子的基团时，由于饱和杂原子的未成键电子对苯环上的离域电子有 p-π 共轭作用，苯环邻、对位氢原子的电子云密度明显增高，其谱峰明显偏向高场；间位氢原子的高场位移较小。由此，苯环上余下的 5 个氢原子信号分为两组：较高场的邻、对位 3 个氢原子与相对低场的间位 2 个氢原子。间位氢原子两侧的氢原子的 ^3J 耦合导致间位氢原子呈现三重峰。

还有一类取代基含有不饱和杂原子，如—CHO、—COR、—COOR、—NO_2、—N═NR 等，它们与苯环形成大的共轭体系，但因为杂原子的电负性影响，苯环上电子云密度下降，尤其是对邻位氢原子影响较大。所以苯环上剩余的 5 个氢原子向低场移动，而邻位的两个氢原子位移较明显。综上，如果在核磁共振氢谱苯环区相对低场处能够看到 ^3J 耦合引起的双峰，可以判断此类取代基团的存在。

2. 对位取代苯环

当对位取代苯环的两取代基相同，且不存在长程耦合时，将形成峰面积对应四个氢的单峰。当对位取代苯环的两取代基不相同时，苯环上的四个氢原子形成 AA′BB′体系，其谱图具有鲜明的特征，是取代苯环谱图中最容易辨认的。它粗看是左右对称的四重峰，中间一对强峰，两边一对弱峰，每个信号可能还有各自的卫星峰。

如果取代基与其邻位二氢有长程耦合，则该长程耦合使得谱峰变宽，高度降低。当两个取代基性质相近时，如—OCH_3 与—OH，则两对化学位移等价氢原子的信号靠近，外侧一对弱峰信号变得更弱，而当两个取代基完全一样时，外侧一对弱峰信号消失。

3. 邻位取代苯环

相同基团的邻位取代，形成典型的 AA′BB′体系，谱图左右对称，一般比脂肪族的 X—CH_2—CH_2—Y 的 AA′BB′体系复杂。不同基团的邻位取代，形成 ABCD 体系，谱图非常复杂。由于单取代苯环具有对称性；二取代苯环中，对、间位取代谱图比邻位取代谱图简单；多取代苯环由于苯环上剩余的氢原子数目变少也使得谱图简化，因此不同基团的邻位取代是最复杂的苯环谱图。

当邻位取代的两个取代基性质差别较大或使用高频谱仪时，苯环上四个氢原子近似形成 AKPX 体系：每个氢原子信号首先按照 ^3J 裂分(两侧邻碳有氢的粗看为三重峰，单侧邻碳有氢的粗看为双峰)，然后信号再按照 ^4J、^5J 裂分。

4. 间位取代苯环

相同基团的间位取代，形成 AB_2C 体系；不同基团的间位取代，形成 ABCD 体系。间位取代的苯环通常谱图也比较复杂，但两个取代基团之间的氢原子因为没有 ^3J 耦合，通常显示粗略的单峰。如果此单峰没有与别的信号重叠，凭借该单峰可以判断分子中含有间位取代苯环；如果尽管此单峰与别的信号重叠，但仍可分辨此粗略的单峰信号，可以估计分子中含有间位取代苯环。

5. 多取代苯环

苯环上三取代时，按照取代基位置的不同，剩余的三个氢原子形成 AMX 或 ABX 或 ABC 或 AB_2 体系。苯环上四取代时，剩余的两个氢原子形成 AB 体系。苯环上五取代时，剩余的一个氢原子形成单峰。

6. 取代杂芳环

由于杂原子的存在，芳环上相对杂原子处于不同位置的氢原子的化学位移已经分开，取代基使其进一步分开，所以取代的杂芳环通常可以按照一级谱图处理。氢原子耦合常数的大小受氢原子相对杂原子的位置影响。

7. 单取代乙烯

单取代乙烯中双键上的氢原子存在顺式、反式、同碳耦合关系。如果取代基是烷基，将还有与烷基的 ^3J 和长程耦合，因此谱线比两侧都有取代基的乙烯谱图复杂。

8. 正构长链烷基

饱和的长碳链烷基也是经常遇见的情况，其结构式通常可以表示为 $CH_3 \leftarrow\!\!\!\!(CH_2)_n X$ 。在通常的有机分子中，相对烷基而言，各种取代基的电负性较大，是吸电子基团。因此，与 X 基团相邻的α-位亚甲基偏向低场；β-位亚甲基也偏向低场，但位移较α-位亚甲基小；离 X 基团更远处的亚甲基化学位移相近，通常在化学位移 1.25 ppm 处形成一个大的单峰。

这是因为它们的化学位移差别很小，彼此之间的 ^3J 耦合在 6～7 Hz，是强耦合体系，峰形很复杂，当谱仪分辨率不够时，粗看是一个单峰。

按照 $n+1$ 理论预测，端甲基因为与相邻 CH_2 基团相连，应该呈现三重峰。但实际上，由于与端甲基相连的亚甲基与很多个亚甲基是强耦合体系，因此把端甲基与相邻的亚甲基单独划出来考虑耦合裂分是不正确的，应该统一考虑端甲基与若干个亚甲基形成的强耦合体系。

8.5.3　核磁共振氢谱解析

核磁共振氢谱能够给出含氢物质的重要信息：化学位移、耦合常数、峰的裂分状况、积分面积。核磁共振氢谱的积分面积能定量地给出 ^1H 的数量信息，即峰面积与 ^1H 的原子数日成正比。根据核磁共振氢谱的积分面积比可以得到各个不同化学位移的基团之间氢原子数目比。如果已知样品的分子式，即已知样品分子中共含有多少个 ^1H，就可以非常方便地推算出每个基团的 ^1H 数目。即使暂时不知道分子式，也能从谱图中判断出一些特殊的含氢基团，如甲基、羟基等，以此为基准也能推断未知物中各个基团中所含 ^1H 数目。需要注意的是，当样品分子具有某种对称性时，谱图中的峰组数目会相应减少，但每个峰组的积分强度会相应增加。

接下来通过每个峰组的化学位移、氢原子数目对该基团进行初步推断，同时通过对谱图裂分情形分析得到相应的耦合常数 J。由于每个基团可能与不同的邻近基团有耦合，因此每个峰组可能含有若干个耦合常数。互相有耦合关系的峰组间会有相同的耦合常数，因此若两个峰组间有共同的耦合常数，则可以判断这两个峰组之间有耦合关系，很可能是相邻基团。

若干个互相有耦合关系的基团组成一个自旋体系，这样就得到一个结构片断。再把若干个结构片断组合起来，同时结合立体化学的知识进行推导，得到一种或几种可能的结构式。

对于推导出的可能的结构式，它必须与核磁共振氢谱的谱峰相一致，即每个基团与谱图上相应的共振峰相符，包括基团中 ^1H 个数与氢谱积分面积，基团类型与峰形及化学位移值，基团内部以及基团之间的耦合关系与相应峰组的耦合常数。如果发现有比较明显的矛盾，则说明所推断的结构是不合理的，应予以排除。这样通过检查所有可能的结构式，最后得到一个最合理的结构式。

【例 8.1】　某化合物 $C_9H_{10}O_2$ 的 ^1H-NMR 谱图上出现三个单峰：$\delta = 7.29$ ppm(积分曲线高度 8.4)、$\delta = 5.00$ ppm(积分曲线高度 3.4)、$\delta = 1.98$ ppm(积分曲线高度 5.0)，试推测其结构。

解　不饱和度 $U = 1 + 9 - 10/2 = 5$，可能有苯。

$\delta = 7.29$ ppm 处的单峰，积分曲线高度为 8.4，总氢原子数目为 10，则此峰对应的氢原子数为 $10 \times 8.4 \div (8.4 + 3.4 + 5.0) = 5$，根据化学位移可推测是单取代苯，即有 C_6H_5—。

$\delta = 5.00$ ppm 处的单峰，积分曲线高度为 3.4，对应氢原子数目为 2，推测是 CH_2，因出现在低场高频处，应和电负性基团氧相连，可能有—CH_2O—，化学位移为 5.00 ppm 说明亚甲基还可能与其他不饱和基团相连。另外单取代苯出现单峰，说明苯环不与电负性或不饱和基团相连，而是与烷基相连，根据这些信息，可推测有 $C_6H_5CH_2O$—。

δ= 1.98 ppm 处的单峰，积分曲线高度为 5.0，对应氢原子数目为 3，推测是 CH_3，并与不饱和基团相连。化合物分子式为 $C_9H_{10}O_2$，扣除 C_6H_5—、—CH_2O—和 CH_3—，还剩一个 C 和一个 O，结合化学位移，应是与羰基相连的甲基，即有 CH_3CO—。

综上所述，未知物的结构是 $C_6H_5CH_2OCOCH_3$。

【例 8.2】 某化合物 C_3H_7Br 的 ^{1}H-NMR 谱如图 8.16 所示，试推测其结构。

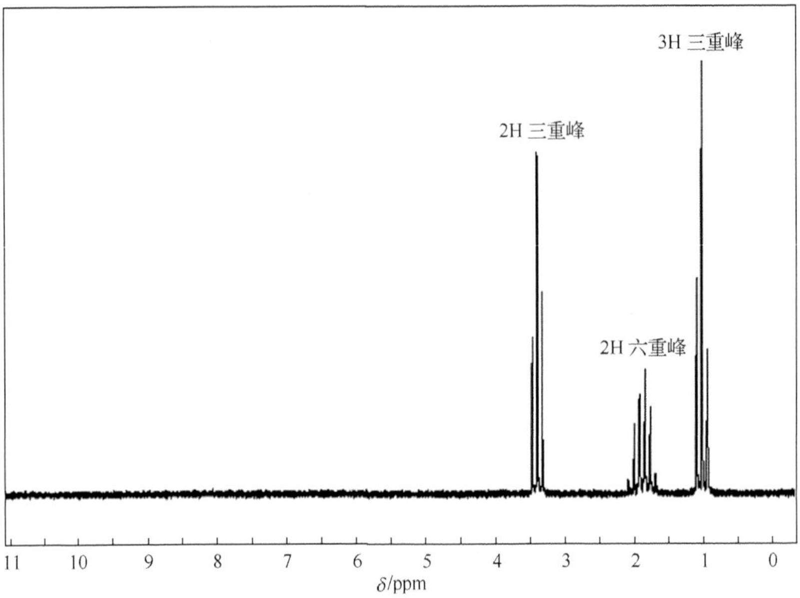

图 8.16　化合物 C_3H_7Br 的 ^{1}H-NMR 谱

解　不饱和度 $U = 1 + 3 - (7 + 1)/2 = 0$。

2H 三重峰、2H 六重峰和 3H 三重峰的出现，说明有 $CH_3CH_2CH_2$—基团。中间亚甲基的 2 个氢使得端位甲基裂分为三重峰，也使得端位亚甲基裂分为三重峰。两端甲基与亚甲基共 5 个氢对中间亚甲基的自旋耦合，则使其裂分为六重峰。因与 Br 相连，其诱导效应使得 Br 的α-位亚甲基的化学位移值向低场高频移动至 3.4 ppm，β-位亚甲基的化学位移值移动至 1.9 ppm，远端的甲基几乎不受影响，化学位移值为 1.0 ppm。

综上所述，未知物的结构是 $CH_3CH_2CH_2Br$。

【例 8.3】 某化合物 $C_{10}H_{12}O_2$ 的 ^{1}H-NMR 谱如图 8.17 所示，试推测其结构。

解　不饱和度 $U = 1 + 10 - 12/2 = 5$，可能有苯。

δ= 7.3 ppm 芳环上五个氢，单峰，说明是单取代苯基，并与烷基相连。

δ= 3.0 ppm 和δ= 4.3 ppm 都是 2H 三重峰，分子式中有氧原子，从氧的诱导效应对化学位移值的影响，以及自旋裂分规律，可推测有 O—CH_2CH_2—。

δ= 2.1 ppm 处的 3H 单峰，推测是 CH_3，并与不饱和基团相连。化合物分子式为 $C_{10}H_{12}O_2$，扣除 C_6H_5—和 O—CH_2CH_2—，还剩 C_2H_3O，应是与羰基相连的甲基，即有 CH_3CO—。

综上所述，未知物的结构是 $PhCH_2CH_2OOCCH_3$。

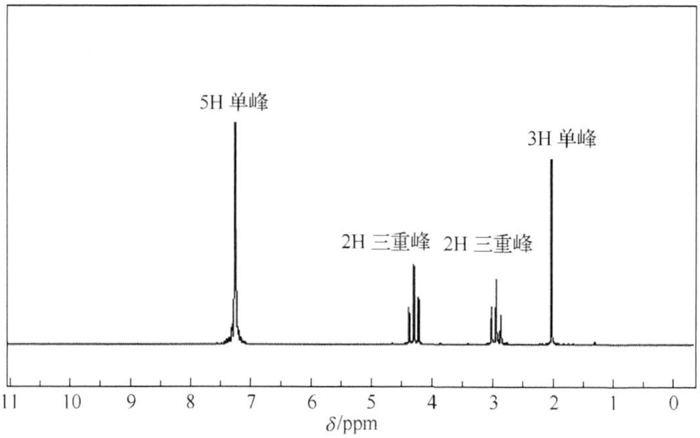

图 8.17　化合物 $C_{10}H_{12}O_2$ 的 ^{1}H-NMR 谱

【例 8.4】 某化合物 $C_9H_{12}O$ 的 ^{1}H-NMR 谱如图 8.18 所示，试推测其结构。

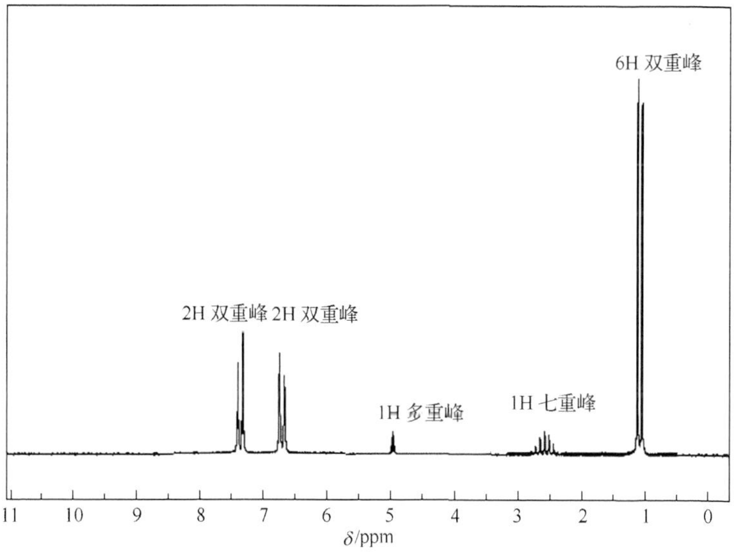

图 8.18　化合物 $C_9H_{12}O$ 的 ^{1}H-NMR 谱

解　不饱和度 $U = 1 + 9 - 12/2 = 4$，可能有苯。

$\delta = 2.8$ ppm 的 1H 七重峰和 $\delta = 1.2$ ppm 处的 6H 双重峰，推测有—$CH(CH_3)_2$。

$\delta = 7.1$ ppm 和 $\delta = 6.8$ ppm 中间强、两头弱的四重峰，是对位取代苯的特征峰，说明有—C_6H_4—。相对于烷基取代苯，其化学位移向高场低频移动了。

$\delta = 5.0$ ppm 处 1H 多重峰，化合物分子式为 $C_9H_{12}O$，扣除—C_6H_4—和—$CH(CH_3)_2$ 后，剩下一个 O，一个 H，说明是—OH，且与苯环相连，因为 p-π 共轭效应导致芳氢的化学位移值变小。

综上所述，未知物的结构是对位取代的 $HOPhCH(CH_3)_2$。

【例 8.5】 磷酸胆碱的 ^{1}H-NMR 谱如图 8.19 所示，试写出各峰归属。

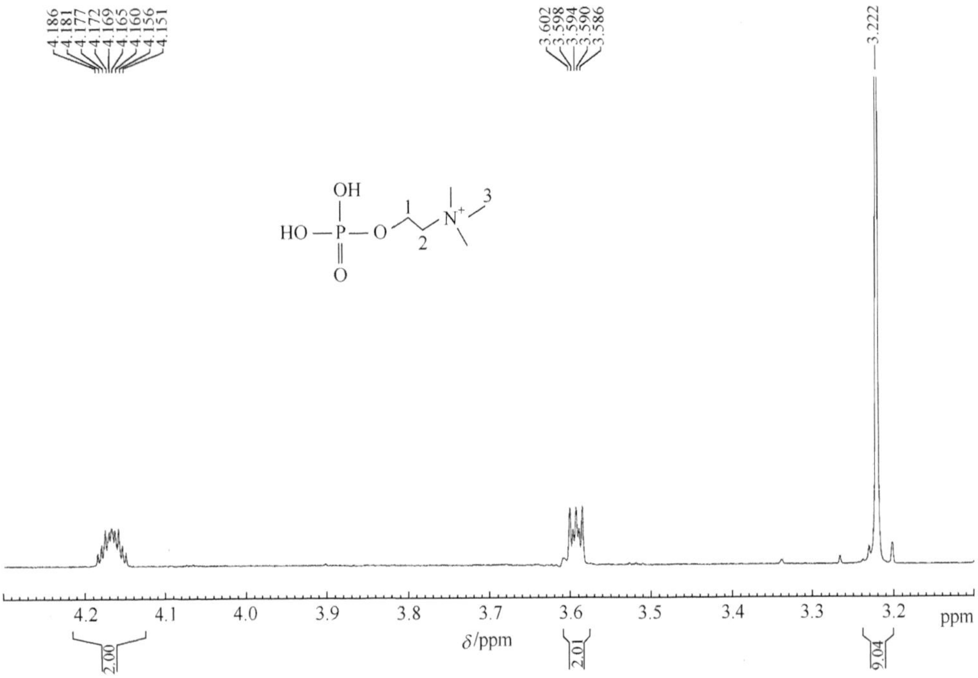

图 8.19　磷酸胆碱的 ^{1}H-NMR 谱(D_2O)

解　3.22 ppm 处的单峰积分面积是 9，归属为 3 号位的 3 个甲基 H 原子信号。

4.17 ppm 处的多重峰与 3.60 ppm 处的信号积分面积都是 2，应归属为 1、2 两个位点的亚甲基信号。

考虑到 1 号位离 O 原子近，2 号位离 N 原子近，而 O 原子的电负性更强，所以判断更低场的 4.17 ppm 处的多重峰为 1 号位的 H 原子信号；而 3.60 ppm 处的谱峰为 2 号位的 H 原子信号。

8.6　核磁共振碳谱及二维谱

碳原子是有机化合物的骨架，因此获得碳原子的信息对有机化合物的结构鉴定具有特别重要的意义。对于某些有机化合物，如 C_{60}、六取代苯环等，不含有氢原子，所以无法从核磁共振氢谱得到信息，这时只能从核磁共振碳谱获得信息。

8.6.1　核磁共振碳谱简介

除了碳谱的应用面更广以外，碳谱的谱宽也比氢谱更宽，一般可以超过 200 ppm，因此化合物结构上的细微变化可以在碳谱上得到较明显的反映。常规的碳谱检测是对氢宽带去耦的碳谱，每个碳原子对应一条尖锐的没有耦合裂分的谱线(如果不考虑 ^{19}F、^{31}P 等其他原子核的耦合)，因此谱图重叠的可能性也比氢谱小。

碳谱有多种相关的脉冲激发序列，可以类似氢谱做不去耦的碳谱，其谱线通常较复杂；也可以做(对氢原子)去耦的碳谱，其谱线大大简化；可以用特殊的脉冲序列区分碳原子的级数(伯、仲、叔、季)。对于常规的对氢宽带去耦的碳谱，NOE(见本节宽带去耦部分)的存在以及伯碳、仲碳、叔碳、季碳的弛豫时间不同，将导致碳谱的信号强度与 ^{13}C 的个数不成比例，因此常规的碳谱只标出共振峰的化学位移，不积分。定量碳谱将采用反转门控去耦的序列来实现。

自然界中大量存在的 ^{12}C 核自旋量子数为 0，没有核磁共振信号，而 ^{13}C 的天然丰度低，γ 较小，导致常规碳谱的灵敏度很低。这就造成核磁共振碳谱通常要求样品浓度较高，并且信号累加时间较长，限制了碳谱的应用范围。随着核磁共振波谱仪硬件与软件技术的不断发展，碳谱的应用范围也越来越广。

图 8.20 给出 17-α 羟基黄体酮的碳谱(DMSO-d6 作为溶剂)，图的上部标出不同碳信号的化学位移，其中化学位移 40 ppm 附近的七重峰是 DMSO 中的 ^{13}C 被 ^{2}H 裂分造成的，其余 21 个 ^{13}C 信号对应 17-α 羟基黄体酮中的 21 个 ^{13}C。

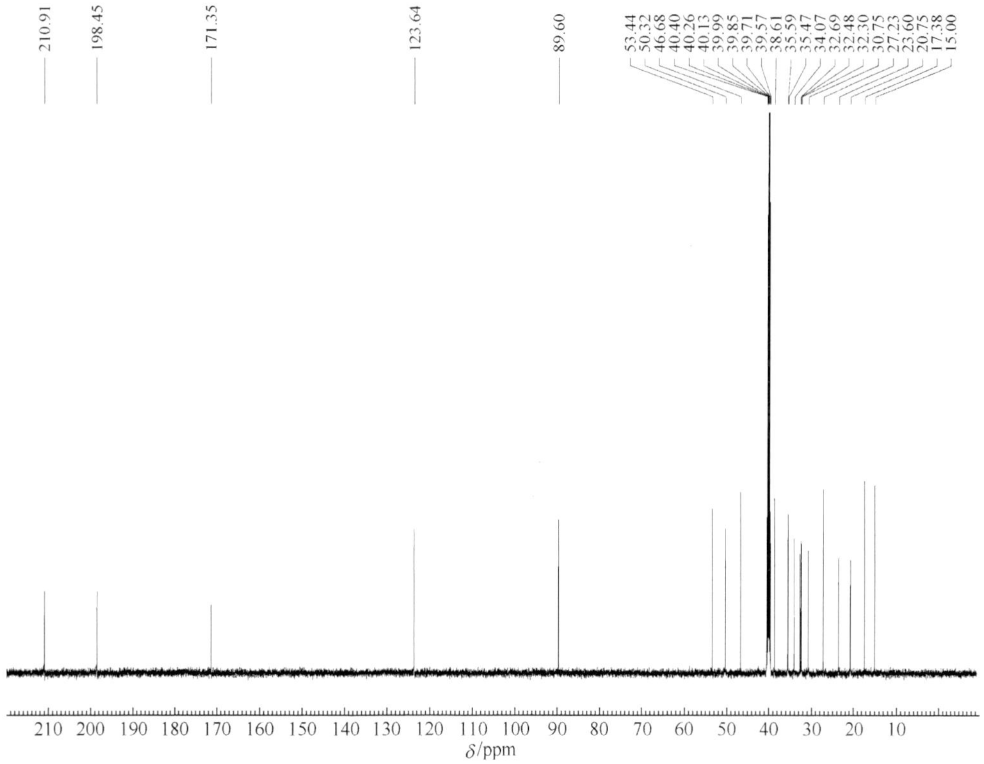

图 8.20　17-α 羟基黄体酮的碳谱(溶剂：DMSO-d6)

8.6.2　化学位移的影响因素

类似于氢谱，有机氘代试剂中通常以 TMS 中碳原子信号为化学位移零点。在式(8.11)已经讨论了屏蔽常数的各种影响因素。对于碳谱中的化学位移值而言，起决定作用的是顺磁屏蔽。

1. 取代基团的电负性

类似于氢谱，取代基的电负性越强，与取代基连接的碳原子的电子云密度下降，碳原子共振峰向低场移动。由于羰基碳原子上的电子被氧原子吸引，故羰基碳原子缺少电子，其化学位移值通常在低场，很容易被识别。

对于脂肪族的链状烷烃及其衍生物的碳原子来说，取代基的电负性是影响其化学位移值的主要因素。与电负性取代基直接相连的α-碳原子化学位移偏向低场尤其明显，β-碳原子的化学位移值也会变大。当脂肪族的碳原子不与杂原子相连时，化学位移通常在0～55 ppm，当与杂原子相连时，化学位移可达 80 ppm 甚至更大。

苯环的化学位移为 128 ppm。与取代基直接相连的苯环上碳原子的化学位移明显，变化可达约 35 ppm；取代基对邻、对位的碳原子影响也比较大，可以达到 16 ppm；对间位碳原子化学位移值几乎无影响。

2. 空间效应的影响

当脂肪链中的碳原子上的氢原子被烷基取代后，其化学位移值会变大，如 CH_3CH_3 中伯碳的化学位移是 5.7 ppm，$CH_2(CH_3)_2$ 中仲碳的化学位移是 15.4 ppm，$CH(CH_3)_3$ 中叔碳的化学位移是 24.3 ppm，$C(CH_3)_4$ 中季碳的化学位移是 31.4 ppm。与此同时，取代烷基越大，具有更多的支链，被取代的碳原子的化学位移值也越大，这些都是由取代烷基的空间效应所引起的。

3. 氢键

无论是分子内氢键或是分子间的氢键，都将使得羰基化合物上的氧原子上的孤对电子偏向氢原子，因此造成羰基碳原子更加缺少电子，其共振峰更加移向低场。

溶液的稀释或变更都可能引起样品分子化学位移大小的变化，这些都可能是改变了样品分子内的氢键或是样品与溶剂之间的氢键造成的。

8.6.3 核磁共振碳谱种类

由于 ^{13}C 的天然丰度只有 1.1%，而 ^{12}C 自旋量子数为零，因此可以忽略碳原子之间的耦合作用。与此同时，^{1}H 的天然丰度接近 100%，碳原子很容易被相连或相邻的氢原子分裂，造成谱图的异常复杂。例如，图 8.21(a)是未去耦的乙醇甲基的碳谱，它被甲基上和相邻的亚甲基上的 ^{1}H 分裂成多重峰。这种情形与氢谱中一般难以观察到碳原子对氢原子的分裂，即所谓的 ^{13}C 的卫星峰是不同的。

1. ^{13}C 与 ^{1}H 的耦合常数

^{13}C 与 ^{1}H 最重要的耦合常数是 $^{1}J_{^{13}C—^{1}H}$，对它的大小起决定作用的是 C—H 键中 s 电子的比例。对于 CH_4(sp^3 杂化)，s 电子的比例约为 25%，^{1}J 是 125 Hz；对于 CH_2CH_2(sp^2 杂化)，s 电子的比例约为 33%，^{1}J 是 157 Hz；对于 C_6H_6(sp^2 杂化)，s 电子的比例约为 33%，

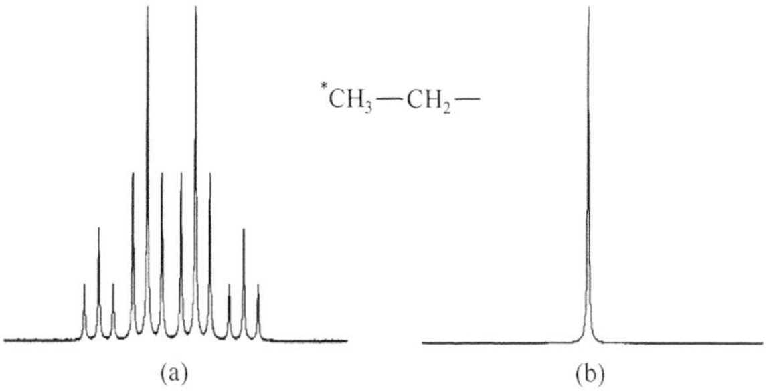

图 8.21　乙醇的甲基碳原子的碳谱
(a) 未对 ^{1}H 原子去耦；(b) 对 ^{1}H 原子宽带去耦

^1J是 159 Hz；对于 CH≡CH(sp 杂化)，s 电子的比例约为 50%，^1J是 249 Hz。

正是因为 ^1J 值很大，将有可能造成碳谱谱线相互重叠，因此有必要在采集碳谱时对 ^{1}H 进行去耦照射。

需要注意的是，除了 C—H 键中 s 电子的占比外，取代基的电负性也会对 ^1J 大小造成影响。例如，取代甲烷随着取代基电负性增加，^1J 可增大约 40 Hz。

$^2J_{C—H}$ 可以达到约 60 Hz，$^3J_{C—H}$ 一般在十几赫兹左右，并且与位置相关，类似于 Karplus 方程。但是在芳环中，$^2J_{C—H}$ 的值小于 $^3J_{C—H}$ 的值。$^4J_{C—H}$ 通常小于 1 Hz。

2. 宽带去耦

宽带去耦是目前最常用的去耦碳谱实验。在检测碳谱时，同时用一个短而强的脉冲对样品中 ^{1}H 的共振频率进行照射，相当于激发了样品中所有的 ^{1}H，使其在不同的自旋状态下来回跃迁。这样在宏观采样过程中，氢原子不同的自旋状态会被平均掉，^{13}C 原子与 ^{1}H 原子的耦合被全部去掉，每个 ^{13}C 仅表现出一条谱线。图 8.21(b)是对 ^{1}H 原子宽带去耦的乙醇甲基的碳谱。

宽带去耦的碳谱脉冲序列除了能简化谱图外，还可以提高碳原子谱线的信噪比。当对样品中的 ^{1}H 进行照射时，^{1}H 被激发，它可以通过与 ^{13}C 相连的共价键将能量传递给相连的 ^{13}C，即核的 Overhauser 效应(nuclear Overhauser effect，NOE)。由理论计算可知，NOE 最大可以导致 ^{13}C 的信号增加到原来的 3 倍。由于 NOE 效应与 C 原子级数相关，因此宽带去耦的碳谱一般不积分。

3. 反转门控去耦

反转门控去耦是与宽带去耦比较类似的一种去耦碳谱实验。相较于宽带去耦实验，反转门控去耦实验在系统的弛豫等待阶段，并不对 ^{1}H 进行照射，只是在采样过程对 ^{1}H 进行去耦照射。由于能量从 ^{1}H 传递给 ^{13}C 需要一定时间，这样 NOE 刚刚发生，采样已经基本结束。因此，碳谱中影响 ^{13}C 积分准确性的 NOE 被最小化，同时保留了对 ^{1}H 去耦、简化谱图的优点，但比常规的宽带去耦碳谱需要耗费更多的机时(图 8.22)。

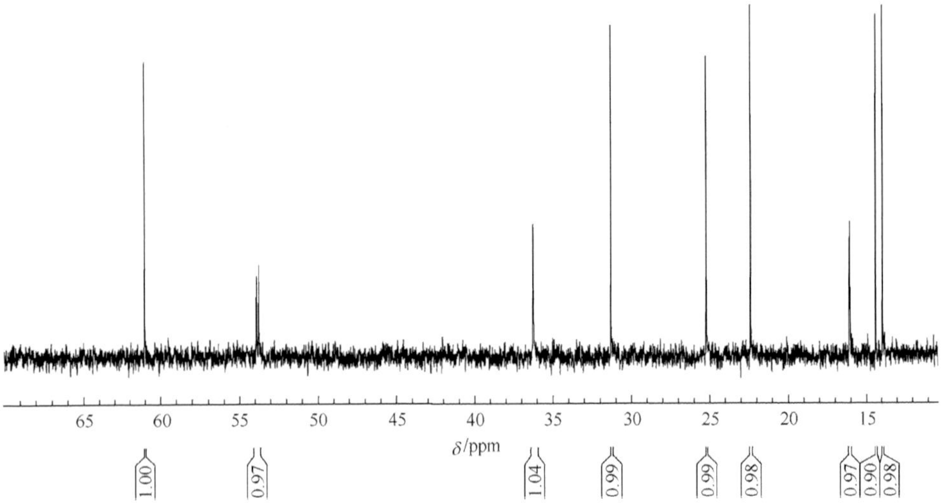

图 8.22　蔗糖的反转门控去耦碳谱(溶剂为 D_2O，积分面积与 ^{13}C 原子个数成正比)

8.6.4　^{13}C 级数的确定

在常规的去耦碳谱上通常是不能直接判断哪些信号属于伯碳、哪些属于仲碳、哪些属于叔碳、哪些属于季碳，因此需要能够对碳原子级数进行判断。目前通常采用的方法是无畸变极化转移增强(distortionless enhancement by polarization transfer，DEPT)技术，它又细分为三种脉冲序列：DEPT45、DEPT90、DEPT135。可以用表 8.5 来总结 DEPT 脉冲序列与常规去耦碳谱对不同级数的碳原子的检测结果。

表 8.5　DEPT 脉冲序列与常规去耦碳谱对不同级数的碳原子的检测结果

脉冲序列	伯碳	仲碳	叔碳	季碳
DEPT45	↑	↑	↑	不出峰
DEPT90	不出峰	不出峰	↑	不出峰
DEPT135	↑	↓	↑	不出峰
常规碳谱	↑	↑	↑	↑

注：↑表示正向出峰；↓表示出倒峰。

8.6.5　核磁共振碳谱常见试剂

碳谱中还需要区分溶剂峰的信号。表 8.6 列出了常见氘代试剂的溶剂峰化学位移及峰形。由于水中没有碳原子，因此碳谱中看不见水的信号。

表 8.6　碳谱中常见氘代试剂的溶剂峰　　单位：ppm

溶剂	化学位移	峰形
$CDCl_3$	77.2	三重峰
acetone-d6	30.0(甲基) 206.3(羰基)	七重峰(甲基) 单峰(羰基)

续表

溶剂	化学位移	峰形
CD_3OD	49.0	七重峰
C_6D_6	128.1	三重峰
DMSO-d6	40.0	七重峰

8.6.6　二维谱简介

自从 20 世纪 70 年代 Ernst 教授小组首次成功地实现了二维核磁共振实验，核磁共振技术就进入了一个全新的时代。20 世纪 80 年代是二维共振飞速发展的 10 年，各种各样的脉冲序列层出不穷，使二维谱在有机化合物的结构鉴定，分子在溶液中的三维空间结构的测定和分子动态过程的研究中得到了广泛应用。

1. 二维谱表现形式

二维谱实际上是由若干个一维谱“拼接”而成，因此二维谱通常比一维谱费机时，分辨率也远远落后于一维谱。尽管如此，二维谱比较直观地观察原子与原子、基团与基团之间相对关系，而避免一维谱烦琐的耦合分析，使得分析人员经过简单培训就能够进行有机小分子化合物的结构推断。

二维谱一般有两种表现形式：一种称为堆积图，另一种称为等高线图(图 8.23)。堆积图由许多条“一维”谱线紧密排列而成，其优点是直观、有立体感；其缺点是难以准确给出共振峰的频率，较强的信号后面可能还藏有较弱的信号，并且作图较烦琐。等高

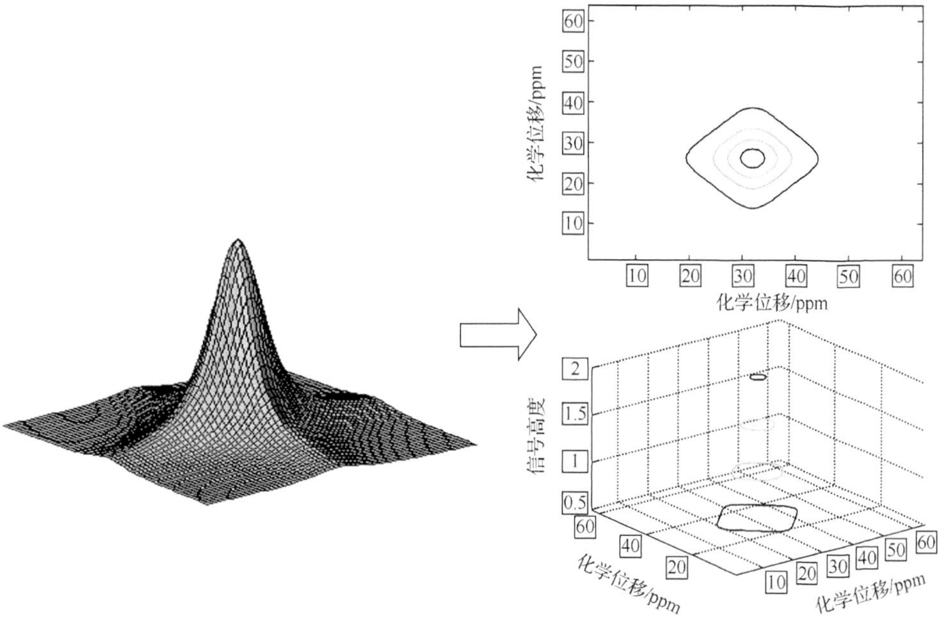

图 8.23　二维谱等高线图

线图类似于地图的等高线，横坐标和纵坐标分别代表直接维和间接维的化学位移，信号峰最中心的圆圈代表峰的中心位移，圆圈的多少代表信号的强度：最外面的圆圈代表一定强度的截面，里面第二圈、第三圈代表按照一定规律依次增高的截面。等高线图易于识别出信号的中心频率，作图较快，缺点是可能漏掉较低强度的信号。二维谱多采用等高线图。

2. ^{1}H-^{1}H COSY

^{1}H-^{1}H COSY(correlated spectroscopy，相关谱)是最简单也是第一个二维谱。它最基本的脉冲序列只包含两个 90°脉冲。间隔 2～3 个共价键的 ^{1}H 耦合，在二维谱上显示一个交叉峰。

图 8.24 显示了乙醇分子的 ^{1}H-^{1}H COSY 谱图(DMSO-d6)。可以发现，3.44 ppm 的亚甲基质子信号分别与 4.33 ppm、1.05 ppm 的 ^{1}H 信号有交叉信号，说明亚甲基 ^{1}H 与甲基 ^{1}H 和羟基 ^{1}H 之间有 ^{2}J 或 ^{3}J 耦合，而没有观察到 4.33 ppm 与 1.05 ppm 之间的交叉信号，说明甲基 ^{1}H 与羟基 ^{1}H 之间没有 ^{2}J 或 ^{3}J 耦合。通过分析可以知道在乙醇分子中，亚甲基处于分子中间，而甲基和羟基分别在亚甲基两端。

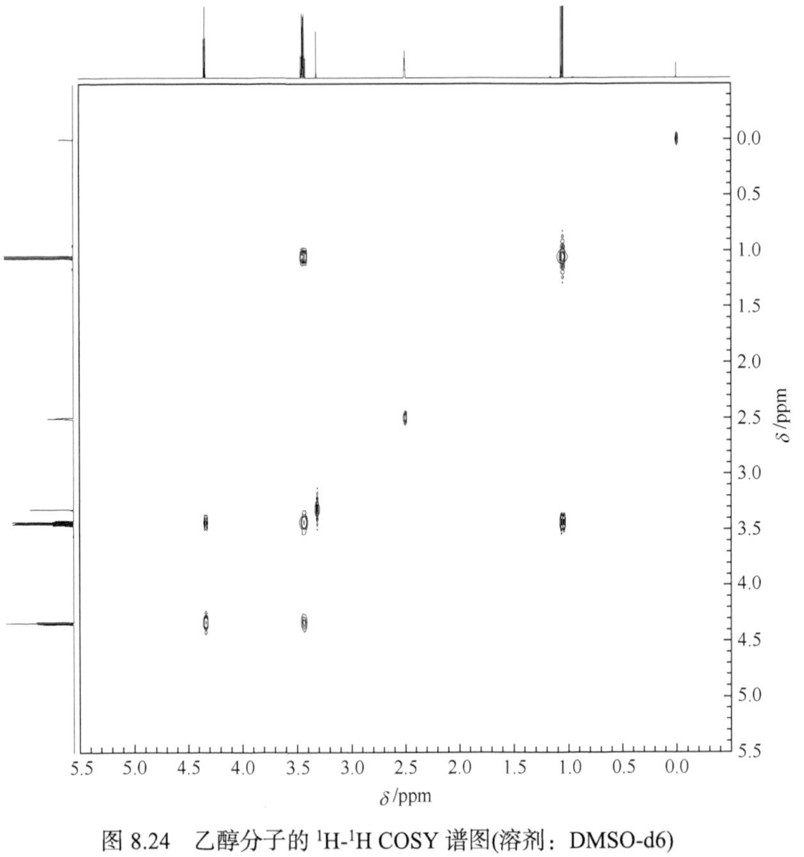

图 8.24　乙醇分子的 ^{1}H-^{1}H COSY 谱图(溶剂：DMSO-d6)

3. ^{1}H-^{1}H NOESY/ROESY

当两个原子核在空间上靠近时(通常认为小于 5 Å)就可能有 NDE 效应，而与它们之间相隔的化学键的数目无关，因此 NOE 是研究分子三维空间结构的重要工具。

NOE 谱图可以采用一维谱形式，称为 NOE 差谱；也可以采用二维谱形式，称为核欧沃豪斯效应谱(nuclear Overhauser effect spectroscopy，NOESY)。采集 NOE 差谱时，需首先采集一个普通氢谱，再选择其中的某个信号进行照射，记录此时的谱图。将普通氢谱与选择性照射得到的谱图相减，就得到了 NOE 信息。NOE 差谱中可以出现正峰，也可以出现负峰。NOE 差谱的灵敏度通常比二维 NOESY 谱图好，但是 NOESY 谱图可以用一张谱图显示出所有基团之间的 NOE，因此应用面很广。

当样品相对分子质量小于 800 或大于 2000 时，通常采用 NOESY 脉冲序列以获得较好的 NOE 信号；当样品相对分子质量为 800～2000 时，通常直接做 NOE 实验信号较差，可以改用旋转坐标系中的 NOESY 实验，即旋转坐标系下的核欧沃豪斯效应谱(ROESY)实验来观察 NOE。

4. HMQC 与 HSQC

异核多量子相关谱(heteronuclear multiple quantum coherence spectroscopy，HMQC)与异核单量子相干谱(heteronuclear single quantum coherence spectroscopy，HSQC)是把 ^{1}H 核与和它直接相连的 ^{13}C 关联起来的二维谱。当然通过修改实验参数，也可以用类似的实验把 ^{1}H 核与和它直接相连的 ^{15}N 或 ^{31}P 核关联起来。

5. HMBC

异核多键相关谱(heteronuclear multiple bond correlation spectroscopy，HMBC)谱图可以把 ^{1}H 核与远程耦合的 ^{13}C(通常可以相隔 2～5 个共价键)关联起来，是未知有机小分子结构推导最重要的谱图。在 ^{1}H-^{1}H COSY 和 HMQC 等谱图中，当结构片断中出现季碳时，由于缺少氢原子的耦合关系，随后的推导往往受阻，而 HMBC 谱图通常可以轻易地将季碳两边的片断连接起来，是研究小分子结构的一种重要的二维谱图。

8.7　NMR 的发展历史和趋势

8.7.1　NMR 的发展历史

1924 年，Pauli 在理论上提出原子核自旋及核磁矩等概念。1938 年，Rabi 提出用共振方法记录原子核的磁性质，应用磁场中的原子束偏转实验证实：原子核会吸收特定频率的能量而发生能级翻转，获得了 1944 年诺贝尔物理学奖。1946 年，哈佛大学 Purcell 小组观测到石蜡中质子的核磁共振信号，几乎同时，斯坦福大学 Bloch 小组也观测到液态水的核磁共振信号，为核磁共振波谱学奠定了理论和实验基础，他们两人也因此分享了 1952 年诺贝尔物理学奖。随后，Proctor 等在 1950 年、Arnold 等在 1951 年分别发现了化学位移现象，接着 Hahn 和他的同事又发现了自旋耦合现象，所有这些都表明核磁共振技术可以用来研究分子结构，这引起了科学家的极大兴趣。

从 20 世纪 50 年代到 60 年代，核磁共振主要采用的是连续波技术，因此被研究的核一般仅是有较高天然丰富和较大旋磁比的核，如 ^{1}H 和 ^{19}F。随着科学技术尤其是电子计算机技术的飞速发展，Ernst 和 Anderson 在 1966 年实现了脉冲傅里叶变换核磁共振实验，大大提高了核磁共振的检测灵敏度，并可以用不同的脉冲组合来加工核自旋体系的哈密顿量，然后得到特定的分子结构信息。脉冲傅里叶变换的引入是核磁共振技术的一次革命性飞跃。

随着一维脉冲傅里叶变换技术的发展，Jeener 在 1971 年提出了具有两个独立时间变量的核磁共振实验，首先引入了二维谱概念。三年之后 Ernst 小组首次成功地实现了二维核磁共振实验，从此核磁共振技术进入了一个全新的时代。Ernst 也因此获得了 1991 年诺贝尔化学奖。

8.7.2 NMR 的发展趋势

1. 谱仪分辨率、灵敏度逐渐提高

1988 年高分辨 600 MHz 核磁共振波谱仪刚刚开始商品化，1995 年 800 MHz 的超高分辨的核磁共振仪器又研制成功。目前 1000 MHz 的谱仪已经成功进行了商业化，1200 MHz 的谱仪已经试制成功，进行稳定性测试。随着谱仪场强增加，仪器的分辨率、灵敏度也在稳步提高。超低温探头的出现，可以有效降低线圈的热背景噪声，在不提高磁场强度的前提下提高谱仪灵敏度。

2. 核磁共振波谱仪与其他分析手段联用

核磁共振波谱仪常与高效液相色谱(high performance liquid chromatography，HPLC)联用。HPLC 是非常好的样品组分分离手段，而核磁共振技术是很好的成分分析鉴定方法，二者联用可以有效地进行复杂混合物的组分鉴定。

3. 多种脉冲序列的应用

现在的核磁共振波谱仪已经自带了多种脉冲序列，每年还会新增许多新的脉冲序列来实现特定的实验效果。最早的核磁共振波谱仪只能作一维谱，而且通常检测 ^{1}H 这个灵敏度最高的核；现在的谱仪已经可以轻松实现 ^{11}B、^{13}C、^{17}O、^{31}P、^{51}V、^{199}Hg 等多种原子的一维谱检测。随后为了提高谱图的分辨率，将在一维谱上不易分开的信号通过第二个时间变量区分，就出现了通过两次傅里叶变换得到的二维谱。随着生命科学的兴起，尤其是基因组学、蛋白质组学的飞速发展，人们迫切需要知道生物大分子的三维结构。随着同位素标记技术的发展，三维谱图、四维谱图使核磁共振技术能够与 X 射线衍射技术一起共同推算生物大分子的空间结构。当然由于谱仪分辨率的限制，核磁共振技术目前只能解决相对分子质量不超过 40000 的分子。

同时，*J* 分解、自旋扩散排序谱(diffusion-ordered spectroscopy，DOSY)等准二维谱实验在现在许多核磁共振实验室已经能顺利开展。针对二维谱耗时较多等缺点，近年来又出现了快速二维实验(automated projection spectroscopy，APSY)，可以将常规的二维谱由 1～2 h 缩短至几分钟。

4. 定量核磁共振检测

核磁共振技术从诞生的时刻起就具备定性判断和定量检测两种功能，只是因为当时谱仪的灵敏度较差，核磁共振检测技术往往局限于定性分析。随着核磁共振波谱仪的发展，检测灵敏度已经大大提高，可以利用核磁共振技术开展定量检测。

内标法为 NMR 定量分析中最常用的方法：在样品溶液中直接加入一定量内标物后，进行核磁共振测定。它的基本原理是：在适当的条件(适当的弛豫时间，合适的 90°脉冲时间等)下，核磁共振信号中某一个峰的面积 I 和其对应的原子核数目 N 成正比。在同一个谱图中，两种原子核所对应的共振线有以下关系：

$$\frac{I_x}{I_y}=\frac{N_x}{N_y} \tag{8.15}$$

式中，x 和 y 分别为同一谱图中，化学位移不相同的两种原子核。在式(8.15)中，I_x/I_y 可以通过未知物与内标物的积分面积比得到，而加入内标物的量是已知的，因此可以推算未知物的量。

内标物的选择通常有以下要求：不与待分析物质的信号重叠；容易被除去以利于样品回收；不与待测体系反应；在分析过程中稳定；无毒或毒性较小；成本低等。

5. 固体核磁共振波谱仪

在液相 NMR 飞速发展的同时，固体 NMR 也取得了长足发展，固体核磁探头已经实现商品化。由于偶极-偶极耦合、化学位移各向异性以及核四极矩等因素的影响，固体 NMR 谱仪的分辨率和灵敏度远逊于液相 NMR 谱仪。例如，液相 NMR 谱仪重水的 ^{2}H 信号的半峰宽约为 6 Hz，而固体 NMR 谱仪的 ^{2}H 信号的半峰宽可以超过几万赫兹。尽管如此，在某些情况下，相较于液相 NMR 技术，固体 NMR 更有优势：如某些样品根本不溶于氘代试剂，因此无法用液相 NMR 谱仪检测；某些样品可以溶于浓酸，但一旦溶解，其固体结构将发生变化；用溶剂抽提某些组织器官做代谢组学研究时，抽提过程可能会漏掉一部分物质，而这部分物质有可能是非常重要的代谢中间产物。

高分辨固体 NMR 技术是在固体转子中加入少量重水，因此可以锁场、匀场，可以采集氢谱、碳谱和其他谱图。它的分辨率和灵敏度稍弱于液相 NMR 谱图，但远好于传统的固体 NMR 谱图。它适用于凝胶、肝脏等半固体材料的检测。

6. 微成像附件

在固体 NMR 谱仪上添加微成像附件，就可以利用固体 NMR 谱仪的强磁场部分完成核磁共振成像(magnetic resonance imaging，MRI)的功能。这种技术模糊了传统的 NMR 和 MRI 的界限。一方面，由于固体 NMR 谱仪的磁场通常强于医院 MRI 的磁场，而且梯度场更大，通常也不受人体检测安全性的限制，因此微成像附件的分辨率和灵敏度远高于医用 MRI，并且可以采集 ^{19}F、^{31}P 的成像。另一方面，受固体 NMR 谱仪中心管尺寸的限制，微成像附件只能进行小鼠、斑马鱼等小动物的活体检测，限制了其研究范围。

8.8 应用实例

1. 实例一　乙基苯的高分辨 NMR 氢谱和碳谱

近年来，随着电子技术、材料科技的发展，核磁共振技术获得了长足发展，NMR 谱仪的磁场强度越来越大，分辨率和灵敏度越来越高。图 8.25 是乙基苯(溶剂 $CDCl_3$)在 800 MHz NMR 谱仪中的氢谱。

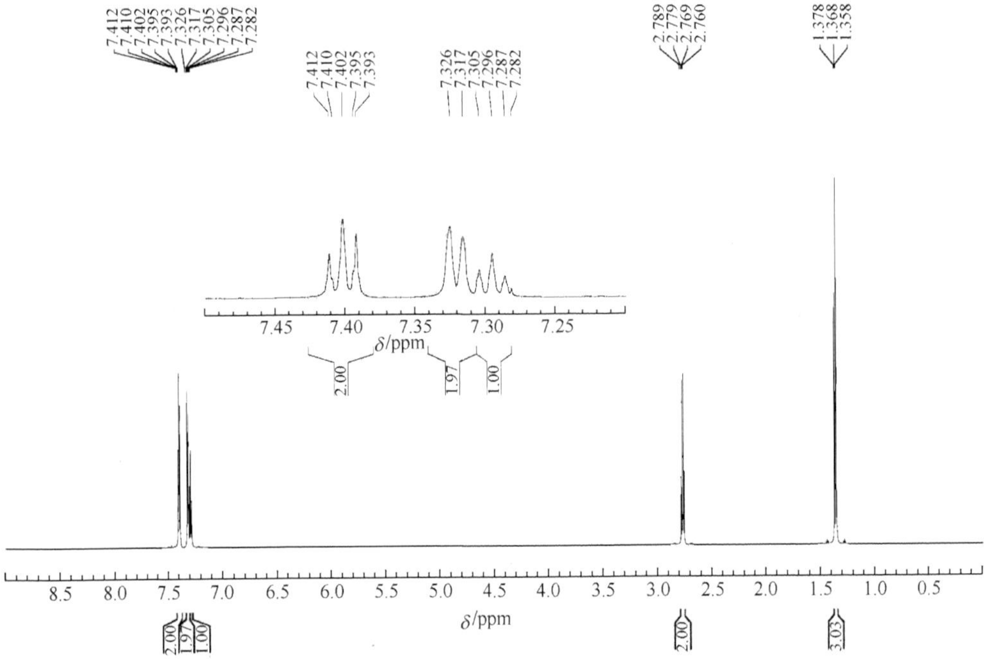

图 8.25　乙基苯(溶剂 $CDCl_3$)在 800 MHz NMR 谱仪中的氢谱

通过化学位移 1.37 ppm 的积分面积为 3 的三重峰，以及化学位移 2.77 ppm 的积分面积为 2 的四重峰，可推断分子内含有一个乙基。化学位移 7.3 ppm 附近出现的粗看双重峰，细看三组八重峰，积分面积 2 + 2 + 1 = 5，说明是单取代苯。

由于乙基的电子效应对苯环氢的化学位移影响不大，各氢核之间的自旋耦合会相互重叠，如果是用磁场强度和分辨率较低的 NMR 谱仪测定乙基苯，单取代苯环上的 5 个氢难以区分，会出现积分面积为 5 的宽单峰。但是，在高分辨的 NMR 谱仪中，邻、间、对位氢核的化学位移可以区分，自旋耦合导致的裂分清晰可见，化学位移 7.3 ppm 附近出现三组信号，从低场到高场，分别是积分面积为 2 的三重峰(间位 2H)、积分面积为 2 的双重峰(邻位 2H)和积分面积为 1 的三重峰(对位 1H)。

碳原子级数的判断在 NMR 碳谱的解析中是非常重要的。图 8.26 是乙基苯的 DEPT135、DEPT90、DEPT45 和宽带去耦碳谱。将乙基苯的常规碳谱与 DEPT 系列的谱图对比，就可以非常容易地推断出碳原子级数。首先，将普通碳谱与 DEPT45 谱图对比，DEPT45 谱图缺失的信号即为 3 号位季碳的信号与溶剂 $CDCl_3$ 的信号($CDCl_3$ 中的 C 原子与 ^2H 相连，并不与 ^1H 相连，所以是季碳)。再观察 DEPT90 谱图，确定 4 号位、5 号位、6 号位叔碳的信号。最后，在 DEPT135 谱图中，29 ppm 处向下的信号是 2 号仲碳的信号；16 ppm 处向上的信号归属于 1 号伯碳。通过以上步骤，可以完成对乙基苯不同碳原子级数的推断。由于 DEPT45 谱图提供的信息可以全部从 DEPT135 谱图得到，而 DEPT135 谱图还能给出仲碳这个额外信息，所以在实际检测过程中，可以不做 DEPT45 实验，只需要做 DEPT135、DEPT90 及普通碳谱即可推断出全部碳原子级数。

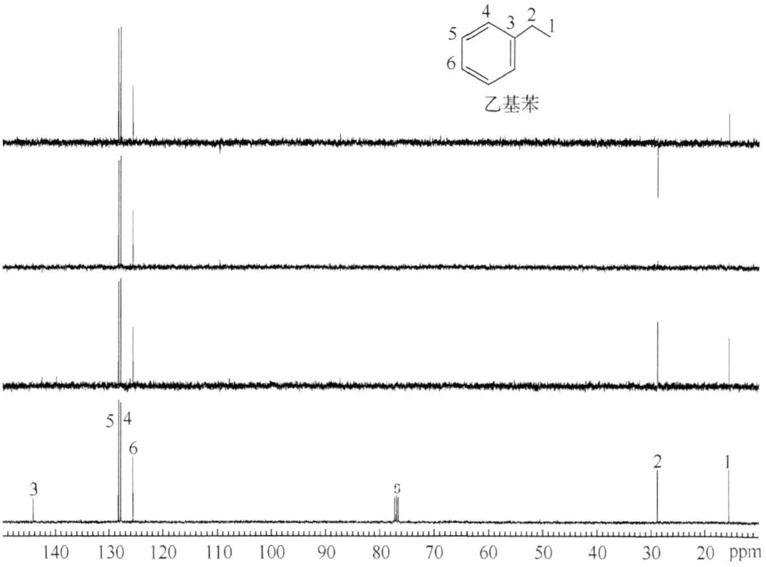

图 8.26　乙基苯的 DEPT 和普通碳谱谱图

从上到下分别是 DEPT135、DEPT90、DEPT45、宽带去耦碳谱。s 代表溶剂 $CDCl_3$ 的信号

2. 实例二　NMR 定量检测水样中的氘

重水已经被广泛应用于农业、生物学、化学及医学等很多领域。在生物代谢组学示踪学中，低浓度重水的检测已经变得越来越重要；高浓度重水既是反应堆的冷却剂又是减速剂，为了确保反应堆的运行安全，也必须对重水的浓度进行严格监控。重水浓度分析方法很多，核磁共振技术也可定量检测水中氘元素的含量。该方法简便、快速、无须烦琐的样品前处理、灵敏度高、检测范围宽，可以满足多方面的应用。

本小节实验在瑞士布鲁克公司 Avance Ⅱ-600 MHz NMR 谱仪上完成，配备 5 mm TXI 反相三共振探头，BCU05 控温单元。^{1}H-NMR 的观察频率为 600.13 MHz，^{2}H-NMR 的观察频率为 92.12 MHz，所有实验都控温在 300.0 K。

经过仪器参数的优化，氘浓度的检测范围非常广：从氘同位素的天然丰度 0.155%直到近乎 100%。为了提高检测的准确性，可根据氘的不同浓度，使用不同的检测方法。当氘浓度为 0.015%～5%时，可以直接采用核磁共振氘谱来确定氘的浓度(图 8.27)；当浓度大于 5%时，采用核磁共振氢谱，通过确定氢原子的浓度来间接地计算得到氘原子的浓度。氢谱因为不同的内标又分为两种情况，见表 8.7。将实验结果和常规的傅里叶变换红外光谱仪的检测结果对比，并对真实水样品进行了加标回收，其结果令人满意。

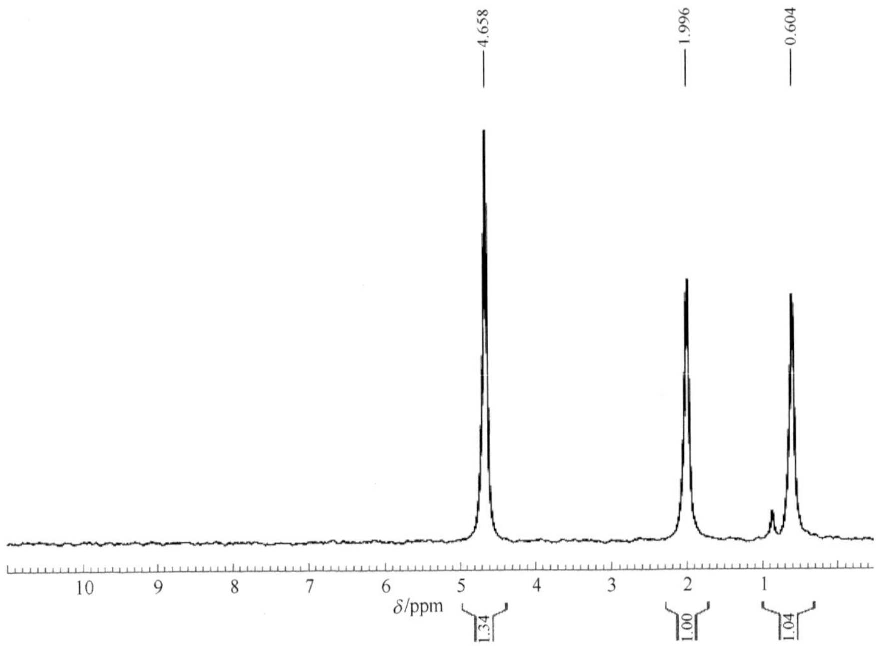

图 8.27　重水和内标 TMSP 的 ^{2}H-NMR 谱

表 8.7　实验方案

氘浓度(质量分数)	检测谱图	内标
0.015%～5%	^{2}H-NMR	TMSP
5%～90%	^{1}H-NMR	乙酸
90%～100%	^{1}H-NMR	TMSP

习题与拓展

1. 什么是核磁共振？核磁共振定性与定量分析的依据是什么？
2. 下面哪些原子核没有核磁共振信号，为什么？
   ^{1}H、^{2}H、^{12}C、^{13}C、^{14}N、^{15}N、^{16}O、^{17}O、^{19}F、^{32}S、^{33}S
3. 自旋量子数 $I = 1$ 的核在磁场中有几种空间取向？
4. 什么是化学位移？某甲基氢在 200 MHz 的核磁共振波谱仪上的化学位移为 2.0 ppm，与 TMS 的频率差为多少？若换成 600 MHz 的核磁共振波谱仪，它的化学位移以及与 TMS 的频率差又各是多少？
5. 从原理、仪器和分析应用上比较核磁共振波谱法与红外吸收、紫外-可见吸收光谱法的异同。
6. 比较碳谱和氢谱的异同，并说明在解析谱图时各有什么优越性？
7. 以氘代甲醇 MeOD-d4 作溶剂的氢谱，溶剂残留峰出峰位置在 3.31 ppm 左右，简要分析它是几重峰，为什么？

8. $CDCl_3$ 的碳谱是几重峰？为什么？

9. 简要论述 NMR 的发展历史。

10. 化合物 C_9H_{12} 的核磁共振氢谱图如下，试解析此化合物的结构。

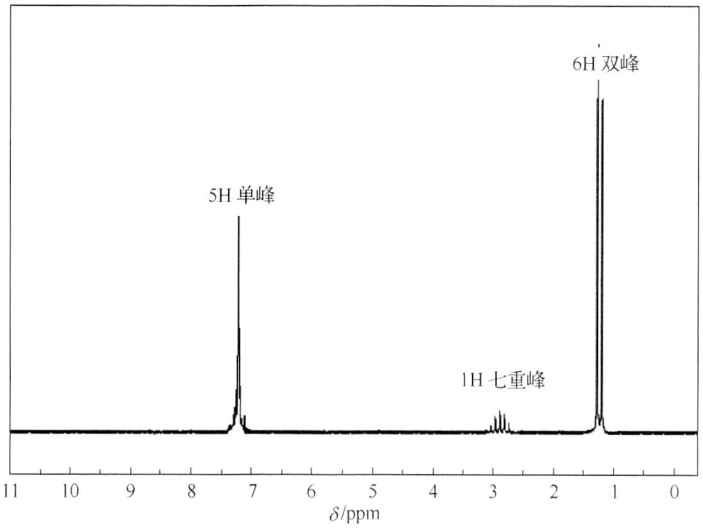

11. 化合物 $C_{10}H_{12}O_2$ 的核磁共振氢谱图如下，试解析此化合物的结构。

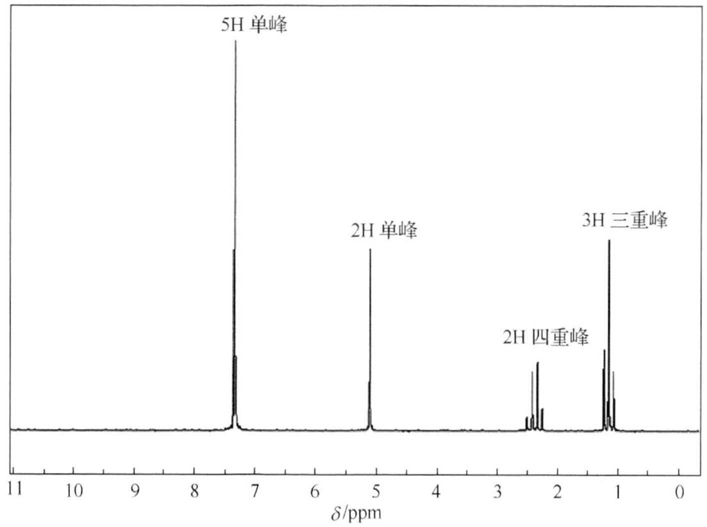

12. 蔗糖的平面结构式和氢谱如下图所示，5.30 ppm 附近的 ¹H 信号应该对应蔗糖几号位的 ¹H？并简述理由。

13. 拓展练习：

(1) 查阅一篇与核磁共振波谱法相关的文献，结合本章的知识点对文献进行解读，需包括：简要的文献总结、章节知识点与文献内容的关联以及改进的思考。

(2) 查阅资料，归纳总结核磁共振波谱法在仪器部件和分析应用上的发展创新，需列出相应的参考文献。

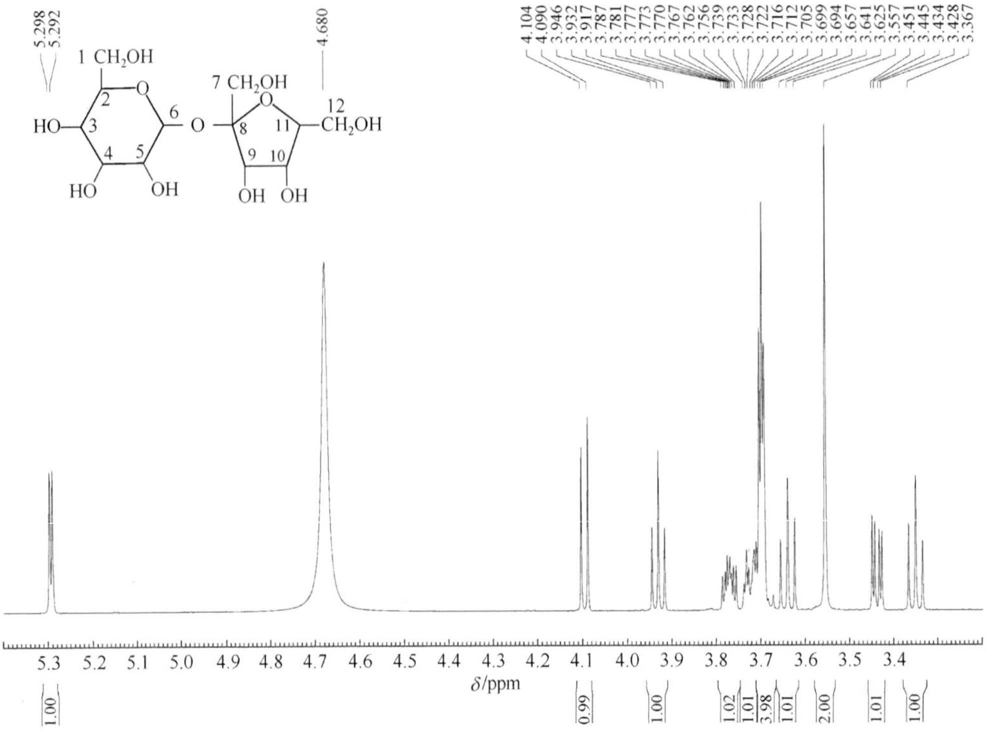

参 考 文 献

国家药典委员会. 2020. 中华人民共和国药典(四部). 北京: 中国医药科技出版社.

宁永成. 2000. 有机化合物结构鉴定与有机波谱学. 2 版. 北京: 科学出版社.

武汉大学. 2018. 分析化学(下册). 6 版. 北京: 高等教育出版社.

周向葛, 徐开来. 2022. 波谱解析. 2 版. 北京: 化学工业出版社.

Gottlieb H E, Kotlyar V, Nudelman A. 1997. NMR chemical shifts of common laboratory solvents as trace impurities. The Journal of Organic Chemistry, 62(21): 7512-7515.

Ma X, Deng P, Wang X, et al. 2012. Direct determination of deuterium of wide concentration range in water by nuclear magnetic resonance. Talanta, 97: 450-455.

Qu R, Shan L, Sun Q, et al. 2021. Quantification of ^{13}C, ^{15}N labelled compounds with ^{13}C, ^{15}N edited ^{1}H nuclear magnetic resonance spectroscopy. Talanta, 224: 121839.

二维核磁谱的
应用

第 9 章　电化学分析导论

电化学分析法(electrochemical analysis)或电分析化学法(electroanalytical chemistry)是根据物质的电学、电化学性质及其变化规律，建立在以电位、电导、电流和电量等电学量与被测物质某些量之间的计量关系对组分进行表征与测量的一类分析方法，是仪器分析的一个重要分支。利用电学参数不仅可以对物质的组成和形态进行分析，还可以对其含量进行定性和定量测定。

电化学分析作为分析手段，所用仪器简单、便于小型化、易与计算机联机实现自动化，因此是当代分析化学的重要分支之一。自 20 世纪 80 年代中期以来，电化学分析已从经典的极谱分析、固体电极及固/液界面研究、电解分析、电化学滴定等，逐渐发展到电极界面的修饰与组装、电化学生物传感器、电化学免疫分析、生命电化学分析等领域。特别是微电极的发展，界面剪裁和单分子层的设计，生物组分和电化学转换器之间的耦合，电化学技术与其他学科和技术(如材料科学、纳米技术、生物技术等)的交叉融合，已经使电化学分析得到更大程度的普及，并促进一系列新方法、新技术的产生，对生命科学、信息科学、材料科学、环境科学、医学检验等的发展具有重要推动作用。

9.1　化 学 电 池

电化学反应通常在电化学池中进行，因此将化学能和电能相互转变的装置称为电化学池(electrochemical cell)，简称电池。电池是电化学分析法中必不可少的装置。简单的电池主要由电解质溶液和浸入溶液的两个电极组成，两个电极被电解质溶液隔开并与外电路相连接。一个电极与它所接触的电解液组成一个半电池(half cell)，两个半电池构成一个电池。如果两个电极浸在同一个电解质溶液中，则称为无液体接界电池[图 9.1(a)]；如果两个

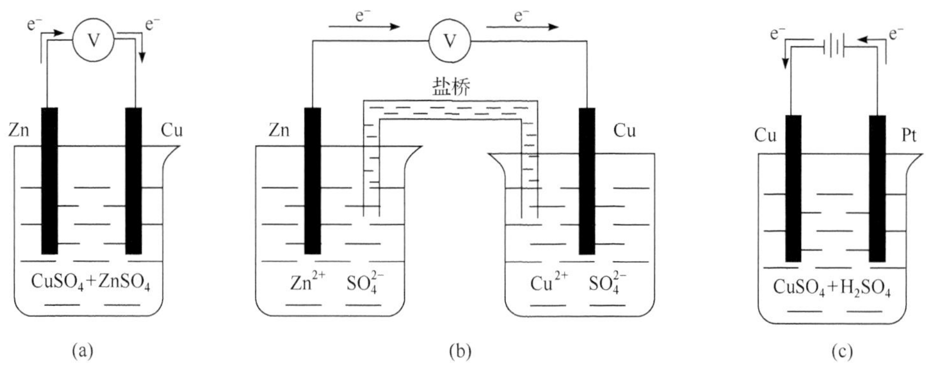

图 9.1　电化学电池的类型

(a) 无盐桥原电池；(b) 使用盐桥的原电池；(c) 电解池

电极分别浸在两种不同的电解质溶液中，两溶液用盐桥(salt bridge)相连，这样的电池称为有液体接界电池(liquid junction cell)，如图 9.1(b)所示。盐桥的作用是为了避免两种电解质溶液很快的机械混合，同时又能让离子通过。

9.1.1 原电池和电解池

根据化学能和电能的转换不同，电池可分为原电池(galvanic cell)和电解池(electrolytic cell)。

原电池是能自发地将化学能转变成电能的装置，在外电路接通的情况下，反应能够自发进行并向外电路供给电能[图 9.1(a)和(b)]。电解池需要从外部电源提供电能迫使电流通过，使电池内部发生电极反应，是一个由电能转化成化学能的装置[图 9.1(c)]。

例如，将锌片和铜片分别放入 $ZnSO_4$ 和 $CuSO_4$ 溶液中，两溶液通过盐桥相连，便构成有液体接界的锌-铜原电池[图 9.1(b)]。当两电极用导线接通后：由于 Zn 比 Cu 的标准电极电位更负，因此 Zn 原子易失去电子，发生氧化反应，产生 Zn^{2+}而进入溶液相。其反应为

$$Zn = Zn^{2+} + 2e^-$$

Zn 原子失去的电子由锌电极通过外电路流到铜电极上，并被溶液中的 Cu^{2+}接受，使 Cu^{2+}被还原成 Cu 而沉积在铜电极上，因此铜电极上发生还原反应：

$$Cu^{2+} + 2e^- = Cu$$

电池的总反应为

$$Zn + Cu^{2+} = Zn^{2+} + Cu$$

通常将发生氧化反应的电极称为阳极(anode)，发生还原反应的电极称为阴极(cathode)。因此，由锌和铜两电极组成的电池中，锌电极为阳极，铜电极为阴极。电子从阳极(锌电极)通过外电路流向阴极(铜电极)，习惯上人为规定电流的方向与电子流动的方向相反，即电流从正极流向负极。所以铜电极的电位较高，为正极(+)；锌电极的电位较低，为负极(−)。

为了简化，常用符号表示化学电池。上述锌-铜电池的图解表达式为

$$(-)\ Zn\,|\,ZnSO_4(0.1\ mol/L)\,||\,CuSO_4(0.1\ mol/L)\,|\,Cu\ (+)$$

电池图解表达式规定如下：

(1) 规定左边电极上进行氧化反应，右边电极上进行还原反应。即将阳极及与其相接触的溶液写在左边，将与阴极相关的部分写在右边。

(2) 用“|”表示金属和溶液的两相界面或不混溶的两种溶液之间的界面；“‖”表示两电解质溶液用盐桥相连，其液体接界电位已完全消除。

(3) 电解质位于两电极之间，溶液注明活度(或浓度)；当溶液中存在多种组分时，用逗号“,”隔开，如有气体，应标明压力和温度，若不注明，则指 25℃及 100 kPa(标准

状态)。

(4) 气体或均相的电极反应，反应物本身不能直接用作电极，需要用惰性电极(如铂、金、玻碳等)来传导电流。

9.1.2　电池电动势

任何自发电池都有一定值的电动势，称为电池电动势(E)。其产生是由于两个电极各与其溶液界面之间存在电位差，称为电极电位(φ)。此外，溶液与溶液之间也存在一定的电位差，称为液体接界电位(简称液接电位，$\varphi_{液接}$)。习惯上，将阳极写在左边，阴极写在右边。因此，该电池的电动势 E 为右边的电极电位($\varphi_{右}$)与左边的电极电位($\varphi_{左}$)差与液接电位($\varphi_{液接}$)的代数和：

$$E_{池}=\left(\varphi_{右}-\varphi_{左}\right)+\varphi_{液接} \tag{9.1}$$

根据式(9.1)计算得到的电动势 $E_{池}$ 若为正值，表示该电池反应能够自发进行，是一个原电池[图 9.1(a)和(b)]；反之，若 $E_{池}<0$，则为电解池[图 9.1(c)]，此时需要施加一个大于电池电动势的外加电压，才能强制发生电池反应。无论是原电池还是电解池，发生氧化反应的电极称为阳极，发生还原反应的电极称为阴极。

9.1.3　液接电位与盐桥

当两个不同的溶液(不同浓度或不同溶液)相接触时，由于浓度差的原因，在它们的相界面上会产生离子迁移。例如，两种不同浓度的 HCl 溶液相接触时(图 9.2)，浓度高的 H^+和 Cl^-均会由高浓度向低浓度发生扩散。但由于 H^+的扩散速率比 Cl^-大，结果引起界面上正负电荷数不等而产生电位差。电位差的产生会减慢 H^+的扩散速率，而加快 Cl^-的扩散，最后达到平衡状态，使两溶液界面产生一稳定的电位差，称为液接电位。

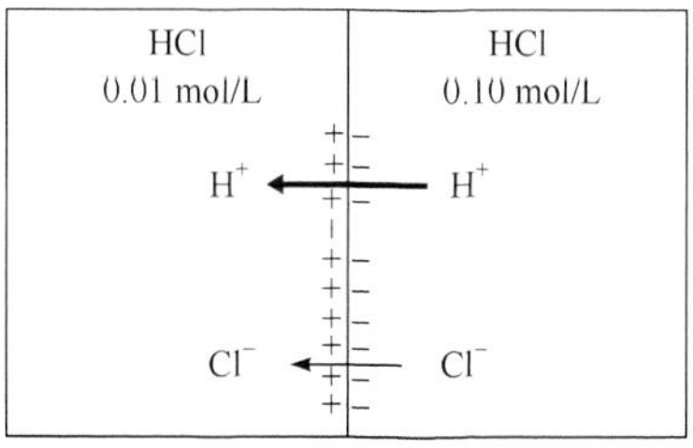

图 9.2　液接电位的产生

液接电位与离子的浓度、电荷数、迁移速率、溶剂的性质有关，因此液接电位难以测定，是电位法产生误差的主要原因之一，实际工作中必须设法消除。通常使用盐桥连接两种电解质溶液，以减小或消除液接电位，如图 9.1(b)所示。盐桥由 U 形玻璃管和管中填充的琼脂及饱和 KCl 溶液组成。使用时将它的两端分别浸入两个电解质溶液中，利用饱和 KCl 较高的浓度，在盐桥和溶液界面，主要是盐桥中的 K^+和 Cl^-扩散到溶液中，同时，基于 K^+和 Cl^-相近的扩散速率，使盐桥和溶液接界处产生的液接电位很小，从而可以起到减小或消除液接电位的作用。

因此，使用盐桥的电池电动势[式(9.1)]可改写为

$$E_{池}=\varphi_{右}-\varphi_{左} \tag{9.2}$$

9.2　电 极 电 位

9.2.1　双电层的形成

电池由电极和电解液组成，金属又可看成由离子和自由电子组成，当将金属电极插入含有该金属离子的电解质溶液中时，在电极和溶液之间便会产生一个极薄的界面。例如，将 Zn 电极插入 $ZnSO_4$溶液中，金属中 Zn^{2+}的化学势大于溶液中 Zn^{2+}的化学势，Zn^{2+}则不断地越过界面向溶液迁移，电子被留在金属上，从而导致两相界面处金属表面带负电荷，溶液带正电荷[图 9.3(a)]，两相间形成双电层，破坏了原来金属和溶液两相间的电中性，因此产生电位差。这种电位差将排斥 Zn^{2+}继续进入溶液，金属表面的负电荷对溶液中的 Zn^{2+}又有吸引，最终形成平衡电极电位(equilibrium electrode potential)。

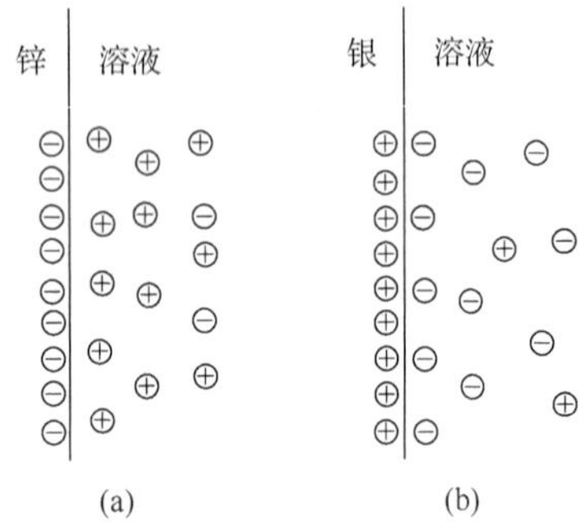

图 9.3　金属/溶液界面的双电层结构

若金属活泼性较差，如 Cu 电极和 Ag 电极，其阳离子(以 Ag^{+}为例)在溶液中的化学势比金属中高，因此比较容易沉积到金属上，形成的平衡电极电位符号与 Zn 电极相反，即金属表面带正电，溶液带负电，如图 9.3(b)所示。由于该双电层之间的距离非常小，所涉及的电位差为 0.1～1.0 V，因此会产生非常大的电场强度。基于此，实验中通过控制电极电位可以有效地改变电极反应的速率和方向。另外，电极材料的组成及其物理化学性质也会影响双电层的结构和性质，从而影响电极反应。

电极/溶液界面相当于一个电容器，当向电极体系施加电扰动时，双电层原有的电荷会发生相应地改变，从而导致电流的产生，这部分电流称为充电电流。如果溶液中存在可被氧化或还原的物质，而且施加在电极上的电扰动又可以引起其氧化或还原反应，此时产生的电流包括充电电流和法拉第电流。即在电极上进行氧化还原反应而产生的电流，称为法拉第电流。充电电流属于非法拉第电流。

9.2.2　标准电极电位与条件电极电位

电池至少由两个电极组成，根据其电极电位，可计算出电池的电动势。但目前直接测量某单个电极的电位值还比较困难，一般将欲研究的电极与另外一个作为参比的标准电极组成原电池，通过测量该原电池的电动势，从而确定所研究电极的电极电位。标准氢电极(standard hydrogen electrode, SHE)是已被 IUPAC 推荐使用的基本参比电极，其结构如图 9.4 所示。

将一片涂有铂黑的铂片装入玻璃管并浸入氢离子活度为 1 mol/L 的溶液中，便构成了标准氢电极。工作时，在玻璃管中通入压力为 1.01325×10^5 Pa(1 atm)的 H_2，让铂电极

表面上不断有 H_2 气泡通过，其电极反应为

$$2H^+ + 2e^- \longrightarrow H_2(g)$$

人为规定在任何温度下，该电极的电极电位为零。

$$Pt \mid H_2(p = 100\ kPa) \mid H^+(\alpha = 1\ mol/L)$$

$$\varphi^{\ominus} = 0.0000\ V$$

对于任意待测电极，将其与标准氢电极组成如下原电池：

标准氢电极||待测电极

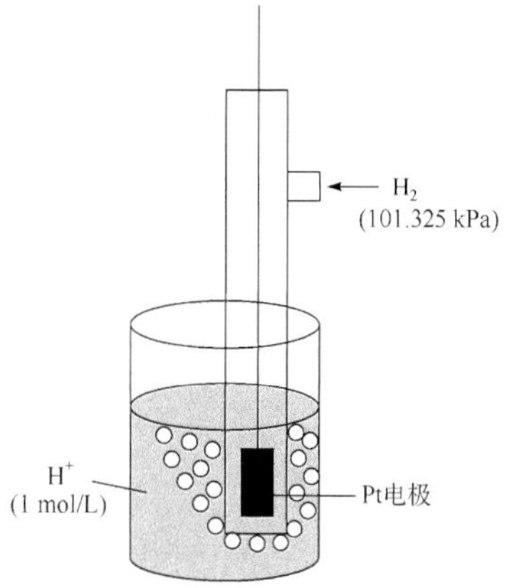

图 9.4　标准氢电极

所测得的电池电动势即为该电极的电极电位。当电子通过外电路由标准氢电极流向另一个电极时，该电极的电极电位为正值；相反，当电子通过外电路流向标准氢电极时，该电极电位为负值。例如，Cu 的标准电极电位为 0.340 V。因此，目前通用的标准电极电位值都是相对值。在 298.15 K 时，以水为溶剂，当氧化态和还原态活度等于 1 时的电极电位称为标准电极电位(standard electrode potential)。

由两个电极组成的电池，每个电极可以看作是一个半电池。一个电极发生氧化反应的同时，另外一个电极发生还原反应。按惯例，电极电位的符号适用于写成还原反应的半电池。常见电极反应的标准电极电位如表 9.1 所示。当所有物质的活度处于标准状态时，可以用其标准电极电位($\varphi^{\ominus}$)判断其氧化还原性能。$\varphi^{\ominus}$ 越正，表示该物质越容易得到电子，氧化性越强；$\varphi^{\ominus}$ 越负，表示该物质越容易失去电子，还原性越强。

表 9.1　标准电极电位及条件电极电位　　单位：V *vs*.SHE

电极反应	标准电极电位 $\varphi^{\ominus}$	条件电极电位 $\varphi^{\ominus\prime}$
$Ag^+ + e^- \rightleftharpoons Ag(s)$	+0.799	+0.228, 1 mol/L HCl; +0.792, 1 mol/L $HClO_4$
$Al^{3+} + 3e^- \rightleftharpoons Al(s)$	−1.66	
$H_3AsO_4 + 2H^+ + 2e^- \rightleftharpoons H_3AsO_3 + H_2O$	+0.559	+0.577, 1 mol/L HCl, $HClO_4$
$Ba^{2+} + 2e^- \rightleftharpoons Ba(s)$	−2.90	
$BiCl_4^- + 3e^- \rightleftharpoons Bi(s) + 4Cl^-$	+0.16	
$Br_2(l) + 2e^- \rightleftharpoons 2Br^-$	+1.065	+1.05, 4 mol/L HCl
$Ca^{2+} + 2e^- \rightleftharpoons Ca(s)$	−2.87	
$2CO_2(g) + 2H^+ + 2e^- \rightleftharpoons H_2C_2O_4$	−0.49	
$Cd^{2+} + 2e^- \rightleftharpoons Cd(s)$	−0.403	

续表

电极反应	标准电极电位 $\varphi^\ominus$	条件电极电位 $\varphi^{\ominus\prime}$
$Ce^{4+} + e^- \rightleftharpoons Ce^{3+}$	+1.61	+1.28, 1 mol/L HCl; +0.68, 1 mol/L H_2SO_4; +1.70, 1 mol/L $HClO_4$; +1.61, 1 mol/L HNO_3
$Cl_2(g) + 2e^- \rightleftharpoons 2Cl^-$	+1.359	
$Co^{2+} + 2e^- \rightleftharpoons Co(s)$	−0.277	
$Cr^{3+} + 3e^- \rightleftharpoons Cr(s)$	−0.74	
$Cr_2O_7^{2-} + 14H^+ + 6e^- \rightleftharpoons 2Cr^{3+} + 7H_2O$	+1.33	
$Cu^{2+} + 2e^- \rightleftharpoons Cu(s)$	+0.337	
$Cu^{2+} + e^- \rightleftharpoons Cu^+$	+0.153	
$Fe^{3+} + e^- \rightleftharpoons Fe^{2+}$	+0.771	+0.700, 1 mol/L HCl; +0.68, 1 mol/L H_2SO_4; +0.732, 1 mol/L $HClO_4$
$Fe^{2+} + 2e^- \rightleftharpoons Fe(s)$	−0.440	
$[Fe(CN)_6]^{3-} + e^- \rightleftharpoons [Fe(CN)_6]^{4-}$	+0.36	+0.71, 1 mol/L HCl; +0.72, 1 mol/L H_2SO_4, $HClO_4$
$2H^+ + 2e^- \rightleftharpoons H_2(g)$	0.00	−0.005, 1 mol/L HCl, $HClO_4$
$Hg_2^{2+} + 2e^- \rightleftharpoons 2Hg(l)$	+0.789	+0.274, 1 mol/L HCl; +0.674, 1 mol/L H_2SO_4; +0.776, 1 mol/L $HClO_4$
$Hg^{2+} + 2e^- \rightleftharpoons Hg(l)$	+0.854	
$Hg_2Cl_2 + 2e^- \rightleftharpoons 2Hg(l) + 2Cl^-$	+0.268	+0.334, 0.1 mol/L KCl; +0.282, 1 mol/L KCl; +0.242, 饱和 KCl
$I_2(s) + 2e^- \rightleftharpoons 2I^-$	+0.5355	
$I_3^-(s) + 2e^- \rightleftharpoons 3I^-$	+0.536	
$Mg^{2+} + 2e^- \rightleftharpoons Mg(s)$	−2.37	

续表

电极反应	标准电极电位 $\varphi^{\ominus}$	条件电极电位 $\varphi^{\ominus\prime}$
$Mn^{2+} + 2e^- \rightleftharpoons Mn(s)$	−1.18	
$MnO_4^- + 4H^+ + 3e^- \rightleftharpoons MnO_2(s) + 2H_2O$	+1.695	
$Ni^{2+} + 2e^- \rightleftharpoons Ni(s)$	−0.250	
$H_2O_2 + 2H^+ + 2e^- \rightleftharpoons 2H_2O$	+1.776	
$O_2(g) + 4H^+ + 4e^- \rightleftharpoons 2H_2O$	+1.229	
$O_2(g) + 2H^+ + 2e^- \rightleftharpoons H_2O_2$	+0.682	
$Pb^{2+} + 2e^- \rightleftharpoons Pb(s)$	−0.126	−0.29, 1 mol/L H_2SO_4; −0.14, 1 mol/L $HClO_4$
$PtCl_4^{2-} + 2e^- \rightleftharpoons Pt(s) + 4Cl^-$	+0.73	
$Pd^{2+} + 2e^- \rightleftharpoons Pd(s)$	+0.987	
$SO_4^{2-} + 4H^+ + 2e^- \rightleftharpoons H_2SO_3 + H_2O$	+0.17	
$Sn^{2+} + 2e^- \rightleftharpoons Sn(s)$	−0.136	−0.16, 1 mol/L $HClO_4$
$Sn^{4+} + 2e^- \rightleftharpoons Sn^{2+}$	+0.154	+0.14, 1 mol/L HCl
$TiO^{2+} + 2H^+ + e^- \rightleftharpoons Ti^{3+} + H_2O$	+0.1	+0.04, 1 mol/L H_2SO_4
$Tl^+ + e^- \rightleftharpoons Tl(s)$	−0.336	−0.551, 1 mol/L HCl; −0.33, 1 mol/L H_2SO_4, $HClO_4$
$UO_2^{2+} + 4H^+ + 2e^- \rightleftharpoons U^{4+} + 2H_2O$	+0.334	
$V^{3+} + e^- \rightleftharpoons V^{2+}$	−0.255	−0.21, 1 mol/L $HClO_4$
$Zn^{2+} + 2e^- \rightleftharpoons Zn(s)$	−0.763	

由于电极电位受溶液离子强度、配位效应、溶液的 pH 等因素影响，因此标准电极电位在应用上有一定限制。在实际工作中，为了方便也可用浓度代替活度，此时能斯特方程中的 $\varphi^{\ominus}$ 要改用条件电极电位($\varphi^{\ominus\prime}$)。条件电极电位是指氧化态和还原态的浓度等于 1 mol/L 时体系的实际电位。表 9.1 列出了常见电极反应的条件电极电位。

利用两个给定的电极反应的标准电极电位，可以计算第三个半电池反应的电极电位。例如，已知：

$$A + n_1e^- \longrightarrow B \quad \varphi^{\ominus} = \varphi^{\ominus}_{A,B}$$

$$B + n_2e^- \longrightarrow C \quad \varphi^{\ominus} = \varphi^{\ominus}_{B,C}$$

则反应 $A+(n_1+n_2)e^- \longrightarrow C$ 的电极电位为

$$\varphi^{\ominus} = \varphi^{\ominus}_{A,C} = \frac{n_1\varphi^{\ominus}_{A,B} + n_2\varphi^{\ominus}_{B,C}}{n_1+n_2} \tag{9.3}$$

9.2.3　能斯特方程

电极电位 φ 和溶液中对应离子的活度之间的关系可用能斯特方程表示。对于一个氧化还原体系：

$$O + ne^- \rightleftharpoons R$$

有

$$\varphi = \varphi^{\ominus} + \frac{RT}{nF}\ln\frac{\alpha_O}{\alpha_R} \tag{9.4}$$

式中，$\varphi^{\ominus}$ 为标准电极电位；T 为热力学温度；R 为摩尔气体常量[8.3145 J/(mol · K)]；F 为法拉第常量(96485 C/mol)；n 为电极反应中转移的电子数；α_O 和 α_R 分别为氧化态和还原态的活度。

在 25℃时，将各常数代入式(9.4)，则

$$\varphi = \varphi^{\ominus} + \frac{0.0592}{n}\lg\frac{\alpha_O}{\alpha_R} \tag{9.5}$$

对于原电池中的锌电极反应($Zn \longrightarrow Zn^{2+} + 2e^-$)，其电极电位为

$$\varphi = \varphi^{\ominus}_{Zn^{2+},Zn} + \frac{0.0592}{2}\lg\frac{\alpha_{Zn^{2+}}}{\alpha_{Zn}} \tag{9.6}$$

同样地，对于 Cu 电极的反应($Cu^{2+} + 2e^- \longrightarrow Cu$)，其电极电位为

$$\varphi = \varphi^{\ominus}_{Cu^{2+},Cu} + \frac{0.0592}{2}\lg\frac{\alpha_{Cu^{2+}}}{\alpha_{Cu}} \tag{9.7}$$

电池的电动势等于两电极电位之差。因此，该锌-铜原电池总反应($Zn + Cu^{2+} \longrightarrow Zn^{2+} + Cu$)的电池电动势可写为

$$\begin{aligned} E &= \varphi_{右} - \varphi_{左} = \varphi^{\ominus}_{Cu^{2+},Cu} - \varphi^{\ominus}_{Zn^{2+},Zn} \\ &= E^{\ominus} + \frac{0.0592}{2}\lg\frac{\alpha_{Cu^{2+}}}{\alpha_{Zn^{2+}}} \end{aligned} \tag{9.8}$$

式中，$E^{\ominus}$ 为电池的标准电极电动势。

若电池的总反应为

$$aA + bB \rightleftharpoons cC + dD$$

在 25℃时，该电池的电动势为

$$E = E^{\ominus} - \frac{0.0592}{n}\lg\frac{(\alpha_{\mathrm{C}})^{c}(\alpha_{\mathrm{D}})^{d}}{(\alpha_{\mathrm{A}})^{a}(\alpha_{\mathrm{B}})^{b}} \tag{9.9}$$

当电池反应达到平衡时，$E = 0$，式(9.9)为

$$E^{\ominus} = \frac{0.0592}{n}\lg\frac{(\alpha_{\mathrm{C}})^{c}(\alpha_{\mathrm{D}})^{d}}{(\alpha_{\mathrm{A}})^{a}(\alpha_{\mathrm{B}})^{b}} = \frac{0.0592}{n}\lg K^{\ominus} \tag{9.10}$$

式中，$K^{\ominus}$ 为反应的平衡常数。

同时，式(9.10)中的标准电动势 $E^{\ominus}$ 为

$$E^{\ominus} = \varphi^{\ominus}_{右} - \varphi^{\ominus}_{左} \tag{9.11}$$

因此，由式(9.10)和式(9.11)可计算该反应的平衡常数。

能斯特方程表示的是电极电位与活度的关系，而不是与浓度的关系，而在一般分析中要测量的是物质的浓度。因此，可以用活度系数(γ_i)将能斯特方程中的活度(α_i)转化为浓度(c_i)。活度和浓度的关系为

$$\alpha_i = \gamma_i c_i \tag{9.12}$$

式中，γ_i 为活度系数，与溶液的离子强度有关。

在实际工作中常设法使标准溶液与被测溶液的离子强度相同，活度系数不变，这时可以用浓度代替活度。有时为了方便，也可以用浓度代替活度，这时能斯特方程中的标准电极电位 $\varphi^{\ominus}$ 要改用条件电极电位 $\varphi^{\ominus\prime}$，因为溶液中离子的活度会受到离子强度，溶液的 pH，组分的溶剂化、解离、缔合和配合的影响。反应物和产物以纯固体或纯液体形式存在时，它们的活度都被定义为 1，如在水溶液中水的活度和使用滴汞电极时汞的活度均为 1。

9.3　电极表面的传质过程与反应历程

9.3.1　传质过程

在电极/溶液界面层内，当电化学反应发生时，电极表面的电活性物质(发生电极反应的物质)逐渐被消耗，电极表面的浓度降低；同时，生成物的浓度在电极表面逐渐增加。若要维持反应的进行，反应物就要不断地从本底溶液向电极表面传递，生成物则离开电极表面向溶液方向传递，这种传递称为传质(mass transfer)过程。溶液中物质的传质主要有扩散(diffusion)、电迁移(electromigration)和对流(convection)三种方式，如图 9.5 所示。

1. 扩散

扩散主要是指在浓度差作用下(温度差也可以引起扩散)，分子或离子从高浓度区域向低浓度区域发生的移动。由扩散产生的电流称为扩散电流(diffusion current)。扩散有多种类型，其中垂直于电极表面的单方向扩散称为线性扩散。当仅有线性扩散时，在平面

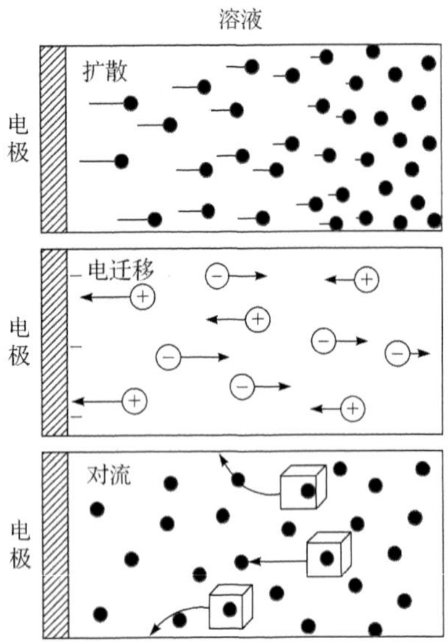

图 9.5 电极表面的三种传质方式

电极上时间 t 时电解产生的极限电流为

$$i = \frac{nFAD_0c_0}{(\pi D_0 t)^{1/2}} \tag{9.13}$$

式(9.13)称为 Cottrell 方程，其中 A 为电极的面积；D_0 为物质在溶液中的扩散系数；c_0 为电活性物质浓度。由此可见，在静止溶液中，平面电极上的电解电流与电活性物质浓度成比例，这是定量分析的基础。此外，由于温度对扩散系数影响较大，因此测定时应将溶液的温度控制在±0.5℃以内。

2. 电迁移

电迁移通常是指在外加电场作用下带电离子或极性分子在溶液中发生的迁移现象。溶液中所有的离子在电场作用下都会发生电迁移，带正电荷的离子移向负电极，带负电荷的离子移向正电极，从而实现溶液中电荷的传送，由此产生的电流称为迁移电流(migration current)。为了消除电迁移而产生的迁移电流，通常在溶液中加入大量的惰性电解质，如 KCl 等，此时电迁移传质主要由高浓度的 K^+和 Cl^-承担，而由低浓度的被测离子承担的电迁移传质可以忽略。加入的电解质称为支持电解质，它可以消除迁移电流。

3. 对流

对流是由于物质随着流动的液体而移动。对流可分为自然对流和强迫对流两种。自然对流主要是由浓度差或温度差引起密度变化而产生的对流。强迫对流是由外力的推动而产生的对流，如搅拌、鼓气等。加大液体或气体的流动速度，能加快对流传质。例如，电化学分析中有时采用搅拌或旋转电极来促进对流传质；在极谱分析中采用静止溶液消除对流传质对电流的影响。

9.3.2 电极反应历程

电极过程是指在电极/溶液界面发生的一系列变化的统称，包括发生在电极/溶液界面上的电极反应、化学转化和电极附近溶液层中的传质等。对于电极反应

$$O + ne^- \rightleftharpoons R$$

其电极过程的基本历程可由图 9.6 表示，主要包括：①反应物的传递步骤。反应物通过扩散、对流、电迁移及吸附等方式向电极表面传递。②电子传递步骤。反应物在电极和溶液界面进行电子交换，生成反应产物。③反应产物的传递步骤。反应产物通过生成新相(如结晶、生成气体等)或者生成可溶性反应产物脱离(脱附)电极表面向溶液中或液态电极内部传递。

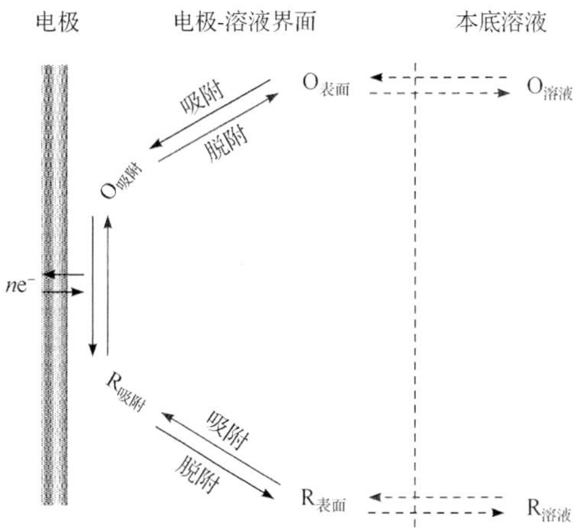

图 9.6　电极反应的基本历程

实际上，电极过程是一个复杂的过程，除了上述三个基本步骤外，在电极/溶液界面中还可能存在一些表面转化步骤，如反应物(反应产物)通过吸附(脱附)等方式在电极/溶液界面中发生反应物(产物)的复合和分解等化学变化，这类过程通常没有电子参与反应。在电极过程中，速率最慢的一步控制着整个电极过程的速率，这就形成了物质传递控制或电子传递控制的电极过程。

9.4　电极的极化与过电位

9.4.1　电极的极化

在可逆电池情况下，整个电池处于热力学平衡状态，两个电极也分别处于平衡状态，此时通过电极的电流为零，即总的电极反应速率等于零，相应地，平衡电位可用能斯特方程进行计算。当有较大电流通过电极时，原有平衡被破坏，致使电极电位偏离可逆平衡电位，这个现象称为电极极化(electrode polarization)。极化是一个电极的现象，电池的两个电极都可以发生极化。影响电极极化的因素主要有电极的成分、大小和形状，电解质溶液的组成，搅拌情况，温度，电流密度，电池反应中反应物和生成物的物理状态等。

电极极化通常分为浓差极化(concentration polarization)和电化学极化(activation polarization)两类。

1. 浓差极化

在电极反应过程中，因离子扩散导致电极表面附近溶液的浓度和本体溶液浓度发生了差别，由此引起电极电位与可逆电极电位发生偏离的现象，称为浓差极化。电极发生浓差极化时，阴极电位总是变得比可逆电极电位更负，而阳极电位总是变得比可逆电极电位更正。

由于该极化由浓差引起，因此能够影响浓差大小的因素皆可影响其极化程度；同时，离子扩散的速率与离子的种类和浓度密切相关，因此在同等条件下，不同离子的浓差极化程度不同；同一种离子在不同浓度时的浓差极化程度也不同。要减小浓差极化现象，可采用增大电极面积、减小电流密度、强烈搅拌或提升温度等方法加速离子的扩散；而要增加浓差极化时，应避免对于溶液的扰动并保持不太高的温度。

2. 电化学极化

电极过程是一个复杂的过程，是由多个反应步骤组成的，其中电化学反应最慢的步骤控制着整个电极过程的速率。当有电流通过电极时，电化学反应进行的迟缓性造成电极带电程度与可逆情况时不同，从而导致电极电位偏离可逆电极电位的现象，称为电化学极化或活化极化。电极发生电化学极化时与发生浓差极化时一样，阴极电位总是变得比可逆电极电位低，而阳极电位总是变得比可逆电极电位高。

9.4.2　过电位

电极极化现象会导致实际电极电位(φ)和可逆的平衡电位(φ_{eq})之间产生一个差值，这个差值的绝对值就称为过电位(overpotential)或超电位，一般用过电位η表示极化程度。

$$\eta = |\varphi - \varphi_{eq}| \tag{9.14}$$

η_c表示阴极过电位，η_a表示阳极过电位。阴极过电位使阴极电位向更负的方向移动，阳极过电位使阳极电位向更正的方向移动。

由浓差极化造成的电极电位与可逆电极电位的差的绝对值，称为浓差过电位。浓差过电位的大小是电极浓差极化程度的量度，其值取决于电极表面离子浓度与本体溶液中离子浓度差值的大小。与浓差过电位相似，由电化学极化造成的电极电位与可逆电极电位的差的绝对值，称为电化学过电位。过电位的大小是衡量电极极化程度的量度，其数值无法从理论上计算，只能根据经验归纳总结。表 9.2 为氢和氧在不同电极上、不同电流密度下的过电位。

表 9.2　氢和氧在不同电极上、不同电流密度下的过电位 η (25℃)

电极	η/V		η/V		η/V	
	电流密度 0.001 A/cm²		电流密度 0.01 A/cm²		电流密度 1 A/cm²	
	H_2	O_2	H_2	O_2	H_2	O_2
光 Pt	0.00	0.72	0.16	0.85	0.68	1.49
镀 Pt	0.00	0.40	0.03	0.52	0.048	0.77
Au	0.017	0.67		0.96	0.24	1.63
Cu		0.42		0.58	0.48	0.79
Ni	0.14	0.35	0.30	0.52	0.56	0.85
Hg	0.80		0.93		1.07	
Zn	0.48		0.75		1.23	
Sn			0.50			
Pb	0.40		0.40		0.52	

9.5　电极系统与电极

9.5.1　两电极系统和三电极系统

电极电位的测量需要构成一个电池，其通常由两个或三个电极和电解质溶液组成。在电化学分析中，用导线和电位计将电极连接起来，组成电化学测量系统。一些电化学参数(如电极电位、电流、电量等)一般通过两电极系统或三电极系统测量得到，如图 9.7 所示。电极是将溶液浓度变换成电信号(如电位、电流等)的传感器。常用的电极可分为指示电极(indicator electrode，又称工作电极)和参比电极(reference electrode)。指示电极的电极电位会随着被测电活性物质活度的变化而变化，因此可以用来测定溶液的活度或浓度，主要包括金属电极(metallic electrode)和离子选择性电极(ion-selective electrode，ISE)。另外一个电极与被测物质浓度无关，仅提供测量电位参考的电极称为参比电极。

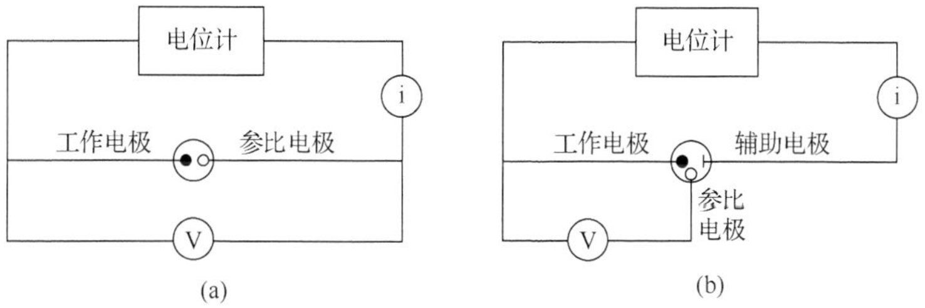

图 9.7　两电极系统(a)和三电极系统(b)的电路

当通过体系的电流很小时，采用直接由工作电极和参比电极组成的两电极系统[图 9.7(a)]，如电位分析法。但是，当体系通过的电流较大时，参比电极将不能负荷，其电极电位不再稳定。此时除工作电极、参比电极外，还需一个辅助电极(或对电极)构成三电极系统[图 9.7(b)]，如伏安法、电解分析等。辅助电极一般为 Pt 丝电极或 Pt 片电极，其与工作电极组成一个电流回路。工作电极和参比电极组成另外一个电位监测回路，此回路中的阻抗较高，没有明显的电流通过。这样就可以实时地显示电解过程中工作电极的电极电位。同时，监测回路还可以通过反馈给外加回路的信息来调整外加电压，使工作电极的电极电位按照一定的方式变化，使测量或控制工作电极的电位易于实现。

9.5.2　参比电极

参比电极是在测量电极电位时作为参照比较的电极，在一定条件下具有稳定、重现的可逆电极电位。通常对参比电极的要求主要有：①可逆性好，不易极化。当有较小电流($< 10^{-7}$ A/cm^2)通过时，电流方向的改变不会引起电极电位的变化。②重现性好。当溶液浓度和温度改变时，按能斯特方程响应，无滞后现象。③稳定性好。测量中电位保持恒定，具有较长的使用寿命。

能够满足上述要求的参比电极主要有标准氢电极、甘汞电极、银-氯化银电极等。但标准氢电极由于操作烦琐且价格高，在通常工作中一般不作为参比电极使用。

甘汞电极和银-氯化银电极是广泛使用的两种参比电极，其结构如图 9.8 所示。在玻璃管中将铂丝浸入汞与氯化亚汞的糊状物中，并以一定浓度的氯化钾溶液作为内充液形成甘汞电极[图 9.8(a)]。而将银丝镀上一层氯化银沉淀，然后浸在一定浓度的氯化钾溶液中则构成银-氯化银电极，如图 9.8(b)所示。

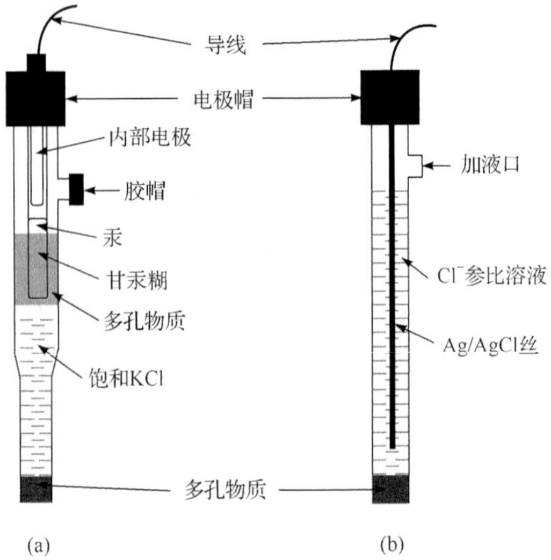

图 9.8 饱和甘汞电极(a)和银-氯化银电极(b)

甘汞电极的半电池图解式为

$$Hg(l), Hg_2Cl_2(s) \mid KCl(x\ mol/L)$$

电极反应为

$$Hg_2Cl_2(s) + 2e^- \rightleftharpoons 2Hg(l) + 2Cl^-$$

因 $Hg_2Cl_2(s)$和 Hg(l)的活度为 1，因此 25℃时其电极电位为

$$\varphi_{Hg_2Cl_2,Hg} = \varphi^{\ominus}_{Hg_2Cl_2,Hg} - 0.0592\lg\alpha_{Cl^-} \tag{9.15}$$

由式(9.15)可知，甘汞电极的电极电位与 Cl^-的活度(浓度)有关，当 Cl^-活度(浓度)保持不变时，其电极电位也不发生变化。当电极内填充溶液为饱和 KCl 溶液时，该电极称为饱和甘汞电极。

同理，对于银-氯化银电极，其电极电位为

$$\varphi_{AgCl,Ag} = \varphi^{\ominus}_{AgCl,Ag} - 0.0592\lg\alpha_{Cl^-} \tag{9.16}$$

25℃时，在不同氯离子浓度条件下，上述两电极的电极电位如表 9.3 所示。

表 9.3 不同氯离子浓度条件下两参比电极的电极电位

电极名称	KCl 溶液的浓度	电极电位 φ/V
0.1 mol/L 甘汞电极	0.1 mol/L	+0.3365
标准甘汞电极(NCE)	1.0 mol/L	+0.2828

续表

电极名称	KCl 溶液的浓度	电极电位 φ/V
饱和甘汞电极(SCE)	饱和溶液	+0.2438
0.1 mol/L Ag-AgCl 电极	0.1 mol/L	+0.2880
标准 Ag-AgCl 电极	1.0 mol/L	+0.2223
饱和 Ag-AgCl 电极	饱和溶液	+0.2000

如果参比电极内电解质溶液中的 K^+、Cl^-对测定有干扰，则应采用双液接型电极，在外套管中使用 $NaNO_3$ 或 LiAc 等电解质溶液。在非水介质中测定时，参比电极的外套管中可用饱和 KCl-甲醇溶液或饱和 LiCl-乙二胺溶液。

9.5.3 指示电极

指示电极是用来指示测定溶液中电活性物质的活度或浓度变化的电极。在电化学分析中，用作指示电极的种类繁多，常见的有金属电极、膜电极、化学修饰电极、微电极等。

1. 金属电极

金属电极是以金属为基体，在电极反应中有电子交换反应，即有氧化还原反应发生。金属电极又可分为以下几类。

1) 第一类电极

第一类电极也称为活性金属电极，是由金属和该金属离子溶液组成的体系($M \mid M^{n+}$)，金属离子的活度决定了其电极电位。例如，将银丝插入 $AgNO_3$ 溶液中，其电极反应为

$$Ag^+ + e^- \rightleftharpoons Ag$$

25℃时，其电极电位为

$$\varphi = \varphi^{\ominus}_{Ag^+,Ag} + 0.0592\lg \alpha_{Ag^+} \tag{9.17}$$

形成这类电极主要是标准电极电位为正的金属，如 Cu、Ag、Hg 等。一些标准电极电位为负的金属，由于氢在其上有较大的过电位，也可以用作此类电极，如 Zn、Cd、In、Pb、Sn 等。

2) 第二类电极

此类电极主要是由金属、该金属的难溶盐和该金属难溶盐的阴离子溶液组成。它能间接反映该金属难溶盐对应阴离子的活度。常见的有银-氯化银电极($Ag \mid AgCl, Cl^-$)、甘汞电极($Hg \mid Hg_2Cl_2, Cl^-$)、硫酸亚汞电极($Hg \mid Hg_2SO_4, SO_4^{2-}$)。

以银-氯化银电极为例，其电极反应为

$$AgCl + e^- \rightleftharpoons Ag + Cl^-$$

其电极电位为

$$\begin{aligned}\varphi &= \varphi^{\ominus}_{Ag^+,Ag} + 0.0592\lg\alpha_{Ag^+} \\ &= \varphi^{\ominus}_{Ag^+,Ag} + 0.0592\lg\left(K_{sp}\alpha_{AgCl}\right) - 0.0592\lg\left(K_{sp}\alpha_{Cl^-}\right) \\ &= \varphi^{\ominus}_{AgCl,Ag} - 0.0592\lg\left(K_{sp}\alpha_{Cl^-}\right)\end{aligned} \tag{9.18}$$

由式(9.18)可知，当 Cl^-浓度一定时，其电极电位是稳定的。因其制作简单、使用方便，又常用来作为替代标准氢电极的参比电极使用，因而应用更加广泛。

3) 第三类电极

这类电极是由金属和两种具有相同阴离子的难溶盐或难解离的络离子组成的电极体系。例如，草酸根离子与 Ag^+和 Ca^{2+}形成难溶盐，如果两种盐的溶液是过饱和的，采用银电极可以测定游离的 Ca^{2+}。其电极图解式为

$$Ag \mid Ag_2C_2O_4, CaC_2O_4, Ca^{2+}$$

根据难溶盐的溶度积，可得

$$\alpha_{Ag^+} = \left[\frac{K_{sp(Ag_2C_2O_4)}}{\alpha_{C_2O_4^{2-}}}\right]^{\frac{1}{2}} \tag{9.19}$$

$$\alpha_{C_2O_4^{2-}} = \frac{K_{sp(CaC_2O_4)}}{\alpha_{Ca^{2+}}} \tag{9.20}$$

$$\alpha_{Ag^+} = \left[\frac{K_{sp(Ag_2C_2O_4)}}{K_{sp(CaC_2O_4)}}\alpha_{Ca^{2+}}\right]^{\frac{1}{2}} \tag{9.21}$$

则银电极在 25℃的电极电位为

$$\begin{aligned}\varphi &= \varphi^{\ominus}_{Ag^+,Ag} + \frac{0.0592}{2}\lg\frac{K_{sp(Ag_2C_2O_4)}}{K_{sp(CaC_2O_4)}} + \frac{0.0592}{2}\lg\alpha_{Ca^{2+}} \\ &= \varphi^{\ominus\prime} + \frac{0.0592}{2}\lg\alpha_{Ca^{2+}}\end{aligned} \tag{9.22}$$

其中，

$$\varphi^{\ominus\prime} = \varphi^{\ominus}_{Ag^+,Ag} + \frac{0.0592}{2}\lg\frac{K_{sp(Ag_2C_2O_4)}}{K_{sp(CaC_2O_4)}} \tag{9.23}$$

例如，电位滴定中，利用汞离子和 EDTA(H_2Y)的配位反应，根据 Hg/Hg-EDTA 电极电位的变化便可以判定滴定终点。其原理就是该电极的电极电位随溶液中的汞离子浓度/活度变化。其电极图解式为

$$Hg \mid HgY^{2-}, CaY^{2-}, Ca^{2+}$$

$$\varphi = \varphi^{\ominus}_{Hg^{2+},Hg} + \frac{0.0592}{2}\lg\frac{K_{f(CaY^{2-})}}{K_{f(HgY^{2-})}} + \frac{0.0592}{2}\lg\frac{\alpha_{HgY^{2-}}}{\alpha_{CaY^{2-}}} + \frac{0.0592}{2}\lg\alpha_{Ca^{2+}} \tag{9.24}$$

式中，K_f 为配合物的生成常数。在滴定终点附近，$\alpha_{HgY^{2-}}/\alpha_{CaY^{2-}}$ 基本保持不变，则

$$\varphi=\varphi^{\ominus'}+\frac{0.0592}{2}\lg\alpha_{Ca^{2+}} \tag{9.25}$$

4) 零类电极

零类电极也称为惰性金属电极，是由惰性金属(如 Pt、Au 等)组成的电极。它能指示同时存在于溶液中的氧化-还原态活度的比值，也可以用于有气体参与的电极反应。这类电极本身不参与电极反应，仅提供交换电子的场所。如

$$Pt\,|\,Fe^{3+}, Fe^{2+}$$

$$\varphi=\varphi^{\ominus}_{Fe^{3+},Fe^{2+}}+0.0592\lg\frac{\alpha_{Fe^{3+}}}{\alpha_{Fe^{2+}}} \tag{9.26}$$

2. 膜电极

膜电极主要指离子选择性电极，其由敏感膜组成。与前面的金属基电极不同，膜电极在电极膜/液界面上并不发生电子交换反应，而是基于离子的交换和扩散产生膜电位，根据膜电位的变化可指示离子的浓度或活度。

膜电位方程：

$$\varphi_{膜}=K\pm\frac{RT}{nF}\ln\alpha_{离子} \tag{9.27}$$

式中，K 为常数；+对应正离子，−对应负离子；n 为离子的电荷数。膜电极将在电位分析法中做更为详细的讨论。

3. 化学修饰电极

化学修饰电极(chemical modified electrode，CME)是利用化学和物理的方法，将具有优良化学性质的分子、离子、聚合物等修饰在电极表面，将修饰物的电化学行为赋予被修饰的电极表面，从而改变或改善电极原有的性质，实现电极的功能设计，并因此拓展新的分析应用。化学修饰电极代表了电极系统的现代进展。

制备化学修饰电极的方法主要有滴涂法、共价键合法、吸附法、电化学法和组合法等。例如，在电极表面修饰生物物质(如酶、抗原/抗体、DNA、脂质体、植物或动物的组织等)，这类电极的功能犹如一化学受体，对某些特定物质有响应。化学修饰电极在不同的方面为分析应用提供了优势：如加速电子转移、富集作用、选择性渗透膜作用等，从而赋予电化学电极较高的灵敏度、选择性和稳定性。研究化学修饰电极的表面微结构及界面反应，为化学和相关边缘学科开拓了一个充满希望的研究领域。利用修饰电极可以制成各种电化学传感器，在化学、环境、临床、医药、生命科学等领域有重要应用。

4. 微电极

设备的小型化是分析化学的一个发展趋势。微电极一般是指至少在一维尺度上不大于 25 μm 的电极。这样的尺度非常有利于分析，包括对微观尺度的探索、局域浓度变化

的测定、微流动体系的检测、小体积样品的分析等。特别是近年来的时间分辨动力学过程的检测、神经化学活性物质的活体检测、活体检测氮氧化物、纳米电极头的单细胞检测等方面都有较为快速的发展。例如，利用直径为 1 μm 的碳纤维微电极可以测定细胞刺激下释放的多巴胺，为鉴定细胞表面释放点的位置提供了足够的空间分辨率。另外，工作电极的小型化不仅具有明显的实际应用优越性，在基础理论研究方面也创造了许多新的机遇。

9.6 电化学分析方法的分类和特点

9.6.1 基于表面电分析化学技术的分类

(1) 稳态法($i = 0$)：整个体系的测量是在本体溶液处于平衡或非极化条件下进行的，体系中没有(或微小)电流通过。相关的方法有电位分析法、电位滴定法等。

(2) 暂态分析法($i \neq 0$)：在有电流通过或极化条件下的测量方法。测试过程中在电极上施加随时间变化的电压信号，测量电流随电极电位变化的电流-电位曲线。这些暂态的方法构成了近代的伏安法和极谱法，如循环伏安法、方波伏安法、微分脉冲伏安法等。

9.6.2 基于所测量的电学参数的分类

1. 伏安法和极谱法

伏安法(voltammetry)是指用电极电解被测物质溶液，根据所得到的电流-电压曲线(也称伏安曲线)进行分析的方法。根据工作电极的不同可以分为两种：一种是用滴汞电极作为工作电极的极谱法(polarography)。该法最大的特点是滴汞电极表面做周期性的更新，也可以认为是一种特殊的伏安法，是最早的电化学分析方法。另一种是用表面积固定或者用固态电极作为工作电极的伏安法，如悬汞电极、玻璃碳电极、金电极等。目前常用伏安法进行电化学分析。

2. 电位分析法

电位分析法是将一个指示电极和参比电极与试液组成电池，然后根据电池电动势或指示电极的电极电位变化来进行分析的方法。电位分析法包括电位法和电位滴定法。

电位法：直接根据指示电极的电位与被测定物质浓度关系来进行分析的方法。

电位滴定法：根据滴定过程中被测物质的浓度产生突变时指示电极的电极电位发生的突跃来确定滴定终点的方法。

3. 电解和库仑分析法

使用外加电源电解试液，根据电解后电极上析出的被测物质的质量来进行分析的方法称为电重量法或电质量法。若将电解的方法用于物质的分离，则称为电解分离法。

库仑分析法是根据电解过程中所消耗的电量间接计算被测物质含量的分析方法。根据控制电位和电流的电解过程不同，库仑分析法又可分为控制电位库仑分析法和控制电流库仑分析法。由于库仑分析的定量基础是法拉第定律，因此要求电解过程中的电流效率为 100%。

4. 电导分析法

电导分析法是指根据溶液的电导性质进行分析的方法，主要包括电导法和电导滴定法。

9.6.3 电化学分析方法的特点

与其他分析法相比，电化学分析法主要有以下显著特点：

(1) 灵敏度高。例如，溶出伏安法最低检出限可达 10^{-11} mol/L，因此可以用于痕量或超痕量组分的分析。

(2) 分析速度快。易实现自动化和连续分析，如伏安法或极谱法可同时测定多种被分析组分。

(3) 电化学信号容易获得，易集成化，因此电化学分析仪器常设计成小型化装置。

(4) 选择性差。电化学分析法的选择性一般都较差，但离子选择性电极法、极谱法及控制电位电解法选择性较高。

(5) 可用于各种化学平衡常数的测定以及化学反应机理的研究。

(6) 仪器设备较简单，价格低廉，仪器的调试和操作都较简单，应用广泛。

习题与拓展

1. 化学电池由哪几部分构成？怎样区分原电池与电解池？
2. 盐桥的作用是什么？盐桥中的电解质溶液应有怎样的要求？
3. 电极电位是怎样产生的？
4. 标准电极电位和条件电极电位的含义是什么？
5. 什么是电极的极化？什么是过电位？
6. 归纳总结出电化学分析法与光学分析法在原理、仪器和分析应用上的不同。
7. 对于下述电池，(1) 写出两电极上的半电池反应；(2) 计算电池的电动势，假设温度为 25℃，活度系数均等于 1。

$$\mathrm{Pt} \mid \mathrm{Cr^{3+}}(1.0\times10^{-4}\ \mathrm{mol/L}), \mathrm{Cr^{2+}}(1.0\times10^{-1}\ \mathrm{mol/L}) \parallel \mathrm{Pb^{2+}}(8.0\times10^{-2}\ \mathrm{mol/L}) \mid \mathrm{Pb}$$

(已知，$\mathrm{Cr^{3+}} + \mathrm{e^-} \rightleftharpoons \mathrm{Cr^{2+}}$，$\varphi^{\ominus} = -0.4\ \mathrm{V}$；$\mathrm{Pb^{2+}} + 2\mathrm{e^-} \rightleftharpoons \mathrm{Pb}$，$\varphi^{\ominus} = -0.126\ \mathrm{V}$)

8. 计算下列电池的电动势，并指明电池的正负极(设温度为 25℃)。

$$\mathrm{KF}(0.100\ \mathrm{mol/L}) \mid \mathrm{LaF_3}\text{单晶膜} \mid \mathrm{NaCl}(0.100\ \mathrm{mol/L}) + \mathrm{NaF}(0.001\ \mathrm{mol/L}) \mid \mathrm{Ag, AgCl} \parallel \mathrm{SCE}$$

(已知：$\varphi^{\ominus\prime}_{\mathrm{AgCl,Ag}} = 0.222\ \mathrm{V}$，$\varphi^{\ominus\prime}_{\mathrm{SCE}} = 0.245\ \mathrm{V}$)

9. 下列电池电动势为 0.568 V，计算 HA 的解离常数(设温度为 25℃)。

$$(-)\ \mathrm{Pt, H_2}(0.81\ \mathrm{MPa}) \mid \mathrm{HA}\ (0.50\ \mathrm{mol/L}) \parallel \mathrm{NaCl}\ (1.00\ \mathrm{mol/L}), \mathrm{AgCl(s)} \mid \mathrm{Ag}\ (+)$$

(已知：$\varphi^{\ominus\prime}_{\mathrm{Ag^+,Ag}} = 0.2222\ \mathrm{V}$)

10. 拓展练习：

查询资料，归纳总结电化学分析方法在仪器部件和分析应用上的发展创新，需给出相应的参考文献。

参 考 文 献

方惠群, 于俊生, 史坚. 2002. 仪器分析. 北京: 科学出版社.

李克安. 2005. 分析化学教程. 北京: 北京大学出版社.

武汉大学. 2018. 分析化学(下册). 6 版. 北京: 高等教育出版社.

叶宪曾, 张新祥. 2007. 仪器分析教程. 2 版. 北京: 北京大学出版社.

电化学的发展　　电化学分析的应用　　电化学联用分析技术

第 10 章　电位分析法

电位分析法(potential analysis)是在通过电池的电流为零的条件下测定电池的电动势或电极电位，利用电极电位与溶液中待测物质活度(或浓度)之间的关系来测定物质活度(或浓度)的一类电化学分析方法。电位分析法根据其原理可分为直接电位法(direct potentiometry)和电位滴定法(potentiometric titration)两大类。

直接电位法一般选用适当的指示电极浸入被测试液，通过测量其相对于一个参比电极的电极电位，然后根据能斯特方程直接计算出被测物质的含量。

$$\varphi = \varphi^{\ominus} + \frac{RT}{nF}\ln \alpha \tag{10.1}$$

式(10.1)是直接电位法定量分析的基本公式，通过测量电极电位可以计算电活性物质的活度(或浓度)。必须指出的是，该法是在溶液平衡体系不发生变化的条件下测量的，测得的是物质游离离子的量。

电位滴定法是向试液中滴加能与被测物质发生化学反应的已知浓度的试剂，通过测量滴定过程中指示电极的电位变化来确定滴定终点，再根据滴定所消耗的标准溶液的体积和浓度计算被测物质的含量。该方法实质上是一种容量分析法。

电位分析法中电极电位的测量同样需要由指示电极、参比电极及电解质溶液构成一个化学电池，如图 10.1 所示。离子选择性电极和金属电极是电位分析法中常用的指示电极。通过测量该电池的电动势或指示电极的电极电位可以计算被测物质的含量、酸碱解离常数、配合物的稳定常数等。

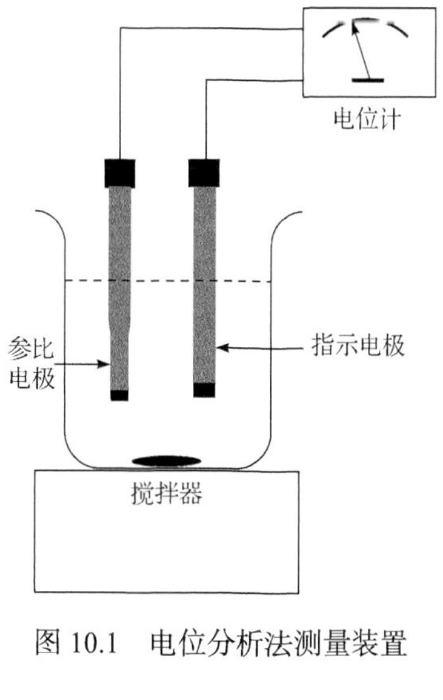

图 10.1　电位分析法测量装置

电位分析法具有选择性好、灵敏度高等特点，一般情况下，共存离子干扰较小，对组成较为复杂的试样往往不需要经过分离处理就能直接测定。电位分析法的检出限一般为 10^{-5}～10^{-8} mol/L，特别适用于微量组分的测定；电位滴定法则适用于常量分析。同时，电位分析法还具有仪器设备简单、操作方便、试液用量少、易于实现分析的自动化等优点。因此，电位分析法的应用广泛，尤其是离子选择性电极，广泛用于环保、医药、食品卫生、地质勘探、冶金等多个领域，已成为重要的测试手段之一。

10.1　离子选择性电极

除金属电极外，离子选择性电极是电位分析法中常用的指示电极。离子选择性电极(ISE)也称为膜电极，是一类利用膜电位测定溶液中离子活度或浓度的电化学传感器。其具有结构简单、灵敏度好、选择性高、响应速度快及便于携带等特点。这类电极有一层特殊的电极膜，电极膜对特定的离子具有选择性响应。当它和含待测离子溶液接触时，在它的敏感膜和溶液的相界面上产生与该离子活度直接有关的膜电位，电极膜的电位与待测离子含量之间的关系符合能斯特方程，因此可用于电化学的定量测量。

10.1.1　离子选择性电极的分类

根据 IUPAC 推荐，离子选择性电极可分为原电极和敏化离子选择性电极两大类。原电极是指敏感膜直接与试液接触的离子选择性电极；敏化离子选择性电极是以原电极为基础装配成的离子选择性电极。具体分类如图 10.2 所示。

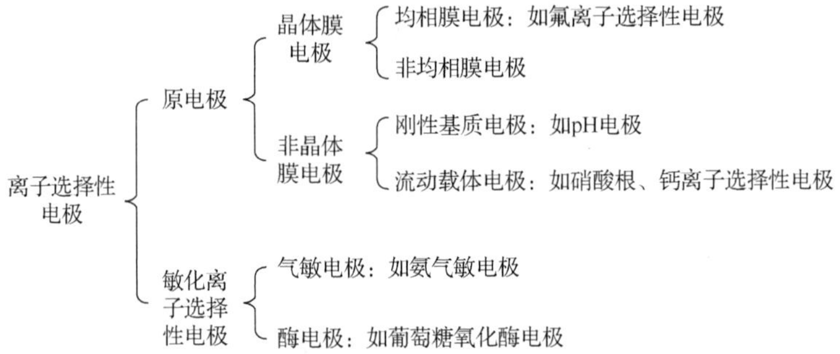

图 10.2　离子选择性电极的分类

10.1.2　膜电位

膜电位(membrane potential)是膜内扩散电位和膜与电解质溶液形成的内外界面电位的代数和。

1. 扩散电位

扩散电位是指在两种不同离子或离子相同而活度(或浓度)不同的液/液界面上，因离子扩散速率不同而形成的电位差，也称液接电位。离子通过界面时，没有强制性和选择性，是一种自由扩散。扩散电位不仅存在于液/液界面，还存在于固体膜内。在离子选择性电极的膜中可产生扩散电位，表示为

$$\varphi_{\mathrm{d}} = \frac{RT}{nF}\int_1^2 \sum \frac{t_i}{n_i} \ln \alpha_i \tag{10.2}$$

式中，n_i、t_i 分别为离子的电荷数和迁移数，当 $n_+ = n_- = 1$，$\alpha_+ = \alpha_- = \alpha$ 时，方程可简化为

$$\varphi_{\mathrm{d}} = \frac{RT}{nF}(t_2 - t_1)\ln\frac{\alpha_{i(2)}}{\alpha_{i(1)}} \tag{10.3}$$

可见，当正负离子的迁移数相等时，扩散电位等于 0，这就是盐桥可以消除液接电位的依据。

2. 界面电位

当一个选择性渗透膜和溶液相接触时，其能选择性地让某一种或几种离子通过，这种具有强制性和选择性的扩散造成膜内外界面电荷分布不均匀，从而产生双电层结构，形成电位差，称为界面电位。通常使用的离子选择性电极都存在两个界面，即内界面和外界面(图 10.3)，所以应包含内、外两个相界面电位差，其界面电位可表示为

$$\varphi_{\mathrm{D}} = k \pm \frac{RT}{nF}\ln\frac{\alpha_{相1}}{\alpha_{相2}} \tag{10.4}$$

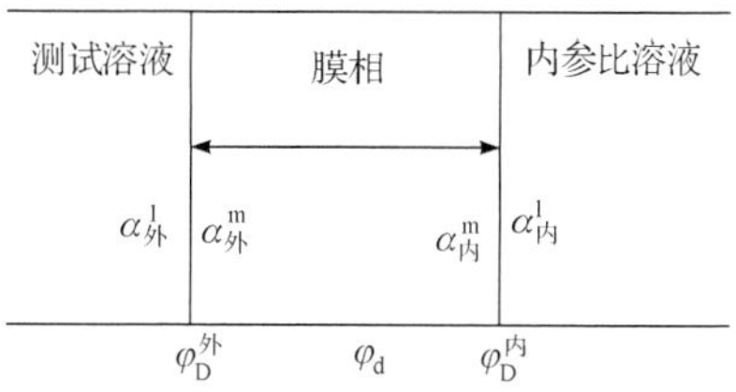

图 10.3　离子选择性电极的膜电位示意图

根据离子选择性电极的膜电位示意图(图 10.3)，离子选择性电极的膜电位可表示为

$$\varphi_{膜} = \varphi_{\mathrm{D}}^{外} + \varphi_{\mathrm{d}} + \varphi_{\mathrm{D}}^{内} \tag{10.5}$$

由于在一个电极膜中，$\alpha_{外}^{\mathrm{m}}$、$\alpha_{内}^{\mathrm{m}}$、φ_{d} 保持不变，因此膜电位又可表示为

$$\varphi_{膜} = k' \pm \frac{RT}{nF}\ln\frac{\alpha_{外}^{1}}{\alpha_{内}^{1}} \tag{10.6}$$

如果作为内参比溶液的 $\alpha_{内}^{1}$ 也保持不变，则膜电位为

$$\varphi_{膜} = k' \pm \frac{RT}{nF}\ln\alpha_{外}^{1} \tag{10.7}$$

由此可见，离子选择性电极的膜电位主要受外部待测溶液的离子活度影响。

10.1.3　离子选择性电极电位的测量

离子选择性电极电位为内参比电极电位与膜电位之和，即

$$\varphi_{\mathrm{ISE}} = \varphi_{内参比} + \varphi_{膜} \tag{10.8}$$

内参比电极电位一般为常数，因此上式可表示为

$$\varphi_{\mathrm{ISE}} = K \pm \frac{RT}{nF}\ln\alpha_{外}^{1} \tag{10.9}$$

由离子选择性电极和参比电极组成的测量电池为

$$\text{ISE} \mid 试液(x\ \text{mol/L}) \parallel \text{SCE}$$

则其电池电动势为

$$E_{电池} = \varphi_{SCE} - \varphi_{ISE} \tag{10.10}$$

参比电极较为稳定，其电极电位一般不随外界溶液变化而发生变化，因此 φ_{SCE} 可看作常数，将式(10.9)代入式(10.10)，则有

$$E_{电池} = \varphi_{SCE} - K \mp \frac{RT}{nF} \ln \alpha_{外}^{1}$$

$$= K' \mp \frac{RT}{nF} \ln \alpha_{外}^{1} \tag{10.11}$$

式中，“–”对应正离子，如 H^+；“+”对应负离子，如 F^-。

10.2　离子选择性电极类型及其响应机理

10.2.1　玻璃电极

pH 玻璃电极(glass electrode)是最常见的膜电极，对 H^+有灵敏的电位响应，也是最早出现的离子选择性电极。通过改变离子敏感的玻璃膜组成，可获得对其他一价阳离子的选择性响应。pH 玻璃电极的关键部分是其端部的玻璃敏感膜，厚度为 0.1 mm，内充一定 pH 的缓冲溶液作为内参比溶液，内参比电极是 Ag/AgCl 电极，其构造如图 10.4 所示。玻璃电极又分为单玻璃电极[图 10.4(a)]和复合电极[图 10.4(b)]两种，复合电极集指示电极和外参比电极于一体，使用更加方便。

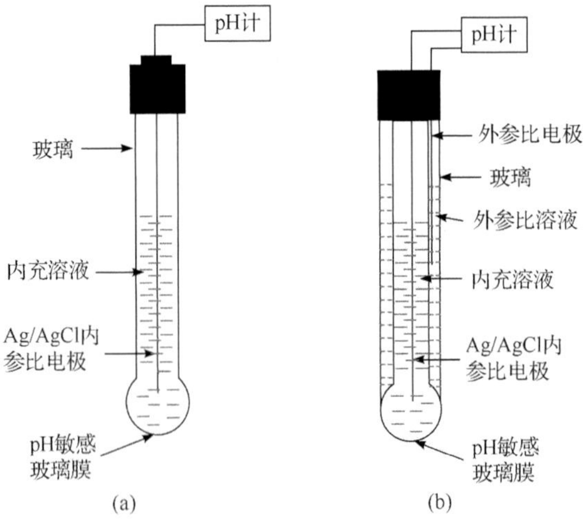

图 10.4　pH 玻璃电极

(a) 单玻璃电极；(b) 复合电极

敏感玻璃膜是电极对 H^+等产生电极电位响应的关键，其成分对玻璃电极的性质有很大影响。由纯 SiO_2 制成的石英玻璃是由大量 Si—O 键形成的三维网络骨架，没有可供离子交换的电荷点，因此也没有响应离子的功能。当在 SiO_2 中加入 Na_2O 后，导致部分 Si—O 键断裂，生成固定带负电荷的 Si—O 骨架(图 10.5)，也称为载体，则带正电荷的 Na^+就可以在骨架的网络中移动，从而起到电荷传导的作用。

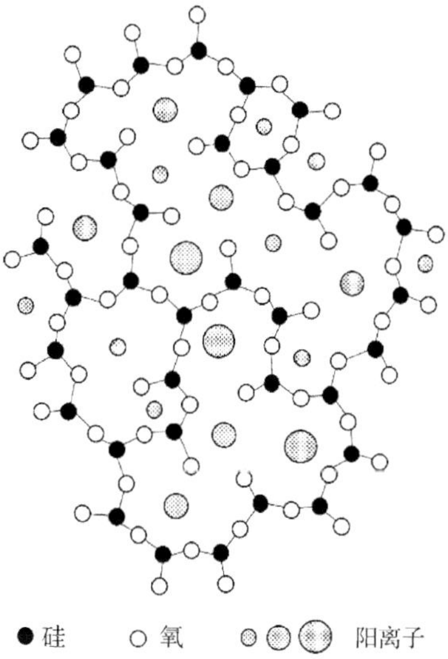

图 10.5　硅酸盐玻璃的结构

当玻璃电极和水溶液接触时，Si—O 结构与 H^+的键合强度大于其与 Na^+的键合强度，导致原来骨架中的 Na^+与水中的 H^+发生交换，从而形成水化凝胶层。在弱酸性和中性溶液中，水化凝胶层表面 Na^+位点基本被 H^+占有。

$$G^-Na^+ + H^+ \rightleftharpoons G^-H^+ + Na^+$$

因此，在水溶液中浸泡后的玻璃膜主要由内水化凝胶层、干玻璃层、外水化凝胶层三部分组成，如图 10.6 所示。

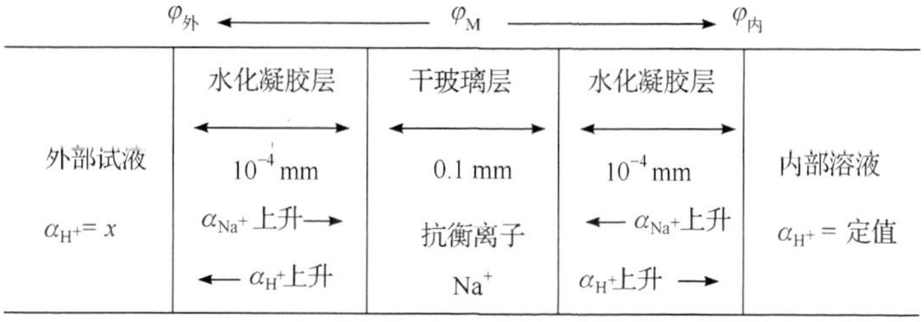

图 10.6　玻璃膜的水化凝胶层

在玻璃膜的干玻璃层中，其电荷传导主要由 Na^+承担。在由水化凝胶层到干玻璃层的过渡层中，G^-Na^+部分转化成 G^-H^+，由于 H^+在未水化的玻璃中的扩散系数小，故其电阻率比干玻璃层高 1000 倍左右，因此玻璃中 Na^+被 H^+取代后其阻抗增加。在水化凝胶层中，玻璃表面≡SiO^-H^+的解离平衡是决定界面电位的主要因素。

$$\underset{表面}{\equiv SiO^-H^+} + \underset{溶液}{H_2O} \rightleftharpoons \underset{表面}{\equiv SiO^-} + \underset{溶液}{H_3O^+}$$

H_3O^+在溶液与水化凝胶层表界面上进行扩散，在内、外两相界面上形成双电层结构，产生两个相间电位差，从而在内、外两个水化凝胶层与干玻璃层之间形成两个扩散电位。若玻璃膜两侧的水化凝胶层性质完全相同，则其内部形成的两个扩散电位大小相等，符号相反，结果互相抵消。但实际上仍有一个很小的电位存在，称为不对称电位(asymmetry potential)。因此，对于一个给定的电极，玻璃膜的电位主要取决于内、外两个水化凝胶层与溶液的相间电位和不对称电位。膜电位与溶液中 H^+的关系为

$$\varphi_{膜} = K + \frac{RT}{F}\ln \alpha_{H^+_{外}} \tag{10.12}$$

根据 pH 的理论定义

$$pH = -\lg \alpha_{H^+} \tag{10.13}$$

则 25℃时，pH 玻璃电极的电极电位与溶液 pH 的关系为

$$\varphi_{膜} = K' - 0.0592\,pH \tag{10.14}$$

式中，常数项(K')包括内参比电极电位和不对称电位。如果用已知 pH 的溶液标定有关常数，则由测得的玻璃电极电位可求得待测溶液的 pH。

玻璃电极除了对 H^+活度有响应外，对某些碱金属离子也有一定的响应。在测量溶液的 pH 时，由于溶液中碱金属离子的存在对溶液 pH 的测量产生的影响，称为碱差(alkaline error)，其在 pH > 9 时干扰比较明显；在 pH < 1 时，如强酸溶液中或盐浓度较大时，引起 pH 测量值偏高的现象称为酸差(acid error)，这可能是由于传送 H^+是依赖与 H_2O 形成 H_3O^+，从而引起 $\alpha_{(H_3O^+)}$ 变小导致的。

玻璃电极对阳离子的选择性与玻璃成分有关，改变玻璃膜的化学成分和含量，如在 Na_2O-SiO_2 玻璃中引入 Al_2O_3，则可以制成对 Na^+、K^+、Ag^+、Li^+等离子具有响应能力的玻璃电极。在碱性范围内，玻璃电极电位由碱金属离子的活度决定，而与溶液 pH 无关，这种玻璃电极称为 pM 玻璃电极(M = Na^+、K^+、Ag^+、Li^+等)。常见的 pM 玻璃电极及玻璃膜组成如表 10.1 所示。

表 10.1　pM 玻璃电极

主要响应离子	玻璃膜组成/%(摩尔分数)			主要干扰离子
	Na_2O	Al_2O_3	SiO_2	
Na^+	11	18	71	K^+、Ag^+
K^+	27	5	68	Na^+
Ag^+	11	18	71	Na^+
	28.8	19.1	52.1	H^+
Li^+	15*	25	60	Na^+、K^+

*此处 15%指 Li_2O 的摩尔分数而不是 Na_2O 的摩尔分数。

使用玻璃电极时应注意：

(1) 使用新玻璃电极时要放在蒸馏水中浸泡一段时间，以便形成良好的水合层。

(2) 短时间不使用时，玻璃电极应浸入缓冲溶液或蒸馏水中。长期保存时应擦干并放入保护性容器中。

(3) 不要在酸性氟化物溶液中使用玻璃电极。

(4) 进行测定前，认真清洗电极，并用软纸小心擦去膜表面的悬浮物或胶状物，避免划伤敏感膜。

(5) 每次测定后，需用蒸馏水认真冲洗电极并小心吸干。

(6) 测定有油污的样品，用后要用 CCl_4 或丙酮清洗干净，之后需用 1.2 mol/L 盐酸冲洗，再用蒸馏水冲洗，在蒸馏水中浸泡平衡一昼夜后再使用。

10.2.2 晶体膜电极

晶体膜电极(crystalline-membrane electrode)是由一种或几种导电性的难溶盐晶体制成的。其中最典型的是氟离子选择性电极。

氟离子选择性电极的敏感膜为 LaF_3 单晶膜，该膜的导电性由晶格中离子半径较小且电荷较少的 F^- 担任。为了提高膜的电导率，在晶体膜中掺杂了 Eu^{2+} (0.1%～0.5%)和 Ca^{2+} (1%～5%)。二价离子的引入，代替了晶格点阵中的 La^{3+}，导致 LaF_3 晶格中形成较多的 F 缺陷，从而增强了晶体膜的导电性。这种敏感膜的电阻一般小于 2 MΩ。常用的氟电极的单晶膜封在聚四氟乙烯管中，管内充入 0.1 mol/L 的 NaF 和 0.1 mol/L 的 NaCl 作为内参比溶液，插入银/氯化银电极作为内参比电极。其结构如图 10.7 所示。

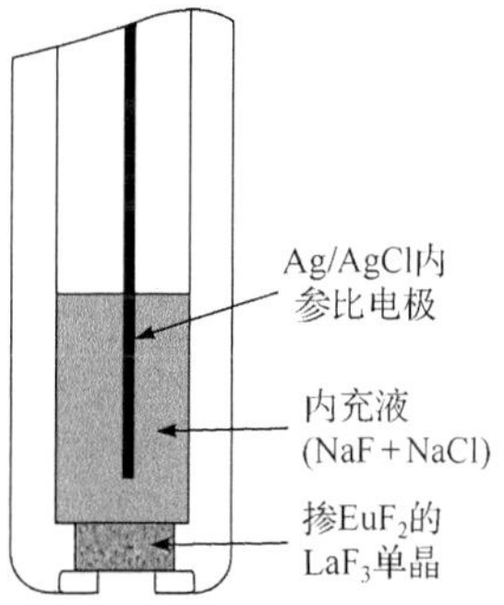

图 10.7 氟离子选择性电极

由于溶液中的 F^- 能扩散进入膜相的缺陷空穴，而膜相中的 F^- 也能进入溶液中，因此将电极插入待测离子溶液中后，在两相界面上会建立双电层结构而产生相间电位：

$$\varphi_{\text{ISE}} = K - \frac{RT}{F}\ln\alpha_{\text{F}^-} \tag{10.15}$$

由式(10.15)可知，其电极电位 φ 与 F^- 活度有关，因此测定氟离子选择性电极的电极电位可以计算溶液中 F^- 的活度(或浓度)。这种电极对 F^- 有很好的选择性响应，除 OH^- 外，一般阴离子均不干扰电极对 F^- 的测定。OH^- 的干扰是由于其与 LaF_3 发生反应释放出的 F^- [$LaF_3 + 3OH^- \rightleftharpoons La(OH)_3 + F^-$]会使电极响应增大，因此氟离子选择性电极不适用于碱性溶液中的测定。此外，在酸性溶液中，由于 F^- 和 H^+ 生成 HF 或 HF_2^-，从而降低 F^- 的活度使测量结果偏低。因此，氟离子选择性电极使用的适当 pH 为 5.0～7.0。

此外，能与 F^- 形成稳定配合物的阳离子，如 Be^{2+}、Al^{3+}、Fe^{2+}、Th^{4+}、Zr^{4+} 等，也会降低游离 F^- 的活度，使测定结果偏低。可以加入柠檬酸钠、EDTA、钛铁试剂、磺基水杨酸等，使它们与阳离子配位而将 F^- 释放出来，从而消除其干扰。

若采用难溶盐 Ag_2S 或 Ag_2S 和 AgX(X 为 Cl、Br、I)或 Ag_2S 和 MS(M 为 Cu、Pb、Cd)压片制成晶体膜电极，可以实现对 S^{2-}、X^-(Cl^-、Br^-、I^-)和 M^{2+}(Cu^{2+}、Pb^{2+}、Cd^{2+})的检测。其电极电位分别为

对于 S^{2-} 选择性电极：

$$\varphi_{\text{ISE}} = K - \frac{RT}{2F}\ln\alpha_{\text{S}^{2-}} \tag{10.16}$$

对于 X^- 选择性电极：

$$\varphi_{ISE} = K - \frac{RT}{F}\ln\alpha_{X^-} \quad (10.17)$$

对于 M^{2+}选择性电极：

$$\varphi_{ISE} = K + \frac{RT}{2F}\ln\alpha_{M^{2+}} \quad (10.18)$$

这类电极中，膜内 Ag^+是电荷的传递者。它们的选择性及检测下限与各自的溶度积常数 K_{sp} 有关。常见晶体膜电极如表 10.2 所示。

表 10.2　晶体膜电极的种类和性能

电极	膜材料	线性响应范围/(mol/L)	pH 适用范围	主要干扰离子
F^-	$LaF_3 + Eu^{2+}$	5×10^{-7}～1×10^{-1}	5～6.5	OH^-
Cl^-	$AgCl + Ag_2S$	5×10^{-5}～1×10^{-1}	2～12	Br^-，$S_2O_3^{2-}$，I^-, CN^-, S^{2-}
Br^-	$AgBr + Ag_2S$	5×10^{-6}～1×10^{-1}	2～12	$S_2O_3^{2-}$，I^-, CN^-, S^{2-}
I^-	$AgI + Ag_2S$	1×10^{-7}～1×10^{-1}	2～11	S^{2-}
CN^-	AgI	1×10^{-6}～1×10^{-2}	> 10	I^-
Ag^+, S^{2-}	Ag_2S	1×10^{-7}～1×10^{-1}	2～12	Hg^{2+}
Cu^{2+}	$CuS + Ag_2S$	5×10^{-7}～1×10^{-1}	2～10	Ag^+, Hg^{2+}, Fe^{3+}, Cl^-
Pb^{2+}	$PbS + Ag_2S$	5×10^{-7}～1×10^{-1}	3～6	Cd^{2+}, Ag^+, Hg^{2+}, Cu^{2+}, Fe^{3+}, Cl^-
Cd^{2+}	$CdS + Ag_2S$	5×10^{-7}～1×10^{-1}	3～10	Pb^{2+}, Ag^+, Hg^{2+}, Cu^{2+}, Fe^{3+}

10.2.3　流动载体电极

流动载体电极(electrode with a mobile carrier)也称液膜电极，它和玻璃电极不同的是玻璃电极的载体是固定不动的，而液膜电极的载体是可以流动的，但不能离开膜，离子可以自由穿过膜。流动载体电极一般是由含有离子交换剂的多孔膜、含有离子交换剂的有机相、内参比溶液和参比电极构成，如图 10.8 所示。由带电荷的载体可制成带电荷的流动载体电极，如带正电荷载体制成的阴离子流动载体电极和带负电荷载体制成的阳离子流动载体电极。由不带电荷的载体可制成中性载体电极。

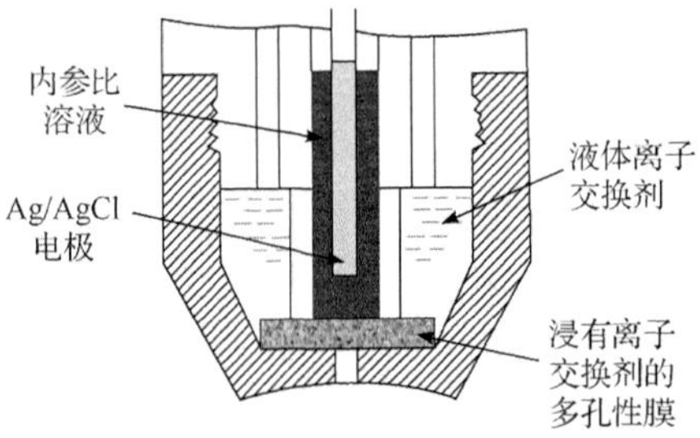

图 10.8　流动载体电极

流动载体电极的流动载体膜也可以制成类似固态的固化膜，如聚氯乙烯(PVC)膜电极。它是将一定比例的离子交换剂先溶于一定的有机溶剂后，再加入 PVC 粉末，混匀后溶于四氢呋喃中，在玻璃板上铺开，溶剂挥发后形成膜。与一般的流动载体膜相比，这种膜的稳定性和寿命有很大提升。常见的液膜电极有硝酸根离子选择性电极、钙离子选择性电极、钾离子选择性电极等。

1. 硝酸根离子选择性电极

该选择性电极以带正电荷的季铵盐为电活性物质，先将其溶于邻硝基苯十二烷醚，然后再与含有 5% PVC 的四氢呋喃溶液混合(1∶5)后，铺于平板玻璃上，溶剂挥发即可制成透明薄膜，构成电极，其电极电位为

$$\varphi_{\text{ISE}} = K - \frac{RT}{F}\ln \alpha_{\text{NO}_3^-} \tag{10.19}$$

2. 钙离子选择性电极

钙离子选择性电极的电活性物质是带负电荷的载体，如二癸基磷酸钙，用苯基磷酸二正辛酯作为溶剂，放入微孔膜中，构成电极，其电极电位为

$$\varphi_{\text{ISE}} = K + \frac{RT}{2F}\ln \alpha_{\text{Ca}^{2+}} \tag{10.20}$$

3. 钾离子选择性电极

钾离子选择性电极的载体是一种电中性且具有空腔结构的大分子化合物。例如，大环状冠醚化合物(如二甲基-二苯并-30-冠醚-10)可以与钾离子进行络合，将其溶解在邻苯二甲酸二戊酯中，再与含有 PVC 的环己酮溶液混合制成敏感薄膜，构成电极后可用于对钾离子的高选择性检测。

10.2.4　气敏电极

气敏电极(gas sensing electrode)也称为气体扩散电极，是基于离子选择性电极发展起来的一种新型气体传感器，能用于测定溶液或其他介质中某种气体的含量。其结构如图 10.9 所示。该电极主要部件为微多孔性气体渗透膜，具有疏水性和透气性。试样中待测气体扩散通过透气膜，进入离子敏感膜与透气膜之间的中介溶液(中间电解质溶液)薄层，使其中某一离子活度发生变化，由离子敏感电极指示出来，从而实现透过气体的间接测定。

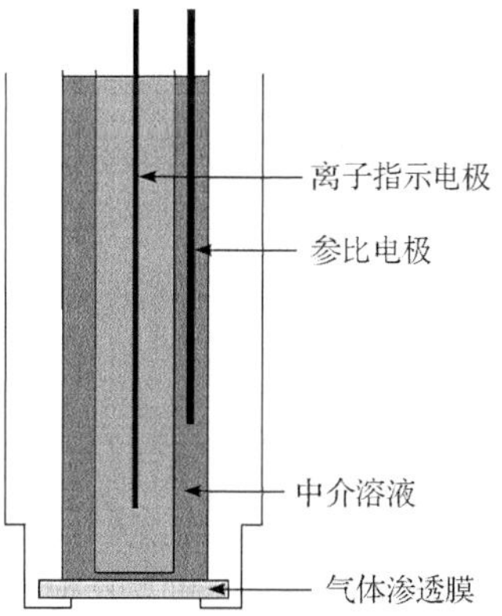

图 10.9　气敏电极的结构

例如，测定 CO_2 时，用 pH 玻璃电极作为指示电极，中介溶液为 0.01 mol/L 碳酸氢钠溶液。CO_2 气体通过气体渗透膜，与中介溶液相接触，生成碳酸，影响碳酸氢钠的电离平衡，从而改变溶液的 pH。

$$\text{CO}_2 + \text{H}_2\text{O} \xrightleftharpoons{K_1} \text{H}_2\text{CO}_3$$

$$\text{H}_2\text{CO}_3 \xrightleftharpoons{K_2} \text{HCO}_3^- + \text{H}^+$$

由

$$\alpha_{\text{H}_2\text{CO}_3} = K_1 p_{\text{CO}_2} \tag{10.21}$$

$$\alpha_{H^+} = \frac{K_2 \alpha_{H_2CO_3}}{\alpha_{HCO_3^-}} \tag{10.22}$$

可得

$$\alpha_{H^+} = \frac{K_1 K_2 p_{CO_2}}{\alpha_{HCO_3^-}} \tag{10.23}$$

式中，K_1、K_2为常数。HCO_3^-的浓度较高，可以看成常数，所以式(10.23)可改写为

$$\alpha_{H^+} = K p_{CO_2} \tag{10.24}$$

因此，电解液中H^+活度与试液中CO_2的分压成正比，用pH电极作为指示电极，通过测定溶液pH的改变值就可以间接测定CO_2的含量。其电极电位为

$$\begin{aligned}\varphi_{ISE} &= K + \frac{RT}{F}\ln \alpha_{H^+} \\ &= K' + \frac{RT}{F}\ln p_{CO_2}\end{aligned} \tag{10.25}$$

根据相同的原理，可以制成NH_3、NO_2、H_2S、SO_2、HCN、Cl_2等气敏电极。

10.2.5　生物电极

生物电极也称为生物膜电极。由于生物膜内存在具有生物活性的酶、微生物、生物组织、核酸、抗原或抗体等物质，这些生物活性物质对其底物具有较高的选择性识别能力，因此将其固载在膜表面制备生物膜电极，可实现对一些特定生物分子的高灵敏度、高选择性响应。例如，葡萄糖氧化酶能从多种糖分子的混合溶液中高选择性地催化氧化葡萄糖，将其转化为葡萄糖酸，这种葡萄糖氧化酶即称为生物功能物质。

将葡萄糖氧化酶固定在电极表面，构成葡萄糖膜电极，其电极结构如图10.10所示。

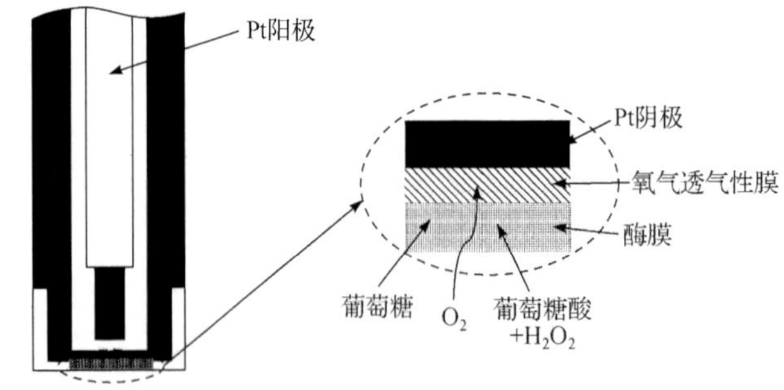

图10.10　葡萄糖膜电极

在含有溶解氧的溶液中，葡萄糖待测液一旦和膜电极上的葡萄糖氧化酶相接触，便会在电极表面酶的催化作用下发生酶促反应，消耗氧而生成葡萄糖酸，在此过程中还会产生具有电活性的物质 H_2O_2。

$$葡萄糖 + O_2 + H_2O \xrightarrow{葡萄糖氧化酶} 葡萄糖酸 + H_2O_2$$

随着酶膜附近氧的消耗，导致氧的还原电流减小，该电流减小的量与葡萄糖的浓度成正比，因此可以用来间接测定葡萄糖的浓度。

$$O_2 + 2H_2O + 4e^- \longrightarrow 4OH^- \quad \varphi^\ominus = 0.401\,V \tag{10.26}$$

此外，还可以利用葡萄糖的量与酶反应过程中产生 H_2O_2 的量成比例，根据检测达到平衡时 H_2O_2 的变化实现对溶液中葡萄糖含量的检测。

$$H_2O_2 \longrightarrow 2H^+ + O_2 + 2e^- \quad \varphi^\ominus = 0.69\,V \tag{10.27}$$

将具有不同活性的生物功能物质通过多种方式(如吸附、包埋、交联、共价键合等)固定在不溶于水的生物膜表面，制成生物膜电极，可实现多种生物小分子的检测，如多巴胺、尿酸、谷氨酰胺、氨基酸等。

受分离酶的稳定性限制，特别是有些酶较为昂贵甚至很难获得纯的酶，通常考虑使用动物、植物的组织作为活性酶源，将动物、植物组织薄片作为敏感膜固定在电极上构成组织电极。这种组织电极主要利用组织中的天然酶作为反应的催化剂。因此，组织电极其实也是酶电极的衍生电极。例如，香蕉组织中含有多酚氧化酶，将香蕉组织和碳糊电极材料一起混合，可获得高灵敏度的多巴胺传感器(图 10.11)，用于多巴胺的电化学检测。利用猪肝组织内的谷氨酰胺酶能催化谷氨酰胺转化而释放出氨，将猪肝组织紧贴在氨气敏电极上可用于测定试样中谷氨酰胺的含量。与酶电极相比较，由于组织电极中的酶活性和稳定性均较高，因此，组织电极往往表现出比传统酶电极更高的灵敏度、稳定性和更长的使用寿命。

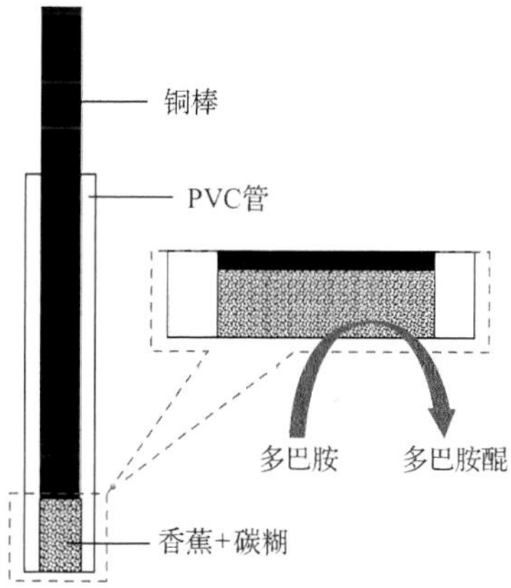

图 10.11　香蕉组织与碳糊混合构建的多巴胺传感器

10.3　离子选择性电极的性能参数

10.3.1　能斯特响应、线性范围、检出限

离子选择性电极的电极电位随着待测离子的活度(或浓度)变化而变化的现象称为电极响应。若这种响应变化服从能斯特方程，则称它为能斯特响应。

以离子选择性电极的电极电位对响应离子活度(或浓度)对数作图，所得曲线称为校准曲线，如图 10.12 所示。校准曲线的直线部分所对应的离子活度范围称为离子选择性电极响应的线性范围(图 10.12 中 *CD*)。该直线的斜率为电极的实际响应斜率(*S*)，理论斜

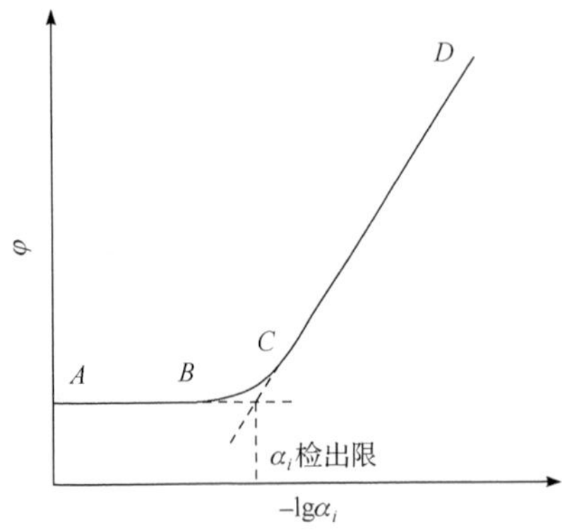

图 10.12　电极校准曲线

率(298.15 K)为 0.0592/n(V)，S 也称为极差。

当活度很低时，曲线就逐渐弯曲，图 10.12 中 CD 和 AB 延长线的交点所对应的活度 α_i 称为检出限。

10.3.2　离子选择性系数

离子选择性电极除对特定离子有响应外，溶液中的共存离子对电极电位也有贡献，形成对待测离子的干扰，此时，电极电位可写成：

$$\varphi = 常数 \pm \frac{2.303RT}{n_i F}\lg\left(\alpha_i + \sum_j K_{ij}\alpha_j^{n_i/n_j}\right) \quad (10.28)$$

式中，i 为待测离子；j 为共存离子；n_i 为待测离子的电荷数；第二项对正离子取“+”号，对负离子取“−”号；K_{ij} 为选择性系数(selectivity coefficient)，也称电位选择性系数。它表示电极对干扰离子的响应与对待测离子响应之比，该值越小，说明电极对待测离子的选择性越好，即 i 离子抗 j 离子干扰的能力越强。例如，某 pH 玻璃电极对 Na^+的选择性系数为

$$K_{H^+,Na^+} = 10^{-11}$$

表示该电极对 H^+的响应比对 Na^+的响应灵敏 10^{11} 倍。K_{ij} 的倒数称为选择比，表示在溶液中干扰离子的活度 α_j 和主要离子的活度 α_i 之比为多大时，离子选择性电极对两种离子活度的响应电位相等。K_{ij} 是一个常数，其数值可以从某些手册中查到，但无严格的定量关系，常受很多因素影响，可以通过实验测定。

利用电位选择性系数可以大致估算在某主响应离子的活度下，由干扰离子所引起的误差：

$$误差(\%) = \frac{K_{ij}\alpha_j^{n_i/n_j}}{\alpha_i} \times 100\% \quad (10.29)$$

10.3.3　响应时间

IUPAC 将响应时间定义为静态响应时间，是指离子选择性电极和参比电极一起接触溶液开始到电极电位达到稳定值(波动在 1 mV 内)时为止，在此期间所经过的时间。

膜电位的产生是由于响应离子在敏感膜表面扩散建立双电层的结果，因此电极达到这一平衡所需要的时间取决于敏感膜的结构和性质。一般晶体膜的响应时间较短，而液膜的响应涉及表面的化学反应过程，因此达到平衡的时间较长。此外，响应时间还与响应离子的扩散速率、浓度、共存离子的种类、溶液温度等因素有关。即扩散速率快，响应时间短；响应离子浓度低，达到平衡慢；溶液温度高，响应速率加快。在实际工作中，通常采用搅拌溶液的方法来加快扩散速率，缩短响应时间。

10.3.4　内阻

离子选择性电极的内阻包括膜内阻、内充溶液内阻、内参比电极的内阻。起主要作用的是膜内阻，其与敏感膜的类型、厚度等有关。对于晶体膜来说，其内阻较低(kΩ～MΩ)；而玻璃膜的内阻则较高(约 10^8 Ω)。因此，与离子选择性电极配用的离子计需要有较高的输入阻抗，通常大于 10^{11} Ω。

10.3.5　稳定性

在同一溶液中，离子选择性电极的电位随时间的变化称为漂移。稳定性一般以一定时间(如 24 h)内漂移的毫伏数表示。漂移的大小与膜的稳定性、电极的结构和绝缘性有关。

10.4　电位分析方法

如前所述，对于一个可逆电极反应，通过测量其电极电位确定溶液中某物质的活度(或浓度)的电化学方法称为电位分析法，包括直接电位法和电位滴定法。

10.4.1　直接电位法

直接电位法是通过测量电极电位，利用电极电位与待测离子的活度或浓度之间的函数关系[式(10.1)]，直接测定试样中待测组分活度(或浓度)的方法。但由于液接电位和不对称电位的存在，且活度系数难以计算，一般不能从电池电动势的数值通过能斯特方程计算待测离子的浓度。因此，被测离子的浓度一般通过标准曲线法、标准加入法等几种方法来进行测定。

1. 标准曲线法

首先配制一系列含有不同浓度的被测组分标准溶液，采用惰性电解质调节其离子强度，然后将选定的指示电极和参比电极插入待测溶液中，测定其电池电动势 E。以 E 为纵坐标，活度的对数($\lg\alpha$)为横坐标，绘制 E-$\lg\alpha$ 曲线，在一定范围内它是一条直线。最后测量样品溶液的电池电动势 E_x，在标准曲线上找出与 E_x 相对应的活度 α_x，如图 10.13 所示，这种方法称为标准曲线法。

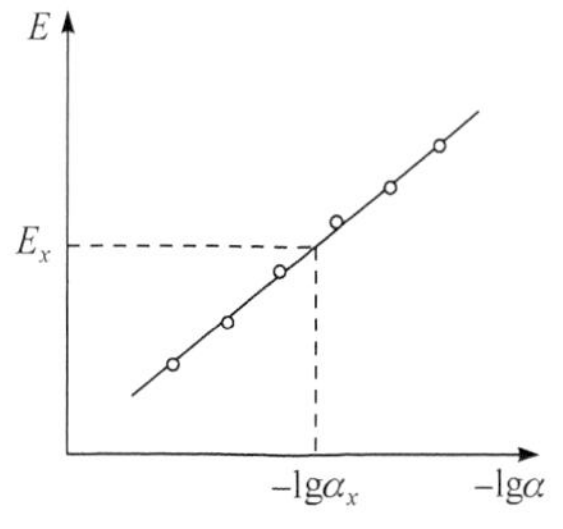

图 10.13　标准曲线法测离子活度(或浓度)

标准曲线法适用于被测体系较为简单的样品分析。对于稍复杂的体系，可加入由惰性电解质、金属配位剂及 pH 缓冲溶液等组成的总离子强度调节缓冲溶液(total ionic strength adjustment buffer，TISAB)。需要指出的是，TISAB 中除了有浓度较大的电解质外，还含有掩蔽剂和 pH 缓冲剂。这样，TISAB 除了调节离子强度外，还可以消除杂离子的干扰和调节溶液的 pH。例如，在使用氟离子选择性电极测溶液中的氟离子时，加入由氯化钠、柠檬酸钠、乙酸、乙酸钠组成的 TISAB 溶液，其中氯化钠主要起调节离子强度的作用；乙酸-乙酸钠起缓冲溶液的作用；柠檬酸钠则为掩蔽剂，用于降低溶液中其他金属离子带来的干扰。由于待测溶液和标准溶液均加入了离子强度调节溶液，使其总离子强度基本相同，它们的活度系数也基本相同，因此测定时可以用浓度代替活度。

由于待测溶液和标准溶液的组成基本相同，又使用同一套电极进行测试，其液接电位和不对称电位的影响可通过标准曲线进行校准，因此标准曲线法常用于大批比较简单的同类型样品中的游离离子活度(或浓度)的测定。该方法的缺点是当试样组成比较复杂时，难以做到与校准曲线条件一致，需要靠回收率实验对方法的准确性加以验证。

2. 标准加入法

针对比较复杂的待测样品，试液离子强度较大，且溶液中存在能引起被测离子发生副反应的配位剂，则此时配制标准溶液会有一定的困难，不能使用标准曲线法进行定量分析，即使勉强使用标准曲线法，也只能测得游离离子的活度(或浓度)，而不能测出离子的总浓度。对于这种情况可以使用标准加入法测定离子的活度或浓度。

标准加入法是将一定体积和一定浓度的标准溶液加入已知体积的待测试液中，根据加入前后其电动势的变化 ΔE 计算待测离子的含量。由于加入前后试液的性质基本不变，因此准确度较高。标准加入法比较适用于组成复杂以及非成批样品的分析。

若待测定体积为 V_x、浓度为 c_x 的样品溶液，先测定该样品溶液的电动势 E_x，即

$$E_x = K' + \frac{RT}{nF}\ln c_x \tag{10.30}$$

然后再向此测过的溶液中加入体积为 V_s、浓度为 c_s 的被测离子的标准溶液，再次用同一电极测其电动势 E_1，即

$$E_1 = K' + \frac{RT}{nF}\ln\frac{c_s V_s + c_x V_x}{V_s + V_x} \tag{10.31}$$

若离子强度一定，令 $S = 2.303\frac{RT}{F}$，由式(10.30)和式(10.31)可得

$$\Delta E = E_1 - E_x = \frac{S}{n}\lg\frac{c_s V_s + c_x V_x}{V_s + V_x} \tag{10.32}$$

取反对数，得

$$10^{\frac{\Delta E}{S/n}} = \frac{c_s V_s + c_x V_x}{c_x(V_s + V_x)} \tag{10.33}$$

则

$$c_x = \frac{c_s V_s}{(V_s + V_x)10^{\frac{\Delta E}{S/n}} - V_x} \tag{10.34}$$

若 $V_x \geqslant V_s$，则

$$c_x = \frac{c_s V_s}{V_x 10^{\frac{\Delta E}{S/n}} - V_x} = \frac{c_s V_s}{V_x \left(10^{\frac{\Delta E}{S/n}} - 1\right)} = \Delta c \left(10^{\frac{\Delta E}{S/n}} - 1\right)^{-1} \tag{10.35}$$

其中，$\Delta c = \dfrac{c_s V_s}{V_x}$。$\Delta c$、$\Delta E$ 由实验数据可得，因此 c_x 可计算得到。

上述标准加入法也称为一次标准加入法。如果在测量过程中多次向同一待测溶液中加入标准溶液，并测定相对应的电动势 E，通过一系列的电动势作图计算结果的方法称为连续标准加入法。采用连续标准加入法比一次标准加入法具有更高的准确度。

基本原理：将式(10.31)重排，得到

$$(V_s + V_x) 10^{\frac{E}{S/n}} = (c_s V_s + c_x V_x) 10^{\frac{K}{S/n}} \tag{10.36}$$

以 E 对 V_s 作图，得到一直线，如图 10.14 所示。该直线与横坐标相交时，有

$$(V_s + V_x) 10^{\frac{E}{S/n}} = 0 \tag{10.37}$$

此时有

$$c_s V_s + c_x V_x = 0 \tag{10.38}$$

根据式(10.38)可计算出试样中被测物质含量为

$$c_x = -\frac{c_s V_s}{V_x} \tag{10.39}$$

式(10.39)中 c_x 也可从图中直线与横坐标交点处得到，是一个负值。

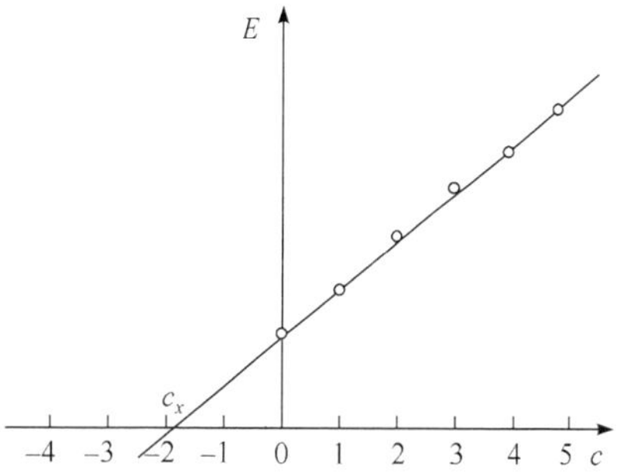

图 10.14　连续标准加入法

3. 直读法

在 pH 计或者电位计上直接读出试液的 pH(pM)的方法称为直读法。

当用 pH 计测定溶液的 pH 时，如由玻璃电极(工作电极)和饱和甘汞电极(参比电极)组成测量电池：

pH 玻璃电极｜被测试液(或标准缓冲溶液)‖饱和甘汞电极

其电池电动势为

$$E = \varphi_{SCE} - \varphi_{ISE} = K - \frac{RT}{F} \ln \alpha_{H^+} \tag{10.40}$$

根据 pH 的理论定义：

$$pH = -\lg \alpha_{H^+} \tag{10.41}$$

则

$$E = K + 2.303 \frac{RT}{F} pH \tag{10.42}$$

式中，K 为常数项，既包括内参比电极电位、膜内相间电位、不对称电位，还包括测量

时的外参比电极电位和液接电位。这些物理量无法准确测量，且经常发生变化。为了消除常数项的影响，通常不能由测量到的电动势直接计算溶液的 pH，必须与标准溶液同时进行测量，并相比较才能得到结果。

对于已知 pH_s 的标准溶液，其电池电动势 E_s 为

$$E_s = K + 2.303\frac{RT}{F}pH_s \tag{10.43}$$

式(10.42)和式(10.43)相减可得

$$pH = pH_s + \frac{E - E_s}{2.303RT/F} \tag{10.44}$$

式(10.44)称为 pH 的实用定义。

pH 计是一台高阻抗输入的毫伏计，两次测量得到的是 $E - E_s$，测定方法是标准曲线法的改进。定位的过程就是用标准缓冲溶液校准标准曲线的截距，温度校准是调整标准曲线的斜率。结束以上操作后，pH 计的刻度就符合标准曲线的要求，可以对未知溶液进行测定。测定的准确度首先取决于标准缓冲溶液 pH_s 的准确度，其次是标准溶液和待测溶液组成接近的程度。我国制定的几种标准缓冲溶液的 pH_s 见表 10.3。

表 10.3　常见标准缓冲溶液的 pH_s

温度/℃	四草酸氢钾 (0.05 mol/L)	酒石酸氢钾 (25℃，饱和)	邻苯二甲酸氢钾 (0.05 mol/L)	磷酸二氢钾 (0.025 mol/L) 磷酸氢二钠 (0.025 mol/L)	硼砂 (0.01 mol/L)	氢氧化钙 (25℃，饱和)
0	1.668	—	4.006	6.981	9.458	13.416
5	1.669	—	3.999	6.949	9.391	13.210
10	1.671	—	3.996	6.921	9.330	13.011
15	1.673	—	3.996	6.898	9.276	12.820
20	1.676	—	3.998	6.879	9.226	12.637
25	1.680	3.559	4.003	6.864	9.182	12.460
30	1.684	3.551	4.010	6.852	9.142	12.292
35	1.688	3.547	4.019	6.844	9.105	12.130
40	1.694	3.547	4.029	6.838	9.072	11.975
45	1.700	3.550	4.042	6.834	9.042	11.828
50	1.706	3.555	4.055	6.833	9.015	11.697

与 pH 计直接测量溶液的 pH 类似，各种离子计也可以用来直接读出待测溶液的 pM。它们使用不同的离子选择性电极和相应的标准溶液来对仪器进行校准。

【例 10.1】 氟是人体必需的微量元素之一，也是牙齿的重要组成成分，氟被牙釉质吸附后，在牙齿表面可形成一层抗酸性腐蚀的坚硬保护层，从而起到防止龋齿的作用。基于此，在牙膏中加入一定量的氟，制成的含氟牙膏就可以帮助人们达到固齿、防龋的目的。但过量的氟会引起人体氟中毒，其表现为氟斑牙、氟骨症等。国家标准规定牙膏

中含氟量应为 0.04%～0.15%。因此，实现牙膏中氟含量的准确、方便检测具有重要的实际意义。某研究组开发了基于电化学的检测方法，通过对牙膏样品的前处理，采用氟离子选择性电极测定了牙膏中的氟含量。该方法具有操作简便、结果准确可靠、不使用贵重仪器等特点，因此有利于广泛使用。具体测试过程如下：

称取 10.0000 g 牙膏样品加入去离子中水分散溶解，转入 250 mL 塑料容量瓶中定容，离心分离后取 5.00 mL 上清液于 50 mL 塑料容量瓶中，然后加入 5 mL TISAB 缓冲液后定容、摇匀。采用标准曲线法测定样品中氟离子的含量，具体测试结果如表 10.4 所示。计算牙膏样品中的氟含量。

表 10.4　标准及样品溶液电位值

试样名称	浓度/(mg/L)	对数值	平均电位值/mV($n = 3$)
标准溶液 1	1.0	0.000	248
标准溶液 2	2.0	0.301	235
标准溶液 3	3.0	0.477	227
标准溶液 4	4.0	0.602	221
标准溶液 5	5.0	0.699	216
样品溶液	—	—	229

解　根据表 10.4 中相关数据得到标准曲线，如图 10.15 所示。

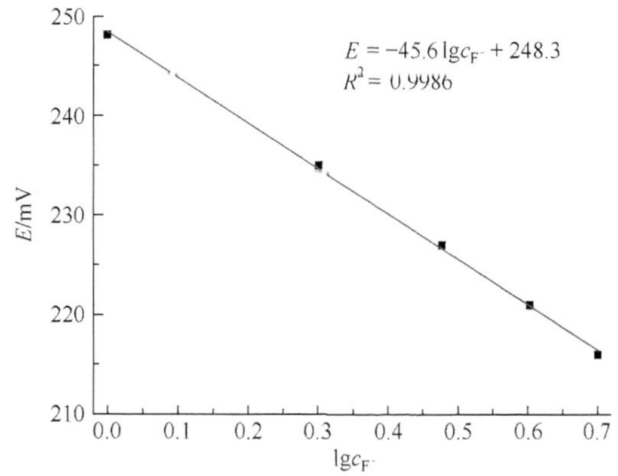

图 10.15　牙膏样品电动势与浓度对数的关系

将样品溶液电位值代入上述曲线方程，得

$$c_{F^-} = 2.65\ \text{mg/L}$$

则牙膏中氟离子的含量为

$$F^-含量 = \frac{2.65 \times 50 \times 10^{-3} \times \dfrac{250}{5}}{10.0000 \times 1000} \times 100\% = 0.066\%$$

即此牙膏样品中氟离子的含量为 0.066%。

4. 直接电位法准确度

在直接电位法测量中，误差主要来自电池电动势的测量。

由：

$$\begin{aligned} E &= K + \frac{RT}{nF}\ln\alpha = K + \frac{RT}{nF}\ln\gamma + \frac{RT}{nF}\ln c \\ &= K' + \frac{RT}{nF}\ln c \end{aligned} \tag{10.45}$$

式中，γ为离子活度系数，则

$$\mathrm{d}E = \frac{RT}{nF}\cdot\frac{\mathrm{d}c}{c}$$

或

$$\Delta E = \frac{RT}{nF}\cdot\frac{\Delta c}{c}$$

$$\frac{\Delta c}{c} = \frac{F}{RT}\cdot n\cdot\Delta E \approx 3900\cdot n\cdot\Delta E\%\ (25℃) \tag{10.46}$$

由式(10.46)可知，当 $\Delta E = \pm 1\,\mathrm{mV}$ 时，对于一价离子，其误差可达 ±4%；对于二价离子，其误差高达 8%。

10.4.2 电位滴定法

传统的化学滴定法(也称容量法)是依靠指示剂颜色变化指示滴定终点的，如果待测溶液有颜色或浑浊产生时，滴定终点的判断会比较困难，或者根本找不到合适的指示剂。电位滴定法是在滴定过程中通过测量电极电位变化以确定滴定终点的方法，在滴定到达终点前后，滴液中待测离子的浓度往往连续变化几个数量级，从而引起电极电位的突跃，被测成分的含量可以通过消耗滴定剂的量来计算。因此，电位滴定法比用指示剂的容量法有以下优点：①可用于有色或浑浊溶液的滴定；②在没有或缺乏指示剂的情况下，用此法解决；③还可用于浓度较稀的试液或滴定反应进行不够完全的情况；④灵敏度和准确度高，可实现自动化和连续测定。

这些优点使电位滴定法测量的准确度和精度有很大提高，也进一步拓宽了滴定分析的应用范围。

电位滴定法与直接电位法类似，都是由指示电极、参比电极及试液组成测量电池。不同的是电位滴定法要加滴定剂到测量电池溶液中。因此，与直接电位法相比，电位滴定法不需要准确地测量电极电位值，而是依赖于物质相互反应量的关系，所以温度、液体接界电位的影响并不重要，其准确度优于直接电位法。电位滴定装置如图 10.16 所示。

1. 电位滴定终点反应类型及指示电极的选择

在进行电位滴定时，被测溶液中插入一个指示电极和一个参比电极组成电池。使用不同的指示电极，电位滴定法可以进行酸碱滴定、氧化还原滴定、配合滴定和沉淀滴定等。电极的选用原则是电极指示的变化物质必须是直接参加或者间接参加滴定反应的物质。例如：①酸碱滴定时使用 pH 玻璃电极为指示电极；②氧化还原滴定过程中，溶液中氧化态和还原态的浓度比值发生变化，一般采用零类电极作指示电极，如铂电极；③配合滴定过程中，若用 EDTA 作滴定剂，可以用汞电极或相应的离子选择性电极作指示电极；④沉淀滴定过程中，可根据不同的沉淀反应类型，选择不同的指示电极，如用硝酸银滴定卤素离子，则可以用银电极作指示电极。

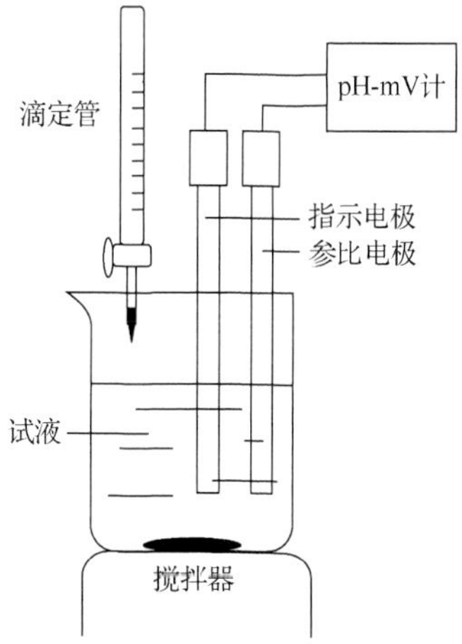

图 10.16　电位滴定基本仪器装置

用于各种滴定法的电极如表 10.5 所示。

表 10.5　用于各种滴定法的电极

滴定方法	参比电极	指示电极
酸碱滴定	甘汞电极	玻璃电极、锑电极
沉淀滴定	甘汞电极、玻璃电极	银电极、硫化银薄膜电极等离子选择性电极
氧化还原滴定	甘汞电极、钨电极	铂电极
配位滴定	甘汞电极	汞电极，银电极，氟离子、钙离子选择性电极等

2. 电位滴定终点的确定

在滴定过程中，随着滴定剂的不断加入，由于发生化学反应，被测离子的浓度不断变化，电池电动势也不断发生变化，在达到滴定终点附近时发生电动势的突跃，说明滴定到达终点。因此，通过测量电池电动势的变化，即可确定滴定终点。

1) E-V 曲线法

测得电池电动势(E)对滴定剂体积(V)作图，即可得到电位滴定曲线，即 E-V 曲线，如图 10.17(a)所示。曲线突跃范围的中点，即为化学计量点。此法对于滴定突跃很小体系的滴定终点不容易判断。

2) $\Delta E/\Delta V$-V 曲线法

对于突跃范围太小，变化不明显的体系，用 E-V 曲线法确定终点误差比较大，为了提高判断精度，此时可绘制其一阶微商曲线，以 $\Delta E/\Delta V$ 对加入滴定剂体积(V)作图，即 $\Delta E/\Delta V$-V 曲线。在计量点附近 $\Delta E/\Delta V$ 达到其最大值，即在 $\Delta E/\Delta V$-V 曲线上，曲线最高点对应的滴定剂体积 V 就是滴定终点所需的滴定剂体积，如图 10.17(b)所示。

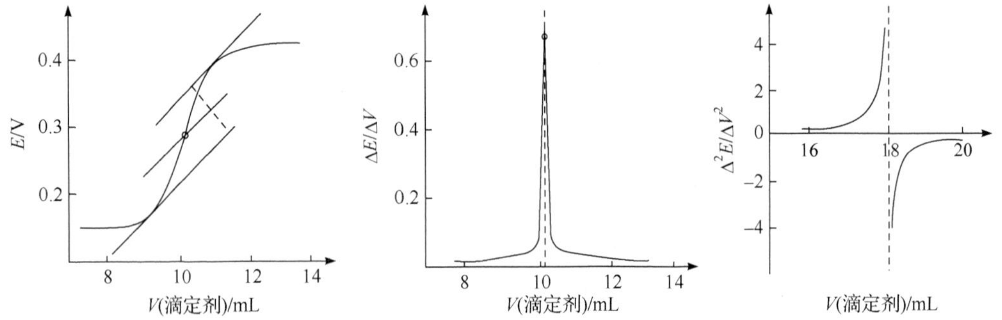

(a)　(b)　(c)

图 10.17　(a) 电位滴定 E-V 曲线；(b) 电位滴定 $\Delta E/\Delta V$-V 曲线；(c) 电位滴定 $\Delta^2E/\Delta V^2$-V 曲线

3) $\Delta^2E/\Delta V^2$-V 曲线法

此外，根据微积分原理，$\Delta E/\Delta V$-V 曲线的最高点正是其二阶微商$\Delta^2E/\Delta V^2=0$ 处，因此还可以通过绘制其二阶微商曲线$\Delta^2E/\Delta V^2$-V 求得终点时所用滴定剂的体积，即曲线$\Delta^2E/\Delta V^2$-V 中纵坐标$\Delta^2E/\Delta V^2=0$ 处所对应的横坐标 V 就是滴定终点时所用滴定剂的体积[图 10.17(c)]。

在电位滴定操作过程中，每滴加一定体积的滴定剂，就测定一次电极电位，直到超过化学计量点为止。在化学计量点附近，适当增加测定点数。如果使用自动电位滴定仪，在滴定过程中便可以自动绘出滴定曲线，自动找出滴定终点并给出所使用滴定剂的体积，因此滴定更加快捷方便。

10.5　电位分析法的发展

电位分析法因分析速度快、灵敏度高、选择性好且不需要昂贵的仪器设备等特点，已广泛应用于环境、生物化学、临床医学和工业生产等各个领域中的成分分析。

对于离子选择性电极，除了选择性好、灵敏度高以外，还具有测量线性范围宽(通常4～6 个数量级)、平衡时间短(约 1 min)，且可用于有颜色或者混合溶液中的测定的特点，因此特别适用于高速自动化的流动分析和在线分析。例如，将管状钾离子选择性电极用于流动注射检测血清中的钾离子，在较高的流速条件下，可达到每小时 360 个样品的测定速度，并已经与空气分隔的流动系统相连接。目前，这种分析装置已经用在大多数医院，实现生理上重要体液电解质中的阳离子(如 K^+、Na^+、Ca^{2+}、Mg^{2+}、H^+等)或阴离子(如 Cl^-)的高速测定。将多种离子选择性电极组成电位型检测器阵列，并与化学计量学程序相结合，是离子选择性电极在流动注射分析应用中的一大优势。

此外，离子选择性电极的微型化是一个重要的发展方向。基于离子选择性电极可检测色谱流出物中的离子组分，将现代离子色谱与微型电极电位检测技术相结合，展现出更为强大的功能。例如，液膜微电极可作为开口毛细管柱液相色谱具有小死体积的检测器；小型化的离子选择性电极可用于飞升级检测体积的毛细管区代电泳的柱上检测器；这些微型离子选择性电极的使用更是提高了色谱的分离分析功能。同时，电位型微电极很适合用作活体血液中电解质的实时监控、细胞内研究、现场环境检测和工业过程控制。

例如，微型离子选择性电极可在打开心脏的手术中在线监测血液中钾离子浓度；微型平板电极阵列可同时在线监测极度缺血期间猪心脏跳动中的 pH 和钾离子；微型化的导尿管型离子选择性电极可用作植入式探针。

采用电位分析法时，对样品是非破坏性的，而且能用于小体积试液的测定。近年来，离子选择性电极领域的研究也取得了令人振奋的进展，包括更多新型离子选择性电极逐渐被开发出来、电极检测限惊人的降低(已达到痕量分析水平)、新的离子氛体系的建立等。再加上新的统计方法的发展以及新颖传感技术的进步，相信在不久的将来，电位分析技术将会取得更大的进步。

10.6　电位分析法的应用实例

电位分析法因仪器结构简单、分析速度快、灵敏度高、选择性好等优势，已广泛应用于环境监测、工业生产过程监控、临床医学、食品检验等各个领域。以环境水样中氟离子测定为例，先将样品进行过滤处理。测量时，将指示电极(氟离子选择性电极)、参比电极(饱和甘汞电极)和待测试液组成测量体系(原电池)，测量过程中加入总离子强度调节缓冲溶液(TISAB)，保持溶液 pH 及离子强度的恒定。采用电位计测定其电动势，根据电池电动势与试液中氟离子浓度的对数呈线性关系进行定量分析。

$$E_{池} = K - 0.0592\lg c_{F^-}$$

10.6.1　实验操作

在 6 个容量瓶中分别加入不同体积的氟化钠标准溶液、TISAB 溶液，用去离子水定容，摇匀，配制成浓度分别为 10 μmol/L、20 μmol/L、50 μmol/L、100 μmol/L、200 μmol/L 和 500 μmol/L 的氟化钠标准溶液。采用同样的步骤配制样品溶液。将氟离子选择性电极和饱和甘汞电极插入待测溶液，用电位计分别测量标准溶液及样品溶液的电动势，结果如表 10.6 所示。

表 10.6　标准氟化钠溶液及样品溶液的电动势

	标准溶液						样品溶液
浓度/(μmol/L)	10	20	50	100	200	500	—
E/mV	296.4	280.8	265.1	249.9	234.0	214.9	248.7

10.6.2　数据处理

根据上述测试数据，绘制电动势对氟离子浓度对数的校正曲线(E-$\lg c_{F^-}$)，通过相关软件拟合得到线性方程和相关系数(图 10.18)。最后将测定的样品溶液的电动势值代入上述线性方程，即可计算样品溶液中氟离子的含量。

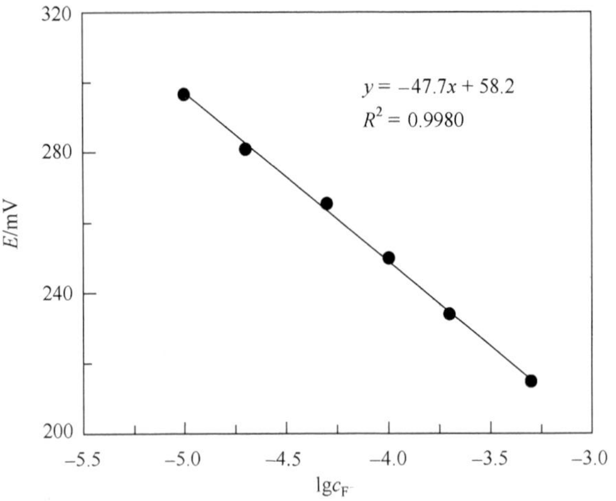

图 10.18　氟离子标准溶液的电动势(E)与其浓度对数 ($\lg c_{F^-}$) 关系曲线

习题与拓展

1. 什么是电位分析法？电位分析法有哪两种类型？它们各有什么特点？

2. 指示电极和参比电极是构成电位分析法的两电极，其各自的特点是什么？

3. 离子选择性电极与金属电极相比，有什么不同？

4. 简述离子选择性电极的膜电位的形成。

5. 简述 pH 玻璃电极的结构及其工作原理。

6. 写出有干扰离子存在下能斯特方程表达式，并说明离子选择性系数代表的意义。

7. 简述电位滴定法的几种终点确定方法。

8. 用氟离子选择性电极测定水样中的氟离子含量，取水样 25.00 mL 加入离子强度调节缓冲液定容至 50 mL，测得电位值为 137 mV(对甘汞电极)，再加入 1.00 mL 浓度为 1.00×10^{-3} mol/L 的标准氟溶液，测得其电位值为 117 mV(对甘汞电极)。氟电极的响应斜率为 58.0 mV/pF(1 pF = 10^{-1} mol/L)，考虑稀释效应的影响，计算水中 F^-的浓度。

9. 用钙离子选择性电极测量溶液中 Ca^{2+}的浓度。将其插入 25.00 mL 溶液中，以参比电极为正极组成化学电池，25℃时测得电动势为 0.4695 V，加入 1.00 mL $CaCl_2$ 标准溶液(5.45×10^{-2} mol/L)后，电动势降至 0.4117 V。计算样品溶液中 Ca^{2+}的浓度。

10. 钾离子选择性电极对铵离子的电位选择性系数为 0.02，以 Ag/AgCl 为内参比电极 ($\varphi^{\ominus}_{AgCl/Ag}$ = 0.222 V)，0.01 mol/L KCl 为内参比溶液，不考虑离子强度的影响，计算它在 0.01 mol/L $(NH_4)_2SO_4$ 溶液中的电位。

11. 在配位滴定时，采用 pM 电极指示终点。例如，在用 EDTA 滴定 Ca^{2+}时，先在溶液中加入少量 Cu^{2+}，然后用 Cu^{2+}-ISE 指示滴定中 Ca^{2+}的浓度变化。如果 EDTA 和 Ca^{2+}的浓度均为 0.02 mol/L，加入的 Cu^{2+}的浓度为 1×10^{-4} mol/L(不计体积变化)，且已知 $K_{Ca\text{-}EDTA} = 10^{10.69}$，$K_{Cu\text{-}EDTA} = 10^{18.80}$，试求滴定过程中两次突跃时的 φ_{sp1} 和 φ_{sp2}。($\varphi^{\ominus}_{Cu^{2+}/ISE} = 0.337$ V，忽略 pH 影响及共存离子对电极响应的干扰)

12. 拓展练习：

(1) 查阅一篇与电位分析法相关的文献，结合本章的知识点对文献进行解读，需包括：简要的文献总结、章节知识点与文献内容的关联以及改进的思考。

(2) 查阅资料，归纳总结电位分析法在仪器部件和分析应用上的发展创新，需给出相应的参考文献。

参 考 文 献

揭念芹. 2000. 基础化学(无机及分析化学). 2 版. 北京: 科学出版社.
李克安. 2005. 分析化学教程. 北京: 北京大学出版社.
刘密新, 罗国安, 张新荣, 等. 2002. 仪器分析. 2 版. 北京: 清华大学出版社.
武汉大学. 2018. 分析化学(下册). 6 版. 北京: 高等教育出版社.
叶宪曾, 张新祥. 2007. 仪器分析教程. 2 版. 北京: 北京大学出版社.
约瑟夫・王. 2009. 分析电化学. 3 版. 朱永春, 张玲, 译. 北京: 化学工业出版社.

电位分析法的发展

第 11 章　极谱和伏安分析法

11.1　极谱法的基本原理

极谱法(polarography)是伏安分析法的一种早期形式，是一种特殊的伏安分析法。1922 年，化学家 Heyrovsky 教授创立了极谱分析法，他也因此获得 1959 年诺贝尔化学奖。极谱法和伏安法(voltammetry)的区别源于极化电极的不同。极谱法一般使用表面能周期更新的液体滴汞电极(dropping mercury electrode，DME)为极化电极，伏安法则通常使用固体电极为极化电极。所以，极谱法一般指通过测定滴汞电极电解时得到的电流-电位关系曲线确定溶液中目标物质浓度的一种电化学分析方法。

11.1.1　浓差极化

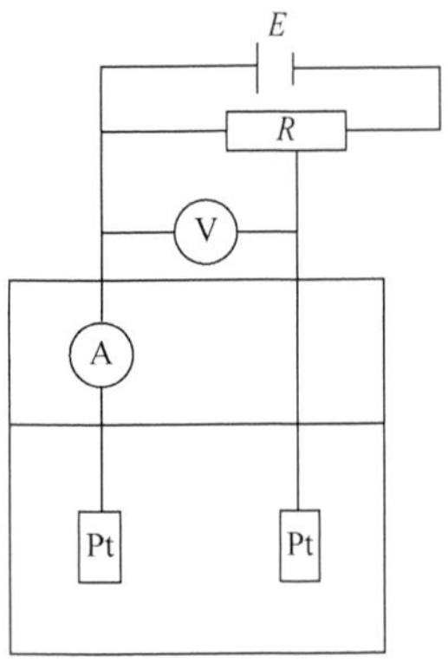

图 11.1　电解装置示意图

介绍极谱法前，需要首先讲解浓差极化的概念。例如，将两片大的铂片电极浸入 Cu^{2+}溶液中，在充分搅拌的条件下进行电解(图 11.1)。外加电压从 0 开始增加，开始时没有明显的电流通过。当电压增加到铂电极两端达到 Cu^{2+}的分解电压时，就会发生电极反应，通过溶液的电流也随之增加。

在阴极发生还原反应：$Cu^{2+} + 2e^- = Cu$

在阳极发生氧化反应：$2OH^- - 2e^- = H_2O + \frac{1}{2}O_2$

电流与电压的关系理论上是一条直线。这样的直线关系成立需满足一定的条件：电解时电流密度不大，且充分搅拌溶液，使电极表面的金属离子浓度与溶液本体浓度相差不大。如果电流密度较大，电极表面的金属离子浓度由于电解反应迅速降低，加上搅拌不充分，那么溶液本体中的金属离子(Cu^{2+})无法及时扩散至电极表面进行补充，从而使电极表面的金属离子浓度比溶液本体浓度小。根据能斯特方程，金属离子浓度降低，电极电位将偏离平衡电位，即发生极化现象。对于阴极，电位将向负的方向移动。这种由电解时电极表面浓度差异引起的极化现象称为浓差极化。由于浓差极化的存在，必须增加外加电压才能保证溶液中通过同样的电流。图 11.2 中电流-电压曲线的 *AB* 直线部分将发生偏离变成 *AC*。浓差极化越严重，其导致的偏离越严重。

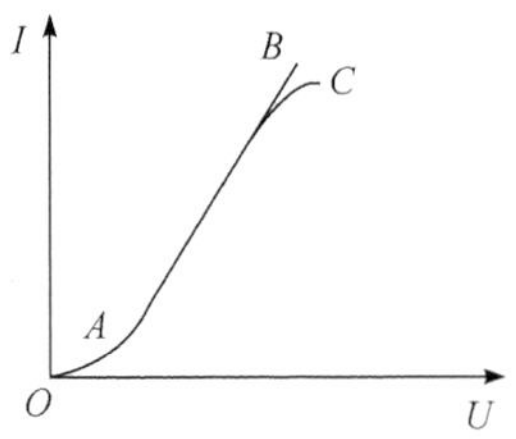

图 11.2　电流-电压曲线(大面积阴极，充分搅拌溶液条件下)

如果不是使用较大面积的铂片电极，而是使用面积较小的微铂电极，在不搅拌溶液条件下，电极的表面积很小导致较大的电流密度，则电解时电极很快发生浓差极化。在微电极表面的金属离子浓度随着外加电压的增加而迅速降低，直到变为零。这时随着外加电压的增加，电流不再增加，达到一个极限值，称为极限电流(limiting current)。这时电流的大小由金属离子(Cu^{2+})从溶液本体扩散到达电极表面的速率控制。而金属离子的扩散速率与溶液本体中金属离子的浓度有关，因此溶液中金属离子的浓度可以由极限电流得出，这就是极谱定量分析的基础。

11.1.2 滴汞电极

使用微铂电极进行极限电流测定时，每次电解后析出的金属残留或生成的气体可能会吸附在微铂电极上，从而影响电极表面性质，导致分析的重现性降低。因此，在极谱分析中，通常使用表面能够不断更新的滴汞电极来解决这个问题。

滴汞电极上部为储汞瓶，接一厚壁硅橡胶管或塑料管，硅橡胶管下端接一内径约 0.05 mm 的玻璃毛细管。汞从毛细管中周期性地滴入电解池的溶液中，滴下时间为 2～6 s。汞滴不断下滴，从而电极表面保持新鲜。极谱分析中一般使用大表面积的甘汞参比电极作阳极，滴汞电极通常作阴极。目前较多极谱仪已采用三电极体系，除滴汞电极和参比电极，另有一辅助电极(通常为铂丝电极)。

滴汞电极表面积小，本体溶液中待测离子浓度也较低，滴汞电极上较大的电流密度可以导致明显的浓差极化，因此滴汞电极是极化电极。滴汞电极用作工作电极有一些优点：滴汞电极表面能够不断更新，能获得很高的重现性；汞能够与较多金属形成汞齐，可以降低还原电位(即析出电位更正)，使金属离子更易析出；氢在汞电极上有较高的过电位，氢离子通常不会被还原析出，因此不会干扰目标离子的测定。但是汞的毒性是极谱法的一大缺点，在分析测试时一定要注意防止汞的滴落与蒸发，注意保持实验室通风。

11.2 极谱定量分析

11.2.1 扩散电流方程式

在极谱分析中，外加电压 U_a 与滴汞电极电位 φ_{dme}、饱和甘汞电极电位 φ_{SCE} 有如下关系：

$$U_a = \varphi_{SCE} - \varphi_{dme} + iR \tag{11.1}$$

式中，R 为回路中的电阻。极谱分析中的电流 i 一般很小，通常为 0.01～100 μA，电解线路的总电阻 R 通常也不太大，因此 iR 可略去，式(11.1)变为

$$U_a = \varphi_{SCE} - \varphi_{dme} \tag{11.2}$$

电解过程中阳极产生的浓差极化很小，因此饱和甘汞电极的电极电位实际上不变，可视为常数，则式(11.2)可写为

$$U_a = -\varphi_{dme}\ (vs.\ \mathrm{SCE}) \tag{11.3}$$

由式(11.3)可知，一般情况下滴汞电极的电位受外加电压控制。电流随滴汞电极电位变化的曲线，即 i-φ_{dme} 曲线，称为极谱波。以电解氯化铜的稀溶液(1.00×10^{-3} mol/L $CuCl_2$，

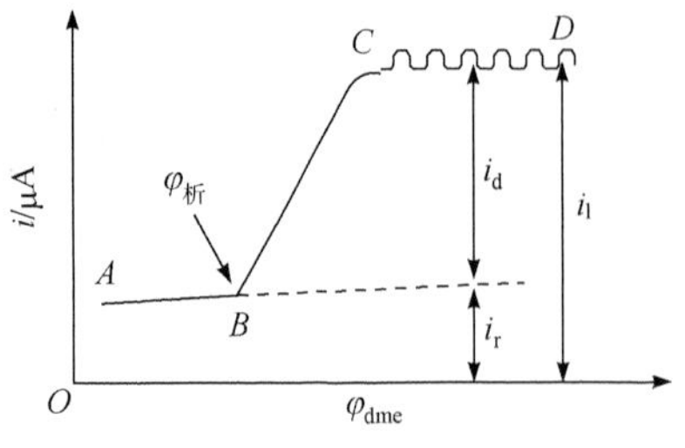

图 11.3　极谱图示例

1 mol/L KNO_3)为例讨论极谱波的形成过程。

如图 11.3 所示，当外加电压尚未达到金属离子 Cu^{2+}的分解电压时，金属离子 Cu^{2+}未在滴汞电极上还原，还没有还原电流通过电解池。此时溶液中只有微小的背景电流通过，称为残余电流(residual current, i_r)。残余电流一方面来源于溶液中未除净的微量氧或其他杂质在电极上的还原，另一方面由滴汞电极双电层充电过程导致(通常称为电容电流)。残余电流无法消除，大约为 10^{-7} A 的数量级，相当于 10^{-5}～10^{-6} mol/L 物质还原时所产生的电流。残余电流的存在限制了经典极谱的测定下限不能低于 10^{-5} mol/L。

当外加电压增加到金属离子 Cu^{2+}的分解电压时，Cu^{2+}开始电解，出现极谱电流。此时在滴汞电极上 Cu^{2+}被还原析出金属铜，金属铜再与汞生成铜汞齐：

阴极：
$$Cu^{2+} + 2e^- + Hg \rule{0pt}{0pt} = Cu(Hg)$$

同时在阳极上，汞被氧化生成氯化亚汞：

阳极：
$$2Hg + 2Cl^- = Hg_2Cl_2 + 2e^-$$

随着外加电压的逐渐增大，滴汞电极面积小，电流密度大，滴汞电极表面附近的 Cu^{2+}会迅速地被还原，滴汞电极表面附近 Cu^{2+}的浓度$[Cu^{2+}]_s$越来越低，电解电流(或极谱电流)越来越大，极谱波迅速上升。$[Cu^{2+}]_s$与本体溶液中的$[Cu^{2+}]$产生浓差，破坏溶液中 Cu^{2+}浓度的均匀性，使 Cu^{2+}由本体溶液向滴汞电极表面扩散。扩散到滴汞电极表面的 Cu^{2+}又被还原，因而形成连续不断的电解电流，称为扩散电流(diffusion current，i_d)，对应图 11.3 中的 *BC* 段。扩散层厚度约为 0.05 mm，电极表面的浓度梯度可近似地做线性关系处理：$([Cu^{2+}]-[Cu^{2+}]_s)/\delta$，其中$\delta$为扩散层厚度。

当外加电压继续增加，滴汞电极电位负到一定数值后，电流将达到极限值，即电流不再继续上升而是达到一个平台值。这时电极表面附近的 Cu^{2+}绝大部分已被还原，浓度趋近于 0，即达到完全浓差极化，此时达到极限值的电流称为极限电流(limiting current，i_l)。极限电流与残余电流的差值为扩散电流，也称波高。在一定电位下，扩散电流可表示为

$$i_d = K(c - c_s) \tag{11.4}$$

式中，本体溶液中的$[Cu^{2+}]$为 c；滴汞电极表面附近 Cu^{2+}的浓度$[Cu^{2+}]_s$为 c_s；K 为一比例常数。继续增加外加电压使滴汞电极电位更负时，c_s趋近于 0，式(11.4)变为

$$i_d = Kc \tag{11.5}$$

即扩散电流正比于溶液中 Cu^{2+}的浓度，达到极限值，不再随外加电压增加而改变。这个比例常数 K，在滴汞电极上称为伊尔科维奇(Ilkovic)常数，为

$$K = 607nD^{1/2}m^{2/3}t^{1/6} \tag{11.6}$$

因此，

$$i_d = 607nD^{1/2}m^{2/3}t^{1/6}c \tag{11.7}$$

式(11.7)即为极谱扩散电流方程，也称为伊尔科维奇方程式。式中，i_d为平均极限扩散电流(μA)；n 为电极反应中电子转移数；D 为被测物质在溶液中的扩散系数(cm^2/s)；m 为汞滴流量(mg/s)；t 为汞滴寿命(s)；c 为在电极上发生反应的被测物质浓度(mmol/L)。极谱分析中提及的极限扩散电流，一般指平均极限扩散电流，而不是瞬时极限扩散电流或最大极限扩散电流。实际分析时，由于测定条件保持一致，因此式(11.7)右边除浓度 c 外其余参数均不变。当被测物质浓度 c 改变时，极限扩散电流 i_d 与之成正比，这就是极谱定量分析的基础。

实际分析中，扩散电流 i_d 与极谱波的波高 h 一般成正比，即

$$i_d = kh \tag{11.8}$$

由于波高较直观且容易测量，因此可以被用来进行定量分析。

极谱的定性分析是基于半波电位($\varphi_{1/2}$)进行的。半波电位是指当电流等于极限扩散电流一半时，滴汞电极对应的电位，即极谱曲线半峰高处的电位，其大小与被还原离子的浓度无关。当溶液组分和温度一定时，物质都有固定的$\varphi_{1/2}$。但物质的$\varphi_{1/2}$随物质所处的状态不同而变化，物质在非配合状态和配合状态时的$\varphi_{1/2}$是不同的。当金属离子以配离子形式存在时，其$\varphi_{1/2}$一般比简单的金属水合离子的$\varphi_{1/2}$负。$\varphi_{1/2}$向负的方向移动多少，通常由配离子的稳定常数决定。稳定常数越大，$\varphi_{1/2}$越负。所以同一种离子在不同溶液中，其$\varphi_{1/2}$经常是不一样的。

若溶液中同时含有 4～5 种被测离子，当施加的外加电位达到其中某一离子的析出电位时，这种离子便在滴汞电极上还原，产生对应的极谱波。接着电极表面继续极化，达到第二种离子的析出电位。当这 4～5 种被测离子的析出电位相差较大时，就可分别得到清晰的极谱波，从而实现多种离子的同时检测。

11.2.2　影响极限扩散电流的因素

1. 毛细管特性的影响

因为汞滴流量 m 与汞滴寿命 t 都受毛细管特性因素(如毛细管直径)的影响，所以$m^{2/3}t^{1/6}$称为毛细管常数。汞滴流量 m 与汞柱高度 h(汞压)成正比，汞滴寿命 t 与汞柱高度 h 成反比，因此 $m^{2/3}t^{1/6}$ 与 $h^{1/2}$ 成正比，即极限扩散电流与 $h^{1/2}$ 成正比，可以此检验电极反应是否受扩散控制。另外，在实验过程中应注意保持汞柱高度一致。

2. 影响扩散系数的因素

离子淌度、离子强度、溶液黏度、温度等都对扩散系数 D 有影响。温度对扩散系数有显著影响，因此通常将极谱电解池内溶液温度控制在 0.5℃以内。

3. 残余电流与极谱极大

残余电流主要来源于杂质的法拉第电流(电解电流)和电容电流(充电电流)。法拉第电

流是样品中易在滴汞电极上发生氧化还原的各种杂质导致的。一般法拉第电流较为微小，可通过纯化试剂的方法消除。电容电流在残余电流中占主要部分，主要来源于电极界面的双电层结构，是非法拉第电流。电极在溶液中形成双电层，随外电位增加，双电层开始充电。电极的表面积越大，电容电流越大。

极谱分析中，有时可观察到一种特殊的现象，即极谱电流随外加电位的增加而迅速升高达到极大值，然后又恢复到极限扩散电流的正常值。极谱极大(polarographic maxima)即指这种电流-电位曲线上出现的比扩散电流大得多的不正常的电流峰。极谱极大产生的主要原因是汞滴在生长过程中界面张力不均匀引起了表面切向运动。极谱极大能够对扩散电流和半波电位的准确测量产生干扰，因此应加以降低和消除。通常加入少量的表面活性剂(如明胶、聚乙烯醇、羧甲基纤维素等)来抑制。表面活性剂可以吸附在汞滴表面以降低其表面张力。汞滴表面张力越大的部分，吸附活性剂的量越多，表面张力降低得越多，从而使汞滴表面各部分的表面张力均匀。需要注意的是，加入表面活性剂的量不能太大，否则会影响扩散电流。

4. 氧波

极谱分析法中，氧波经常会干扰实验进行。溶液中的溶解氧一般在滴汞电极表面发生两个电极反应，对应产生两个极谱波。一个是溶解氧获得电子生成过氧化氢的阴极过程；

酸性条件：　$O_2 + 2H^+ + 2e^- \longrightarrow H_2O_2$

中性或碱性条件：　$O_2 + 2H_2O + 2e^- \longrightarrow H_2O_2 + 2OH^-$

另一个是过氧化氢获得电子进一步还原成水的阴极过程。

酸性条件：　$H_2O_2 + 2H^+ + 2e^- \longrightarrow 2H_2O$

中性或碱性条件：　$H_2O_2 + 2e^- \longrightarrow 2OH^-$

还原成过氧化氢的半波电位$\varphi_{1/2}$约为−0.05 V，过氧化氢还原成水的半波电位$\varphi_{1/2}$约为−0.9 V，上述电位值均相对于饱和甘汞电极。由于这两个还原电位覆盖在一个较广的电位范围内，刚好与大多数金属离子的析出电位接近，因此氧波会干扰不少金属离子的测定。一般情况下，消除氧波的方法是向溶液中通入惰性气体(如氮气、氩气)10～20 min，去除溶解在水中的氧气。在中性和碱性溶液中，可以加入少量亚硫酸盐(如 K_2SO_3 或 Na_2SO_3)以定量除去氧。

以上是对经典直流极谱法的讨论，极谱分析一般具有以下特点：

(1) 极谱法的适用范围较广。只要能够在滴汞电极上发生氧化还原反应的物质，均可以用极谱法测定，包括各种金属离子、金属配合物、阴离子和有机化合物。

(2) 通过选择合适的底液，不必预先分离，可实现同时测定多种物质。

(3) 10^{-4}～10^{-2} mol/L 是较适宜的测定浓度范围。

(4) 由于电解时溶液通过的电流较小，一般小于 100 μA，分析后的溶液成分基本没有改变，可以重复使用。

(5) 只需很少量(低浓度)的样品，且分析速度较快。

(6) 相对误差一般为 2%，与分光光度法相当。

11.3　单扫描极谱法

经典直流极谱法的电位扫描速率一般较慢，为 200 mV/min。因此，经典极谱法通常需要用近百滴汞才能获得一个极谱波。而单扫描极谱法(single sweep polarography)是在一滴汞形成过程中的较短时间内进行快速线性扫描(如 1 s 内扫描 0.25 V 电压)，即使用一滴汞获得一个极谱波。当扫描速率加快后，电极表面的离子会被迅速还原，短时间内产生很大的极谱电流。当电压继续增加时，电极周围的离子来不及扩散到电极表面，加厚扩散层，导致极谱电流迅速下降，所得电流-电压曲线出现峰形。电流的最大值是峰电流 i_p，所对应的电位为峰电位 φ_p。单扫描极谱法产生的电流大于经典极谱法，加之峰状曲线易于测量，所以单扫描极谱法灵敏度较高，检出限能达到 10^{-7} mol/L。由于单扫描极谱法采用较快的扫描速率，过去需使用阴极射线示波器作为电信号检测工具，因此这种方法也称为示波极谱法。

经典极谱法记录的是汞滴上的平均电流值，而单扫描极谱法是在每滴汞生长的后期加一个锯齿波脉冲。单扫描极谱法中，一般控制汞滴滴落时间为 7 s。汞滴电极表面在生长初期变化较大，而在生长末期最小，可认为不变。所以在滴落时间的最后 2 s 内才施加一次扫描电压(通常为 0.5 V)，而扫描时的起始电压可任意控制。滴汞电极上装有敲击装置，当每次扫描结束时，启动敲击装置敲落汞滴，从而保证汞滴滴下的时间与电位扫描同步。之后新的汞滴又开始生长，到最后 2 s 又进行一次扫描。每进行一次电压扫描，示波器的荧光屏上就重复绘制一次极谱图。单扫描极谱的极化曲线是在汞滴表面积基本不变化的情况下得到的，所以是平滑的曲线，不出现经典极谱图中的电流振荡现象。

单扫描极谱法的原理与经典极谱法基本相同，所以两者的应用范围通常相同。但在单扫描极谱法中，因为电位扫描速率快，所以电极反应的速率对电流的影响较大。对于可逆电极反应，极谱图上可以出现明显的尖峰状。但对于不可逆或可逆性差的反应，因为电极反应较慢，跟不上扫描速率，一般情况下尖峰不明显或不出现。因此对于不可逆反应，单扫描极谱法的灵敏度偏低。对于可逆电极反应，25℃时，单扫描极谱波的扩散电流方程为

$$i_p = 2.69\times10^5 n^{3/2} D^{1/2} v^{1/2} Ac \tag{11.9}$$

式中，i_p 为峰电流(A)；n 为电极反应中电子转移数；D 为被测物质在溶液中的扩散系数(cm^2/s)；v 为电位扫描速率(V/s)；A 为电极面积(cm^2)；c 为在电极上发生反应的被测物质浓度(mol/L)。式(11.9)也称为 Randles-Sevcik 方程，由该方程可知，在一定的实验条件下，峰电流与被测物质浓度成正比，这就是单扫描极谱法定量分析的基础。此外，峰电流与扫描速率的平方根成正比，所以增大扫描速率有利于灵敏度的提高。但电容电流也随扫描速率增大，所以扫描速率不宜过大，应适中。

峰电位 φ_p 与经典极谱波的半波电位 $\varphi_{1/2}$ 有如下关系：

$$\varphi_p = \varphi_{1/2} - 1.1\frac{RT}{nF} \tag{11.10}$$

当温度 $T = 25$℃时，式(11.10)可写为

$$\varphi_p = \varphi_{1/2} - \frac{0.028}{n} \tag{11.11}$$

即峰电位是与半波电位有关的常数。

相比经典直流极谱法，单扫描极谱法具有以下特点：

(1) 灵敏度较高。对于可逆波而言，检出限一般可达 10^{-7} mol/L，有些条件下可达 5×10^{-8} mol/L，比经典极谱法高 2～3 个数量级。

(2) 分辨率较高。只要两种物质的峰电位相差 0.1 V 以上，对应的峰就能分开。如果使用导数单扫描极谱进行一阶、二阶导数波测定，分辨率更高。

(3) 方法快速简便。由于具有快的扫描速率，几秒至几十秒即可完成一次测量。

(4) 氧波是不可逆波，故氧波的干扰作用降低，通常可以不除去溶液中的氧。

(5) 测量峰高相比测量波高易于得到较高的精密度。

11.4　方波极谱法

方波极谱法(square-wave polarography)是交流极谱法的一种。这种极谱法中，在向电解池均匀缓慢加入一个基础阶梯直流电压的同时，再叠加一个 225～250 Hz 的小振幅(10～30 mV)交流对称方形波电压(图 11.4)。通过电解池的电流包括直流成分和交流成分。测量不同外加直流电压时交变电流的大小，得到交变电流-电压曲线进行定量分析。在每一个方波循环中电流采样两次，分别在正向脉冲结束前(t_1)和负向脉冲结束前(t_2)。由于方波的电位调制的幅度较大，反向脉冲产生了正向脉冲产物的逆向反应。两点的电流差对阶梯电位作图。虽然电容电流在方波升起的初期较大，但衰减很快。因此方波极谱法在每次加入方波电压后等待一段时间，直到充电电流衰减至很小数值时再记录电解电流，以达到消除电容电流的目的。当电容电流衰减到接近于 0 时，电解电流还有相当大的数值，因此方波极谱法所测量的电流几乎全是电解电流。

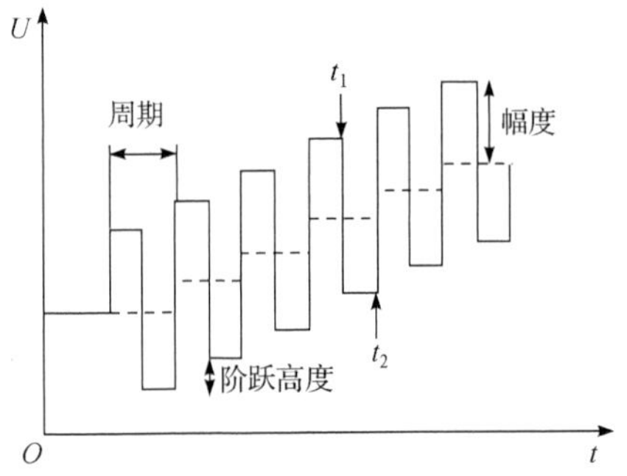

图 11.4　方波脉冲极谱法中施加的电压波形

电容电流 i_c 随时间呈指数规律衰减：

$$i_c = \left(\frac{E_s}{R}\right)e^{-t/RC} \tag{11.12}$$

式中，E_s 为方波电压振幅；R 为包括溶液电阻的整个回路的电阻；C 为滴汞电极和溶液界面双电层的电容；t 为时间。RC 称为时间常数。当 $t=RC$ 时，$e^{-t/RC}=e^{-1}=0.368$，即此

时的 i_c 为初始时的 36.8%。当衰减时间为 5 倍的 RC 时，$e^{-t/RC}=e^{-5}=0.0067$，即此时的 i_c 仅为初始时的 0.67%。因此时间在 5RC 后的电容电流可以忽略不计。而电解电流只随时间 $t^{-1/2}$ 衰减，即按平方根规律衰减，比电容电流衰减慢。因此只要满足方波的半周期远大于电解池的时间常数 RC，设计仪器使 i_c 降至接近 0 后，在方波电压改变方向前的一个很短时间记录电流。此时记录的电流绝大部分是电解电流，电容电流可忽略不计。加之方波极谱法极化速度快，被测物质在短时间内迅速还原，产生比经典极谱法大得多的电流，因此较大地提高了灵敏度，检出限可达 $10^{-8}\sim10^{-9}$ mol/L 数量级(对于可逆性好的离子)。对于一个快速可逆的氧化还原体系，理论上正向和反向电流之差获得的峰形伏安图是以半波电位为对称的，其峰电流正比于浓度。净电流是两者之差，由于净电流比正向和反向任何一个的峰电流都大，方波极谱法具有优异的灵敏度，其灵敏度要高于示差脉冲极谱法(图 11.5)，因为示差脉冲极谱不使用反向电流。与有效区分出背景的充电电流技术相结合，可获得较低的检测限。

方波极谱法不需要加入表面活性物质抑制极谱极大。电极反应的可逆性对测定的灵敏度有较大影响。由于叠加的电压频率较高，即加入极化电压的速率较快，因此对电极反应速率较慢的物质，所得到的峰高会大为降低。可逆性差的物质有时不会出峰，所以氧波的干扰峰电流一般很小，当分析含量较高物质时，通常可以不除氧。为充分衰减电容电流，应使电解池回路的 RC 值远小于方波半周期的数值。R 一般小于 100 Ω。所以溶液中需加入大量支持电解质，通常在 1 mol/L 以上。这就可能引入杂质，增大空白，对痕量组分测定不利。所以在进行痕量组分测定时，试剂的纯度要求很高。但方波极谱法的毛细管噪声较大，比整个仪器的噪声高几倍，因而限制了检出限。

如果使用固体工作电极，则对应的技术称为方波伏安法(square-wave voltammetry)。相比方波极谱法，现在更多使用的是方波伏安法。方波伏安法的主要优点是速度快，有效扫描速率为 $f\Delta U_s$，其中 f 为方波频率(单位 Hz)，ΔU_s 为阶跃高度。例如，如果 $\Delta U_s = 10$ mV，$f = 50$ Hz，则有效扫描速率为 0.5 V/s。即分析时间能够显著减小，一个完整的方波伏安曲线可在几秒内记录下来。与示差脉冲伏安法的 2～3 min 相比，分析速度加快。对于汞滴电极，由于快速扫描，整个伏安图可在单一汞滴上记录，因此可以节省较多汞滴。此外，方波伏安法能够作为液相色谱和毛细管电泳的检测方法，可以解决混合组分的共流出或共迁移问题，有助于峰的鉴别。

11.5　脉冲极谱法

电容电流是影响经典极谱法灵敏度的主要因素，电压改变和电极表面积改变均可引起电容电流。而毛细管噪声又限制了方波极谱法。为解决上述困难，在消除电容电流和降低毛细管噪声的基础上，发展了脉冲极谱法(pulse polarography)。脉冲极谱法是对方波极谱法的进一步改进。方波极谱法中方波电压是连续的，而脉冲极谱法是在每一汞滴增长到一定时间(如 3 s)时，在直流线性扫描电压上叠加一个固定幅度(10～100 mV)的脉冲电压，脉冲持续时间 4～80 ms(图 11.5)。这种脉冲极谱法通常称为微分脉冲极谱法或示差脉冲极谱法(differential pulse polarography)。

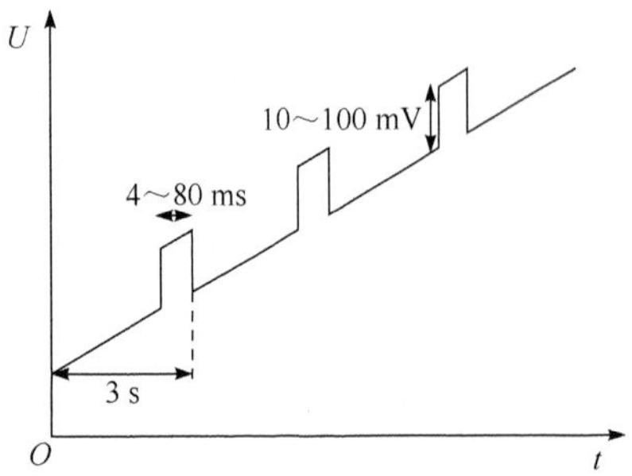

图 11.5　示差脉冲极谱法中施加的电压波形

当线性变化的直流扫描电压到达电活性物质的还原电压时，所加的脉冲电压使电极产生脉冲电解电流和电容电流。同方波极谱法一样，电解电流以 $t^{-1/2}$ 衰减，电容电流以 $e^{-t/RC}$ 衰减，因此经适当延时后(如 60 ms)，电容电流几乎衰减为 0，而电解电流仍是显著的。示差脉冲极谱法在每滴汞生长周期记录两次电流，一次在脉冲电压叠加前的 20 ms，先取一次电流试样，记录的是直流电压的背景电流。另一次在脉冲结束前的 20 ms，再取一次电流试样，记录的是叠加脉冲电压后的电解电流。将两次电流值的差作为得到的电流差数据，即扣除了直流电压引起的背景电流和电容电流后的脉冲电解电流。示差脉冲极谱法得到的是与方波极谱图相似的峰形极谱图，通过测量峰高能够进行定量分析。

示差脉冲测定的峰形响应也可改进具有相似氧化还原电位的两个组分测定的分辨率。在大多数情况下，峰分离 50 mV 就可以测定。此值不仅与相应的峰电位有关，而且与峰的宽度有关。峰的宽度(在峰高一半处)$W_{1/2}$与电子转移计量系数有关：

$$W_{1/2} = 3.52\frac{RT}{nF} \tag{11.13}$$

这样当 $n = 1$(25℃)时为 30.1 mV。峰形响应和水平的背景电流使得该技术特别适合混合物的分析。

选择脉冲幅度和电位扫描速率通常需要在灵敏度、分辨率和分析速度之间进行平衡，大幅度的脉冲产生大的和较宽的峰。例如，通常采用脉冲幅度 25～50 mV，扫描速率 5 mV/s，是较相配的。对于不可逆氧化还原体系，电流峰较低且较宽，即灵敏度和分辨率都较差。除改进灵敏度和分辨率外，该技术还能提供有关分析物质存在的化学形态(如氧化态或者络合态等)。

脉冲极谱中叠加脉冲电压的持续时间比方波极谱长 10 倍以上，依据式(11.12)，t 增加 10 倍，满足电容电流足够衰减的前提下，R 的数值可以增加 10 倍。这样便可用较低浓度的支持电解质，如 0.01～0.1 mol/L，有利于降低痕量分析的空白值。此外，毛细管噪声也是随时间衰减的，比电解电流衰减得快，因此脉冲持续时间的增加可使毛细管噪声得到充分衰减。对于电极反应速率较慢的不可逆反应，示差脉冲极谱法的灵敏度也有所提高，能够应用于测定不少有机化合物。

另一种形式的脉冲极谱法是常规脉冲极谱法(normal pulse polarography)，在每滴汞生长至一定时间，其表面积几乎不变时，在一恒定直流电压 U 上叠加一个振幅随时间线性增大的矩形脉冲电压，如图 11.6 所示。在接近汞滴寿命期终点前，对汞滴双电层充电产生的电容电流已衰减至可忽略不计。此时外加电压为 U，被分析物质不发生电极反应，没有电解电流。叠加脉冲电压后，电压可突然跃

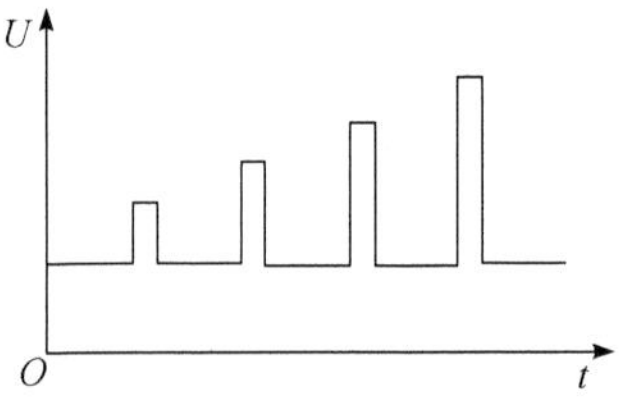

图 11.6　常规脉冲极谱法中施加的电压波形

至 U'，并持续一个短暂时间(通常为 60 ms)。此时电压可使被分析物质发生电极反应，产生电解电流 i_f、电容电流 i_c 和毛细管噪声等背景电流。脉冲幅度随每个汞滴线性增加，电流是在脉冲末期开始采集，此时各种背景电流的贡献几乎为 0，能够尽量减少其干扰以提高分析灵敏度。此外，由于短的脉冲持续时间，扩散层比直流极谱薄，于是电解电流增加，产生的伏安图为一个 S 形的平台曲线，通过测量平台的波高进行定量分析。

脉冲结束后，外加电压恢复到 U，开始下一周期。每个周期外加电压保持在 U 的时间、脉冲电压的叠加时间、电流测量时间和汞滴滴落时间都完全相同，仅脉冲电压较前一周期的振幅随时间线性增长。

脉冲极谱法具有以下特点：

(1) 灵敏度高。由于电容电流和毛细管噪声电流得以充分衰减，衰减了的电解电流可以被充分地放大，因此脉冲极谱法能够达到较高的灵敏度。对于可逆反应物质，检出限可达 10^{-8}～10^{-9} mol/L，与溶出技术结合，检出限可进一步低至 10^{-11} mol/L。

(2) 分辨率高且抗干扰能力强。相邻两极谱波峰电位相差 50 mV 即可分开。

(3) 脉冲极谱法可用于研究电极动力学。

脉冲极谱法使用滴汞电极作为工作电极，如果使用固体电极或静态汞滴电极(悬汞电极)作为工作电极，对应的技术称为脉冲伏安法(pulse voltammetry)。该项技术由 Barker 和 Jenkin 提出，目的在于降低伏安分析法的检出限。通过较大程度地增加法拉第电流与非法拉第电流之比，此技术允许传统的定量检出限降低到 10^{-8} mol/L 浓度水平。由于在技术上的较大改进，在分析实验室中，现代脉冲技术已经在很大程度上取代了经典极谱法和脉冲极谱法。各种脉冲技术都是采用电流/电位跃(计时电流)实验技术。将持续约 50 ms 的一系列电位跃施加在工作电极上。电位跃之后，电容电流(充电电流)快速以指数形式衰减到可忽略的程度，而法拉第电流(电解电流)相对较慢地衰减。这样，通过在脉冲的后期电流采样，电容电流被有效地区分出去。各种脉冲伏安技术的差别是激发的波形不同以及电流采样的区域不同。示差脉冲伏安法是测定痕量水平有机和无机组分非常有用的分析技术。

11.6　循环伏安法

伏安分析法和极谱分析法可以看作是特殊形式的电解方法，两者都是根据电解过程中得到的电流-电位曲线进行分析的方法，不同之处在于工作电极的差异。如前所述，极谱法是使用滴汞电极作为工作电极，而伏安法一般使用表面积固定的固态电极或悬汞电极，其中固态电极居多。

循环伏安法(cyclic voltammetry，CV)是一种典型的伏安法，它与单扫描极谱法相似，都是以快速线性扫描的方法施加电压。单扫描极谱法施加的是锯齿波电压，而循环伏安法施加的是三角波电压。循环伏安法是一种常用的电化学研究方法，是研究体系电化学性质的一种暂态方法，是获得电化学反应定性信息最为广泛使用的方法。循环伏安法能够快速提供氧化还原反应的热力学信息、异相电子转移反应的动力学信息、偶联反应和吸附过程的大量信息。循环伏安法可以测量电极反应参数，判断其控制步骤和反应机理，并观察整个电位扫描范围内可发生哪些反应及其性质如何。循环伏安法仪器设备简单，操作简便，容易获得有关电极反应中的各种信息。对于一个新的电化学体系，循环伏安法通常是首选的研究方法，可称为“电化学的谱图”。循环伏安法能够快速确定电活性组分的氧化还原电位，方便评价出介质对氧化还原过程的影响。因此，循环伏安法在电化学、分析化学、材料化学、无机化学、有机化学、生物化学、能源、化工、金属腐蚀防护、环境科学等众多领域中都有广泛应用。

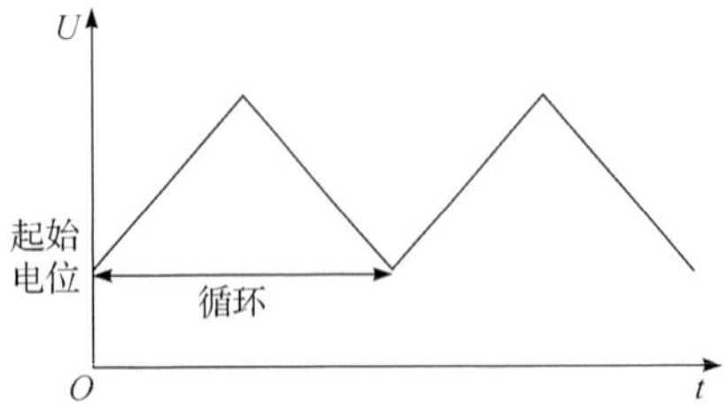

图 11.7　循环伏安法中电极表面施加电位与时间关系图

循环伏安法是通过在静止电极上(未搅动的溶液中)施加循环三角波形的线性电位扫描而实现(图 11.7)，其电位范围能够使电极上交替发生不同的氧化和还原反应。控制电位以一定的速率，随时间以三角波形扫描，电位既可向阳极方向扫描，也可向阴极方向扫描。根据获取信息的不同，循环伏安法可采用单循环或多循环的方式。在电位扫描过程中，由电化学仪器(通常为电化学工作站)测定由于电极表面施加不同电位而产生的电流，获得电流-电位曲线图，称为循环伏安图。

循环伏安图是大量的物理和化学参数与时间关系的复杂函数。根据曲线的形状可以了解诸多信息，如电化学反应过程中电极表面发生的氧化或还原反应，以及其峰电位、峰电流、反应动力学参数等，也可以由此判断该电化学反应的可逆程度，中间体、相界吸附或新相形成的可能性、偶联化学反应的性质等。

图 11.8 为单循环电位扫描过程中可逆体系的理论循环伏安图。假定初始时溶液中仅有还原型组分存在，初始扫描方向选择由负向正的电位方向进行，初始电位选择为氧化反应未发生的电位处。当电位扫描到接近于氧化还原电对的特征电位φ^0时，阳极电流开始急剧增加，一直达到特征电位φ^0时，电流出现阳极峰(氧化峰)，电极表面的还原型组分被氧化。当电位在氧化区域内扫描到一定范围后(至少为氧化峰出现后 90 mV 处)，电位扫描方向开始反转。在反向扫描过程中，氧化物 O(在正向扫描时产生并累积在电极表面附近的物质)被还原为 R，并在反向扫描的过程中出现阴极峰(还原峰)，电极表面的氧化型组分被还原。因此，在一个三角波扫描循环后，电极完成一个氧化和还原过程的循环，所以该法称为循环伏安法。实际的循环伏安图以若干重要的参数为特征，分析起来远比理想的循环伏安图复杂，但阳极峰电流 i_{pa}、阴极峰电流 i_{pc}、阳极峰电位φ_{pa}和阴极峰电位φ_{pc}这四个参数，通常作为分析循环伏安响应的基础。

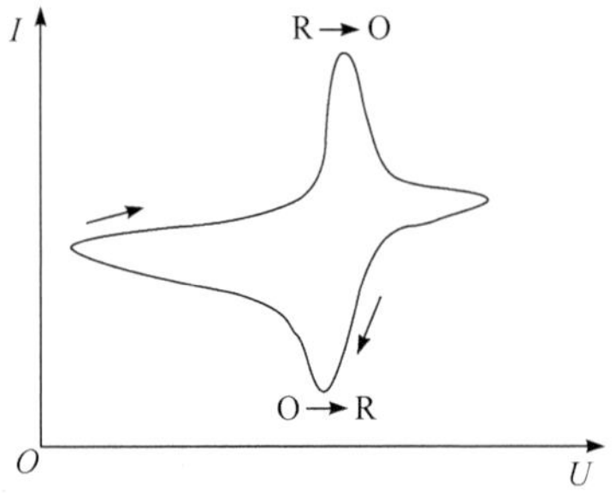

图 11.8　可逆体系典型的循环伏安曲线-氧化还原过程

循环伏安图中出现的特征峰(氧化峰和还原峰)是由电极表面附近形成了扩散层而引起的。通常循环伏安法测得的电流响应是法拉第电流和非法拉第电流的和。在施加三角波电位的过程中，电位持续改变，故一直有电流对双电层充电，非法拉第电流一直存在。在没有氧化或还原反应的电位区间，所测得的电流就是用于电极双电层充电的非法拉第电流。如前所述，假定初始时溶液中仅有还原型组分 R 存在，扫描的初始电位比氧化还原电对的特征电位 φ^0 更负，则扫描开始的一段时间只观察到较小的非法拉第电流(充电电流)。当电位增加到 φ^0 附近时，R 开始在电极上氧化，并随着电位的变正产生持续增大的阳极电流。当施加电位显著超过 φ^0 后，由于表面层中反应物 R 的消耗电流下降，从而产生峰形曲线。电极表面物质浓度的连续变化伴随着扩散层厚度的扩展，产生的电流峰恰好反映了浓度梯度随时间的连续变化。峰电流的增加对应于扩散控制过程，而峰电流的降低(峰电流之后的氧化还原电流)表现出与 $t^{1/2}$ 相关，与此时电极表面施加的电位无关。由于同样的原因，反向的阴极电流表现出与正向电流同等的性质。在循环伏安扫描中，如果使用微电极或超微电极，其传质过程受径向扩散控制，而不是与常规电极相同的线性扩散控制，因此将得到 S 形的循环伏安曲线。

循环伏安法应用的基本体系包含可逆体系、不可逆体系以及准可逆体系。这里主要讨论可逆体系。对于可逆体系，25℃时，可逆电对的峰电流可由式(11.9)的 Randles-Sevcik 方程描述，电流与浓度成正比，并随扫描速率平方根的增加而增加。这种扫描速率关系表明，电极反应是受物质传输控制的。对于简单的可逆电对来说，循环伏安曲线上下部分基本对称，阳极峰电流与阴极峰电流之比 i_{pa}/i_{pc} 约为 1。峰电流之比受氧化还原过程中化学反应的影响。电流峰通常是峰前的基线电流由外推法进行测量的。

对于可逆体系，峰电位之差为

$$\Delta\varphi_{p} = \varphi_{pa} - \varphi_{pc} = \frac{0.059}{n}\,(\mathrm{V}) \tag{11.14}$$

这样，峰电位的差可用于确定电子转移数，并且可以作为判断能斯特行为的标准之一。由此可知，快速的单电子过程，其 $\Delta\varphi_p$ 为 59 mV 左右。阳极峰和阴极峰电位与扫描速率无关，可将半峰电位 $\varphi_{1/2}$(电流为峰电流值一半时对应的电位)与极谱学中的半波电位 $\varphi_{1/2}$ 相关联(+为还原过程)：

$$\varphi_{1/2}(\text{半峰电位}) = \varphi_{1/2}(\text{半波电位}) \pm \frac{0.028}{n}\,(\mathrm{V}) \tag{11.15}$$

对于可逆的多电子转移过程，如果每步电子转移的 φ^0 值都是连续升高且完全分开的，则其循环伏安图由几个清晰的峰组成。例如，富烯 C_{60} 和 C_{70} 的电还原反应生成带−6 价的阴离子 C_{60}^{6-} 和 C_{70}^{6-} 就符合此机理。其为六步电还原，可以观察到六个连续的还原峰。在回扫的过程中，相应出现六个连续的氧化峰。

如果氧化还原反应较慢或者伴随有偶联的化学反应，则情况有很大不同，此情况下的循环伏安过程为“非理想”过程。这些非理想过程通常具有更重要的化学意义，也更能展示循环伏安法功能的强大。这些机理信息通常是将实验中的循环伏安图与理论模拟的循环伏安图相比较而获得的。实际应用中，由于溶液与电极间存在液接电位，因此适当的欧姆降补偿能够使得实际的循环伏安图更加接近理论值，这对循环伏安法的表征应用非常重要。

循环伏安图对于研究反应过程的机理以及中间产物的吸附过程有重要意义。循环伏安法一个重要的应用是定性表征伴随氧化还原反应的前行或者后行化学反应。反应机理常使用字母 E 表示氧化还原反应步骤，C 表示化学反应步骤，并按照进行的顺序加以分类。这些化学反应的发生直接影响了电活性组分的表面浓度，出现在许多重要的有机和无机化合物的氧化还原过程中。由于与电化学的反应物及产物之间形成竞争的化学反应，从而引起循环伏安图形状的变化，对于获取反应历程和反应中间产物的化学信息非常重要。

例如，当一个氧化还原体系受到后行化学反应的微扰，即 EC 机理。

$$O + ne^- \rightleftharpoons R \longrightarrow Z$$

由于产物 R 被化学反应从电极表面除去，循环伏安图一般会显示一个小的逆向峰，峰电流比 i_{pa}/i_{pc} 小于单位值。峰电流比的精确值可用于估计化学反应的速率常数。在极端情况下，假设化学反应足够快，使得电化学步骤中产生的 R 全部转化为 Z，则观察不到反向的氧化峰。EC 机理的一个经典例子是药物氯丙嗪电化学氧化为阳离子自由基，自由基与水反应生成非电活性的产物亚砜。

其他类型的反应机理可通过相似的方式进行解释。例如，对于 CE 机理，一个较慢的化学反应(前行化学反应)发生在电子转移步骤之前，i_{pr}/i_{pf} 通常大于 1，并伴随扫描速率的减小而趋近于 1。其中 i_{pr} 表示反扫峰电流，i_{pf} 表示正扫峰电流。反扫峰电流通常不受伴随的化学反应的影响。

ECE 过程则是一个化学反应插入到两个电化学反应之间的过程，由于可以观察到两对峰各自分开，因此可以较为容易地通过循环伏安法进行研究。化学反应的速率常数可由两个循环伏安峰相对大小进行估计。

$$O_1 + ne^- \rightleftharpoons R_1 \longrightarrow O_2 + ne^- \longrightarrow R_2$$

许多阳极氧化反应都属于 ECE 机理。例如，神经递质肾上腺素可以通过电子转移氧化为肾上腺素醌，肾上腺素醌经过环化生成无色的肾上腺素红，无色的肾上腺素红经历一个快速电子转移反应生成去甲肾上腺素红。另一个 ECE 机理的经典例子是苯胺的电化学氧化。苯胺氧化生成阳离子自由基，随后经历一个快速的二聚合反应生成易于氧化的对氨基二苯胺。如果与电子转移步骤相比，化学反应步骤非常快，则 ECE 体系的行为与 EE 机理(即两步连续的电子转移过程)相似。基于峰电流的测定，循环伏安法也可应用于定量分析。

11.7　极谱法和伏安法的发展概况

极谱分析法是电分析化学的一个重要分支，至今已有 100 年。但汞是一种环境污染物，汞蒸气有毒，是有害的，因此导致极谱分析法现在的使用受到较大局限。经过百年的发展，现在非汞的固体电极(solid electrode)已成为主流电极，已逐步取代传统的滴汞电极。因此，相比于极谱法，现今使用较多的是伏安法。非汞固体电极种类较多，主要包含金属电极(金电极、铂电极、银电极、铋电极等)、碳电极(玻碳电极、石墨电极、碳糊电极、硼掺杂金刚石电极等)，以及丝网印刷电极等不同形式。与汞电极相比，控制固体电极表面上的重现响应更困难，但是固体电极易使用且具有机械耐久性。基于固体电极的伏安法还能够用于检测生物、临床和环境化合物，从而阐明其作用机理。此外，这些固体电极也可以作为电化学检测器，在一些分析技术中被使用，如流动注射分析、高效液相色谱及毛细管电泳等。

电分析测试时，如果直接在基底电极(如常用的玻碳电极、铂电极、丝网印刷电极等)上进行伏安分析，通常效果不会十分理想。现今主要的方法是在基底电极上修饰不同的功能材料，制备各种修饰电极用于伏安检测。作为修饰电极的功能材料种类较多，包括各种碳材料(碳纳米管、石墨烯、C_{60}等)、导电高分子(聚苯胺、聚吡咯、聚噻吩等)、金属氧化物，以及近年来研究较多的金属有机骨架(metal-organic framework)和共价有机骨架(covalent organic framework)材料等。电极修饰是电分析中提高灵敏度、选择性以及防止电极表面污染的一类重要方法。

现代伏安体系一般使用三电极体系，即由工作电极、参比电极和辅助电极组成，用于消除工作电极和参比电极之间电阻的影响。其中工作电极是电分析体系的核心，电极修饰一般是在工作电极上进行的。通过预分离技术(如液液萃取、固相萃取、薄层或柱色谱)，可以进一步提高现代伏安技术的选择性。此外，丝网印刷技术(screen printing technology)促进了一次性电分析传感器的应用。这种技术通过在不同支撑材料(如聚酯、陶瓷或塑料柔性膜)上涂覆各种导电油墨(如碳、金、铂、铋、碳纳米管等)来制备基底电极，从而使伏安技术应用到柔性传感中。

11.8 伏安法的应用实例

亚硝酸盐作为一种重要的化学物质，在环境保护和食品安全等领域具有重要意义。伏安法是利用电流和电压之间的关系来测定化学物质浓度的一种方法，而亚硝酸盐可以在特定电位下进行电解，产生电流，通过测量电流的大小，可以获得亚硝酸盐的浓度。本节简要展示用循环伏安法检测湖水样品中亚硝酸盐的分析过程。

11.8.1 操作及实验条件

本例中采用常用的三电极体系，在室温条件下进行循环伏安检测，工作电极是聚苯胺/二氧化锰纳米复合材料修饰的玻碳电极。玻碳电极是现今经常使用的一种固体电极。饱和甘汞电极作为参比电极，铂丝作为辅助电极。循环伏安测试在电化学工作站(型号 CS350H)上进行，将玻碳电极、饱和甘汞电极和铂丝电极用对应的电极夹固定好后浸入含有待测物亚硝酸盐的溶液中，调整电极高度使所有电极都浸入溶液中。打开电化学工作站，在电化学方法中选择循环伏安测试，设置最低电位为 0.3 V，最高电位为 1.2 V，扫描速率为 0.050 V/s 后开始测试。

11.8.2　数据分析

测试得到的循环伏安曲线如图 11.9(a)所示，基于峰电流与亚硝酸盐浓度(0.50 mmol/L、1.0 mmol/L、2.0 mmol/L、3.0 mmol/L、4.0 mmol/L、5.0 mmol/L、6.0 mmol/L、7.0 mmol/L、8.0 mmol/L、9.0 mmol/L 和 10.0 mmol/L)绘制标准曲线，见图 11.9(b)。根据样品溶液得到不同电流值，代入标准曲线方程，即可得到样品中亚硝酸盐的含量。

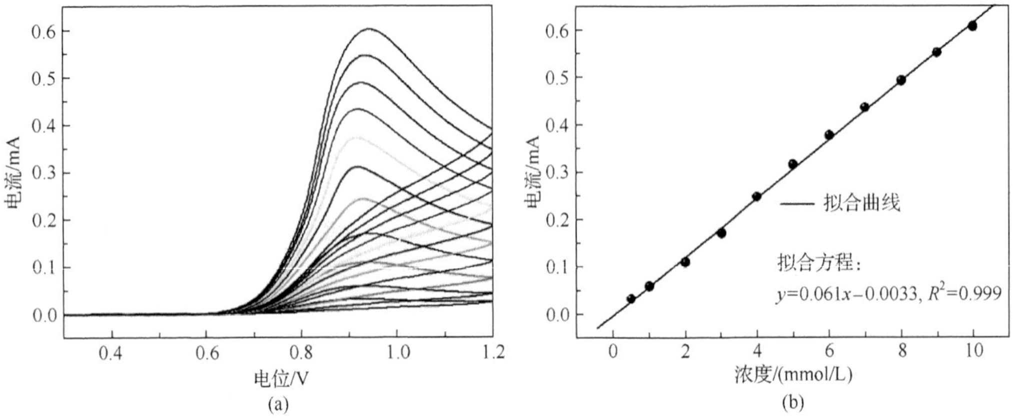

图 11.9　(a) 不同亚硝酸盐浓度下的循环伏安图；(b) 峰电流与不同浓度亚硝酸盐绘制的标准曲线
(a) 中曲线从下到上依次对应浓度为 0.50～10.0 mmol/L，浓度越大对应的电流值越大

习题与拓展

1. 比较伏安法和电位分析法在原理、仪器和分析应用上的异同。
2. 为什么极谱法使用滴汞电极？
3. 极谱法与伏安法有什么区别与联系？
4. 极谱法的定性和定量分析依据分别是什么？
5. 经典极谱法有什么局限？怎样克服这些局限？
6. 扩散电流方程的数学表达式是什么？各项的意义是什么？
7. 电容电流的衰减有什么规律？
8. 方波极谱法怎样消除电容电流？
9. 比较方波极谱法和示差极谱法的异同。
10. 循环伏安法为什么被称为“电化学的谱图”？
11. 在滴汞电极上，某二价阳离子被还原为金属并生成汞齐，产生极谱波。现已知该阳离子浓度为 3.85×10^{-3} mol/L，扩散系数为 8.10×10^{-6} cm²/s，汞滴流量为 1.51 mg/s，汞滴寿命为 3.92 s。计算平均极限扩散电流。
12. 酸性介质中，Cu(Ⅱ)和 Pb(Ⅱ)的半波电位分别约为 0 V 和−0.4 V，Al(Ⅲ)的半波电位在氢波之后。用极谱法测定铜中微量的铅和铝中微量的铅时，哪个更容易？为什么？
13. 对苯二酚在滴汞电极上产生可逆极谱波。在 pH 为 7 时，其半波电位是 0.041 V(*vs.* SCE)，计算对苯二酚的单扫描极谱波的峰电位。
14. 拓展练习：

(1) 查阅一篇与伏安法相关的文献，结合本章的知识点对文献进行解读，需包括：简要的文献总结、章节知识点与文献内容的关联以及改进的思考。

(2) 查阅资料，归纳总结伏安法在仪器部件和分析应用上的发展创新，需给出相应的参考文献。

参 考 文 献

胡坪，王氢. 2019. 仪器分析. 5 版. 北京：高等教育出版社.

刘密新，罗国安，张新荣，等. 2002. 仪器分析. 2 版. 北京：清华大学出版社.

武汉大学. 2018. 分析化学(下册). 6 版. 北京：高等教育出版社.

叶宪曾，张新祥. 2007. 仪器分析教程. 2 版. 北京：北京大学出版社.

张寒琦，等. 2020. 仪器分析. 3 版. 北京：高等教育出版社.

Hart N T, Lane W C, de la Garza L. 2020. Electrochemical quantification of acetaminophen: An engaging cyclic voltammetry laboratory for the quantitative analysis course. Journal of Chemical Education, 97(8): 2254-2259.

Qiu Y, Qu K. 2022. Binary organic-inorganic nanocomposite of polyaniline-MnO_2 for non-enzymatic electrochemical detection of environmental pollutant nitrite. Environmental Research, 214: 114066.

极谱法到伏安法的发展

第 12 章　电解与库仑分析法

电解分析法(electrolytic analysis)是建立在电解基础上测定溶液中待测物质含量的电化学分析方法。电解分析具有不用标准样品标定、相对误差较小(0.1%～0.01%)、准确度高等特点，适用于常量分析。电解分析最初主要用于测定和元素分离，以电重量分析和汞阴极电解法为典型代表，常用于一些金属纯度的鉴定及常规分析。

电重量法(electrogravimetry)是在电池中有电流通过的情况下，通常采用圆筒形铂网电极为工作电极，在搅拌的溶液中进行电解，将待测元素以纯金属或难溶化合物的形式沉积在电极上，通过称量沉积于电极表面的沉积物质量来测定溶液中被测离子或物质含量的电化学分析法。电解分析有时也作为一种分离的手段，能方便地去除某些杂质。根据电解过程的不同，电解分析法可分为控制电位电解分析法、恒电流电解分析法、汞阴极电解分析法等。

库仑法(coulometry)是以测量电解过程中被测物质直接或间接在电极上发生电化学反应所消耗的电量为基础来进行分析的一种电化学方法。库仑分析法的理论基础是法拉第定律。与电解分析法类似，库仑分析法也是对试样溶液进行电解，但它不需要称量电极上析出物的质量，而是通过测量电解过程中所消耗的电量，并由法拉第定律计算出结果。因此，库仑分析法要求在溶液中定量地进行氧化或还原过程，要求电极反应专一，电流效率必须为 100%。该方法精度高，广泛应用于微量分析和标准物质的测定。

电解分析法比较适合高含量物质的测定；而库仑分析法既可以用于高含量物质的定量分析，也可以用于痕量物质的分析。另外，与其他仪器分析方法不同，库仑法的定量分析是不需要基准物质和标准溶液，是电荷量对化学量的绝对分析方法。

12.1　电解分析的基本原理

12.1.1　电解

电解是借助外电源的作用，使电化学反应向着非自发的方向进行。电解过程是在电解池中进行的，其结构如图 12.1 所示，阳极、阴极分别与外加电源的正极和负极相连。电解时，在电解池的两个电极上施加直流电压，并通过改变电极电位，使电解质在两电极上分别发生氧化和还原反应，此时电解池中有电流通过。IUPAC 定义，发生氧化反应的电极称为阳极，发生还原反应的电极称为阴极。也就是说，电解池的正极为阳极，与电源的正极相连，电解时发生氧化反应；电解池的负极为阴极，与外电源的负极相连，电解时发生还原反应。

例如，电解酸性的 $CuSO_4$ 溶液，当电解开始时，可以明显观察到阴极缓慢地变成红色，这是由于溶液中的铜离子被还原生成铜单质而富集在电极表面产生的；而在阳极上出现的大量气泡来源于水被氧化生成的 O_2。相关电极反应为

阴极：　$Cu^{2+} + 2e^- \longrightarrow Cu\downarrow$

阳极：　$2H_2O \longrightarrow 4H^+ + O_2\uparrow + 4e^-$

12.1.2　分解电压和析出电位

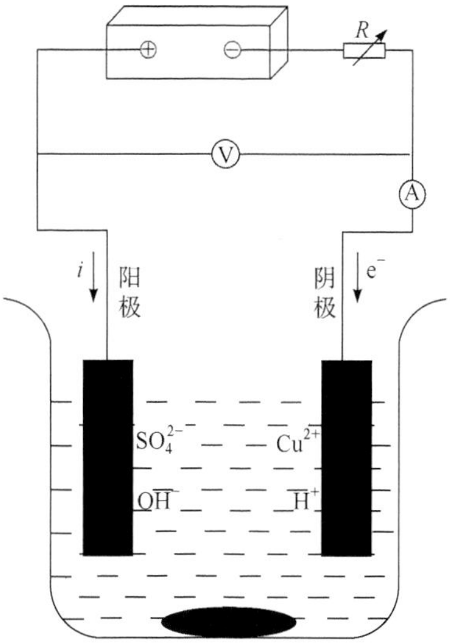

图 12.1　电解装置示意图

在搅拌的情况下，将两个铂电极浸入 $CuSO_4$ 溶液(0.1 mol/L)中，装置如图 12.1 所示。接上电源后调节可变电阻，慢慢改变施加在两电极上的直流电压，从电流表中可读取回路中电流的变化。施加在电解池两端的电压 U 和电解池中电流 i 的变化可用 i-U 曲线表示(图 12.2)。可以发现，当外加电压较小时，回路中没有电流或者只有微小电流通过。若继续增加外加电压，电流略微增加，此时会有极少量的 Cu 和 O_2 分别在阴极和阳极上析出，同时也已构成由 Cu 电极和 O_2 电极组成的原电池。该电池产生的电动势将阻止电解过程的进行，称为反电动势($E_{反}$)。此时：

$$U_{反} = E_{反} \tag{12.1}$$

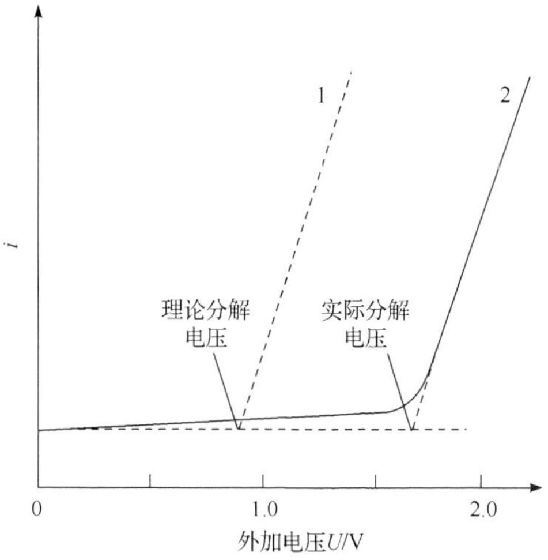

图 12.2　在 H_2SO_4 介质中电解 Cu^{2+}的电流-电压曲线

1. 理论曲线；2. 实测曲线

当外加电压达到克服此反电动势时，电解会继续进行，此时电极上发生明显的电解现象，在阴极上，Cu^{2+}获得电子被还原成铜原子而析出；在阳极上，H_2O 被氧化生成氧气，从阳极放出。此时，通过电解池的电流也明显增大(图 12.2)。

通常将两电极上产生迅速且连续的电极反应所需的最小外加电压称为分解电压

($U_{分}$)。分解电压是对于电解池而言，如果只考虑单个电极，就是析出电位 $\varphi_{析}$。分解电压和析出电位的关系是

$$U_{分} = \varphi_{析/阳} - \varphi_{析/阴} \tag{12.2}$$

从式(12.2)可以明显看出，要想让某物质在阴极上快速析出，产生连续不断的电极反应，则施加的阴极电位应比析出电位更负。同样，在阳极上施加更正的电位则促进阳极上的氧化析出反应。此外，如果某物质在阴极上的析出电位越正，说明该物质越容易被还原；在阳极上的电位越负，说明该物质越容易被氧化。通常在电解分析中只需考虑某一工作电极情况，因此析出电位比分解电压更具有实际意义。

而对于原电池的电动势，

$$E = \varphi_{平/阴} - \varphi_{平/阳} \tag{12.3}$$

其平衡时的反电动势为

$$E_{反} = \varphi_{平/阳} - \varphi_{平/阴} \tag{12.4}$$

由此可见，理论分解电压的值就是反电动势的值。对于可逆电极过程来说，分解电压与电池的电动势对应，析出电位与电极的平衡电位对应，均可根据能斯特方程进行计算。

【例 12.1】 计算在 0.100 mol/L H_2SO_4介质中，电解 0.100 mol/L $CuSO_4$溶液的理论分解电压。

解 电解开始时，由铜电极(Cu|Cu^{2+})和氧电极(Pt|O_2，H_2O)构成电池：

$$\text{Pt} \mid O_2(101325\ \text{Pa}),\ H^+(0.2\ \text{mol/L})Cu^{2+} \mid \text{Cu}$$

其平衡电位分别为

Cu 电极：

$$Cu^{2+} + 2e^- \rightleftharpoons Cu$$

$$\varphi^{\ominus} = 0.337\ \text{V}$$

$$\begin{aligned}\varphi &= \varphi^{\ominus} + \frac{0.0592}{2}\lg[Cu^{2+}]\\ &= 0.337 + \frac{0.0592}{2}\lg 0.100\\ &= 0.307\ (\text{V})\end{aligned}$$

O_2电极：

$$\frac{1}{2}O_2 + 2H^+ + 2e^- \rightleftharpoons H_2O$$

$$\varphi^{\ominus} = 1.23\ \text{V}$$

$$\begin{aligned}\varphi &= \varphi^{\ominus} + \frac{0.0592}{2}\lg\left[(p_{O_2}/p^{\ominus})^{\frac{1}{2}}[H^+]^2\right]\\ &= 1.23 + \frac{0.0592}{2}\lg(1^{\frac{1}{2}} \times 0.2^2)\\ &= 1.189\ (\text{V})\end{aligned}$$

电池的电动势为

$$E=\varphi_{阴}-\varphi_{阳}=0.307-1.189=-0.882\ (\mathrm{V})$$

因此，其理论分解电压(反电动势)为 0.882 V。

12.1.3　过电压和过电位

在实际电解过程中，所需的分解电压要比理论分解电压更大，超出的部分是电极的极化作用引起的。

极化是指电流流过电极时，电极电位偏离可逆电极电位的现象。当电子从外电路大量流入金属相，破坏原来金属离子与电极两相间的平衡，使电极电位变得更负，这就称为阴极极化；如果外电路接通后，金属相的电子大量流失，同样破坏了原来的平衡，使电极电位变得更正，称为阳极极化。为了表示电极的极化程度，通常以某一电流密度下的电极电位和可逆电极电位的差值表示，该差值称为超电位(η)，又称为过电位。不同电极和电流密度时 H_2 和 O_2 的过电位见表 9.2。

电解时，由于过电位的存在，要使阳离子在阴极上析出，阴极电位一定要比可逆电极电位更负；同样，要使阴离子在阳极上析出，阳极电位一定要比可逆电极电位更正。析出电位是对一个电极而言，分解电压是对整个电解池而言。对于整个电解池来说，阳极过电位和阴极过电位的绝对值之和等于过电压(或超电压)。

分解电压不但包括理论分解电压和过电压，还包括电解池回路的电压降 iR。因此电解池的实际分解电压为

$$\begin{aligned}U_{分}&=(\varphi_{\mathrm{a}}-\eta_{\mathrm{a}})-(\varphi_{\mathrm{c}}-\eta_{\mathrm{c}})+iR\\&=理论分解电压+过电压+电压降\end{aligned}\tag{12.5}$$

这就是电解时所需的外加电压。式(12.5)中，η_{a} 为阳极过电位，η_{c} 为阴极过电位。

【例 12.2】　在 100 mL 0.100 mol/L H_2SO_4 介质中，电解 0.100 mol/L $CuSO_4$ 溶液的理论分解电压是 0.881 V。若电解池内阻为 0.50 Ω，铂电极面积为 100 cm^2，电流为 0.10 A 时，则外加多大电压时 Cu 才可以析出？(O_2 在 Pt 阳极上的超电位为 0.720 V，Cu 的超电位忽略不计)

解　该电解池的电压降为

$$iR=0.10\times0.50=0.050\ (\mathrm{V})$$

根据式(12.5)可知，Cu 析出时需要的外加电压为

$$U=0.881+0.720+0.050=1.651\ (\mathrm{V})$$

比较电解 0.100 mol/L $CuSO_4$ 溶液的实际分解电压和理论分解电压可知，增加的 0.770 V 主要用于克服 iR 电压降和 O_2 在 Pt 阳极上的超电位。

过电位的大小主要与以下因素有关，在实际工作中，可根据实际需要来增大或减小过电位。

1) 电极材料和表面状态

电极材料的不同极大地影响了过电位的大小。例如，电解水析氢反应，在 25℃电流

密度为 20 mA/cm^2 时，铅电极上的过电位为 1.09 V，铜电极上为 0.584 V，汞电极上为 1.14 V。利用氢在汞电极上有较大的过电位，使一些比氢还原性更强的金属先于氢在电极上析出，从而可以消除氢离子的干扰。这也是利用汞电极在极谱分析中应用的优势之一。除此以外，过电位还与电极的表面态有很大关系。例如，在上述条件下，氢在光亮铂电极和镀铂黑电极上的过电位分别为 0.068 V 和 0.030 V。

2) 析出物质的形态

在电极表面析出金属时，其过电位很小，大约几十毫伏。但如果析出物是气体，特别是 O_2 和 H_2，其过电位较大。

3) 电解液

实验表明，很多金属离子在阴极还原的电位及生成物的性质都与阴离子有关，特别是极化能力不高的阴离子影响更为显著。例如，在高氯酸盐溶液变为氨磺酰溶液时，铅离子在阴极上的沉积过电位会大大降低。

4) 溶液 pH

溶液酸度对电解过程也有影响。一般来讲，金属离子在阴极上析出时，过电位随 H^+ 浓度的增高而增大。例如，以铂电极为阳极电解水时，在酸性介质中，当电流密度为 20 mA/cm^2 时，O_2 的过电位较小，但在碱性介质中，可高达 1.4 V。

5) 电流密度

电流密度越大，过电位越大。

6) 温度

一般过电位随温度升高而降低。例如，温度每升高 10℃，氢的过电位降低 20～30 mV。

12.2 电 解 方 式

实现电解的方式主要有控制电位电解法、控制电流电解法和汞阴极电解法。

12.2.1 控制电位电解法

控制电位电解法是在控制阴极或阳极电位为一恒定值的条件下进行电解的方法。在电解分析时，除待测离子(电活性物质)外，样品中往往还同时存在几种不同的其他离子(或电活性物质)，这些共存离子的存在是否会影响测定结果而产生干扰，首先要根据共存各离子的理论析出电位进行判断。如果两种离子的析出电位相差越大，则干扰越小。同时，根据各种离子析出电位的不同，还可以采用控制电位的电解法实现溶液中几种离子的分离。析出电位相差越大，越容易分离。在不考虑过电位的情况下，往往采用它们的标准电极电位作为判断的依据。

例如：$\varphi^{\ominus}_{Ag^+/Ag} = 0.799\ V$，$\varphi^{\ominus}_{Cu^{2+}/Cu} = 0.337\ V$，其电位差较大，则在电解含有 Ag^+和 Cu^{2+} 的混合溶液时，二者的相互干扰较小，且容易分离。而铅和锡的标准电极电位分别为 $\varphi^{\ominus}_{Pb^{2+}/Pb} = -0.126\ V$ 和 $\varphi^{\ominus}_{Sn^{2+}/Sn} = -0.136\ V$，差别较小，则不宜分离。

根据析出电位的大小，还可以对溶液中离子的析出顺序进行判断。

【例 12.3】　采用铂电极电解含有 Cu^{2+}(2.0 mol/L)和 Ag^{+}(0.01 mol/L)的混合溶液，哪个离子在阴极上先析出？这两种离子是否可以完全分离？(已知 $\varphi^{\ominus}_{Cu^{2+}/Cu} = 0.337\ V$；$\varphi^{\ominus}_{Ag^{+}/Ag} = 0.799\ V$)

解　要判断溶液中离子的析出顺序，需计算其析出电位。

Cu 的初始析出电位为

$$\begin{aligned}\varphi_{Cu^{2+}/Cu} &= \varphi^{\ominus}_{Cu^{2+}/Cu} + \frac{0.0592}{2}\lg 2.0 \\ &= 0.337 + 0.009 \\ &= 0.346\ (V)\end{aligned}$$

Ag 的初始析出电位为

$$\begin{aligned}\varphi_{Ag^{+}/Ag} &= \varphi^{\ominus}_{Ag^{+}/Ag} + 0.0592\lg 0.01 \\ &= 0.799 - 0.118 \\ &= 0.681\ (V)\end{aligned}$$

由于银的析出电位比铜的更正，因此银先在阴极上还原析出。随着电解的进行，溶液中 Ag^{+}的浓度逐渐降低，阴极电位也随之降低。假如 Ag^{+}的浓度降低至原浓度的 0.01%时，可认为 Ag^{+}已完全析出，此时的电极电位为

$$\begin{aligned}\varphi_{Ag^{+}/Ag} &= \varphi^{\ominus}_{Ag^{+}/Ag} + 0.0592\lg 10^{-6} \\ &= 0.444\ (V)\end{aligned}$$

因此，当 Ag^{+}完全析出时，其电极电位仍比 Cu^{2+}正，此时 Cu^{2+}不会析出，所以溶液中的 Ag^{+}和 Cu^{2+}可以完全分离。一般来讲，两种共存离子析出电位相差越大，认为其越容易分离。对于两种共存的一价离子，二者析出电位相差 0.30 V 以上时，可认为能够完全分离；两种共存的二价离子，它们的析出电位相差 0.15 V 以上时可认为能够完全分离。

控制电位电解时，刚开始被测物质析出速度较快，电流也较大，随着电解的进行，溶液中离子浓度越来越小，电极反应速率逐渐变慢，电流越来越小，当电流变化趋于零时，认为电解完成。控制电位电解法的主要特点是选择性高，利用不同金属析出电位的不同，可实现银、铜、铋、镉、铅等多种金属的分离与测定。

12.2.2　控制电流电解法

通过控制电流恒定而进行电解的方法称为控制电流电解法，也称为恒电流电解法。在电解过程中，随着电解的进行电流会逐渐减小，因此需要调节外加电压使电解电流保持恒定。电解完成后直接称量电极上析出物质的质量来进行分析。这种方法也可用于分离。

控制电流电解法用直流电源作为电解电源。电解时，电流越小，析出的镀层越均匀，但电解时间越长。在实际工作中，一般控制电流为 0.5～2 A。控制电流电解法装置简单，准确度高，方法的相对误差小于 0.1%。与控制电位法相比，电解反应的速率较快，但其

选择性不高，往往一种金属离子还未沉淀完全时，第二种金属离子就在电极上析出。

为了防止干扰，可在电解过程中加入阳极或阴极去极剂(depolarizer)，以维持电位不变。例如，在 Cu^{2+}和 Cr^{2+}的混合液中，为防止 Cr 在分离沉积 Cu 时沉淀，可以加入 NO_3^-作为阴极去极剂。NO_3^-在阴极上还原生成 NH_4^+，即

$$NO_3^- + 10H^+ + 8e^- \rightleftharpoons NH_4^+ + 3H_2O$$

它的电位比 Cr^{2+}更正，而且量比较大，在 Cu^{2+}电解完成前可以防止 Cr^{2+}在阴极上的还原沉积。类似地，加入阳极去极剂可以防止干扰物质在阳极上氧化，维持阳极电位不变。

控制电流电解法只能分离电动序中氢以上与氢以下的金属离子，电解测定时，氢以下的金属离子先在阴极上析出，当其完全析出后若继续电解，将会析出氢气。

12.2.3 汞阴极电解法

汞阴极电解法(mercury cathode electrolysis)是将金属汞作为电解池中的阴极来进行电解的方法。由于汞有毒、易挥发，很少作为一种重量法直接用于元素测定，但可作为一种有效的分离手段。

若采用 Hg 阴极，可将电位较正的 Cu、Pb 和 Cd 等浓缩在 Hg 中而与 U 分离来提纯 U。在酶法分析中，由于痕量重金属离子的存在可以抑制酶活性或使酶失去活性，而采用汞阴极电解法除去溶液中的重金属离子。

与常用的 Pt 阴极相比，汞阴极电解法有如下特点：①金属与汞生成汞齐，导致金属析出电位正移，更容易还原；②氢在汞阴极上有较大的过电位，不易电解析出氢，从而扩大了电解分离的电位范围，可电解析出的金属更多；③汞的密度大，易挥发，汞蒸气毒性较大，使用时需特别注意。

12.3 库仑分析法

库仑分析法是在适当的条件下，根据测量被测物电解反应所消耗的电量，由法拉第定律来确定被测物质含量的一种分析方法。由于库仑分析是基于电量分析，因此测定过程中要求电极反应必须单纯，用于测定的电极反应必须具有或者接近 100%的电流效率，也就是说电极反应按化学计量进行，电量全部消耗在被测物质上，无副反应发生。然而实际上很难达到，在常规分析中，电流效率不低于 99.9%是允许的。如果电流效率比较低，只要知道确切数值，也可用于测定，但要求损失的电量具有重现性。

根据电解进行的方式不同，库仑分析法可分为控制电位库仑法和控制电流库仑法(或称为恒电流库仑滴定法)。前者是建立在控制电位电解过程的基础上，后者是建立在控制电流电解过程的基础上。

12.3.1 法拉第定律

法拉第定律是阐明电和化学反应物质相互作用定量关系的定律，因此也是库仑分析的基本依据，是指电解过程中电极上析出物质的质量(m)与通过电解池的电荷量(Q)之间

的关系，可用数学式表示为

$$m = \frac{M}{nF}Q \tag{12.6}$$

式中，F 为法拉第常量(96485 C/mol)；M 为被测物质的摩尔质量；n 为电极反应中的电子转移数。如果通过电解池的电流是恒定的，则

$$Q = it \tag{12.7}$$

代入式(12.6)，得

$$m = \frac{M}{nF}it \tag{12.8}$$

若电流不恒定，则电荷量随时间不断发生变化：

$$Q = \int_0^{\infty} i\mathrm{d}t \tag{12.9}$$

根据法拉第定律，采用重量法、气体体积法或其他方法测得电极上析出物物质的量的变化，可计算出通过电解池的电荷量；同时，若测得通过电解池的电荷量，则可以计算出电极上析出的物质的量。

12.3.2　控制电位库仑法

控制电位库仑法(controlled-potential coulometry)是以控制电极电位的方式进行电解。其装置与控制电位电解法基本相似，所不同的是在电解电流中串联一个库仑计(图 12.3)，用于测定反应过程中的电荷量变化。它是控制电位库仑法的重要组成部分，可分为化学库仑计(包括质量库仑计、体积库仑计等)、电动机械库仑计、电子库仑计三类。

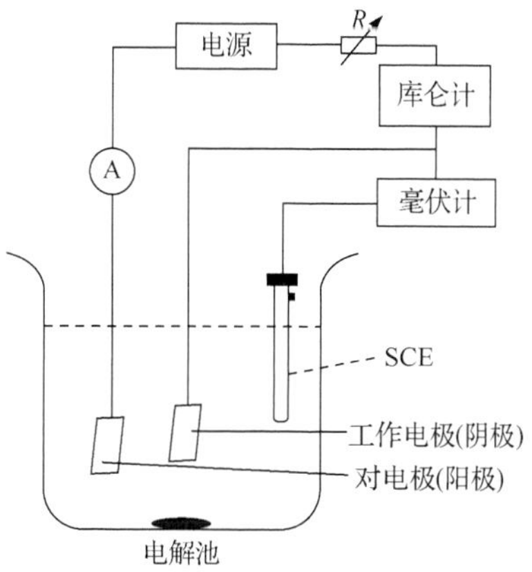

图 12.3　恒电位库仑分析法装置示意图

测量时，用恒电位装置控制阴极电位，使被测物质以 100%的电流效率进行电解，当电流趋近于零时，表示电解完成。由库仑计测得电解时消耗的电量(Q)，根据法拉第定律即可计算出被测物质的质量[式(12.6)]。

由于其分析是基于电解过程中所消耗的电量，而不是析出物的质量。因此，控制电位库仑法不受称量产物状态的限制，既可用于形成固体产物的沉积体系，也可用于非固体产物的反应。

控制电位库仑法具有准确度高、灵敏度高、选择性好等优点，特别适用于混合物质的测定，目前可用于多种元素及其化合物的测定，其中既包括钠、钾、钙、镁、铜、银、铂族、稀土、镧系等金属元素，也包括氢、氧、卤素等非金属元素。此外，控制电位库

仑法也是研究电极过程、反应机理等方面的一种有效方法，如测定化学反应中的电子转移数 n。同时，该法在有机和生化物质的合成和分析方面的应用也很广泛，如血清中尿酸的测定、三氯乙酸的测定等。

12.3.3　控制电流库仑法

控制电流库仑法(controlled-current coulometry)又称为恒电流库仑滴定法，简称库仑滴定法(coulometric titration)。它与普通滴定法不同点在于滴定剂不是由滴定管向被测溶液中滴加，而是通过恒电流电解在溶液内部产生，电生滴定剂的量与电解消耗的电荷量成正比。因此，库仑滴定法也可以说是一种以电子作滴定剂的容量分析。

1. 库仑滴定原理

与控制电位库仑分析装置不同，控制电流库仑滴定装置主要由电解系统和终点指示系统两部分构成，结构如图 12.4 所示。电解系统包含一个恒电流源、电解池、计时器。电解池中插入工作电极、辅助电极及参比电极用于指示滴定终点。工作时，由恒电流源产生强度一定的电流通过电解池，在 100%(或接近 100%)的电流效率下由电极反应产生滴定剂与被测物质发生定量反应，当达到终点时，由终点指示系统发出信号从而停止电解。用计时器记录电解时间，由电流强度(i)和电解时间(t)按法拉第定律则可计算出被测物质的质量[式(12.8)]。

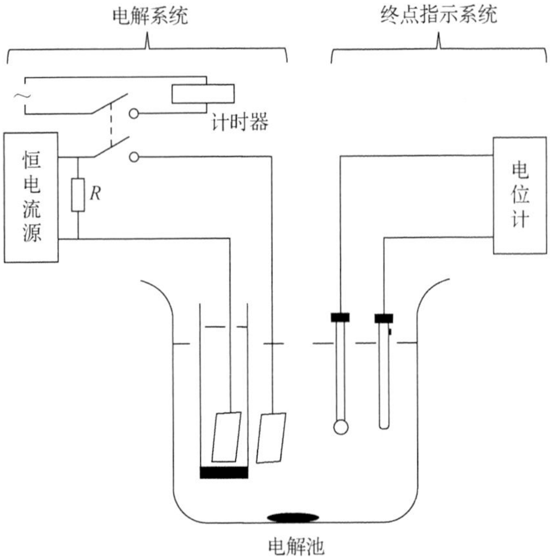

图 12.4　恒电流库仑滴定装置图

在库仑滴定中，电解质溶液通过电极反应产生滴定剂的种类很多，如 H^+或 OH^-；氧化剂如 Br_2、Cl_2、I_2、Ce(Ⅳ)、Mn(Ⅲ)、Ag(Ⅱ)等；还原剂如 Fe(Ⅱ)、Ti(Ⅲ)、$[Fe(CN)_6]^{4-}$等；配位剂如 EDTA(Y^{4-})；沉淀剂如 Ag^+等。当测定酸或碱时，可在 Na_2SO_4 电解质溶液中，在 Pt 电极上产生滴定剂 H^+或 OH^-，反应为

阳极　$$H_2O \rightleftharpoons \frac{1}{2}O_2 + 2H^+ + 2e^-$$ (滴定碱)

阴极　$$2H_2O + 2e^- \rightleftharpoons H_2 + 2OH^-$$ (滴定酸)

进行库仑滴定时，也可以用电极本身。例如，采用银阳极氧化产生的 Ag^+来测定卤素、硫化物、硫醇或巯基化合物：

$$Ag + X^- \rightleftharpoons AgX + e^-$$

生成的 AgX 直接沉积在电极上。

常见电生滴定剂及其应用见表 12.1。

表 12.1　常见电生滴定剂及其应用

电生滴定剂	介质	工作电极	测定对象
Br_2	0.1 mol/L H_2SO_4 + 0.2 mol/L NaBr	Pt	Sb(Ⅲ)、I^-、Tl(Ⅰ)、U(Ⅳ)、有机化合物
I_2	0.1 mol/L 磷酸盐缓冲液(pH = 8.0) + 0.1 mol/L KI	Pt	As(Ⅲ)、Sb(Ⅲ)、$S_2O_3^{2-}$、S^{2-}
Cl_2	2 mol/L HCl	Pt	As(Ⅲ)、I^-、脂肪酸
Ce(Ⅳ)	0.5 mol/L H_2SO_4 + 0.1 mol/L $Ce_2(SO_4)_3$	Pt	Fe(Ⅱ)、$[Fe(CN)_6]^{4-}$
Mn(Ⅲ)	1.8 mol/L H_2SO_4 + 0.45 mol/L $MnSO_4$	Pt	草酸、Fe(Ⅱ)、As(Ⅲ)
Ag(Ⅱ)	5 mol/L HNO_3 + 0.1 mol/L $AgNO_3$	Au	As(Ⅲ)、V(Ⅲ)、Ce(Ⅲ)、草酸
$[Fe(CN)_6]^{4-}$	0.2 mol/L $K_3Fe(CN)_6$ (pH = 2.0)	Pt	Zn(Ⅱ)
Cu(Ⅰ)	0.02 mol/L $CuSO_4$	Pt	Cr(Ⅵ)、V(Ⅴ)、IO_3^-
Fe(Ⅱ)	2 mol/L H_2SO_4 + 0.6 mol/L 铁铵矾	Pt	Cr(Ⅵ)、V(Ⅴ)、MnO_4^-
Ag(Ⅰ)	0.5 mol/L $HClO_4$	Ag	Cl^-、Br^-、I^-
EDTA(Y^{4-})	0.02 mol/L $HgNH_3Y^{2-}$ (pH = 8.0) + 0.1 mol/L NH_4NO_3 (pH = 8.0)除 O_2	Hg	Ca(Ⅱ)、Zn(Ⅱ)、Pb(Ⅱ)等
H^+或 OH^-	0.1 mol/L Na_2SO_4 或 KCl	Pt	OH^-或 H^+、有机酸或碱

2. 滴定终点的确定

库仑滴定指示终点的方法有多种，常见的有化学指示剂法、电位法、电流法等。

1) 化学指示剂法

化学指示剂法可以省去库仑滴定装置中的终点指示系统，是指示终点最简单的方法。滴定分析中使用的化学指示剂基本上也能用于库仑滴定。例如，用恒流电解 KI 溶液产生的 I_2 滴定剂测定 As(Ⅲ)时，淀粉是很好的化学指示剂。化学指示剂法灵敏度较低，对于常量的库仑滴定能得到较好的测定结果。

选择指示剂应注意：①所选的指示剂不能在电极上同时发生反应；②指示剂和电生滴定剂的反应，必须在被测定物质与电生滴定剂的反应之后，即前者的反应速率要比后者慢。

2) 电位法

库仑滴定中使用电位法指示终点与普通电位滴定法相似。在库仑滴定过程中，每隔一定时间，记录电位(或 pH)读数，并作其对时间的关系曲线，用作图法或微商法求出终点。也可用平衡电位法指示终点，即将电位计的电位固定在化学计量点上。滴定开始后，指示电流不断减小，当电流减小到零时，表示到达终点。电位法简单、快速，同时也具有较高的灵敏度和准确度。

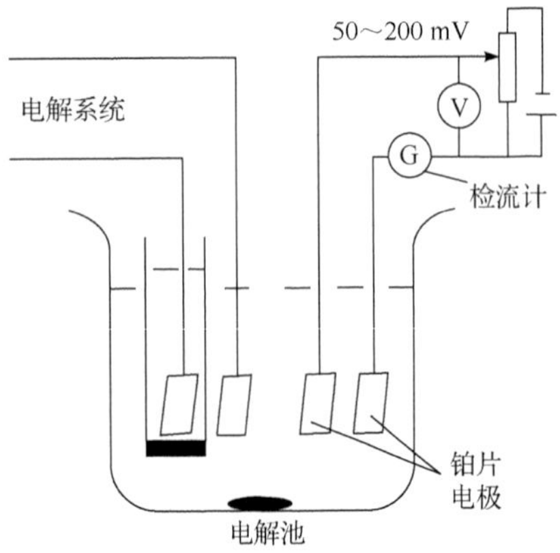

图 12.5　双铂极电流指示法滴定装置示意图

3) 电流法

电流法是根据被测物质或滴定剂在指示电极上进行反应所产生的电流与电活性物质的浓度呈比例的关系，从指示电流的变化来确定滴定终点的方法。电流法又可分为单指示电极电流法(极谱滴定法)和双指示电极电流法(永停滴定法)。后者是最常使用的方法，如双铂极电流指示法。

双铂极电流指示法是在电解池中插入一对铂电极作为指示电极(装置如图 12.5 所示)，并在两电极上加一个较小的直流电压(如 50～200 mV)。例如，在电解 KI 产生滴定剂 I_2 测定 As(Ⅲ)的体系中，滴定终点前出现的是 As(Ⅴ)/As(Ⅲ)不可逆电对，终点后是可逆的 I_3^-/I^-电对。从其极化曲线可以看出，不可逆体系曲线[图 12.6(a)]需要加更大的电压才能有明显的氧化还原电流；而可逆体系在很小的电压下就能产生明显的电流[图 12.6(b)]。

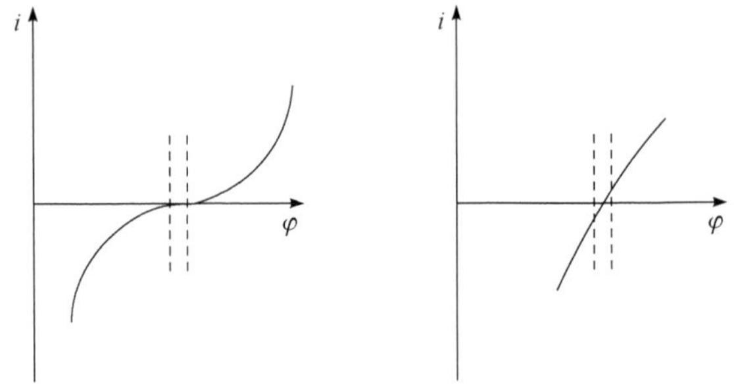

图 12.6　I_2滴定 As(Ⅲ)时，终点前后体系的极化曲线

(a) As(Ⅴ)/As(Ⅲ)不可逆体系；(b) I_3^-/I^-可逆体系

针对滴定终点前后都是可逆体系，如用 Ce^{4+}滴定 Fe^{2+}体系。开始滴定时，溶液中只有 Fe^{2+}，没有 Fe^{3+}，所以流过电极的电流为零或只有微小的残余电流。随着滴定的进行，溶液中 Fe^{3+}的浓度逐渐增大，此时通过电极的电流也逐渐增大[图 12.7(a)]。在滴定百分数为 50%之前，Fe^{3+}的浓度是电流的限制因素；在 50%之后，Fe^{2+}的浓度逐渐变小，成为电流的限制因素，所以电流也逐渐下降。到达滴定终点时，Fe^{2+}浓度接近于零，溶液中只有 Fe^{3+}和 Ce^{3+}，所以电流接近于零。过了终点后，滴定体系中有过量 Ce^{4+}存在，在阳极

上 Ce^{3+}可被氧化，在阴极上 Ce^{4+}可被还原，此时双铂电极的回路又出现了明显的电流，且随着滴定的进行而增大[图 12.7(a)]。若体系在滴定终点前为可逆电对，而滴定终点后为不可逆电对(用 I_2 滴定亚砷酸)，则会出现如同 12.7(b)的电流曲线。

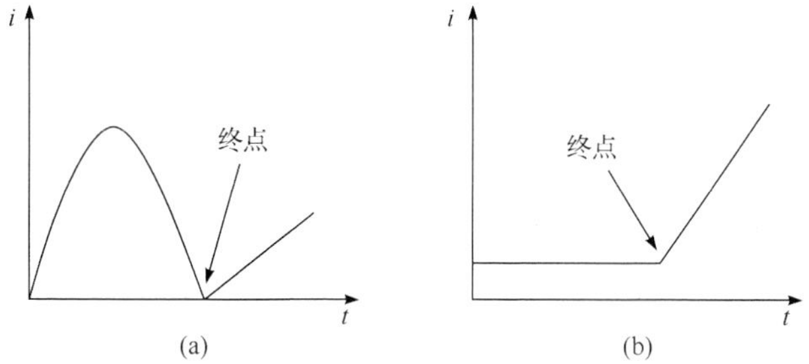

图 12.7　不同滴定体系的双铂电极电流曲线

(a) Ce^{4+}滴定 Fe^{2+}体系；(b) I_2 滴定亚砷酸体系

12.3.4　微库仑分析法

微库仑分析法是 20 世纪 60 年代开始发展起来的一种新型库仑滴定法，与恒电流库仑滴定法较为相似，其利用电生中间体来滴定被测物质，发生电流根据被测物质的含量由指示系统电信号的变化自动调节，因而是一种动态库仑分析技术。

微库仑分析仪主要由微库仑滴定池、微库仑放大器和积分器等部分组成。滴定池中放入电解质溶液和两对电极，一对为指示电极和参比电极，另一对为工作电极和辅助电极，如图 12.8 所示。在被测物质进入滴定池之前(滴定前)，滴定池中的电解液含有一定浓度的库仑滴定剂，指示电极测量其电位 $E_{指}$ 为恒定值，此时由偏压器提供的偏置电压 $E_{偏}$ 与 $E_{指}$ 大小相等而符号相反，因此二者之间压差$\Delta E = 0$，处于平衡状态。当被测物质进入滴定池后(开始滴定)，由于滴定剂被消耗，其浓度减小，此时$\Delta E \neq 0$，放大器中就有电流输出，工作电极开始电解产生滴定剂与被测物质作用，直至滴定剂浓度恢复至原来浓度，此时压差又等于零($\Delta E = 0$)，指示终点到达，电解自动停止。根据电流对时间积分，便可得出电解所消耗的电量(Q)，利用法拉第电解定律便可计算出被测组分的含量。

$$m = \frac{Q}{F} \times \frac{M}{n}$$

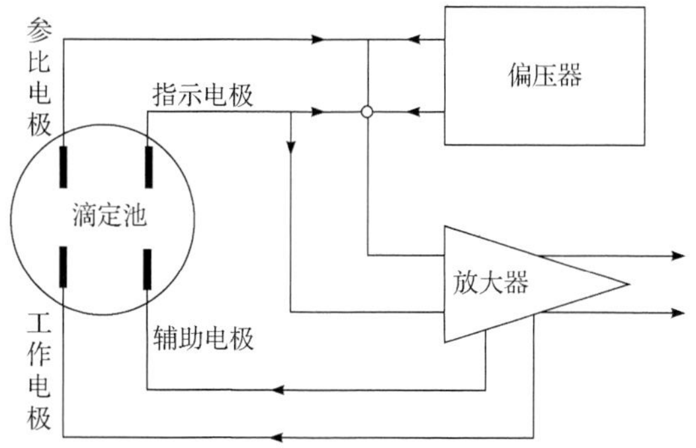

图 12.8　微库仑分析仪工作原理

微库仑分析法具有准确、灵敏、快速及自动指示终点等优势，常用于微量物质的测定，目前已广泛用于石油化工、环境检测、临床检验等领域。同时，微库仑分析法还具有跟踪滴定的性质，且响应速度较快，可与色谱联用。

12.3.5 库仑滴定法的特点

库仑滴定法是用恒电流电解产生的电生滴定剂以滴定被测物质来进行定量分析的方法。该方法所用滴定剂是电解产生的，可边产生边滴定，因此对滴定剂的稳定性要求不高，从而扩大了应用范围。库仑滴定法可用于常量及微量组分的分析，相对误差较小，约为 0.5%。若采用精密自动库仑滴定法，相对误差可至 0.01%以下。该方法不需要制备标准溶液，操作简便。另外，库仑滴定可用于酸碱中和反应、氧化还原反应、沉淀及络合反应等多种反应类型的滴定。因此，库仑滴定法在实际生产生活中得到了广泛应用(表 12.2)。

表 12.2　常见库仑滴定法应用

	电极产生的试剂	工作电极反应	被测定物质
阳极反应	H^+	$H_2O \rightleftharpoons 2H^+ + \frac{1}{2}O_2 + 2e^-$	碱类
	Cl_2	$2Cl^- \rightleftharpoons Cl_2 + 2e^-$	As(Ⅲ)、SO_3^{2-}、不饱和脂肪酸、Fe^{2+}等
	Br_2	$2Br^- \rightleftharpoons Br_2 + 2e^-$	As(Ⅲ)、Sb(Ⅲ)、U(Ⅳ)、Tl^+、Cu^+、I^-、H_2S、SCN^-、N_2H_2、NH_2OH、NH_3、硫代乙醇酸、8-羟基喹啉、苯胺、酚、芥子气、水杨酸等
	I_2	$2I^- \rightleftharpoons I_2 + 2e^-$	As(Ⅲ)、Sb(Ⅲ)、$S_2O_3^{2-}$、S^{2-}、水分(卡尔·费歇尔法)等
	Ce^{4+}	$Ce^{3+} \rightleftharpoons Ce^{4+} + e^-$	Fe^{2+}、Ti(Ⅲ)、U(Ⅳ)、As(Ⅲ)、I^-、$[Fe(CN)_6]^{4-}$、氢醌等
	Mn^{3+}	$Mn^{2+} \rightleftharpoons Mn^{3+} + e^-$	Fe^{2+}、As(Ⅲ)、$C_2O_4^{2-}$等
	$[Fe(CN)_6]^{3-}$	$[Fe(CN)_6]^{4-} \rightleftharpoons [Fe(CN)_6]^{3-} + e^-$	Tl^+等
	Ag^+	$Ag \rightleftharpoons Ag^+ + e^-$	Cl^-、Br^-、I^-、SCN^-等
	Hg_2^{2+}	$2Hg \rightleftharpoons Hg_2^{2+} + 2e^-$	Cl^-、Br^-、I^-、S^{2-}等
阴极反应	OH^-	$2H_2O + 2e^- \rightleftharpoons 2OH^- + H_2$	酸类
	Fe^{2+}	$Fe^{3+} + e^- \rightleftharpoons Fe^{2+}$	MnO_4^-、VO_3^-、CrO_4^{2-}、Br_2、Cl_2、Ce^{4+}等
	Ti^{3+}	$TiO^{2+} + 2H^+ + e^- \rightleftharpoons Ti^{3+} + H_2O$	Fe^{3+}、V(Ⅴ)、Ce(Ⅳ)、U(Ⅳ)、偶氮染料等
	U^{4+}	$UO_2^{2+} + 4H^+ + 2e^- \rightleftharpoons U^{4+} + 2H_2O$	Ce^{4+}、CrO_4^{2-}等
	$[Fe(CN)_6]^{4-}$	$[Fe(CN)_6]^{3-} + e^- \rightleftharpoons [Fe(CN)_6]^{4-}$	Zn^{2+}等
	H_2	$2H_2O + 2e^- \rightleftharpoons 2OH^- + H_2$	不饱和的有机化合物等
	$[CuCl_3]^{2-}$	$Cu^{2+} + 3Cl^- + e^- \rightleftharpoons [CuCl_3]^{2-}$	V(Ⅴ)、CrO_4^{2-}、IO_3^-等

12.3.6　库仑滴定的应用

1. 卡尔·费歇尔法测定水

卡尔·费歇尔(Karl Fischer)法是首次应用于水含量测定的滴定分析法，它以 Karl Fischer 试剂(由甲醇、二氧化硫、吡啶、碘组成的混合试剂)作为滴定剂来滴定样品中的水分，相当于滴定分析中的碘量法。1955 年，Meyer 和 Bogd 等将 Karl Fischer 法与库仑分析法相结合，用电解方式产生的 I_2 代替了加入的 I_2，进一步建立了测定水分含量的库仑分析法。该方法操作方便，广泛用于液体、气体和固体样品中微量水分的电化学测定。

在醇溶液中，碘氧化二氧化硫时需要定量的水：

$$SO_2 + I_2 + 2H_2O \rightleftharpoons SO_4^{2-} + 2I^- + 4H^+$$

上述反应为平衡反应，需要 Karl Fischer 试剂来破坏平衡。例如，Karl Fischer 试剂中的吡啶可以消耗反应过程中产生的 H^+，从而促使反应向右移动。当 $pH < 3$ 时，该反应缓慢；当 $pH > 8$ 时，会有副反应发生。因此，该反应的最佳 pH 范围为 5～8。反应过程所需要的碘由电解产生，系统自动记录电解消耗的电荷量。根据法拉第电解定律，可由消耗的电荷量计算出试样中的水分含量，计算可知 1 μg 的水对应 10.722 mC 的电荷量。

该方法可以滴定那些不与 SO_2、I_2 或者二者之一反应的溶液中的水。此外，由于 SO_2 能与醛和酮反应，因此也不能滴定含有醛和酮溶液中的水分。此外，由于吡啶、甲醇有毒，后来又发展了无毒、无味的 Karl Fischer 试剂。我国也研发了各种无吡啶的试剂，用于各种油类、食品、化工等样品中微量水分的测定，其性能可媲美甚至优于国外同类产品，并且价格比较便宜。

2. 化学需氧量的测定

化学需氧量(chemical oxygen demand，COD)是指在一定条件下，1.0 L 水中可被氧化的物质(包括有机物和其他还原性物质)氧化时所需的氧化剂的量，然后折算成所需氧的量，以 mg/L 表示。COD 是评价环境中水污染的重要指标之一，因此也是环境监测的一个重要项目。

例如，在硫酸介质中，以一定量的高锰酸钾为氧化剂，将其加入水样中加热回流 15 min，以氧化水样中的还原性物质。剩余的高锰酸钾用 Pt 阴极电解产生的 Fe 进行恒电流库仑滴定：

$$5Fe^{2+} + MnO_4^- + 8H^+ \rightleftharpoons Mn^{2+} + 5Fe^{3+} + 4H_2O$$

基于 Fe^{2+} 与 MnO_4^- 的定量反应，可根据电解产生 Fe^{2+} 所消耗的电量计算溶液中剩余的 MnO_4^- 的量，从而计算出水样的 COD 值。

12.4　库仑分析法的应用实例

食用碘盐是人体补充碘的主要途径之一，通过食用碘盐摄入一定量的碘，有助于维持体内甲状腺激素的正常水平。碘酸钾的化学性质稳定，常用作补碘剂，为了保证产品质量，采用简便、准确的方法测定食用碘盐中碘酸钾含量具有重要意义。库仑滴定法因操作简便、检测耗时短、设备简单等特点，被广泛用于食用盐中碘酸钾含量的分析。

采用已知过量的碘化钾标准溶液处理食盐样品后，在电解池阳极中产生 Cu2+作滴定剂，滴定样品溶液中剩余的 I^-，通过铜离子选择性电极与饱和甘汞电极构成的指示电极对，显示溶液中电压的变化，判断滴定终点。根据到达滴定终点的电解时间，按照法拉第电解定律，计算溶液中剩余的 I^-。

$$m = \frac{M}{nF}Q$$

然后再根据下列的反应方程式获得样品中碘酸钾的含量。

$$IO_3^- + 6H^+ + 5I^- = 3I_2 + 3H_2O$$

$$Cu - 2e^- = Cu^{2+}$$

$$2Cu^{2+} + 4I^- = 2CuI\downarrow + I_2$$

12.4.1 实验操作

向电解池中加入 1 mol/L 的 KCl 溶液(pH = 3.0，50 mL)，分别插入铜电极-铂丝电极(电解电极对)、铜离子选择性电极-饱和甘汞电极(指示电极对)，并连接库仑滴定仪，准确移取处理后的食用盐样品溶液 1 mL 至电解池内，搅拌 10 s 后，在恒电流条件下开始滴定，至溶液电位发生突跃，记录电解至滴定终点的时间，根据下式计算样品中碘酸钾的含量。

$$w = \frac{\left[cV - \left(\frac{it}{ZF} \times 2\right) \times D\right] \times M}{m_0 \times 5} \times 10^3$$

式中，c 和 V 分别为 KI 溶液浓度(mmol/L)和体积(L)；i 为电流强度(mA)；t 为电解时间(s)；Z 为转移电子数，值为 2；F 为法拉第常量(96485 C/mol)；D 为样品溶液稀释倍数，值为 50；M 为碘酸钾摩尔质量，为 214 g/mol；m_0 为食盐样品质量(g)；w 为碘酸钾含量(μg/g)。

12.4.2 数据处理

对四种不同品牌的加碘盐进行测定(每个样品平行测定 5 次)，结果如表 12.3 所示。四种加碘盐的碘酸钾含量均在 33～45 μg/g，与常规的氧化还原滴定法测定结果相近。此外，采用库仑滴定法测定时，无须准备过多的标准溶液，且滴定操作更加简单、快速，因此检测效率更高，可满足食用盐中碘酸钾的快速测定。

表 12.3 库仑滴定法测定实际样品中的碘酸钾含量(n=5) 单位：μg/g

样品	1	2	3	4
库仑滴定法	41.3 ± 0.5	44.6 ± 0.6	33.9 ± 0.4	38.7 ± 0.4
氧化还原滴定法	39.8 ± 0.6	45.7 ± 0.8	34.3 ± 0.6	39.1 ± 0.7

习题与拓展

1. 简要描述电解分析法和库仑分析法的异同点。

2. 在电解分析中，尽量使用面积较大的工作电极，且在搅拌的条件下进行电解，为什么？

3. 应用库仑分析法进行定量分析的关键问题是什么？

4. 简要说明微库仑分析法的原理。

5. 库仑分析要求 100%的电流效率，请问在恒电位和恒电流两种方法中采用的措施是否相同，是如何进行的？

6. 比较电解分析法、电位分析法、伏安法在原理、仪器和分析应用上的异同。

7. 采用库仑法测定某炼焦企业排放的含酚废水中苯酚的含量，取废水样品 100 mL，样品酸化后加入过量的 KBr，电解产生的 Br_2 可与样品中的苯酚发生如下反应：

$$C_6H_5OH + 3Br_2 = Br_3C_6H_2OH \downarrow + 3HBr$$

实验过程中，电解电流为 20 mA，电解时间为 550 s。计算水样中的苯酚含量(mg/L)。

8. 拓展练习：

(1) 查阅一篇与电解分析或库仑分析相关的文献，结合本章的知识点对文献进行解读，需包括：简要的文献总结、章节知识点与文献内容的关联以及改进的思考。

(2) 查阅资料，归纳总结库仑分析法在仪器部件和分析应用上的发展创新，需给出相应的参考文献。

参 考 文 献

方惠群，于俊生，史坚. 2002. 仪器分析. 北京：科学出版社.

李克安. 2005. 分析化学教程. 北京：北京大学出版社.

吴硕，刘志广. 2023. 仪器分析. 2 版. 北京：高等教育出版社.

武汉大学. 2018. 分析化学(下册). 6 版. 北京：高等教育出版社.

叶宪曾，张新祥. 2007. 仪器分析教程. 2 版. 北京：北京大学出版社.

库仑分析法的应用和发展

第 13 章　色谱分析导论

色谱法(chromatography)是一种重要的分离分析方法,发展至今已有100多年的历史。诺贝尔化学奖曾两次授予色谱研究工作者，1948 年，瑞典科学家 Tiselius 凭借电泳和吸附色谱研究获奖；1952 年，英国科学家 Martin 和 Synge 因发明液-液分配色谱，提出色谱塔板理论等贡献获奖。此外，在多项获诺贝尔化学奖、医学奖的研究工作中，色谱法在有关复杂物质的分离分析中起了关键作用。色谱法利用混合组分在固定相和流动相之间分配系数的差异，当两相做相对运动时，各组分在多次连续分配过程中产生迁移速率差异，实现混合物分离，并通过检测器进行定性定量分析。色谱法最主要的特点是适用于性质相近的多组分复杂化合物的分离分析，这是它与光谱、电化学、质谱等其他分析方法的显著不同之处，并且与蒸馏、精馏、萃取、重结晶等传统的分离纯化方法相比，具有速度快、效率高和选择性好等特点。目前，色谱分析法已被广泛应用于医药、环境、食品和化工等多个领域。

13.1　色谱的分类

色谱法的种类有很多，可根据不同方式分出不同的类别。目前常按流动相与固定相的形态、操作形式、色谱过程的分离机理与流动相的驱动力等几种方式进行分类。

13.1.1　按两相形态分类

色谱过程中存在流动相和固定相，其中固定相是指不动的一相，而流动相是指携带化合物流经固定相的一相。流动相可分为气体和液体，分别称为气相色谱法(gas chromatography，GC)和液相色谱法(liquid chromatography，LC)；固定相可分为固体和液体，因此气相色谱法可分为气-固色谱法和气-液色谱法，液相色谱法可分为液-固色谱法和液-液色谱法。

13.1.2　按操作形式分类

将固定相填装于柱体内的色谱法称为柱色谱法(column chromatography)。根据色谱柱的类型，又可分为填充柱(packed column)色谱法和毛细管柱(capillary column)色谱法。常见的气相色谱法、高效液相色谱法、超临界流体色谱法均属于柱色谱法。

平面色谱法(planar chromatography)的固定相被涂布在平面上，呈平板状，色谱行为发生在平面上。平面色谱法可分为薄层色谱法(thin layer chromatography，TLC，固定相涂布于玻璃板/铝箔板上)、纸色谱法(paper chromatography，用滤纸作固定液的载体)及薄膜色谱法(thin film chromatography，将高分子固定相制成薄膜)等。

13.1.3　按分离机理分类

根据基本分离机理，色谱法分为吸附色谱法(adsorption chromatography)、分配色谱法(partition chromatography)、离子交换色谱法(ion exchange chromatography，IEC)、分子排阻色谱法(molecular exclusion chromatography，MEC)、亲和色谱法(affinity chromatography，AC)和毛细管电色谱法(capillary electro chromatography，CEC)等类型。

其中，吸附色谱法、分配色谱法和离子交换色谱法分别利用不同组分在固定相中吸附能力、溶解度和亲和力的大小差异来实现分离。分子排阻色谱法又称尺寸排阻色谱法或凝胶色谱法，是一种按分子大小顺序进行分离的方法。亲和色谱法利用不同组分和固定相表面的特异性亲和力进行选择性分离，常用于生物大分子的分离。毛细管电色谱法是毛细管电泳和液相色谱相结合的分离分析技术，以毛细管作为固定相，利用各组分在电场作用下移动速度和分配行为的差异而实现分离分析。

13.1.4　按流动相的驱动力分类

根据流动相驱动力的不同，可分为气相色谱法、液相色谱法和毛细管电泳法等类别。气相色谱的流动相靠气压驱动，液相色谱的流动相靠液压或虹吸作用驱动，毛细管电泳的流动相靠电压和/或液压驱动。就液相色谱而言，又可根据液压提供驱动力的大小分为常压、中压、高压和超高压液相色谱。

13.2　色谱过程和流出曲线

13.2.1　色谱过程

色谱过程是各组分在固定相和流动相之间多次分配的过程，即混合物中各组分与固定相和流动相的作用力不同，导致它们在两相间的分配系数不同，经过多次分配，产生差速迁移的过程。

以吸附柱色谱法为例，其色谱过程就是待测组分在固定相和流动相上多次吸附解吸的过程，如图 13.1 所示，将含有 A 和 B 两组分的样品上样到色谱柱顶端，样品被固定

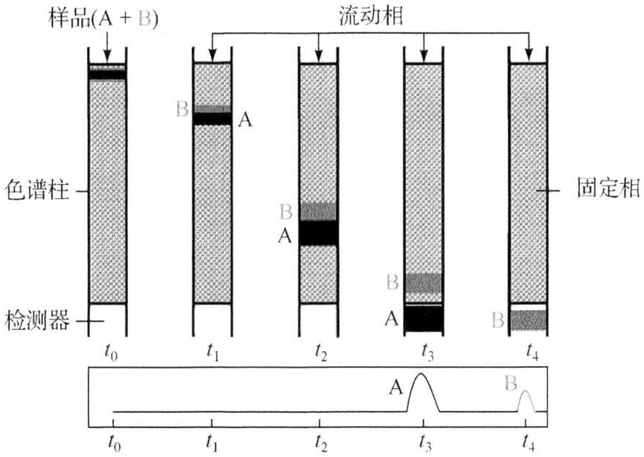

图 13.1　色谱过程示意图

相吸附。用适当极性的流动相冲洗，随着流动相通过，被固定相吸附的组分逐步溶解于流动相中，这个过程称为解吸。已解吸的组分随着流动相继续前移，当遇到新的固定相时再次被吸附，因此吸附、解吸、再吸附、再解吸的过程在色谱柱上不断往复。A 和 B 的极性不同，固定相表面对组分的吸附能力存在差异，导致吸附能力弱的组分先流出，吸附能力强的组分后流出，使 A 和 B 两组分得到分离。

13.2.2　色谱流出曲线及术语

色谱柱后配置相应的检测器，将流出的各组分转化为可测量的电信号，记录检测信号随时间或流动相流出体积变化的曲线，即色谱流出曲线，又称色谱图(chromatogram)，如图 13.2 所示。色谱图上正常峰的形状符合正态分布，曲线以峰顶垂直线为中心呈对称分布，现以图 13.2 为例说明色谱峰的基本术语。

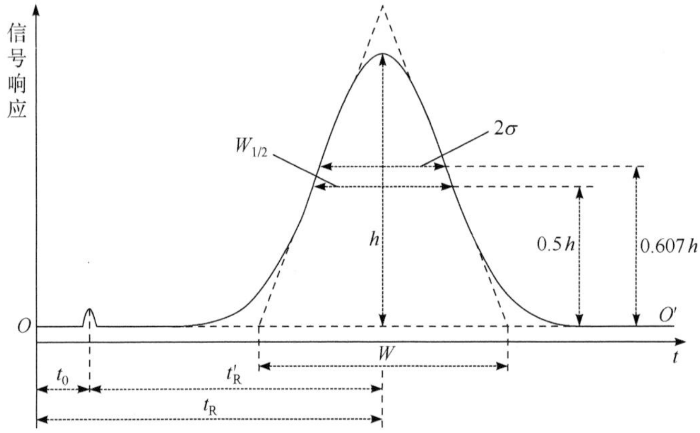

图 13.2　色谱流出曲线

1. 基线

当色谱条件恒定时，仅有流动相通过检测器系统所产生的信号曲线，称为基线(base line)，即图中平行于横坐标的线。实验条件稳定时基线应是一条平行于横轴的线，可反映检测器的噪声情况。

2. 峰高

色谱峰顶点与基线之间的垂直距离，以 h 表示。

3. 保留值

保留值能反映出样品中各组分在固定相内的滞留情况，是色谱定性的主要参数之一。保留值可通过实验测定，用时间或体积表示，分别称为保留时间和保留体积。

1) 保留时间

进样至色谱峰最高点的时间称为保留时间(retention time，t_R)。

$$t_R = \frac{L}{u} \tag{13.1}$$

式中，L 为柱长(cm)；u 为组分通过色谱柱的平均线速度(cm/s)。

2) 死时间

在气相色谱中以空气为样品，从进样开始到空气峰最高值所需要的时间，即流动相从进样开始到达检测器所需的时间为死时间(dead time，t_0)，包括流动相经过色谱柱及其两端导管，以及检测器内腔的所有时间。

在色谱理论研究中，将流动相流经色谱柱的平均时间表示为 t_m。若忽略导管和检测器内腔的容积，可将 t_m 和 t_0 视为近似相等，因而死时间与流动相流速的关系为

$$t_0 = \frac{L}{u_m} \tag{13.2}$$

式中，u_m 为流动相的平均线速度(cm/s)。

3) 调整保留时间

与固定相发生作用的组分，比不发生作用的组分在柱中多停留的时间称为调整保留时间(adjusted retention time，t'_R)，又称校正保留时间。t'_R 与 t_R 和 t_0 的关系如下：

$$t'_R = t_R - t_0 \tag{13.3}$$

4) 保留体积

组分从进样到色谱峰值所需要的流动相体积称为保留体积(retention volume，V_R)。V_R 与 t_R 和流动相平均体积流量(F_c，mL/min)的关系如下：

$$V_R = t_R \cdot F_c \tag{13.4}$$

当流动相流速大时，保留时间短，但两者的乘积 V_R 不变，故 V_R 与流动相流速无关。

5) 死体积

进样器至检测器的流路中未被固定相填充的空间称为死体积(V_0)，包括进样器至色谱柱间导管的容积、固定相的孔隙及颗粒间隙、柱出口导管及检测器内腔容积等。

$$V_0 = t_0 \cdot F_c \tag{13.5}$$

6) 调整保留体积

保留体积扣除死体积后的体积称为调整保留体积(V'_R)。

$$V'_R = V_R - V_0 = t'_R \cdot F_c \tag{13.6}$$

7) 相对保留值

相对保留值(relative retention value，r)指以某一组分的保留为参比的其他组分保留的相对值。组分 1 和组分 2 的相对保留值用式(13.7)计算。

$$r_{2,1} = \frac{t'_{R_2}}{t'_{R_1}} \tag{13.7}$$

8) 保留指数

将组分的保留行为用保留时间相近的两个正构烷烃来标定，换算成相当于含有几个碳原子的正构烷烃的保留行为。保留指数(retention index，I)又称为 Kovats 指数(Kovats index)，是色谱定性常用的参数，其定义式如下：

$$I_X = 100\left[n\frac{\lg t'_{R(X)} - \lg t'_{R(z)}}{\lg t'_{R(z+n)} - \lg t'_{R(z)}} + z\right] \tag{13.8}$$

式中，I_X为待测组分 X 的保留指数；z 和 $z+n$ 为正构烷烃的碳原子数，n 通常为 1。人为规定正构烷烃的保留指数为 $100n$，如正戊烷、正己烷及正庚烷的保留指数分别为 500、600 和 700。

4. 区域宽度

区域宽度是衡量色谱峰展宽的重要参数，用于反映色谱柱的柱效。描述色谱峰区域宽度的方法有以下三种。

1) 标准偏差

标准偏差(σ)为正态分布曲线上两拐点间距离的 1/2，如图 13.2 中的 2σ。σ的大小表示组分通过色谱柱的分散程度。σ值越大，流出的组分越分散，分离效果越差；反之，流出组分集中，分离效果较好。

2) 峰宽

通过色谱峰两侧拐点作切线，在基线上的截距称为峰宽(peak width，W)或基线宽度(图 13.2 中的 W)，也可用 Y 表示。峰宽和标准差的关系为

$$W = 4\sigma \tag{13.9}$$

3) 半峰宽

峰高一半处的峰宽称为半峰宽(peak width at half height，$W_{1/2}$)(图 13.2 中的 $W_{1/2}$)，也可用 $Y_{1/2}$ 表示。半峰宽与标准差或峰宽的关系为

$$W_{1/2} = 2.354\sigma \quad 即 \quad W = 1.699W_{1/2} \tag{13.10}$$

$W_{1/2}$ 与 W 都是由σ派生而来的，$W_{1/2}$ 测量简便，较为常用。

13.3 色谱基本原理

色谱分析的首要任务是将各组分分离，只有组分得到有效分离，才能进行准确的定性定量分析。组分的有效分离不仅要求各峰之间有足够的间距，即保留时间有足够的差值，并且要求峰宽足够小，不能彼此重叠。峰的间距取决于组分在两相间的分配，主要由色谱过程的热力学因素控制；峰的宽窄是由组分在色谱柱中传质和扩散行为决定的，主要取决于色谱过程中的动力学因素。因此，色谱行为的研究包括热力学和动力学两方面。

13.3.1 两相分配

组分在色谱柱两相间分配过程的本质就是相平衡过程，组分随流动相进入色谱柱并与固定相相互作用，在两相中分配达到动态平衡，这种分配过程常用分配系数(K)和保留因子(k)描述。

1. 分配系数

组分在两相间达到分配平衡后，其在固定相(s)与流动相(m)中的浓度(c)之比称为分配系数或分布常数(distribution constant，K)，表达式如下：

$$K = \frac{c_s}{c_m} \tag{13.11}$$

式中，c_m 和 c_s 分别为分配平衡时组分在流动相和固定相中的浓度。

K 的大小取决于温度、组分性质及流动相和固定相的性质。K 越大，组分在固定相中保留的时间越长，也就是说，两个不同组分能够进行色谱分离的前提是其在两相中的 K 不同。

2. 分配比

另一个重要的相平衡常数是分配比，又称为保留因子(retention factor，k)：在一定的温度、压力条件下，达到平衡状态时组分在固定相与流动相中的质量比，也称为容量因子(capacity factor)。

若用 V_s 和 V_m 分别表示色谱系统中固定相和流动相的体积，有

$$k = \frac{c_s V_s}{c_m V_m} = K \frac{V_s}{V_m} \tag{13.12}$$

保留因子 k 相当于组分被固定相滞留的时间和流动相通过系统所需时间的比值：

$$k = \frac{t_R - t_0}{t_0} = \frac{t'_R}{t_0} \tag{13.13}$$

根据式(13.14)，可通过实验测定 t_R 和 t_0 来计算 k 值；也可以得到保留时间与保留因子之间的关系：

$$t_R = t_0(1 + k) \tag{13.14}$$

$$t_R = t_0\left(1 + K\frac{V_s}{V_m}\right) \tag{13.15}$$

k 值大的组分在柱中滞留的时间长，较晚流出色谱柱。A 和 B 混合物的柱色谱过程，若二者能被分离，说明它们的迁移速率不同，形成了差速迁移。保留因子 k 比分配系数易于测定，在色谱分析中常用保留因子 k 代替分配系数作为定性参数。

13.3.2　塔板理论

塔板理论最早由 Martin 和 Synge 等提出，从热力学平衡的角度解释了色谱分离过程，并引入理论塔板高度(height equivalent to a theoretical plate，H)和塔板数(number of plates，n)作为衡量柱效的指标。

1. 塔板理论的基本假设

Martin 等类比精馏分离，将色谱柱看作由若干层塔板组成的精馏塔。在每个塔板间

隔内，组分分子根据分配系数在流动相和固定相间达成一次分配平衡，然后流动相携带着组分转移至下一块塔板，再次达到分配平衡。整个色谱过程被视作多个塔板间分配平衡、转移过程的重复，组分间的距离随着平衡次数的增加逐渐增大，趋向于分散，按照分配系数的大小顺序依次流出色谱柱。塔板理论是在以下基本假设前提下提出的。

(1) 色谱柱内各塔板连续、等距分布，塔板高度均相等，每层塔板的高度用 H 表示；样品和流动相同时加在第 1 个塔板上。

(2) 组分能够在两相间瞬间达到平衡，分配系数在各塔板上是常数，且沿着前进方向的扩散(纵向扩散)可以忽略。

(3) 流动相通过色谱柱呈间歇式前进运动，每次前进为一个塔板体积。

这样一来，组分在两相间的连续转移过程就被分解为间歇的单个塔板中的分配平衡过程。假设一个色谱柱有 5 块塔板($n=5$)，并以 0～4(即 $r=0$、1、2、…、$n-1$)编号，待分离组分的分配比 $k=1$。根据上述基本假设，当色谱分离时，组分的分布情况可以描述为：在 0 号塔板上引入单位质量的该组分，由于 $k=1$，所以分配平衡后，$m_s=m_m=0.5$。当体积为一个塔板体积 V 的流动相进入 0 号板，则 0 号板上体积为 V 的流动相会带着 0.5 个单位的组分进入 1 号板，此时 1 号板及留在 0 号板上的组分将各自按照 $k=1$ 重新在两相分配，则 0 号板上组分分布为 $m_s=m_m=0.25$，1 号板上组分分布同样为 $m_s=m_m=0.25$。当再次有单位塔板体积的流动相进入色谱柱，又会以上述方式再次进行分配(表 13.1)。

表 13.1　单位质量组分($k=1$)在 $n=5$ 的色谱柱内分配转移过程

N		r				
		0	1	2	3	4
进样	m_s/m_m	0.5/0.5				
1	m_s/m_m	0.25/0.25	0.25/0.25			
2	m_s/m_m	0.125/0.125	(0.125+0.125)/(0.125+0.125)	0.125/0.125		
3	m_s/m_m	0.063/0.063	(0.125+0.063)/(0.063+0.125)	(0.063+0.125)/(0.125+0.063)	0.063/0.063	
4	m_s/m_m	0.032/0.032	(0.094+0.032)/(0.032+0.094)	(0.094+0.094)/(0.094+0.094)	(0.032+0.094)/(0.094+0.032)	0.032/0.032

按上述分配过程，对于 $n=5$，待分离组分 A($k_A=1$，$m_A=1$)和 B($k_B=2$，$m_B=1$)的体系，组分分配转移过程如表 13.2 所示。经过 N 次分配平衡和转移后，组分在各塔板内的含量分布符合二项式$(m_s+m_m)^N$的展开式。例如，对于组分 B，0 号塔板内组分含量分别为 $m_s=0.667$，$m_m=0.333$，若 $N=4$，展开式为

$$(m_s+m_m)^4=m_s^4+4m_s^3m_m+6m_s^2m_m^2+4m_sm_m^3+m_m^4=0.198+0.395+0.296+0.099+0.012$$

表 13.2　单位质量组分 A($k_A = 1$)和 B($k_B = 2$)在 $n = 5$ 的色谱柱内和柱出口的质量分布

N	r										柱出口	
	0		1		2		3		4			
	A	B	A	B	A	B	A	B	A	B	A	B
0	1	1	0	0	0	0	0	0	0	0	0	0
1	0.500	0.667	0.500	0.333	0	0	0	0	0	0	0	0
2	0.250	0.445	0.500	0.444	0.250	0.111	0	0	0	0	0	0
3	0.125	0.297	0.375	0.444	0.375	0.222	0.125	0.037	0	0	0	0
4	0.063	0.198	0.250	0.395	0.375	0.296	0.250	0.099	0.063	0.012	0	0
5	0.032	0.132	0.157	0.329	0.313	0.329	0.313	0.165	0.157	0.041	0.032	0.004
6	0.016	0.088	0.095	0.263	0.235	0.329	0.313	0.220	0.235	0.082	0.079	0.014
7	0.008	0.059	0.056	0.205	0.165	0.307	0.274	0.256	0.274	0.128	0.118	0.027
8	0.004	0.039	0.032	0.156	0.111	0.273	0.220	0.273	0.274	0.171	0.138	0.043
9	0.002	0.026	0.018	0.117	0.072	0.234	0.166	0.273	0.247	0.205	0.138	0.057
10	0.001	0.017	0.010	0.087	0.045	0.195	0.094	0.260	0.207	0.228	0.124	0.068
11	0	0.011	0.005	0.064	0.028	0.159	0.007	0.238	0.151	0.239	0.104	0.076
12	0	0.007	0.002	0.046	0.016	0.127	0.049	0.212	0.110	0.239	0.076	0.080
13	0	0.005	0.001	0.033	0.010	0.100	0.033	0.184	0.080	0.230	0.056	0.080
14	0	0.003	0	0.024	0.005	0.078	0.022	0.156	0.057	0.215	0.040	0.077
15	0	0.002	0	0.017	0.002	0.060	0.014	0.130	0.040	0.195	0.028	0.072
16	0	0.001	0	0.012	0.001	0.046	0.008	0.107	0.027	0.173	0.020	0.065

计算得到由二项式展开的值与表 13.2 中转移 4 次后第 0、1、2、3 和 4 号塔板内组分 B 的含量分布一致。转移 N 次后，第 r 号塔板中组分的质量分数可由下述二项式第 r 项展开式求出：

$$^{N}m_r = \frac{N!}{r!(N-r)!} \cdot m_s^{N-r} \cdot m_m^{r} \tag{13.16}$$

由表 13.2 数据可见，K 越大，组分在固定相中保留的时间越长，经过多次分配平衡后，分配系数小的组分先流出色谱柱。色谱柱的塔板数可高达几千至几万，待测组分的分配系数间有微小差别即可得到分离。

2. 色谱流出曲线方程

根据表 13.2 的数据，以柱后组分 A 洗出质量分数对转移次数 N 作图，得流出曲线如图 13.3 所示，呈峰形，但不对称。这是由于柱子的塔板数太低导致分配平衡次数太少。实际上，一根色谱柱的塔板数为 10^3～10^6，因而流出曲线一般趋于正态分布，可近似地用正态分布方程式来描述柱出口组分浓度的变化，即色谱流出曲线方程：

$$c = \sqrt{\frac{n}{2\pi}}\frac{m}{V_R}e^{-\frac{n}{2}\left(1-\frac{V}{V_R}\right)^2} \tag{13.17}$$

式中，c 为组分在柱出口处的浓度；n 为理论塔板数；m 为组分质量；V_R 为保留体积。当 $V = V_R$ 时，c 有最大值 c_{max}，即流出曲线的峰高 h：

$$c_{max} = \sqrt{\frac{n}{2\pi}}\frac{m}{V_R} \tag{13.18}$$

$$c = c_{max}e^{-\frac{n}{2}\left(1-\frac{V}{V_R}\right)^2} \tag{13.19}$$

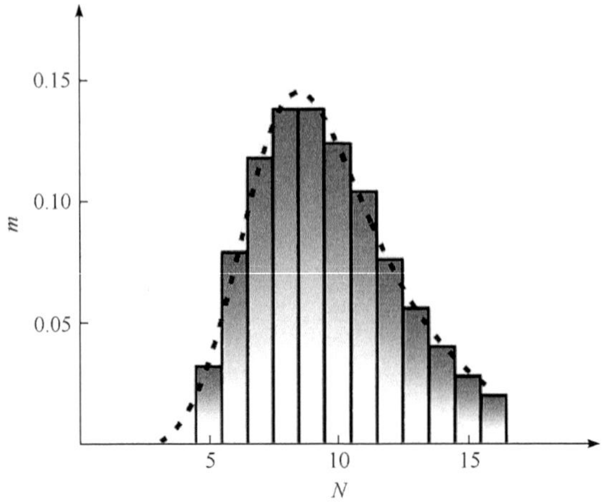

图 13.3　$k = 1$ 的组分 A 柱后洗出质量随转移次数变化曲线

3. 理论塔板高度和理论塔板数

根据流出曲线方程，当 $V - V_R = \frac{W_{1/2}}{2}$ 时，可以导出：

$$c = c_{max}e^{-\frac{n}{2}\left(\frac{\frac{1}{2}W_{1/2}}{V_R}\right)^2}$$

$$\frac{c_{max}}{c} = e^{\frac{n}{2}\left(\frac{\frac{1}{2}W_{1/2}}{V_R}\right)^2} = 2$$

$$\ln 2 = \frac{n}{2}\left(\frac{\frac{1}{2}W_{1/2}}{V_R}\right)^2$$

$$n = 2\times\ln 2\left(\frac{2V_R}{W_{1/2}}\right)^2 = 8\times\ln 2\left(\frac{V_R}{W_{1/2}}\right)^2$$

$$n = 5.54\left(\frac{V_R}{W_{1/2}}\right)^2 = 5.54\left(\frac{t_R}{W_{1/2}}\right)^2 \text{或} n = 16\left(\frac{t_R}{W}\right)^2 \text{或} n = \left(\frac{t_R}{\sigma}\right)^2 \tag{13.20}$$

若色谱柱长为 L，则理论塔板高度为

$$H = \frac{L}{n} \tag{13.21}$$

式(13.20)说明，当 t_R 一定时，峰越窄，即 W 或 $W_{1/2}$ 越小，理论塔板数 n 越大。这表明在保留时间相同的条件下，n 越大，分离效率越高。

若考虑到扣除死时间的影响，用 t'_R 代替 t_R 计算出的理论塔板数称为有效理论塔板数($n_{有效}$)，理论塔板高度称为有效理论塔板高度($H_{有效}$)。

理论塔板数是评价色谱柱质量的依据，又称为柱效指标。需要说明的是，因为各组分的分配系数不同，所以同一根色谱柱用不同组分计算出的理论塔板数有所不同。

塔板理论从热力学的角度说明了组分在色谱柱中的迁移和分离，在解释流出曲线形状、浓度极大点位置及计算和评价柱效方面取得了成功。但它存在一定的局限性，其假设与实际情况是有差距的，如忽略扩散、传质的影响，组分在两相间不可能达到真正的平衡状态等。因此，塔板理论未能阐明影响塔板高度的因素，无法解释为什么不同流速下理论塔板数不同，也无法解释谱带扩张的原因、色谱过程与流动相流速及色谱操作参数等因素的关系等。

13.3.3　速率理论

速率理论在吸收和继承塔板理论中塔板和塔板高度概念的基础上，充分考虑了固定相和流动相间组分的扩散和传质过程，以动力学理论研究了影响色谱柱效的各种因素。

1956 年，荷兰学者 van Deemter 在塔板理论的基础上，研究了影响塔板高度的因素。通过气相色谱实验证实，在低流速时增加流速，峰变锐，即柱效得到提升；当超过一定流速时，峰变钝，柱效反而降低。用理论塔板高度 H 对载气流速 u 作图得到二次曲线，其数学表达式为

$$H = A + B/u + Cu \tag{13.22}$$

式(13.22)称为 van Deemter 方程，简称范氏方程。式中，H 为理论塔板高度(cm)；A(cm)、B(cm^2/s)和 C(s)为常数，分别代表涡流扩散项系数、分子扩散项系数和传质阻力项系数。根据速率理论方程(范氏方程)可进一步探讨影响色谱峰区带扩张的各种因素。

1. 涡流扩散项

组分分子随流动相通过色谱柱，柱内填料的不规则填充引起行进方向改变，形成多路径而导致峰展宽，如图 13.4 所示。影响填料的因素包括填料粒径和分布均匀程度。常数 A 称为涡流扩散(eddy diffusion)系数，用式(13.23)表示：

$$A = 2\lambda d_p \tag{13.23}$$

式中，λ 为常数项，称为填充不规则因子，一般填充均匀的色谱柱的 λ 为 0.8～1.0；d_p 为填料平均粒径(cm)，粒径细而均匀的填料有利于降低 A，但粒径过细易造成高柱压。空心毛细管柱不用填料，$A = 0$。

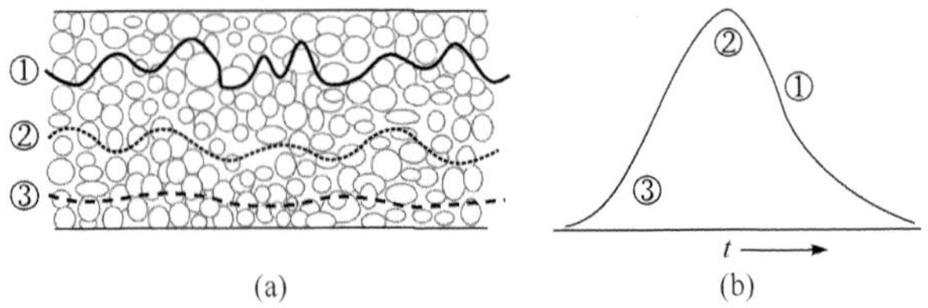

图 13.4　涡流扩散产生的峰展宽
(a) 分子经过的路径；(b) 峰展宽

2. 分子扩散项

分子扩散(molecular diffusion，B/u)项又称为纵向扩散项。如图 13.5 所示，组分进入色谱柱后，被流动相带着前行，在色谱柱中呈“塞子”状浓度梯度分布，因浓差效应由“塞子”中心沿着色谱柱径向向“塞子”前后自发地扩散，造成峰展宽。分子扩散以在流动相中的为主，固定相中的分子扩散可以忽略。常数 B 称为分子扩散系数，表示为

$$B = 2\gamma D_{\mathrm{m}} \tag{13.24}$$

式中，γ 为扩散阻碍因子，也称为弯曲因子；D_{m} 为组分在流动相中的扩散系数。γ 反映了流动相在柱内运动路径弯曲形成的分子扩散障碍，其大小与色谱柱的填充状况相关。

3. 传质阻力项

组分分子在固定相和流动相之间发生质量传递达到相对平衡，流动相处于流动状态，而分子间的相互作用可能阻碍组分分子的快速传递平衡。未能进入固定相的组分分子被流动相推进，发生分子超前；进入固定相的组分分子未能及时脱离进入流动相，发生分子滞后，两种效应都使谱峰展宽，如图 13.6 所示。这种限制传质的作用力称为传质阻力。

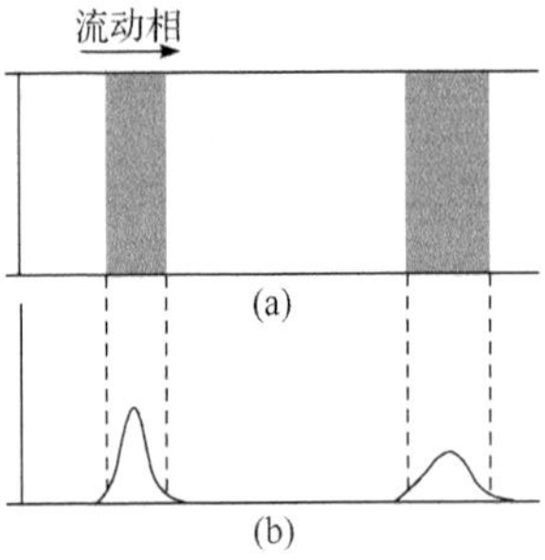

图 13.5　纵向扩散产生的峰展宽
(a) 柱内谱带构型；(b) 相应的色谱峰

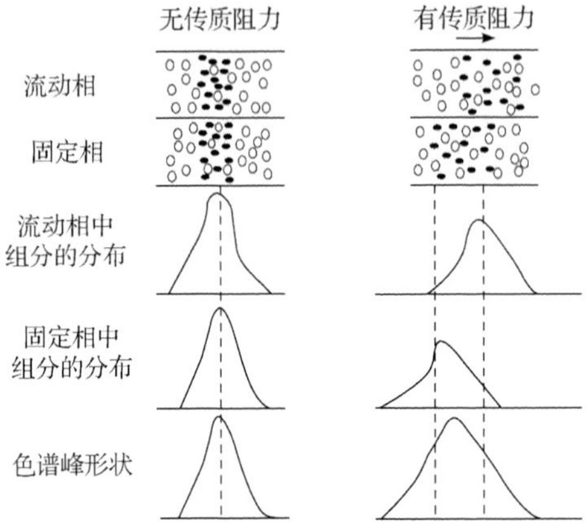

图 13.6　传质阻力产生的峰展宽

式(13.22)中 Cu 称为传质阻力(mass transfer resistance)项，与流动相速率成正比。C 称为传质阻力系数，为固定相传质阻力系数(C_{s})和流动相传质阻力系数(C_{m})之和，即 $C = C_{\mathrm{s}} + C_{\mathrm{m}}$。其中，$C_{\mathrm{s}}$ 指组分分子从两相界面到固定相内部进行质量交换，分配平衡后又返

回两相界面的传质过程中受到的阻力，C_m为组分从流动相到两相界面进行浓度分配过程中受到的阻力。对于气-液色谱，C_m可忽略，传质阻力系数 C 主要是固定相传质阻力所引起的谱带展宽，固定相传质阻力系数为保留因子 k 的函数，即

$$C_s = q\frac{k}{(1+k)^2}\cdot\frac{d_f^2}{D_s} \tag{13.25}$$

式中，C_s为固定相传质阻力系数；q 为由固定相颗粒形状和孔结构决定的结构因子；k 为保留因子；d_f为固定液的液膜厚度；D_s为组分在固定相中的扩散系数。

由式(13.25)可见，传质阻力系数与液膜厚度的平方成正比，与组分在固定相中的扩散系数 D_s成反比，因此降低液膜厚度有利于提高柱效。

4. 流速对柱效的影响

由 van Deemter 方程可以看出，A 与流速无关，对板高的贡献是固定的；B/u 和 Cu 都与流速有关。低流速时，由于分子扩散项(B/u)是引起塔板高度增加的主要因素，与流动相的线速度成反比，因此使用较高的流速可减小分子扩散，提高柱效，并且可以加快分析速度；高流速时，Cu 是引起塔板高度增加的主要因素，如图 13.7 所示。

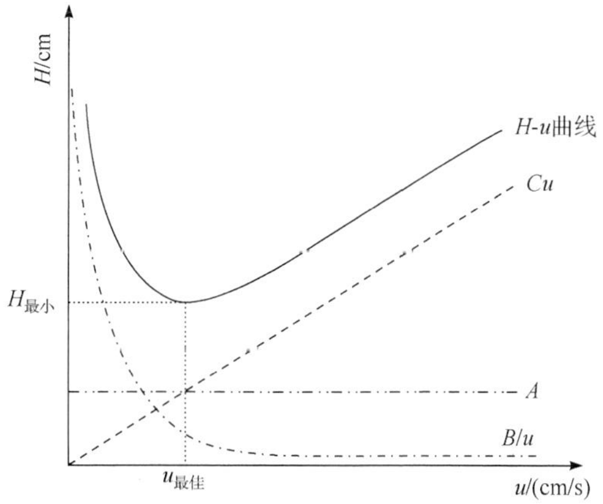

图 13.7　流动相线速度与涡流扩散、纵向扩散和传质阻力的关系

若已知柱长 L(cm)和死时间 t_0，就可计算流动相线速度 u(cm/s)，通过实验测定数据计算得到常数 A、B、C；还可根据曲线最低点对应的塔板高度($H_{最小}$)计算柱效最高点的流速，称为最佳流速($u_{最佳}$)。

13.4　色谱分离度与分离条件

13.4.1　分离度

单独的柱效的高低或保留值的差异，不能准确地反映相邻两组分的分离程度，因此在色谱分析中定义了分离度(resolution，R)这一概念来判断组分在色谱柱中的分离情况，

其定义式如下：

$$R=\frac{t_{R_2}-t_{R_1}}{(W_1+W_2)/2} \tag{13.26}$$

式中，t_{R_1}、t_{R_2}分别为相邻两个组分的保留时间；W_1、W_2为峰宽，如图 13.8 所示。

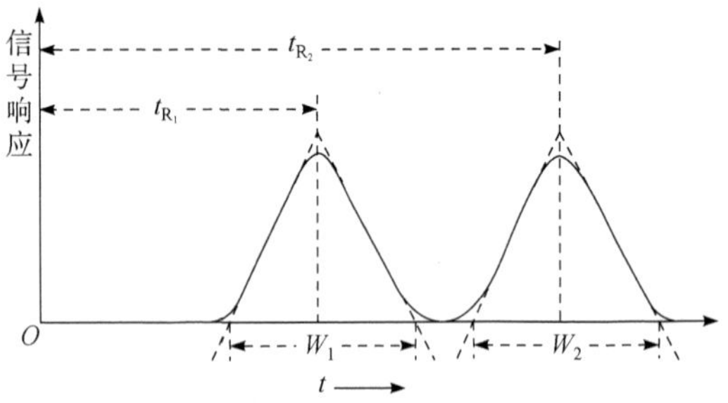

图 13.8　色谱分离度定义

当 $R = 1$ 时，两色谱峰重叠约 4%，可视为基本分离；当 $R \geqslant 1.5$ 时，色谱峰重叠小于 0.3%，可视为完全分离。

13.4.2　色谱分离条件

1. 色谱分离方程式

当两个相邻峰峰宽相似时，近似地有 $W_1=W_2=W$，按照 $W=\frac{4t_R}{\sqrt{n}}$，可由式(13.26)推导：

$$R=\frac{t_{R_2}-t_{R_1}}{W}=\frac{\sqrt{n}}{4}\frac{t_{R_2}-t_{R_1}}{t_{R_2}}=\frac{\sqrt{n}}{4}\frac{k_2-k_1}{1+k_2} \tag{13.27}$$

根据式(13.28)消去保留因子 k_1，引入选择性因子 α(又称分配系数比、分离因子)，即可导出决定分离度各种因素的分离度方程或分离方程。

$$\alpha=\frac{t'_{R_2}}{t'_{R_1}}=\frac{V'_{R_2}}{V'_{R_1}}=\frac{k_2}{k_1}=\frac{K_2}{K_1} \tag{13.28}$$

$$R=\frac{\sqrt{n}}{4}\cdot\left(\frac{\alpha-1}{\alpha}\right)\cdot\left(\frac{k_2}{1+k_2}\right) \tag{13.29}$$

式(13.29)描述了色谱柱效、组分的保留和分离度等关系，称为色谱分离方程式。$\frac{\sqrt{n}}{4}$称为柱效项，$\frac{\alpha-1}{\alpha}$称为柱选择性项，$\frac{k_2}{1+k_2}$称为柱保留因子项。

2. 提高分离度的方法

式(13.29)给出分离度、柱效(n)、分配系数比(α)及保留因子(k)间的关系。增大 n，保留时间相同时，峰形变窄；增大 k，保留时间加长；提高 α，峰间距增大，这些都会使分离度得到改善。通过选择固定相、流动相、柱温及流速等色谱条件，可使样品组分在尽量短的时间内达到预期分离效果。

1) 提高柱效

当 k 和 α 确定时，即待分离物质、柱温、固定相已确定，分离度将取决于 n，根据上述公式得到分离度与柱长的关系为

$$\frac{R_1}{R_2}=\sqrt{\frac{n_1}{n_2}}=\sqrt{\frac{L_1}{L_2}} \tag{13.30}$$

因此，在塔板高度不变的条件下，若柱长增加 1 倍，分离度为原来的 1.4 倍。然而，增加柱长的同时也延长了分析时间，柱压也会增大，将对仪器性能提出更高要求。因此可通过适当降低色谱柱塔板高度来提高柱效，从而提高分离度。

2) 调整保留因子

由前面的讨论可知，样品中各组分实现分离的前提是保留因子 k 不同。若增加 k，分离度可以得到提高，但分离时间随之延长，因此为了兼顾分离度和分离时间，k 的最佳值是 1～5，复杂样品为 1～10。气相色谱中可以通过改变柱温来调整保留因子，高效液相色谱中可采用改变流动相组成和比例的方法。

3) 提高选择性因子

根据式(13.29)，分离度 R 与 $\frac{\alpha-1}{\alpha}$ 呈正比关系，α 越大，柱选择性越好，分离效果越好，α 的微小变化即可引起分离度显著变化。若 $\alpha=1$，$R=0$，则组分峰完全重合；α 略大于 1，两组分才可能分离；α 从 1.01 增加到 1.10，分离度增加了约 9 倍；且提高 α 可缩短分析时间。因此，采用提高 α 增加分离度的方式较为有利，具体措施包括调整流动相组成，改变柱温和固定相。

13.5　定性与定量分析方法

13.5.1　定性分析法

定性分析即确定试样中各组分，判断色谱峰各代表哪种化合物。定性分析方法可分为保留值定性法、化学鉴定法、仪器联用定性法。

1. 保留值定性法

保留值定性法是色谱最常用的方法。在一定色谱和实验操作条件下，各种物质均有确定的保留值，可作为定性的指标。但当分离条件不合适时，不同物质的色谱峰可能重叠，即可能具有相同或相似的保留值。因此，保留值定性法多用于已知范围未知物的定性，而不能鉴定完全未知的化合物。

1) 用已知物对照定性

根据保留时间或相对保留时间等保留值定性需用已知化合物为标样，测量并比较相同色谱条件下未知物与已知标准物质的保留值，如果数值在容许的误差范围内，就可推测此组分可能是该物质。

也可将适量标准物质加入试样中，若某色谱峰峰高相对增加，而峰宽未明显变化，则可判定该色谱组分与标准物质可能为同一物质。

对于复杂的多组分定性常用多柱分析，即用两种或多种性质不同的色谱柱进行定性分析，观察待测物和标准物质的保留值是否始终一致，以提高定性的可靠性。

2) 用保留指数定性

保留指数只与固定相种类和柱温有关，不受其他实验条件的影响，因此保留指数法定性具有很好的准确度和重现性。不少化合物的保留指数可从文献查到，只要柱温和固定相种类相同，就可利用式(13.8)计算出未知物的保留指数，再与文献值对照进行定性鉴定。

3) 保留值经验规律定性

若鉴定的组分无标准物质，也没有保留指数文献数据，可利用同系物或结构类似物保留值(k，比保留体积、调整保留时间、相对保留值等)的对数与分子中碳原子数(n)呈线性关系的碳数规律，根据同系物中两个或两个以上组分的保留值，做出 $\lg k$-n 关系图，就可求出该同系物中其他组分的保留值，用作未知成分定性鉴别依据。

2. 化学鉴定法

化学鉴定法是利用化学反应的选择性来进行定性分析，可对未知物大致分类。含有特定官能团的化合物，经特殊试剂如衍生化试剂处理后，可根据其发生物理或化学变化的色谱图差异来判断该组分所含基团或所属化合物类别。

3. 仪器联用定性法

色谱与其他检测方法的联用克服了单靠色谱法定性的局限性。利用色谱的强分离能力先将混合物分离为单组分，再将具有强鉴定能力的仪器(IR、MS、NMR、AAS、AES等)作为色谱检测器，提供分子结构信息，进行定性鉴定。其中应用最广泛的色谱-质谱联用，已成为未知物分离和鉴定的最有效手段之一。

13.5.2 定量分析法

色谱定量分析是根据检测响应值大小，测定试样中待测组分的相对含量，组分的色谱峰面积或峰高是定量分析的依据。现今色谱仪的色谱数据处理系统在记录色谱图的同时，可存储、打印出各种参数和数据处理的结果，如色谱峰面积测定值、定量结果等，测定结果的可靠性与参数设定及定量方法的选择有关。

1. 峰面积测量法

峰面积的测量直接关系到定量分析的准确性，常用的峰面积测量方法有以下几种。

1) 对称峰

峰高乘半峰宽法是目前应用较广的近似计算方法，当色谱峰为对称峰时可采用此法。

$$A = h \cdot \sigma\sqrt{2\pi} \tag{13.31}$$

式中，A 为峰面积；h 为峰高。

因半峰宽 $W_{1/2} = 2.354\sigma$，代入式(13.31)得

$$A = 1.065h \cdot W_{1/2} \tag{13.32}$$

2) 不对称峰

对于不对称峰，由于 $W_{1/2}$ 测量误差较大，不适合使用，则用平均峰宽代替半峰宽。平均峰宽指峰高 0.15 倍处的宽度($W_{0.15}$)和 0.85 倍处的宽度($W_{0.85}$)的平均值。

$$A = h \cdot \frac{1}{2}(W_{0.15} + W_{0.85}) \tag{13.33}$$

3) 等腰三角形的锐峰

对于等腰三角形的锐峰，可采用式(13.34)计算峰面积。

$$A = \frac{1}{2}W \cdot h \tag{13.34}$$

2. 定量校正因子

色谱定量分析的依据是被测组分的量与检测器的响应值(峰面积或峰高)成正比。但是，相同量的不同组分在同一检测器中的响应并不同，即等量不同组分会产生不同的峰高或峰面积值，样品中各组分峰面积或峰高的相对百分数并不等于样品中各组分的百分含量。因此引入定量校正因子，校正后的峰面积或峰高可以定量地代表物质的量。

1) 定量校正因子的定义

进入检测器的组分的量(m)与检测器产生的相应色谱峰面积或峰高之间的关系，可用式(13.35)表示：

$$m = f'A \text{ 或 } f' = \frac{m}{A} \tag{13.35}$$

式中，f'为比例常数，称为该组分的绝对定量校正因子。

当组分的量(m)用质量、物质的量或体积表示时，测得的校正因子分别称为绝对质量校正因子(f'_m)、绝对物质的量校正因子(f'_n)和绝对体积校正因子(f'_V)。

由于各化合物的绝对定量校正因子会随实验条件而变化，不易测定，因而很少使用。实际工作中一般采用相对校正因子，平常所指及文献查得的校正因子都是相对校正因子。其定义为某组分 i 与所选定的基准物质 s 的绝对定量校正因子之比。

(1) 相对质量校正因子：

$$f_m = \frac{f'_{m(i)}}{f'_{m(\mathrm{s})}} = \frac{m_i / A_i}{m_\mathrm{s} / A_\mathrm{s}} = \frac{A_\mathrm{s} m_i}{A_i m_\mathrm{s}} \tag{13.36}$$

式中，下标 i 和 s 分别为组分与基准物；m 为质量；A 为峰面积。

(2) 相对物质的量校正因子：

$$f_n = \frac{f'_{n(i)}}{f'_{n(\mathrm{s})}} = \frac{\left(\dfrac{m_i}{M_i}\right)\Big/A_i}{\left(\dfrac{m_\mathrm{s}}{M_\mathrm{s}}\right)\Big/A_\mathrm{s}} = \frac{A_\mathrm{s} m_i M_\mathrm{s}}{A_i m_\mathrm{s} M_i} = f_m \frac{M_\mathrm{s}}{M_i} \tag{13.37}$$

式中，M 为相对分子质量。

2) 定量校正因子的测定

部分化合物的色谱定量校正因子可从文献中查得，但是很多物质的校正因子查不到，或者因所用检测器类型或色谱条件与文献不同，需要自行测定。由式(13.36)可知，选择不同的基准物质测得的校正因子数值不同。气相色谱手册中的校正因子数据常以苯或正庚烷为基准物质测得。也可根据需要选择其他基准物质，如采用归一化法定量时，选择样品中某一组分为基准物。定量分析时，测定条件应与定量校正因子的测定条件相同。

3. 定量方法

色谱定量计算方法主要有三种：面积归一化法(area normalization method)、外标法(external standard method)和内标法(internal standard method)。下面只以峰面积、质量校正因子为定量参数进行讨论，用峰高或其他校正因子定量可以类推。

1) 峰面积归一化法

将试样中所有组分含量之和定为 1，即 100%，计算被测组分含量的定量方法。

$$\omega_i = \frac{m_i}{m_1 + m_2 + m_3 + \cdots + m_n} \times 100\% = \frac{m_i}{\sum m_i} \times 100\% = \frac{f_{m(i)} A_i}{\sum\left[f_{m(i)} A_i\right]} \times 100\% \tag{13.38}$$

式(13.38)称为带校正因子的峰面积归一化法计算公式。当用相同基准物质测定相对校正因子时，$f'_{m(\mathrm{s})}$ 相等，将式(13.36)代入式(13.38)，得

$$\omega_i = \frac{f'_{m(i)} A_i}{\sum\left[f'_{m(i)} A_i\right]} \times 100\% \tag{13.39}$$

如果样品中各组分的相对校正因子近似相等时，则式(13.38)可写成

$$\omega_i = \frac{A_i}{\sum A_i} \times 100\% \tag{13.40}$$

式(13.40)是式(13.38)的特例，称为不加校正因子的峰面积归一化法计算公式。

峰面积归一化法的优点是方法简便，不用标准品即可定量。缺点是要求样品中的所有组分在一个分析周期内都流出色谱柱，且检测器都产生信号，并且必须知道各组分的校正因子，否则此法就不能使用。因而在实际应用中，峰面积归一化法受到很大限制。

【例 13.1】　某四元混合物的色谱分析数据如下，用归一化法计算各组分含量。

组分	苯	乙醇	庚烷	乙酸乙酯
峰面积/cm^2	8.0	11.0	20.0	15.0
校正因子 $f_{m(i)}$	1.00	0.82	0.89	1.01

解　$\sum\left[f_{m(i)}A_i\right]=8.0\times1.00+11.0\times0.82+20.0\times0.89+15.0\times1.01=49.97$

$$\omega_{苯}=\frac{f_{苯}A_{苯}}{\sum\left[f_{m(i)}A_i\right]}\times100\%=\frac{8.0\times1.00}{49.97}\times100\%=16.01\%$$

$$\omega_{乙醇}=\frac{11.0\times0.82}{49.97}\times100\%=18.05\%$$

$$\omega_{庚烷}=\frac{20.0\times0.89}{49.97}\times100\%=35.62\%$$

$$\omega_{乙酸乙酯}=\frac{15.0\times1.01}{49.97}\times100\%=30.32\%$$

2) 外标法

用待测组分的纯物质作标准品，比较在相同条件下标准品与样品中待测组分的色谱峰面积或峰高进行定量的方法称为外标法。外标法可分为工作曲线法和外标一点法。工作曲线法是用待测组分的纯物质绘制标准曲线，与前述章节的标准曲线法是相同的。

如果标准曲线是过原点的直线，则回归方程应为

$$A=kc \tag{13.41}$$

式中，A 为色谱峰面积；c 为浓度；k 为比例常数。

此法的优点是不需要校正因子，操作简单，计算方便，准确性较高，但结果的准确度主要取决于对操作条件和进样量的严格控制。

【例 13.2】　采用色谱法定量分析某气体中的 CO_2 含量，标准样品及试样色谱数据如下：

样品	1% CO_2	2% CO_2	4% CO_2	8% CO_2	16% CO_2	试样
进样量/mL	1	1	1	1	1	1
峰面积/cm^2	20	41	79	159	322	66

解　基于标准样品峰面积与对应的 CO_2 含量绘制标准曲线，拟合得到线性方程和相关系数，如图 13.9 所示。将试样峰面积代入线性方程，即可得样品中 CO_2 的含量：

$$CO_2含量=(66+0.46)\div20.11=3.3\%$$

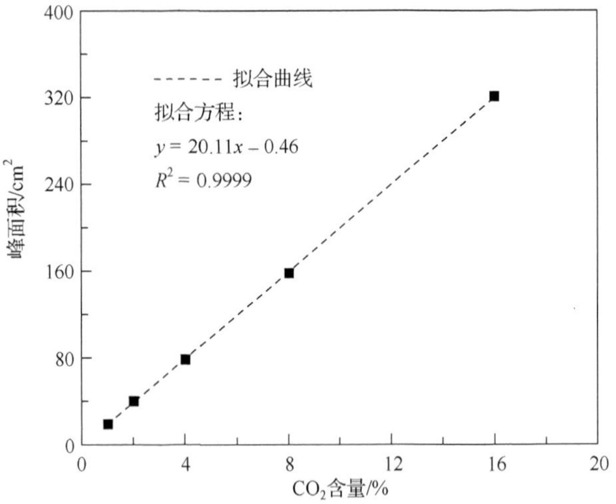

图 13.9　不同 CO_2 含量对应峰面积绘制的标准曲线及线性拟合方程

当被测试样中各组分浓度变化范围不大时，可采用外标单点法，也称为“直接对照法”或“单点校正法”。即配制一个与样品溶液中待测组分含量尽量相近的标准溶液，分别准确进样，直接比较所得峰面积即可：

$$c_{样} = \frac{A_{样}}{A_{标}} \cdot c_{标}$$

3) 内标法

在样品中加入一种纯物质作内标物，根据内标物与待测组分的定量校正因子、内标物与样品的质量和相应的峰面积，求出样品中待测组分含量的一种方法。

精密称取样品质量 m，再精密称取内标物质量 m_{is}，溶解，混匀，进样。测定待测组分 i 的峰面积 A_i 及内标物的峰面积 A_{is}，则样品中组分 i 的质量 m_i 与内标物的质量 m_{is} 有如下关系：

$$\frac{m_i}{m_{is}} = \frac{A_i f_i}{A_{is} f_{is}} \tag{13.42}$$

待测组分在样品中的含量 ω_i 为

$$\omega_i = \frac{A_i f_i}{A_{is} f_{is}} \cdot \frac{m_{is}}{m} \times 100\% \tag{13.43}$$

若测定相对定量校正因子时以内标物本身作为标准物，则 $f_{is} = 1$，得

$$\omega_i = \frac{A_i f_i}{A_{is}} \cdot \frac{m_{is}}{m} \times 100\% \tag{13.44}$$

对内标物的要求：①纯度较高；②不是试样中的组分；③在色谱中与各组分完全分离($R_s \geqslant 1.5$)，但其保留时间与被测组分的保留时间不能相差太大，应尽量靠近；④从样品前处理考虑，内标物与被测组分的物理化学性质最好相似，以保证有相近的提取率。

当定量校正因子未知时，可采用内标对比法，它是内标法的一种应用。先用待测组

分 i 的纯品配制已知浓度的对照品溶液，加入一定量的内标物 s(相当于测定相对校正因子)；在同体积样品溶液中也加入相同量的内标物，分别进样，由式(13.45)计算样品溶液中待测组分的含量：

$$(\omega_i)_{样品} = \frac{(A_i / A_{is})_{样品}}{(A_i / A_{is})_{对照品}} \cdot (\omega_i)_{对照品} \tag{13.45}$$

对于对称峰，也可用峰高 h 代替峰面积 A 计算含量：

$$(\omega_i)_{样品} = \frac{(h_i / h_{is})_{样品}}{(h_i / h_{is})_{对照品}} \cdot (\omega_i)_{对照品} \tag{13.46}$$

同外标法一样，上述内标对比法也是标准曲线法的特例。若配制系列标准溶液，加入相同量的内标物，则可用标准溶液的浓度对组分峰面积与内标峰面积之比进行线性回归或绘制标准曲线，用标准曲线法进行含量测定。

内标法是气相色谱中最常用的定量方法，其优点：①在一定进样量范围(线性范围内)，定量结果与进样量的精密度无关；②与外标法一样，定量准确度与其他组分是否出峰无关；③适用于微量组分的分析。由于微量组分与主要成分含量相差悬殊，无法用峰面积归一化法准确测定其含量，可采用内标法，增大进样量以突出微量组分峰，测定该组分峰面积与内标峰面积之比，即可求出微量组分的含量。

内标法的缺点主要是不易找到合适的内标物。在气相色谱中，当无法得到较好的内标物时，常用正构烷烃作内标物；在高效液相色谱中内标物的寻找则困难得多。

【例 13.3】 以无水甲醇为内标物，测定正丙醇中微量水分含量，实验条件及结果如下：

组分	质量(m)/g	峰高(h)/cm	半峰宽($W_{1/2}$)/cm	校正因子(f_m)
正丙醇	50.00	—	—	—
水	—	5.20	0.16	0.55
无水甲醇	0.4025	4.10	0.12	0.58

解　由式(13.32)和式(13.43)，计算水的质量分数：

$$H_2O质量分数 = \frac{A_{H_2O} f_{H_2O}}{A_{甲醇} f_{甲醇}} \cdot \frac{m_{甲醇}}{m_{正丙醇}} \times 100\% = \frac{1.065 \times 5.20 \times 0.16 \times 0.55}{1.065 \times 4.10 \times 0.12 \times 0.58} \times \frac{0.4025}{50.00} \times 100\% = 1.29\%$$

13.6　色谱法的发展概况

13.6.1　色谱法发展简史

色谱法创始于 20 世纪初。1906 年，俄国植物学家 Tswett 报道了分离黄杨叶提取物中不同植物色素的实验。他将碳酸钙放在直立玻璃管中，从顶端倒入植物色素的石油醚提取液，然后用石油醚冲洗。由于植物提取液中不同颜色的色素在管中迁移速率不同，形成不同颜色的色带，因而这种分离方法被命名为“chromatography”，由 chroma(色彩)和 graphy(图谱)复合而成。Tswett 实验中放置固定相的直管称为色谱柱(column)，管中填充的碳酸钙是固定相，冲洗组分的石油醚则为流动相，由于 Tswett 实验以液体为流动相，也称液相色谱法。Tswett 的工作在 20 世纪初并没有引起足够的关注。直到 1931 年，奥地利化学家 Kuhn 应用 Tswett 的方法分离 β-胡萝卜素异构体获得了成功，这种分离技术才得到化学工作者的重视。20 世纪 30～40 年代相继出现了薄层色谱法与纸色谱法，二者都是在平面介质上进行分离的液相色谱法，称为平面色谱法。20 世纪 40 年代，瑞典科学家 Tiselius 等在分配液相色谱、吸附液相色谱和电泳等研究领域取得了创造性成果。1952 年，英国科学家 James 和 Martin 等建立了以气体为流动相的气相色谱法，用于分离气体样品，采用仪器方法完成色谱分离和检测的全过程。应用仪器进行色谱分离分析全过程的色谱法称为现代色谱法，它具有高灵敏度、高选择性、高效能、分析速度快及应用范围广等优点。

1956 年，Golay 提出了开管柱(open tubular column，又称空心柱)色谱理论，次年诞生了毛细管气相色谱分析法。20 世纪 50 年代末期发展出以凝胶为固定相的分子排阻色谱法。60 年代推出了气相色谱-质谱(GC-MS)联用技术，有效地弥补了色谱法定性特征性不强的局限。70 年代科学家陆续将高压泵和化学键合固定相应用到液相色谱中，发展出高效液相色谱法(HPLC)，极大地提高了分离效率和检测灵敏度，为难挥发、热不稳定及高分子样品的分析提供了有力手段，扩大了色谱法的应用范围，将色谱法推向了一个全新的高度。在此期间还出现了薄层扫描仪，较大程度地提高了薄层色谱法定性定量分析水平。80 年代初出现了采用超临界流体为流动相的超临界流体色谱法(supercritical fluid chromatography，SFC)，兼有 GC 与 HPLC 的优点。Jorgenson 等于 80 年代初创立毛细管电泳(capillary electrophoresis，CE)法，依据组分在毛细管中电泳淌度的差别实现分离，由于其选择性高、分离速度快、成本低，特别适合分离分析有机化合物和生物大分子(肽、蛋白质、DNA 等)，已成为生命学科分析实验室中常用的分析手段。自 20 世纪 70 年代起，以色谱为基础，研究物质分离、富集、纯化和检测的相关理论和技术已经逐渐统一形成一门独立的学科——分离科学。

13.6.2 色谱法发展趋势

随着科学技术的发展，色谱法的理论、方法和技术趋于成熟。色谱法的发展目前主要集中在研制新型色谱柱和检测器，建立和完善各种色谱联用技术，增强自动化和微型化等，以适应日益扩大的应用领域及批量样品和复杂样品的分离分析需求。

1. 新型色谱柱研究

新型色谱固定相的研究不断扩展色谱分析法的应用范围，如各种手性固定相的出现简化了手性药物的分离分析。被称为第四代色谱填料的整体柱技术是近年来液相色谱发展的一个热点。由于整体柱的多孔结构，有极好的通透性，在高流速下仍然有较低的柱压和较高的柱效，因此可通过延长柱长实现高柱效，在提高柱效和重现性、实现快速分离方面有明显的优势。

除固定相种类增多外，固定相粒径也朝着小粒径的方向发展，填料粒径的减小能明显提高柱效。但是随着粒径减小，仪器柱压将迅速变大，对填料及仪器的耐压性能要求明显提高，随之产生了超高效液相色谱技术。21 世纪初，美国 Waters 公司首先推出了超高效液相色谱仪(ACQUITY UPLC^{TM})，将粒径 1.7 μm 的填料、超高压输液泵、低死体积仪器和快速检测系统相结合，较好地解决了耐高压的问题，使得柱效大为提高，最佳流速的选择范围加宽，分析速度快，峰容量大，大大改进了分离效能。

2. 多维色谱技术

使用一根色谱柱的一维色谱适用于含几十至几百个组分的样品的分离分析，而针对石油化工、食品、体液及环境污染物等更为复杂的样品(成千上万个组分)和沸点相近、极性相近、异构体等难分离物质，单色谱柱的柱效无法取得足够的分离效果，因此为适应更复杂的多组分样品，将两根或多根色谱柱并联/串联进行分离分析，从而发展出多维色谱技术。多维色谱系统的总分离效率等于各维分辨率平方和的平方根，总峰容量等于各维峰容量的乘积。多维色谱分离系统允许组分峰沿着多维方向展开，显著提高系统的分离能力和检测灵敏度，为复杂样品的分析提供更多的信息。目前研究较多，比较成熟的有二维 GC、二维 LC、二维 CE、HPLC-GC 及 HPLC-CE 等，这些多维色谱技术已经被广泛应用于各种复杂样品的分离分析。

3. 新型检测器的研究

新型检测器的研究也在不断发展，以拓宽色谱分析法的应用领域和更新检测器的灵敏度，使色谱定量分析更灵敏。高效液相色谱所用的蒸发光散射检测器和半导体激光荧光检测器已逐步得到普及。蒸发光散射检测器的信号响应不依赖于样品的光学性质，适用于挥发性低于流动相的组分，弥补了传统紫外检测器的不足，可用于无法吸收紫外光的物质的测定；而后者具有高灵敏度，其检测限优于普通紫外检测器两个数量级。新型通用型电喷雾检测器整合了蒸发光散射检测器和质谱的相关元素，其响应值依赖于待测物质的质量而非浓度，适用范围广，并且相较于蒸发光散射检测器，检测灵敏度更高。

4. 色谱联用技术的发展

每种分析方法都有各自的优势与局限，随着新化合物和复杂样品分析需求不断增多，单一分析技术已不能满足准确分析的要求，色谱联用技术应运而生。色谱分离和其他检测方法的联用能够取长补短，有效弥补了色谱法定性专属性差的局限性。市场上已有 GC-MS、GC-FTIR、SFC-MS、HPLC-UV、HPLC-MS 及 TLC-UV 等多种商品化联用仪器。CE-MS 和 HPLC-NMR 等联用技术也已有大量研究应用的报道。

5. 色谱微型化研究

微型化是现代分析仪器发展的重要趋势。自 1986 年 Otagawa 等首次报道便携式高效液相色谱用于分离煤焦油样品组分以来，液相色谱仪所含色谱柱、泵、进样器和检测器等组件微型化技术不断发展，推动了许多小型化液相系统的出现。例如，Lam 等在 2020 年报道了一款便携式液相色谱仪，能够实现梯度洗脱，该系统重约 2.7 kg，尺寸为 24.5 cm × 18.5 cm × 16.0 cm(长 × 宽 × 高)，所有组件都包含在紧凑的 3D 打印外壳中，该系统质量轻，体积小。然而，该泵的最大工作压力、泵容量和检测能力仍然存在相当大的局限性，限制了其在现场应用的潜力。2021 年，Chatzimichail 等报道了一种新一代手持便携式液相色谱系统，包括一个基于脉冲氙气灯和光谱仪的紫外-可见吸收检测器。该系统能够提供洗脱峰的完整紫外-可见光谱，并进一步用于“指纹”识别、分类和未知峰及隐藏峰识别。

相较而言，微型化气相色谱技术相对完善，商用便携式气相色谱仪目前已应用于现场分析。大多数便携式气相色谱都通过微机电系统(microelectromechanical system，MEMS)技术和微加工技术实现了小型化。例如，Agilent 990 micro GC 使用了基于 MEMS 的进样器、气体流动路径和微机械热导检测器(μTCD)；而 Defiant Frog-5000 则使用了微柱和微型光电离检测器(μPID)。与 Agilent 990 相比，Frog-5000 更小、更轻、更便携。一般来说，目前的便携式气相色谱以牺牲分离能力为代价，采用短柱和有限的微型检测器来完成快速分析和检测。研究者们仍致力于开发体积更小、功耗更低、分离效率更高、检测灵敏度更高的微型气相色谱仪。

6. 样品前处理技术

生物、环境、食品及药物等样品大多需要经过前处理才能进行色谱分析。样品前处理约占整个分析时间的 2/3，分析过程的误差至少有 2/3 来自样品分析的前处理过程，这两个 2/3 使得样品前处理往往成为色谱分析方法的瓶颈问题。因此，色谱样品的前处理方法对于提高分析的选择性、灵敏度及分析速度具有十分重要的意义。近年来发展较快的色谱前处理技术主要有固相萃取(solid phase extraction，SPE)、固相微萃取(solid phase micro-extraction，SPME)、液相微萃取(liquid phase micro-extraction，LPME)、微波辅助萃取(microwave-assisted extraction，MAE)、超临界流体萃取(supercritical fluid extraction，SFE)和膜分离等，各种样品前处理技术正在逐步向更加集成一体化、微型化的趋势发展。

习题与拓展

1. 什么是色谱分离？试说明色谱分离的原理、类型和特点。
2. 从色谱流出曲线可以获得哪些信息？
3. 色谱过程中试样各组分分离的前提是什么？
4. 简述塔板理论和速率理论的基本原理及在色谱实践中的应用。
5. 分离度是什么？应从哪些方面提高分离度？
6. 色谱定性定量的依据是什么？各有哪些方法及适用情况？
7. 使用长 2.0 m 的色谱柱，检测得到某组分以下相关数据：保留时间(t_R)为 6.6 min，死时间(t_0)为 1.2 min，峰宽(W)为 0.5 min。柱出口用皂膜流量计测得载气体积流速(F_c)为 40 mL/min。若已知固定相体积(V_s)为 2.1 mL，求：(1) 保留因子 k；(2) 死体积 V_0；(3) 调整保留体积 V_R'；(4) 分配系数 K；(5) 有效塔板数 $n_{有效}$及有效塔板高度 $H_{有效}$。

8. 若在某色谱柱上，组分 A 和 B 的保留时间分别为 14.6 min 和 15.8 min，理论塔板数均为 4200。问：(1) 组分 A、B 是否能完全分离？(2) 若要求分离度达到 1.5，提高柱效需要达到多少理论塔板数？

9. 根据 van Deemter 方程式，推导用常数 A、B、C 表示的 $H_{最小}$和 $u_{最佳}$。若某色谱系统的 $A = 0.08$ cm，$B = 0.65$ m^2/s，$C = 0.003$ s，计算该色谱柱的 $H_{最小}$和 $u_{最佳}$。

10. 在 2.0 m 长的某色谱柱上，分析苯与甲苯的混合物。测得甲苯的保留时间为 2.10 min 及其半峰宽为 0.14 min，死时间为 0.20 min。已知苯先于甲苯流出色谱柱，且两者分离度为 1.0。求：(1) 苯与甲苯的分离因子 α；(2) 苯的保留因子 k 与保留时间 t；(3) 达到 $R = 1.5$ 时的柱长。

11. 在一根甲基硅橡胶(OV-1)色谱柱上，柱温为 120℃，测得下列纯物质的保留时间：甲烷 4.9 s、正己烷 84.9 s、正庚烷 145.0 s、正辛烷 250.3 s、正壬烷 436.9 s、苯 128.8 s、3-正己酮 230.5 s、正丁酸乙酯 248.9 s、正己醇 413.2 s 及某正构饱和烷烃 50.6 s。(1) 求上述化合物中后四个六碳化合物的保留指数。为减小计算误差，应如何正确选择正构烷烃物质对？(2) 解释上述五个六碳化合物的保留指数为什么不同？(3) 未知正构饱和烷烃是哪种物质？

12. 在一根 2.0 m 的色谱柱上，以 He 作为载气，在三种流速下测得结果：

甲烷	正十八烷	
t_0/s	t_R/s	W/s
18.2	2020.0	223.0
8.0	888.0	99.0
5.0	558.0	68.0

求：(1) 三种流速下的线速度 u；(2) 三种线速度下的 n 及 H；(3) van Deemter 方程式中 A、B、C 三个参数；(4) $H_{最小}$ 和 $u_{最佳}$；(5) 在此柱上分离一物质对，要求理论塔板数为 1150，需控制载气流速为多少？

13. 采用色谱法定量分析邻、间及对二甲苯三种异构体混合物样品中各组分含量，测得各组分色谱峰面积和定量校正因子如下，试用归一化法计算各组分含量：

组分	邻二甲苯	间二甲苯	对二甲苯
峰面积/cm^2	3.78	15.02	4.85
相对校正因子	0.98	0.96	1.00

14. 用外标法测定试样中 A 的含量。精确称取 12.1 mg 纯物质 A，置于 25 mL 容量瓶中，加水溶解并稀释至刻度，制成对照品溶液。另精确称取试样 501.2 mg，置于 10 mL 容量瓶中，加水溶解并稀释至刻度，制成样品溶液。相同色谱条件下测得对照品色谱峰面积的积分值为 4.84，样品色谱图中 A 物质峰面积的积分值为 9.20。计算试样中 A 物质的质量分数。

15. 色谱定量分析某试样中 B 物质的质量分数，首先用纯物质 B 配制 10 μg/mL、20 μg/mL、50 μg/mL、100 μg/mL、150 μg/mL 和 200 μg/mL 的标准溶液，进样 20 μL 分析，色谱峰面积的积分值分别为 112.6、229.5、583.3、1166.3、1759.1 和 2320，试作出标准曲线。精确称取试样 5.2 mg，置于 10 mL 容量瓶，加水溶解并稀释至刻度，相同分析条件下，等体积进样，样品色谱图中物质 B 色谱峰面积的积分值为 742.6，求此样品中 B 的质量分数。

16. 用色谱法定量分析某样品中 C 物质的含量，以 S 为内标物。准确称取样品 5.387 g，加入内标物 S 0.2489 g，混匀后进样，测得 C 和 S 的峰面积的积分值分别为 1563 和 1432。另准确称取 C 标准品 0.2998 g 和 S 标准品 0.2685 g，溶解并稀释至一定体积，混匀，在与样品测定相同条件下分析，测得峰面积的积分值分别为 545 和 466。试计算样品中 C 物质的质量分数。

17. 拓展练习：查阅资料，归纳总结色谱分析法在仪器部件和分析应用上的发展创新，需给出相应的参考文献。

参 考 文 献

柴逸峰，邸欣，凌笑梅，等. 2016. 分析化学. 8 版. 北京：人民卫生出版社.

李发美，胡育筑. 2006. 分析化学. 北京：中国医药科技出版社.

武汉大学. 2018. 分析化学(下册). 6 版. 北京：高等教育出版社.

叶宪曾，张新祥. 2007. 仪器分析教程. 2 版. 北京：北京大学出版社.

Chatzimichail S, Rahimi F, Saifuddin A, et al. 2021. Hand-portable HPLC with broadband spectral detection enables analysis of complex polycyclic aromatic hydrocarbon mixtures. Communications Chemistry, 4(1): 17.

de Paula Lima I, Valle S P, de Oliveira M A L, et al. 2023. Monolithic stationary phases preparation for use in chromatographic and electromigration techniques: The state-of-the-art. Microchemical Journal, 190: 108598.

Duan C, Li J, Zhang Y, et al. 2022. Portable instruments for on-site analysis of environmental samples. TrAC Trends in Analytical Chemistry, 154: 116653.

Ganzera M, Zwerger M. 2021. Analysis of natural products by SFC-applications from 2015 to 2021. TrAC Trends in Analytical Chemistry, 145: 116463.

Hemida M, Ghiasvand A, Macka M, et al. 2023. Recent advances in miniaturization of portable liquid chromatography with emphasis on detection. Journal of Separation Science, 46(15): 2300283.

Lam S C, Coates L J, Hemida M, et al. 2020. Miniature and fully portable gradient capillary liquid chromatograph. Analytica Chimica Acta, 1101: 199-210.

Nolvachai Y, Amaral M S S, Marriott P J. 2023. Foods and contaminants analysis using multidimensional gas chromatography: An update of recent studies, technology, and applications. Analytical Chemistry, 95(1): 238-263.

Qu H, Duan X. 2019. Recent advances in micro detectors for micro gas chromatography. Science China Materials, 62(5): 611-623.

Rasheed D M, Serag A, Shakour Z T A, et al. 2021. Novel trends and applications of multidimensional chromatography in the analysis of food, cosmetics and medicine bearing essential oils. Talanta, 223: 121710.

Schilling K, Holzgrabe U. 2020. Recent applications of the charged aerosol detector for liquid chromatography in drug quality control. Journal of Chromatography A, 1619: 460911.

Sharma S, Tolley L T, Tolley H D, et al. 2015. Hand-portable liquid chromatographic instrumentation. Journal of Chromatography A, 1421: 38-47.

色谱法的起源与发展

第 14 章　气相色谱法

气相色谱法(gas chromatography，GC)是英国科学家 Martin 和 James 于 1952 年提出的以气体为流动相的色谱方法。气相色谱法按固定相的物态可分为气-固色谱法和气-液色谱法两类。由于流动相气体的黏度小、扩散系数大，组分能够在固定相和流动相间快速达到平衡，并且可以用作固定相的物质种类繁多，因而气相色谱法能够高效、快速分离试样。现代化检测器的应用使得气相色谱法还具有样品用量少、分析灵敏度高等特点，因此已广泛应用于化工、环保、生命科学、食品科学、医药卫生等领域。

14.1　气相色谱仪

14.1.1　气相色谱流程

气相色谱仪种类和型号繁多，但基本设计原理相同，结构相似。气相色谱法的一般流程如图 14.1 所示。由载气钢瓶供给的载气，经减压后进入净化管以除去水分、氧气等杂质；调节稳压阀和分流阀开度控制载气的压力和流量，流量计和压力表分别显示载气的柱前流量和压力；试样由进样器快速进入气化室，并通过载气带入色谱柱内，各组分按分配系数大小顺序流出色谱柱，进入检测器；检测器的信号经放大后被记录，得到以时间为横坐标，信号强度为纵坐标的流出曲线——气相色谱图。

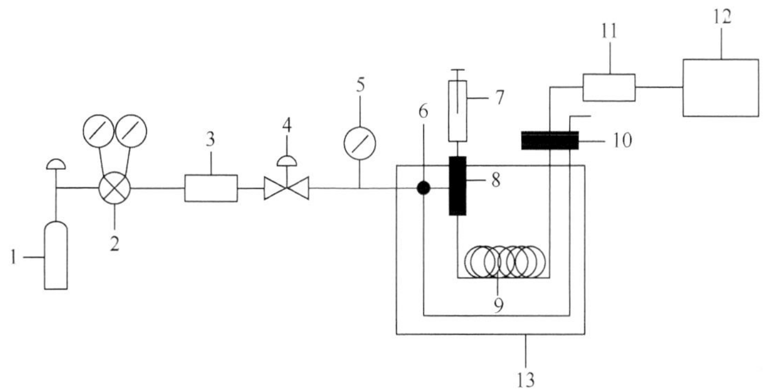

图 14.1　气相色谱仪流程示意图

1. 载气钢瓶；2. 减压阀；3. 净化管；4. 稳压阀；5. 压力表；6. 分流阀；7. 进样器；8. 气化室；9. 色谱柱；10. 检测器；11. 放大器；12. 数据处理系统；13. 柱温箱

14.1.2　气相色谱仪的主要构造

气相色谱仪主要由载气系统、进样系统、色谱柱系统、检测和记录系统以及控制系统组成。

1. 载气系统

载气系统包括载气源、气体净化和气体流速控制装置。载气常用氮气或氦气，使用氢火焰离子化检测器时，还需燃烧气体——氢气和助燃气体——空气，它们由气源(钢瓶或气体发生器)调压后从管道输入到仪器。实验中，需严格控制气路的压力与流量，以保证最佳的色谱条件或检测器工作条件。

2. 进样系统

进样系统包括进样器和气化室。样品溶液由微量注射器取样注入气化室，受热气化后被载气带入色谱柱分离。进样温度、进样量、进样方式和速度等对色谱峰都有一定影响。气化室基本结构如图 14.2 所示。气化室热容量要大，根据样品的沸点设定具体的气化温度，保证样品瞬时气化；内径和体积要小，减少样品气化过程中的扩散。常用石英或玻璃作衬管，污染后可以洗涤。

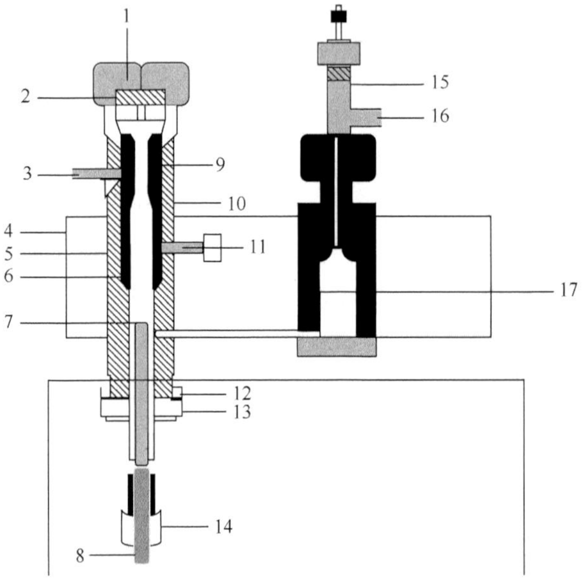

图 14.2　气化室基本结构

1. 进样口散热螺帽；2. 隔膜；3. 隔膜吹扫；4. 进样器加热块；5. 气体清洗；6、13、14. 石墨垫圈；7. 分流点；8. 毛细管柱；9. 玻璃衬管；10. 密封圈；11. 载气入口；12. 弹簧；15. 分流阀；16. 放空阀；17. 气体缓冲器

3. 色谱柱系统

色谱柱系统包括色谱柱和柱温箱，是色谱仪的“心脏”部位。

色谱柱主要有填充柱和毛细管柱两类。填充柱由不锈钢或玻璃材料制成，内装固定相，内径一般为 2～4 mm，长 1～3 m，主要有 U 形和螺旋形两种。毛细管柱又称空心柱，主要由不锈钢、玻璃或石英制成，分为涂壁、多孔层和涂载体空心柱等类型。与填充柱相比，毛细管柱分离效率高、分析速度快、样品用量小，但柱容量低，要求检测器灵敏度高，且制备较难。

柱温是气相色谱操作中最重要的参数之一，它与柱效和分离度直接相关，因此要求柱温箱能够精准控制色谱柱温。柱温的设置根据被测试样的具体情况(主要参考组分的沸点)而定。对于沸点差异较小、保留性质相似的组分分离，采用恒温操作，即分析周期内柱温保持在某一恒定温度，在保证被测组分充分分离的前提下，尽量设定较高柱温，缩短分析时间。对于组分沸点范围很宽的试样，采用程序升温，即一个分析周期内柱温连续由低温向高温有规律地变化，具体柱温变化根据试样情况设计，可以是线性(恒定升温速率)变化，也可是非线性(在不同时间段采用不同升温速率)变化。为了防止固定液流失，最高柱温应当低于固定液最高使用温度 20～50℃。

4. 检测和记录系统

检测和记录系统包括检测器、放大器和数据处理装置。样品经色谱柱分离后，各组分按保留时间不同，随载气进入检测器，检测器将进入的组分转化为可测量的电信号，经过放大后传递给记录仪，最后得到样品中各组分的色谱流出曲线。

5. 控制系统

控制系统控制整台仪器的运行，包括对载气系统、进样系统、色谱系统和检测器的各部分实验条件的控制。

14.2　固定相和流动相

在气相色谱中，色谱柱的选择性和效能与固定相的选择密切相关，固定相可分为气-液色谱固定相和气-固色谱固定相两类。气相色谱中的流动相通常称为载气，载气的种类、流速和压力是影响气相色谱分离的重要因素。

14.2.1　气-液色谱固定相

气-液色谱固定相由固定液和载体组成。

1. 固定液

1) 固定液的要求

固定液多为高沸点液体，操作温度下为液态，室温时为固态或液态。它需具备：①在操作温度下呈现低蒸气压液态，蒸气压过高会导致固定液流失快、柱寿命短以及检测器信号本底过高；②固定液对组分有一定的溶解力，分配系数大；③选择性强，即使两组分性质相近，其分配系数比也不能为 1；④稳定，固定液不与样品或载体发生化学反应，高温不分解；⑤黏度小，凝固点低。

2) 固定液的分类

可以用作固定液的物质很多，已被采用的有近千种，通常按固定液的化学类型和极性分类。

I. 按固定液的化学类型分类

(1) 烃类。此类包括烷烃与芳烃，常用角鲨烷、石蜡烷和聚乙烯等。其中角鲨烷的相

对极性为零，其结构式为

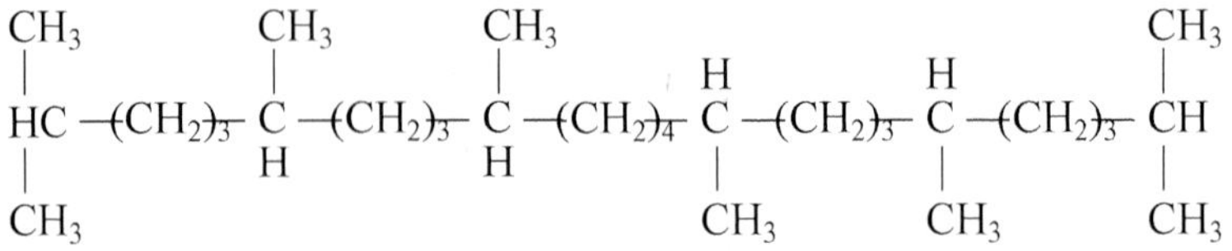

(2) 硅氧烷类。此类固定液黏度系数小、蒸气压低、流失少以及有较高使用温度，对大多数有机化合物都有很好的溶解能力，使用范围广，其结构式为

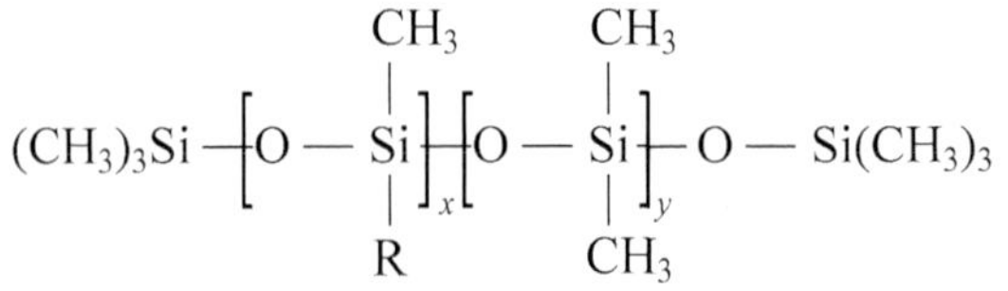

(链节数 $n = x + y$)

硅氧烷类固定液按化学结构分类如下：甲基硅氧烷、苯基硅氧烷、氟烷基硅氧烷和氰基硅氧烷。

(3) 醇类。氢键型固定液，分为非聚合醇与聚合醇两类，如聚乙二醇 Carbowax-20M、PEG-20M。

(4) 酯类。中强极性固定液，分为非聚合酯与聚酯两类。聚酯类多是二元酸及二元醇所生成的线型聚合物，如丁二酸二乙二醇聚酯(PDEGS 或 DEGS)。

(5) 手性固定液。分离对映异构体类物质所使用的手性固定液主要有三类。第一类是环糊精及其衍生物固定液，其分离机理是对映体分子与环糊精及其衍生物中的手性中心通过包结缔合作用形成包结物，实现手性拆分；第二类是氨基酸衍生物固定液，此类固定液是基于氢键作用来实现对手性化合物的拆分；第三类是金属配位固定液，此类固定液通过手性化合物中的双键或杂原子与金属配位化合物中的金属离子形成配位作用，实现对映体的分离。其中以环糊精及其衍生物作为气相色谱固定液的色谱柱，用于分离各类对映异构体效果显著，近年来发展极为迅速且应用前景广阔。

II. 按固定液的极性分类

固定液的极性通常采用相对极性和特征常数法进行分类。

(1) 相对极性分类法。该法又称五级分类法，由 Rohrschneider 于 1959 年提出，规定角鲨烷的相对极性为 0，β,β-氧二丙腈的相对极性为 100，选择一种“物质对”，如苯-环己烷，分别测定它们在角鲨烷、β,β-氧二丙腈和待测固定液上的相对保留值。被测固定液的相对极性 p_x 由下式可得

$$p_x = 100 - \frac{100(q_1 - q_x)}{q_1 - q_2} \tag{14.1}$$

式中，p_x 为固定液的相对极性；q_1、q_2 和 q_x 分别为苯-环己烷在 β,β-氧二丙腈、角鲨烷和待测固定液柱上的相对保留值对数，即

$$q = \lg \frac{t'_{R苯}}{t'_{R环己烷}} \tag{14.2}$$

由此测得的各种固定液的相对极性均为 0～100，以每 20 个极性单位为一级，用“+”表

示，共五级。相对极性 0 和 +1 为非极性固定液，相对极性 +2 为弱极性固定液，相对极性 +3 为中等极性固定液，相对极性 +4 和 +5 为强极性固定液。常用固定液的相对极性如表 14.1 所示。

表 14.1　常用固定液的相对极性

固定液	相对极性	级别
角鲨烷	0	0
阿皮松 L	7～8	+1
甲基硅橡胶、OV-1	13	+1
DC-550、OV-7	20	+2
己二酸二辛酯	21	+2
邻苯二甲酸二辛酯、QF-1	28	+2
聚苯醚	45	+3
XE-60、OV-225	52	+3
新戊二醇丁二酸聚酯	58	+3
聚乙二醇-20M	68	+4
己二酸聚乙二醇酯	80	+4
双甘油	89	+5
TCEP	98	+5
β,β-氧二丙腈	100	+5

注：OV-1 表示甲基聚硅氧烷；DC-550 表示苯基(25%)甲基聚硅氧烷；OV-7 表示苯基(20%)甲基聚硅氧烷；QF-1 表示三氟丙基(50%)甲基聚硅氧烷；XE-60 表示 β-氰丙基(25%)甲基聚硅氧烷；OV-225 表示氰丙基(25%)苯基(25%)甲基聚硅氧烷；TCEP 为 1,2,3-三(2-氰乙氧基)丙烷。

(2) 特征常数分类法。目前常用麦氏(McReynolds)特征常数分类法，该法是以标准物质 m 在某一待测固定液和标准固定液(通常是用非极性的角鲨烷)中的保留指数的差值作为衡量固定液极性强弱的标准，如式(14.3)所示：

$$p = \Delta I_{\mathrm{m}} = I_{\mathrm{p}} - I_{\mathrm{s}} \tag{14.3}$$

式中，I_{p} 和 I_{s} 分别为标准物质 m 在被测固定液(p)和角鲨烷(s)上的保留指数。

1970 年，McReynolds 选用性质不同的 5 种物质作为标准物质，测定它们的保留指数的差值(ΔI)，以此来全面反映固定液的分离特征。

①苯，偶极矩为 0，具有大 π 键，容易被极性固定液极化产生诱导力，是易极化物质的代表；②丁醇，偶极矩为 1.66，是氢键型化合物的代表；③2-戊酮，偶极矩为 2.78，中等极性，是接受氢键能力较强的化合物的代表；④硝基丙烷，偶极矩为 3.66，是特殊氢键型化合物的代表；⑤吡啶，偶极矩为 2.19，氮杂环可形成大 π 键，易极化，带有弱碱性。

将上述 5 种标准物质的 ΔI 之和称为总极性，其平均值称为平均极性。总极性越大，固定液的极性越强。常用固定液的麦氏常数如表 14.2 所示。

表 14.2　几种常用固定液的麦氏常数

固定液名称	型号	苯	丁醇	2-戊酮	硝基丙烷	吡啶	平均极性	最高使用温度/℃	溶剂
角鲨烷	SQ	0	0	0	0	0	—	—	—
甲基硅橡胶	SE-30	15	53	44	64	41	43	350	C
苯基(10%)甲基聚硅氧烷	OV-3	44	8	81	124	88	85	350	C
苯基(20%)甲基聚硅氧烷	OV-7	69	113	111	171	128	118	350	A
苯基(50%)甲基聚硅氧烷	OV-17	119	158	162	243	202	177	300	A
苯基(60%)甲基聚硅氧烷	OV-22	160	188	191	283	253	219	300	C
三氟丙基(50%)甲基聚硅氧烷	QF-1	144	233	355	463	305	300	250	E
β-氰丙基(25%)甲基聚硅氧烷	XE-60	204	31	340	493	367	357	250	M
聚乙二醇-20M	PEG-20M	322	536	368	572	510	462	200	C，M

表 14.2 中 5 种标准物在角鲨烷上的保留指数分别为 653、590、627、652 和 699，表内列出的分别是各类固定液与它们保留指数的差值(ΔI)。溶解固定液用的溶剂分别是：A 丙酮；C 氯仿；E 乙酸乙酯；M 甲醇。

3) 固定液的选择

对于组分已知的样品，选择固定液的指标是使难分离物质对达到完全分离。固定液选择的基本原则如下。

(1) 相似性原则。按被分离组分的极性或官能团与固定液相似的原则来选择。根据相似相溶原理，组分在固定液中的溶解度越大，分配系数越大，保留时间越长，被分开的可能性越大。分离非极性样品选用非极性固定液，此时组分与固定液分子间的作用力为色散力，组分按照沸点由低到高的顺序流出色谱柱。分离极性样品，或是非极性和极性的混合样品，选用极性固定液，分子间的作用力有色散力、诱导力和定向力，组分同样以沸点由低到高的顺序流出，而相同沸点的组分是非极性组分先流出。对于兼有酸性或碱性的极性样品，选用带有酸性或碱性基团的高分子多孔微球，如 GDX-3 或 GDX-4 等，也可选用强极性固定液加入少量酸性或碱性添加剂，以克服载体的拖尾效应。例如，分析碱性氮化物，可在固定液中加入少量 KOH，分析酸性含氧化物，可加入少量 H_3PO_4，以便得到对称峰。

(2) 利用分子间特殊作用力。对于能形成氢键的样品，选用氢键型固定液，如腈醚类、聚乙二醇类。被测组分分子与固定液分子形成氢键，按形成氢键能力大小顺序流出色谱柱。在这类固定液上，饱和烷烃同不饱和烃类的分离，伯、仲、叔醇的分离，顺、反异构体的分离等，都有很强的选择性。

(3) 利用固定液的特征常数。将难分离组分与测定麦氏常数的标准物质相比较，选择与组分类型相似的标准物质，再比较它们在不同固定液上的麦氏常数比值大小选择固定液。例如，需要对醇的保留作用大于芳烃时，则应选择丁醇与苯的麦氏常数比值大的固定液，如 SE-30。根据麦氏常数，也可选择同类固定液代替文献报道的固定液分离待测样品。

对于混合多组分的样品，目前多采取高效毛细管气相色谱法进行。对于未知样品，只能以分离峰数目的多少、峰形以及主要组分分离的好坏为指标来选择固定液。

2. 载体

气-液色谱的载体多为固体支持物，也称担体。将固定液涂在载体表面，形成均匀的薄膜，构成色谱柱填料。

1) 载体应具备的条件

(1) 较大的比表面积。

(2) 化学惰性，不与样品反应。

(3) 热稳定，高温下不分解。

(4) 机械强度好，压力条件下不易破碎。

(5) 趋于有孔隙结构的球状颗粒，有利于两相间快速传质和均匀填充。

(6) 便于固定液的涂渍。

2) 载体的分类

载体分为硅藻土型和非硅藻土型两大类。硅藻土型载体由硅藻土煅烧而成，主要有：①红色载体，由天然硅藻土与黏合剂煅烧而成，其中铁成分变成红色氧化铁，故煅烧后呈红色，如 6201 和 Chromosorb P 载体；②白色载体，将天然硅藻土经盐酸处理，煅烧时加入助熔剂 Na_2CO_3，其中氧化铁在高温下与 Na_2CO_3 反应，生成无色的铁硅酸钠络合物，而呈白色多孔性颗粒物，如 101、405 和 Chromosorb W 载体。非硅藻土型载体包括玻璃微球和聚四氟乙烯微球。

3) 载体的表面处理

硅藻土型载体表面的强吸附性打破了组分在气-液两相中的分配关系，产生色谱峰拖尾现象，这种强吸附性由硅醇基、微孔和杂质引起，其处理方法有酸洗、碱洗、硅烷化和釉化等。

酸洗或碱洗能去除载体中无机杂质，调整表面 pH；而硅烷化是将载体与硅烷化试剂反应，除去载体表面的硅醇基，以上做法均是把表面由极性转变为非极性，达到表面惰化。硅烷化试剂有三甲基氯硅烷、二甲基二氯硅烷和六甲基二硅氨烷等。使用商品化的载体时应小心处理，以免造成载体破碎，破碎所形成的新表面的吸附作用会使色谱峰拖尾。

4) 载体选择

载体的优劣是影响色谱峰的重要因素，载体选择不当，色谱峰会拖尾、变宽，甚至不出峰。选择载体的原则：①载体的粒度一般用 80～100 目，高效柱可用 100～120 目，载体临用前最好重新筛分；②当固定液质量与载体质量比值小于 5%时，选用处理过的载体；③当固定液质量与载体质量比值大于 5%且小于 10%时，选用白色硅藻土型载体；④当固定液质量与载体质量比值大于 10%，选用红色硅藻土型载体；⑤对于高沸点组分，选用玻璃微球载体；⑥对于强腐蚀性组分，选用氟载体。

14.2.2 气-固色谱固定相

在气相色谱分析中，气-液色谱应用最为广泛，但是对于永久性气体和低碳数的烃类，因其与固定液的作用太弱而无法用气-液色谱分离。利用组分与固定相吸附能力的差异，常采用气-固色谱法对永久性气体、无机气体、低沸点碳氢化合物或强极性物质等进行分离分析。气-固色谱的固定相包括固体吸附剂、化学键合相和高分子多孔微球等。

常用的固体吸附剂有硅胶、活性炭、氧化铝、石墨化炭黑和分子筛等。它们具有不同的吸附特性，可以针对不同的分析对象进行选取。传统的固体吸附剂(如硅胶、活性炭、氧化铝)的吸附等温线一般是非线性的，易形成拖尾峰，色谱峰形不对称，同时还易受色谱实验条件波动以及吸附剂制作批次的影响，重现性较差。为克服上述不足，需对吸附剂表面进行处理，覆盖吸附剂表面的某些活性中心，减小色谱峰拖尾。另外，通过对吸附剂表面进行物理化学改性，可获得表面结构更为均一的材料，如石墨化炭黑、分子筛等。吸附剂具有更好的色谱性能，峰形对称，重现性好。

高分子多孔微球是气-固色谱中应用最广的固定相，多由苯乙烯(单体)与二乙烯苯(交联剂)在稀释剂存在下共聚而成，并可通过引入不同的极性化合物调整其极性。例如，二乙烯基苯交联共聚物为非极性固定相；二乙烯基苯共聚物中分别引入三氯乙烯、*N*-乙烯吡咯烷酮和丙烯腈等可逐渐增强固定相的极性。高分子多孔微球的特性：①采用不同的单体及共聚条件，可共聚成极性及物理结构(如比表面积和孔径分布)均不相同的小球，且有不同的分离效能；②机械强度好，不易破碎，但使用温度不宜过高，一般小于 250℃，否则会流失并相互黏结；③具有疏水性能，适用于快速测定样品中的微量水；④耐腐蚀，可用于分析氨气、氯气、氯化氢等活性气体；⑤小分子醇、酸等极性化合物无须衍生化可直接分离，得到对称峰形，并按相对分子质量由小到大的顺序流出。

14.2.3 载气

载气即气相色谱中的流动相，常用氢气、氮气、氦气和氩气等。其中氢气和氮气应用最多，氦气在普通气相色谱中应用较少，主要用于气相色谱-质谱联用分析。对于载气的选择和净化处理，主要视检测器、色谱柱以及分析要求而定。载气流量和压力的控制直接影响色谱分析结果的准确性和重现性。

需要注意的是，气相色谱中主要存在的作用力是组分和固定液分子间的作用力，这是因为载气的化学反应性通常是惰性的，且载气中的组分浓度低，导致组分与载气分子间的相互作用力以及组分与组分之间的相互作用力都很小，可忽略。

14.3 检 测 器

气相色谱检测器是检测色谱柱流出气体组分及其含量变化的测量部件。目前常用的有 5 种检测器，分别是热导检测器(thermal conductivity detector，TCD)、氢火焰离子化检测器(flame ionization detector，FID)、电子捕获检测器(electron capture detector，ECD)、氮磷检测器(nitrogen phosphorus detector，NPD)和火焰光度检测器(flame photometric detector，FPD)。另外，在气相色谱-质谱联用仪中，质谱也可看作气相色谱仪的检测器。

根据检测原理的不同，气相色谱检测器分为质量型检测器和浓度型检测器。质量型检测器测量的是单位时间内进入检测器的被测组分的质量变化，即响应信号大小与单位时间内进入检测器的组分质量成正比，如氢火焰离子化检测器和火焰光度检测器。浓度型检测器测量的是被测组分瞬时浓度的变化，即响应信号大小与组分在载气中的浓度成正比，如热导检测器、电子捕获检测器和氮磷检测器等。

根据对被测物质响应情况的不同，气相色谱检测器分为通用型检测器和选择性检测器。通用型检测器对绝大多数物质都有响应，如热导池检测器。选择性检测器只对某些物质有响应，对其他物质无响应或者响应较小，如电子捕获检测器、氮磷检测器和火焰光度检测器。

14.3.1　热导检测器

热导检测器(TCD)是基于载气与被测组分具有不同的热导率而制成的。其结构简单、性能可靠、定量准确、价格低廉，主要用于溶剂、一般气体和惰性气体的测定，如工业流程中气体的分析、药物中微量水分的分析等。但 TCD 的灵敏度不及其他气相色谱检测器。

1. TCD 结构

热敏元件装在池体内构成热导池，再将热导池与电阻组成惠斯顿电桥，加上其他元件构成热导检测器，如图 14.3 所示。池内的热敏元件(热丝)多用电阻率大、电阻温度系数大和机械强度高的金属丝，如铼钨丝、钨丝和铂丝等，池体由金属或玻璃制成。

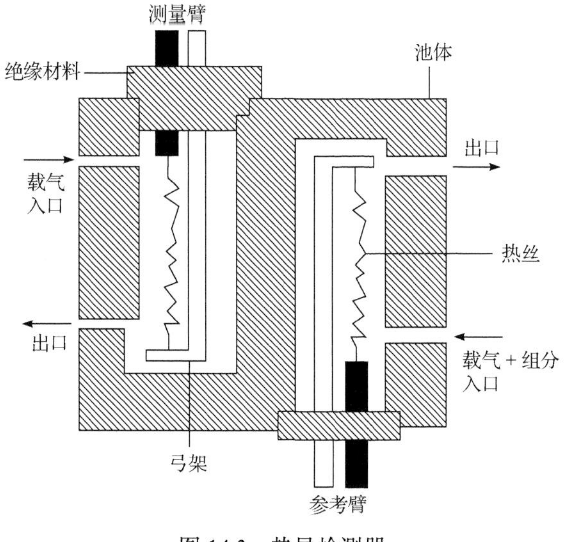

图 14.3　热导检测器

2. 工作原理

如图 14.4 所示，当不含组分的载气以一定流量通过稳定状态的热导池时，热敏元件消耗电能所产生的热被载气传导和强制对流消耗，池内处于热动态平衡状态，测量臂与参考臂温度相同，电阻相同。根据电桥原理：此时电桥处于平衡状态，即 $R_1/R_2=R_3/R_4$，A、B 两点电位相等，无电流信号输出，记录基线。当含有组分的载气流入热导池时，池体内气体组成改变，热导率也相应变化，热平衡状态被破坏，引起热敏元件的温度变化，其电阻随之变化，此时惠斯顿电桥处于不平衡状态，A、B 两点电位不相等，有电流信号输出，从而得到色谱信号。

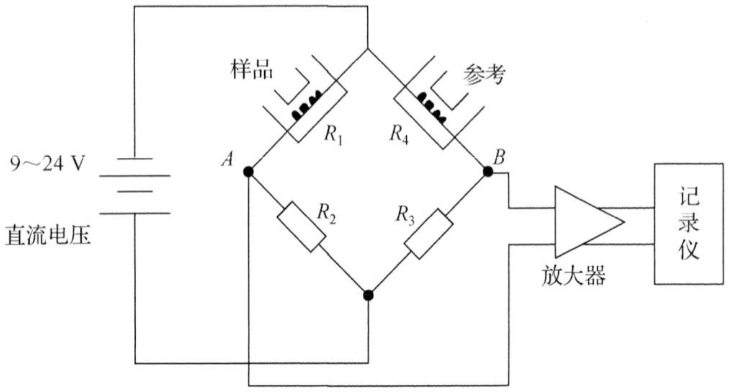

图 14.4　惠斯顿电桥

3. 影响 TCD 灵敏度的主要因素

1) 桥电流

桥电流是指通过惠斯顿电桥的电流。TCD 的灵敏度与桥电流的三次方成正比，电流增加，检测器灵敏度增加，但电流过高时，检测器的噪声加大，基线不稳，热丝易氧化、烧坏。采用低池体温度和热导率大的气体，如氢气和氦气，有利于支持较大桥电流的使用。

2) 载气

热导池实际测量的是纯载气与载气及组分的混合气体热导率之差，因此载气和组分热导率差别越大，电桥输出信号越大。几种常用气体的热导率(λ)见表 14.3，选择热导率较大的氢气或氦气作载气有利于提高热导池的灵敏度。一般 TCD 池腔较大，池体积为 0.5～1 mL，载气每分钟流速应大于池体积 20 倍，故流速应在 15 mL/min 以上。

表 14.3　常用气体的热导率

气体	λ/[10^{-4} J/(cm · s · ℃)]	
	0℃	100℃
空气	2.17	3.14
氢气	17.41	22.4
氦气	14.57	17.41

续表

气体	λ/[10^{-4} J/(cm · s · ℃)]	
	0℃	100℃
氧气	2.47	3.18
氮气	2.43	3.14
二氧化碳	1.47	2.22
氨气	2.18	3.26
甲烷	3.01	4.56
乙烷	1.80	3.06
丙烷	1.51	2.64

3) 热敏元件电阻及电阻温度系数

TCD 的灵敏度正比于热敏元件的电阻值及温度系数。铼钨合金丝是性能较为优越的材料，电阻率比高温钨丝高，抗氧化性能好，在高温时能经受更大电流。

4) 池体温度

TCD 对温度变化十分敏感，其灵敏度随温度的升高而降低。高性能 TCD 要求柱温变化和检测器温度变化都要控制在±0.01℃以内。

根据上述原理，在使用 TCD 时，应先通入载气，待载气流速稳定后，再加桥电流；关机时应先关闭桥电流，再关载气，防止热丝因温度过高而损坏。

14.3.2　氢火焰离子化检测器

氢火焰离子化检测器(FID)是根据气体电导率与气体中带电离子浓度成正比的原理而设计的。FID 由氢火焰离子化室及放大器组成，其结构如图 14.5 所示。

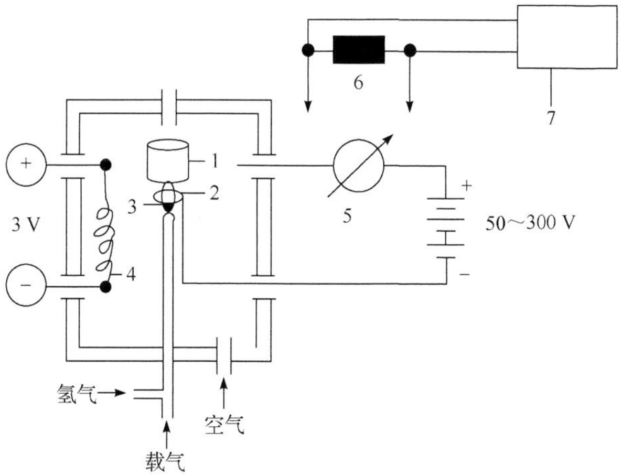

图 14.5　FID 氢火焰离子化室及配套装置

1. 收集极；2. 发射极；3. 氢火焰；4. 点火线圈；5. 灵敏电流计；6. 高值电阻；7. 微电流放大器

1. 工作原理

色谱柱流出的载气及组分与氢气混合后，从喷嘴流入氢火焰中，氢气燃烧时只产生很少的离子，而组分中碳氢化合物燃烧时能产生高几个数量级的离子。在收集极与发射极之间施加直流电压形成电场，使带正电的离子和电子分别向正、负两极移动而产生微电流。通过灵敏电流计收集微电流，再经放大器的高值电阻($10^{14}\ \Omega$以上)转换为电压信号，并传输至数据处理系统。没有组分流出时，收集的微电流称为“基流”，经补偿后，记录得到基线；组分流出时，收集的微电流经放大后，记录得色谱峰。

2. 离子化机理

组分在火焰中产生离子的机理，至今没有明确的解释。早先认为是热电离，现在化学电离机理被更多的人所接受。化学电离机理认为在火焰中燃烧的碳氢化合物先裂解成 $CH\cdot$ 或 $CH_2\cdot$ 自由基，然后与 O_2 进一步反应生成 CHO^+、$COOH^+$、C_2OOH^+、COO^+、CH_2OH^+、CHO_2^+等离子和电子 e^-，火焰中的水蒸气与 CHO^+碰撞产生 H_3O^+。以苯为例：

$$C_6H_6 \xrightarrow{\text{裂解}} 6CH\cdot$$

$$6CH\cdot + 3O_2 \longrightarrow 6CHO^+ + 6e^-$$

$$CHO^+ + H_2O \longrightarrow CO + H_3O^+$$

根据上述机理，FID 对所有含碳化合物都有响应，并具有很高的灵敏度，是最常用的检测器。另外，FID 的信号响应(色谱峰高)与单位时间内进入检测器火焰中组分的量成正比，故 FID 属于质量型检测器。

3. FID 的使用

FID 的灵敏度和线性范围与其结构设计有直接关系，包括火焰喷嘴的设计(如喷嘴的内径、长短等)、电极形状、电极距离和电极电压大小等。另外，操作条件(如载气、氢气和空气的流量等)对 FID 的灵敏度也有影响，氢气与载气的流量比通常为(1∶1)～(1.5∶1)，空气流量是氢气的 10～20 倍。由于载气流量与柱效有关，当其流量确定后，可通过调节氢气和空气流速，观测基流大小确定 FID 的灵敏度。填充柱常用氮气流速为 25 mL/min，氢气流速为 30 mL/min，空气流速约为 300 mL/min。

使用中，FID 应尽量保持较高温度，防止流出物的冷凝与污染，否则灵敏度和稳定性都会受到很大影响。特别在分析硅烷化样品后，更要注意污染，污染后应立即采用化学和物理的方法清除。

14.3.3 电子捕获检测器

电子捕获检测器(ECD)也称电子俘获检测器，是一种高灵敏度的浓度型检测器。利用放射源或非放射源将载气分子离子化，产生大量低能电子，当含电负性基团的组分进入检测器时，捕获电子而使基流降低，产生信号。其灵敏度高、选择性好，检测限达 10^{-14} g/mL。

1. ECD 结构

电子捕获检测器的结构示意图如图 14.6 所示。检测器以阴极壁上的 β 射线放射源(^{3}H 或 ^{63}Ni)为负极，内腔中央的不锈钢棒为正极，在两极间施加直流或脉冲电压，载气由两极间通过，常用高纯氮气或氦气为载气。

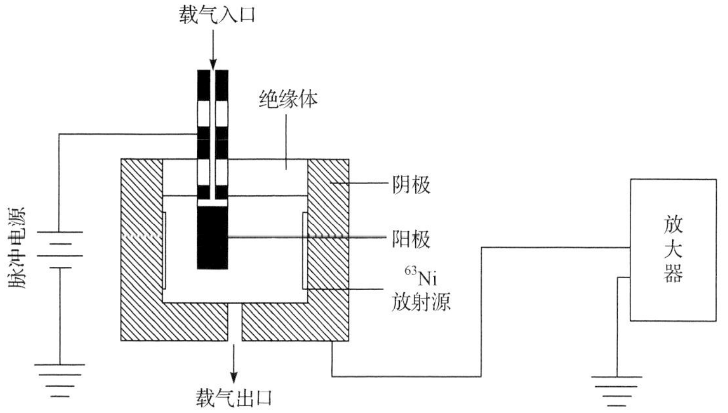

图 14.6　电子捕获检测器

2. 工作原理

当载气通过检测器时，在 β 射线的轰击下，载气被离子化(以 N_2 为例)，产生的 N_2^+和低能电子在电场中定向移动形成基流(10^{-9}～10^{-8} A)。

$$N_2 \longrightarrow N_2^+ + e^-$$

当含强电负性元素的物质(AB)进入 ECD 时，就会捕获这些低能电子，产生带负电荷的离子(AB^-)，释放出能量(E)：

$$AB + e^- \longrightarrow AB^- + E$$

AB^-与 N_2^+碰撞形成中性化合物，使基流降低，产生负信号而形成倒峰，经过放大器放大并进行极性转换，由记录器记录，即为响应信号。该信号大小与组分浓度成正比。

3. ECD 的应用

ECD 主要用于含强电负性元素的检测，如含有卤素、硫、硝基、羰基或氰基的化合物，且电负性越强，检测灵敏度越高，对于无电负性的物质则基本无响应。ECD 常用于甾体化合物、金属有机化合物、金属螯合物、多环芳烃、多卤或多硫化合物的检测，已经在食品检验、动(植)物体内的农药残毒量检测和环境检测(水、土壤、大气污染等)领域得到广泛应用。

14.3.4　氮磷检测器

氮磷检测器是一种高选择性、宽线性范围的质量型检测器，适用于高灵敏度分析含氮和含磷化合物。它的结构与 FID 相似，主要区别在于氮磷检测器在喷嘴和收集极之间增加了一个热离子源(常采用涂有 $NaSiO_3$、Rb_2SiO_3 等碱金属盐的玻璃或陶瓷珠)。当热离子源被通电加热时，在其表面会形成一层高化学活性的冷氢焰，碱金属盐在冷氢焰中被还原为碱金属蒸气。含有氮、磷的化合物进入冷氢焰，会生成稳定的电负性基团(CN 和 PO 或 PO_2)，这些电负性基团从碱金属蒸气中获得电子，形成负离子(CN^-、PO^-或 PO_2^-)，负离子向正电位的收集极移动，形成基流，经放大器放大后送至记录设备，得到色谱峰。失去电子的碱金属形成盐再沉积到热离子源表面，以维持热离子源的长期使用。

氮磷检测器包括氮磷(NP)和磷(P)型两种操作方式。采用 NP 操作方式时，可用于测定含氮和含磷的有机化合物；采用 P 操作方式时，可用于测定含磷的有机化合物。作为高选择性检测器，氮磷检测器对含电负性原子，特别是含氮、磷等有机化合物具有很高的灵敏度，检测限可达 10^{-13}～10^{-14} g/s，因此在临床、食品、农药残留及环境保护等分析领域中应用广泛。

14.3.5　火焰光度检测器

火焰光度检测器是一种测定含硫、磷化合物的高灵敏度、高选择性的质量型检测器，属于选择性检测器。它主要由火焰发光系统和光电系统两部分组成。火焰发光系统包括燃烧室、遮光罩、发光室等；光电系统包括石英片、滤光片、光电倍增管、放大器及记录器或数据处理系统。当含硫、磷化合物进入燃烧室时，在富氢焰($H_2:O_2>3:1$，体积比)中燃烧，产生激发态的 S_2^* 和 HPO^*分子，分别发射出 350～430 nm 和 480～600 nm 的特征分子光谱，其中 394 nm 和 526 nm 分别是含硫和含磷化合物的特征波长。通过特征光单色滤光片获得较纯单色光，再通过光电倍增管将光信号转变为电信号，经放大器放大传输给记录器，即可得到相应的色谱峰。火焰光度检测器的最小检出量达 10^{-11} g，其信号输出与含硫化合物的浓度呈对数关系(正比于浓度的平方根)，与含磷化合物的浓度成正比。由于它对含硫、磷化合物的响应值与碳氢化合物的响应值之比可达 10^4，因此能够排除大量溶剂峰和烃类物质的干扰，可应用于石油产品中微量硫化合物及农药中有机磷化合物的分析。

14.3.6　检测器的主要性能指标

色谱分析要求检测器具有以下特点：①稳定性好、噪声低；②灵敏度高；③线性范围宽；④死体积小、响应快。常用以下指标来衡量检测器的性能。

1) 噪声与漂移

在没有样品进入检测器时，基线在短期内发生起伏的信号称为噪声(noise，*N*)。将记录器置于高灵敏度状态或将图谱放大即可观察到噪声。噪声是由仪器本身(如放大器的热电子和电磁波干扰)及其他操作条件(如固定液的流失、进样器橡胶隔垫的流失、载气、温度、电压的波动和漏气等)所引起。漂移(drift，*d*)是指基线在一定时间内相对原点产生的偏离，常用每小时信号变化值(mV/h)表示。噪声和漂移是检测器稳定性的主要表现，因此良好的检测器应具备较小的噪声与漂移。

2) 灵敏度

气相色谱检测器的灵敏度(sensitivity，*S*)是一定量的物质(*Q*)通过检测器产生响应(*R*)

时，以 R 对 Q 作图所得标准曲线中线性部分的斜率，其定义式如式(14.4)所示。不同组分在同一检测器上的灵敏度会有所不同，斜率越大，灵敏度越高。

$$S = \frac{\Delta R}{\Delta Q} \tag{14.4}$$

式中，R 为响应值(mV)；Q 为物质量，其单位因检测器的类型不同而异，S 的单位也随之不同。对于浓度型检测器，如果 Q 的单位为 mg/mL(组分质量/载气体积)，则 S_c 的单位为(mV·mL)/mg；对于质量型检测器，如果 Q 的单位为 g/s(每秒进入检测器的克数)，则 S_m 的单位为(mV · s)/g。

3) 线性范围

定量分析的准确度与检测器的线性关系紧密相关。线性范围(linearity range)是指被测物质的量与检测器响应呈线性关系的范围，以最大允许进样量与最小进样量的比值表示。

4) 检测限

对于一个好的检测器，不但要看灵敏度的高低，还应看其检测限(detectability，D)的大小，即检测器恰能产生 3 倍于噪声的信号时，单位体积或单位时间内引入检测器的样品量，其定义用式(14.5)表示：

$$D = \frac{3N}{S} \tag{14.5}$$

式中，N 为噪声信号(mV)，由于灵敏度 S 有不同的单位，检测限 D 也有不同的单位。对于浓度型检测器，S_c 的单位为(mV·mL)/mg，则 D_c 单位为 mg/mL；对于质量型检测器，S_m 单位为(mV·s)/g，则 D_m 单位为 g/s。

14.4　气相色谱速率理论和分离条件的选择

14.4.1　气相色谱速率理论

van Deemter 方程将影响塔板高度的因素归结为三项，即涡流扩散项 A、分子扩散项 B/u 和传质阻力项 Cu。

1. 涡流扩散项

在填充柱色谱中，A 与填充物的平均直径 d_p 和填充不规则因子 λ 有关，与载气的性质、载气的线速度和组分的均匀性无关，其定义式为

$$A = 2\lambda d_p \tag{14.6}$$

式(14.6)表明，采用填充均匀、粒度适当和大小一致的载体，能降低涡流扩散项，提高柱效。空心毛细管不存在涡流扩散，所以 A 项为零。

2. 分子扩散项

B/u 与载气的线速度 u 成反比，与分子扩散系数 B 成正比。B 与组分在载气中的扩散系数 D_g 和扩散阻碍因子 γ 成正比，其定义式为

$$B = 2\gamma D_g \tag{14.7}$$

填充柱的γ值一般为 0.6～0.8，而在毛细管中不存在路径弯曲，$\gamma = 1$。扩散系数 D_g 与温度成正比，与载气相对分子质量的平方根成反比，随柱温升高而增大，随柱压增大而减小，因而宜采用较低柱温及选择相对分子质量较大和流速较高的载气来提高柱效。

由于组分在液体中的分子扩散系数比在气体中小 4～5 个数量级，因此分子在液相中的扩散可以忽略不计。

3. 传质阻力项

对于气相色谱，传质阻力系数包括气相(载气)传质阻力系数 C_g 和液相(固定液)传质阻力系数 C_l，其定义式为

$$Cu = C_g + C_l \tag{14.8}$$

气相传质过程是指组分从气相移动到固定液表面，在气液界面处发生质量交换的过程。对于填充柱，气相传质阻力系数 C_g 很小，可以忽略不计。

液相传质过程是指组分从气液界面处移动到固定液内部，发生质量交换达到平衡，然后再返回气液界面的传质过程。这个过程的发生需要一定的时间，此时，气相组分分子仍然随着载气不断地向柱口运动，造成峰形扩张。液相传质阻力系数表达式为

$$C_l = \frac{2}{3} \cdot \frac{k}{(1+k)^2} \cdot \frac{d_f^2}{D_l} \tag{14.9}$$

式中，d_f 为固定液的液膜厚度；D_l 为组分在固定液中的扩散系数。由此可知，固定相液膜厚度越小，组分在固定液中的扩散系数越大，液相传质阻力越小。减少固定液含量，可以降低固定相液膜的涂渍厚度，但会使 k 值减小，导致 C_l 降低。在固定液含量一定时，采用比表面积较大的载体也能降低液膜厚度。提高柱温可以增大 D_l，但同样会使 k 值减小，所以应采用适宜的柱温，保持适当的 C_l 值。

综上所述，气相色谱速率理论指出了载体粒度、色谱柱填充均匀程度、填料颗粒大小、载气种类和流速、固定液液膜厚度和柱温等因素对柱效的影响，对色谱实验条件的选择具有实际指导意义。

14.4.2 气相色谱实验条件选择

在气相色谱分析中，应当选择合适的色谱分离条件以实现组分的有效分离。由速率理论可知，要提高相邻组分的分离度，固定液、柱温及载气的选择是主要考虑的三方面。

假设两组分峰宽近似相等，可推导出分离度(R)与柱效(n)、分离因子(α)及容量因子(k)之间的关系式：

$$R = \frac{\sqrt{n}}{4}\left(\frac{\alpha-1}{\alpha}\right)\left(\frac{k_2}{1+k_2}\right) \tag{14.10}$$

式(14.10)称为分离方程式。式中，$\frac{\sqrt{n}}{4}$ 为柱效项；$\frac{\alpha-1}{\alpha}$ 为柱选择性项；$\frac{k_2}{1+k_2}$ 为柱容量项；k_2 为色谱图上相邻两组分中第二组分的容量因子，α 为分离因子，即 $\alpha = K_2/K_1 = k_2/k_1$。$n$、$k$ 和 α 是影响分离度的主要因素。增加 k，固定相对待分离组分的容量增大，分离度增加，但会使色谱峰变宽，从而降低灵敏度；增加 n，不仅能够改善分离度，还可以使色谱峰变锐，有利于提高检测灵敏度；增加 α，分离选择性增加，分离度增加。由此可知，要获得满意的分离度，就要提高 k、n 及 α。

气相色谱实验条件的选择主要依据速率理论及分离方程式，实际工作中应考虑以下条件。

1. 固定相

α 反映了固定液的选择性，α 越大，表明固定液的选择性越好。当 $\alpha = 1$ 时，无论柱效有多高，k 为多大，R 都为零，两组分不可能分离。容量因子 k 与组分分配系数、固定液的用量和柱温有关。α 和 k 取决于试样中各组分本身的性质和固定相性质，所以选择合适的固定相是分离的关键。增加固定液的用量可增大容量因子从而提高分离度，但会延长分析时间，并且依据气相色谱速率理论，固定相的液膜涂渍越厚，组分的液相传质阻力越大，引起谱峰展宽。

2. 载气流速和种类

依据 van Deemter 方程 $H = A + B/u + Cu$ 可知，涡流扩散项 A 与载气流速 u 无关，载气流速 u 越小，B/u 项越大，Cu 项越小。因此，在低流速(0～$u_{最佳}$)时，分子扩散项 B/u 起主导作用，宜采用相对分子质量较大的载气，如氮气、氩气，以使组分在载气中有较小的扩散系数 D_g。在高流速($u > u_{最佳}$)时，传质阻力项起主导作用，宜采用相对分子质量较小的载气，如氢气、氦气，可以减小气相传质阻力，提高柱效。在实际工作中为了缩短分析时间，使用的载气流速往往稍高于最佳流速，虽使柱效略有降低但影响不大。

3. 柱温

柱温的选择直接影响分离效能和分析速度，是色谱分离的关键。提高柱温，可加剧纵向扩散，使组分的挥发加快，减少分析时间，但分配系数减小，不利于分离；降低柱温，有利于提高色谱柱分离度，但传质阻力增大，峰形扩张，严重时引起拖尾，并延长分析时间，因此在选择柱温时应综合考虑。其选择原则是：在保证难分离组分获得良好分离、分析时间适宜且峰形不拖尾的前提下，应尽可能采用低柱温。具体按试样沸点不同而选择。

(1) 高沸点试样(300～400℃)：柱温可低于沸点 100～150℃，采用低固定液涂渍量(1%～3%)。

(2) 沸点＜300℃的试样：柱温可在低于平均沸点 50℃至平均沸点的范围内，固定液涂渍量为 5%～25%。

(3) 宽沸程试样：对于复杂的宽沸程(沸程＞100℃)试样，恒定柱温常不能兼顾两头，需采取程序升温(temperature programming)，即在一个分析周期内，按照一定程序改变柱温，使不同沸点组分在合适的温度下得到分离。程序升温可以是线性的，也可以是非线性的。

4. 柱长

分离度正比于柱长的平方根，增加柱长，分离度增加，对分离有利。但柱长增加会使传质阻力增加，峰宽加大，分析时间延长。因此，在达到一定分离度的同时应尽可能使用短柱。一般填充柱柱长为 0.5～4 m。

5. 其他条件

(1) 气化室温度：气化室温度取决于试样的沸点、热稳定性和进样量等因素，一般可等于或稍高于试样的沸点，以保证试样迅速完全气化，但不应超过沸点 50℃，以防止组分分解。气化室温度应高于柱温 30～50℃。对于热不稳定性组分应尽可能采用较低柱温，防止其分解。对于高沸点组分，甚至可低于其沸点。

(2) 检测室温度：为了使色谱柱的流出物不在检测器中冷凝而产生污染，检测室温度一般需高于柱温 20～50℃。

(3) 进样时间和进样量：进样通常在 1 s 以内完成，若进样时间过长，则试样起始宽度大，峰形变宽甚至变形。液体试样进样量不超过 10 μL，以 0.1～2 μL 为宜；气体试样不超过 10 mL，以 0.5～3 mL 为宜。进样量过多会使色谱柱超载，从而导致峰宽增大，峰形不正常。

14.4.3 样品的预处理

对于一些挥发性或热稳定性较差的物质，需经过预处理后才能通过气相色谱进行分析。分解法与衍生化法是气相色谱样品预处理最常用的方法。

1. 分解法

分解法可分为水解法和热裂解法。水解法是将大分子通过水解反应降解成小分子，如蛋白质水解成氨基酸，再经后续处理进行分析；热裂解法是将高分子化合物高温分解为低相对分子质量化合物，适用于高聚物等大分子分析。

2. 衍生化法

衍生化法是利用化学方法将高沸点、不气化或热不稳定的目标化合物转变为低沸点、可以气化或热稳定的衍生物，通过对后者的分析检测实现对目标化合物的定性或定量分析。常用的方法有酯化法、硅烷化法和酰化法。酯化法是通过酯化反应将羧基转化成酯基，包括甲醇法、重氮甲烷法和三氟乙酸法等，通常用于高级脂肪酸分析。硅烷化法适用于含有羟基、羧基及氨基的有机高沸点或热不稳定化合物，如糖类、氨基酸、维生素、抗生素和甾体药物等。它是通过硅烷化反应由三甲基硅烷基取代羟基、羧基和氨基上的活泼氢。常用的硅烷化试剂有四甲基硅烷(TMS)、*N*,*O*-双(三甲基硅烷基)三氟乙酰胺

(BSTFA)等。酰化法是将含有羟基的化合物(如高级脂肪醇、二元醇、酚、固醇、糖等)和含有氨基的氨基酸等制成相应的乙酰化、丙酰化、三氟乙酰化产物。

14.5　毛细管气相色谱法

以毛细管柱进行色谱分离的气相色谱法称为毛细管气相色谱法(capillary gas chromatography)。毛细管柱又称 Golay 柱或空心柱，目前主要使用的是内径为 0.1～0.5 mm、柱长为 10～100 m 的熔融硅石英管。因固定相涂布(涂布柱)或交联键合(交联柱)在毛细管内壁上，管中心是空的，故又称开管毛细管柱。

1956 年，Golay 根据色谱动力学理论，认为填充柱可以看成是一束涂有固定液的毛细管。由于固定液载体颗粒大小不同以及在柱内填充得不均匀，引起涡流扩散，故谱带展宽，柱效较低。因此，Golay 用玻璃制成中空的毛细管，并将固定液涂在管内壁上，就制得了柱效更高的涂壁毛细管开管柱，这标志着毛细管气相色谱法的诞生。1979 年出现了弹性石英柱，毛细管气相色谱法得到了普遍使用，并解决了许多复杂的分离分析问题。

毛细管气相色谱法具有以下特点。

(1) 柱效高：毛细管柱比填充柱长数倍至数十倍，理论塔板数大。

(2) 柱容量低：毛细管柱涂渍的固定液用量为填充柱固定相用量的几百分之一至几十分之一，因此仅能将微量的样品引入毛细管，通常使用分流装置来保证进样的重现性，以获得准确的定量分析结果。

(3) 分析速度快：常规毛细管柱多为开管柱，柱的渗透性好，载气的线速度较快。其固定液的液膜很薄且均匀，传质速率也较快，因此毛细管气相色谱法的分析速度快，通常一个含几十种组分的样品可以在几分钟内完成。

(4) 应用范围广：由于毛细管气相色谱具有高效、快速的特点，其在中药中的挥发油分析和残留农药分析、原料药中残留溶剂分析、体内药物分析和兴奋剂检测等方面的应用越来越普遍。

(5) 易于实现色谱-质谱联用：毛细管柱载气流量小，较易维持质谱离子源的高真空，通常在保温条件下，将细径毛细管直接或分流后插入质谱离子源即可。

14.5.1　毛细管柱的分类

毛细管柱可分为填充型和开管型毛细管柱。

1. 填充型毛细管柱

填充型毛细管柱(packed capillary column)是先在玻璃管内松散地装入载体、吸附剂等，然后将其拉制成毛细管，一般柱内径小于 1.0 mm，填料粒径与内径的比值为 0.2～0.3。但由于其填料密度不均匀、制作工艺复杂、易破碎及重现性差等缺点，无法满足复杂样品分析的要求，阻碍了它的发展。

2. 开管型毛细管柱

1) 按内壁的状态分

(1) 涂壁开管柱(wall coated open tubular column，WCOT column)：涂壁开管柱根据内壁是涂渍还是化学键合固定液又可分为经典涂壁毛细管柱和交联毛细管柱两种。

经典涂壁毛细管柱由玻璃、金属或弹性石英玻璃拉制成毛细管，再将固定液直接涂布在管壁上制成。交联毛细管柱是在空心毛细管柱内壁涂布了固定液后，再通过化学反应使固定液原位相互交联或键合到毛细管壁上的色谱柱。交联毛细管柱具有热稳定性好、使用温度宽等特点，能够提高固定液膜稳定性，减少固定液流失，适合分析低沸点物质，并且易与红外、质谱等仪器联用，是目前常用的毛细管柱之一。

(2) 载体涂渍开管柱(support coated open tubular column，SCOT column)：载体涂渍开管柱是先将载体沉积在厚壁玻璃管上，然后加热拉制成毛细管，再涂渍固定液。SCOT 柱所用固定液的量大，故柱容量大，但由于制备技术较复杂，未实现广泛应用。

(3) 多孔层开管柱(sorous-layer open tubular column，PLOT column)：内壁上涂有一层多孔固定相(如分子筛、氧化铝等)的开管柱，可用于气-固色谱的分析，若再涂渍固定液，就可构成涂载体开管柱。PLOT 柱具有较大的承载力和内表面积，有利于高效、快速分析，主要用于永久性气体以及小分子烷烃的分离分析。

2) 按毛细管柱内径分

(1) 常规毛细管柱：常规毛细管柱是指内径在 0.1～0.35 mm 的毛细管柱，在做 GC-MS 分析时，内径小的常规毛细管柱在满足离子源高真空度要求方面更具优势。

(2) 小内径毛细管柱(microbore column)：小内径毛细管柱内径一般小于 0.1 mm，主要用于快速 GC 分析。减小柱内径能够提高柱效，可在维持分离度不变的情况下缩短柱长。由于小内径毛细管柱固定液膜很薄，传质速率快，van Deemter 曲线比较平坦，最佳流速较高，因此可以在不降低分离度的情况下进一步提高载气流速，以提高分析速度。但提高分析速度的代价是载样量减小，因而样品的进样量要小。

(3) 大内径毛细管柱(megaobore column)：大内径毛细管柱主要是指内径为 0.53 mm 的弹性石英毛细管柱。大内径毛细管柱载样量大，可以直接取代填充柱，即不需要分流进样。此外，其分析速度较填充柱更快，并且吸附性更小，在较低的载气流速下柱效优于填充柱。大内径毛细管柱大多采用交联型固定相，化学稳定性和热稳定性优于填充柱。

14.5.2 毛细管色谱速率理论

1958 年，Golay 在 van Deemter 方程基础上改进提出了毛细管柱的速率理论方程式，称为 Golay 方程：

$$H = B/u + C_{\mathrm{g}}u + C_{\mathrm{l}}u \tag{14.11}$$

式(14.11)中各项的物理意义及影响因素与填充柱的速率方程相同。由于毛细管柱是空心的，不存在涡流扩散，$A=0$；分子扩散项中的弯曲因子$\gamma=1$，$B=2D_{\mathrm{g}}$；液相传质阻力系数 C_{l}与填充柱的速率方程相同；气相传质阻力在填充柱中是忽略不计的，而在毛细管色谱中由于毛细管固定液体积小，相比高，C_{l}一般比填充柱小，气相传质阻力通常是色谱峰扩张的重要因素，不能忽略。Golay 方程详细式如下：

$$H=\frac{2D_g}{u}+\frac{r^2(1+6k+11k^2)}{24D_g(1+k)^2}u+\frac{2kd_f^2}{3(1+k)^2D_l} \tag{14.12}$$

式中，r 为毛细管柱半径，其余各项同前。从 Golay 方程可看出，分子扩散项随载气线速度增加而减小，传质阻力项随载气线速度增加而增加。对于高效薄液膜毛细管柱，液相传质阻力项较小，影响效柱的主要是气相传质阻力项，为了降低该项，增加 D_g，常采用高扩散系数和低黏度的氦气或氢气作载气。

14.5.3　毛细管气相色谱仪

毛细管气相色谱系统与填充柱气相色谱系统没有本质差别，主要差异为毛细管气相色谱仪含有柱前分流进样和柱后尾吹装置。其流程如图 14.7 所示。

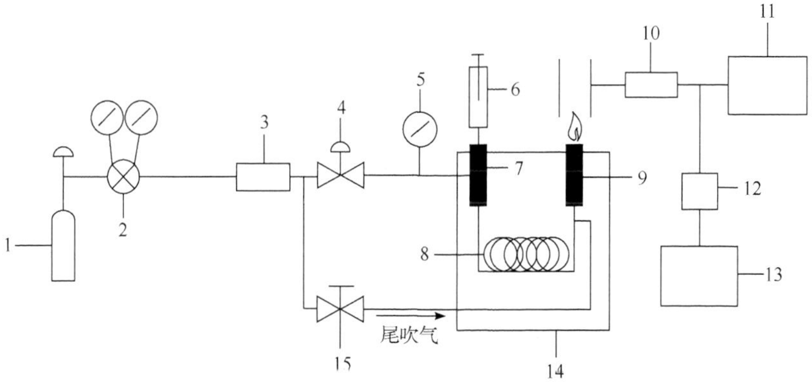

图 14.7　毛细管色谱仪流程示意图

1. 载气钢瓶；2. 减压阀；3. 净化管；4. 稳压阀；5. 压力表；6. 注射器；7. 气化室；8. 色谱柱；9. 检测器；10. 放大器；11. 记录仪；12. 模数转换器；13. 数据系统；14. 色谱炉；15. 针形阀

1. 进样系统

毛细管柱内径细，固定液膜厚度小，柱容量很小，并且相应的载气体积流速较低(0.2～6 mL/min)，如果使用常规进样方式，因色谱柱超载和谱带展宽，难以实现高效分离，所以常采用分流进样。毛细管柱气相色谱的进样器可以内插不同规格的玻璃衬管，通过更换进样器中的内插玻璃衬管，即可将进样变更为分流进样或不分流进样两种模式。

1) 分流进样

分流进样是指先将较大体积的样品量注入气化室中，当样品气化并与载气均匀混合后，再通过分流器让少量的样品和载气直接进入色谱柱，大量的样品和载气放空。分流进样一方面保证了进样量不会超载，另一方面通过大流量放空使得样品可以快速通过气化室，减小谱带展宽。

分流比指在所进样品完全气化，并与载气充分混合的条件下，样品通过分流进样器进入柱子的流量 F_c 与通过分流器放空的流量 $F_{分流}$ 之比，其定义如式(14.13)所示：

$$分流比 = \frac{F_c}{F_{分流}} \tag{14.13}$$

分流比通常为(1∶300)～(1∶20)。由于载气通过毛细管柱的流量很小，F_c 用皂膜流量计不易测量，也可以通过式(14.14)计算求出。

$$F_c = \pi r^2 L / t_M \tag{14.14}$$

式中，r 为毛细管柱半径；L 为毛细管柱柱长；t_M 为死时间。

分流进样法的优点：①样品组分的峰形尖锐；②操作方便，分流比调节容易；③易自动化操作，自动进样的精密度好；④不会引起柱子超载，不伤柱子；⑤结果的重现性好。

分流进样法的缺点：①不适合浓度和沸点范围宽的混合样品；②不适宜痕量分析；③若操作不当会引起分流失真，并且定量分析的准确度和精密度都依赖于进样的重复性和操作技术。

2) 不分流进样

常规毛细管柱的不分流进样法是在进样前通过分流阀将分流气路关闭，等待几十秒使气化的样品大部分进入毛细管柱后，再打开分流气路，将残留在气化室中的样品蒸气通过分流气路放空。而大容量大口径毛细管柱的不分流进样法则是在整个样品分析时间内始终保持分流气路关闭状态。

不分流进样法的特点如下：①色谱峰峰形尖锐，适用于程序升温操作以及痕量成分分析；②样品进样体积较大；③可采用较低的进样温度，有利于热不稳定化合物的分析并减少样品的热分解。毛细管柱的不分流进样技术比通常的分流进样技术检测灵敏度高1～2个数量级，因此在药物代谢产物、天然产物等痕量分析领域应用广泛。

2. 检测器

与毛细管柱相匹配的检测器必须具备灵敏度高、响应迅速及死体积小的特点。最常用的检测器是氢火焰离子化检测器，也可采用火焰光度检测器、电子捕获检测器或小体积及单热丝的热导检测器。

在毛细管气相色谱系统中，毛细管柱载气流速高，但柱径小、流量低，当样品被低流量载气带入检测器后速度会发生锐减，并造成色谱峰展宽。因此，在色谱柱出口处加一个辅助尾吹气不仅可以减小由检测器死体积引起的谱峰展宽，又可保证检测器在最佳的操作条件下进行分析检测。特别是对于死体积较大的检测器，如电子捕获检测器，尾吹气的使用更为重要。当使用氢火焰离子化检测器时，尾吹气还可以调节进入离子化室的氮气量与氢气量的比例，提升检测器灵敏度。

14.6　应 用 实 例

疯草(locoweed)包括棘豆属和黄芪属若干有毒植物，国内外分布广泛，在我国主要分布于西北、西南以及华北的主要牧区。苦马豆素(swainsonine，SW)是疯草类植物中含有的水溶性吲哚兹定生物碱，是疯草的主要有毒物质。据报道，每年都有大量家畜因误食疯草而中毒死亡的病例发生，对畜牧业造成了严重危害。研究发现，SW 除具有毒性外，还能抑制肿瘤的生长和转移，并可增强免疫功能，具有极大的药用价值，对其含量进行检测具有重要意义。然而，由于 SW 结构中含有 3 个羟基，为大极性生物碱，无法直接进行气相色谱分析。因此，需要先采用 *N*, *O*-双(三甲硅烷基)三氟乙酰胺(BSTFA)和三甲基氯硅烷(TMCS)硅烷化试剂对其进行衍生化处理，如图 14.8 所示。衍生化处理获得的衍生物热稳定性好，挥发性强，容易气化，可通过气相色谱内标法来准确测定。

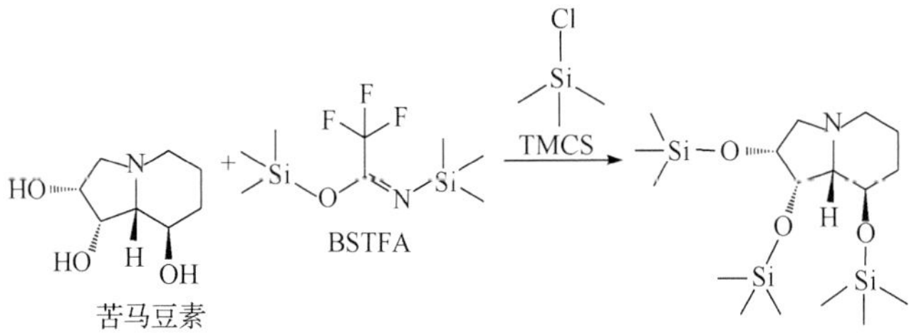

图 14.8　苦马豆素的衍生化反应

14.6.1　样品处理和衍生化

取 8 g 疯草草粉，加入蒸馏水超声提取，收集水提取液；然后加入适量氨水调节 pH 至 8～10，用正丁醇萃取 5 次；再用稀硫酸溶液萃取；最后将酸水溶液加热浓缩成浸膏，用 200 μL 吡啶溶解，作为疯草样品溶液备用。向上述制备的样品溶液中加入 20 μL 内标溶液，再加入 40 μL BSTFA：TMCS(99：1，体积比)混合溶液反应 3 h 进行衍生化。

14.6.2　内标物溶液制备

选择甲基-*α*-D-吡喃甘露糖苷(methyl-D-mannopyranoside，MDM)作为内标物，如图 14.9 所示，其保留时间为 7.32 min，与 SW 保留时间 7.93 min 相近又能完全分离，满足定量要求。精确称取 MDM 16 mg 于 8 mL 吡啶中，摇匀，作为内标溶液(2 mg/mL)备用。

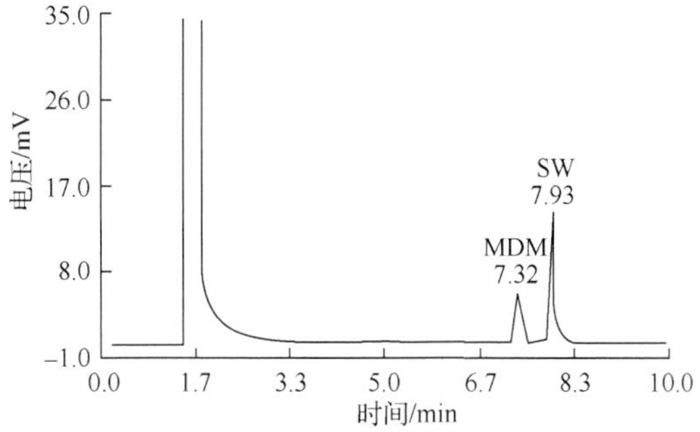

图 14.9　SW + MDM 的气相色谱图

14.6.3　测定条件

采用 GC-14C 气相色谱仪，AT.SE-54 型毛细管色谱柱(30 m × 0.25 mm)，柱温 200℃，

进样口温度 300℃，氢火焰离子化检测器(FID)，温度 280℃，分流比为 1∶60，载气为高纯氮气，载气压力为 200 kPa，进样量为 1 μL。

14.6.4 结果分析

根据图 14.10 的测试结果可知，变异黄芪样品溶液中出现保留时间为 7.32 min 的响应信号，与标准 SW 样品(图 14.9)在相同分析条件下的保留时间相同，即样品溶液中含有 SW。

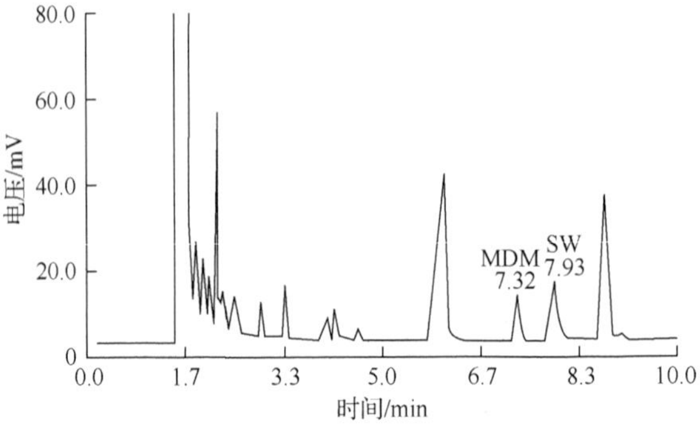

图 14.10 变异黄芪样品的气相色谱图

若以内标物 MDM 为基准时，相对校正因子为 1.0678，测得：SW 峰面积为 197566 mV · s；MDM 峰面积为 54202 mV · s，由式(13.44)可求得 SW 含量：

$$\omega_{\mathrm{sw}} = 1.0678 \times \frac{197566\ \mathrm{mV \cdot s}}{54202\ \mathrm{mV \cdot s}} \times \frac{2\ \mathrm{mg/mL} \times 20\ \mu\mathrm{L}}{8\ \mathrm{g}} \times 100\% = 19.46\ \mathrm{mg/kg}$$

习题与拓展

1. 简要说明热导检测器、氢火焰离子化检测器、电子捕获检测器、火焰光度检测器和氮磷检测器的工作原理。

2. 简要分析影响气相色谱柱分离度的各因素。

3. 简要说明毛细管气相色谱与填充柱气相色谱在流程和 van Deemter 方程上的差异。

4. 根据 van Deemter 方程简述一下柱温和载气流速对填充柱气相色谱柱效的影响作用，优化实验条件时应该如何考虑这两个因素？

5. 气相色谱在什么情况下需采用程序升温？并阐明原因。

6. 试通过以下实验条件和实验数据，计算某色谱仪检测器的灵敏度 S_m 及检测限 D_m。

(1) 实验条件。样品：0.05%苯的二硫化碳溶液(浓度需准确配制)；载气：N_2，30～40 mL/min；H_2∶空气 =(1∶5)～(1∶10)流量比；H_2∶N_2 = 1∶1 流量比；柱温：80℃；气化室与氢火焰离子化检测室温度：120℃；进样量：0.5 μL，进样 3 次。已知苯的密度为 0.88 g/cm^3。

(2) 实验数据：噪声 $2N$ = 0.020 mV；峰面积为 417.24 mV · s。

7. 某一样品含有 4 种组分，用气相色谱法 FID 检测器进行含量测定，实验步骤如下。

(1) 校正因子测定：准确配制苯(基准物、内标物)与组分 A、B、C 及 D 的纯品混合溶液，其质量分别为 0.435 g、0.653 g、0.864 g、0.864 g 及 1.760 g。吸取上述混合溶液 0.2 μL。进样 3 次，测得各组分峰面积的积分值分别为 4.00、6.50、7.60、8.10 及 15.00。

(2) 样品测定：在相同的实验条件下，取样 0.5 μL，进样 3 次，测得 A、B、C 及 D 峰面积的积分值分别为 3.50、4.50、4.00 及 2.00。已知它们的相对分子质量分别为 32.0、60.0、74.0 及 88.0。试计算：①各组分的相对质量校正因子；②相对物质的量校正因子；③各组分的质量分数；④各组分的摩尔分数。

8. 化学纯二甲苯是包括邻、间、对位二甲苯 3 种异构体的混合物，采用气相色谱法进行检测分析。

(1) 实验条件。色谱柱：有机皂土-34 + DNP/101 载体(4 + 4/100，质量比)，柱长 2 m，柱温 70℃；检测器：TCD，100℃；载气：H_2，流速 36 mL/min。

(2) 数据。邻二甲苯：$h = 3.22$ cm，$W_{1/2} = 1.10$ cm；间二甲苯：$h = 14.40$ cm；$W_{1/2} = 0.98$ cm；对二甲苯：$h = 4.95$ cm，$W_{1/2} = 0.92$ cm。

试用归一化法计算上述异构体各自的含量。

9. 冰醋酸含水量的测定。内标物为甲醇 0.4896 g，冰醋酸 52.16 g，甲醇峰高为 14.40 cm，半峰宽为 0.239 cm，水峰高为 16.30 cm，半峰宽为 0.159 cm，用内标法计算该冰醋酸中的含水量。

10. 在甲磺酸伊马替尼的合成工艺中，使用的溶剂主要有甲醇、乙醇和 *N*, *N'*-二甲基甲酰胺(DMF)。以岛津 Wonda CPA WAX 柱(30 m × 530 μm × 1.00 μm)、FID、程序升温检测其残留溶剂，过程如下：

(1) 取甲醇、乙醇、DMF 和正丁醇(内标物)适量，精密称定，加水溶解、定容，配制成混合对照溶液(甲醇、乙醇、DMF 和正丁醇的浓度分别为 30.2 μg/mL、49.1 μg/mL、8.80 μg/mL 和 50.3 μg/mL)。

(2) 精密称取甲磺酸伊马替尼原料药 0.0991 g，置于 10 mL 容量瓶中，加入与对照溶液相同量的正丁醇，用水定容。

(3) 精密量取供试品溶液和对照品溶液各 1 μL，注入气相色谱仪，供试品中乙醇峰面积的积分值为 17491，甲醇和 DMF 未检出峰，正丁醇峰面积的积分值为 68040；对照品中乙醇峰面积的积分值为 45498，正丁醇峰面积的积分值为 71542。

试计算甲磺酸伊马替尼残留溶剂的含量。

11. 简述保留指数的定义和用其定性的优点。在 Apiezon L、OV-1 及 PEG-20M 色谱柱上，柱温为 120℃时，正己醇的保留指数分别为 841.0、890.0 及 1331.0，但相同条件下，2,3-二甲基丁烷在这三根色谱柱上的保留指数几乎相同(分别为 566.0、576. 0 及 574.0)，分析产生此现象的原因。

12. 已知 CO_2 气体体积分数分别为 20%、40%、80%时，其峰高分别为 25 mm、50 mm、100 mm(等体积进样)，试作出外标校准曲线。若将一个等体积的样品进样，CO_2 的峰高为 75 mm，求该样品中 CO_2 的体积分数。

13. 拓展练习：

(1) 查阅一篇与气相色谱法相关的文献，结合本章的知识点对文献进行解读，需包括：简要的文献总结、章节知识点与文献内容的关联以及改进的思考。

(2) 查阅资料，归纳总结气相色谱法在仪器部件和分析应用上的发展创新，需给出相应的参考文献。

参 考 文 献

柴逸峰，邸欣，凌笑梅，等. 2016. 分析化学. 8 版. 北京：人民卫生出版社.

李发美，胡育筑. 2006. 分析化学. 北京：中国医药科技出版社.

李志富，陈建平. 2015. 分析化学. 武汉：华中科技大学出版社.

武汉大学. 2018. 分析化学(下册). 6 版. 北京：高等教育出版社.

Cui Z H, Zhao X H, Li Q F, et al. 2008. Determination of swainsonine in *Astragalus* locoweed by internal standard gas chromatography. Journal of Northwest A&F University, 36(5): 17-20.

Javier G B, Laura F C, Montserrat R V, et al. 2023. Potential of GC-combustion-MS as a powerful and versatile nitrogen-selective detector in gas chromatography. Analytical Chemistry, 95(31): 11761-11768.

Łukasz D. 2018. Multidetector systems in gas chromatography. TrAC Trends in Analytical Chemistry, 102: 185-193.

Peluso P, Bezhan C. 2022. Recognition in the domain of molecular chirality: From noncovalent interactions to separation of enantiomers. Chemical Reviews, 122(16): 13235-13400.

Zhao X H, He X, Wang J H. 2011. Determination of swainsonine of *Astragalus variabilis* Bunge by gas chromatography with solvent extraction. Acta Agriculturae Boreali-Occidentalis Sinica, 20(6): 71-74.

气相色谱法的应用和发展

第 15 章　高效液相色谱法

高效液相色谱法(high performance liquid chromatography，HPLC)是在 20 世纪 60 年代末，以经典液相色谱法为基础，引入现代色谱的理论与技术而发展起来的高效分离分析方法。高效液相色谱法与经典液相色谱法的对比如表 15.1 所示，它与经典液相色谱法的主要区别是：高压泵输送流动相、高效的固定相和灵敏的在线检测器等。

表 15.1　高效液相色谱法与经典液相色谱法性能对比

项目	经典液相色谱法	高效液相色谱法(分析型)
固定相	一般规格	特殊规格
固定相粒度/μm	75～500	3～10
固定相粒度分布(RSD)/%	20～30	<5
柱长/cm	10～100	3～25(分析型)
柱内径/cm	2～5	0.2～0.46
柱入口压力/MPa	0.001～0.1	10～40
柱效(理论塔板数/m)	10～100	3×10^4～8×10^4
样品用量/g	1～10	10^{-6}～10^{-4}
分析所需时间/h	1～20	0.05～0.5
装置	非仪器化	仪器化

相比于气相色谱法，高效液相色谱法分析范围更广，更适合分析挥发性低、热稳定性差和相对分子质量大的高分子化合物以及离子型化合物，可应用于氨基酸、蛋白质、生物碱、核酸、甾体、类脂、维生素、抗生素等生物样品，以及相对分子质量较大、沸点较高的有机化合物和无机盐类的分离分析。

高效液相色谱法的特点：①适用范围广；②分离性能好；③分析速度快；④流动相可选择性范围宽；⑤灵敏度高；⑥色谱柱可反复使用；⑦流出组分容易收集。目前高效液相色谱法还存在缺乏高灵敏度的通用型检测器，以及使用有机溶剂作为流动相易对环境产生污染等问题。

15.1　高效液相色谱的主要类型及分离原理

高效液相色谱法的分类与经典液相色谱法相同。按固定相的聚集状态可分为液-液色谱法(liquid-liquid chromatography，LLC)及液-固色谱法(liquid-solid chromatography，LSC)两大类；按分离机理可分为分配色谱法、吸附色谱法、离子交换色谱法和分子排阻色谱法等四类基本色谱法，此外还有化学键合相色谱法、亲和色谱法和胶束色谱法等类型。

15.1.1 液-液分配色谱法

流动相与固定相均为液体，依据试样组分在固定相和流动相中的溶解度差异，使其在两相之间分配不均匀，从而达到分离目的的色谱法称为液-液分配色谱法(liquid-liquid partition chromatography，LLPC)。按照固定相的极性差异，液-液分配色谱法可分为正相(normal phase，NP)和反相(reversed phase，RP)色谱法。

1. 正相色谱法

正相色谱法流动相的极性小于固定相的极性，简称正相洗脱。在进行正相洗脱时，样品中极性小的组分先流出色谱柱，极性大的组分后流出色谱柱。主要原因是极性小的组分在固定相中的溶解度小，保留因子小。以含水硅胶为固定相，烷烃等为流动相，是传统正相色谱法的代表。但该法固定液易流失、重复性差，在 HPLC 中已被正相键合相色谱法替代。

2. 反相色谱法

反相色谱法流动相的极性大于固定相的极性，简称反相洗脱。在进行反相洗脱时，样品中极性大的组分先流出色谱柱，极性小的组分后流出色谱柱，与正相洗脱正好相反。对于物理涂渍的液-液色谱固定相，反相洗脱时固定液易流失，故反相色谱法基本被化学键合相色谱法取代。

15.1.2 液-固吸附色谱法

液-固吸附色谱法(liquid-solid adsorption chromatography，LSAC)是以固体吸附剂为固定相，根据样品中各组分在固定相上的吸附强度不同实现分离。其基本原理是流动相在固体吸附剂表面形成饱和单分子层吸附，溶质随流动相进入色谱柱后，溶质分子与流动相分子在吸附剂表面吸附点上发生竞争吸附。该法常用固定相可分为极性和非极性，前者以多孔硅胶微球为代表，还包括氧化铝及分子筛等；后者有活性炭和石墨化炭黑等。流动相则根据样品的极性强弱而定，极性强的样品一般采用极性强的流动相，极性弱的样品采用极性弱的流动相。液-固吸附色谱法的吸附力和保留值由溶质分子结构决定，如溶质分子所含官能团的极性、数目与空间排布等。

15.1.3 离子交换色谱法

离子交换色谱法(ion exchange chromatography，IEC)是结合离子交换原理和液相色谱技术来测定溶液中阴阳离子的一种分离分析方法，常用于分离在溶液中可以电离的物质。当待测组分电离后，产生的离子可与固定相树脂上游离的平衡离子和流动相中的离子进行可逆交换。其中，待测组分中发生交换的离子所带电荷与固定相中发生交换的离子所带电荷相反，与流动相中的相同。

1. 离子交换原理

离子交换色谱利用了待测组分中不同离子对固定相亲和力不同的性质，待测组分中的离子和固定相表面带相反电荷的基团之间进行可逆交换或吸附，以此实现分离。

2. 固定相和流动相

离子交换剂大致可以分为：离子交换树脂、纤维素和硅胶。离子交换色谱主要采用表面含有带电基团和游离平衡离子的离子交换树脂作为固定相。离子交换树脂又可以分为阳离子交换树脂和阴离子交换树脂。

离子交换色谱的流动相多为缓冲溶液。由于分离时流动相中的离子会与分离组分中的离子在固定相上发生竞争性吸附和交换，因此流动相的离子种类、离子强度和 pH 等因素都会对离子交换色谱的分离效能产生影响。因此，在优化分离条件时，可以对上述条件进行考察。

15.1.4 分子排阻色谱法

分子排阻色谱法(molecular exclusion chromatography，MEC)是按分子尺寸与凝胶的孔径大小进行分离的一种色谱方法，类似于分子筛效应。固定相为具有一定孔径范围的多孔性物质——凝胶，体积较大的分子因不能渗透到凝胶的空穴，会较早地随流动相被淋洗出来；中等大小的分子部分渗透；小分子可完全渗透进入空穴，最后被洗脱出来。分子排阻色谱法的试样峰均在溶剂保留时间前出峰，故柱内峰展宽比其他分离方法小得多，所得峰较窄，便于检测。该法常用于测定一些高聚物的相对分子质量分布。

15.1.5 化学键合相色谱法

化学键合相色谱法(chemically bonded phase chromatography，CBPC)是由液-液分配色谱法发展起来的。固定液的流失导致分配色谱法不适用于梯度洗脱操作。为了解决固定液的流失问题，人们将各种不同的有机官能团通过化学反应键合到硅胶(载体)表面的游离羟基上，生成化学键合固定相，进而发展成化学键合相色谱法。常用的化学键合相既有分配作用，又有吸附性能(全封尾键合相除外)，已被广泛用于正相与反相色谱法、离子对色谱法、离子抑制色谱法、离子交换色谱法及毛细管电色谱法等诸多色谱法中，故化学键合相色谱法是应用最广的色谱法。

1. 正相键合相色谱法

正相键合相色谱法(normal phase bonded-phase chromatography，NPBPC)的固定相极性大于流动相极性，较常用的固定相是氰基与氨基化学键合相，流动相由烷烃(常用正己烷等)加适量极性调整剂构成。氰基键合相的分离选择性与硅胶相似，但极性小于硅胶。氨基键合相色谱柱是分析糖类最重要的色谱柱，也称碳水化合物柱。氨基键合相与硅胶的性质有较大差异，前者为碱性，后者为酸性，在作正相洗脱时表现出不同的选择性。

1) 分离机理

正相键合相色谱多用于分离溶于极性溶剂的极性和中等极性的分子型化合物，其分离机制有两种不同的解释。一种是分配过程，即将有机键合层视为一个液膜，组分在两相间进行分配，极性强的组分的容量因子 k 大，t_R 也大；另一种是吸附过程，即依据组分间的定向、诱导或氢键作用力的差别而分离。例如，用氨基键合相分离极性化合物

(如糖类)时，主要依据键合相与组分分子间氢键作用力的强弱差别实现分离。

2) 流动相的极性与保留因子的关系

流动相的极性增大，洗脱能力增加，k 减小，t_R 减小；反之 k 和 t_R 都增大。分离结构相近的组分时，极性大的组分后流出色谱柱。

2. 反相键合相色谱法

反相键合相色谱法(reversed phase bonded-phase chromatography，RPBPC)固定相的极性小于流动相的极性。典型的反相键合相色谱通常使用非极性固定相和极性流动相，如固定相常用十八烷基硅烷基键合相，流动相常用甲醇-水或乙腈-水。非典型反相色谱系统由弱极性或中等极性的键合相与大于固定相极性的流动相组成。

1) 分离机理

反相键合相表面具有非极性烷基官能团及未被取代的硅醇基。硅醇基具有吸附性能，剩余硅醇基的多少视覆盖率(封尾)而定。该分离机制较复杂，有疏溶剂理论、双保留机理、顶替吸附-液相相互作用模型等多种理论。目前较为流行的是 1976 年 Horvath 提出的疏溶剂理论。

当非极性溶质或溶质分子中的非极性部分与极性溶剂相接触时，相互产生斥力，此现象称为疏溶剂作用(solvophobic interaction)。非极性烷基键合相是在硅胶载体的表面覆盖了一层由 Si—C 键结合的十八烷基(或其他烃基)的“毛发”，可称为“分子毛”。该烷基“分子毛”是非极性的，由于反相液相色谱的溶剂是极性的，当键合相表面的烷基(“分子毛”)与极性溶剂接触时，相互产生斥力，因此“分子毛”是强疏溶剂的。对于非极性、弱极性或中等极性溶质分子的保留，主要是由于溶质分子与极性溶剂分子间的排斥力，促使其非极性部分(S)与键合相的分子(L)发生疏水缔合，形成缔合物(SL)。缔合反应式(15.1)是可逆的，流动相的表面张力越大，缔合力越强。反之，有极性官能团存在时，溶质分子与极性溶剂间的作用力增强而不利于缔合。缔合作用的强弱，决定溶质分子保留时间的长短。

$$S + L \rightleftharpoons SL \tag{15.1}$$

疏水缔合相的强弱与溶质分子的极性、烷基键合相的碳链长短和含碳量、流动相的性质及柱温等因素有关。

2) 流动相的极性与保留因子的关系

与正相键合相色谱法相反，反相键合相色谱法流动相的极性增大，洗脱能力降低，溶质的 k 增大，t_R 增大；反之 k 和 t_R 都减小。分离结构相近的组分时，极性大的组分先流出色谱柱。

反相键合相色谱法主要用于分离非极性至中等极性的各类分子化合物，溶剂极性有较大调节范围，是应用最广泛的键合相色谱法。

15.1.6 其他色谱法

1. 手性色谱法

用手性固定相或在流动相中加入手性添加剂与对映异构体形成瞬间非对映立体异构

“配合物”，以实现分离、分析立体异构体的方法，称为手性色谱法(chiral chromatography，CC)。常用的有键合手性固定相的 Pirkle 柱和环糊精、冠醚等手性添加剂。

手性固定相与样品对映体之间的作用力强弱取决于两者之间的作用点是否“配对”，如果“配对”，则作用力强，保留时间长；反之作用力弱，保留时间短。两者间的作用力类型主要有氢键缔合、偶极作用、π-π 作用、疏水作用及空间位阻等。手性固定相通常与构型相反的对映体之间产生较强的作用力，从而将对映体拆分。例如，用 *R* 构型的 Pirkle 型手性固定相分离 *N*-芳基氨基酸，其 *R* 构型异构体保留时间短，先出柱；*S* 构型异构体的保留时间长，后出柱。

手性色谱法是重要的对映体分析与精确拆分手段。制备单一活性异构体以替代外消旋混合物，是当今制药业发展趋势，手性固定相昂贵，但用其制备药用单一异构体最快捷。因此，手性色谱法在对映异构体杂质限量控制中有重要作用。

2. 亲和色谱法

亲和色谱法(affinity chromatography，AC)是利用生物分子间的专一性作用，分离和分析复杂试样中能产生专一性亲和作用物质的一种色谱方法。这种亲和作用包括分子间疏水、范德华力、静电力、络合作用及空间位阻效应等多种作用力。许多生物分子之间都有专一的亲和特性，如抗体与抗原、酶与底物和 RNA 与 DNA 等，将其中之一固定在载体上构成固定相，流动相是不同 pH 的缓冲溶液。样品中各组分与固定在载体上的配基具有不同亲和作用，当含有亲和物的试样流经固定相时，配基与亲和物结合形成的复合物保留在固定相上，其他组分流出色谱柱。通过改变流动相 pH 或组成减弱亲和物与配基之间的结合力，将亲和物以高纯度洗脱下来。亲和色谱法较其他色谱法有更高的选择性、回收率和纯化率，是分离和分析生物大分子的重要手段。

3. 离子色谱法

离子色谱法(ion chromatography，IC)是一种由离子交换色谱法发展演化而来的分离分析方法，用来检测在近紫外光区无吸收而无法使用紫外检测器分析的无机离子，其固定相通常为离子交换树脂，流动相是电解质溶液。

离子色谱装置在仪器结构方面与高效液相色谱相似，包含溶剂输送系统、进样系统、分离系统、检测系统和数据记录与处理系统。溶剂输送和进样系统包括淋洗液槽、泵和进样阀等装置；分离系统的主要装置是分离柱；检测系统包括抑制柱和电导池。但离子色谱仪和高效液相色谱仪在部件上有所不同，离子色谱仪的泵和流路多用非金属材料制作，以防被高浓度的酸碱液腐蚀，而高效液相色谱仪多采用金属泵体以容纳各种类型的有机溶剂；离子色谱通用的是电导检测器，而高效液相色谱一般采用紫外检测器。

离子色谱法可分为抑制型(双柱)和非抑制型(单柱)离子色谱法两种。抑制型离子色谱法在分离柱后串联抑制柱，其中装有与分离柱相反电荷的离子交换树脂，可将样品离子转化成相应的酸或碱，并增加其电导值，同时也降低了洗脱液的电导值，从而有效避免待测离子信号被高电导率的流动相信号淹没的问题。采用低电导率洗脱液，分离柱直接连接电导检测器而不采用抑制柱的方法，称为非抑制型(单柱)离子色谱法，其检测灵敏度往往较抑制型低。

离子色谱法应用广泛，不仅可以分析无机、有机阴阳离子，还可以分析氨基酸、糖类和 DNA/RNA 的水解产物等。

4. 离子对色谱法

离子对色谱法(ion pair chromatography，IPC)由化学键合相色谱法衍生而来。该法是在固定相上涂渍或流动相中加入与溶质离子电荷相反的离子对试剂，这类试剂常被称为对离子或反离子(counterion)，其作用是提供阴(阳)离子与溶质离子结合形成离子对，从而使溶质在固定相和流动相之间的分配发生变化以实现分离。离子对色谱法可分为正相离子对色谱法和反相离子对色谱法，后者目前应用广泛。目前，离子色谱法多采用以 C_8 或 C_{18} 键合相为固定相，用含有离子对试剂的有机溶剂(甲醇或乙腈)-水溶液作流动相，该法结合了反相色谱和离子交换色谱的优势，适用于有机酸、碱、盐，以及用离子交换色谱法无法分离的离子和非离子混合物的分离。

15.1.7　分离方法的选择

不同 HPLC 分离方法的分离机制差异显著，需要根据分析目的、试样性质和各种模式的分离机制，选择合适的分离方法。试样性质包括相对分子质量、化学结构、极性和溶解度等。现将其归纳于图 15.1，在选择方法时可作为参考。

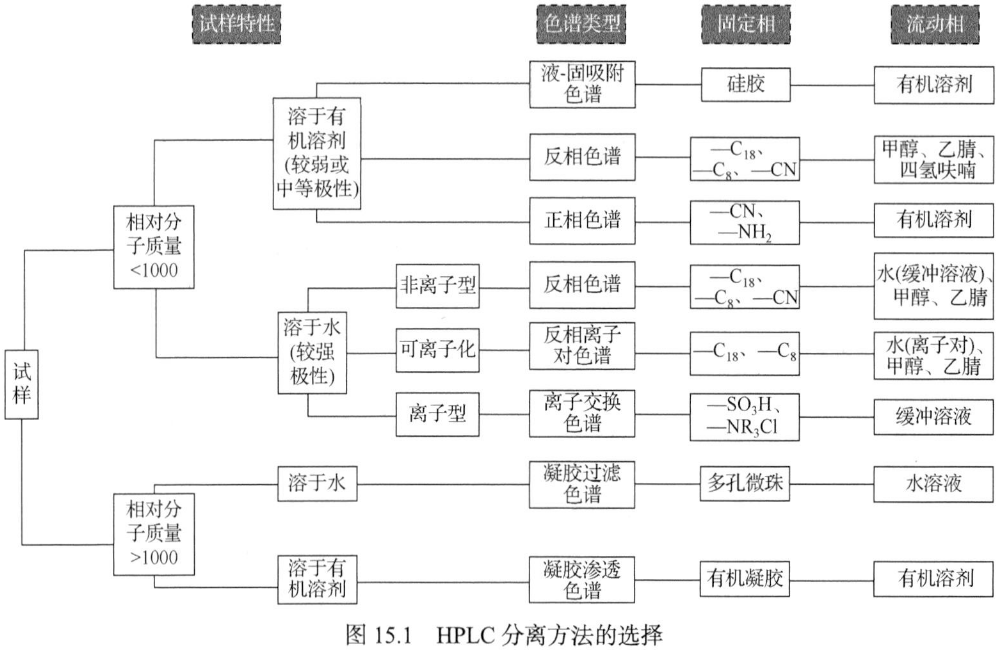

图 15.1　HPLC 分离方法的选择

15.2　高效液相色谱的固定相

色谱柱中的固定相(stationary phase，或称填充剂、填料)是高效液相色谱法的关键组成部分，它直接关系到柱效与分离度。

15.2.1　化学键合固定相

用化学反应的方法将固定液的官能团键合在载体表面上，所形成的填料称为化学键合相，简称键合相。其优点有：①使用过程不流失；②化学性能稳定，在 pH 为 2～8 的溶液中不变质；③热稳定性好，一般在 70℃以下稳定；④载样量大，比硅胶高约一个数量级；⑤适用于梯度洗脱。

化学键合相常用硅胶作载体，具有分配作用及一定的吸附作用，吸附作用的大小视键合覆盖度而定。采用化学反应方法将载体表面上残存的硅醇基除去，称为封尾、封顶或遮盖，所形成的键合相称为封尾键合相，如苯乙烯-二乙烯基苯(BDS)。完全封尾的键合相没有吸附作用，其缺点是强疏水。

键合硅胶按官能团与载体相结合的化学键类型，分为 Si—O—C 与 Si—O—Si—C(硅氧烷)型。其中 Si—O—C 型键合相易发生水解而损坏，因此已被淘汰。目前多用硅氧烷型键合相，按极性差异可将其分为非极性、中等极性和极性三类。

1. 非极性键合相

非极性键合相的表面基团为非极性烃基，如十八烷基、辛烷基、甲基与苯基(可诱导极化)等。十八烷基硅烷(octadecylsilane，ODS 或 C_{18})是最常用的非极性键合相。ODS 键合相是由十八烷基氯硅烷与硅胶表面的硅醇基经多步反应生成，键合反应如下：

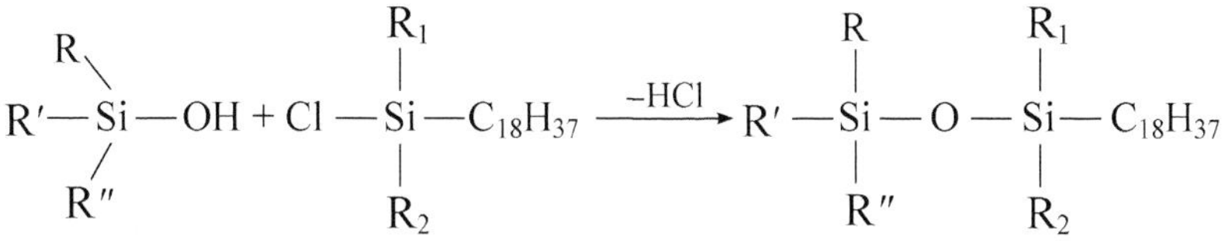

若 R_1 和 R_2 均为甲基，则构成高碳 ODS 键合相，其载样量大，吸附和保留性能好；若 R_1 和 R_2 分别为一个甲基和一个氯原子，氯原子与硅胶的另一个硅醇基再脱一分子 HCl，则生成中碳 ODS 键合相；若 R_1 和 R_2 均为氯原子，则与另外两个硅醇基脱两分子 HCl，生成低碳 ODS 键合相。

1995 年，Waters 公司推出了内嵌极性基团的反相固定相 Symmetry Shield™，其内嵌极性基团是氨基甲酸酯，采取一步合成法合成。其优点为：①改善了反相固定相的亲水性(水湿性)，水与颗粒有氢键作用，降低“脱水”危险；②水层屏蔽了带负电的硅羟基，减少了碱性物质的保留；③减少了拖尾现象，重复性好。

2. 中等极性键合相

常见的中等极性键合相有醚基键合相(如 YWG-ROR)，这种键合相依据流动相的极性差异可作正相或反相色谱的固定相。

3. 极性键合相

常用的极性键合相有氨基键合相(强极性)和氰基键合相(中强极性)，是分别将氨丙硅烷基[—$Si(CH_2)_3NH_2$]及氰乙硅烷基[—$Si(CH_2)_2CN$]键合在硅胶上制成的，可用作正相色谱的固定相。氨基可与糖分子中的羟基选择性作用，故氨基键合相是分析糖类最常用的固定相。需要注意的是，由于氨基与羰基之间的反应，氨基键合相不宜分离醛酮类物质，流动相也不能含有羰基化合物。氰基键合相对双键异构体或含双键数不同的环状化合物有很好的分离选择性。许多不能在硅胶上分离的极性较强的样品，可以在氰基键合相上完成。

此处介绍的化学键合相是用于反相与正相色谱的化学键合相。广义的化学键合相还包括键合型离子交换剂、手性固定相及亲和色谱固定相等。

4. 键合相的性质

键合相的性质不仅与键合官能团性质有关，还受链长、载体性质及表面覆盖度等因素的影响。

1) 链长

键合基团的链长增加，极性降低，载样量增大，k 增大，如 C_{18} 基团的载样量大于 C_8。ODS 键合相最大允许载样量为每克固定相 2×10^{-3} g。

2) 载体性质

载体的比表面积决定键合基团的总量，总量大，k 大，保留时间长。涡流扩散项与柱渗透性取决于载体的形状，相比其他形状，球形固定相颗粒效果较佳。ODS 键合相的载体多采用全多孔硅胶或堆积硅珠，以全多孔硅胶为基体的键合相柱效高，载样量大，且具有较高的耐压性、化学稳定性和热稳定性，可以用高压匀浆法装柱。在色谱过程中，流动相的 pH 与离子强度对被测组分的保留因子和分配系数有很大影响，因此需用一定 pH 和浓度的缓冲液，并严格控制其离子强度。但在 pH > 9 的流动相中，硅胶容易溶解，未键合的残留硅羟基容易生成硅酸盐，因此其适用范围只能在 pH 为 0～8。

全多孔微粒型键合相的交换容量一般为 mmol/g 水平，薄壳型键合相因表面积较小，一般只有 μmol/g 水平。当其他条件固定时，柱交换容量大，保留时间长。

3) 表面覆盖度

在硅胶表面，每平方纳米约有 6 个硅醇基可供化学键合。由于键合基团的立体结构障碍，这些硅醇基不能全部参与键合反应。参与反应的硅醇基数目占硅胶表面硅醇基总数的比例，称为该固定相的表面覆盖度。覆盖度的大小，决定键合相是分配还是吸附作用占主导。Partisil 5 ODS 的表面覆盖度为 98%，即残存 2%的硅醇基，分配作用占主导；Partisil 10 ODS 的表面覆盖度为 50%，既有分配作用又有吸附作用。全封尾键合相只有分配作用，如国产 YWG-FN 是用氟酰胺遮盖了硅胶的吸附部位，分离效果良好，但疏水性强，在相同分离条件下柱压高于普通键合相柱。

15.2.2　其他种类固定相

1. 离子交换剂

离子交换剂分为离子交换树脂和键合型离子交换剂两类。

1) 离子交换树脂

离子交换树脂以高分子聚合物，如苯乙烯-二乙烯苯为基体，在其骨架上引入离子交换基团而生成。离子交换树脂在经典 LC 中应用广泛，但因其膨胀性、不耐压及传质阻力比较大等缺点，在 HPLC 中基本已被聚合物键合离子交换填料所替代。

2) 键合型离子交换剂

键合型离子交换剂以全多孔球形或无定形硅胶为载体，表面化学键合上所需的离子交换基团。磺酸型(—SO_3H)阳离子交换填料和季铵盐型(—NR_3Cl)阴离子交换填料，分别是阳离子和阴离子交换色谱法常用的固定相。根据引入基团能电离出阴、阳离子的程度，又可分为强碱与弱碱性阴离子交换填料或强酸与弱酸性阳离子交换填料，如含羧酸基或酚羟基的弱酸性阳离子交换填料等。

2. 凝胶

分子排阻色谱法所用的固定相称为凝胶，是具有一定孔径范围的多孔性固定相。根据耐压程度，凝胶可分为软质、半硬质和硬质三种。

1) 软质凝胶

这类凝胶(如葡聚糖等)在压力 0.1 MPa 左右即被压坏，因此只能用于常压下的凝胶色谱法。

2) 半硬质凝胶

半硬质凝胶是由苯乙烯和二乙烯苯交联而成的聚合物，能耐较高的压力，可用作以有机溶剂为流动相的高效凝胶渗透色谱法的填料。这种凝胶的优点是具有可压缩性，填充紧密，柱效高；缺点是在有机溶剂中具有膨胀性，当流动相流经时可能改变柱的填充状态。

3) 硬质凝胶

硬质凝胶可分为多孔硅胶及多孔玻璃珠等种类，属于无机凝胶。其优点是在溶剂中不变形，孔径尺寸固定，溶剂互换性好；缺点是装柱时易碎，不易装紧，因此柱效较低，一般为有机凝胶柱效的 1/4～1/3，且它们的吸附性较强，有时易拖尾。常用的国产硬质凝胶有多孔硅珠(全称为凝胶渗透色谱多孔硅珠)NDG-1～NDG-6 等。

在选用凝胶时，必须注意凝胶的相对分子质量排斥极限(或相对分子质量范围)及平均孔径等参数，使样品的相对分子质量小于凝胶的相对分子质量排斥极限，并大于全渗透点的相对分子质量，否则，t_R(或 V_R)将不随相对分子质量的变化而变化。由于凝胶的相对分子质量排斥极限与相对分子质量范围等参数是用一定的标准样品测得，如 NDG-1 相对分子质量排斥极限为 4×10^4，是由聚乙烯标样测得，因此该参数不能直接套用于其他高分子样品。在测定其他样品时，可参考凝胶的平均孔径，使样品分子线团的平均尺寸略小于凝胶的平均孔径。对于无法估计分子尺寸与平均相对分子质量的样本，可采用尝试法，用一系列凝胶柱测定，选出适宜的凝胶柱。

3. 手性固定相

手性固定相(chiral stationary phase，CSP)可分为合成手性固定相与天然手性固定相两大类。

1) 合成手性固定相

将手性官能团键合在无机或有机载体表面上，从而形成合成手性固定相。应用较广的有π-氢键型、配体交换型、蛋白质键合相、多糖及冠醚等。π-氢键型手性固定相由具有光学活性的有机小分子通过间隔基键合到硅胶上而制得；利用配体交换的分离机理制备配体交换型手性固定相，即一个金属离子可结合一个配体分子和一个对映体溶质分子，形成可逆的非对映异构体复合物，从而达到分离对映体的目的；蛋白质手性固定相的对映体选择性较高于其他手性固定相；手性冠醚作固定相分离对映体的主要依据是溶质分子与手性冠醚环腔形成主客体络合物的稳定常数不同，冠醚的手性“臂障”越大，其手性识别能力越高。

2) 天然手性固定相

将天然手性物质固着在载体(常用硅胶)上构成天然手性固定相。常用的天然手性物质原料主要有环糊精及纤维素衍生物(如微晶纤维素三乙酸酯)。

应用最多的天然手性固定相是由环糊精及其衍生物制成的。环糊精(cyclodextrin，CD)是由 6～12 个 D-(+)-吡喃葡萄糖单元通过 α-(1, 4)-糖苷键连接的环状低聚糖，含有6、7、8 个单元的 CD 分别称为α-CD、β-CD、γ-CD，其中以β-CD 应用最多。CD 分子为锥筒形，构成洞穴，其孔径由环糊精环的大小决定。穴唇口有羟基，较亲水，穴内较疏水。根据 CD 分子的空间构型及化学性质，实现与手性分子的特异性镶嵌和作用，从而有效分离对映异构体。CD 还可作为手性添加剂加到流动相中，分离几何异构体与对映体。

4. 亲和色谱固定相

亲和色谱固定相由载体和键合在其上的配基组成。硅胶、交联琼脂糖凝胶及聚丙烯酰胺凝胶是常用载体，配基有生物专一性配基及基团亲和配基等类别。生物专一性相互作用的体系，如抗原-抗体、酶-底物、酶-抑制物及激素-受体等体系任一方都可作为另一方的配基；基团亲和配基包括固定化金属离子配基、染料配基以及某些天然基团配基，其中固定化金属离子配基可用于能与金属作用的蛋白质和氨基酸等。对于小分子配基，由于离载体表面太近，容易受载体空间障碍的影响而丧失亲和力，因此需在配基与载体间引入适当长度的间隔臂，通常为不同链长的双功能基化合物。

5. 硅胶

硅胶是应用较广的固定相，主要用于分离溶于有机溶剂的极性至弱极性的分子型化合物。因其有一定排列规律的活性中心，也可用于分离某些几何异构体。下面简要介绍几种类型硅胶固定相。

1) 无定形全多孔硅胶

该材料虽属无定形体系，但具有近球形颗粒形态，粒径一般为 5～10 μm，理论塔板数可达 20000～50000 m^{-1}。价格便宜、柱效高及载样量大是其优点，涡流扩散项大及柱渗透性差是其缺点。

2) 球形全多孔硅胶

该材料除具有无定形硅胶的优点外，还具有涡流扩散项小及渗透性好等优点。很多市售商品色谱柱采用球形硅胶，常用粒径为 3～10 μm，最小为 1.73 μm。

3) 表面多孔硅胶

表面多孔硅胶(简称表孔硅胶)巨大的优势在于产生的反压很小，可以通过提高流动相的流速加快分析速度，获得良好的分离度，且色谱柱不容易堵塞。粒径约 3 μm 的填料主要用于一般的小分子反相分离。粒径 5 μm 及多孔硅胶层厚 0.25 μm 的填料，在特低流速下可用于多肽和蛋白质的分离。

4) 硅聚合物薄膜型硅胶

通过气相沉积作用法，在超纯硅胶表面上包裹一层均匀致密的硅聚合物薄膜，形成硅聚合物薄膜型硅胶，从而遮挡残留的酸性硅醇基。这种设计增加了硅胶的机械强度和 pH 的适用范围，可消除因样品分子与硅醇基或痕量金属杂质作用而产生的拖尾现象。

15.3　高效液相色谱的流动相

在气相色谱法中，组分分子与载气之间不存在相互作用，因而是以改变柱温与选择固定相来改善分离效果。而在液相色谱法中，流动相的选择范围广，有几十种溶剂可供选择，还可以组成不同配比的多元溶剂系统。固定相一定时，流动相的种类、配比是影响分离效果的主要因素。因此，在 HPLC 中，流动相的选择至关重要。但凝胶色谱法除外，因为凝胶色谱法的分配系数(渗透系数)K 只取决于凝胶的孔径与被分离高分子的分子线团尺寸，而与流动相的性质无关，流动相是样品的良溶剂即可。

15.3.1　流动相的基本要求

溶剂系统对分离度的影响，可用分离方程式(15.2)说明

$$R=\frac{\sqrt{n}}{4}\frac{\alpha-1}{\alpha}\frac{k_2}{1+k_2} \tag{15.2}$$

在 GC 中，α 与 k 主要分别受固定相性质与柱温的影响。而在 HPLC 中，α 主要受溶剂种类的影响，在溶剂的组成确定后，k 主要由溶剂的配比决定。因为选择不同种类的溶剂，固定相与组分间的分子间作用力不同，选择性不同，则有可能使两个被分离组分的分配系数不等，即 $\alpha\neq 1$，或者使 α 增大。改变多元溶剂系统的配比，洗脱能力改变，k 改变。由此可见，选择溶剂系统是以能获得较大 α 与适宜 k 值，而使 k 与 t_R 合乎要求为目的。

HPLC 对流动相的要求：①不与固定相发生化学反应；②对样品有适宜的溶解度，要求 k 为 1～10(可用范围)或 2～5(最佳范围)，k 太小，不利于分离，k 太大，可能使样

品在流动相中沉淀；③黏度小，则柱阻小、柱压低、组分的扩散系数大，能提高柱效。

15.3.2　流动相溶剂的分类及选择

可用于液相色谱的溶剂有 80 多种，对溶剂进行分类有利于合理选择流动相。

1. 溶剂参数

Snyder 选择乙醇(质子给体)、二氧六环(质子受体)和硝基甲烷(强偶极)三个物质作为参考，用于检验溶剂的三种分子间作用力，分别用质子受体作用力 X_e、质子给体作用力 X_d 及强偶极作用力 X_n 表述。P'代表溶剂与选择的三种极性物质相互作用的量度，反映的是溶剂接受质子、给出质子和偶极作用力及选择性差异，用于表征溶剂洗脱能力的指标。正相色谱中，P'越大，溶剂洗脱能力越强，溶质在固定相上的保留值越小，反相色谱中则相反。常见溶剂的极性参数 P'值见表 15.2。

表 15.2　常用溶剂的极性参数 P'

溶剂	P'	X_e	X_d	X_n	溶剂	P'	X_e	X_d	X_n
正戊烷	0.0				乙醇	4.3	0.51	0.19	0.29
正己烷	0.1				乙酸乙酯	4.4	0.34	0.23	0.43
苯	2.7	0.23	0.32	0.45	丙酮	5.1	0.35	0.23	0.42
乙醚	2.8	0.53	0.13	0.34	甲醇	5.1	0.48	0.22	0.31
二氯甲烷	3.1	0.24	0.18	0.53	乙腈	5.8	0.31	0.27	0.42
正丙醇	4.0	0.53	0.21	0.26	乙酸	6.0	0.39	0.31	0.30
四氢呋喃	4.0	0.38	0.20	0.42	水	10.2	0.37	0.37	0.25
氯仿	4.1	0.25	0.41	0.33					

2. 溶剂的极性

改变流动相溶剂类型和组成是优化试样保留因子 k 和分离因子 α 的重要方法。正相色谱流动相使用较多的是正己烷加适量极性调节剂，如氯仿或二氯甲烷；反相色谱流动相首选水或一定 pH 的缓冲液，加入甲醇或乙腈作为极性调节剂。当需要对流动相组成进行优化时，可采用溶剂组成与溶剂强度参数关系进行估算。混合溶剂的极性参数 P'具有加和性，假设两溶剂 A 和 B，其体积分数分别为 φ_A 和 φ_B，则 A 和 B 混合溶剂极性参数 P'_{AB} 的计算公式为

$$P'_{AB} = \varphi_A P'_A + \varphi_B P'_B \tag{15.3}$$

调节两溶剂的配比得到适宜 P'_{AB} 值的混合溶剂，从而使组分保留因子 k 在适宜范围内。

对于正相色谱，P'与 k 的关系式为

$$k / k_0 = 10^{(P'_0 - P')/2} \tag{15.4}$$

对于反相色谱，P'与 k 的关系式为

$$k / k_0 = 10^{(P' - P'_0)/2} \tag{15.5}$$

式中，P'_0 和 k_0 分别为初始的溶剂极性参数和某溶质组分保留因子；P'和 k 分别为调整后的溶剂极性参数和同一组分保留因子。

3. 溶剂的分类

将八十多种溶剂的 X_e、X_d 与 X_n 值标注在坐标的相应位置上，相邻溶剂圈成一组，共分为 8 组，称为溶剂选择三角形。X_e、X_d 及 X_n 在三角形坐标图上的相邻关系如图 15.2 所示。

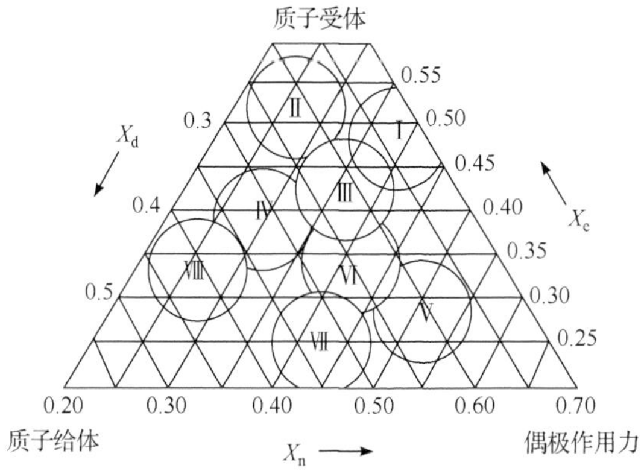

图 15.2　溶剂选择三角形

表 15.3 的Ⅰ组溶剂，处于三角形顶部，各溶剂的 X_e 值都较大，属于质子受体溶剂，以脂肪族醚类为代表；Ⅷ组 X_d 值相对最大，属于质子给体溶剂，以氯仿为代表；Ⅴ组 X_n 相对最大，属偶极作用力溶剂，以二氯甲烷为代表；Ⅱ组溶剂为脂肪醇类，按 Snyder 的分类为质子受体溶剂。事实上，脂肪醇类应是质子给体溶剂，这是该分类法的不足之处。

表 15.3　Snyder 的溶剂选择性分组(部分)

组别	溶剂
Ⅰ	脂肪族醚、四甲基胍、六甲基磷酰胺、三烷基胺
Ⅱ	脂肪醇
Ⅲ	吡啶衍生物、四氢呋喃、酰胺(甲酰胺除外)、乙二醇醚、亚砜
Ⅳ	乙二醇、苄醇、乙酸、甲酰胺
Ⅴ	二氯甲烷、二氯乙烷
Ⅵ	三甲苯基磷酸酯、脂肪酮和酯、聚醚、二噁烷、砜、腈
Ⅶ	芳烃、卤代烷烃、硝基化合物、芳香醚
Ⅷ	氟代醇、间甲酚、水、氯仿

选择不同组别的溶剂，其分子间作用力不同，这会造成组分间分配系数的差别，从而使 α 改变，以利于分离。

4. 溶剂的选择

溶剂系统选择的一般原则如下。

1) 首选溶剂

反相色谱的首选纯溶剂为甲醇(Ⅱ组)、乙腈(Ⅵ组)与四氢呋喃(Ⅲ组)，底剂为水(Ⅷ组)；正相色谱首选纯溶剂为乙醚(Ⅰ组)、氯仿(Ⅴ组)与二氯甲烷(Ⅷ组)，底剂为正己烷，其中乙醚易产生气泡，可用沸点高的其他醚类代替。

2) 多元溶剂系统的组成

多元溶剂系统，必须由不同组别的纯溶剂与底剂(或极性调整剂)组成，一个溶剂系统中不宜有两个相同组别的纯溶剂。

3) 洗脱能力

正相色谱溶剂系统(或纯溶剂)的洗脱能力(极性)，用 P'描述；反相色谱溶剂系统(或纯溶剂)的洗脱能力，用 S 描述；溶剂对样品的洗脱能力，用组分的保留因子 k 衡量，一般以重点组分的 $k \approx 3$ 为溶剂系统洗脱能力适宜的量度。

4) 离子抑制色谱法

在反相色谱中，分析有机弱酸或弱碱，可以在流动相中加入 1%的乙酸或 1%的氨水作为极性调整剂，抑制弱酸或弱碱的解离，以增加它们的分配系数。

以上只介绍了溶剂系统选择的一般原则。溶剂系统的选择与优化是进行 HPLC 的关键问题，有关溶剂系统的优化，可参阅相关文献。

15.4　液相色谱速率方程

液体是不可压缩的，其扩散系数只有气体的十万分之一至万分之一，黏度比气体大 100 倍，而密度为气体的 1000 倍。与气相色谱相比，高效液相色谱中的扩散和传质有很大差别，其速率方程也具有不同的表现形式。van Deemter 方程的一般形式为

$$H = A + B / u + Cu \tag{15.6}$$

下面对高效液相色谱的 van Deemter 方程逐项进行探讨。

15.4.1　涡流扩散项

$$A = 2\lambda d_{\mathrm{p}} \tag{15.7}$$

减小粒度 d_{p} 和提高柱内填料装填的均匀性，即降低载体颗粒的不规则因子 λ，有利于减小涡流扩散(eddy diffusion)，提高柱效。高效液相色谱仪多采用 3～5 μm 粒径的球形固定相填料，能显著降低涡流扩散的影响，可达 10^4 塔板/m 的柱效。

15.4.2 分子扩散项

van Deemter 方程在液相色谱与气相色谱中的首要区别就是分子扩散项(B/u)，其中分子扩散系数为

$$B = 2rD_{\mathrm{m}} \tag{15.8}$$

式中，D_{m} 为被分离组分的分子在流动相中的扩散系数，D_{m} 与温度成正比，与黏度(η)成反比。在液相色谱中，流动相是液体，黏度比气体大得多，且柱温(常采用 25℃)远低于气相色谱，因此 D_{m} 约为气相色谱 D_{g} 的 10^{-5} 倍，分子扩散项很小，且对色谱峰展宽的影响可以忽略。因此，高效液相色谱的 van Deemter 方程式可以忽略分子扩散项，变为

$$H = A + Cu \tag{15.9}$$

这也是 HPLC 高效的原因之一。式(15.9)显示 HPLC 中流动相的流速与塔板高度呈线性关系，流速增大，塔板高度增加，柱效降低。为了兼顾柱效与分析速度，一般都尽可能地采用较低流速，如柱内径为 4.6 mm 时流速多采用 1 mL/min。

15.4.3 传质阻力项

与 GC 不同，HPLC 中的传质阻力系数由 3 个系数组成：

$$C = C_{\mathrm{m}} + C_{\mathrm{sm}} + C_{\mathrm{s}} \tag{15.10}$$

式中，C_{m}、C_{sm}、C_{s} 分别为组分在流动相、静态流动相和固定相中的传质阻力系数。流动相传质阻力是由色谱柱边缘的分子与固定相的作用力相对大于流路中心的分子所引起的；静态流动相传质阻力是由向小孔深处扩散的分子在滞留区停留时间较长所引起的，因为固定相填料具有多孔性，小孔内所含的流动相会有滞留；固定相传质阻力是由组分分子从流动相与固定相的界面，进入到固定液内进行质量交换而引起的。

在填充气相色谱柱中，固定相的传质阻力起决定作用，而在高效液相色谱柱中，相比于流动相传质阻力，固定相传质阻力较小，有时候还可以忽略不计。例如，采用化学键合相，由于官能团键合在载体表面，“固定液”厚度属于单分子层的纳米级别，因此固定相传质阻力非常小，可以忽略。于是式(15.10)可变为

$$C = C_{\mathrm{m}} + C_{\mathrm{sm}} \tag{15.11}$$

替换式(15.9)中的 C，得

$$H = A + C_{\mathrm{m}}u + C_{\mathrm{sm}}u \tag{15.12}$$

式(15.12)是 van Deemter 方程式用于化学键合相 HPLC 最常见的表现形式。该式说明，化学键合相 HPLC 色谱柱的理论塔板高度主要由涡流扩散项 A、流动相传质阻力项 $C_{\mathrm{m}}u$ 和静态流动相传质阻力项 $C_{\mathrm{sm}}u$ 三项构成。

HPLC 分离条件的选择可概括为：①采用小粒径、窄粒度分布的球形固定相，首选化学键合相，并用匀浆法装柱，则涡流扩散系数 A 小，H 小，柱效高。图 15.3 展示了固定相颗粒大小和流动相线速度对柱效的影响，发现固定相颗粒粒度越小，柱效受流动相

线速度的影响越小，因此小粒径固定相是保证 HPLC 高柱效的主要措施。②采用黏度较低、扩散系数较大、流速低(1 mL/min)的流动相，使得传质阻力系数 C 小，H 小，柱效高。③柱温一般以 25～30℃为宜。柱温太低，流动相的黏度大，传质阻力系数 C 大。柱温升高，分子扩散加快，传质阻力降低，柱效升高，但同时要注意避免柱温太高导致流动相溶剂挥发产生气泡。

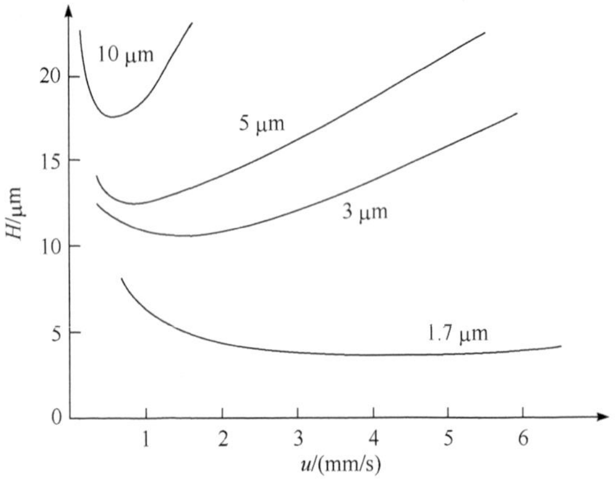

图 15.3　HPLC 固定相颗粒粒度和流动相线速度对柱效的影响

15.5　高效液相色谱仪

高效液相色谱仪由高压泵、进样器、色谱柱、检测器及工作站等组成(图 15.4)。

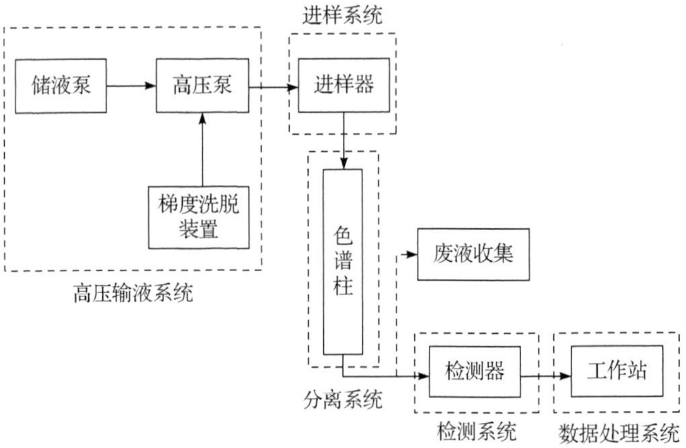

图 15.4　高效液相色谱系统

15.5.1　高压泵

在高效液相色谱中利用高压泵实施流动相的输送任务。对高压泵的要求是无脉动、流量恒定且可以自由调节，一般流量变化为 2%～3%(高级高压泵的流量精密度可达 ±0.075%)，还要求耐高压、耐腐蚀、适合进行梯度洗脱等。

高压泵的种类很多，主要分为恒压泵及恒流泵两大类。恒压泵流量受柱阻影响，流量不恒定，不适用于 HPLC。恒流泵有螺旋泵及往复泵两种，螺旋泵的缸体太大，现已被淘汰；往复泵又分为柱塞往复泵及隔膜往复泵，目前高效液相色谱仪中多采用性能良好的柱塞往复泵。

柱塞往复泵(图 15.5)的柱塞向前(左)运动，液体输出，流向色谱柱；向后(右)运动，将储液瓶中的液体吸入缸体。如此前后往复运动，将流动相源源不断地输送到色谱柱中。分析型的柱塞往复泵的容积一般只有 1 mL 左右，容易清洗和更换流动相。柱塞往复泵属于恒流泵，流量不受柱阻影响，泵压一般最高为 40 MPa(400 kg/cm^2)。

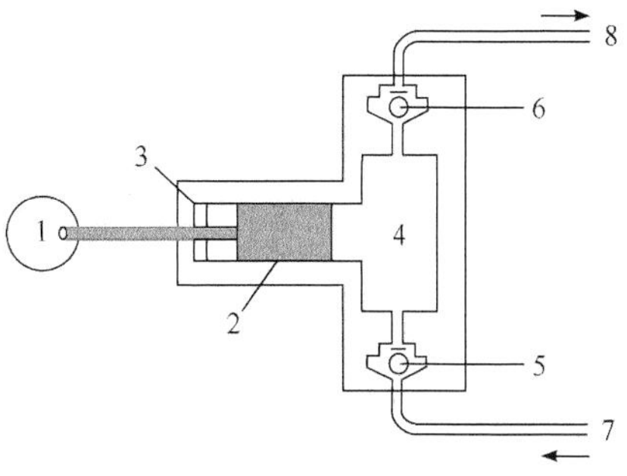

图 15.5 柱塞往复泵结构示意图
1. 转动凸轮；2. 柱塞；3. 密封垫；4. 液缸；5. 入口单向阀；6. 出口单向阀；7. 流动相入口；8. 流动相出口

15.5.2 梯度洗脱装置

HPLC 洗脱方式包括等度洗脱(isocratic elution)与梯度洗脱(gradient elution)两种。

用恒定配比的溶剂系统的洗脱方式，称为等度洗脱。它具有方法简便、重复性好、色谱柱易再生等优点，是最常用的色谱洗脱方式。但对于成分复杂的样品，往往不能兼顾某些性质相差很大的组分的分离要求，此时需采用梯度洗脱。

梯度洗脱又称梯度淋洗或程序洗提，是在一个分析周期内，按一定程序，不断改变流动相浓度配比的洗脱方式。梯度洗脱可以使复杂样品中性质差异很大的组分，能在各自适宜的分离条件(保留因子 k 适宜)下分离。

梯度洗脱的优点：①缩短分析周期；②提高分离效果；③改善峰形，很少拖尾；④增加检测灵敏度(因峰变瘦、变高)。但梯度洗脱有时会引起基线漂移，重复性也常不如等度洗脱。

按多元流动相的加压与混合顺序，可分为高压梯度与低压梯度两种洗脱装置。高压二元梯度洗脱是用两个输液泵各吸一种溶剂，加压后再混合，混合比由两个泵的运动速率决定。低压梯度洗脱是用比例阀将多种溶剂按比例混合均匀后，再加压输至色谱柱。相比于高压梯度，低压梯度更便宜，且易实现多元梯度洗脱，因此是高效液相色谱仪普遍采用的洗脱装置。

15.5.3 进样装置

高效液相色谱仪常见的进样装置包括六通阀和自动进样两类，使用最广泛的是六通阀进样。六通阀进样示意图见图 15.6，采用微量注射器将样品注入储样管(定量管)，进样后，转动六通阀手柄，储样管内的样品被流动相带入色谱柱。储样管的体积固定，可按需更换。六通阀进样具有进样量准确、重复性好、可带压进样等优点。现代 HPLC 配有自动进样器，具有效率高、重复性好和进样准确等优点。

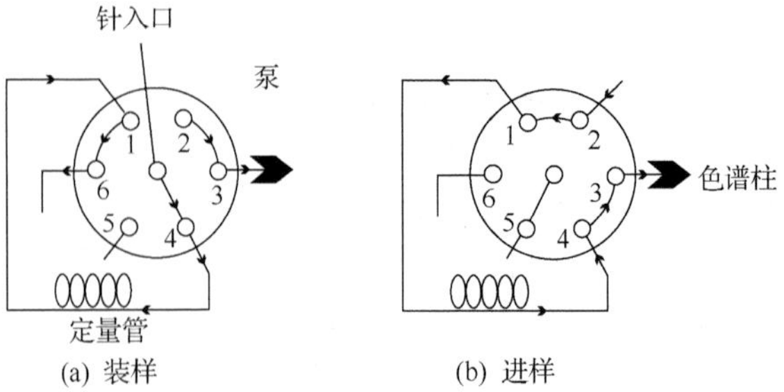

图 15.6　六通阀进样示意图

15.5.4　色谱柱

色谱柱是色谱分离的核心部件，由柱管与固定相组成。柱管多用不锈钢制成，管内壁要求具有很高的光洁度。固定相采用匀浆法高压装柱。

色谱柱按规格不同分为分析型与制备型两类。

分析型柱：常量柱，内径 2～4.6 mm，柱长 10～25 cm；半微量柱，内径 1～1.5 mm，柱长 10～20 cm。

制备型柱：内径 20～50 mm，柱长 10～25 cm。

15.5.5　检测器

高效液相色谱仪的检测器是反映色谱过程中组分浓度随时间变化的部件，要求具有灵敏度高、噪声低、线性范围宽、重复性好、适用化合物的种类广等性能。现有高效液相色谱仪的检测器可分为两种基本类型：一是检测进入检测器的液体的整体性能检测器，如蒸发光散射检测器、电导检测器；二是只对溶质响应的溶质性能检测器，如紫外检测器、荧光检测器和化学发光检测器。根据适用的样品检测范围分为通用型检测器和选择型检测器，如蒸发光散射检测器属于通用型。下面就简要介绍这几种常用的检测器。

1. 紫外检测器

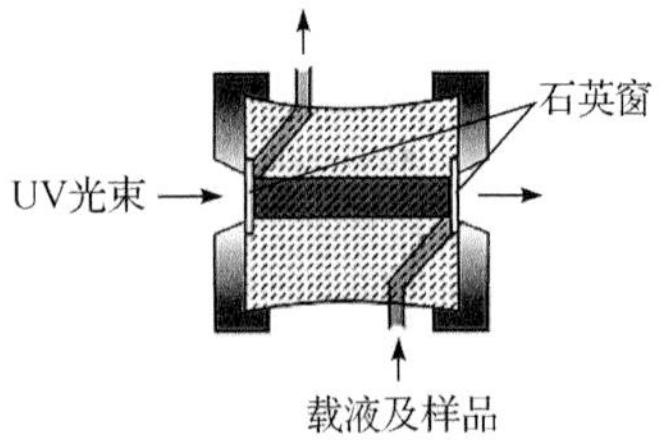

图 15.7　紫外吸收检测 Z 型流通池

紫外检测器(ultraviolet detector，UVD 或 UV)是当前高效液相色谱仪配置最多的检测器，其光学结构与一般的紫外分光光度计一致，主要区别是用流通池替代了吸收池。一个典型的紫外检测器的流通池如图 15.7 所示。

1) 检测原理

样品组分通过流通池时，对特定波长紫外光的吸收会引起透过光强的变化，从而获得浓度-时间曲线。浓度与吸光度的关系服从朗伯-比尔定律。检测系统由光源、流通池(池体积一般为 8 μL)、检测元件、计算机(工作站)或记录器等组成。

2) 特点

(1) 灵敏度高，最低检出量可达 10^{-7}～10^{-12} g。

(2) 不破坏样品，能与其他检测器串联，可用于制备色谱。

(3) 对温度及流动相流速波动不敏感，可用于梯度淋洗。

(4) 属浓度型检测器。

3) 使用范围

(1) 主要用于检测有紫外吸收的样品。

(2) 流动相的选择有一定限制，检测波长必须大于流动相的截止波长。

(3) 对于无紫外吸收的样品，有的情况下可用反吸收法，即用有紫外吸收的物质配制流动相，对无紫外吸收组分显示的倒峰进行检测。

4) 截止波长

用 1 cm 光径的吸收池装待测溶剂，以空气为参比，改变照射波长，测得吸光度 $A = 1$ 时对应的波长称为该溶剂的截止波长。常用色谱纯溶剂的截止波长：水 190 nm、乙腈 210 nm、甲醇 210 nm、正己烷 210 nm、乙醚 220 nm、四氢呋喃 220 nm、二氯甲烷 230 nm 及氯仿 245 nm。另有以水为参比的截止波长，数据不同。

了解溶剂的截止波长，有助于在使用紫外检测器时正确选择溶剂系统。例如，当检测波长为 220 nm 时，只能选用小于此截止波长的溶剂，如正戊烷、水、甲醇、乙腈等溶剂，而不能用截止波长大于 220 nm 的溶剂，如二氯甲烷、氯仿等纯溶剂或高配比溶剂系统为流动相。因为若用截止波长大于检测波长的溶剂系统，流动相的本底吸收高，会影响组分的检测。

5) HPLC 紫外检测器类型

(1) 固定波长检测器。

固定波长检测器是光源波长固定的光度计，一般波长为 254 nm，相当于定波长紫外光度计。由于这类检测器的波长不能调节，不能选择在被测组分的最佳吸收波长下检测，除有些制备型 HPLC 仪器仍有配置外，基本已被淘汰。

(2) 可变波长检测器。

可变波长检测器的波长可按需要选择。可选择被测组分的最大吸收波长为检测波长，以增加检测灵敏度。但由于光源是通过单色器分光后再照射到样品上，照射光强度相应减弱。因此，这类检测器对检测元件(光电转换元件)及放大器都有较高的要求。

(3) 光电二极管阵列检测器。

由于有些色谱组分在检测的流通池中停留时间很短(< 1 s)，普通紫外分光光度计的扫描速率跟不上，若停止扫描则破坏了分离状态，无法测定通过流通池时各色谱组分的光谱而获得定性信息。因而 20 世纪 80 年代出现了另一种紫外检测器——光电二极管阵列检测器(photodiode array detector，PDAD)。这种检测器一般是一个光电二极管对应接收光谱上约 1 nm 谱带宽度的单色光。例如，Agilent 1100 型光电二极管阵列检测器，波长范围为 200～900 nm 对应 1024 个光电二极管，平均 0.74 nm 谱带区间由一个光电二极管接收。

工作原理是复光透过流通池后，被组分选择性吸收，其透过光具有了组分的光谱特征。此透过光(复光)被光栅分光后，形成组分的吸收光谱，照射到光电二极管阵列装置上，使每个纳米光波的光强变成相应强度的电信号。因信号弱需经多次累加，而后再给出组分的吸收光谱。

紫外检测器的检测灵敏度高，但主要用于检测具有 π-π 或 p-π 共轭结构的化合物，如芳烃与稠环芳烃、芳香基取代物、芳香族氨基酸、核酸、甾体激素、羧基与羰基化合物等。检测只含有 p-π 共轭结构的化合物(脂肪酸、酮及醛等)时，需用末端吸收。

2. 荧光检测器

荧光检测器(fluorescence detector，FD)的检测限可达 1×10^{-10} g/mL，比紫外检测器灵敏，但只适用于能产生荧光或其衍生物能发荧光的物质，主要用于氨基酸、多环芳烃、维生素、甾体化合物及酶类等的检测。荧光检测器的结构及工作原理如图 15.8 所示。荧光检测器的灵敏度高，是体内药物分析常用的检测器之一。在用于氨基酸检测时，由于多数氨基酸无荧光，需用柱衍生法制备衍生物。衍生法分为柱前与柱后衍生两种方法。常用邻苯二甲醛(OPA)或异氰硫基苯(PICO-TAG 法)为衍生化试剂，也是分析氨基酸应用最广的方法之一。

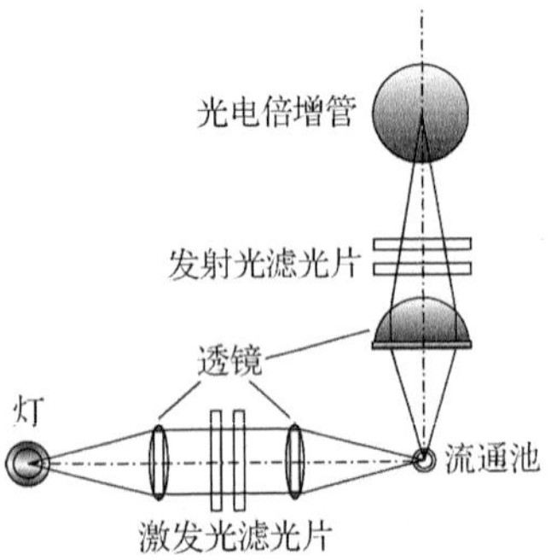

图 15.8　直角型滤色片荧光检测器光路图

3. 蒸发光散射检测器

蒸发光散射检测器(evaporative light scattering detector，ELSD)是 20 世纪 90 年代出现的新型通用检测器。理论上，这种检测器可用于挥发性低于流动相的任何样品组分的检测。但对于有紫外吸收的组分的检测灵敏度较低，因而主要用于糖类、高分子化合物、高级脂肪酸及甾体类等化合物的检测。该检测器用于检测糖类时，最小检测量为 5 ng 葡萄糖。ELSD 还可用于凝胶色谱及超临界流体色谱的检测。ELSD 的工作原理见图 15.9。其检测原理是先将流出色谱柱的流动相及组分引入通有载气(常用高纯氮)的蒸发室，加热使流动相蒸发，随后样品组分在蒸发室内形成气溶胶，被载气带入检测室，用激光或强光照射气溶胶而产生散射光(丁铎尔效应)，最后测定散射光强而获得组分的浓度信号。散射光强 I 与进入检测器的气溶胶中组分的质量 m 的关系为

$$I = km^b \tag{15.13}$$

式中，k、b 均为与实验条件有关的常数(分别是取对数后的截距和斜率)。

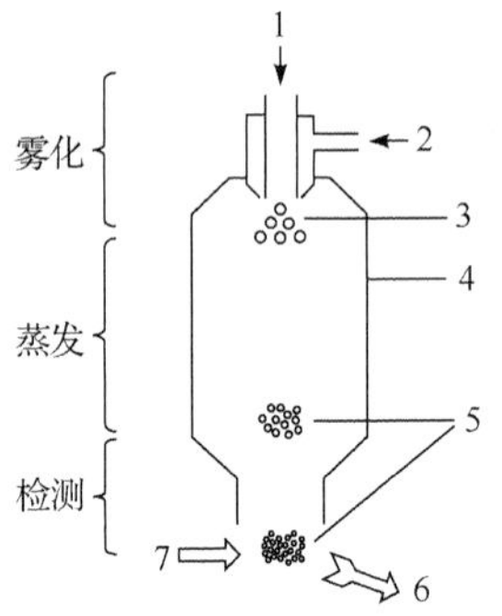

图 15.9　蒸发光散射检测器示意图

1. 由色谱柱流出携带组分的流动相；2. 载体；3. 雾滴；4. 蒸发室(漂移管)；5. 组分的气溶胶；6. 泵(抽去溶剂)；7. 光束

4. 化学发光检测器

化学发光检测器(chemiluminescence detector，CLD)是近年来发展起来的高选择性及

高灵敏度的新型检测器。该检测器设备简单、自身发光无须光源、价格便宜且可以自制，是一种有发展前景的检测器。化学发光检测系统见图 15.10。化学发光反应常用酶作催化剂，将酶标记在待测物、抗原或抗体上，可进行药物代谢分析及免疫发光分析。

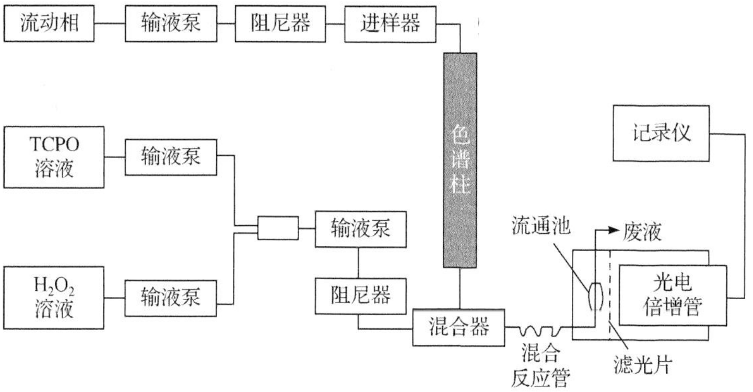

图 15.10　化学发光检测系统

TCPO 表示双(2,4,6-三氯苯基)草酸酯

该检测器检测原理是某些物质在常温下与发光试剂反应，生成处于激发态的产物，当它们由激发态返回基态时发射光子，由于物质激发态的能量来源于化学反应，因此称为化学发光。当被分离组分由色谱柱流出后，与发光试剂反应产生光辐射，其光强与该组分的浓度成正比。这种检测器的最小检测量可达皮克级(10^{-12} g)。

5. 电化学检测器

电化学检测器(electrochemical detector，ED)可用于检测无紫外吸收或不能发出荧光，但具有电活性的物质。电化学检测器包括安培检测器、电导检测器、极谱检测器和库仑检测器，主要部件是电解池。其中电导检测器主要用于离子色谱法；安培检测器应用较广，灵敏度高，用于检测有氧化还原性的物质。

电化学检测器是根据物质在某些介质中电离后所产生的电参数变化来测定物质的含量。以安培检测器为例，图 15.11 展示了一种用于安培检测的薄层电化学流通池的结构。分析组分通过电极表面，此时在两极间施加电压，且该电压大于待测组分氧化(或还原)电位的恒定电压，组分即被电解并产生电流。

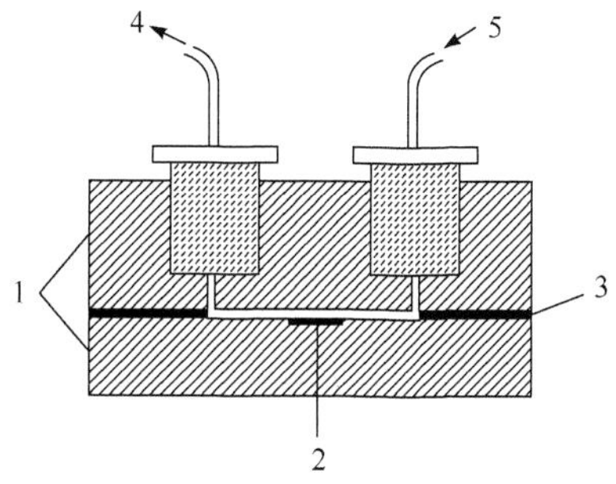

图 15.11　安培检测器结构图

1. 氟塑料池体；2. 工作电极；3. 氟塑料或聚酯垫片；4. 接参比电极(至废液)；5. 接色谱柱

除此以外，还有示差折光检测器(differential refractive index detector，DRID)、质谱检测器(mass spectrometry detector，MSD)等。示差折光检测器虽然是通用型检测器，但因受温度影响较大，灵敏度不够高，现在除用于糖类的检测外，已较少使用。

15.6 应用实例

虎杖药材为蓼科植物虎杖的根和根茎，具有利湿退黄、散瘀定痛等功效，其主要有效成分有大黄素、虎杖苷和白藜芦醇等，其中大黄素具有抗癌、保肝、抗炎、抗氧化和抗菌等各种药理活性。虎杖药材药用历史悠久，但也存在其大黄素含量达不到药典标准的现象。利用高效液相色谱可以分离出虎杖药材中的大黄素，由于大黄素结构中存在较大的共轭系统，具有强的紫外吸收，因此可以结合紫外检测器准确地检测出虎杖中大黄素的含量，并以此作为虎杖的质量控制指标。

1. 色谱条件

色谱柱：Agilent 5 TC-C_{18} 色谱柱(250 mm × 4.6 mm，5 μm)；流动相：0.1%磷酸：甲醇＝20：80(体积比)；流速：0.8 mL/min；柱温：30℃；检测波长：254 nm；进样量：10 μL。

2. 对照品溶液的制备

精确称取大黄素对照品置于 10 mL 容量瓶中，用甲醇溶解并定容配制成 1.0 mg/mL 对照品储备液，使用时再稀释至所需浓度的对照品溶液。图 15.12 为大黄素对照品溶液的色谱图。

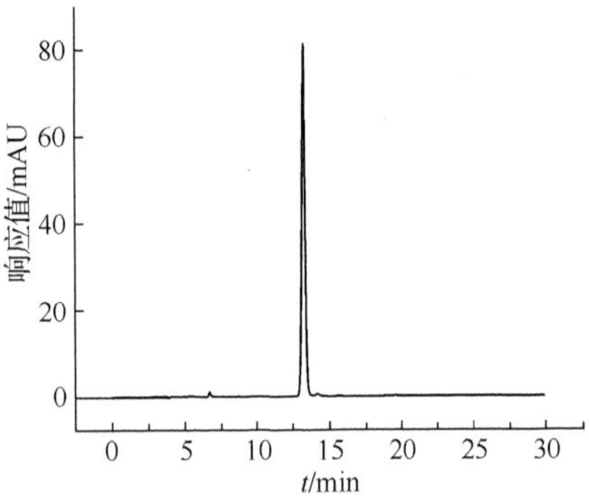

图 15.12　大黄素对照品溶液的色谱图

3. 供试品溶液的制备

取虎杖粉末 0.1 g，精确称量，溶于三氯甲烷和硫酸混合溶液后称定质量，置于水浴中加热回流，冷却至室温后称定，用三氯甲烷补足减少的质量。取 10 mL 上述三氯甲烷溶液，蒸干，残渣溶于甲醇后移至 10 mL 容量瓶，加甲醇定容至刻度，摇匀，过滤备用。

4. 标准曲线的绘制

将制备的对照品溶液用甲醇依次稀释成大黄素质量浓度为 10 μg/mL、20 μg/mL、40 μg/mL、80 μg/mL 和 100 μg/mL 的系列对照品溶液，过 0.22 μm 微孔滤膜后进样分析，每组重复三次，将各浓度对应的平均峰面积记录于表 15.4。

表 15.4　不同浓度的对照品溶液对应的平均峰面积

浓度 c/(μg/mL)	平均峰面积 A/(mAU · min)	浓度 c/(μg/mL)	平均峰面积 A/(mAU · min)
10	672.9	80	5996.2
20	1335.8	100	7761.1
40	2792.7		

以大黄素浓度(c)为横坐标，对应峰面积(A)为纵坐标作图并进行线性回归，得标准曲线如图 15.13 所示。

5. 结果分析

如图 15.14 所示，供试品溶液在 13.372 min 处有信号响应，与对照品中大黄素的保留时间一致，由此实现了虎杖药材中大黄素的定性，其对应的峰面积为 2686.2 mAU · min，代入标准曲线可得供试品溶液中大黄素的浓度：

$$c = \frac{2686.2 + 233.34}{78.85} = 37.03\ (\mu g/mL)$$

因此虎杖中大黄素的含量为

$$w = \frac{37.03\ \mu g/mL \times 10\ mL \times 10^{-6}}{0.1\ g} \times 100\% = 0.3703\%$$

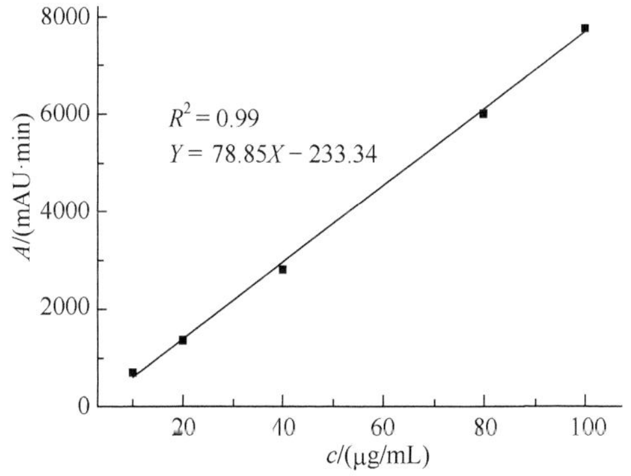

图 15.13　大黄素的标准曲线图

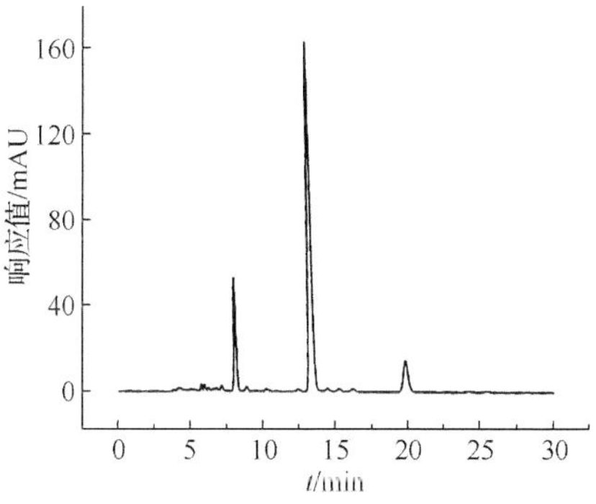

图 15.14　供试品溶液色谱图

《中华人民共和国药典》(2020 版)规定虎杖中大黄素的含量不得少于 0.60% (> 0.3703%)，故检验的虎杖药材未达标。

习题与拓展

1. 从原理、仪器和应用范围比较气相色谱与 HPLC 的异同。
2. 简述高效液相色谱仪的组成及主要部件的作用。
3. 比较不同类型高效液相色谱的分离原理及特点，简述其适用范围。
4. 什么是梯度洗脱？相对于等度洗脱来讲其优势体现在哪里？
5. 与气相色谱相比，HPLC 的 van Deemter 方程有什么不同？阐明原因。
6. 提高 HPLC 色谱柱柱效的主要方法有哪些？
7. 当使用 YWG-$C_{18}H_{37}$ 柱(4.6 mm × 25 cm)为色谱柱，甲醇：水(70：30，体积比)为流动相分析苯与萘时，记录纸速为 5 mm/min，进样 5 次，测得以下数据：

苯	t_R/min	4.65	4.65	4.65	4.64	4.65
	$W_{1/2}$/mm	0.79	0.76	0.74	0.78	0.78
萘	t_R/min	7.39	7.38	7.37	7.36	7.35
	$W_{1/2}$/mm	1.14	1.16	1.13	1.19	1.13

求 YWG-$C_{18}H_{37}$柱的柱效、分离度及定性重复性。

8. 某实验小组需要分离两个组分。该实验小组所用ODS柱的柱长为15 cm，柱效$n = 2.84 \times 10^4\ m^{-1}$。用苯磺酸钠溶液测得死时间$t_0 = 1.31$ min；测得组分的$t_{R_1} = 4.10$ min及$t_{R_2} = 4.38$ min。

(1) 求出两种组分的分离度R和分离因子α，分别求出组分1和组分2的容量因子；

(2) 如果增加柱长至30 cm，分离度R能否达到1.5?

9. 使用高效液相色谱法分离含有甲和乙两种组分的混合物，甲物质保留时间16.10 min，峰底宽1.11 min，乙物质保留时间17.63 min，峰底宽1.21 min，不保留物1.30 min流出色谱柱，柱长为30.0 cm，计算：

(1) 甲、乙两峰的分离度；

(2) 平均理论塔板数及理论塔板高度；

(3) 达到$R = 1.5$时所需柱长；

(4) 在长柱上洗脱出乙物质所需的时间。

10. 水杨酸是生产解热镇痛药阿司匹林(乙酰水杨酸)的原料，但水杨酸本身对人体具有毒性。如果生产过程中乙酰化不完全或者储藏过程中发生了水解，阿司匹林中就会有水杨酸残留或产生水杨酸。现需要在ODS柱上分离乙酰水杨酸和水杨酸混合物，得到乙酰水杨酸保留时间7.42 min，水杨酸保留时间8.92 min，两峰的峰宽分别为0.87 min和0.91 min，试分析在此方法下的分离度是否适用于定量分析。

11. 分离度R是判断色谱柱分离效能高低的重要指标，现有一个不对称的色谱峰(拖尾峰)和一个正态峰相邻。前者的保留时间为15.27 min，保留时间后边(右边)的峰宽为0.58 min，后者的保留时间为16.43 min，保留时间前边(左边)的峰宽为0.37 min，计算两峰分离度。

12. 黄芩药材中有效成分是黄芩苷，《中华人民共和国药典》(2020版)规定：黄芩药材中黄芩苷含量不得少于9.0%。现使用外标法对一批黄芩药材进行检测，确认其有效成分含量是否符合标准，具体操作如下。

(1) 标准溶液的制备：精确称量黄芩苷标准品25.0 mg置于100 mL容量瓶，以50%乙醇溶液溶解，定容为标准储备液。精确量取标准储备液2.00 mL、4.00 mL、6.00 mL、8.00 mL和10.00 mL，分别置于100 mL容量瓶，定容为系列标准溶液。

(2) 供试品溶液的制备：精确称量本品粉末25.6 mg置于碘量瓶中，精确加入100.00 mL 50%乙醇溶液，密塞，超声振荡30 min提取，过滤得供试品溶液。

(3) 各溶液进样20 μL，3次进样取均值。标准溶液的峰面积积分值分别为31582、69355、106311、142196和177714。样品溶液的峰中对应为黄芩苷的峰面积积分值为70214。

通过计算分析这批药材中黄芩苷的含量是否符合标准。

13. 拓展练习：

(1) 查阅一篇与HPLC相关的文献，结合本章的知识点对文献进行解读，需包括：简要的文献总结、章节知识点与文献内容的关联以及改进的思考。

(2) 查阅资料，归纳总结HPLC在仪器部件和分析应用上的发展创新，需给出相应的参考文献。

参考文献

柴逸峰, 邸欣, 凌笑梅, 等. 2016. 分析化学. 8 版. 北京: 人民卫生出版社.

王敏, 王晶, 杨娜, 等. 2021. UPLC-Q/TOF-MS 法测定虎杖中虎杖苷、白藜芦醇、大黄素在高脂血症鼠体内的药代动力学. 药学与临床研究, 29(6): 438-443.

武汉大学. 2018. 分析化学(下册). 6 版. 北京: 高等教育出版社.

叶宪曾, 张新祥. 2007. 仪器分析教程. 2 版. 北京: 北京大学出版社.

Ao Q, Zhao H, Tong T, et al. 2022. Enantioseparation of basic drugs by reverse phase high-performance liquid chromatography system using carboxymethyl-*β*-cyclodextrin as chiral mobile phase additive. Chirality, 34(8): 1128-1139.

Kanu A B. 2021. Recent developments in sample preparation techniques combined with high-performance liquid chromatography: A critical review. Journal of Chromatography A, 1654: 462444.

Pei Y, Li X, Zeng G, et al. 2022. Chiral stationary phases based on lactide derivatives for high-performance liquid chromatography. Journal of Chromatography A, 1661: 462705.

Rupak R, Dilshad S A, Vikas S, et al. 2021. A comparative study of chiral separation of proton pump inhibitors by supercritical fluid chromatography and high performance liquid chromatography. Journal of Separation Science, 45(4): 804-811.

Timchenko Y. 2021. A brief note on high-performance liquid chromatography (HPLC). Journal of Environmental Analytical Chemistry, 8(8): 1.

Timchenko Y. 2021. Advantages and disadvantages of high-performance liquid chromatography (HPLC). Journal of Environmental Analytical Chemistry, 8(10): 335.

高效液相色谱法的应用和发展

第 16 章　毛细管电泳法

16.1　概　　论

毛细管电泳(capillary electrophoresis，CE)是指样品在高压直流电场的作用下，以电渗流(electroosmotic flow，EOF)为驱动力，以熔融石英毛细管为分离通道，各组分因淌度(mobility，μ)的差异而进行高效、快速分离的新型液相分析技术。毛细管电泳是经典电泳和现代微柱分离技术相结合的产物，它使分析化学得以从微升水平进入纳升水平，并使单细胞分析乃至单分子分析成为可能。

毛细管电泳中使用的毛细管具有内径小、表面积/体积比大的特点，因而散热快，可在高电压下分离，并且在溶液介质下能产生平面形状的电渗流，极大地提高了分离速率。与高效液相色谱法相比，毛细管电泳具有操作简单、分离效率高、样品用量少、维护运行成本低等优点，但在迁移时间的重现性、进样的准确性和检测灵敏度等方面较高效液相色谱法稍逊，并且不能用于制备性分离。目前，毛细管电泳法已经成为分析化学领域发展最快的技术之一，广泛应用于药物分析、手性分离、环境分析、医学诊断等方面，特别是在蛋白质、核酸等生物大分子的分离分析方面显示出极大的优势。

16.2　毛细管电泳法的基本原理

毛细管电泳是待分离的物质在电场力作用下，以电渗流为驱动力进行迁移，待分离的物质在电场作用下会发生电泳、电渗现象。

16.2.1　电泳和电泳淌度

电泳是指在电场作用下，带电粒子在电解质溶液中向其所带电荷相反的电场定向迁移的现象。溶液中的阴离子向正极方向迁移，阳离子向负极方向迁移，而中性物质不带电荷，不发生电泳运动。

在空心毛细管中，一个球形荷电粒子的电泳速率(υ_{ep})可表示为

$$\upsilon_{ep}=\frac{\varepsilon\zeta}{6\pi\eta}E \tag{16.1}$$

式中，ε为介电常数；ζ为带电粒子的 Zeta 电位；E 为电场强度；η为介质黏度。

电泳淌度(electrophoresis mobility，μ_{ep})是指带电粒子在给定的缓冲溶液中，单位时间在单位电场下移动的距离，也就是单位电场强度下的电泳速率，即

$$\mu_{ep} = \frac{\upsilon_{ep}}{E} \tag{16.2}$$

由于$\zeta = \frac{q}{\varepsilon r}$，则

$$\mu_{ep} = \frac{q}{6\pi r\eta} \tag{16.3}$$

式中，q 为离子所带的电量；r 为粒子半径。由式(16.1)～式(16.3)可以看出，荷电粒子的淌度与其所带电量成正比，与粒子半径和溶液黏度成反比。不同带电粒子由于分子大小、形状不同，荷电量不同，电泳泳动的方向和速度不同，从而实现不同粒子的分离。在毛细管电泳中，将实验中测得的淌度值称为有效淌度(effective mobility，μ_{eff})，各分离组分有效淌度的差异，就是电泳分离的基础。

16.2.2　电渗和电渗流

电渗是毛细管中整体溶剂或介质在轴向直流电场作用下发生的定向迁移或流动。电渗的产生与液固两相界面的双电层密切相关。液固两相的界面上，固体分子发生解离产生离子，被吸附在固体表面。为了达到电荷平衡，固体表面吸附的离子会通过静电力吸附溶液中带相反电荷的离子，从而形成双电层。毛细管电泳通常采用石英毛细管柱，其表面等电点 $pI \approx 3$，当溶液 $pH > 3$ 时，毛细管内壁覆盖着一层硅氧基阴离子，由于吸引了溶液中的阳离子，在毛细管内壁形成了一个双电层。在高压电场的作用下，组成扩散层的阳离子被吸引而向负极移动，由于它们是溶剂化的，会拖动毛细管中的溶液整体向负极流动，于是形成了电渗流(电渗淌度，EOF)，如图 16.1 所示。

电渗流在毛细管电泳的分离中有重要作用，它的大小直接影响分离情况和分析结果的准确度、精密度。电渗流的大小可以用速率或淌度表示：

$$\upsilon_{eof} = \frac{\varepsilon\zeta}{\eta}E \tag{16.4}$$

$$\mu_{eof} = \frac{\varepsilon\zeta}{\eta} \tag{16.5}$$

式中，υ_{eof}、μ_{eof}、ε、ζ分别为电渗速率、电渗淌度、介电常数和 Zeta 电位。

由于毛细管电泳中电场力驱动产生的电渗流呈均匀的平面流型，流速在毛细管内各处都近似相等，径向扩散小，如图 16.2 所示。而高效液相色谱中高压泵驱动产生的是抛物线流型，中心流速是平均流速的 2 倍，导致峰形变宽。这就是毛细管电泳具有高分辨率的重要原因。

此外，通常情况下表面带负电的毛细管中电渗流的方向是从正极到负极，由于一般离子的电渗速率是电泳速率的 5～7 倍，它可以把阴离子带向负极，因此无论被分析物是阴离子、中性物质还是阳离子，电渗流都可以带着它们向阴极迁移，从而在一次分析中得到分离。其中阳离子迁移方向和电渗流同向迁移最快，中性物质随电渗流一起迁移，阴离子迁移方向和电渗流相反，迁移最慢，所以中性物质的迁移速率即为电渗流的速率(或淌度μ_{eof})。

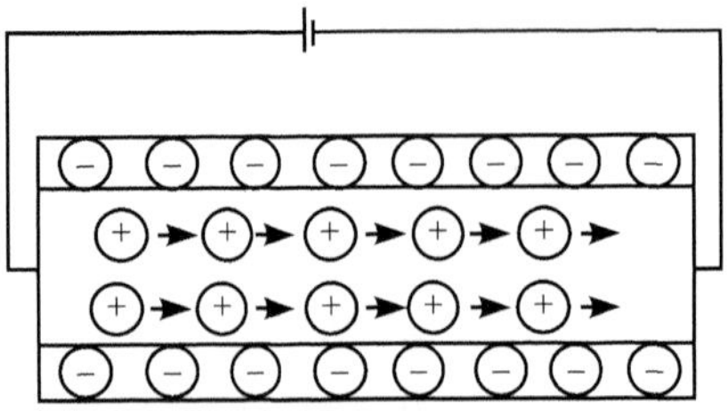

图 16.1　电渗流示意图

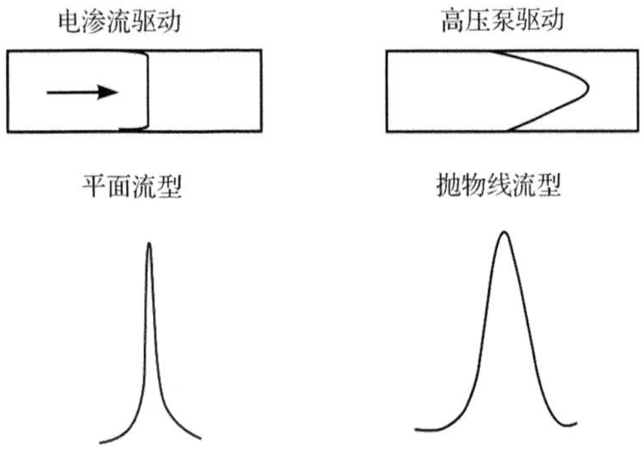

图 16.2　不同驱动力的流型及对应的峰形

16.2.3　表观淌度

在毛细管电泳中，离子在电场中的迁移速率不仅取决于离子的有效淌度和电场强度，还与电渗速率有关。用表观迁移速率(υ_{app})表示离子在实际电泳中的迁移速率，则

$$\upsilon_{app} = \mu_{app}E \tag{16.6}$$

由于存在电渗流，毛细管电泳中粒子的淌度是电泳淌度和电渗淌度的矢量和，定义为表观淌度(μ_{app})：

$$\mu_{app} = \mu_{ep} + \mu_{eof} \tag{16.7}$$

通常需要得到的是粒子的电泳淌度μ_{ep}，可以利用测定得到的表观淌度μ_{app}减去电渗淌度μ_{eof}求出。而测定电渗淌度最简单的方法是将含有较低浓度的中性化合物溶液注入毛细管，然后测定其到检测窗口的迁移时间。

16.3　毛细管电泳的分离原理及影响因素

16.3.1　毛细管电泳的分离原理

毛细管电泳分离中，待测样品中各组分在电场力的作用下带上电荷，在电渗流的驱动下依据淌度和分配行为上的差异实现分离。因此，带电荷的粒子在电泳力和电渗力的共同作用下迁移，其迁移速率(υ)等于电泳速率(υ_{ep})与电渗速率(υ_{eof})的矢量和。

$$\upsilon = \upsilon_{ep} \pm \upsilon_{eof} \tag{16.8}$$

当待测样品从正极进入毛细管，各离子均按表 16.1 的速率向负极迁移，分离后出峰次序为：正离子 > 中性分子 > 负离子。中性分子的迁移速率与电渗速率相同，不能被分离。

表 16.1　在电渗中样品组分的迁移速率

组分	表观淌度	表观迁移速率
正离子	$\mu_{ep}+\mu_{eof}$	$\upsilon_{ep}+\upsilon_{eof}$
中性分子	μ_{eof}	υ_{ep}
负离子	$\mu_{ep}-\mu_{eof}$	$\upsilon_{ep}-\upsilon_{eof}$

16.3.2　毛细管电泳分离的基本参数

毛细管电泳分离的基本参数可以用类似色谱中的参数来表示。

1. 迁移时间

毛细管电泳中粒子从进样端迁移至检测窗口所用的时间称为迁移时间(t)，等于迁移距离除以速率，可以得到：

$$t=\frac{\mu_{\text{app}}}{E}=\frac{l}{tE}=\frac{lL}{\mu_{\text{app}}V} \tag{16.9}$$

式中，V 为外加电压；l 为毛细管有效长度(进样端与检测点窗口之间的距离)；L 为毛细管总长度。对于柱上光度检测来说，毛细管有效长度 l 一般比毛细管总长度 L 短 5～10 cm，而在柱后检测(如质谱)方式下两个长度相等。电场强度是由分离电压除以总长度 L 求得，而迁移时间和淌度是由有效长度 l 决定的，因此毛细管电泳中必须说明这两个长度。同时，L 与 l 的差值理想情况下越小越好，这样，系统电压就不会因为要维持一定的电场强度而浪费在不参与分离的这部分毛细管上。

2. 毛细管电泳的柱效

分离柱效是衡量分离技术获得又窄又锐的色谱峰或电泳峰能力的一项重要指标。与色谱分离一样，毛细管电泳一般也用理论塔板数 N 衡量熔融石英毛细管的分离柱效。

根据 van Deemter 方程，塔板高度 H 越小，分离柱效 N 越高。

$$H=A+\frac{B}{u}+Cu \tag{16.10}$$

式中，A 为涡流扩散项；B 为分子扩散项；C 为传质阻力项；u 为流动相的流速。在动力学中，毛细管电泳和色谱分离过程有很大差别，由于电泳分离没有固定相，电渗流驱动流速在毛细管中呈平面流型，几乎不存在流速梯度，谱带展宽效应很小，也没有传质动力学问题，在毛细管电泳中 A 和 C 都为零。因此，毛细管电泳的 van Deemter 方程形式为

$$H=\frac{B}{u} \tag{16.11}$$

纵向扩散是毛细管电泳中引起样品区带展宽的唯一因素，决定了分离的理论极限效率，这时分离效率可以与色谱中的分子扩散项联系起来：

$$\sigma^2 = 2Dt = \frac{2DlL}{\mu_{app}V} \tag{16.12}$$

D 为扩散系数，又因为：

$$N = \left(\frac{l}{\sigma}\right)^2 \tag{16.13}$$

可以得到：

$$N = \frac{\mu_{app}Vl}{2DL} = \frac{\mu_{app}El}{2D} \tag{16.14}$$

可以看出高效毛细管电泳法的柱效远比 HPLC 法的高，理论塔板数每米可以达到几十万甚至上千万。一般毛细管电泳法的理论塔板数也采用 HPLC 法中计算理论塔板数的公式进行计算：

$$N = 16\left(\frac{t_R}{W}\right)^2 \tag{16.15}$$

$$N = 5.54\left(\frac{t_R}{W_{1/2}}\right)^2 \tag{16.16}$$

式中，t_R 为迁移时间(s)；W 为峰宽(s)；$W_{1/2}$ 为峰的半高宽(s)。

对于毛细管电泳来说，通常用分离度(R)衡量它的分离效果。分离度定义为

$$R = \frac{2(t_{R_2} - t_{R_1})}{W_1 + W_2} \tag{16.17}$$

式中，t_{R_1} 和 t_{R_2} 分别为任意相邻两个峰的迁移时间（$t_{R_2} > t_{R_1}$）；W_1 和 W_2 分别为相邻两个峰的峰宽，单位以时间表示。一般来说，$R < 1$，相邻组分分离不完全；$R = 1$，相邻组分分离度达到 98%；$R \geqslant 1.25$，足以满足定量要求；$R = 1.5$，说明已完全分离，R 再大意味着浪费时间。因此在实际工作中，要兼顾分离度和分析时间，基本的原则是，在保证基线分离的情况下分离时间越短越好。

16.3.3　影响毛细管电泳分离的因素

在理想状态下，纵向扩散是毛细管电泳中引起样品区带展宽的唯一因素，但在实际电泳分离中，除了纵向扩散外，还有进样、焦耳热、吸附等其他因素也会引起区带展宽，影响电泳分离柱效，导致用实际电泳图计算得到的理论塔板数远低于理论值。可以用系统的总方差来描述各因素对峰展宽的影响：

$$\sigma_T^2 = \sigma_{DIF}^2 + \sigma_{INJ}^2 + \sigma_{TEM}^2 + \sigma_{ADS}^2 + \sigma_{ELEC}^2 + \sigma_{OTH}^2 \tag{16.18}$$

式中，σ_T^2 为各因素对峰展宽的总方差；σ_{DIF}^2 为纵向扩散引起峰展宽的方差；σ_{INJ}^2 为进样引起峰展宽的方差；σ_{TEM}^2 为焦耳热引起峰展宽的方差；σ_{ADS}^2 为毛细管壁的吸附作用引起峰展宽的方差；σ_{ELEC}^2 为电分散作用引起峰展宽的方差；σ_{OTH}^2 为其他因素引起峰展宽的方差。

1. 纵向扩散引起的峰展宽

从式(16.18)可以看出在高电场下，溶质在毛细管内停留的时间较短，用于扩散的时间就少了，所以毛细管电泳分离中常采用较高的分离电压来获得较高的分离效率。可以通过准确选择分离操作条件，如工作电压、毛细管长度、pH 及缓冲溶液种类及浓度等，减小纵向扩散引起的峰展宽。

2. 进样引起的峰展宽

进样引起的峰展宽与进样塞长度及形状有关。较大的进样体积会在内径很小的毛细管内形成较长的样品区带，一旦进样长度大于扩散控制的区带宽度，分离效果就会很差，但为了克服检测困难往往需要进样长度大于理想长度，所以进样就会引起峰展宽。总的来说，在毛细管电泳中对进样要求严格，进样量一般为纳升级。

3. 焦耳热引起的峰展宽

在普通电泳中，电流通过缓冲溶液时产生的焦耳热是实现快速、高效分离的重大障碍。焦耳热可导致不均匀的温度梯度和局部黏度变化，严重时会造成层流，从而引起区带展宽。因此，为提高散热效率，毛细管的内径与外径之差越大越好，以增大毛细管柱外表面的散热面积。实际工作中常用内径 75 μm、外径 375 μm 的毛细管。同时还可以通过降低缓冲溶液浓度，对毛细管电泳仪采用冷却温控的方法来减少焦耳热的影响。

4. 吸附作用引起的峰展宽

溶质阳离子与毛细管表面负电荷的静电相互作用，以及疏水相互作用，是造成毛细管吸附的主要原因。吸附不仅使谱带展宽，而且可使某些被测组分无法分离检测。同时，比表面积大的细内径毛细管对散热有利，却增加了吸附作用。吸附作用会造成峰拖尾，甚至不可逆吸附，可以采用在毛细管内壁涂敷聚乙二醇等抗吸附层物质；采用极低 pH 介质以抑制硅羟基解离；在分离介质中加入两性离子添加剂等方法来抑制或消除吸附。

5. 电分散作用引起的峰展宽

电分散作用是指样品溶液与缓冲溶液的电导率不匹配而造成的区带展宽现象。当样品溶液的电导率比缓冲溶液低时，样品区带的电场强度大，离子在样品区带的迁移速率就高，这样，离子进入分离介质速率就变慢，从而在样品溶液与分离介质之间的界面上形成样品堆积，造成前伸峰。反之，就会造成拖尾峰。因此，在毛细管电泳分离中，通常要求样品溶液的离子强度与分离介质的离子强度接近。

6. 其他因素引起的峰展宽

其他一些因素的存在也会导致区带展宽，如缓冲溶液池两端不等高产生的层流，检测池尺寸大于峰宽等都会引起区带展宽。

16.4　毛细管电泳的分离模式

毛细管电泳法发展非常迅速，通过对毛细管及其填充物进行修饰，可以建立多种分离模式。

16.4.1　毛细管电泳法的分类

毛细管电泳法按分离机理、毛细管中填充物的性状可分为不同的模式：毛细管区带电泳、毛细管等电聚焦、毛细管等速电泳和非水毛细管电泳属于自由溶液电泳型；毛细管凝胶电泳和毛细管电色谱需要使用填充型分离柱，属于非自由溶液电泳型；毛细管胶束电动色谱和微乳电动毛细管色谱属于毛细管区带电泳扩展的色谱型。除非自由溶液电泳型外，其余分离模式的建立均基于不同的运行缓冲溶液。不同的分离模式适用的样品也各不相同。例如，毛细管区带电泳和毛细管胶束电动色谱在药物分析中比较常见，而毛细管凝胶电泳、毛细管等电聚焦和毛细管等速电泳则多用于生物大分子的分离分析。

16.4.2　毛细管区带电泳

毛细管区带电泳(capillary zone electropjoresis，CZE)又称自由溶液毛细管区带电泳，是毛细管电泳中最基本也是最常用、最简单的分离模式。

1. 分离机理

具有不同电荷密度(q/r)的带同种电荷的离子在电泳中具有不同的电泳淌度，这是CZE 对不同组分进行分离的基本依据。未涂层石英毛细管中的电渗流从正极流向负极，当将试样从正极端注入毛细管时，由于电渗速率大于电泳速率，中性分子和正负离子都会向负极迁移。正离子移动方向与电渗流相同，其迁移速率等于电泳速率与电渗速率的矢量和，因此首先流出；负离子移动方向与电渗流相反，由于电渗速率远大于电泳速率，因此最后流出；中性分子的迁移速率与电渗速率相同，故随电渗流一起流出，得不到分离。

2. 实验条件选择

在 CZE 中，影响分离的主要实验条件有缓冲液的种类、浓度和 pH，添加剂，以及分离电压和温度等操作条件。

1) 缓冲液

毛细管电泳中，两电极负极电泳介质的氢离子和氢氧根离子浓度随着电泳的进行会不断发生变化，影响电解质的酸度和电渗流的大小，从而影响溶质迁移时间的重现性。为了保证电泳介质酸度的稳定，毛细管电泳必须在缓冲液中进行。

缓冲液的种类对 CZE 的分离效率和分离度有很大影响，是 CZE 条件优化中首先要考虑的问题。缓冲液的选择通常要考虑下述要求：①缓冲液在所选择的 pH 范围内有合适的缓冲容量；②缓冲液本底检测响应低，以提高检测灵敏度；③缓冲液自身的淌度低，即离子大而带电量小，以减少背景电流的产生。常用来构成 CZE 缓冲液的物质及其 pK_a 见表 16.2。

表 16.2　CZE 中常用的缓冲液及其 pK_a

缓冲液	pK_a
磷酸盐	2.12(pK_{a1})，7.21(pK_{a2})，12.32(pK_{a3})
柠檬酸盐	3.06(pK_{a1})，4.74(pK_{a2})，5.4(pK_{a3})
三羟甲基氨基乙酸	8.30
硼酸盐	9.24
甲酸盐	3.75
乙酸盐	4.75

需要强调的是，在配制毛细管电泳用的缓冲液时，必须使用高纯蒸馏水和试剂，使用前经过 0.45 μm 的滤器除去颗粒等，防止堵塞毛细管。

缓冲液的 pH 主要影响电渗流的大小，同时还影响被分离组分的解离情况，决定弱电离试样的有效淌度，从而改变 CZE 的分离选择性，是 CZE 条件优化中最重要的操作参数之一。一般加入 pH 调节剂，如酸碱试剂、胺或醇胺等有机碱，通过实验优化来选择最佳的 pH。当控制 pH 为 4～7 时，石英毛细管的电渗流随 pH 的增加而明显增大，表观淌度也随之增加，缩短了分析时间，有利于提高分离效率。但电渗流太大往往会使溶质在分离前流出，此时就需要增加柱长或降低电渗流。

缓冲液的浓度也是 CZE 条件优化中的一个重要操作参数。一般来说，增加缓冲液浓度会使离子强度增大，改变缓冲容量，减少了溶质与管壁之间、被分离离子间的相互作用，从而改善分离；但缓冲液浓度的增加会使电渗流降低，溶质在毛细管内的迁移速率下降，延长了分析时间；此外，随着缓冲液浓度的增加，导电的离子数增加，焦耳热也会增加。缓冲液浓度对柱效的影响比较复杂，要同时兼顾扩散和黏度的影响。总之，缓冲液浓度对分离的影响是个复杂的过程，需要进行综合考虑。

2) 添加剂

在 CZE 中，如果缓冲体系经过各种参数优化后仍无法得到良好的分离结果，可以加入添加剂改善分离。通过添加剂与管壁或与试样溶质之间的相互作用，改变管壁或溶液的物理化学特性，达到提高分离选择性和分离度的目的，进一步优化分离条件。添加剂的种类较多：①最简单的添加剂是无机电解质，它们可以参与争夺毛细管壁的负电荷位置，从而抑制蛋白质等在管壁上的吸附。②表面活性剂是使用最多的一种添加剂，具有吸附、增溶、形成胶束等功能，如十二烷基硫酸钠、十二烷基季铵盐等。低浓度的阳离子表面活性剂的加入，会在石英毛细管表面形成单层或双层的吸附层，改变电渗流的大小和方向。需要注意的是，加入 CZE 缓冲液中的表面活性剂浓度必须低于其临界胶束浓度，否则就会改变毛细管的分离机理，从 CZE 分离模式变为毛细管胶束电动色谱(MECK)模式。③一般的 CZE 并不具备手性选择性，可以在缓冲液中加入环糊精、冠醚等手性添加剂来实现手性拆分的目的。④聚乙烯醇、纤维素等高分子添加剂可以形成分子团、特殊的局部结构或吸附在毛细管壁上，影响试样的迁移过程和分离过程。⑤毛细管电泳的缓冲液一般用水配制，甲醇、乙腈等有机添加剂的使用，可以增加水难溶试样在缓冲液中的溶解度，抑制样品组分在毛细管壁的吸附，从而改善峰形。在极端情况下，以有机溶剂为主体，甚至完全使用有机溶剂，就是非水毛细管电泳技术。

3) 分离电压和温度

毛细管的内径、长度及缓冲液浓度均会影响分离体系的最佳分离电压。当柱长确定时，提高分离电压有利于提高分离效率和缩短分析时间，但同时会产生很大的焦耳热，导致缓冲液黏度减小，而黏度与温度呈指数关系，因此分离电压和迁移时间不呈线性关系。在选定的毛细管下，实际操作中可通过作分离电压与缓冲液浓度的关系曲线，找出最佳分离电压。

温度的变化会改变缓冲液的黏度，影响电渗流，因此在 CZE 中，温度也是优化分离条件的重要参数之一。

16.4.3 毛细管胶束电动色谱

毛细管胶束电动色谱(micellar electrokinetic chromatography，MEKC)是电泳技术与色谱技术的巧妙结合，是以胶束为准固定相的一种电动色谱。与 CZE 相比，MEKC 的突出优点是既能分离离子化合物，还能分离 CZE 无法分离的中性化合物。

1. 分离机理

MEKC 是在电泳缓冲液中加入表面活性剂，表面活性剂在低浓度时，以分子形态分散在水溶液中，当浓度超过某一值，表面活性剂分子之间的疏水基团聚集在一起形成具有疏水内核、外带电荷的胶束，作为分离体系的准固定相。溶质不仅可以因为淌度的不同得到分离，也可以基于在水相和胶束相间分配系数的不同而得到分离。表面活性剂分子开始聚集形成胶束时的浓度称为临界胶束浓度(critical micelle concentration，CMC)，CMC 一般小于 20 mmol/L。

在 MEKC 模式中，存在类似于色谱的两相，一是导电的缓冲液水相，它是分离载体的溶剂；二是不固定在柱中却起到固定相作用的胶束相(准固定相)，它具有与周围介质不同的淌度，并且可以与溶质相互作用。与 CZE 模式一样，毛细管壁带负电，在电场作用下，MEKC 模式中水相因电渗流驱动流向阴极，由于胶束带电，它们沿与 EOF 相同或相反的方向移动(依据胶束所带电荷而定)。阴离子表面活性剂如十二烷基磺酸钠(SDS)形成的带负电荷的胶束向阳极迁移，与 EOF 相反，其迁移速率在中性和碱性情况下小于 EOF 的迁移速率，故胶束将以较小的速率向阴极移动。溶质在水相和胶束相(可视为准固定相)之间产生分配，迁移时间 t_m 为

$$t_m = \frac{1+k'}{1+\dfrac{t_{eof}}{t_{mic}}} t_{eof} \tag{16.19}$$

式中，k'为溶质在胶束相和水相中的分配系数；t_{eof} 及 t_{mic} 分别为电渗流及胶束的迁移时间。由式(16.19)可见，溶质在胶束相和水相中分配系数的不同是 MEKC 分离的主要依据。中性物质因进入胶束而带电荷，同时又因其疏水性不同在两相分配中形成差异，疏

水性强的物质和胶束结合牢固，k'大，所以迁移时间长，最终中性粒子按照其疏水性不同得以分离，因此 MEKC 法可以用于中性物质的分离。图 16.3 是 MEKC 的分离原理示意图。

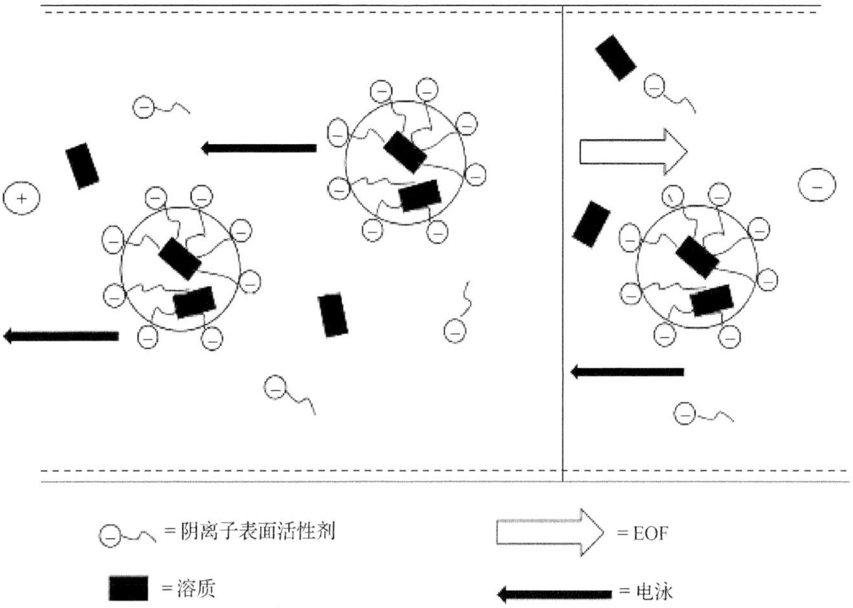

图 16.3　MEKC 的分离原理示意图

2. 实验条件选择

1) 胶束准固定相

MEKC 区别于其他色谱的一个重要特征就是它的准固定相的移动。胶束是表面活性剂的聚集体，表面活性剂分子由亲水和疏水基团组成。疏水部分是直链或支链烷烃或甾族骨架；亲水部分可以是阳离子、阴离子或两性离子基团。MEKC 中常用的阴离子表面活性剂有十二烷基磺酸钠(SDS)、*N*-月桂酰-*N*-甲基牛磺酸(LMT)、牛磺脱氧胆酸钠(STDC)等。常用的阳离子表面活性剂是季铵盐，如十二烷基三甲基溴化铵(DTAB)、十六烷基三甲基溴化铵(CTAB)等。阳离子表面活性剂分子易吸附在石英毛细管壁上，从而减慢电渗速率甚至改变电渗流方向，因此也称为电渗流改性剂。此外，还有手性表面活性剂，如胆酸、毛地黄皂苷等。

2) 流动相

在 MEKC 中，通常将胶束相和缓冲液相组成的溶液称为流动相。实验过程中，可以通过改变流动相来改变溶质在胶束相和缓冲液相之间的分配，进而改善分离的选择性。流动相的改变可以通过胶束种类和浓度的改变，缓冲液种类、浓度、pH 和离子强度的改变来实现，还可以通过添加有机改性剂实现。有机添加剂的加入，会改变水溶液的极性，从而调节溶质在水相和胶束相间的分配系数，使分离选择性得到提高。常用的有机添加剂有甲醇、乙腈、异丙醇等，其中甲醇和乙腈是使用最多的两种，使用浓度通常为 5%～25%。

16.4.4 毛细管凝胶电泳

毛细管凝胶电泳(capillary gel electrophoresis，CGE)综合了毛细管电泳和平板凝胶电泳的优点，是一种分离度极高的电泳分离模式。

1. 分离机理

CGE 是用凝胶作支持物进行的区带电泳。凝胶是一种多孔性的起“分子筛”作用的聚合物，当带电溶质在电场力作用下，在凝胶的网状结构内迁移时，其运动要受到一定程度的阻碍，大分子受到的阻碍比小分子大，迁移速率就比小分子慢，从而使溶质分子按分子大小逐一得到分离。凝胶是毛细管电泳(CE)的理想介质，它黏度大，能减弱溶质的扩散，因此能限制谱带的展宽，所得峰形尖锐，能达到 CE 中最高的柱效。

CGE 可采用两种方法将凝胶或其他有筛分作用的物质引入毛细管柱中。一种方法是用聚丙烯酰胺等凝胶在毛细管内交联制成凝胶柱；另一种方法是在电解质溶液中添加高浓度的水溶性线型聚合物，如甲基纤维素等。这两种方法各有优缺点，前一种方法具有更高的分离效率和分辨率，但制备麻烦、柱子重现性不很理想；后一种方法方便、简单、重现性好，但分离效率和分辨率不如前一种方法好。

CGE 常用于蛋白质、寡聚核苷酸、RNA 及 DNA 片段的分离和测定。以 DNA 为例，其质荷比通常与分子大小无关，因为 DNA 链每增加一个核苷酸，就增加一个相同的质量和电荷单位，对它在自由溶液中的淌度没有影响，因此用 CZE 模式不能实现分离，而 CGE 模式可根据 DNA 分子的大小进行有效分离。

2. 实验条件选择

由于受凝胶介质对 pH 的限制，CGE 中使用的缓冲液选择性很小。CGE 典型的缓冲液及其组成见表 16.3。

表 16.3 CGE 典型的缓冲液及其组成

名称(缩写)	组成	分析对象
TBE	50～200 mmol/L Tris，100～300 mmol/L 硼酸，0～1 mmol/L EDTA，pH = 7.0～8.0	DNA、糖、蛋白质、聚氨基酸
TPE	20～100 mmol/L Tris-磷酸，2 mmol/L EDTA，pH = 8.0	DNA
TAE	20～100 mmol/L Tris-乙酸，1 mmol/L EDTA，pH = 8.0	DNA
TTE	50～200 mmol/L Tricine-Tris，1～2 mmol/L EDTA，pH = 7.5～8.5	蛋白质

注：Tricine 表示三(羟甲基)甲基甘氨酸；Tris 表示三羟甲基氨基甲烷。

16.4.5 毛细管电色谱

毛细管电色谱(capillary electro chromatography，CEC)是将 CE 的高柱效和 HPLC 的高选择性有机结合在一起，开辟了微分离技术的新途径。

1. 分离机理

CEC 可以看成是在毛细管柱内填充、内壁涂敷、键合或交联色谱固定相的结果，在毛细管的两端加高压直流电压，以电渗流代替高压泵推动流动相。它的分离过程包含电泳和色谱两种机理，溶质根据它们在流动相与固定相中的分配系数不同和自身的电泳淌度差异得以分离。CEC 流过毛细管内的溶剂前沿呈塞状的平流型，抑制了样品谱带的展宽，因此具有很高的分离效率。CEC 既可以分离带电物质，也可以分离中性物质。对中性物质的分离机理与 HPLC 相同，即通过溶质在流动相与固定相之间的分配差异得到分离。在带电离子样品的分离中，色谱的分配机理和电泳的分离机理同时存在，共同对保留和分离产生影响，产生了更多的选择性变化。

CEC 最大的特点是分离速度快和分离效率高，选择性高于常规 CE 模式，但由于柱容量小，检测灵敏度低于 HPLC，可采用 HPLC 的各种模式，应用广泛。

2. 实验条件选择

依照 HPLC 的概念，根据固定相和流动相的性质，CEC 可以分为正相、反相、离子交换等多种分离模式。在 CEC 的条件选择中，首先是固定相的选择，其次是流动相或缓冲液的选择。

1) 固定相

CEC 中使用的色谱柱有填充柱、开管柱和整体柱。固定相的选择主要是依据 HPLC 的理论和经验。目前研究最多的是反相毛细管电色谱法，此法的固定相填料为 3 μm 内径的 C_{18} 或 C_8，毛细管填充长度一般为 20 cm 左右。

2) 流动相

根据固定相的特性(正相、反相等)，缓冲液可以是水溶液或有机溶液，反相毛细管电色谱法中，流动相一般是含有电解质的有机溶剂与缓冲液的混合溶液，如甲醇-水、乙腈-水等。

HPLC 中有机溶剂的种类和浓度对容量因子有显著影响，因此在 CEC 中可以通过改变有机溶剂来提高选择性。此外，流动相的 pH 对溶质的保留影响明显。特别是对酸碱物质而言，pH 一方面影响溶质的解离度，另一方面还影响电渗的大小，因此可以通过调节 pH 来提高选择性。为了减少焦耳热，CEC 流动相通常采用较低浓度的缓冲液，如 1～10 mmol/L 的磷酸盐、硼酸盐缓冲液。

3) 其他条件

在 CEC 分离中，分离电压、温度、流动相添加剂(如表面活性剂)等其他实验条件对溶质的保留和选择性也会产生影响，通常需要通过具体的实验操作来确定最佳条件。

16.4.6 其他毛细管电泳模式

毛细管电泳中还存在其他分离模式。

1. 毛细管等电聚焦

毛细管等电聚焦(capillary isoelectric focusing，CIEF)是将普通等电聚焦电泳转移到毛细管内进行。当毛细管内充满溶质混合物和两性电解质后，pH 梯度很快形成。阴极放置在碱性溶液中，阳极放置在酸性溶液中，在两端施加电压(6～8 kV)后，带电的两性离子如蛋白质在介质中开始迁移直到到达一个不带电的区域(其 pI 处)，这个过程称为“聚焦”。蛋白质一旦进入一个不同于其 pI 值的区域，就会带上电荷，在电场力的作用下又会迁移回 pH 等于其 pI 处。由于各种蛋白质的 pI 值不同，因而在毛细管的不同区域聚焦，从而达到分离。毛细管等电聚焦不仅能用来分离 pI 值仅相差 0.005 甚至更小的蛋白质，还可用来测定蛋白质或其他两性物质的等电点等，以及对组分进行浓缩和富集。

2. 毛细管等速电泳

毛细管等速电泳(capillary isotachrophoresis，CITP)是一种“移动界面”的电泳技术，采用先导电解质和后继电解质两种缓冲溶液。先导电解质中含有与溶质离子电荷相同但淌度最高的离子，后继电解质相反，样品离子的淌度介于这两者之间。在电场力的驱动下，电位梯度的扩展使所有离子最终以同一速度泳动，样品带在给定的 pH 下按其淌度和电离度的大小依次迁移，从而得到互相连接而又不重叠的台阶式梯形区带。一次毛细管等速电泳实验可以分离正负两种离子。但由于采用不连续缓冲体系，空间分辨率差，因此该模式更多地被用作在线浓缩方法而不仅仅是作为一种单纯的分离技术。

3. 亲和毛细管电泳

亲和作用是指两个或者两个以上化学基团之间形成如氢键、静电作用、疏溶剂作用和范德华力等的非共价特异性相互作用。在电泳过程中，分析物与毛细管中的亲和配体如缓冲溶液中的添加剂之间产生亲和效应，利用这一效应达到分离目的的电泳技术就称为亲和毛细管电泳(affinity capillary electrophoresis，ACE)。ACE 主要用于确定某些物理化学参数，如金属与蛋白质分子的键合常数、酶与抑制剂的相互作用、DNA 与肽类分子的相互作用、抗原与抗体的相互作用等。此外，分析物与胶束相、环糊精与手性分子之间的缔合作用也被归于此类，与其相关的一些常数也能运用 ACE 模式获得。

4. 非水毛细管电泳

非水毛细管电泳(nonaqueous capillary electrophoresis，NACE)是利用有机溶剂代替水溶液作为电泳介质的毛细管电泳模式。与以水为介质的传统毛细管电泳相比，非水毛细管电泳的优势明显：①增加了毛细管电泳的分析对象，拓宽了分析对象的分析范围。②提高了分离选择性。在非水毛细管电泳中，有机溶剂的黏度、介电常数、解离能力等性质特征在水相毛细管电泳和非水毛细管电泳中的具体表现形式存在较大区别，通过改变溶剂的性质，可以提高非水毛细管电泳的分离选择性。③产生比水相少很多的热量，降低由热效应引起的谱带变宽，增加了分离效率且提高了分析速度。④能够分离难溶于水或者不溶于水的物质。⑤兼容性好，能与质谱、激光诱导荧光检测器等灵敏度高的检测器联用。

用作 NACE 介质的有机溶剂，应该满足不易燃、挥发性小、不易氧化和良好的溶解性等要求，常用的有甲醇、乙腈、甲酰胺等。同时，在有机溶剂中加入电解质使其具有一定导电性是实现 NACE 的必要条件，并且电解质的加入可以调节 pH，提高分离的选择性。常用的电解质是酸及铵盐，如甲酸、乙酸铵等。

16.5　毛细管电泳的仪器装置

毛细管电泳仪器与色谱仪器主要系统类似，都有进样系统、分离系统和检测系统等部分，主要组成部分包括高压电源、进样系统、毛细管柱和检测器，其基本结构如图 16.4 所示。

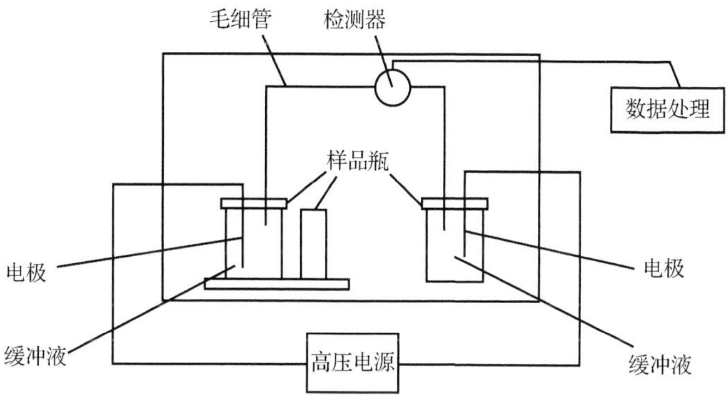

图 16.4　毛细管电泳仪器基本结构

16.5.1　高压电源

高压电源是毛细管电泳分离系统中的重要部分，一般采用 0～±30 kV 连续可调的直流高压电源，电压输出精度应高于 1%。电极通常由直径为 0.5～1 mm 的铂丝制成。

16.5.2　进样系统

由于毛细管的内径通常小于 100 μm，柱体积一般只有 4～5 μL，为了达到高效和快速的目的，毛细管电泳仪的进样系统在进样时既不能引入显著的区带扩展，还要让进样量小于 100 nL，否则容易造成过载。如果样品过载，一方面由于进样长度超过了扩散引起的区带宽度，使峰发生展宽；另一方面加大了电场强度的不均一性，从而加大缓冲液和样品区带间的电导差异，使峰形发生畸变。因此，毛细管电泳中要求采用无死体积的进样方法，即让毛细管直接与试样溶液接触，然后由重力、电场力或其他动力来驱动试样流入毛细管中，通过控制驱动力的大小和时间长短来控制进样量的大小。目前毛细管电泳常用的定量进样方式有三种，即电动进样、压力进样和浓差扩散进样。

1. 电动进样

将毛细管的进样端插入样品溶液后在毛细管两端施加一定的电压，由于电渗流的作用，在数秒内样品就会进入毛细管。计算试样进入毛细管的体积 Q_V 和进样量 Q_{in} 的经

验公式为

$$Q_{\text{in}} = cQ_V = c\pi r^2(\upsilon_{\text{eff}} + \upsilon_{\text{eof}})t = c\pi r^2(\mu_{\text{eff}} + \mu_{\text{eof}})Et \tag{16.20}$$

式中，c 为样品组分浓度；r 为毛细管内径；E 为电场强度；t 为进样时间。从式(16.20)可以看出，控制电动进样的参数是电场强度 E 和进样时间 t，其中 E 取值为 1～10 kV/ 60 cm；t 通常为 1～10 s，有时可达 1 min 或更长。电动进样中样品基质对电泳分离的干扰较小，因此对毛细管内的填充介质没有特别限制，可以实现自动化操作，是目前最常用的进样方式。但是电动进样对离子组分的样品存在进样偏差，即μ_{app}大者进样量多，μ_{app}小者进样量少，所以必须进行校正，否则会降低分析的准确性和可靠性。此外，基质的变化也会引起导电性和进样量的变化，影响进样的重现性。

2. 压力进样

压力进样也称流动进样，要求毛细管内的填充介质具有流动性，如溶液等。当将毛细管的两端置于不同的压力环境时，样品随着溶液的流动进入毛细管。计算压力进样的进样量 Q_{in} 的经验公式为

$$Q_{\text{in}} = \frac{c\pi r^4}{8\eta l}(\Delta p)t \tag{16.21}$$

式中，c 为样品组分浓度；r 为毛细管内径；t 为进样时间；l 为毛细管长度；Δp 为压力差；η为管中溶液的黏度。式(16.21)表明，压力进样的控制参数是 Δp 和 t，其中 Δp 是实际进样动力，即通过毛细管截面的压差。压力进样有正压、负压和重力虹吸进样三种模式，Δp 取值为 2000～6000 Pa；t 的取值为 1～5 s，有时可超过 60 s。压力进样的优点是没有组分偏向问题，并且由于严格控制了样品的黏度和温度，因此进入毛细管的物质的量是固定的。但样品和本底溶剂会同时带入毛细管柱中，导致选择性差，对后续分离产生一定影响。

3. 浓差扩散进样

扩散进样是利用浓度差扩散原理进样的。当将毛细管进样端插入样品溶液时，因为毛细管口界面存在的浓度差，样品分子会向管内扩散从而进入毛细管。计算扩散进样的进样量 Q_{in} 的经验公式为

$$Q_{\text{in}} = 400c\pi r^2\sqrt{2Dt} \tag{16.22}$$

式中，D 为溶质分子的扩散系数。扩散进样的进样动力属于不可控参数，进样量仅由扩散时间控制，一般为 10～60 s。扩散进样的优点是对管内介质没有限制，是一种普适性进样方法。同时由于扩散与电迁移的方向和速度无关，并且扩散具有双向性，因此能抑制偏向和背景干扰，提高分离效率和定性、定量分析的可靠性。

16.5.3 毛细管柱

毛细管电泳的分离过程是在毛细管柱中完成的，所以毛细管柱是毛细管电泳分离的

核心。理想的毛细管柱应该是电绝缘，能透过紫外光和可见光，具有良好的热传导性、化学惰性及高的机械强度和柔韧性，还要耐用且便宜。毛细管柱的材料可以是聚四氟乙烯、玻璃、石英等，目前在毛细管电泳中应用最广泛的是涂有聚酰亚胺保护层的熔融石英毛细管。为了检测，毛细管上要剥离除去一段聚酰亚胺保护层以形成一个小窗口，窗口长度通常控制在 2～3 mm。保护层剥离可以采用灼烧法、刀片刮出法、硫酸腐蚀法等。

毛细管柱尺寸的选择主要考虑分离效率和检测灵敏度。毛细管电泳是在高电场下进行的分离，这就需要使用内径较小的毛细管，内径越小，分离效率越高，但由于小内径的毛细管限制了进样量，增加了检测难度，因此目前商品化的石英毛细管内径通常为 25～100 μm，最常用的是 50 μm 和 75 μm 两种。虽然增加毛细管柱长可以增加柱效，但过长的柱长会降低电场强度，延长分析时间，所以实际应用中常用的长度为 50～75 cm。

由于电泳过程中存在的焦耳热效应，毛细管内会产生径向的温度梯度，加之分离的重现性也与温度密切相关，因此需要对毛细管的温度进行有效控制。将毛细管置于温度可调的恒温环境中，将温度稳定在±0.1℃。商品化的毛细管电泳仪大多有温度控制系统，主要有风冷和液冷两种方式。

16.5.4　检测器

毛细管电泳的检测在原理上与液相色谱相似，但是由于毛细管内径很小，毛细管电泳在检测时需要解决的首要问题是既要保证对待测组分有足够的检测灵敏度，又要保证不让谱带展宽。减少谱带展宽最有效的途径就是柱上检测。目前，毛细管电泳中常用的检测器有紫外检测器、荧光检测器、质谱检测器、化学发光检测器和电化学检测器等。

1. 紫外检测器

紫外检测器是最常用的检测器，适合有紫外吸收的化合物，一般采用柱上检测方式，操作方便，检测时只需要将除去保护涂层的毛细管透明部分对准光路即可。紫外检测器的灵敏度稍差，可以采用在入射光方向加石英聚光球、采用扁形毛细管等技术提高灵敏度。

2. 荧光检测器

荧光检测器是毛细管电泳中另一种商品化的检测器，检出限比紫外检测器低 3～4 个数量级，是一种灵敏度高、选择性好的非普适性检测器，但是没有荧光特性的样品通常需要衍生。普通的荧光检测器一般采用氘灯、氙弧灯和钨灯作为激发光源。而激光诱导荧光检测器采用激光作为激发光源，由于激光的单色性和相干性好，光强高，有效地提高了信噪比，所以灵敏度得到极大提高，对生物活性和药物样品进行痕量分析时尤为有利，但对于没有荧光特性的样品同样需要衍生化处理。

3. 质谱检测器

质谱检测器可以提供大量的结构、质量信息，GC-MS、HPLC-MS 是目前测定复杂混合物中化合物相对分子质量和结构信息的有用工具，目前商品化的 CE-MS 仪均采用柱后检测方式，广泛应用于氨基酸、蛋白质等生物混合物研究。

4. 电化学检测器

电化学检测器也属于柱后检测，与光学检测方法相比，具有选择性好、线性范围宽、质量检出限低的特点。由于电化学检测器的响应不依赖于光路的长度，因此可以使用内径极小的毛细管。目前电化学检测应用的方法包括电位法、电导法和安培法等。

16.6 分析方法及应用

任何一种分析方法都要解决待分析物的定性及定量问题，也就是要解决待分析物里有什么、含量有多少的问题，所以了解 CE 的定性及定量方法十分有必要。

16.6.1 定性分析方法

CE 的定性方法与 HPLC 类似，可以通过比较待分析物与已知化合物的迁移时间或淌度，如果二者的迁移时间或淌度相同，则可以初步判断二者为同一物质。可通过如下方法进一步确认。

1. 加标法

在相同的分析条件下，将适当浓度的已知化合物加到待分析物溶液中，待分析物的峰高增大，峰面积变大，且无任何肩峰出现，可认为二者可能是同一物质。

2. 光谱比较法

在相同的分析条件下，比较待分析物与已知化合物的紫外吸收光谱图(PDA 检测器)，若两者吻合，可认为二者可能是同一物质。

3. 质谱法

目前最准确的定性方法是利用质谱提供的结构信息进行定性。

16.6.2 定量分析方法

CE 的定量方法与 GC 和 HPLC 类似，均采用峰面积定量。不同的是，GC 和 HPLC 定量一般采用峰面积与相应质量浓度，以标准曲线法定量；而 CE 中所有的组分并不以相同速率通过检测窗口，迁移速率慢的组分需要较长时间通过检测窗口，其峰面积也越大，这就需要用迁移速率对峰面积进行校正，用校正峰面积(峰面积除以迁移时间)定量，以保证定量结果的准确性及重复性。以校正峰面积为纵坐标，待测物浓度为横坐标，进行线性回归，得到的线性相关系数一般情况下比以峰面积作定量的要高，但有时差别不大，特别是当迁移时间的重现性很好时，可以直接用峰面积进行定量。CE 一般采用外标法、内标法、单点法、内插法和归一化法五种定量分析方法。

1. 外标法

外标法是目前最基本、应用最广的定量方法。外标法的前提是必须在相同的仪器条件下，同时分析测定一系列标准溶液及待测样品溶液，利用校准曲线求算待测样品溶液中待测组分的含量。外标法的准确性受标准物质浓度配制的准确性、标准与样品基体的一致性两个因素的影响，是一种操作简单、计算方便的定量分析方法。

2. 内标法

经典的色谱定量方法，在配制分析样品时需要加入内标物组分。内标法中内标物必须是分析样品中不含的组分，该组分要完全溶解在试样中，并且与样品中其他组分的峰完全分离，同时要求内标物电泳峰的位置与被测组分电泳峰的位置要相近。内标法通过测定内标物与待测组分的峰面积(或校正峰面积)的相对值来进行计算，在一定程度上消除了操作条件等变化引起的误差，其定量重现性优于外标法，但内标物的选择和配制略显烦琐。

3. 单点法

当方法具有良好的线性时，定量工作就可以通过单点标准法简化进行，在线性范围内单点定量，以缩短分析时间。单点定量缩短了校准的测量过程，尤其适用于仪器不稳定、信号漂移严重的情况。

4. 内插法

如果标准曲线不过原点，线性好但线性范围较窄(不到一个数量级)，可采用内插法进行定量。将待测组分的响应值插在两个标准浓度之间，通过数学计算得到待测组分的浓度，从而计算其含量。

5. 归一化法

归一化法是色谱中常用的定量方法。无法获得标准物质的情况下进行定量分析，相对浓度比绝对浓度更重要，进行主含量或纯度分析时可采用归一化法。

16.6.3 应用

CE 自 20 世纪 80 年代初创立以来，克服了 HPLC 实验成本高、GC 应用面窄的缺点，在生命科学、药物、食品、环境等领域获得广泛应用。

1. 生命科学研究

近年来，CE 在生命科学领域的应用研究越来越多，主要涉及蛋白质、核酸、糖等生物分子。例如，蛋白质组学研究中，利用毛细管区带电泳-串联质谱法(CZE-MS/MS)结合尺寸排阻色谱法(SEC)和反相液相色谱法(RPLC)可以鉴定来自大肠杆菌蛋白质组的 5700 种蛋白质形式。

2. 药物分析

CE 技术的不断改进使其在药物分析领域的应用研究优势明显，主要用于蛋白质药物研究、药物作用机理和药物筛选、天然产物的成分分析和合成药物检测。例如，蛋白质药物研究中，使用基于十六烷基磺酸钠的毛细管电泳法(capillary electrophoresis-sodium hexadecyl sulfonate，CE-SHS)表征和定量治疗性蛋白质，与传统的基于十二烷基硫酸钠的毛细管电泳法(capillary electrophoresis-sodium dodecyl sulfate，CE-SDS)相比，CE-SHS 可以使峰值分辨率和塔板数分别提高 3 倍和 8 倍。

3. 手性拆分

CE 在手性化合物分离分析中具有不可替代的作用和应用前景，主要用于氨基酸、药物分子等对映体的分离，新型手性拆分剂的开发和手性拆分机理研究。目前，环糊精(CD)及其衍生物仍是应用最广泛的手性选择剂。同时，研究人员也在不断开发新的手性选择剂，其中手性离子液体在 CZE 模式中应用较多，新型手性功能化材料，如 GNPs、金属有机骨架材料及生物类大分子等在 CEC 模式下应用较多。此外，越来越多的研究采用分子模拟、核磁等手段对手性分离机理进行探究。

4. 医学及临床检验

CE 应用研究的重要方向之一，主要是基于疾病相关标志物的疾病诊断和病理分析。应用包括血清蛋白质分析、单克隆免疫球蛋白的特征鉴别、血红等蛋白成分的分析、DNA 片段和染色体分析等。

5. 食品安全检验

CE 能够对食品内部不同的组分进行检测，如检测添加剂的成分和含量，检测食品中是否含有非法添加剂。CE 主要用于食品中营养成分的分析及有害成分的检测，如婴幼儿配方奶粉中乳清蛋白的分析检测、水果中黄酮类化合物的分析测定及农药残留检测等。还可以利用离子交换色谱-动态涂布毛细管电泳法(ion exchange chromatography-dynamic coated capillary tube，IEC-DCCE)检测过敏源。CE 在食品安全检验方面具有分离效率高的优势，所以应用的范围也越来越广。

6. 环境监测

CE 在环境监测中的应用主要集中在环境水样中的药物和农残检测。CE 可以对未经前处理的污染水体直接进样，从而快速检测水体中的抗生素、激素或药物以及重金属离子。

16.7　毛细管电泳的发展概况

毛细管电泳是 20 世纪 80 年代后期迅速发展起来的一种新型液相分离技术，被认为是 20 世纪 90 年代这一领域中最有影响的分支学科之一。

16.7.1 毛细管电泳发展简史

毛细管电泳是经典电泳和现代微柱分离技术相结合的产物。1937 年，Tiselius 将电泳发展成一种分离技术：将血清蛋白放到两段缓冲液中间，并施加一个外电场，其中α-球蛋白、β-球蛋白及γ-球蛋白将以其电荷和淌度所决定的方向和速度发生迁移而得到分离。正是因为他对分离科学所做的这一贡献，Tiselius 获得了诺贝尔奖。1967 年，瑞典科学家 Hjerten 首次用内径为 3 mm 的石英毛细管进行了自由溶液电泳分离，分离中为稳定被分离的区带需要将毛细管沿纵轴旋转，所用到的装置复杂且不实用，但后来的研究者从他使用的旋转毛细管中获得了电渗流、温度梯度方面的知识，为现代 CE 技术提供了有价值的参考。1979 年，Mikkers 等首先用实验证明了自由区带电泳浓度分布的非扩散模型，可使分离效率达到理论值 106 m^{-1}，并用内径为 200 μm 的聚四氟乙烯管分离了无机阴离子，这项研究成为 CZE 发展史上的第一个重大突破。

1981 年，美国科学家 Jorgenson 和 Lukacs 使用内径为 75 μm 的熔融毛细管在 CZE 分离模式下，用 30 kV 电压分离丹磺酰氯衍生的氨基酸，毛细管的分离效率高达 $4 \times 10^5\ m^{-1}$ 的理论塔板数，这一开创性的成果成为毛细管电泳发展史上的一个里程碑。他们不仅设计出结构简单合理的仪器装置，还从理论上阐明了 CZE 的分离机理，首先创立了现代毛细管电泳法。1983 年，Hjerten 将丙烯酰胺在毛细管中聚合，发展了 CGE 模式，实现了对 DNA 和蛋白质等生物大分子的高效快速分离。为了解决 CZE 只能分离带电荷的离子型化合物的问题，1984 年，Terabe 等将胶束引入毛细管创立了 MEKC 模式，使中性物质的分离成为可能。1985 年，Hjerten 发展创立了 CIEF 模式，为蛋白质、肽等两性化合物提供了高效的微分离手段。1989 年，手性试剂环糊精被添加到 MEKC 模式的分离缓冲液中，实现了对映体混合物的分离。CEC 模式最早是 1974 年由 Pretorius 提出的，但当时并未引起人们的关注，直到 1981 年，Jorgenson 等发表了 CEC 的研究论文，人们才认识到 CEC 的巨大潜力。之后 Knox 等发展了加压毛细管电色谱方法，实现了中性及离子化合物的高效分离，进一步从理论和实验上证明了 CEC 的分离效率明显高于 HPLC。

1989 年，第一届国际毛细管电泳会议的召开，标志毛细管电泳成为一门新的分支学科。随着毛细管电泳各种分离模式的提出和 20 世纪 80 年代末商品仪器的出现，毛细管电泳法迅速发展，成为仪器分析领域中常用的一种分析方法。

16.7.2 毛细管电泳发展趋势

毛细管电泳技术一直是分析领域发展最快的分离分析方法之一。由于近年来现代医学和生物学的研究已经成为科研界的主流，技术革新非常快，毛细管电泳无论是在单细胞分析还是对 DNA、多肽、蛋白质等生物大分子的分离分析的应用中均表现出强大的分析能力，这预示着未来毛细管电泳技术正向着微型化、集成化、自动化、联用化的方向发展。以下简要介绍毛细管电泳法的创新和发展趋势。

1. CE 技术的新方法及其应用

随着毛细管电泳技术的飞速发展，新的分析方法不断出现并得到应用。例如，2014 年研究者发表了毛细管电泳-荧光检测法测定线型葡萄糖聚合度的方法；2022 年文献报道研究者利用此方法首次发现直链淀粉含量与凝胶化温度呈抛物线关系，观察到不同水分含量下淀粉细分子结构与胶化参数之间不同的线性关系，研究了淀粉结构和水分含量对凝胶化性能的综合影响，为饼干等在有限水分含量下加工食品的研发提供了重要参考。

有关 CE 技术的综述也有文献报道，例如，研究者综述了便携式和现场 CE 仪器、开放访问 CE 仪器、便携式 CE 仪器运行中遇到的问题及解决方法，充分体现了 CE 作为绿色分析技术的潜能；又如，研究者综述了共价有机骨架材料在毛细管电色谱领域的研究进展，包括共价有机骨架材料毛细管电色谱柱的分类和制备方法，以及基于共价有机骨架材料固定相的毛细管电色谱技术在环境内分泌干扰物、农药、芳香族化合物、氨基酸及药物分离领域中的应用及分离机理等内容。

2. CE-MS 技术的新应用和新硬件

Olivares、Smith 和 Henion 等在 1987～1988 年提出毛细管电泳-质谱(CE-MS)联用技术，电喷雾电离及新型质谱仪的快速扫描等新技术的出现，使得 CE-MS、CE-MS/MS 联用技术得到快速发展，并正在成为实验室的重要常规分析方法之一。例如，研究者在参考前人工作的基础上，同时建立了阳离子代谢和阴离子代谢的 CE-MS 分析方法。其中，阳离子代谢产物分析方法是改进了 CE-MS 分析氨基酸的方法，阴离子代谢产物分析方法是改进了压力辅助 CE-MS 分析核苷酸的方法；研究者设计了新的纳米流鞘用于振动锐缘喷雾电离中，降低了分离毛细管容积流量的影响，减少了 CE-MS 联用过程中对分离流速的依赖，增加了分离条件的灵活性。

在过去的十几年里，基于不同 CE-MS 分离模式的高性能手性分析体系层出不穷，并成功应用于医药、生物等领域的分离分析。研究者综述了以 CE 为代表的电迁移技术与 MS 联用技术的最新进展，包括 CE 工作原理和仪器、CE 与质谱的接口、二维分离系统与 MS 联用及其选择性应用等；也有研究者综述了 CE-MS 在手性化合物分析领域以及在医药等领域应用方面的研究进展，并讨论了不同手性分析模式的局限性，为未来的 CE-MS 手性分离分析技术发展及应用提供借鉴。

16.8 应用实例

麻黄碱(即 L-麻黄碱)和伪麻黄碱(即 D-伪麻黄碱)是一对存在于天然麻黄中的差向异构体(图 16.5)，是麻黄中的主要活性成分，具有发汗散寒、宣肺平喘、收缩血管、利水消肿等功效，其含量高低是衡量麻黄品质好坏的重要指标之一，因此建立简单方便、快速有效地分离测定麻黄碱和伪麻黄碱的方法在医药学上具有重要意义。麻黄生物碱的检测常采用气相色谱法、液相色谱法和薄层色谱法，但这些方法往往操作复杂，分析时间较长。高效毛细管电泳法具有灵敏度高、分辨率好、分析时间短、试剂耗量少、操作模式灵活多样等特点，因此在复杂体系的分析中显示了良好的应用前景。

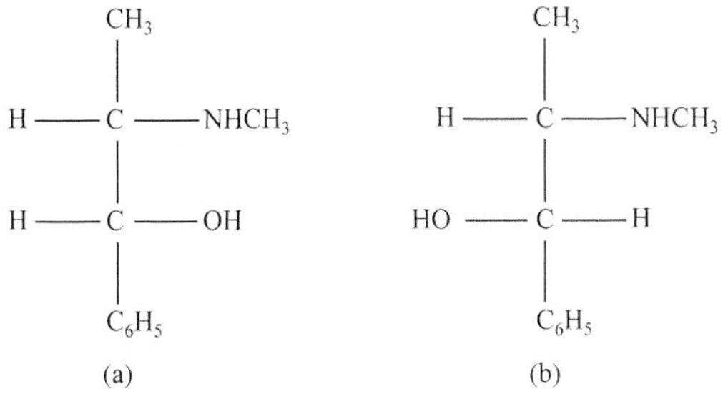

图 16.5 麻黄碱(a)及伪麻黄碱(b)结构式

为了实现麻黄碱和伪麻黄碱的同时分离测定，采用毛细管电泳的区带电泳模式，优化了各项实验条件，在 pH 4.5 的 Tris-H_3PO_4 缓冲溶液中加入 2.5 mmol/L 的配位比为 1∶2 的 Cu(Ⅱ)-L-赖氨酸配合物添加剂作为运行的缓冲溶液，20 kV 的分离电压，25℃的毛细管柱温和 0.5 psi(3447.38 Pa)气压进样 5 s，在 4 min 内成功地分离测定了麻黄碱和伪麻黄碱，如图 16.6 所示。

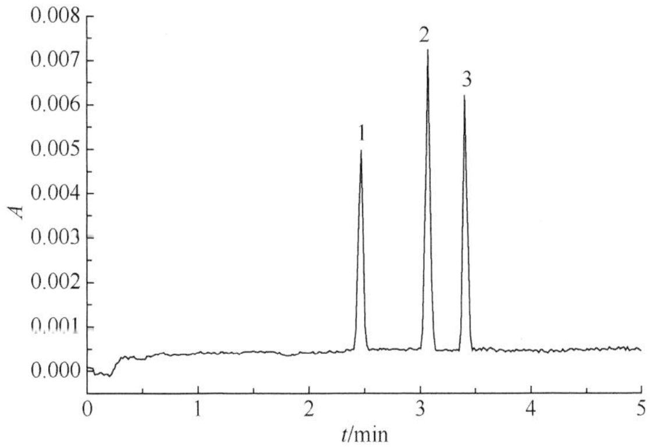

图 16.6 2.5 mmol/L Cu(Ⅱ)-L-赖氨酸配合物存在下的电泳图

谱峰 1～3 分别为内标(苯基三乙基铵)、麻黄碱及伪麻黄碱的色谱峰

在选定的实验和仪器条件下，以苯基三乙基铵为内标，采用内标法测定了麻黄碱与伪麻黄碱的相对峰面积与其含量之间的关系。麻黄碱、伪麻黄碱与内标物的相对峰面积与这两个异构体的浓度在 15～225 mg/L、20～250 mg/L 的范围内线性关系良好，回归方程分别为 $A = 0.00851 + 0.0136c$(相关系数为 0.9987)、$A = 0.0102 + 0.0119c$(相关系数为 0.9915)。

在麻黄样品提取液(以河北产麻黄样品为例)中加入内标物使其最终浓度为 50 mg/L 后，按实验方法测定了其电泳图，见图 16.7。

根据其与内标物的相对峰面积，代入回归方程可获得样品中麻黄碱和伪麻黄碱的浓度。此外，在样品溶液中直接加入适量的麻黄碱与伪麻黄碱标准溶液，进行回收率测定，分离测定结果的相对标准偏差均小于 2.8%，加标回收率为 95.2%～104.1%，表明该方法具有较好的精密度和实用性。

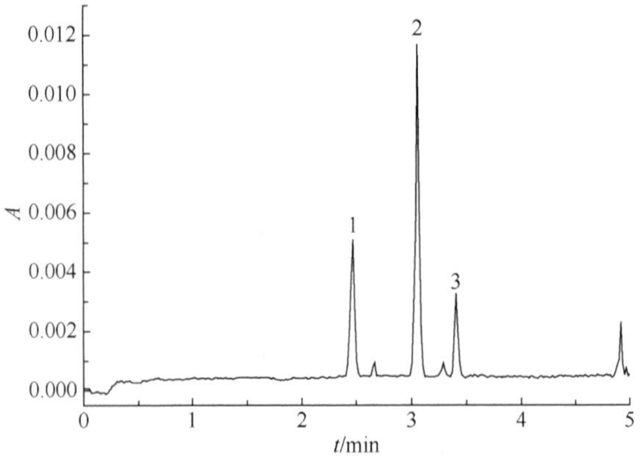

图 16.7　河北产麻黄样品电泳图

谱峰 1～3 分别为内标(苯基三乙基铵)、麻黄碱及伪麻黄碱的色谱峰

习题与拓展

1. 比较毛细管电泳与高效液相色谱的异同。

2. 简述电渗流在毛细管电泳分离中的作用。

3. 简述提高毛细管电泳分离效率的方法。

4. 分析比较毛细管电泳中各分离模式的特点及最适合分析的物质。

5. 毛细管电泳中，有哪些进样方式？各有哪些优缺点？

6. 三种酚酸类物质，其解离平衡常数 K_a 分别为 2×10^{-4}、2.1×10^{-5}、1.8×10^{-6}，试推断它们在 CZE 中的出峰顺序。

7. 通常采用哪一种分离模式对不带电荷的中性化合物进行分离，为什么？

8. 简述毛细管电泳特别适合分析生物大分子的原因。

9. 拓展练习：

(1) 查阅一篇与毛细管电泳相关的文献，结合本章的知识点对文献进行解读，需包括：简要的文献总结、章节知识点与文献内容的关联以及改进的思考。

(2) 查阅资料，归纳总结毛细管电泳在仪器部件和分析应用上的发展创新，需给出相应的参考文献。

参 考 文 献

柴逸峰, 邸欣, 凌笑梅, 等. 2016. 分析化学. 8 版. 北京: 人民卫生出版社.

陈义. 2019. 毛细管电泳技术及应用. 3 版. 北京: 化学工业出版社.

丁晓静, 郭磊. 2015. 毛细管电泳实验技术. 北京: 科学出版社.

方惠群, 于俊生, 史坚. 2002. 仪器分析. 北京: 科学出版社.

刘密新, 罗国安, 张新荣, 等. 2002. 仪器分析. 2 版. 北京: 清华大学出版社.

王国秀, 陈永雷, 吕文娟, 等. 2023. 共价有机框架材料在毛细管电色谱中的应用进展. 色谱, 41(10): 835-842.

温亚伦, 邵宇辰, 赵新颖, 等. 2023. 2022 年毛细管电泳技术年度回顾. 色谱, 41(5): 377-385.

武汉大学. 2018. 分析化学(下册). 6 版. 北京: 高等教育出版社.

叶宪曾, 张新祥. 2007. 仪器分析教程. 2 版. 北京: 北京大学出版社.

Kaljurand M, Mazina-Šinkar J. 2022. Portable capillary electrophoresis as a green analytical technology. TrAC Trends in Analytical Chemistry, 157: 116811.

Li E P, Cao P P, Cao W, et al. 2022. Relations between starch fine molecular structures with gelatinization property under different moisture content. Carbohydrate Polymers, 278: 118955.

Soga T, Ishikawa T, Igarashi S, et al. 2007. Analysis of nucleotides by pressure-assisted capillary electrophoresis-mass spectrometry using silanol mask technique. Journal of Chromatography A, 1159(1-2): 125-133.

Sugiura Y, Taguchi R, Setou M. 2011. Visualization of spatiotemporal energy dynamics of hippocampal neurons by mass spectrometry during a kainate-induced seizure. PLoS One, 6(3): e17952.

Wu A C, Li E, Gilbert R G. 2014. Exploring extraction/dissolution procedures for analysis of starch chain-length distributions. Carbohydrate Polymers, 114: 36-42.

毛细管电泳中的手性选择剂

第 17 章　质　谱　法

质谱法(mass spectrometry，MS)是用电场和磁场将被测物质的离子按质荷比(m/z)大小分离后进行检测的方法。质谱法能获得无机、有机、生物大分子和高分子聚合物等物质的分子质量及结构信息，与色谱联用可对复杂混合物的各组分进行定性及定量分析，具有分析速度快、灵敏度高及图谱解析相对简单的优点。目前，质谱分析法已广泛应用于地质、石油、化学、材料、环境、生物、医药等领域。质谱仪器种类很多，按其用途可分为同位素质谱仪、气体分析质谱仪、无机质谱仪、有机质谱仪等。本章主要讲述有机质谱仪器、原理及其分析方法。

17.1　质　谱　仪

质谱仪种类很多，原理不尽相同，其基本结构组成和质谱的形成过程可概括为如图 17.1 所示。样品由进样系统进入离子源，形成分子离子和碎片离子，通过质量分析器将离子按质荷比(m/z)大小分离，并依次进入检测器，随后离子流信号被放大并记录下来，最终获得按质荷比顺序排列的各离子信号强度图谱，即质谱图。

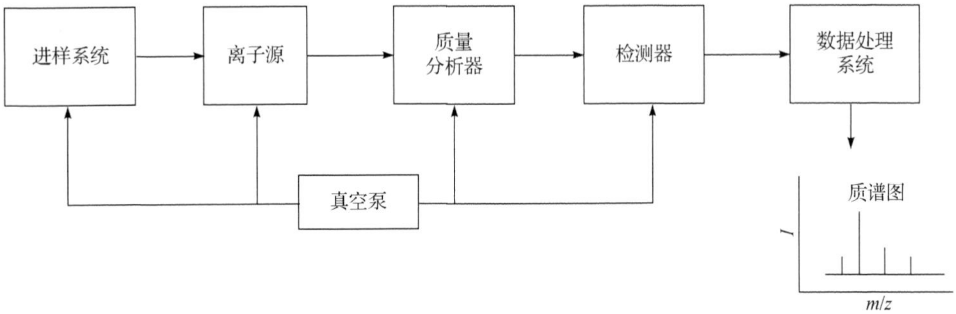

图 17.1　质谱仪组成示意图

质谱图以质荷比为横坐标，以离子流强度或其相对强度为纵坐标。用相对强度作纵坐标时，选取质谱图上最强的离子峰为基峰，设定其强度为 100%，其他离子峰与其相比，强度用相对百分比表示。图 17.2 为可卡因的质谱图。

在质谱分析中，有时会用到质谱表，如表 17.1 所示，其中列出了各质荷比离子质谱的相对强度。质谱表没有质谱图直观，但是列出的精确数据值更便于在定量计算时使用。

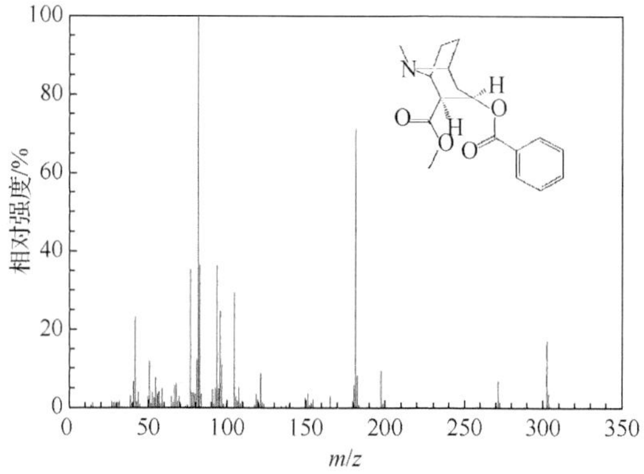

图 17.2　可卡因的质谱图

表 17.1　甲苯的质谱表

m/z	38	39	45	50	62	63	65	91	92	93	94
相对强度/%	4.4	16	3.9	6.3	9.1	8.6	11	100 基峰	68 M	5.3 $M+1$	0.21 $M+2$

17.1.1　质谱仪的基本结构

质谱仪的基本组成包括真空系统、进样系统、离子源、质量分析器、检测器、计算机控制及数据处理系统，其中离子源和质量分析器是质谱仪的两个核心部件。

1. 真空系统

质谱仪通常需在高真空状态下工作，如离子源真空度为 10^{-3}～10^{-5} Pa，质量分析器和检测器真空度为 10^{-3}～10^{-6} Pa。保持高真空，是为了避免空气中的物质与气体分子相互碰撞，产生散射效应，发生复合反应和离子-分子反应等一系列干扰，导致图谱复杂化、背景增高、分析误差增大和产生记忆效应等。还可能引起分析系统内电极之间放电或对地放电，使分析无法进行。一般质谱仪采用两级真空系统，是由机械泵(前级低真空泵)预抽真空，然后用扩散泵或分子泵(高真空泵)高效率连续地抽真空。用于微量分析的质谱仪中的高真空系统一般由旋转式机械泵、油扩散泵或涡轮分子泵组成，能够获得 10^{-6}Pa 或者更高的真空度。

2. 进样系统

进样系统也称样品导入系统，在保持高真空的情况下，将样品高效地引入离子源中。常用的进样装置有三种：间接进样、直接进样和色谱联用进样。

(1) 间接进样，又称间歇式进样或加热样品导入，气体或易挥发的试样可采用该进样系统，典型的设计如图 17.3 所示。

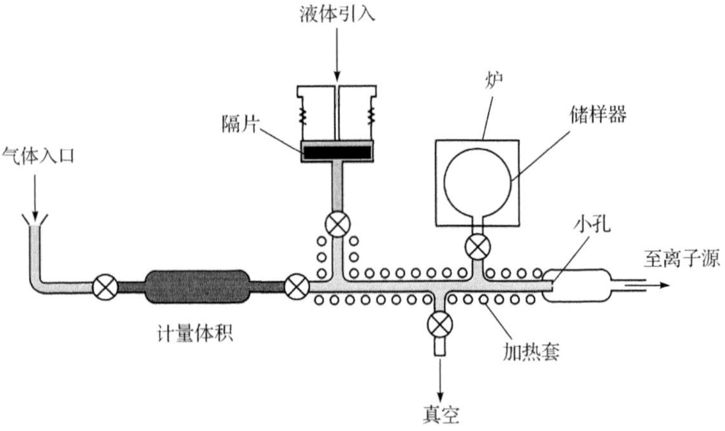

图 17.3　间接进样系统示意图

(2) 直接进样。难挥发的液体和固体试样可采用该进样系统，将 1～10 μg 样品加在进样探针杆尖端，送入离子源，快速加热(数秒内可达 300℃)气化，同时在离子源中离子化。

(3) 色谱联用进样。现代质谱仪常与气相色谱仪或高效液相色谱仪联用，样品经色谱分离后，利用联机接口进入质谱离子源。

3. 离子源

离子源(ion source)又称电离源，主要作用是将样品分子转化成离子，加速后快速到达质量分析器。物质分子质量不同，物理化学性质不同，则离子化所需要的能量也不同，相应的离子化方式是不一样的。目前的质谱仪中，常使用的离子源有电子轰击(electron impact，EI)离子源、化学电离(chemical ionization，CI)源、快速原子轰击(fast atom bombardment，FAB)离子源、大气压电离(atmospheric pressure ionization，API)源及基质辅助激光解吸电离(matrix-assisted laser desorption ionization，MALDI)源、电感耦合等离子体(ICP)离子源等。一般将能给样品提供较大能量的离子化方法称为硬离子化方法，如 EI 离子源；而把给样品提供能量较小的离子化方法称为软离子化方法，如 CI、FAB、API、MALDI 等离子源。下面介绍几种常用的、应用广泛的离子源。

1) 电子轰击离子源

电子轰击离子源是使用最早、应用最广泛的离子源。样品在高温下挥发，气态分子被一束高能电子轰击而离子化。如图 17.4 所示，热钨丝或铼丝释放的电子被加速轰击在气态分子上，相互碰撞，分子 M 首先失去一个电子，形成分子离子 $M^{\cdot +}$，发生如下反应：

$$M + e^- \longrightarrow M^{\cdot +} + 2e^-$$

离子源的灯丝释放的电子在大于 50 V 的电压下被加速，低质量高动能的电子会使碰撞分子的振动和转动能增加，跃迁到激发态，分子可能会发生裂解并弛豫，得到大量带正电的碎片离子，即产生了子离子。随后，分子离子和子离子经电子板加速后以高速度进入质量分析器。

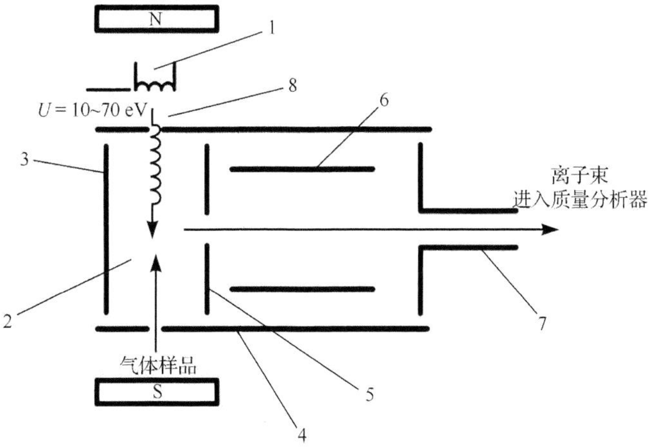

图 17.4 电子轰击离子源示意图

1. 灯丝；2. 电离室；3. 推斥极；4. 电子接收阱(离子源外壳)；5. 引出电极；6. 聚焦电极；7. 传输电极；8. 电子束

EI 离子源操作方便、灵敏度高、碎片离子丰富、信息量大，所获得的复杂质谱图有利于分子结构的鉴定，并有标准质谱图库可以检索。EI 离子源的缺点是它属于硬电离源，能量高，分子离子峰有时无法获得，会丢失非常重要的相对分子质量信息。另外，EI 离子源是气态进样，液体样品需要加热挥发，导致部分样品离子化前发生热解离，因此只适合相对分子质量小于 10^3 的热稳定分子。尽管有明显的不足之处，EI 离子源至今仍十分重要，质谱数据库中有大量数据是基于 EI 离子源建立的。

2) 化学电离源

化学电离(CI)源的结构与电子轰击源相似，不同的地方主要是增加离子化区中真空泵容量，减小离子化区与质量分析器间狭缝的宽度，气体试剂(反应气)以样品浓度 10^3～10^4 倍的量进入离子化区域，总压力约 10^2 Pa(现已发展出大气压下化学电离技术)。因浓度的巨大差异，电子束几乎完全与反应气分子发生反应。用高能电子轰击反应气使之电离，生成初级离子；然后初级离子与未电离的反应气分子进行一系列的分子-离子碰撞反应，生成二次加合离子，二次离子与样品分子发生碰撞，使样品电离。通常用的是正离子，当分析物含有电负性很高的原子时负离子偶尔也会用到。

CI 源最常用的反应气是甲烷，其他试剂如丙烷、异丁烷和氨也常使用，但质谱图会有所不同。甲烷与高能电子反应后生成 CH_4^+、CH_3^+、CH_2^+和 CH^+等，前两个是主要的，约占 90%。这些离子和甲烷快速反应，如下式：

$$CH_4^+ + CH_4 \longrightarrow CH_5^+ + CH_3$$

$$CH_3^+ + CH_4 \longrightarrow C_2H_5^+ + H_2$$

通常分子 M 和 CH_5^+、$C_2H_5^+$反应强烈，且包含质子转移或氢负离子迁移。

$$CH_5^+ + M \longrightarrow MH^+ + CH_4 \quad \text{质子转移}$$

$$C_2H_5^+ + M \longrightarrow MH^+ + C_2H_4 \quad \text{质子转移}$$

$$C_2H_5^+ + M \longrightarrow (M-1)^+ + C_2H_6 \quad \text{氢负离子迁移}$$

注意，质子转移得到的是 $M+1$ 离子，氢负离子迁移得到的是 $M-1$ 离子。有的化合物，因与 $C_2H_5^+$反应，还会产生 $M+29$ 离子峰。

CI 源因反应气存在而导致质子增加或减少，图谱中通常会有 $M+1$ 或 $M-1$ 准分子离子峰，而 $M+1$ 峰一般会是最强离子峰，即基峰。由准分子离子 $M+1$ 峰可测得样品的相对分子质量。由于 CI 源在离子化过程中新生离子所获得能量不高，分子中 C—C 键断裂的可能性较小，相较 EI 离子源更易获得有关化合物基团的信息。

CI 源的主要缺点是样品需加热气化后进行离子化，故不适合热不稳定、难挥发物质的分析。因能量低导致碎片离子少，样品的结构信息不够丰富。另外，图谱与实验条件密切相关，不同仪器获得的 CI 图不能直接比较或检索，因此 CI 源一般不能制作标准图谱。

与 EI 离子源相比，CI 源是相对温和的离子化方式。现代质谱仪大多设计为电子轰击离子源和化学电离源可交换使用，称为 EI-CI 源。

3) 快速原子轰击离子源

由于 EI 离子源和 CI 源在进行电离前，样品分子必须进行气化，因此均不适用于分析非挥发性和热不稳定物质。快速原子轰击(FAB)离子源，又称液体二次离子源，常用于极性高分子量物质的质谱分析中。如图 17.5 所示，Ar 或 Xe 在电场的作用下电离，离子枪产生的高能 Ar^+或 Xe^+，穿过充有 Ar 或 Xe 原子、压力约为 10^{-3} Pa 的腔室，高速离子和平动能没有大量损失的原子进行共振电子交换反应，由此高能原子束就产生了。高能快原子流轰击涂有样品的金属板，转移能量给样品，样品被迅速加热，并形成离子从表面溅射出来，随后被引入质量分析器中进行分离。

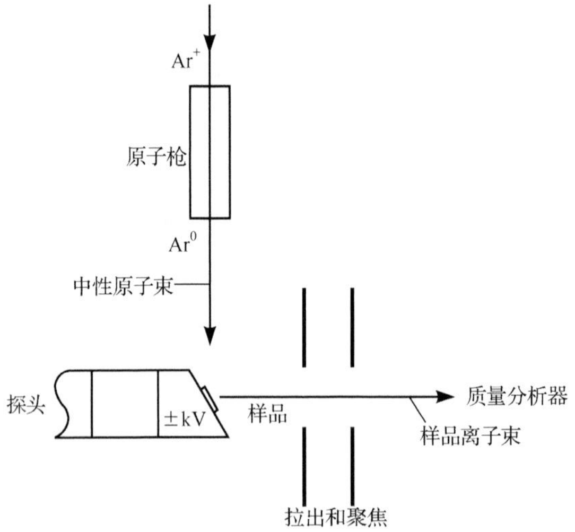

图 17.5 快速原子轰击离子源示意图

在使用 FAB 离子源时，样品会用黏稠溶液基质调和后涂在金属板上，这样有助于降低晶格能，提高离子化效率，还可以修复轰击所致损伤。常用的基质有甘油、硫代甘油、间硝基苯甲醇、冠醚、环丁砜、2-硝基苯辛基醚、二乙醇胺和三乙醇胺等。

对于 FAB 离子源，样品无须加热气化，离子化能力强，强极性难挥发化合物也能电离。FAB 离子源用于有机化合物和生物活性物质时，即使是高分子量和热不稳定的样品也会在形成离子碎片同时获得较强的分子离子和准分子离子。FAB 离子源的缺点主要有重现性差，样品用量较大，样品要在基质中可溶，基体在低质量区(400 以下)会产生较多干扰。

4) 大气压电离源

大气压电离源是在大气压条件下的离子源的总称，包括电喷雾电离(electrospray ionization，ESI)、大气压化学电离(atmospheric pressure chemical ionization，APCI)和大气压光电离(atmospheric pressure photo ionization，APPI)等技术，ESI 和 APCI 是色谱-质谱联用仪常用的离子源。

ESI 是应用最为广泛的大气压电离技术，它快速、灵敏、简便，可用于检测无机物、有机物、聚合物，并特别适合生物大分子的分析测定。图 17.6 是 ESI 示意图，不锈钢毛细管针和围绕它的圆筒状电极成对，并带电几千伏。样品溶液以每分钟几毫升的速度泵入并穿过毛细管尖端，生成的带电小液滴喷雾通过去溶剂毛细管，溶剂挥发，最终形成分析物离子。这是由于小雾滴随溶剂挥发越来越小，电荷密度越来越大，当电荷密度超过瑞利极限时，表面张力无法支持，会发生所谓的库仑爆炸，四分五裂成更小的雾滴；这样的过程重复进行，直到溶剂完全脱离小雾滴，形成气态的多电荷分析物离子。

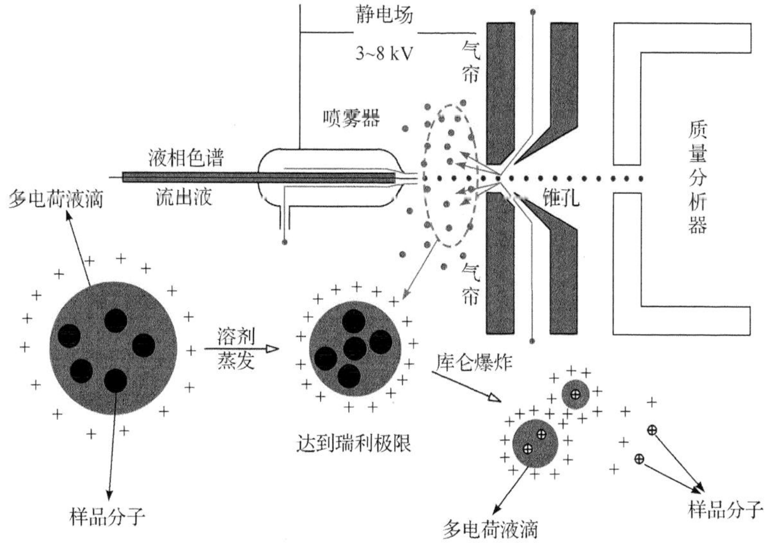

图 17.6　ESI 示意图

ESI 的一个显著特性是热不稳定的大分子在电喷雾离子化过程中不会裂解成碎片离子，形成的是多电荷分子离子，因此能获得精确的分子质量信息。ESI 常作为四极杆质量分析器、飞行时间质量分析器或傅里叶变换离子回旋共振仪的离子源。因多电荷离子的质荷比 m/z 小，质量范围小(相对分子质量小于 1500)的四极杆质量分析器采用 ESI 作离子源时，也能检测大分子，两者联用因价廉质优而得以广泛应用。目前，ESI-MS 已成为分析生物分子如多肽、蛋白质、寡核苷酸等最重要的技术之一。

另一个应用广泛的是大气压化学电离源，属于软电离方式，产生单电荷离子，分析的化合物分子质量一般小于 2000 Da(1 Da = 1.66054 × 10^{-27} kg)，主要用于分析中等极性或低极性的小分子化合物。大气压化学电离源得到的质谱很少有碎片离子，主要是准分子离子，工作原理如图 17.7 所示。在气体辅助下，溶剂和样品通过加热器被气化。在进样器出口处有一针状放电电极，通过电晕尖端放电，使溶剂离子化，溶剂离子再与样品分子发生离子-分子反应，得到样品的准分子离子。

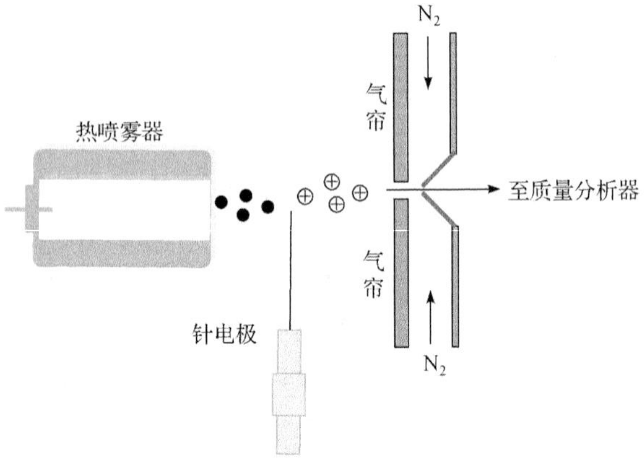

图 17.7　大气压化学电离源示意图

5) 基质辅助激光解吸电离源

基质辅助激光解吸电离(MALDI)源是一种结构简单、灵敏度高的电离源，可以提供极性生物分子从几千到几十万准确的相对分子质量信息。

在 MALDI 技术中，如图 17.8 所示，低浓度的待测样品与大量基质(100～10000 倍样品量)相混合，均匀分散后涂在不锈钢探针尖端或是金属板制成的样品靶上，放入真空室中，用特定波长的脉冲激光束照射样品靶，随后液体或固体的基质与样品一起解吸成气体并离子化，形成离子羽流。MALDI 机理至今不是完全清楚，但普遍认为基质吸收了

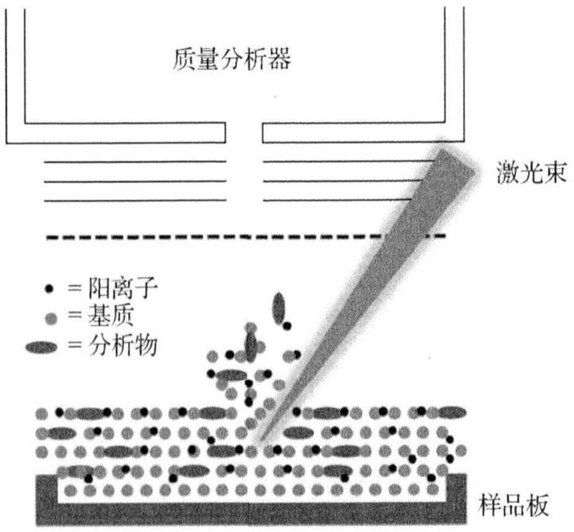

图 17.8　基质辅助激光解吸电离源示意图

激光的能量，解吸气化，同时将能量转移给待测样品，使其解吸为气态中性分子。激光诱导的一系列光化学反应可能产生了质子化的基质离子，解吸的中性样品分子与基质离子反应，经质子转移而离子化。MALDI 中所使用的基质必须能强烈地吸收激光，与被测分子有很好的相容性。常用的基质有烟酸、2,5-二羟基苯甲酸、芥子酸、α-氰基-4-羟基肉桂酸、甘油、间硝基卞醇等。

MALDI 源主要获得的是分子离子和准分子离子，对杂质的耐受量大，可测定相对分子质量达 40 万以上物质，广泛应用于多肽、蛋白质、糖和核苷酸的检测分析。MALDI 源与飞行时间质量分析器联用已成为生命科学研究中非常重要的工具。

4. 质量分析器

质量分析器(mass analyzer)的作用是将样品离子按质荷比(m/z)分开，以获得按质荷比大小顺序排列的质谱图。依据不同的质量分离方式，质量分析器的类型主要有磁质量分析器(magnetic mass analyzer)、四极杆质量分析器(quadrupole mass analyzer)、飞行时间质量分析器(time-of-flight mass analyzer，TOF)和离子阱质量分析器(ion trap mass analyzer)等。

1) 磁质量分析器

磁质量分析器分为单聚焦质量分析器和双聚焦质量分析器。

单聚焦质量分析器是最早应用于质谱仪的质量分析器，仅用一个扇形磁场实现不同质荷比离子的分离，见图 17.9。离子在离子源中被加速后，进入单聚焦质量分析器，受磁场作用而做匀速圆周运动，飞行轨道发生弯曲，离子运动满足以下关系：

$$zeV = \frac{1}{2}mv^2 \tag{17.1}$$

$$zeH = \frac{mv}{R} \tag{17.2}$$

式中，H 为磁场强度；V 为加速电压；z 为电荷数；e 为离子的荷电单位；v 为运动速度；m 为质量；R 为离子运动的曲率半径。根据上述公式，可以推出：

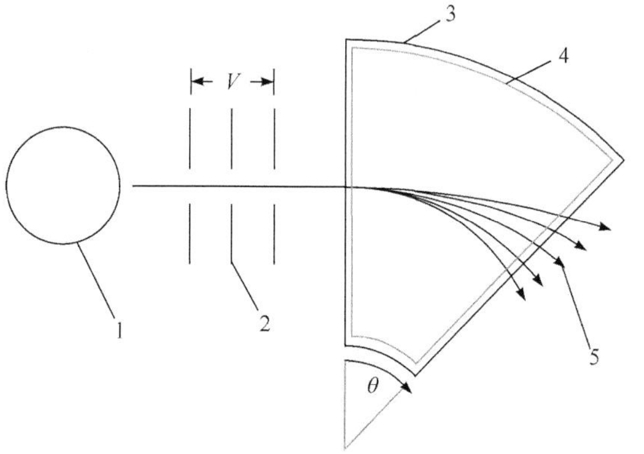

图 17.9 单聚焦质量分析器示意图

1. 离子源；2. 加速和准直狭缝；3. 上磁极；4. 下磁极；5. 至检测器

$$\frac{m}{z}=\frac{H^2R^2e}{2V} \tag{17.3}$$

$$R=\frac{1}{H}\sqrt{\frac{2mV}{ze}} \tag{17.4}$$

由式(17.4)可知，离子在磁场中运动轨迹半径 R 由加速电压 V、磁场强度 H 和质荷比 m/z 确定。若 V 和 H 固定，R 仅与 m/z 有关。质谱仪的检测器位置一般是固定的，即轨道半径 R 不变。现有两种扫描方式，一是固定 H，连续改变 V；二是固定 V，连续改变 H，都可以使 m/z 不同的离子按顺序进入检测器产生信号，实现质量色散。

单聚焦质量分析器具有方向聚焦的功能，即不同入射方向进入磁场的离子，经质量色散后，质荷比相同的离子均具有相同的运动半径，最终集中成一个离子束通过狭缝到达检测器。但是它不能对质荷比相同而初始运动速度不同(能量不同)的离子实现聚焦，即无法实现能量聚焦。如下式，

$$R=\frac{mve}{zH} \tag{17.5}$$

m/z 相同的离子，v 不同时 R 不同。这导致单聚焦质量分析器的分辨率和灵敏度较低，不能满足现代分析的需要，目前多采用双聚焦质量分析器。

双聚焦质量分析器是在离子源和扇形磁场间，加一扇形静电分析器，见图 17.10。进入静电场的离子，受到静电力作用做圆周运动，离子所受电场力与离子运动离心力平衡，即

$$zeE=\frac{mv^2}{R} \tag{17.6}$$

式中，E 为静电场强度。离子加速进入静电场后，只有速率与曲率半径 R 相应的离子才能通过。因此，可调整离子的速度，使相同质荷比的离子具有相同的动能，在离子进入磁场前实现能量聚焦。相比于单聚焦质量分析器，双聚焦质量分析器除了质量色散和方向聚焦以外，还增加了能量聚焦的功能，分辨率和灵敏度大大提升。

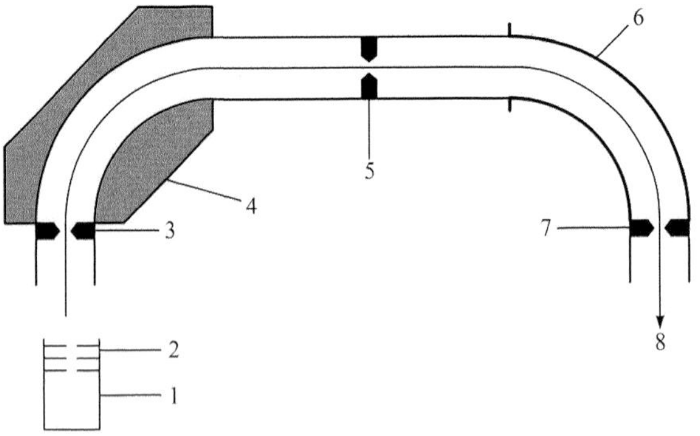

图 17.10　双聚焦质量分析器示意图

1. 离子源；2. 加速区；3、5、7. 狭缝；4. 静电分析器；6. 磁场分析器；8. 至检测器

2) 四极杆质量分析器

四极杆质量分析器将离子源出来的离子流引入由四极杆组成的四极场中，其结构如图 17.11 所示。它由两对平行的圆形金属极杆或双曲面的椅状金属电极组成，精密地固定在正方形的四个角上。一对极杆处于 x 轴，另一对极杆处于 y 轴。相对两个电极间加以电压($V_{dc}+V_{rf}$)，另外两个电极间加以电压 $-(V_{dc}+V_{rf})$，其中 V_{dc} 为直流电压，V_{rf} 为射频电压。

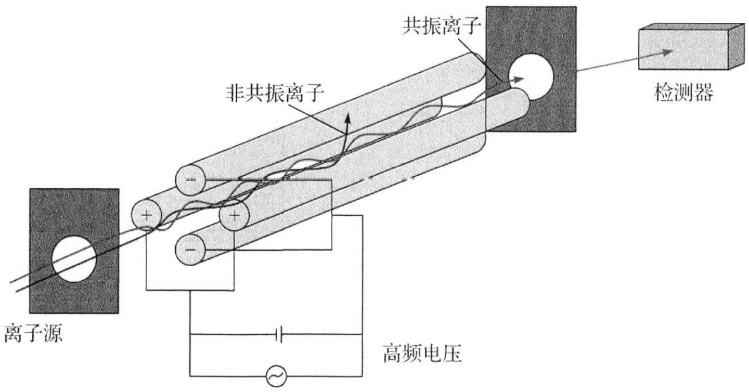

图 17.11 四极杆质量分析器示意图

在保持 V_{dc}/V_{rf} 不变的情况下，对应于某一个 V_{rf} 值，四极场只允许某一质荷比的离子通过，到达检测器，而其余离子(非共振离子)则振幅不断增大，在运动过程中撞击在筒形电极上，无法到达检测器，最后被真空泵抽走。改变 V_{rf} 值可以使不同质荷比的离子按顺序通过四极场，实现质量扫描。

四极杆质量分析器的 m/z 范围较窄，一般为 10～1000。但它可以在相对较低的真空下运行，能快速地进行全扫描，仪器制作简单，结构紧凑，价格便宜，这些特点使其在色谱-质谱联用仪器中得以广泛应用。

3) 飞行时间质量分析器

飞行时间质量分析器的核心部件是一个离子漂移管，其结构如图 17.12 所示。从离子源飞出的离子被加速获得动能，则有

$$v=\sqrt{\frac{2zeV}{m}} \tag{17.7}$$

式中，m 为离子的质量；e 为离子的电荷量；V 为离子加速电压。

离子以速度 v 进入漂移区，假定离子在漂移区飞行的时间为 T，漂移区长度为 L，则

$$T=\sqrt{\frac{m}{2zeV}}L \tag{17.8}$$

由式(17.8)可以看出，离子在漂移管中飞行的时间与离子质量的平方根成正比，质荷比越大的离子到达接收器所用时间越长。根据这一原理，可以把不同质量的离子按质荷比大小进行分离。通常情况下离子的飞行时间为微秒数量级。

TOF 结构简单，便于维护，分辨率高，测定相对分子质量的范围很宽，现已扩展到几十万，并广泛应用于 MALDI-MS 质谱仪中。

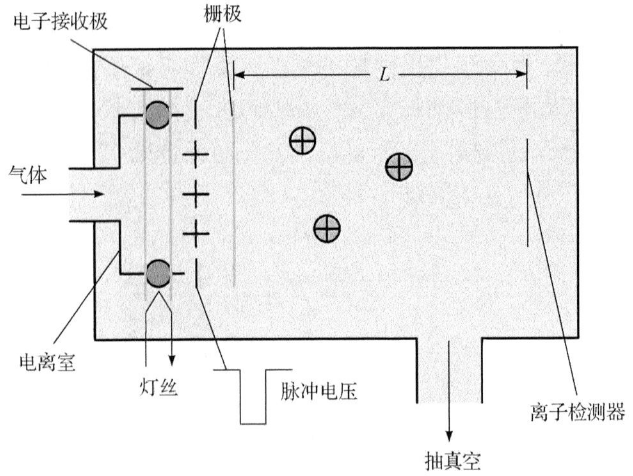

图 17.12　飞行时间质量分析器示意图

4) 离子阱质量分析器

离子阱是先把离子捕获储存在阱里，然后改变电场，将离子按质荷比顺序推出阱外进行检测的装置。图 17.13 是三维离子阱质量分析器示意图，上下两个接地的双曲面形端盖电极，中间一对环形电极，其上施加射频交流电压或再加直流电压，以提供一个捕获离子的四极场。电离源产生的离子由离子阱正上端小孔进入，当电压处于某一值时，具有合适的 m/z 离子在环中特定轨道上稳定旋转，换言之，此时离子储存在阱中。当射频电压开始增加，并从低到高进行扫描，阱中离子的轨道随之改变，超过离子的最高电压时进入不稳定区，最终离子按质荷比从小到大依次被甩出阱外，从端盖电极下方进入检测器。这种三维离子阱质量分析器中离子聚焦在空间的一个点上，空间电荷效应比较大，导致离子的存储数目较少，灵敏度较低。后来开发的新型二维线型离子阱，简化了电极结构，使用四极杆加入前后端盖电极的方式，离子聚焦在一条线而不是空间一个点上，增加了离子的储存量，提高了仪器的灵敏度。

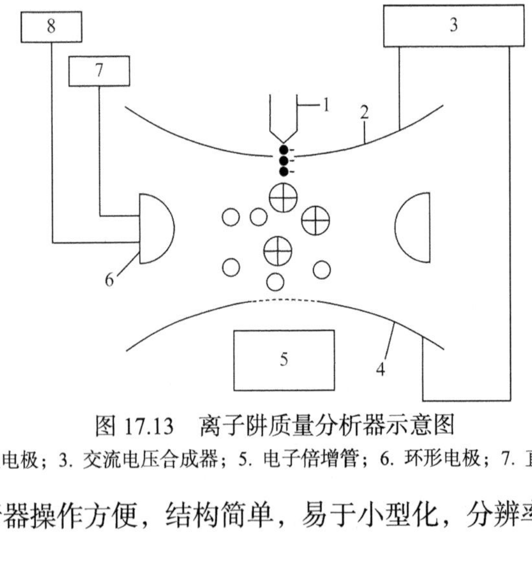

图 17.13　离子阱质量分析器示意图

1. 灯丝；2、4. 端盖电极；3. 交流电压合成器；5. 电子倍增管；6. 环形电极；7. 直流电源；8. 交流电源

离子阱质量分析器操作方便，结构简单，易于小型化，分辨率比四极杆质量分析器

高，并具备多级串联能力，在多级质谱分析鉴定化合物结构中有重要应用。

5. 检测器

质谱仪中检测器的功能是接收离子流信号，进行离子计数，转换成电信号放大输出，经计算机采集和处理，最终得到质谱图。质谱仪器常用的检测器有直接电检测器、电子倍增器、微通道板等。

1) 直接电检测器

用平板电极或法拉第杯接收由质量分析器出来的离子流，由灵敏的电流电压变换器(静电计放大器)将离子电流转换成电压，经直流放大器放大后被直接输送到数据分析系统。直接电检测器结构简单坚固，耐高温，稳定性好，但只适用于加速电压小于 1 kV 的质谱仪，检测灵敏度比电子倍增器和微通道板要低。

2) 电子倍增器

电子倍增器的种类很多，其原理与光电倍增管类似。电子倍增极又称打拿极，是加高压的电子敏感板，如涂有 Cu/Be 的板面受到高能电子或离子轰击后会溅射出电子，高压下能发出至少 2 倍的电子，多个倍增极联用会产生较强的放大效应，增益可达 10^5～10^8 倍。质量分析器出来的高能离子轰击倍增极产生电子，后续的二次电子发射被一系列倍增极逐级放大，最后记录产生的电信号即得质谱。电子倍增器可以直接接在磁质量分析器的出射狭缝之后，而低动能的四极杆质量分析器则需将离子加速后再进入电子倍增器。

3) 微通道板

微通道板是由大量中空的微通道管组成的、超快时间响应、高空间分辨的面阵型电子倍增检测器。组件微通道管通常用高铅玻璃制成，内壁涂有能发射二次电子的半导体材料。上万个微通道管二维排列构成片状的微通道板，两端加电压时，在每个微通道管内部形成均匀的电场，粒子轰击产生的二次电子会被电场加速，撞击在微通道管上再次发射二次电子，加速……重复多次，最终在出口端输出大量的电子，增益可达 10^6 以上。微通道板可以检测电子、离子、中子、紫外线、X 射线等各种粒子和电磁波，被广泛用于质谱、电镜、表面分析等领域，具有体积小、质量轻、分辨率好、增益高、噪声低、使用电压低、低能粒子检测灵敏等优点，并因超强的空间分辨特性常用于位置灵敏探测及成像系统中。

17.1.2 质谱仪的主要性能指标

1. 质量范围

质量范围指质谱仪能够测定离子的 m/z 范围，或是分析样品的相对分子(原子)质量范围。目前四极杆质谱仪的质量范围上限一般为 1000，个别可达 3000。磁质谱仪的质量范围可达 10000，而飞行时间质谱仪可达几十万。对于电喷雾电离源，由于形成的离子带有多电荷，尽管质量范围只有几千，但测定的相对分子质量可达 10 万以上。

2. 分辨率

分辨率指质谱仪分开相邻质量离子的能力，常用 R 表示。一般规定：对于两个相等

强度的相邻峰，当两峰间的峰谷不大于其峰高的 10%时，就可以认为这两个峰已经分开。这时，仪器的分辨率为

$$R = \frac{m_1}{m_2 - m_1} = \frac{m_1}{\Delta m} \tag{17.9}$$

式中，m 为质量数，且 $m_1 < m_2$。根据 R 值高低，可将质谱仪分为低分辨质谱仪和高分辨质谱仪。$R < 1000$ 的称为低分辨质谱仪，如单聚焦磁质谱仪、四极杆质谱仪、离子阱质谱仪等，只能满足一般有机分析的要求。若要进行准确的质量测定，则需要 $R > 1000$ 的高分辨质谱仪，如双聚焦磁质谱仪等。

3. 灵敏度

质谱仪的灵敏度有绝对灵敏度、相对灵敏度和分析灵敏度三种。绝对灵敏度以质谱仪可以检测到的最小样品表示；相对灵敏度以质谱仪可以同时检测的大组分与小组分含量之比表示；分析灵敏度则以进入样品量与产生的信号强度之比表示。

4. 质量稳定性

质量稳定性主要是指仪器在工作时质量稳定的情况，通常用一定时间内的质量漂移(单位 u)来表示。例如，某仪器的质量稳定性为 0.1 u/12 h，意思是该仪器在 12 h 之内质量漂移不超过 0.1 u。

5. 质量精度

质量精度是指质量测定的精确程度，用离子质量实测值与理论值的相对误差表示。对于高分辨质谱仪，这个值通常在百万分之几，因此质量精度是以百万分之一(ppm)作为单位。其定义式如下：

$$\text{质量精度} = \frac{|M - M_0|}{m} \times 10^6 \tag{17.10}$$

式中，M 为离子质量的实测值；M_0 为离子质量的理论值；m 为离子质量的整数。

17.2 质谱中的离子类型

同一分子在离子源的作用下可以产生多种离子，质谱中出现的离子峰主要有以下几种：分子离子峰、碎片离子峰、同位素离子峰、重排离子峰及亚稳离子峰等。质谱中的离子峰与试样分子的结构及其物理化学性质密切相关，也与离子源的种类、作用能量大小、温度和压力等因素有关。了解有机质谱离子的类型、它们的产生方式或是裂解规律，对推断有机化合物结构是非常重要的。

17.2.1 分子离子

化合物分子失去一个电子所形成的离子为分子离子。

$$M + e^- \longrightarrow M^{+\cdot} + 2e^-$$

式中，$M^{+\cdot}$代表分子离子，质谱图中相应的峰称为“分子离子峰”或“母峰”。分子离子的 m/z 值是与化合物的相对分子质量相当的，因此分子离子峰是质谱图中的重要谱峰，可据此推断化合物的分子式。

17.2.2　碎片离子

分子离子、准分子离子有可能碎裂，产生质量数较低的离子，即碎片离子，并可以进一步裂解成质量数更小的碎片离子，这些碎片离子在质谱图上形成相应的峰，称为碎片离子峰。

$$M \xrightarrow{-e^-} M^{+\cdot} \xrightarrow{\text{裂解}} \text{初级碎片离子} \xrightarrow{\text{裂解}} \text{次级碎片离子}\cdots\cdots$$

由于键断裂的位置不同，同一分子离子可产生不同质荷比的碎片离子，其相对丰度与键断裂的难易程度、化合物本身的结构及性质有关。通过对各种碎片离子峰 m/z 值及其峰高的分析，有可能获得整个分子结构的信息。图 17.14 为正丁醇的质谱图，可以明显地看到不同位置 C—C 键断裂后形成的各碎片离子。

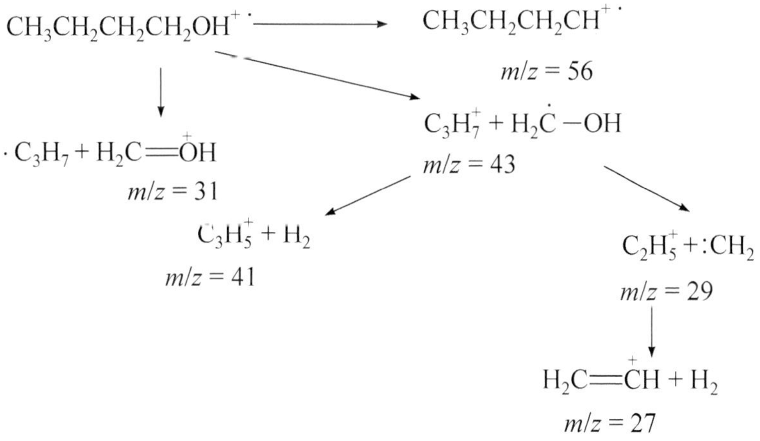

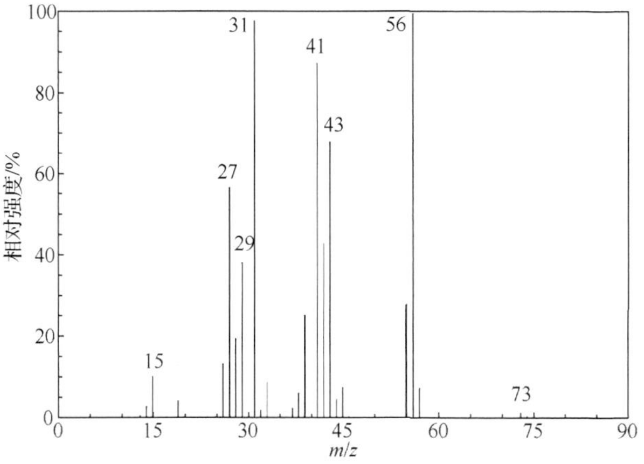

图 17.14　正丁醇的质谱图

碎片离子形成的机理主要有简单开裂和多中心开裂。

1. 简单开裂

只涉及一个共价键断裂的裂解形式为简单开裂，它有以下三种裂解方式。

1) 均裂

化学键断裂时，两个成键电子由两碎片各分一个，如下所示：

$$X—Y \longrightarrow X\cdot + Y\cdot$$

例如，脂肪酮可发生 σ 键均裂，若 $R_1 > R_2$，则

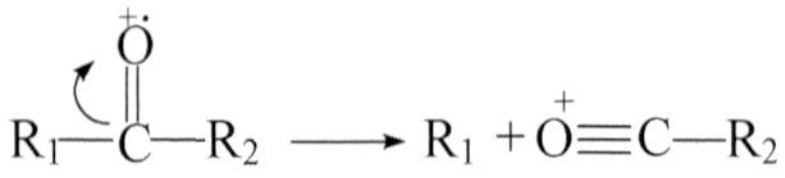

2) 异裂

化学键断裂时，两个成键电子都转移给某一碎片，如下所示：

$$X—Y \longrightarrow X^+ + Y:$$

例如，脂肪酮还发生 σ 键异裂，若 $R_1 > R_2$，则

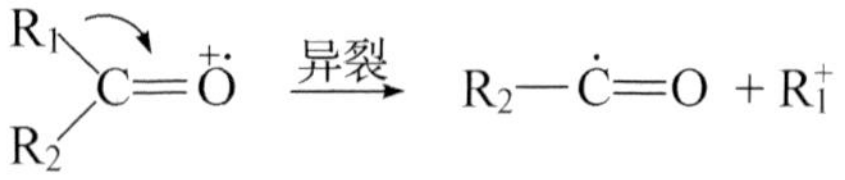

3) 半异裂

已失去一个电子的离子裂解时，剩下的一个电子转移给某一碎片，如下所示：

$$X—Y^{+\cdot} \longrightarrow X^+ + Y\cdot$$

例如，烷烃离子可发生半异裂，即

$$[R_1—CH_2—CH_2—R_2]^{+\cdot} \xrightarrow{\text{半异裂}} R_1\cdot + [CH_2—CH_2—R_2]^+$$

2. 环裂解——多中心开裂

裂解反应涉及两个及两个以上键的断裂，称为多中心开裂。环裂解产生碎片离子需至少断裂两个键，如下所示：

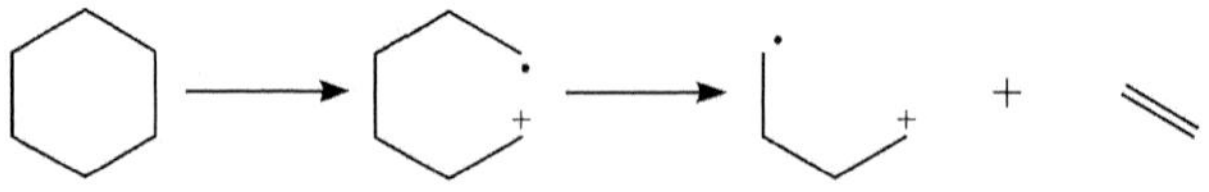

一般的环状化合物常发生简单断裂结合氢重排的多键断裂，如：

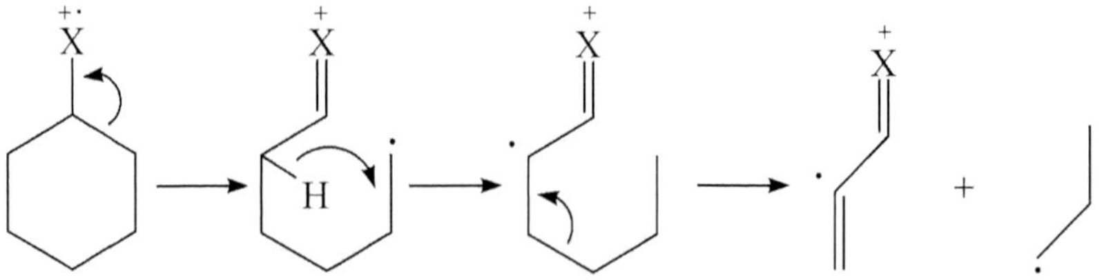

$$X = O, OH, OR, NH, NH_2, NR_2$$

17.2.3　同位素离子

元素是由具有一定天然丰度的同位素组成的。表 17.2 列出了几种常见元素同位素的天然丰度和相对丰度。质谱图中与物质相对分子质量有关的分子离子峰 $M^{+\cdot}$，是由最大丰度的同位素生成的。在质谱图上也会出现由重质同位素组成的分子所形成的离子峰，即同位素离子峰，对应的质荷比为 $M+1$、$M+2$ 等。

表 17.2　常见元素同位素的天然丰度和相对丰度*　　单位：%

元素	同位素	天然丰度	相对丰度	元素	同位素	天然丰度	相对丰度
H	^{1}H	99.98	100.00	P	^{31}P	100.00	100.00
	^{2}H	0.015	0.015	S	^{32}S	95.02	100.00
C	^{12}C	98.9	100.00		^{33}S	0.75	0.79
	^{13}C	1.08	1.11		^{34}S	4.25	4.43
N	^{14}N	99.63	100.00		^{36}S	0.01	0.01
	^{15}N	0.37	0.37	Cl	^{35}Cl	75.76	100.00
O	^{16}O	99.76	100.00		^{37}Cl	24.24	31.99
	^{17}O	0.04	0.040	Br	^{79}Br	50.69	100.00
	^{18}O	0.20	0.20		^{81}Br	49.31	97.28
F	^{19}F	100.00	100.00	I	^{127}I	100.00	100.00

*相对丰度是以丰度最大的轻质同位素为 100%计算而得。

同位素离子峰和分子离子峰的强度比是符合统计规律的，其数值可以根据同位素的丰度和原子数目进行计算。由表 17.2 可见，^{37}Cl 和 ^{81}Br 的相对丰度较大，分别为 31.99%和 97.28%，因此含有 Cl 或 Br 的化合物的同位素峰较强，质谱图特征明显。这时，碳、氢、氧或氮的同位素对峰强度的影响可以忽略不计。同位素离子峰的强度比可以直接采用二项式$(a+b)^n$求出，其中 a 和 b 分别是轻质和重质同位素的丰度比，n 是原子数目。二项式$(a+b)^n$展开式各项系数之比即为同位素离子峰的强度之比。

例如，某化合物含有一个氯，丰度比 $^{35}Cl:{}^{37}Cl=75.76:24.24\approx 3:1$，同位素离子峰的强度之比为 $a+b=3+1$，即 M 峰和同位素 $M+2$ 离子峰的强度比近似为 3∶1，简写为 $M:(M+2)\approx 3:1$。

某化合物含有两个溴原子，丰度比 $^{79}Br:{}^{81}Br=50.69:49.31\approx 1:1$，同位素离子峰的强度之比为$(a+b)^2=a^2+2ab+b^2=1^2+2\times1\times1+1^2=1+2+1$，即 $M:(M+2):(M+4)\approx 1:2:1$。

含有三个氯原子，同位素离子峰的强度之比为$(a+b)^3=a^3+3a^2b+3ab^2+b^3=3^3+3\times3^2\times1+3\times3\times1^2+1^3=27+27+9+1$，即 $M:(M+2):(M+4):(M+6)\approx 27:27:9:1$。

对于由碳、氢、氧和氮元素组成的有机化合物 $C_wH_xN_yO_z$，可采用下式近似计算同位素 $M+1$ 或 $M+2$ 峰与分子离子峰的强度之比，及 I_{M+1}/I_M 和 I_{M+2}/I_M 的值：

$$\frac{I_{M+1}}{I_M}=(1.08w+0.02x+0.37y+0.04z)\times 100\% \tag{17.11}$$

$$\frac{I_{M+2}}{I_M}=\left[\frac{(1.08w+0.02x)^2}{200}+0.02z\right]\times 100\% \tag{17.12}$$

利用上述关系式，如果知道同位素的元素个数，就可以推测各同位素离子强度之比；反之，通过测定质谱图上分子离子峰与同位素峰的强度比，可以推断化合物的分子式。

17.2.4 亚稳离子

从离子源进入质量分析器的飞行过程中，质量为 m_1 的离子有可能进一步裂解失去中性碎片而形成低质量 m_2 的离子，如下所示：

$$m_1^+ \xrightarrow{\text{在飞行途中裂解}} m_2^+ + \text{中性碎片}$$

此时的离子比在离子源中直接形成的 m_2 离子能量小，观察到对应的 m/z 较小，这种离子称为亚稳离子，用 m^*表示。亚稳离子特征性强，很容易从质谱图中分辨出来，其特点是：峰宽(2～5 个质量单位)、相对强度低、质荷比不为整。m^*与 m_1、m_2 满足以下关系：

$$m^*=\frac{m_2^2}{m_1} \tag{17.13}$$

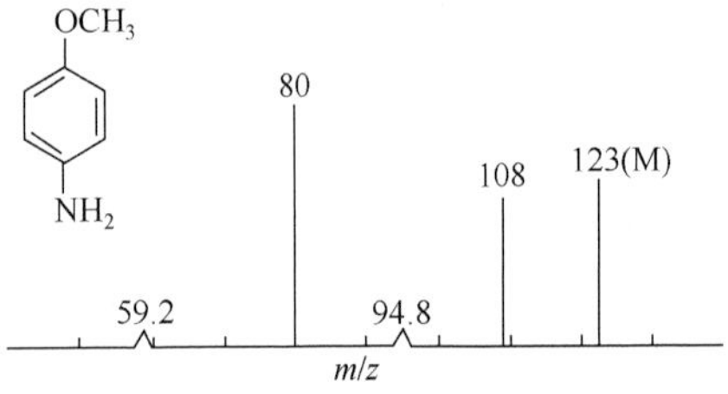

图 17.15　对氨基茄香醚的部分质谱

利用上述关系式，可以确定质谱图中离子裂解的母子关系，亚稳离子峰对研究有机质谱的裂解过程和裂解机理很有帮助。例如，对氨基茄香醚的部分质谱图(图 17.15)中，除 m/z 为 123 的分子离子峰和较强 m/z 为 108 和 80 的两个峰外，还发现有亚稳离子峰出现在 m/z 为 94.8 和 59.2 处。这些数值刚好符合 $108^2/123 = 94.8$ 和 $80^2/108 = 59.2$ 的关系式，因此可以推断有如下裂解过程：$m/z = 123 \rightarrow m/z = 108 \rightarrow m/z = 80$。

17.2.5 重排离子

化学键的断裂过程中，某些原子或基团从一个位置转移到另一个位置，从而产生了重排离子，质谱图上相应的峰称为重排离子峰。

根据反应前后离子的电子与质量奇偶性的变化可以判断离子是否由重排产生，其规律是：离子发生重排反应时常脱掉一个中性分子，因中性分子是含偶数个电子的，反应后离子的电子奇偶性不变；质量奇偶性的变化则与重排反应前后氮原子的变化有关，氮原子的个数不变或失去了偶数个氮原子，反应后离子的质量奇偶性不变；若失去了奇数个氮原子，则质量奇偶性改变。

重排开裂的类型很多，不可能一一列举，在此介绍几种典型的重排反应。

1. 麦氏重排

麦氏重排(McLafferty rearrangement)是γ-H 经六元环过渡态转移到不饱和基团上并伴

随 C_α—C_β 键断裂的重排。

能发生麦氏重排的化合物很多，包括醛、酮、羧酸、羧酸酯、酰胺、硫酸酯、磷酸酯、腙、肟、亚胺、长链烯及不含杂原子的炔和烷基苯，是一些含有 C═O、C═N、C═S、C═C 及苯环，且与这些基团相连的键上具有γ-H 原子的化合物。其分子离子通过六元环过渡态，γ-H 转移到杂原子或双键碳原子上，并伴随 C_α—C_β 键断裂，形成一个烯烃中性分子和一个质量数为偶数的自由基离子，如 2-戊酮的麦氏重排。

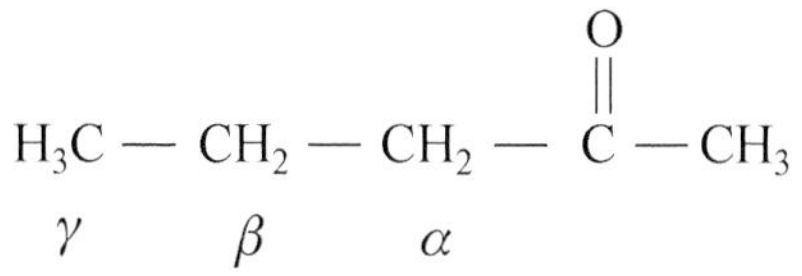

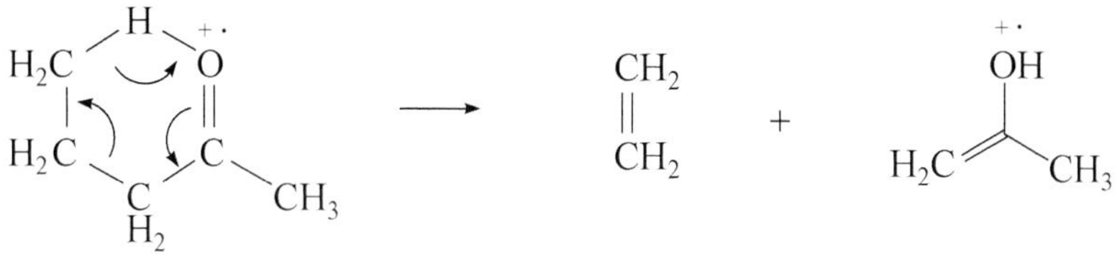

2. 四元环重排

在碳上连有 OH、NH_2 或 SH 时，会发生 α 开裂，产生的碎片离子如果能形成四元环过渡状态，就会发生下面的四元环重排：

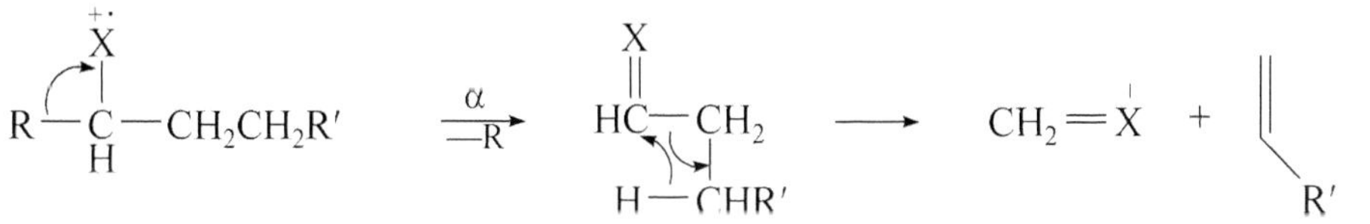

$$X = OH, SH, NH_2$$

例如，3-己醇质谱中，$m/z = 31$ 离子峰就是通过这种重排产生的：

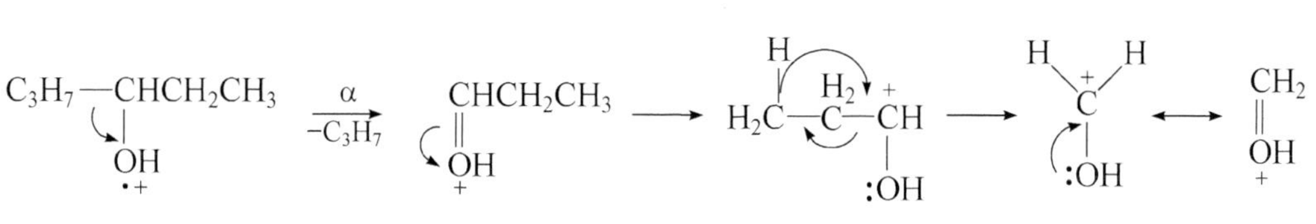

$m/z = 59$ $m/z = 31$

类似地，由醚、硫醚、仲胺和叔胺的简单开裂产生的鎓离子，如果含有乙基以上的烷基，会进一步经过四元环重排而脱离链烯：

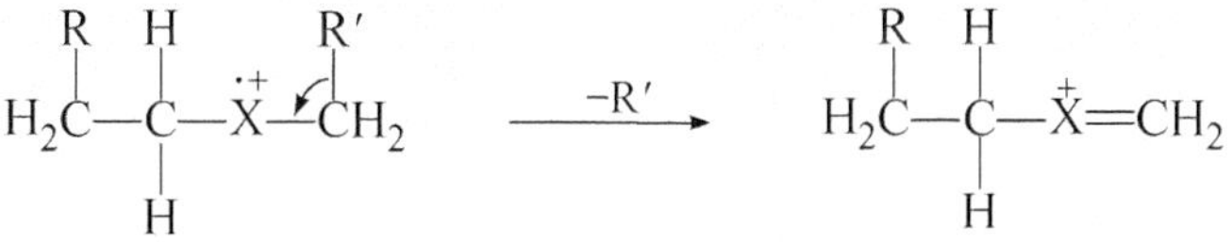

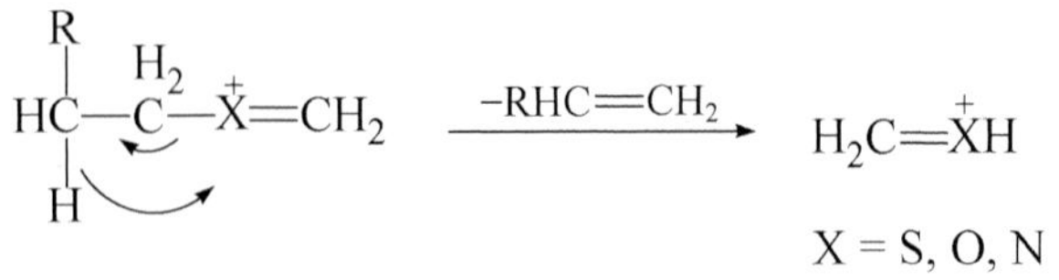

3. 逆第尔斯-阿尔德重排

在有机合成中，一个共轭双烯和一个单烯分子合并成一个六元环单烯(环己烯)的反应称为第尔斯-阿尔德反应。而在质谱分子离子的断裂反应中，环己烯双键打开，同时引发两个 α 键断裂，形成两个新的双键，裂解成一个离子化的共轭双烯和一个单烯，所以这种裂解称为逆第尔斯-阿尔德(retro Diels-Alder，RDA)裂解。脂环化合物、生物碱、萜类、甾类和黄酮类等化合物的质谱经常得到这种重排产生的离子。

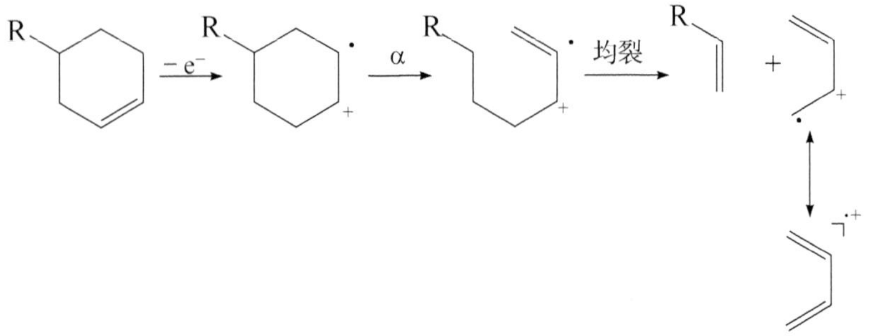

17.2.6　影响离子稳定性和离子峰强度的主要因素

质谱图中会出现强度不等的各碎片离子峰，其强度反映出碎片离子的多少，是质谱解析的重要数据。在离子源裂解条件一致的情况下，化合物及碎片离子本身的特性决定了离子峰的强度。

1. 化学键的相对强度

分子裂解是从分子中化学键强度最弱的地方开始断裂。一般当分子中有单键、双键或三键时，单键会先断裂。单键中最弱的是 C—X 型(X = Br、I、O、S 等杂原子)，因此最易发生断裂。

2. 产物离子的稳定性

断裂后形成的产物越稳定，这样的断裂越容易进行。碳正离子的稳定性顺序为：叔碳正离子 > 仲碳正离子 > 伯碳正离子 > 甲基正离子，所以烃类化合物多在有较多支链的碳原子处发生断裂，且优先丢失较大的烷基。共轭效应、诱导效应和共享邻近杂原子上的电子都可能导致电荷分散而使得碎片离子更加稳定。若发生在烯烃β位的断裂，即烯丙基断裂，产生的碎片离子往往是基峰。

3. 史蒂文森规则

奇电子离子经裂解可产生自由基和离子两种碎片，电离能较高的碎片不易电离，倾向于保留未成对电子，形成自由基；电离能较低的碎片易电离，产生碎片离子的概率较高。电离能越低，碎片离子越稳定，断裂后产生的离子峰越强，这就是史蒂文森(Stevenson)规则。

4. 最大烷基丢失原则

当离子中的同一个原子上连接有几个烷基时，失去最大烷基的概率最高。烷基越大，分支越多，丢失的烷基自由基的致稳效果越好，因而裂解后剩下的离子丰度也越高。

5. 丢失稳定中性碎片的断裂优先

离子在断裂中若能产生 H_2、CH_4、H_2O、C_2H_4、CO、NO、CH_3OH、H_2S、HCl、$CH_2{=}C{=}O$、CO_2 等电中性小分子产物，将有利于这种断裂途径的进行，产生比较强的碎片离子峰。

6. 空间效应的影响

化合物中原子或基团的空间排列带来空间效应，会影响不同反应途径的竞争性，也影响产物的稳定性。例如，经某种过渡态发生的重排裂解，当空间效应不利于过渡态的形成时，重排裂解往往不能进行。

17.3　常见有机化合物的质谱

17.3.1　烃类

1. 烷烃

1) 直链烷烃

分子离子峰强度随相对分子质量增大而减小，其质谱特征是有一系列质量数相差 14 的 C_nH_{2n+1} 碎片离子峰。因为丙基离子和丁基离子很稳定，$C_3H_7^+$(m/z = 43)和 $C_4H_9^+$(m/z = 57)的碎片离子峰通常是烷烃质谱图中最强的两个峰。C_nH_{2n+1} 峰两侧常出现“伴峰”C_nH_{2n-1}、C_nH_{2n} 系列峰。图 17.16 是正己烷的质谱图。

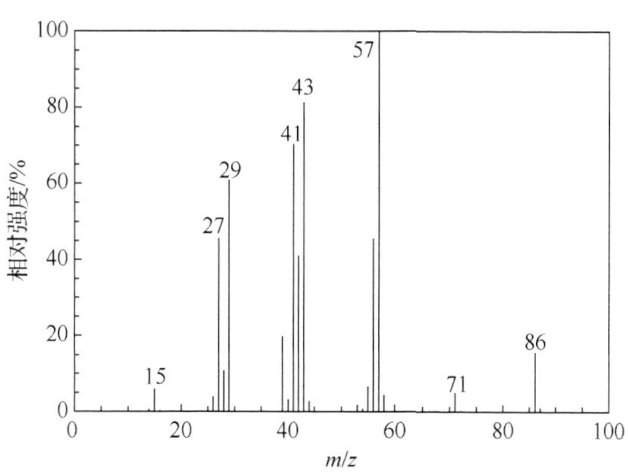

图 17.16　正己烷的质谱图

2) 支链烷烃

支链处化学键最易断裂，并遵循最大烷基丢失原则，优先失去最大的烷基，其裂解形成的峰强度较大。例如，在 2, 2-二甲基丁烷的质谱图(图 17.17)中，$m/z = 43$ 的离子峰最强，因支链烷烃不稳定，m/z 为 86 的分子离子峰没有出现。

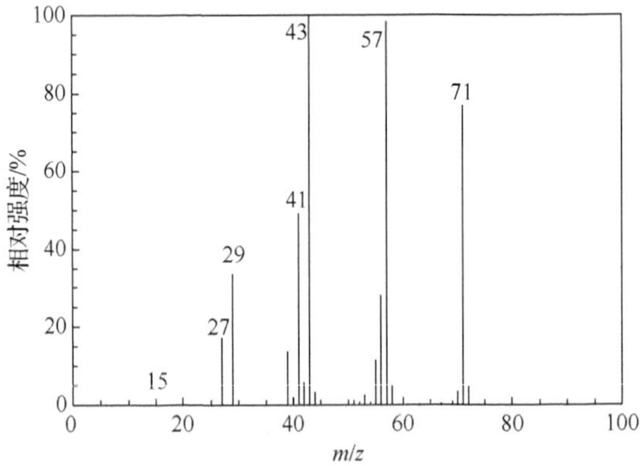

图 17.17　2,2-二甲基丁烷的质谱图

3) 环烷烃

环烷烃分子较稳定，其分子离子峰一般较强。环开裂时因失去含两个碳的碎片而出现 $C_2H_4^+$($m/z = 28$)、$C_2H_5^+$($m/z = 29$)和 $M - 28$、$M - 29$ 的峰。含环己烷的化合物往往出现 $m/z = 83$、82、81 的峰，而含环戊烷的化合物则出现 $m/z = 69$ 的峰。图 17.18 为环己烷的质谱图。

环己烷的裂解过程：

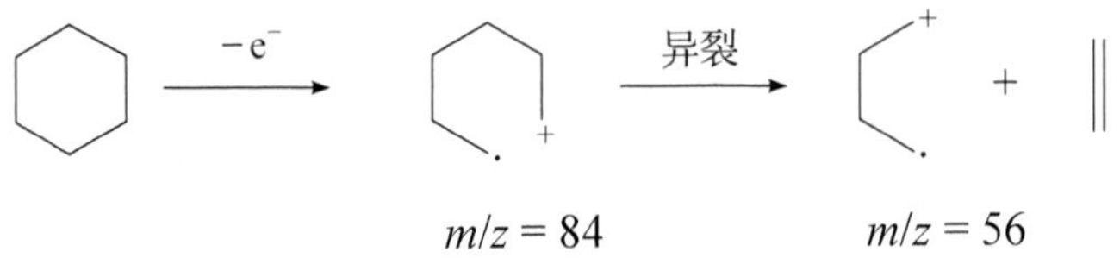

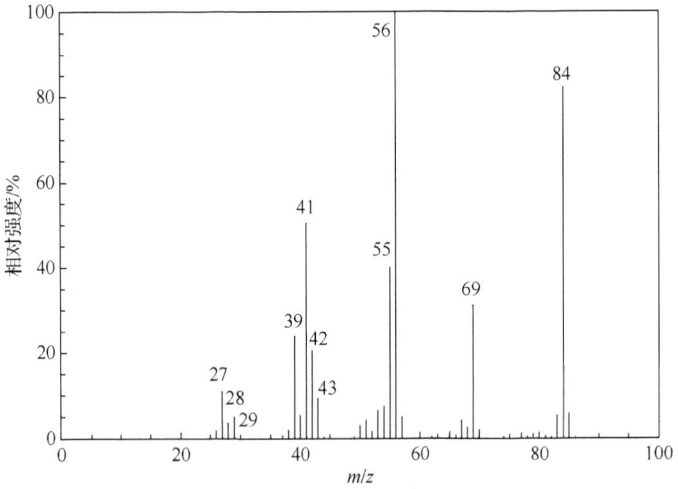

图 17.18　环己烷的质谱图

2. 烯烃

烯烃易失去一个 π 电子，分子离子峰明显，其强度随相对分子质量增大而减弱。烯烃质谱图中最强峰通常是双键 β 断裂(烯丙基型裂解)产生的 $m/z = 41 + 14n$ (C_nH_{2n-1})带双键的碎片离子峰，裂解过程如下：

$m/z = 41$

长链烯烃会出现一系列烷基离子($m/z = 29$、43、57、…)的碎片峰。当有 γ-H 时，烯烃容易发生麦氏重排，裂解产生 C_nH_{2n} 型的偶数碎片离子。值得注意的是，因为在裂解过程中常发生双键位移，质谱很难确定烯烃分子中双键位置，并且顺式和反式异构体通常也有十分相似的质谱图。图 17.19 为 1-己烯的质谱图。

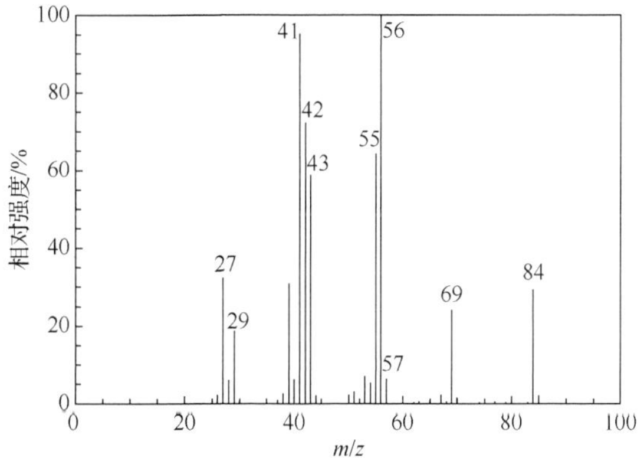

图 17.19 1-己烯的质谱图

3. 芳烃

芳烃有较强的分子离子峰。烷基取代苯易发生 β 裂解，即苄基型裂解，产生 $m/z = 91$ 的草鎓特征离子，很稳定，常为基峰。例如：

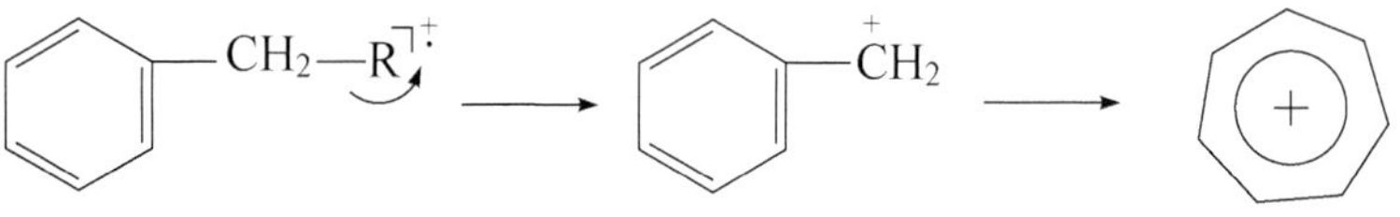

$m/z = 91$

草鎓离子可进一步裂解形成环戊二烯离子 $C_5H_5^+$($m/z = 65$)和环丙烯离子 $C_3H_3^+$($m/z = 39$)：

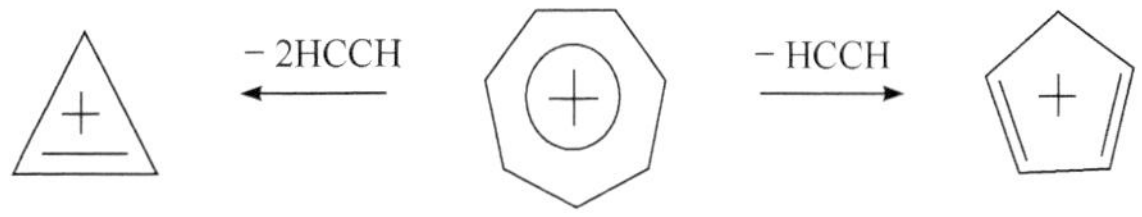

带有正丙基及以上侧键的芳烃(含 γ-H)经麦氏重排产生 $m/z = 92$ 的 $C_7H_8^{\cdot+}$ 离子：

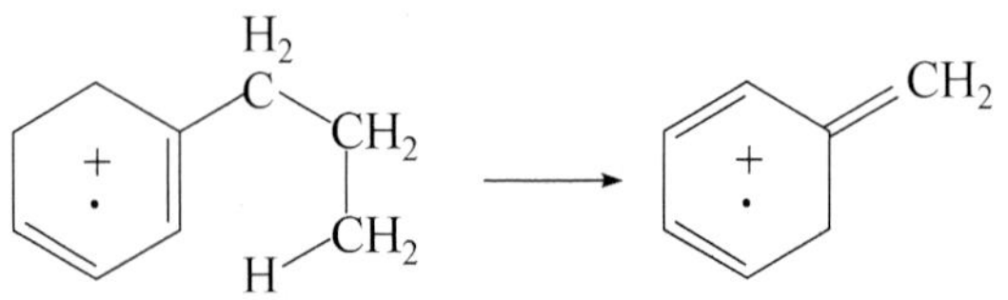

芳烃的侧键还会发生 α 裂解，产生苯基离子 $C_6H_5^+$(m/z = 77)、苯基重排离子 $C_6H_6^+$(m/z = 78)和苯加 H 的离子峰(m/z = 79)，并进一步裂解产生环丁二烯离子 $C_4H_3^+$(m/z = 51)和环丙烯离子 $C_3H_3^+$(m/z = 39)。

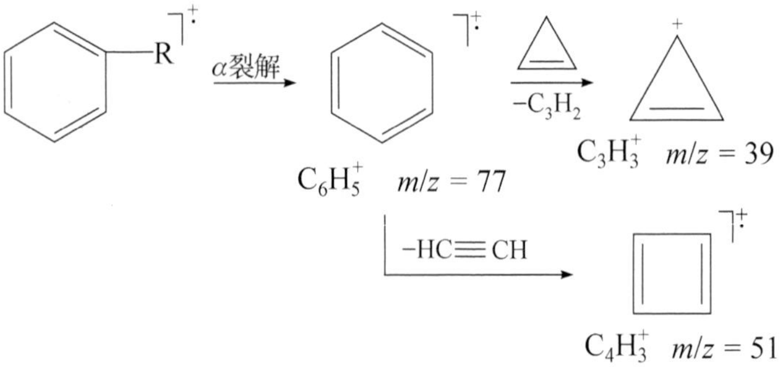

图 17.20 为正丙苯的质谱图，可以观察到 m/z = 39、51、65、77、78、91 一系列苯环的特征离子峰，以及麦氏重排 m/z = 92 离子峰。

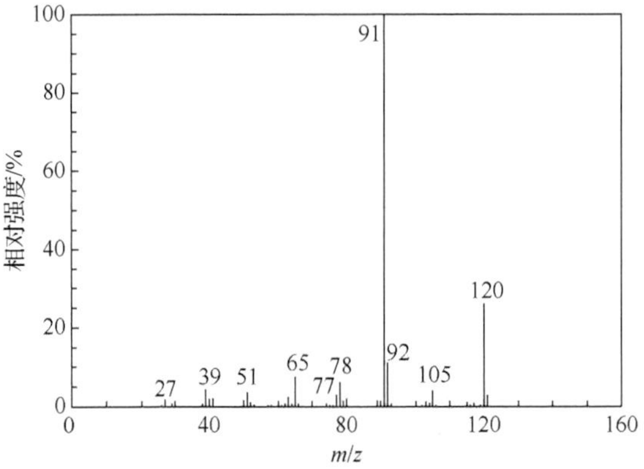

图 17.20　正丙苯的质谱图

17.3.2　醇、酚、醚

1. 醇

醇的分子离子峰很弱或消失，易脱水形成 $M-18$ 峰，脱水重排反应过程如下：

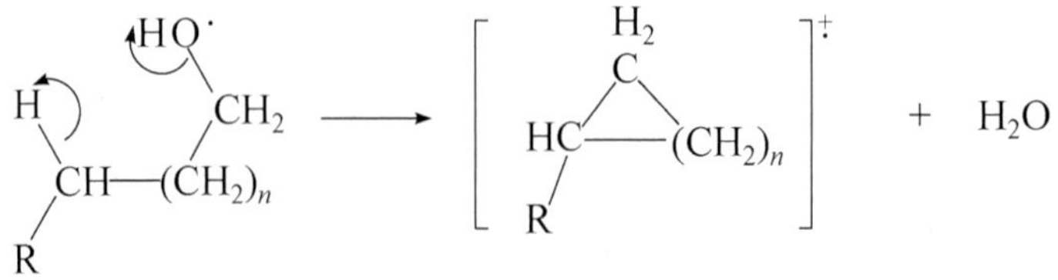

4 个碳以上的长链伯醇可同时发生脱水和脱烯，产生 $M-46$ 峰，如：

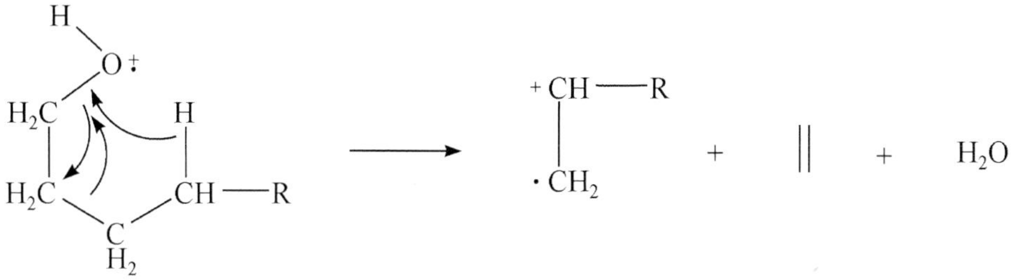

羟基易发生 α 裂解(C_α—C_β键断裂)，形成极强的 $m/z=31+14n$ 氧鎓离子峰。

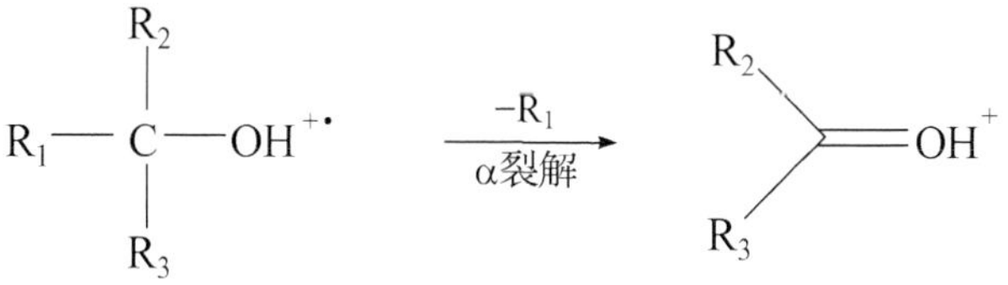

直链伯醇还会出现烷基离子($m/z=29$、43、57、…)和烯烃离子($m/z=27$、41、55、…)，质谱峰较多。图 17.21 为 1-己醇的质谱图。

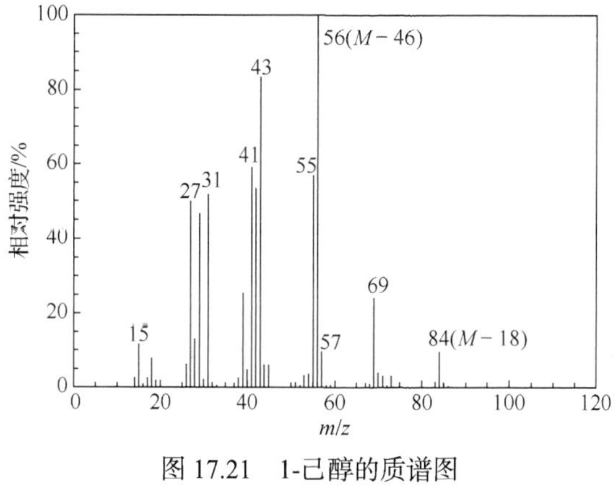

图 17.21 1-己醇的质谱图

2. 酚和芳香醇

酚和芳香醇的分子离子峰很强，常为基峰。甲基苯酚和苄醇可失去一个 H，扩环产生稳定的鎓离子，$M-1$ 峰很强，反应如下：

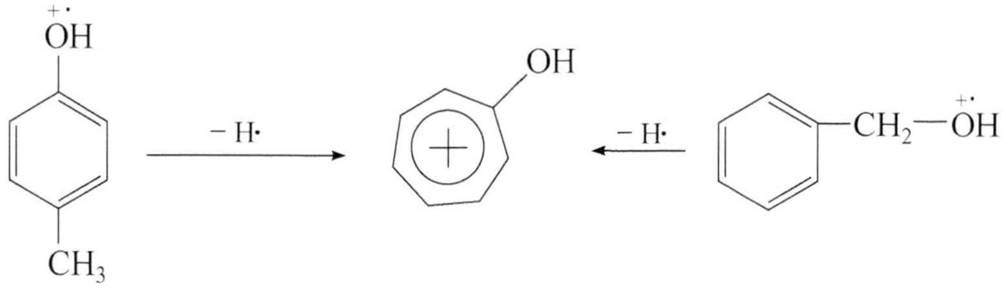

苯酚可发生氢重排开裂，然后失去 CO 形成 $M-CO$ 的碎片离子，再脱氢成环形成

$M - HCO$ 的碎片离子，反应如下：

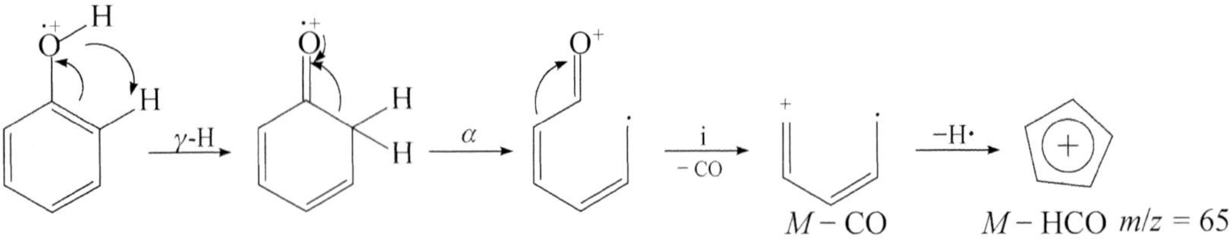

3. 醚

脂肪醚的分子离子峰较弱，芳香醚的分子离子峰较强。醚的裂解方式与醇相似，易发生 α 裂解(C_α—C_β键断裂)，含氧碎片形成正离子，如：

$$CH_3CH_2-CH_2-\overset{\cdot+}{O}CH_2CH_3 \longrightarrow CH_2=\overset{+}{O}-CH_2CH_3+\dot{C}H_2CH_3$$

$m/z = 59$　51%

$$CH_3CH_2-CH_2-\overset{\cdot+}{O}CH_2CH_3 \longrightarrow CH_3CH_2-CH_2-\overset{+}{O}=CH_2+\dot{C}H_3$$

$m/z = 73$　4%

碎片离子还可以进一步裂解：

$$H_2CH_2C(H)-\overset{+}{O}=CH_2 \longrightarrow H_2C=CH_2+H_2C=\overset{+}{O}H$$

$m/z = 31$

还会发生 O—C_α键断裂，形成烷氧自由基·OR 和 m/z = 29、43、57、71 等碎片离子峰。图 17.22 为正丙醚的质谱图。

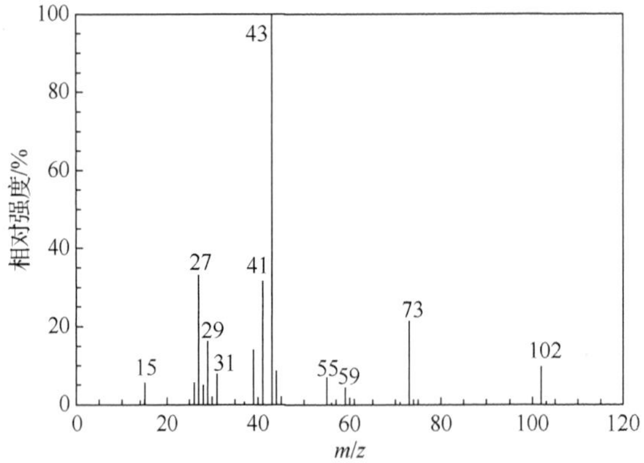

图 17.22　正丙醚的质谱图

17.3.3　醛和酮

醛和酮的分子离子峰都比较明显，易在羰基两侧发生 α 断裂。例如，醛的裂解：

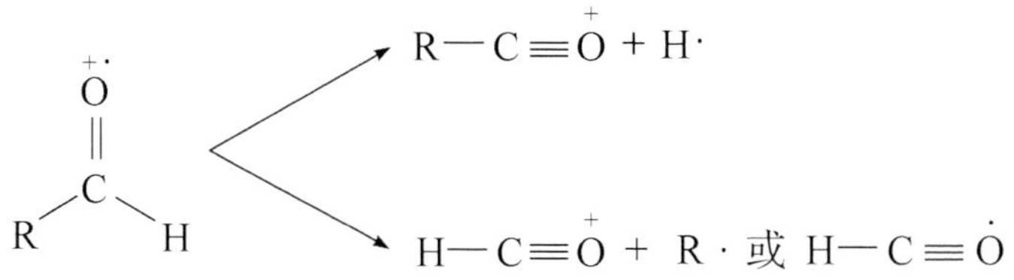

醛的 $M-1$ 峰强度一般与 M 峰近似，$M-1$ 峰是醛的特征峰。醛易失去醛基，脂肪醛的 $m/z=29$ 峰往往很强；芳香醛则因正电荷与苯环共轭而致稳的缘故，产生较强的 $M-29$ 离子。

酮的裂解与醛类似，羰基的两侧都可以发生均裂和异裂，酰基离子还可以进一步失去中性分子 CO，形成烷基离子。

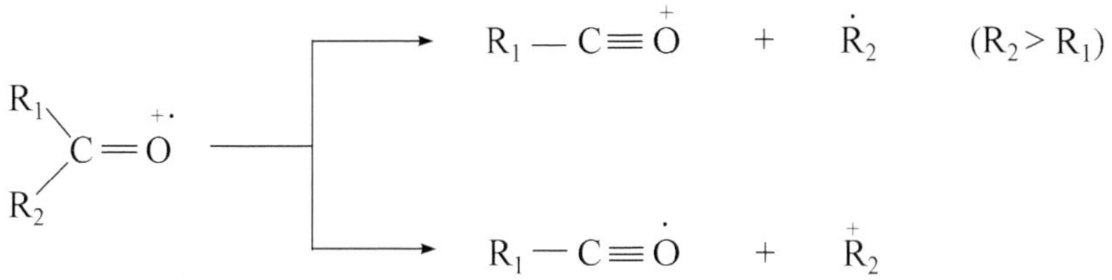

醛和酮若存在γ-H，会发生麦氏重排，其碎片离子峰常是基峰，如：

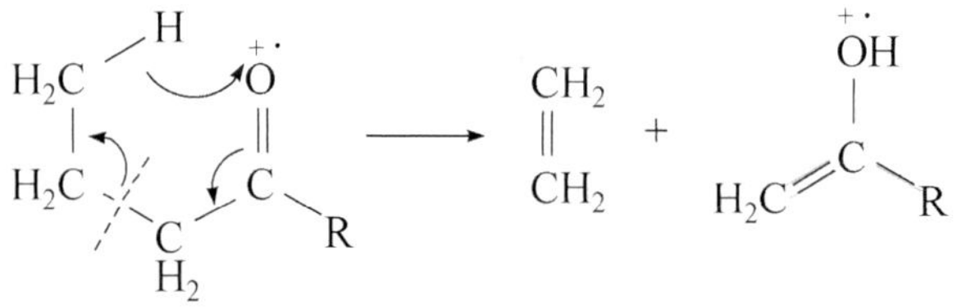

醛：R = H，$m/z=44$

酮：R = 羟基，$m/z=58$、72、86等

图 17.23 为 2-己酮的质谱图。

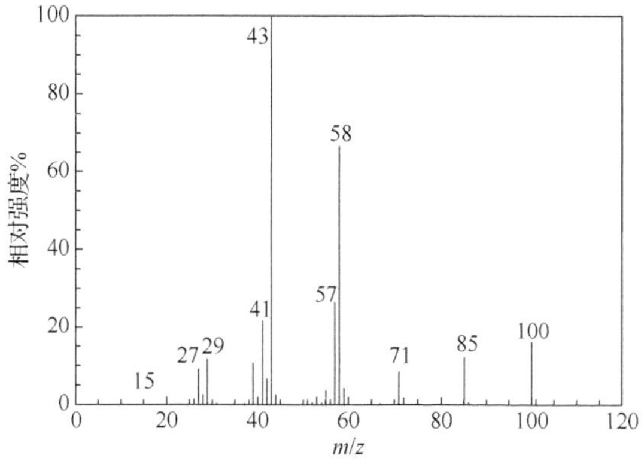

图 17.23　2-己酮的质谱图

17.3.4　羧酸和酯

脂肪羧酸或酯的分子离子峰强度较弱，芳香羧酸或酯的分子离子峰则相当强。具有 γ-H 的酸和酯，会发生麦氏重排，产生 $m/z=60$ 或 $60+14n$ 的强特征离子峰。

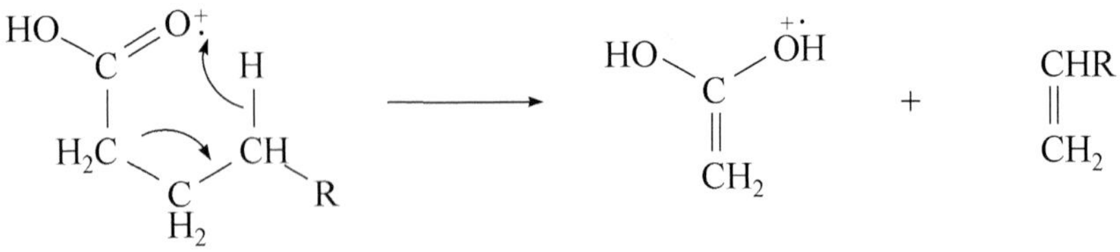

酸和酯的羰基两侧易发生α裂解，形成$^{+}O{\equiv}C{-}OR'$、OR'、$R{-}C{\equiv}O^{+}$、R^{+}的碎片离子。

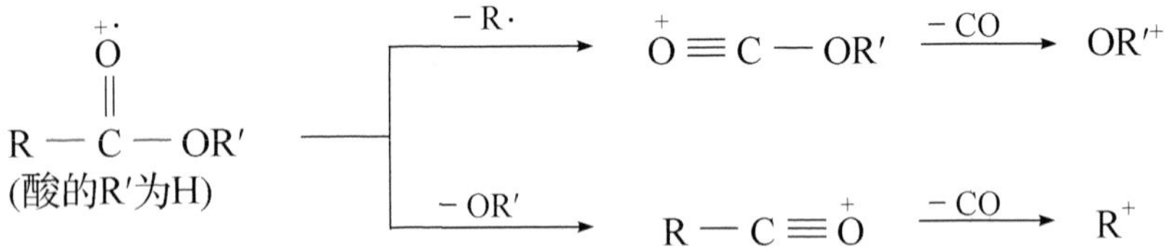

芳香羧酸的主要碎片离子为 $M-17$(失去—OH)和 $M-45$(失去—COOH)离子，邻位取代的芳香羧酸可能发生重排失水形成 $M-18$ 峰，如：

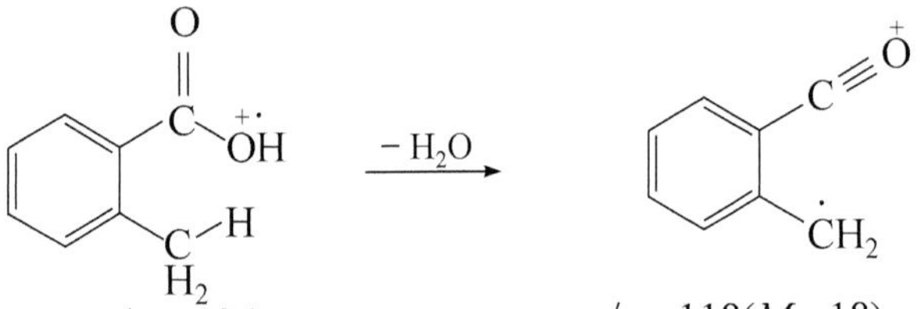

$m/z=136$　　$m/z=118(M-18)$

羧酸酯也可能发生双氢重排裂解，产生质子化的羧酸离子碎片峰：

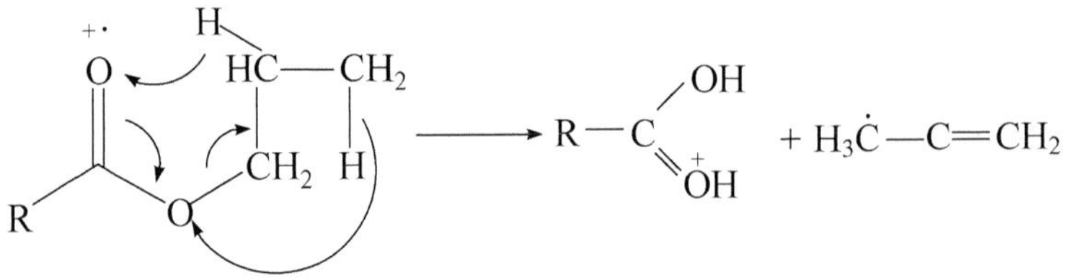

图 17.24 为丁酸甲酯的质谱图。

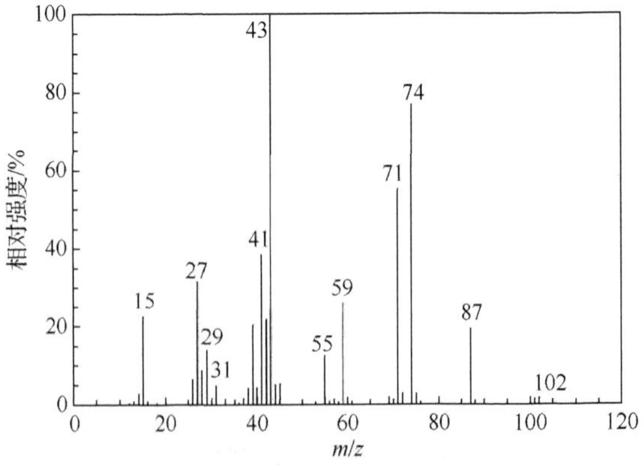

图 17.24　丁酸甲酯的质谱图

17.3.5　含氮化合物

1. 胺

胺类最特征的峰是 $m/z = 18$ 的 NH_4^+ 离子峰。低级脂肪胺和芳香胺可能失去一个 H，出现 $M-1$ 峰。类似醇，胺的 α 裂解(C_α—C_β 断裂)得到的碎片离子峰是主要的峰，常为基峰。

苯胺可以失去 HCN，再失去一个 H，形成 $m/z = 65$ 的碎片离子，有烃基侧链的苯胺有可能自侧键 α 裂解形成氨基草鎓离子，$m/z = 106$。

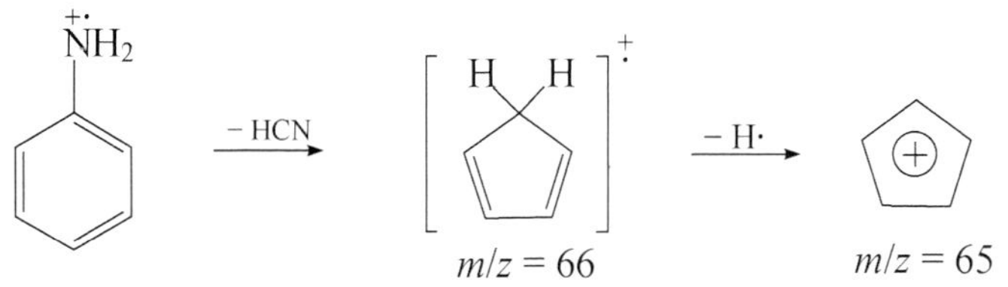

2. 酰胺

酰胺的质谱行为与羧酸相似，最重要的碎片离子峰是羰基碳 α 裂解产物，含有 γ-H 的酰胺会发生麦氏重排，得到 $m/z = 59 + 14n$ 的峰。

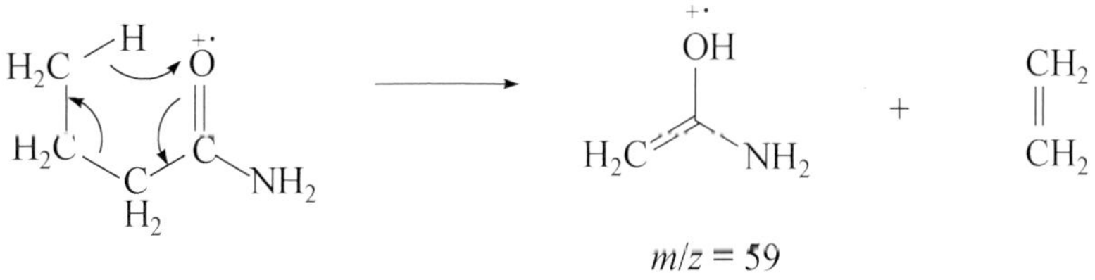

长链脂肪伯酰胺也能在羰基的 C_β—C_γ 间发生裂解，产生较强的 m/z 为 72 或 73(重排)的离子峰。

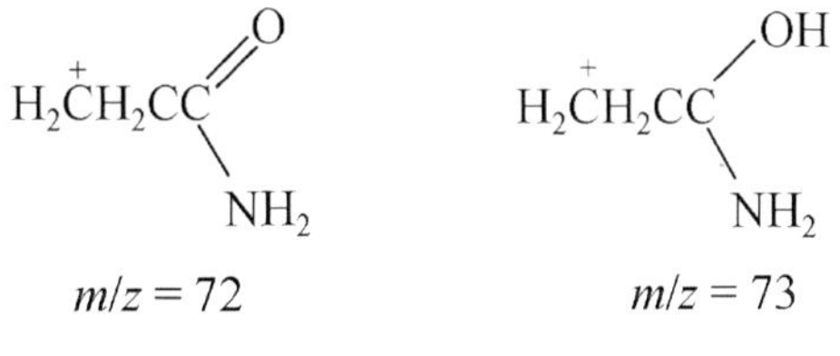

3. 腈

腈的分子离子峰常看不见，$M-1$ 峰明显，$M-1$ 离子因共轭效应更稳定：

含 1 个 N 原子的腈，$M-1$ 峰质量数为偶数，并在碳链的不同键处单纯断裂而形成 $m/z = 40 + 14n$ 一系列同系物峰。

C_4～C_{10}的直链腈会发生麦氏重排，产生 $m/z = 41$ 的基峰(CH_3CN^+或 $H_2C{=}C{=}N^+H$)。

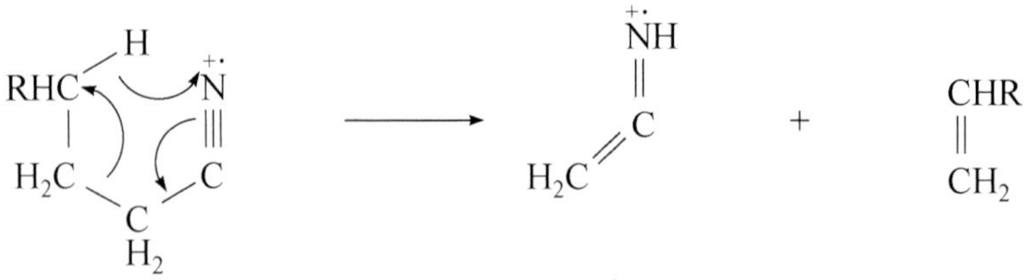

$m/z = 41$

4. 硝基化合物

脂肪族硝基化合物的分子离子峰一般不出现，NO_2^+($m/z = 46$)和 NO^+($m/z = 30$)为强度大的主要碎片离子，还有 C—C 键断裂产生的一组烃基离子。芳香族硝基化合物分子离子峰较强，$M - 30$、$M - 46$、$M - 58$ 为主要碎片离子。

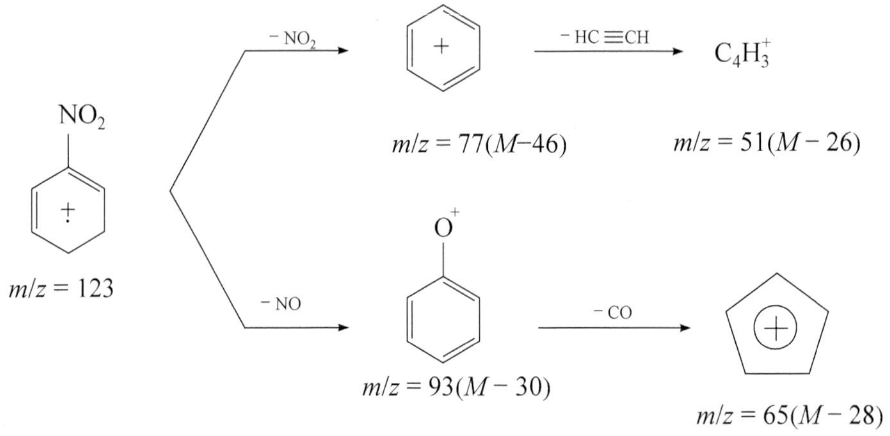

17.4　质谱法的应用

质谱法能测定相对分子质量、确定化学式并鉴定化合物的结构，是物质鉴定的最有力工具之一。

17.4.1　分子离子峰和分子式的确定

测定化合物结构时，首先要确定的是该化合物的分子式，通过质谱分析可以快速准确地得到相对分子质量，并推断出分子式。

1. 分子离子峰的确认

在质谱解析过程中，先要确认化合物的分子离子峰才能确定相对分子质量，推断化合物的分子式，并根据分子离子和碎片离子的关系，判断化合物类型及可能含有的基团，因而分子离子峰的确认十分重要。

分子离子峰是质谱图中质荷比最高的离子峰(同位素离子峰及准分子离子峰除外)。

需要注意的是，质荷比最大的峰不一定是分子离子峰。这是因为某些分子离子不稳定，全部裂解为碎片离子，导致质谱图中不出现分子离子峰；可能有杂质峰出现在高质量数位置；另外，也要注意区分同位素离子峰和准分子离子峰。因此，确定分子离子峰时要谨慎，需从以下几个方面考虑。

1) 氮数规律

分子离子峰的质量必须符合氮数规律(简称为氮律，又称为奇偶规律)。因为氮的化合价为奇数而质量数为偶数，所以由碳、氢、氧、氮、硫组成的有机化合物，如果不含氮或含偶数个氮，分子离子峰的质荷比一定是偶数；含奇数个氮的化合物，分子离子峰的质荷比一定是奇数。

2) 分子离子峰的相对强度

分子离子的稳定性决定了分子离子峰的相对强度，结构越稳定，峰越强。分子结构中碳数多，碳链长，支链多，稳定性差，相应分子离子峰的强度弱。一般地，分子离子的稳定性有如下规律：芳环(包括芳杂环)化合物 > 脂环化合物 > 硫醚、硫酮 > 烯烃 > 羰基化合物 > 直链烷烃 > 醚 > 酯 > 胺 > 酸 > 醇 > 支链烷烃。越靠后，分子离子峰越弱或不出现。

有的化合物会有较强的准分子离子峰，如醚、酯、胺、酰胺、腈化物、氨基酸酯、胺醇等可能有较强的$(M+1)$准分子离子峰；芳香醛、某些醇或某些含氮化合物可能有较强的$(M-1)$准分子离子峰。

3) 合理的碎片丢失

分子离子峰应具有合理的自由基或中性分子碎片丢失。由于有机化合物分子不可能连续失去 4～14 个氢，或失去比 CH_3 还小的基团碎片，因此在比分子离子质量数小 4～14 和 20～25 的位置，不应有碎片离子峰出现。

分子离子峰的确认上述三个条件缺一不可，如果质谱图中没有出现分子离子峰，则需要采取其他方法得到并确认分子离子峰。常用的方法有：①降低电离能量。减小电离的能量，可减少分子离子峰的裂解，从而使分子离子峰增强。例如，电子轰击电离源通常所用电子的能量为 70 eV，这种情况下某些易解离的化合物无法得到分子离子，通过降低电子轰击电离源的电压，采用 10～20 eV 的低能电子轰击，虽然总离子流强度会大大降低，但分子离子峰的强度会增大，碎片离子峰的强度会相应减小。②采用软电离方式。例如，当电子轰击电离源这样的硬离子源无法得到分子离子峰时，使用化学电离源、快速原子轰击离子源、电喷雾电离源等软电离技术，一般会得到较强的分子离子峰。③制备衍生物。某些化合物本身不易挥发或热稳定性差，但经衍生化反应后可以得到易挥发且稳定的产物，通过衍生物质谱中的分子离子峰就能推断原化合物的相对分子质量，如有机酸的酯化衍生化。

2. 分子式的确定

在质谱法中，分子式的确定主要有两种方法：一种是由分子离子峰及其同位素离子峰确定分子式；另一种是利用高分辨质谱仪精确测定分子离子峰的质量，并推测出分子式。

1) 由分子离子峰确定分子式

对于化学结构不是很复杂的普通有机物，根据其分子离子的质量和可能的元素组成，可以计算分子的不饱和度(U)及推测分子式。

2) 由同位素离子峰确定分子式

在质谱中，分子离子峰与其同位素离子峰的强度比值是与化合物中各元素原子个数及其天然丰度相关的，可通过 $M+1$ 峰、$M+2$ 峰与 M 峰的强度比，推测元素原子数目，进而确定分子式。

拜诺(Beynon)等计算了相对分子质量在 500 以下，只含 C、H、O、N 的化合物的同位素离子峰 $M+1$、$M+2$ 与分子离子峰的相对强度(以 M 峰的强度为 100)，编制成表，称为拜诺表。准确测定质谱图中 $M+1$、$M+2$ 峰的相对强度，由拜诺表便可确定其分子式。

例如，质量数为 102 处有分子离子峰，$M+1$ 峰和 $M+2$ 峰相对强度分别为 7.82%和 0.33%，查找拜诺表中 $M=102$ 部分数据，见表 17.3。

表 17.3 拜诺表 M=102 部分数据示例

分子式	$M+1$	$M+2$	分子式	$M+1$	$M+2$
$C_5H_{10}O_2$	5.64	0.53	$C_6H_{14}O$	6.75	0.39
$C_5H_{12}NO$	6.0	0.35	C_7H_2O	7.64	0.45
$C_5H_{14}N_2$	6.39	0.17	C_7H_4N	8.01	0.28
$C_6H_2N_2$	7.28	0.23	C_8H_6	8.74	0.34

比较发现 C_7H_2O 是最符合的，虽然 C_7H_4N 的数值也很接近，但是不满足氮数规律，可以排除。

3) 高分辨质谱仪精确测定分子离子的质量

高分辨质谱仪测得的精确质量可至小数点后 4 位。例如，化合物 $C_{11}H_{20}N_6O_4$(相对分子质量 300.154592)和 $C_{12}H_{20}N_4O_5$(相对分子质量 300.143359)在高分辨质谱中完全可以区分。由高分辨质谱仪测定得到分子离子的精确质量，将其输入计算机的相应数据处理系统得到分子式，即数据对照与分子的检索由计算机完成，该方法简便、快速、准确。

17.4.2 有机化合物的质谱解析

1. 解析步骤

在确认了分子离子峰，并确定了分子式后，根据质谱图提供的信息按以下步骤推测分子结构。

(1) 根据碎片离子的质量及所符合的化学通式，推测离子可能对应的特征结构片段或官能团，并根据前面所讨论的各类化合物的质谱特征和裂解规律来分析主要离子峰的归属。

(2) 根据分子离子峰和附近的碎片离子峰的 m/z 差值推测分子离子失去的中性碎片及被测分子离子的结构类型。

(3) 在前两步获得的离子结构信息的基础上，考虑相对分子质量、不饱和度、样品物理化学性质，将可能的分子结构全部列出，并逐一检查是否符合图谱的所有特征，是否能按质谱裂解规律产生主要的碎片离子。注意关注碎片离子峰的强度以区别同分异构体，注意考虑裂解时可能发生的重排反应，因重排常产生偶数离子，图谱中的偶数离子峰要倍加关注。

(4) 结合其他分析手段和方法，如元素分析、UV、IR 和 NMR 等，有助于简化分析过程，明确分子结构。还可以用串联质谱找出母离子和子离子，或用亚稳扫描技术找出亚稳离子，有助于了解官能团和碳骨架之间的关系，明确裂解过程。

(5) 根据标准化合物的质谱图数据库，通过计算机检索对照，确定化合物分子结构。如果是数据库中没有的新化合物，需要合成此化合物后结合核磁共振波谱、红外光谱等其他分析方法来确证。

2. 解析示例

【例 17.1】 某化合物通过元素分析可知含 C 70.6%、H 5.9%、O 23.5%，其质谱图如图 17.25 所示，试推断该化合物的结构。

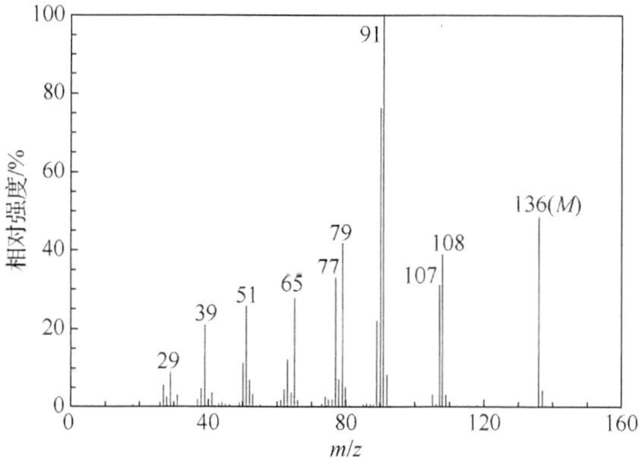

图 17.25 某化合物的质谱图

解 $m/z = 136$ 是分子离子峰，说明该化合物的相对分子质量为 136，通过元素分析已知含 C 70.6%、H 5.9%、O 23.5%，可计算出含有 8 个 C、8 个 H、2 个 O，则相应的分子式为 $C_8H_8O_2$。

(1) 不饱和度 $U = 1 + 8 - 8/2 = 5$，可能含有一个苯环加一个双键。

(2) $m/z = 39$、51、65、77、79 的一系列碎片离子峰是苯环特征峰，因 77 峰较强，很可能是单取代苯；$m/z = 91$ 说明该化合物是烷基取代苯，具有 $C_6H_5—CH_2—$基团。

(3) $m/z = 29$ 对应 C_2H_5 或 COH，因分子式 $C_8H_8O_2$ 扣除苯基 C_6H_5 后已不足 5H，不可能是 C_2H_5，合理猜测是 COH。

(4) $m/z = 107$ 是 $M - 29$ 碎片峰，与 $m/z = 29$ 互补。

(5) $m/z = 108$ 是分子离子失去 COH 的同时发生氢迁移重排，形成稳定的重排离子 $C_6H_5CH_2OH$。该重排离子可以发生以下的扩环反应，对应图中形成了较强的 $m/z = 77$、

79 离子峰。

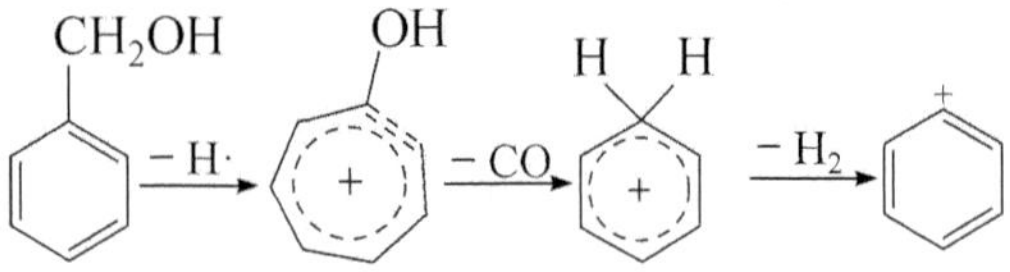

综上，推断该化合物的结构式是 $C_6H_5CH_2OCOH$。

【例 17.2】 某未知化合物的质谱图如图 17.26 所示，试推断该化合物的结构。

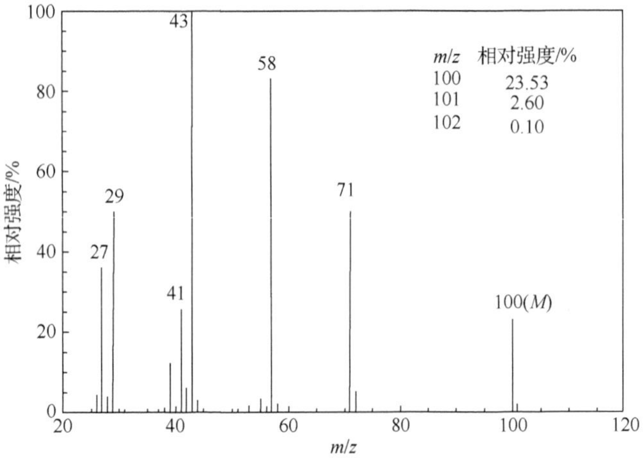

图 17.26 某化合物的质谱图

解 该化合物的分子离子峰 $m/z = 100$，相对强度为 23.53%，$m/z = 101$ 的 $M+1$ 峰相对强度为 2.60%，$m/z = 102$ 的 $M+2$ 峰相对强度为 0.10%。由这些数据可知，化合物的相对分子质量为 100，$\frac{I_{M+1}}{I_M} = 0.110$ 和 $\frac{I_{M+2}}{I_M} = 0.004$，查拜诺表或由公式推算可知相符的分子式为 $C_6H_{12}O$。

(1) 不饱和度 $U = 1 + 6 - 12/2 = 1$，可能含有一个羰基。

(2) $m/z = 29$ 表明分子中有 C_2H_5 基团或醛基，但是图谱中没有出现醛的 $M-1$ 峰，因此可能是 CH_3CH_2 基团。

(3) $m/z = 43$ 对应 $C_3H_7^+$或 $CH_3C{\equiv}O^+$碎片离子，但是图谱中没有明显的 $m/z = 15$ 或 $M-15$ 峰，不可能是 $CH_3C{\equiv}O^+$，而可能是 $CH_3CH_2CH_2$ 基团。

(4) $m/z = 58$ 是偶数，说明是重排离子，若是羰基化合物的麦氏重排离子，则化合物中必含有γ-H 原子。

(5) $m/z = 71$ 对应 $C_5H_{11}^+$ 或 $C_3H_7C{\equiv}O^+$碎片离子，结合前面的分析，可推断是 $CH_3CH_2CH_2CO$ 基团。

综上，推断该化合物的结构式是 $CH_3CH_2COCH_2CH_2CH_3$。

【例 17.3】 某化合物的质谱图如图 17.27 所示，试推断该化合物的结构。

解 $m/z = 154$ 是分子离子峰，说明该化合物的相对分子质量为 154，$m/z = 156$ 是分子离子峰的 $M+2$ 同位素峰，两峰强度比为 25.69 : 8.79 ≈ 3 : 1，可推测该化合物有一个

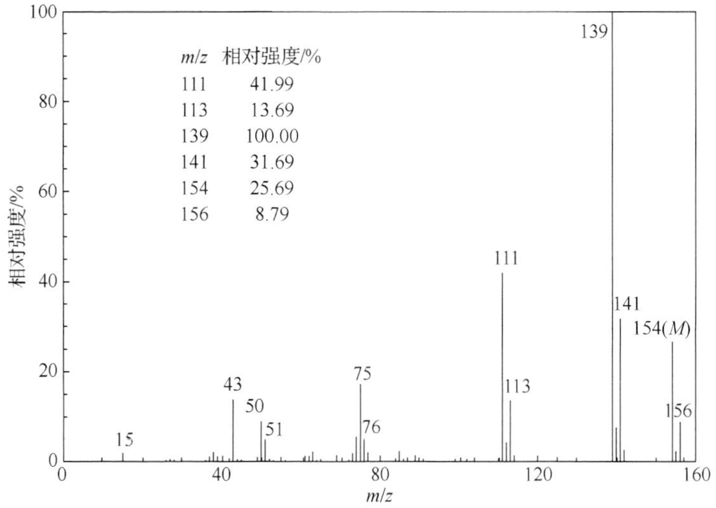

图 17.27　某化合物的质谱图

氯原子。观察图谱可以发现，$m/z = 139$ 和 $m/z = 141$、$m/z = 111$ 和 $m/z = 113$ 也具有相同的强度比 3 : 1，说明这些碎片离子上也有一个氯原子。

(1) $m/z = 139$ 是 $m/z = 154$ 离子失去一个 CH_3。

(2) $m/z = 111$ 是 $m/z = 139$ 离子失去 28 质量数的基团形成的碎片离子，因为没有出现与烷基取代苯 $m/z = 91$ 的相关峰，不可能失去的是 C_2H_4，所以可能失去的是 CO。

(3) $m/z = 76$、75、51、50 是苯环特征峰。

(4) $m/z = 43$ 可能是 C_3H_7 或 $COCH_3$ 基团生成的碎片离子；若含 C_3H_7，则质谱中应该有 $m/z = 125$ 离子峰(苯环 β 裂解 + Cl)，所以推测应为 $COCH_3$。

综上，推断该化合物的结构式是 $Cl—C_6H_4—COCH_3$。需说明的是，质谱图不能获得苯环双取代的具体类型，可以通过红外光谱进行判断。

17.4.3　质谱定量分析

定量分析是建立在信号强度与待测物含量呈线性相关的基础上的，质谱常用的各种离子化方法都满足待测物含量与离子化程度的线性相关；质谱检测器很灵敏，且信号强度与离子的数量呈线性相关，因此可通过离子流强度进行定量分析。除了总离子流强度，质谱定量还可以只检测丰度最高的一种或几种离子，分别为单离子检测和多离子检测。其中单离子检测信噪比更好、灵敏度更高，多离子检测则可以提供更多的信息。质谱定量有单一组分定量、混合物定量和同位素测量等多种类型。

1. 单一组分定量

质谱单一组分定量分析主要有外标法和内标法两种。选择合适的 m/z 离子，其峰高(离子流强度)与待测物浓度成正比，直接用(外标)校准曲线定量，方法简便。当标样和待测样品的基质差别大时，则适合用内标法。将已知量的标样加入待测样品后进行测量，加入的内标物要求样品本身不含有，且物理化学性质与被测物类似。内标法可以消除基体效应影响，消除样品预处理、实验操作条件变化所导致的离子流信号波动，测定结果更准确。

2. 混合物定量

质谱混合物定量常用于多组分气体和挥发性烷烃、芳烃的分析中，在石油工业中应用较多。

对于 n 个组分的混合物：

$$i_{11}p_1 + i_{12}p_2 + \cdots + i_{1n}p_n = I_1 \tag{17.14}$$

$$i_{21}p_1 + i_{22}p_2 + \cdots + i_{2n}p_n = I_2 \tag{17.15}$$

$$\vdots$$

$$i_{m1}p_1 + i_{m2}p_2 + \cdots + i_{mn}p_n = I_m \tag{17.16}$$

式中，I_m 为在混合物质谱图中质量 m 处的离子流强度；i_{mn} 为组分 n 在质量 m 处的离子流强度；p_n 为混合物中组分 n 的分压或浓度。

联立求解上述方程组即可得到各组分的浓度。该方法费时费力，误差较大。现在主要是用色谱-质谱联用技术进行复杂混合物的定量分析。

3. 同位素测量

质谱同位素测量已从早期单纯的同位素分析，发展到更多地应用于同位素标记、同位素稀释、同位素年代等工作中。同位素标记技术可以用于追踪化学反应和生物过程中的分子运动和转变，深入了解反应机理和生物过程。同位素测量可以用于研究地球、行星、恒星等天体的演化过程，通过分析样品中的同位素丰度及其变化，揭示地球和宇宙的历史和形成过程。不同地理或地质环境中的同位素组成会有所不同，因此同位素分析可以用于追踪物质的起源；还可用于环境和污染监测，检测水体、土壤或大气中的污染物来源和迁移等。同位素测量在地球科学、生命科学、环境科学等领域中具有广泛应用，是深入了解物质组成、反应过程和环境变化的重要工具。

17.5 色谱-质谱联用

质谱分析适合简单或纯度较高的试样。在多组分分析中，由于各组分碎片峰的重叠和相互干扰，质谱图复杂难解析，因此用质谱难以进行成分复杂混合物的分析鉴定。鉴于色谱是分离复杂混合物最有效的方法，将色谱分离与质谱定性相结合，通过色谱-质谱的联用进行复杂混合物的分析是目前应用最广泛的方法，主要有气相色谱-质谱(GC-MS)联用、液相色谱-质谱(LC-MS)联用、质谱-质谱(又称串联质谱，MS-MS)联用等。

17.5.1 气相色谱-质谱联用

试样先经过气相色谱仪进行分离，分离后的各组分通过色谱仪与质谱仪之间的接口依次进入质谱系统，经质谱分析检测后，最后由计算机控制系统采集、记录与处理数据。

1. GC-MS 联用技术及要求

色谱和质谱联用的关键是接口，并且要具备合适的色谱条件和质谱条件。

由于气相色谱柱的出口压力约为 1 atm，而质谱仪中离子源或电离室是接近真空的状态，GC-MS 接口需要实现从大气压到真空之间的转换，主要有直接导入型、开口分流型和喷射浓缩型等类型。其作用是将色谱柱流出物中的载气尽可能除去，保留和浓缩待测试样。

色谱条件包括色谱柱、固定相、气化温度、柱温、载气及流速等。GC-MS 几乎都采用毛细管柱，控制使用温度尽量避免固定液流失以降低质谱检测噪声。载气要求纯度高、稳定性好、易于被真空泵排出，通常选用的载气为高纯氦气。

质谱条件包括电离电压、质量范围、扫描模式及速率等，根据实际情况进行设定。由于毛细管柱气相色谱的高效分离，出峰快，有的色谱峰仅需几秒即可完整出峰，因此质谱仪必须具备高的扫描频率和高速的数据采集，在极短时间内完成多次扫描，才能保证准确捕获试样中快速变化的分析信号。

2. GC-MS 数据信息

(1) 总离子流色谱图。色谱柱分离后的各组分按顺序依次进入质谱仪的离子源、质量分析器和检测器后成为质谱信号进入数据处理系统，计算机可以自动将单位时间内所获得的离子强度相加，给出总离子流强度随时间变化的总离子流色谱图(total ion chromatogram，TIC)，如图 17.28 所示。TIC 实际就是以质谱仪为检测器的色谱图，峰面积与对应组分的含量成正比，可用于 GC-MS 定量。

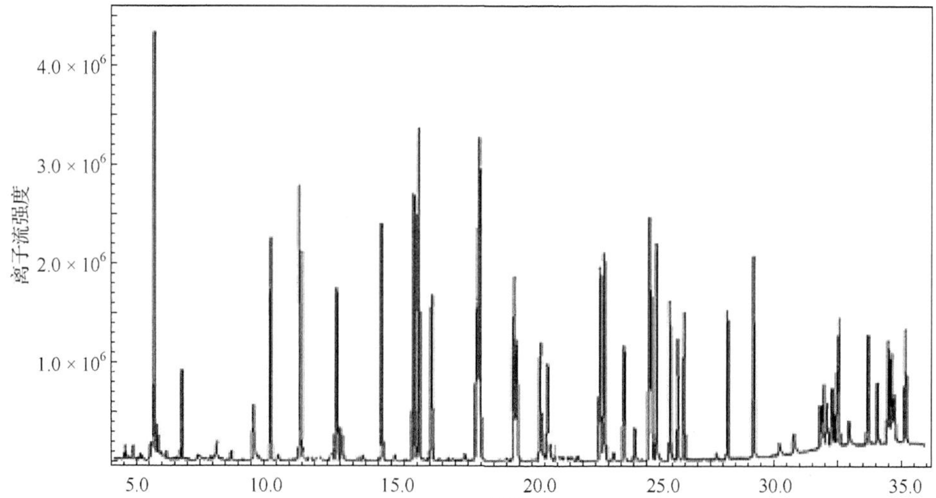

图 17.28 总离子流色谱图

(2) 质谱图。如果色谱分离良好，设定好质谱仪的质量范围，控制扫描速率和扫描时间，计算机就可以采集到顺序流出的各个组分的质谱信号，获得试样中各组分的全扫描质谱图。色谱出峰有一定的时间，因此同一个色谱峰会采集到不同峰位的质谱图，它们应基本一致，只是在强度上有差异，而色谱峰顶对应的质谱图的信噪比一般是最高的。如果色谱分离效果不好，则会出现同一色谱峰不同位置的质谱图不一致的情况，这时必须选择不发生组分相互干扰的位置得到质谱，或通过扣本底消除其他组分的影响。

(3) 质量色谱图。选择不同质量的离子采集信号，获得特定离子流强度随时间变化的质量色谱图(mass chromatogram，MC)。相比于 TIC，MC 可以将色谱不能分开的组分因碎片离子峰的不同而实现分离，以便进行定性和定量分析。图 17.29 是一典型的质量色谱图。

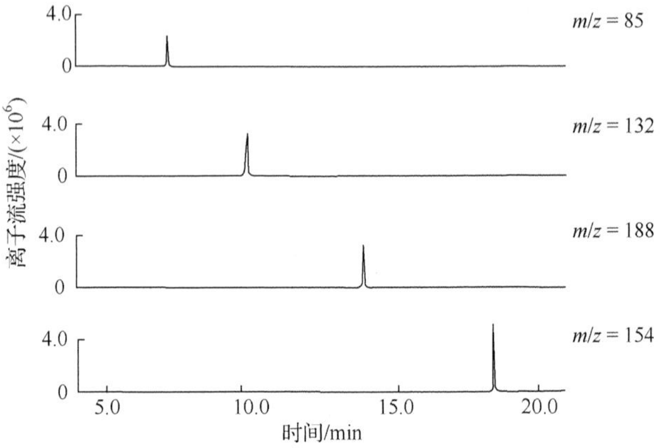

图 17.29　质量色谱图

3. GC-MS 分析应用

目前 GC-MS 联用仪中一般储存有超过 30 万张的标准质谱图，可以利用计算机很方便地在数据库中检索给出几种可能的化合物及其质谱图，根据实际进行对比判断，快速获得分析结果。应该注意的是，若未知物不是数据库中已有的化合物，或色谱分离效果不好导致质谱图质量不高，或分析物和数据库检索出的化合物结构非常相似，存在这些情况时会导致检索结果错误。因此，经常需要综合考虑未知物的物理化学性质，以及红外、核磁、紫外等图谱的信息，才能获得未知物的准确分析结果。

GC-MS 可以看成是检测器换成质谱仪的色谱，基于色谱峰面积与组分含量成正比，采用归一化法、外标法和内标法等方法进行定量分析。GC-MS 的定量分析可采用两种扫描方式：一种是全扫描，可获得 TIC 和 MC 两种色谱图；另一种是选择离子扫描，只获得 MC 一种色谱图。TIC 因信号强而灵敏度很高，但是容易受到干扰，特别是色谱分离效果不够理想时。MC 因是选取特定离子检测，干扰小，但是在全扫描方式中信号强度较低。因此，为了提高检测灵敏度、降低干扰，GC-MS 的定量分析更多的是采用选择离子扫描的方式进行。

17.5.2　液相色谱-质谱联用

相比于气相色谱，液相色谱分离的是相对分子质量较大、挥发性较小和稳定性较差的化合物，并且柱后有较多的溶剂流出，因此 LC-MS 比 GC-MS 的联用技术难度大很多，对接口的要求更苛刻，连接更为复杂，同时对质谱的离子源也有很高要求。

1. LC-MS 联用技术

LC-MS 联用的关键仍然是接口，其作用是使试样与溶剂脱离，并将其离子化后引入质谱仪。

为了避免大量溶剂进入高真空的离子源系统，早期 LC-MS 联用接口的主导设计思路是利用溶剂和待测试样两者间挥发性或动量的差异实现溶剂的脱离，如传送带接口、热喷雾接口、粒子束接口等。然而由于溶剂的量远远超过待测试样的量，仅依靠这种差异难以获得溶剂和待测试样的良好分离。另外，液相色谱的流动相条件会随着分析样品的不同而变化，使得这些接口很难具有普适性。

大气压电离源则是利用溶剂与待测试样电离能力的不同，将分析物首先在大气压或略低于大气压条件下电离，然后将带电荷试样通过电场的导引进入质谱高真空系统。大气压电离的方式有利于将待测试样与溶剂分开，其接口也更容易与液相色谱相匹配。目前，几乎所有的 LC-MS 联用仪都使用大气压电离源作为接口装置和离子源，主要有电喷雾电离(ESI)、大气压化学电离(APCI)和大气压光电离(APPI)等类型。现代质谱仪可匹配多种接口，普遍能够实现 ESI 接口和 APCI 接口的更换，以适应不同待测试样的分析需求。

2. LC-MS 分析技术及要求

在 LC-MS 的联用中，液相色谱的流动相要具有与质谱相匹配的流速、流量和稳定性等。使用高精度的输液泵，将流动相的流速控制在较低的范围，并保持相当的稳定性，同时最好选用细内径的分离柱使流动相的流量较低，这样才便于高效地去除溶剂，减少质谱真空系统的负荷，避免溶剂进入质谱仪对待测试样产生干扰或损坏质谱仪。LC-MS 联用时需重点考虑的是试样与溶剂的分离及其离子化。正相色谱在 LC-MS 中应用较少，这是由于其流动相极性太小，试样难以电离，并与流动相的分离困难。相应地，反相色谱大多可很好地与 MS 联用。需要注意的是，为避免试样离子化效率的降低，或喷雾过程因样品析出损坏或污染仪器，应尽量避免在流动相中使用无机酸、难挥发性盐(如磷酸盐)和表面活性剂等。在 LC-MS 分析中，常用流动相体系由水、乙腈、甲醇、甲酸、乙酸、氢氧化铵和乙酸铵等组成。

在 LC-MS 的联用中，质谱仪的真空系统必须效率高、排空容量大，能最大限度地将溶剂气体抽出。质谱仪还应当具有较宽的质量测定范围，可适用于蛋白质等大分子生物试样的分析。质谱条件的优化主要是通过调节雾化气流量和干燥气流量达到最佳的雾化效果，通过改变喷嘴电离电压和聚焦透镜电压等获得充分电离，以期获得最高的检测灵敏度。

对于 LC-MS 的定性分析，因采用大气压电离源，主要获得的是分子离子峰的信息，几乎没有碎片离子峰，结构信息少，主要依靠标准试样定性。若试样和标准试样在相同实验条件下的保留时间相同，离子峰也相同，即可定性。而在没有标准试样的情况下，LC-MS 定性是很困难的。现代的高性能质谱仪通过多级 MS 串联使用，将准分子离子通过碰撞活化得到其子离子谱，来获得试样丰富的结构信息。有些质谱仪则具有源内碰撞诱导解离功能，可获得分析物的碎片离子信息，相比于多级 MS 串联，仪器结构较简单、成本较低。这些现代新技术大幅提高了 LC-MS 的定性能力。

对于 LC-MS 的定量分析，为避免组分间的互相干扰，一般不采用总离子色谱图，而是采用与待测组分相对应的特征离子的质量色谱图或多离子监测色谱图。目前，LC-MS 定量最好的方法是采用串联质谱的多反应监测技术，能最大限度地消除组分干扰。

17.6 质谱-质谱联用

将多个质谱串联使用的新型质谱技术是在 20 世纪 70 年代后期迅速发展起来的，称为质谱-质谱法(mass spectrometry-mass spectrometry，MS-MS)或串联质谱法(tandem mass spectrometry，TMS)。多级质谱主要是与 LC 联用，混合物经过 LC 分离后，利用多级质谱获取目标分析物更丰富的结构信息。

最简单的 MS-MS 是二级串联的质谱，它由一级质谱 MS1、碰撞室、二级质谱 MS2 三大部分构成。MS1 用于对试样离子进行分离，并将目标离子捕获作为 MS2 的离子源，这种离子被称为母离子。将母离子送入碰撞室，与惰性气体分子相撞而裂解，产生碎片离子，即子离子。随后，子离子进入 MS2，被分离、检测和记录，获得更丰富的与母离子相关的结构信息。

LC-MS-MS 通过 LC 选择保留时间，MS1 选择母离子，MS2 选择子离子，这样的三次选择可以消除其他组分的干扰，即使在 LC 难分离的情况下，只要通过 MS1 及 MS2 对目标化合物进行碎片扫描，就能选择某特定质量进行定量分析，显著提高信噪比和灵敏度，特别适用于体系复杂、干扰严重、含量低的试样的检测，如血样、尿样中违禁药品及其代谢产物的测定。

最经典的 MS-MS 为三级四极杆串联质谱。第一级和第三级四极杆分析器分别为一级质谱 MS1 和二级质谱 MS2 的质量分析器，第二级四极杆分析器起碰撞解离室的作用，将从 MS1 得到的各个离子进行轰击，母离子裂解后进入 MS2 再进行分析。随着科学技术的进步，除了四极杆串联质谱外，发展了四极杆-磁质谱、四极杆-飞行时间和飞行时间-飞行时间等各种类型的串联质谱。还利用离子阱技术、傅里叶变换质量分析技术开发出了时间串联型多级质谱，能构造更多级数联用的质谱仪。

与单级质谱相比，多级质谱能获得更丰富的结构信息，可以说明母离子与子离子间的联系，有利于对物质进行定性分析。多级质谱更适合复杂混合物的分析，并可以同时定量分析多种化合物，即使色谱未能将物质完全分离，也可从试样中选择特定离子进行分析，而不受其他物质干扰。由于多级质谱的消除干扰能力强，检测灵敏度高，试样通常无须复杂的预处理就可以直接测定。LC-MS-MS 近年来发展极为迅速，在生命科学、环境科学、法医学、药学、商检等领域得到了广泛应用。

17.7 综合解析

仅用一种分析方法、一种图谱解析有机化合物，往往难以确定其结构，常需要利用质谱、核磁共振波谱、红外吸收光谱、紫外吸收光谱等多种分析手段，通过综合解析得到正确的未知物结构。

17.7.1 解析程序

多种图谱的综合解析过程概括如下。

(1) 分子式的确定。可以通过元素分析、高分辨质谱、质谱同位素分析、核磁共振碳谱和氢谱等推算得到分子式，计算不饱和度，推测未知物的类别。

(2) 未知物结构的推测。了解样品的物理化学性质；由质谱得到分子式，并从碎片离子信息推测基团结构；由红外吸收光谱推测未知物的类别，某些特征基团；由紫外-可见吸收光谱推测未知物的类别和共轭情况；由核磁共振波谱推测特征基团和未知物的结构；综合多种图谱信息推测未知物的结构。

(3) 验证并确定未知物的结构。分析所推测化合物的裂解过程、红外特征峰、自旋耦合分裂的合理性，并与质谱、红外光谱或核磁共振波谱等数据库中的标准图谱进行对照验证，最终确定未知化合物结构。

17.7.2 解析示例

【例 17.4】 某未知化合物的质谱、红外光谱、^{1}H 核磁共振波谱分别见图 17.30～图 17.32。质谱的分子离子峰为 228.1152，^{1}H 核磁共振波谱中δ= 9.16 ppm 处的峰在重氢交换反应后消失，试确定该化合物的结构。

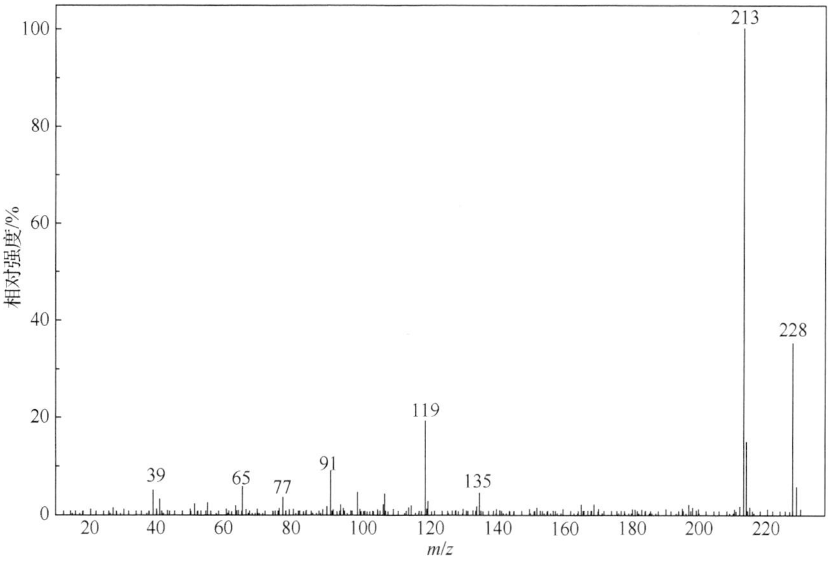

图 17.30 未知物的质谱图

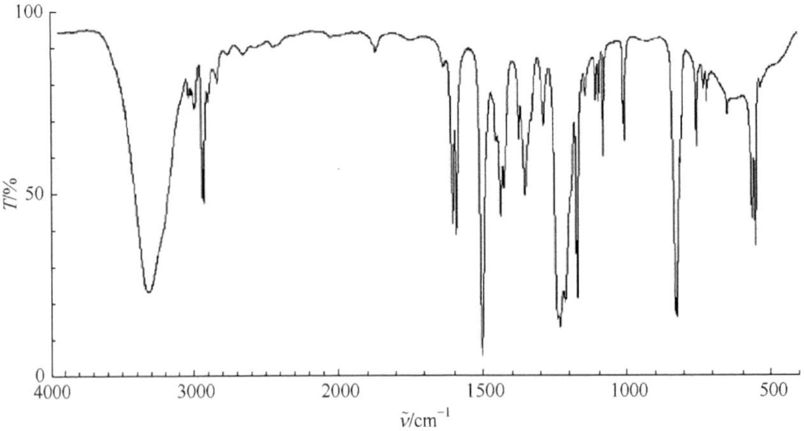

图 17.31　未知物的红外吸收光谱图

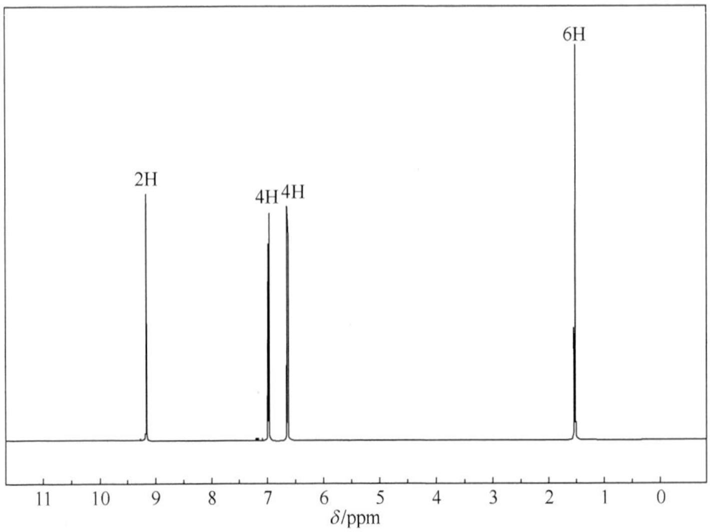

图 17.32　未知物的 ^{1}H 核磁共振波谱图

解　质谱中未知物的分子离子峰为 228.1152，根据这个数值，从拜诺表中查出分子式为 $C_{15}H_{16}O_2$，不饱和度为 8，可能有两个苯环。质谱中 *m/z* 为 39、65、77 的峰表明未知物中有苯环，*m/z* = 91 是烷基取代苯的特征峰，*m/z* = 213 是分子失去一个甲基后形成的碎片峰。

红外光谱图中 3030 cm^{-1}、3060 cm^{-1} 处出现苯环的 CH 伸缩振动峰，1600 cm^{-1}、1510 cm^{-1}、1450 cm^{-1} 处出现苯环 C═C 伸缩振动的特征峰，这些说明未知物中有苯环。840 cm^{-1} 处的强峰对应对位取代苯的 C—H 的面外弯曲振动。另外，在 3300 cm^{-1} 附近有一强而宽的峰是 OH 的伸缩振动峰，1230 cm^{-1} 强峰是 C—O 的伸缩振动峰，这些说明未知物中有 OH 基团，由于 C—O 伸缩振动峰的波数较高，猜测是酚羟基。1360 cm^{-1}、1380 cm^{-1} 处强度不等的两峰说明分子中有—CH_3，且不止一个。由分子式 $C_{15}H_{16}O_2$ 扣除两个苯环、两个羟基，剩余 C_3H_6，可能是—$C(CH_3)_2$。

^1H核磁共振波谱中 16 个 H 只出现了三组峰，说明分子具有对称性。δ= 9.16 ppm(2H)处的峰在重氢交换反应后消失，结合红外光谱和质谱信息，可判断有两个酚羟基。δ= 6.984 ppm(4H)和δ= 6.646 ppm(4H)处呈现出中强两边弱的四峰特征，表明有两个化学环境一样的对位取代苯。δ= 1.530 ppm(6H)处的单峰是两个相同—CH_3 的质子峰。

综上可以判断未知物的结构为

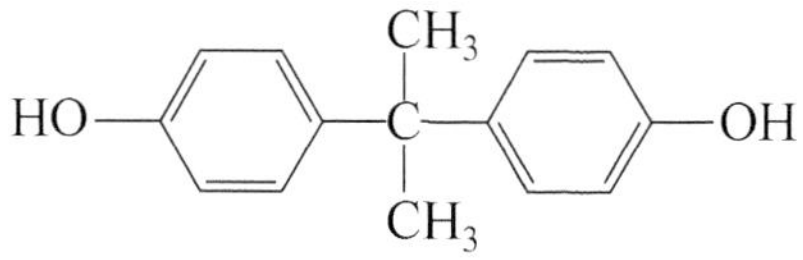

17.8　质谱的历史与发展

19 世纪末，Goldstein 在低压放电实验中观察到正电荷粒子。随后，Wein 发现强磁场使阳极射线偏转，并于 1898 年制造了一个具有平行电场和磁场的装置对阳极射线进行分析，测量了氢原子核和某些离子的质荷比。1910 年，Thomson 利用低压放电离子源裂解 $COCl_2$ 时发现，产生的 Cl^+、CO^+、O^+、C^+等带正电荷碎片离子通过组合的电场和磁场时，其抛物线运动轨道会因离子质荷比的不同而不同。据此于 1912 年研制出第一台简易质谱仪，首次发现了氖的同位素 ^{20}Ne 和 ^{22}Ne。这一发现为质谱仪的发展开辟了道路，Thomson 因此被称为“质谱之父”。

20 世纪 10～20 年代质谱仪的研制快速发展起来。1911 年，Knipp 设计了电子轰击离子源。1918 年，Dempster 制作了 180°磁扇面方向聚焦质谱仪。1919 年，Aston 改进了初期质谱仪，让离子束在电场和磁场中发生两次偏转，使离子运动轨迹与离子束速度无关，只与质荷比相关，提高了检测的准确性，制造出世界上第一台高精密度质谱仪，发现了多种天然同位素，为此获得了 1922 年的诺贝尔物理学奖。Aston 被普遍认为是质谱仪真正的发明者。

一百多年来，研究者们致力于质谱的改进，层出不穷的各种新型技术与方法使质谱分析从同位素和无机物，发展到应用于有机物和生物大分子。1934 年，Mattauch 和 Herzog 研制出双聚焦质谱仪。1942 年，世界上出现了第一台商品化质谱仪。1953 年，诺贝尔奖获得者 Wolfgang 和他的学生 Steinwedel 发明了四极杆质量分析仪。Wiley 和 Mclarens 于 1953 年设计制作，1955 年发布了飞行时间质谱仪。1950～1960 年，Dehmelt 和 Paul 开发了离子阱技术并因此获得 1989 年的诺贝尔物理学奖。1984 年 Fenn 发明电喷雾电离源，1985 年田中耕一发明了基质辅助激光解吸，大力促进了质谱技术在大分子分析领域，特别是生物大分子领域的应用，因这些贡献他们获得了 2002 年诺贝尔化学奖。

随着质谱的改进，联用技术也在同步快速发展。1954 年，Inghram 和 Hayden 报道了串联的质谱系统。1956 年气相色谱与质谱联用，20 世纪 60 年代出现了商品化的气相色谱-质谱(GC-MS)联用仪。20 世纪 80 年代因传送带式接口和离子束接口的实现，出现了液相色谱-质谱(LC-MS)联用仪，使质谱仪的应用领域大大扩展，开始成为有机物分析的重要手段。一些新的质谱技术，如快速原子轰击离子源、傅里叶变换-离子回旋共振质谱仪、大气压化学电离源，以及各种多级串联质谱和液相色谱-质谱联用技术等使质谱分析越来越多地涉及难挥发、热不稳定、大分子化合物，应用于蛋白质、多糖、DNA 等生物大分子，开创了质谱分析法在生物医学领域应用研究的新时代。

自从 Cooks 教授等在 *Science* 上发表了第一篇关于电喷雾解吸电离(DESI)的文章，使得无须样品预处理的直接质谱分析成为可能，开启了复杂样品质谱分析的变革和研究热潮。之后，各种新型常压质谱技术相继出现，如电喷雾辅助激光解吸电离(ELDI)、电喷雾萃取电离(EESI)、表面解吸常压化学电离、介质阻挡放电电离(DBDI)、低温等离子体探针(LTP)等，并应用于各类样品中痕量毒品、爆炸物、农药残留等的快速灵敏检测，使质谱分析朝着原位、活体、实时、在线、非破坏、高灵敏、高通量、低耗损、快速的目标迅速发展。

17.9 应 用 实 例

为防治病虫害和调节植物的生长，农药在农林牧业中普遍使用，而使用不合理会导致农产品中药物残留超标，给消费者的身体健康造成威胁。农药残留的检测有助于规范农药的使用，确保农产品的质量安全。农药残留检测方法种类繁多，主要有生物检测、光谱检测和色谱检测几大类，其中色谱-质谱联用法快速、灵敏，已建立成熟的农药残留检测方法，如国标法 GB 23200.8—2016、GB/T 20769—2008 等。下面给出了用气相色谱-质谱法检测蔬菜和水果中农药残留的一个具体实例。

1) 样品处理

将蔬菜和水果试样粉碎混匀后，取 20 g 用乙腈在匀质器中高速匀浆提取，经氯化钠盐析离心后，取上清液水浴加热旋转浓缩。浓缩液加入正己烷溶解，溶液经固相萃取柱净化，含正己烷的丙酮溶液洗脱，淋洗液用氮吹仪经氮气浓缩，最后浓缩液用正己烷定容至 1 mL，供 GC-MS 分析。

2) GC-MS 分析条件

GC 条件：毛细管柱 HP-5MS 30 m × 0.25 mm × 0.25 μm；载气为高纯氦气，流速 1 mL/min；柱温，初温 60℃，保持 2 min，以 20℃/min 升温至 120℃，以 3℃/ min 升温至 280℃，保持 10 min；气化温度 250℃；进样 1 μL，不分流。

MS 条件：EI 方式，轰击电压 70 eV；离子源温度 200℃；四极杆温度 150℃，全扫描 50～550 u，选择离子检测(根据被测物的保留时间，在对应的时间窗内设定特征离子)。

3) 定性和定量测定

按上述实验条件得到样品的离子流强度色谱图，图 17.33(a)和(b)分别对应全扫描模式和选择离子扫描模式。判断样品中是否存在某农药需满足：①在相同实验条件下，样品测定时检出的色谱峰的保留时间与农药标准样品相一致；②扣除背景后的样品质谱图中，农药的特征离子均出现，并且特征离子丰度比与标准样品中的相一致。

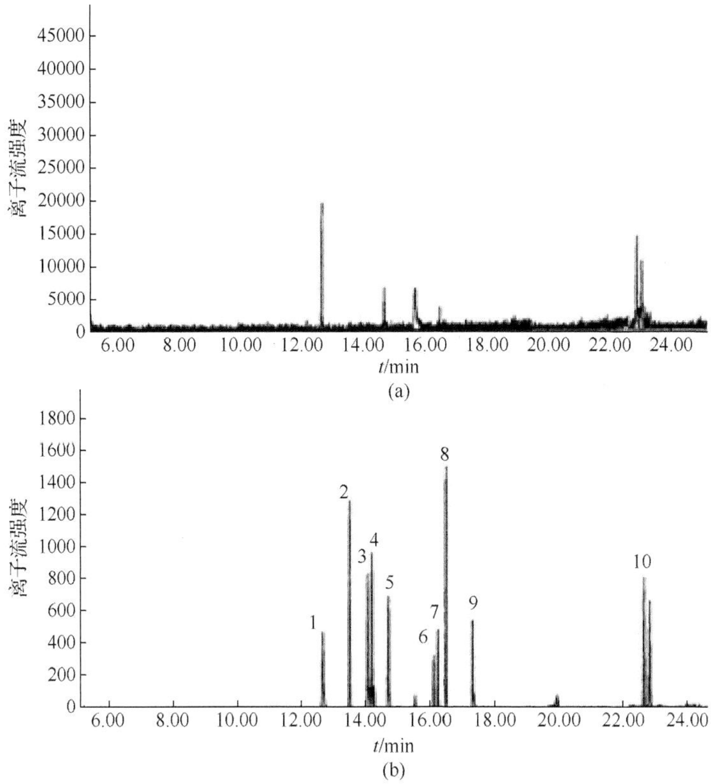

图 17.33　离子流强度色谱图

(a) 全扫描模式；(b) 选择离子扫描模式

由于 GC-MS 是利用化合物的保留时间和特征离子一起进行定性分析，因此只要目标化合物的特征离子不一样，即使没有被很好地分离也能进行准确定性。根据每种农药全扫描得到的质谱图，选择 2～3 个适合的离子作为其特征离子(表 17.4)，即采用选择离子模式收集数据进行分析。选取合适的内标物，如环氧七氯，配制浓度与待测化合物浓度相近的混合标准溶液，通过内标法进行单离子定量测定。

表 17.4　农药标样保留时间和特征离子质荷比

序号	农药名称	保留时间/min	特征离子(m/z)	检出限/(μg/kg)
1	丙线磷	12.67	97, 158, 242	1.0
2	α-六六六	13.49	181, 183, 219	1.2
3	β-六六六	14.08	109, 181, 219	0.8
4	林丹	14.21	111, 183, 214	1.6
5	δ-六六六	14.71	181, 183, 219	0.8
6	呋喃丹	16.12	122, 149, 221	5.0
7	马拉硫磷	16.25	99, 127, 341	8.0
8	毒死蜱	16.49	97, 197, 314	2.0

续表

序号	农药名称	保留时间/min	特征离子(*m/z*)	检出限/(μg/kg)
9	克菌丹	17.34	79, 151, 264	4.0
10	氯菊酯	22.71	163, 183, 285	1.0

习题与拓展

1. 质谱仪是由哪几个部分组成的？各有什么作用？

2. 离子源的作用是什么？常用的有哪些类型？各有什么特点？

3. 质量分析器的作用是什么？常用的有哪些类型？各有什么特点？

4. 亚稳离子峰有什么特点？在质谱分析中可以起什么作用？

5. 如何判断分子离子峰和确定分子式？简述质谱解析的基本步骤和方法。

6. 当加速电压不变，磁场强度由小变大时，通过双聚焦质量分析器进入检测器的离子顺序有什么规律？

7. 某化合物的分子离子 m/z 为 120，有 $m/z = 105$ 的碎片离子，与这两个离子相关联的亚稳离子的 m/z 是多少？

8. 化合物 CH_3Cl、CH_3Br、CH_2Cl_2、CH_2Br_2、CH_2ClBr 的质谱图中，它们的分子离子峰和相应同位素离子峰的强度比各是多少？

9. 计算分子式为 C_3H_7NO 的化合物 I_{M+1}/I_M 和 I_{M+2}/I_M 值。

10. 已知某含 C、H、N 化合物的质谱图中 $I_{M+1}/I_M = 0.24$，试推测该化合物的碳原子数。

11. 发生麦氏重排的条件是什么?写出化合物 $CH_3CH_2CH_2COOCH_3$ 的麦氏重排。

12. 化合物 C_8H_8O 的质谱图如下，推测其结构，并写出主要碎片的裂解过程。

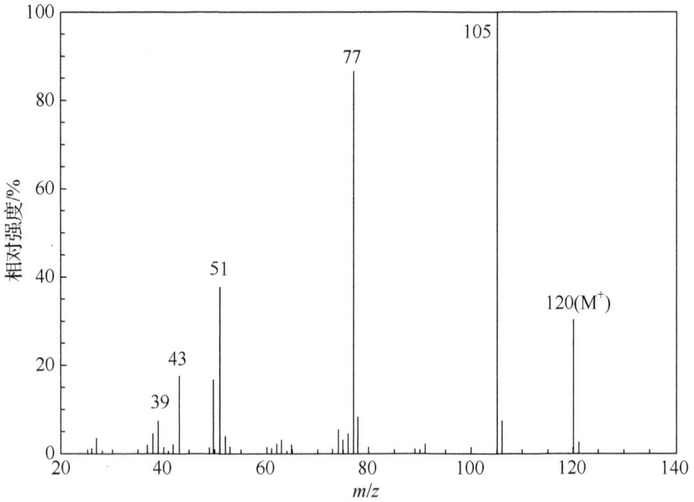

13. 化合物 $C_6H_{12}O$ 的质谱图如下，其红外光谱图中 1380 cm^{-1} 处的峰分裂为强度相等的两个峰，推测其结构，并写出主要碎片的裂解过程。

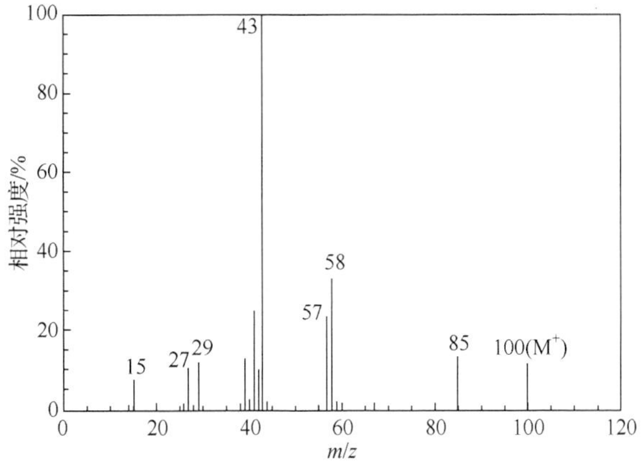

14. 化合物 $C_5H_{12}O$ 的质谱图如下，推测其结构，并写出主要碎片的裂解过程。

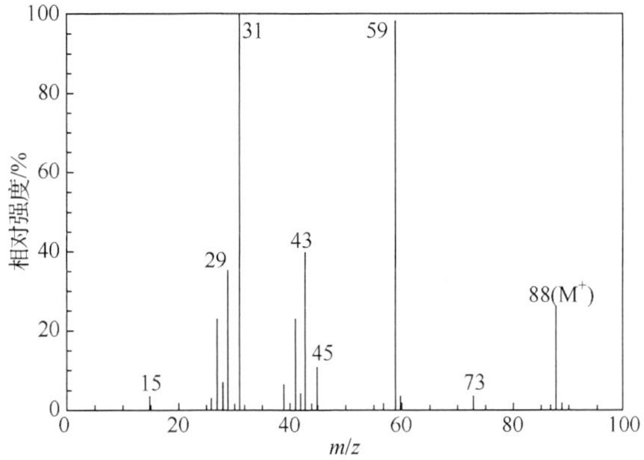

15. 化合物 $C_5H_{12}O$ 的质谱图如下，推测其结构，并写出主要碎片的裂解过程。

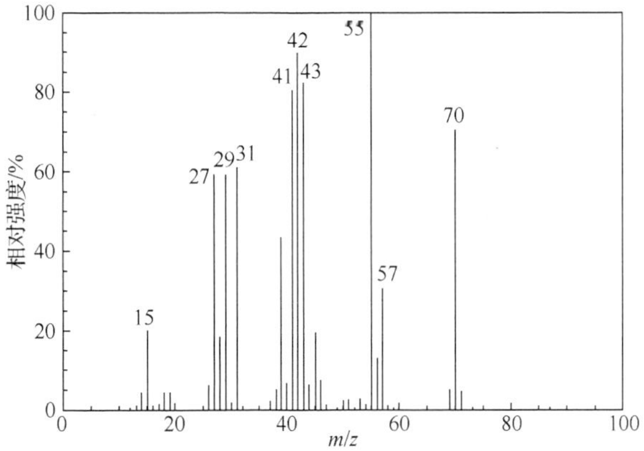

16. 化合物 $C_6H_{12}O$ 的质谱图如下，推测其结构，并写出主要碎片的裂解过程。

17. 拓展练习：

(1) 查阅一篇与质谱分析法相关的文献，结合本章的知识点对文献进行解读，需包括：简要的文献总结、章节知识点与文献内容的关联以及改进的思考。

(2) 查阅资料，归纳总结质谱分析法在仪器部件和分析应用上的发展创新，需给出相应的参考文献。

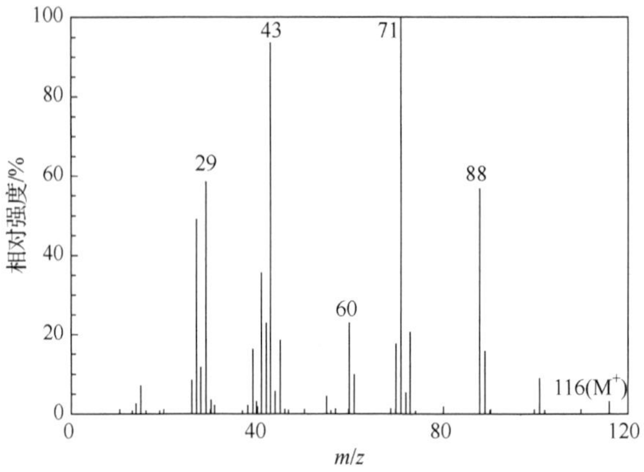

参 考 文 献

柴逸峰, 邸欣, 凌笑梅, 等. 2016. 分析化学. 8 版. 北京: 人民卫生出版社.
方惠群, 于俊生, 史坚. 2002. 仪器分析. 北京: 科学出版社.
刘密新, 罗国安, 张新荣, 等. 2002. 仪器分析. 2 版. 北京: 清华大学出版社.
宁永成. 2000. 有机化合物结构鉴定与有机波谱学. 2 版. 北京: 科学出版社.
武汉大学. 2018. 分析化学(下册). 6 版. 北京: 高等教育出版社.
叶宪曾, 张新祥. 2007. 仪器分析教程. 2 版. 北京: 北京大学出版社.
周向葛, 徐开来. 2022. 波谱解析. 2 版. 北京: 化学工业出版社.
朱明华, 胡坪. 2008. 仪器分析. 4 版. 北京: 高等教育出版社.
Cooks R, Ouyang Z, Takats Z, et al. 2006. Ambient mass spectrometry. Science, 311(5767): 1566-1570.
Skoog D A, Holler F J, Crouch S R. 2018. Principles of Instrumental Analysis. 7th ed. Boston: Cengage Learning.

从诺贝尔奖看质谱的发展

第 18 章　其他分析方法

本章包括用于晶体成分和结构分析的 X 射线衍射法，用于表面、界面和显微结构分析的电子能谱、扫描电子显微镜和透射电子显微镜法。

18.1　X 射线衍射

X 射线衍射(X-ray diffraction，XRD)是一种利用单色 X 射线照射到被测样品上，检测样品的晶体成分或晶体结构的分析方法。X 射线的发现为人类探测晶体内部结构提供了一种有效的工具。1912 年，德国物理学家劳厄(Laue)提出晶体可以作为 X 射线的空间衍射光栅，当一束 X 射线通过晶体时将发生衍射。由于发现 X 射线在晶体中的衍射现象，劳厄获得了 1914 年的诺贝尔物理学奖。1913 年，英国物理学家布拉格(Bragg)父子在劳厄发现的基础上，成功测定了 NaCl 等的晶体结构，并提出了作为 X 射线衍射基础的著名公式——布拉格方程。因利用 X 射线衍射分析晶体结构，布拉格父子获得 1915 年的诺贝尔物理学奖。

X 射线衍射是晶体结构测定的基本手段，主要的一些晶体结构数据库已包括了大量的常用晶体的晶体结构数据和 X 射线衍射数据。每一种晶体都有其特征衍射谱，通过测试的 X 射线衍射图谱与特征谱对比来进行晶体成分分析已成为定性分析的一种常用方法，在物理、化学、材料等学科中有广泛的应用。

18.1.1　X 射线衍射的基本原理

X 射线和晶体的相互作用表现为原子中的电子对 X 射线的散射，散射的强度取决于原子中电子的数目和电子的分布，不同的原子具有不同的散射能力。由于晶体结构的周期性，晶体中各个原子的散射波可相互干涉，在一定方向形成散射增强，表现为 X 射线衍射图谱的衍射峰。衍射峰的位置和强度反映了晶体中原子排列的情况，因此 X 射线衍射是晶体结构分析的基本方法。

晶体是由结构单元(原子、分子、离子或它们的基团)在三维空间呈周期性重复排列而成的固态物质，其特征是内在结构的长程有序。将晶体中的结构单元抽象为点(称为阵点)，则这些阵点在空间规则地周期性地排列构成空间点阵。晶体的原子在空间周期性地排列，形成许多晶面，这些晶面的晶面间距与 X 射线波长数量级相近，当 X 射线照射晶体时，晶面作为 X 射线的光栅，形成 X 射线衍射现象。如图 18.1 所示，波长为 λ 的 X 射线入射任一点阵平面上，在这一点阵平面上各个阵点的散射波相互加强的条件是入射角(θ)与反射角相等，以及入射线(S_0)、反射线(S_1)和晶面法线在同一平面上。当相邻两层阵点的散射波的光程差为 X 射线波长的整数倍时，散射波强度叠加增强。图 18.1 中的 $CB +$

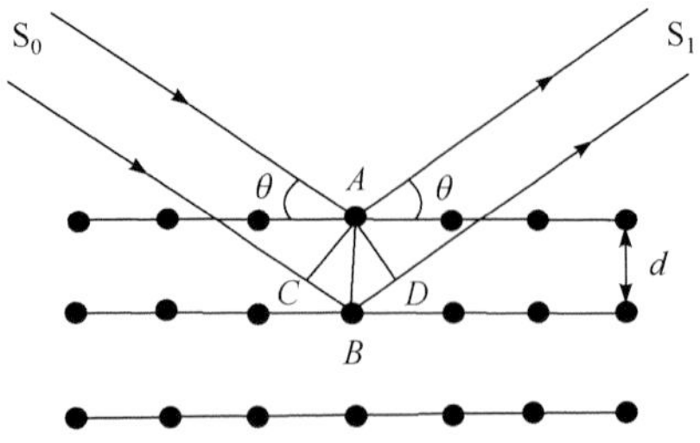

图 18.1　布拉格反射示意图

BD 即为相邻两层阵点的散射波的光程差，$CB + BD = 2d\sin\theta$, *d* 为晶面间距。因此，衍射增强的条件是

$$2d\sin\theta = n\lambda \tag{18.1}$$

这就是著名的布拉格公式，其中 *n* 为整数(也称为衍射级数)。

布拉格公式确定了衍射方向，而衍射强度由晶胞中原子的种类、数目和排列方式决定，仪器等实验条件对其数值也有影响。

X 射线衍射仪的波长 λ 已知(常用的 Cu 靶 K_α 波长为 1.5406 Å)，利用 X 射线衍射仪测到的衍射峰的 2θ 值，根据布拉格公式可以计算出晶面间距 *d*。通过晶体结构的几何关系，利用晶面间距 *d* 可以计算出晶胞大小。

18.1.2　X 射线衍射仪

X 射线衍射仪分为多晶 X 射线衍射仪和单晶 X 射线衍射仪两种，其原理完全相同，仪器具体结构和用途不同。

多晶 X 射线衍射仪主要由 X 射线光管、高压发生器、X 射线探测器、测角仪及控制系统等部分组成(图 18.2)。

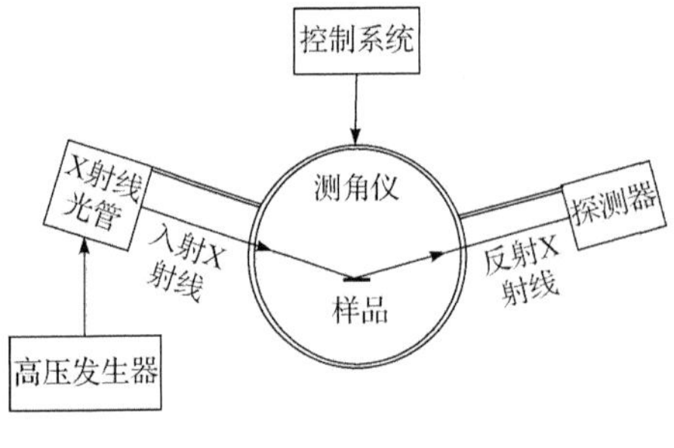

图 18.2　X 射线衍射仪

1. X 射线光管防护罩；2. 探测器；3. 测角仪；　4. 样品

(1) X 射线光管：X 射线光管内的灯丝加热后产生自由电子，这些电子在高压电场作用下高速射向阳极(靶)，在与阳极(靶)激烈碰撞后，其部分能量转换为靶产生的 X 射线，这些 X 射线通过用金属铍制成的窗口射出，再经入射光路部件射向样品。X 射线光管产生的 X 射线除了 K_α 线外，还有 K_β 线，需在光路中将 K_β 线滤除，以得到单色的 K_α 线。实际的 X 射线衍射仪中，X 射线光管由金属防护罩将其屏蔽起来(图 18.2)。金属防护罩在面向样品的方向有一小窗口，仪器未测试时这一窗口是关闭的，只有在测试时这一窗口才打开，这样在没有进行测试时，X 射线被限制在金属防护罩内，而仪器的其他部分是没有 X 射线的，以便进行更换样品等操作。

(2) 高压发生器：可输出数万伏电压的电子部件，为 X 射线光管提供能激发 X 射线的高电压。

(3) X 射线探测器：X 射线探测器是一种将 X 射线能量转换为可供记录的电信号的装置。样品反射的 X 射线经衍射光路部件射向探测器，由探测器测量 X 射线的强度。X 射线探测器的类型有正比计数管、闪烁计数管、半导体探测器等。新型的 X 射线衍射仪已采用 X 射线半导体阵列探测器，使 X 射线的检测灵敏度和测试效率大为提高。

(4) 测角仪及控制系统：测角仪是非常精密的机械系统，它有两个臂分别与 X 射线光管和探测器相连接；测试时控制系统按设定的扫描方式和角度控制测角仪转动，再带动 X 射线光管和探测器转动并测量入射光路和衍射光路的角度。

单晶 X 射线衍射仪的主要结构与多晶 X 射线衍射仪基本相同，也由 X 射线光管、高压发生器、探测器、测角仪及控制系统等部分组成。它与多晶 X 射线衍射仪的主要不同点在于测角仪的具体结构，为了测到样品在整个三维空间的衍射信号，测角仪要实现空间不同方向的转动。一般采用的四圆单晶衍射仪通过测角仪的 φ、χ、ω 三个圆的联合转动，可调节位于测角仪几何机械中心位置上的单晶样品的取向，装于 2θ 圆上的 X 射线探测器接收衍射信号，以实现整个三维空间衍射信号的测试。

18.1.3　X 射线衍射的应用

多晶 X 射线衍射仪最主要的应用是晶体成分分析，即晶体组成的定性、定量分析，其他应用还包括结晶度分析、晶粒尺寸分析等。

单晶 X 射线衍射仪用于晶体的结构分析，得出晶体结构信息，包括晶系及布拉维点阵、空间群、晶胞参数、分子式、结构式、原子坐标、成键原子的键长及键角、分子内及分子间的氢键、配位键等。

1. 样品制备

多晶 X 射线衍射仪一般使用多晶样品测试，大多数情况下采用粉末样品，也称为粉末衍射。粉末样品应含数量很多的小晶粒，晶粒的取向完全混乱，应粒度均匀，样品量一般不少于 0.5 g。

颗粒样品首先需要研磨并过筛，无机样品一般过 325 目筛，有机样品一般过 100 目筛。再将粉末样品填装于玻璃样品板的凹槽内，并将样品表面与玻璃样品板表面压在同一平面。

多晶的块体样品也可用于测试，其测试面必须是一个平面，平面的尺寸应不小于 10 mm × 10 mm。

单晶 X 射线衍射仪使用单晶样品测试，单晶样品应有光泽的表面，锐利的晶棱晶角，其颜色应当均匀，透明度好，不存在裂纹和瑕疵，不应有微小晶粒或粉末附着在表面上。单晶样品大小尺寸的选取依不同型号仪器对测试样品的尺寸要求进行选取，一般为 0.1～1 mm。

2. 定性分析

每一种晶体具有独立的特征 X 射线衍射图谱和数据，包括衍射峰数量、衍射峰位置

(2θ值或 d 值)、衍射峰相对强度等。晶体成分的定性分析就是将测试样品的 X 射线衍射图谱与已知物的特征 X 射线衍射图谱进行对比，通过比对分析衍射峰数量、衍射峰位置(2θ值或 d 值)、衍射峰相对强度等确定样品的晶体成分。在比对时，应特别注意衍射图谱的强峰和较强峰与已知晶体的特征峰的峰位一致，且相对强度大致相同。

进行定性分析要具有两个工具：一是各种晶体的粉末衍射数据库；另一个是能够从数据库中搜索匹配的专用计算机软件。已知晶体衍射谱的数据称为粉末衍射卡片(powder diffraction file，PDF)，最为常用的是由国际衍射数据中心(The International Centre for Diffraction Data，ICDD)发布的 PDF2。PDF 的信息包括卡片号、晶体的名称及分子式、衍射峰位置和相对强度、晶体结构和晶体学数据等。此外，其他各种衍射数据库或散见于文献资料中的各种衍射数据也可作为分析依据。Jade 是最为常用的 XRD 数据分析软件之一，它具有寻峰、物相检索、物相定量、图谱拟合、晶粒尺寸计算、结晶度计算、晶胞参数计算等功能。

3. 定量分析

多相样品中某一晶体成分的衍射强度，与其在样品中的含量成比例，但并不成正比，要进行吸收校正，这就是定量分析的基本原理。

根据晶体衍射强度基本公式，可将衍射强度表示为

$$I_i = \frac{CK_i\omega_i}{\rho_i\mu_m} \tag{18.2}$$

式中，I_i 为 i 相某衍射峰的强度；C 为与仪器相关的常数；K_i 为与 i 相结构相关的参数；ω_i 为 i 相在样品中的质量分数；ρ_i 为 i 相的密度；μ_m 为样品对 X 射线的质量吸收系数。这就是定量分析的基本公式，各种定量分析方法都是从这个公式得来的。定量分析方法有标准曲线法、K 值法、绝热法等，可以得到混合物中各个晶体成分的相对含量。

18.1.4　发展趋势

X 射线衍射仪的多功能化和智能化是现代 X 射线衍射仪的发展方向。现代 X 射线衍射仪具有多种测试功能，如高温、低温衍射，测试温度变化时材料发生的相变，可确定相变温度、固相反应温度、化合物的分解温度等，既可表征不可逆相变，也可表征可逆相变；掠入射测试，X 射线以极小的角度入射到样品表面，可测试样品表面层的衍射信息用于薄膜样品的分析；其他还有残余应力测试、薄膜厚度和反射率测试、织构分析等。

近年来，采用 Ag 靶或 Mo 靶的高能量 X 射线测试原子与原子之间距离分布的对分布函数(pair distribution function，PDF)测试引起了研究者极大的兴趣，它不仅可研究晶体材料，还可研究非晶材料(包括液体、气体等)。

同步辐射拥有极高的强度、很好的准直性和方便可调的 X 射线，其 X 射线强度可达普通 X 射线衍射仪光管的 10^7 以上，在 X 射线小角散射(small angle X-ray scattering，SAXS)、蛋白质结构测定等方面有极为重要的应用价值。

18.1.5　应用实例

以一种未知成分的白色粉末样品为例，要求通过 XRD 测试和分析得到其晶体成分。

将研磨并过 325 目筛的粉末样品装填于玻璃样品板的凹槽内，再用玻璃片将样品表面与玻璃样品板表面压在同一平面，然后将玻璃样品板安放在荷兰 Panalytical 公司的 Empyrean 型 X 射线衍射仪的样品台上。采用 Cu 靶 K_α X 射线，将仪器高压发生器工作条件设为：电压 40 kV、电流 40 mA。先在一个比较宽的 2θ 范围内初步测试，观察衍射峰的位置和强度，再确定测试条件：2θ 为 15°～85°，步长为 0.026°，每步采样时间为 17.34 s。

测试的 XRD 图谱见图 18.3。通过分析软件检索，其衍射峰与 PDF 数据库中的锐钛型 TiO_2(PDF 卡片号 78-2486)和方解石 $CaCO_3$(PDF 卡片号 83-0577)的特征峰匹配，因此这种白色粉末样品是由锐钛型 TiO_2 和方解石 $CaCO_3$ 组成的混合物。图 18.3 还分别标示出锐钛型 TiO_2 和方解石 $CaCO_3$ 的特征峰的位置及其相对强度，以及相应的 PDF 卡片号、晶体名称及分子式。

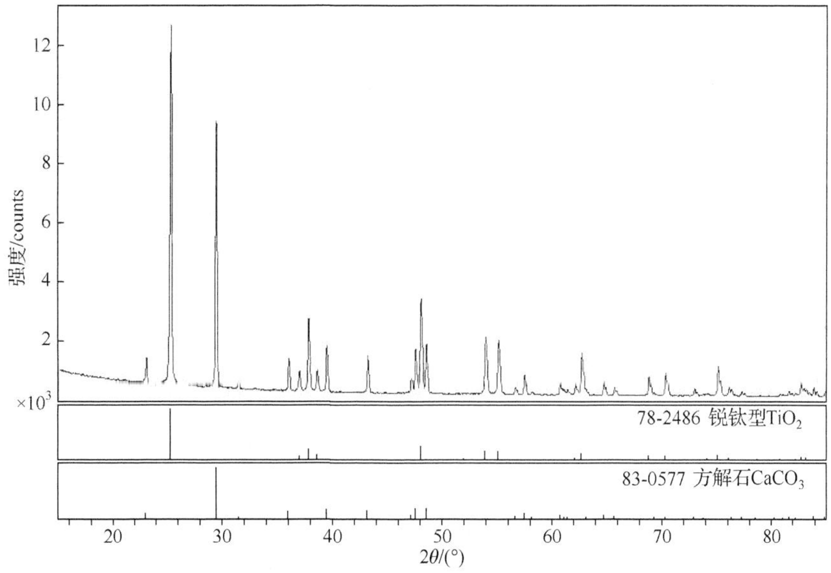

图 18.3　未知粉末样品的 X 射线衍射图谱及 PDF 数据库中锐钛型 TiO_2 和方解石 $CaCO_3$ 的特征峰

18.2　电子能谱分析

电子能谱分析是以一定能量的粒子或射线轰击样品，通过分析从样品出射电子的能量与空间分布，获得样品信息的分析方法。电子能谱分析是表面分析的主要工具之一。表面可以描述为决定固/液体如何与外界相互作用的区域，表面分析技术要具备区分表面与主体的能力。电子能谱分析技术是多种表面分析技术的总称，依激发源和信号产生机制不同，电子能谱分析技术有多种具体实现形式。常用的电子能谱分析技术有 X 射线光电子能谱(X-ray photoelectron spectroscopy，XPS)、紫外光电子能谱(ultraviolet photoelectron spectroscopy，UPS)、俄歇电子能谱法(Auger electron spectroscopy，AES)、电子能量损失谱(electron energy loss spectroscopy，EELS)等。电子是构成物质的基本粒子，电子的状态携带了大量有关原子种类、结构和化学环境等的重要信息，因此电子能谱通过分析电子的状态，可获得对样品的深刻认知。电子能谱分析方法多样，本书只涉及最常用的 X 射线光电子能谱、紫外光电子能谱和俄歇电子能谱。

1887 年，Hertz 发现了光电效应，推动了电子能谱分析的理论探索。1905 年，Einstein 对光电效应的理论进行了阐述，并因此获得了 1921 年的诺贝尔物理学奖。1907 年，Innes 成功记录了第一个 XPS 谱。1954 年，Siegbahn 获得了第一个高能量分辨率的 XPS 谱图，揭示了 XPS 的潜力。1967 年，Siegbahn 发表了 XPS 的研究报告，将该方法称为化学分析用电子能谱(electron spectroscopy for chemical analysis，ESCA)，该名称至今仍在一些文献中使用。惠普公司的工程师与 Siegbahn 合作，于 1969 年生产了第一台商用单色化 XPS 仪器。Siegbahn 此后获得了 1981 年诺贝尔物理学奖，以表彰他为将 XPS 开发为有用的分析工具而付出的巨大努力。与 Siegbahn 的工作同时期，Turner 在伦敦帝国理工学院(后来在牛津大学)开发了紫外光电子能谱。近年来随着单色化 X 射线源及电子探测器等核心部件的升级，微区 XPS 及成像 XPS 等新功能的出现，以及分析软件及设备自动化的发展，电子能谱分析已成为极为重要且具有鲜明特色的样品表界面分析手段。俄歇电子在 1925 年由法国科学家 Auger 观测到。1953 年，Lander 首次提出采用俄歇电子进行表面分析的可能性。1967 年，Harris 发现电子差分能量分布能够极大地增强俄歇电子峰的信噪比，使俄歇电子分析技术进入实用阶段。

18.2.1 电子能谱分析的基本原理

1. X 射线光电子能谱

XPS 的物理基础是光电效应，它是指光照射物体时产生电子发射的现象。具体来讲[图 18.4(a)]，在 XPS 中，入射 X 射线光子与物质相互作用，使原子中原有能级上的电子激发并发射出来，这个过程称为光致电离，产生的出射电子称为光电子，光电子的能量分布即为 X 射线光电子能谱。对于固体样品，不考虑伴随光致电离过程的其他引起能量改变的因素，根据能量守恒原则[图 18.4(b)]，可得

$$h\nu = E_b + E_k + \phi \tag{18.3}$$

式中，$h\nu$ 为入射 X 射线光子能量；E_b 为电子的结合能，它是将电子束缚在原有能级的能量；E_k 为出射光电子的动能；ϕ 为光电子从固体表面逸出所需要的最低能量，即功函数。

从电子能级角度看，电子结合能 E_b 是电子由原能级跃迁至费米能级所需的能量，即原有能级与费米能级的能量差。ϕ 是电子从费米能级跃迁到真空能级所需的能量。电子结合能由原子核内质子数和电子所处能级决定。当发生化学反应时，原子因得失电子或电子云的改变而必然引起电子能级结构改变，电子能级结构的变化进而造成电子能级到费米能级的能量差即结合能变化，因此分析电子结合能可以获得原子所处化学环境的丰富信息。为了获得电子的结合能，将式(18.3)变换为

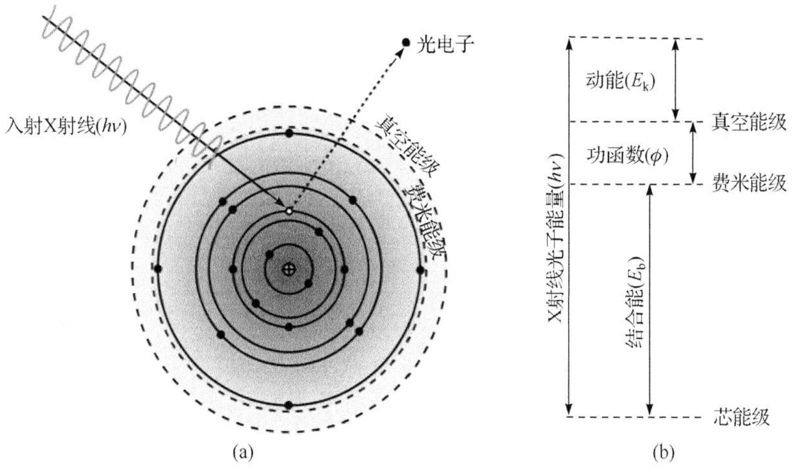

图 18.4　XPS 激发过程示意图
(a) 光电子从原子中发射过程；(b) 入射 X 射线光子能量分配示意图

$$E_b = h\nu - E_k - \phi \tag{18.4}$$

当采用某一元素的特征 X 射线作为激发源时，$h\nu$ 为常数，如 Al K_α 线的光子能量为 1486.6 eV，Mg K_α 线的光子能量为 1253.6 eV。谱仪的功函数 ϕ_{sp} 和样品功函数 ϕ 存在差异，使谱仪测得的光电子动能 E_{ksp} 与刚从样品出射的光电子动能 E_k 不一致。但在样品和谱仪有良好电接触时，样品和谱仪的费米能级对齐，因此电子从样品和谱仪费米能级发射时的能量相等，该能量包括功函数和光电子的动能，即

$$E_k + \phi = E_{ksp} + \phi_{sp} \tag{18.5}$$

则式(18.4)可变换为

$$E_b = h\nu - E_{ksp} - \phi_{sp} \tag{18.6}$$

E_{ksp} 由谱仪能量分析器测得，ϕ_{sp} 可通过谱仪校准获得，通常为常数。式(18.6)即 XPS 谱仪分析电子结合能的依据。

XPS 分析具有如下特点：①分析深度浅，对表面状态特别灵敏。②可分析元素的化学状态，包括价态、分子结构及晶体结构等。③分析元素种类广泛，原则上可分析除氢(H)和氦(He)以外的所有元素。④可进行元素定量分析，也可进行化学状态定量分析。由于表面、界面和薄膜分析在许多科学技术领域具有十分重要的意义，同时 XPS 仪器的操作简便，可分析样品种类多，提供的信息丰富，目前电子能谱分析技术已在化学化工、材料科学、物理学、环境科学、地球科学和生命科学等领域的研究中获得广泛应用。

2. 紫外光电子能谱

采用紫外光为激发源照射样品，激发样品中的电子发射形成光电子，这些光电子的能量分布即为紫外光电子能谱(UPS)。UPS 的产生机制与 XPS 类似，但 UPS 所采用的激发源为紫外光，光子能量为数十电子伏特，因此一般用于激发原子和分子的价电子及固体的价带电子，从而分析样品中原子分子的外壳层能级(带)结构和表面态等。

X 射线也可用于激发价电子发射并采集价带谱，但 UPS 光源的单色性更好，信号灵敏度和能量分辨率远高于 XPS，更适合进行价带分析。表 18.1 对 XPS 和 UPS 的特性进行了对比。

表 18.1　XPS 与 UPS 的特性比较

特性	XPS	UPS
激发光	X 射线	紫外光
信号来源	内层电子	外层电子
分辨率	约 0.5 eV	约 0.02 eV
分析深度	< 10 nm	< 3 nm

3. 俄歇电子能谱

采用一定能量的电子束或 X 射线激发样品，记录和分析俄歇电子能量分布的技术称为俄歇电子能谱(AES)。如图 18.5 所示，当原子内壳层电子 e_1 被电子或光子激发后，产生空穴，原子在退激发时，较外层的电子 e_2 填充空穴，并将多余的能量传给另一个电子 e_3，使 e_3 发射出来，即为俄歇电子。在入射光子或电子能量足够激发内层电子 e_1 的前提下，俄歇电子的能量来自 e_1 与 e_2 所处初始能级差，与入射光子或电子能量无关，可用下式表示：

$$E_{kA} = E_{b1} - E_{b2} - E_{b3} \tag{18.7}$$

式中，E_{kA} 为俄歇电子动能；E_{b1}、E_{b2}、E_{b3} 分别表示电子 e_1、e_2、e_3 的结合能(以真空能级为零点)。俄歇电子的产生过程至少涉及 3 个电子，因此电子数少于 3 的原子(H 和 He)不能产生俄歇电子。

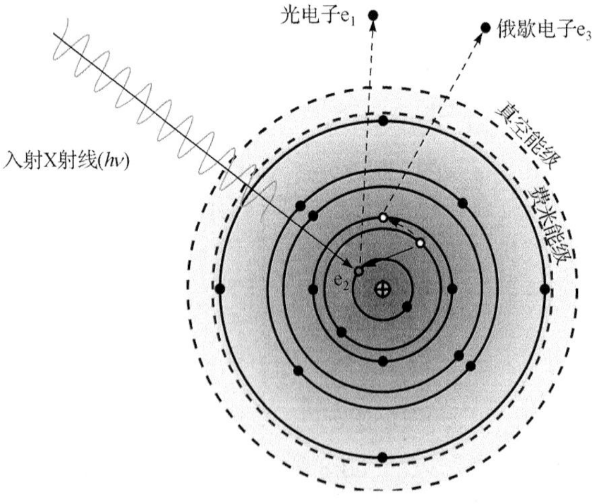

图 18.5　AES 激发过程示意图

俄歇电子谱峰的表示方法通常用与俄歇电子产生过程相关的三个电子的初始能级表示，如 KLL 谱峰表示原子的一个 K 壳层电子被激发后产生空穴，退激发时一个 L 壳层电子填充空穴，将多余能量传递给另一个 L 壳层电子，该电子发射后形成的俄歇电子谱峰。

18.2.2　电子能谱仪

电子能谱仪通常由样品分析室、激发源(X 射线源、紫外光源和电子源)、电子能量分析器、电子探测器、真空系统、进样系统、离子枪、数据采集与处理系统等组成(图 18.6)。下面介绍电子能谱仪的部分主要部件。

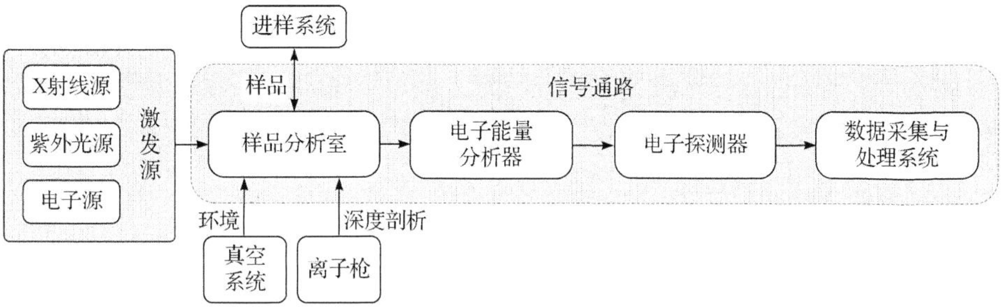

图 18.6　电子能谱仪结构框图

1. 真空和进样系统

表面吸附和反应对电子能谱分析有严重影响。经过计算，在 10^{-4} Pa 真空度下，金属表面吸附一个分子单层仅需 1 s，这种极微量的吸附在 XPS 检测时足以引起谱图的变化。另外，光电子在气体环境中运动时也会因碰撞而损失能量，因此电子能谱分析需要在超高真空环境下进行。电子能谱分析需要的真空度为 10^{-6}～10^{-8} Pa，这种超高真空系统一般是通过多级真空泵实现的。常用的泵的类型有：机械泵、涡轮分子泵、离子泵、扩散泵及钛升华泵等。为了避免在更换样品过程中，超高真空环境被破坏，电子能谱仪配备了相应的进样系统。进样系统的工作原理是在超高真空的样品分析室和外部大气环境间构建一个真空度略差的缓冲室，样品先进入该缓冲室再进入样品分析室，从而减小进样过程对超高真空环境的影响。

2. 激发源

激发源包括 X 射线源、紫外光源和电子源，分别用于 XPS、UPS 和 AES 分析。X 射线源的作用是发射特定能量的 X 射线，照射样品激发光电子。电子能谱分析中 X 射线源通常由高能电子轰击靶材，产生特征 X 射线，这些特征 X 射线来源于靶材原子内的电子跃迁。常用的靶材有铝(Al)、镁(Mg)、银(Ag)、锆(Zr)、钛(Ti)等(表 18.2)。XPS 还配备了单色器，用于对特征 X 射线的纯化，使照射到样品上的某一能量的 X 射线强度最大化，减少其他能量 X 射线的干扰。

表 18.2　XPS 中常用的一些 X 射线源

谱线	原子序数	能量/eV	线宽/eV
Mg K_α	12	1253.6	0.70
Al K_α	13	1486.6	0.85
Ti K_α	22	4510.9	2.0
Zr L_α	40	2042.4	1.7
Ag L_α	47	2984.4	2.6

氦气放电灯是 UPS 分析常用的紫外光源，其中 He Ⅰ 共振线的光子能量为 21.22 eV，单色性好，强度高，使用广泛；He Ⅱ 共振线的光子能量为 40.82 eV，可激发结合能更高的原子外层电子。

专用的俄歇电子能谱仪通常采用电子束激发俄歇电子，电子源常采用热电离发射源或场发射源。在 XPS 谱仪中也可利用 X 射线激发俄歇电子，获得俄歇电子能谱。

3. 电子能量分析器

电子能量分析器利用电子在电场中偏转或变速的特性，实现不同能量(E_{ksp})光电子的分选，结合电子探测器作出光电子信号强度与能量的关系曲线。常用的电子能量分析器有半球型能量分析器和筒镜型能量分析器。半球型能量分析器(图 18.7)由同心的内外两个金属半球壳组成，在内外半球施加电压后，球壳间形成电场，在特定电压下只允许一种能量的光电子通过。该能量的光电子进入电子探测器产生与其强度相关的电信号。通过调整内外球壳的电压，就可获得不同能量电子的强度信息。半球型能量分析器多用于 X 射线光电子能谱和紫外光电子能谱的检测。

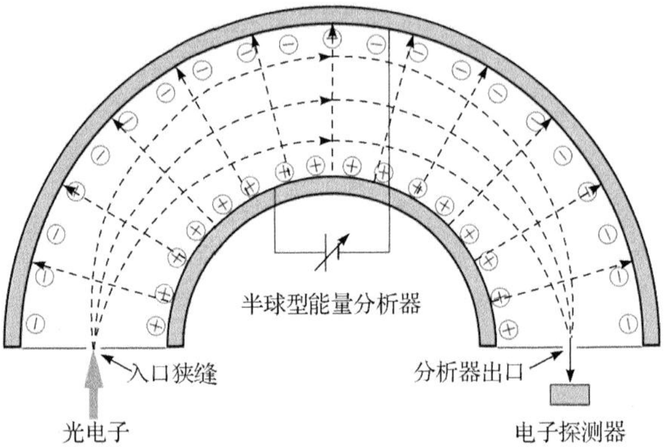

图 18.7　半球型能量分析器

筒镜型能量分析器(图 18.8)由两个同心圆筒组成，内外圆筒存在电位差。当电子穿过内圆筒上的光阑后，进入内外圆筒间的空间，受电场作用，特定能量的电子穿过检测器光阑，汇聚到电子探测器上，从而获得特定能量电子的强度信息。筒镜型能量分析器通常用于俄歇电子能谱分析中。

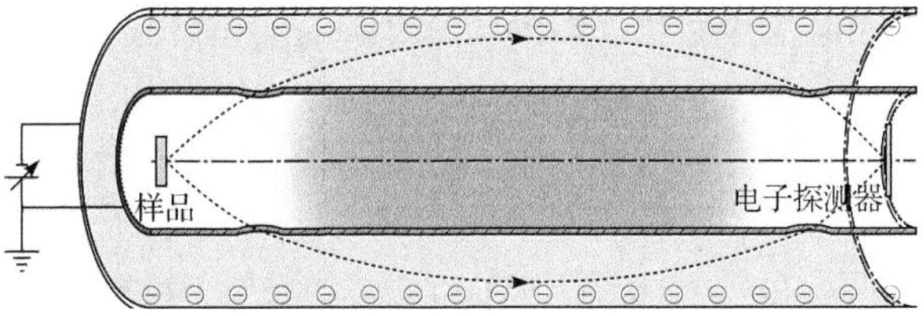

图 18.8　筒镜型能量分析器

4. 电子探测器

电子探测器的主要功能是捕捉并放大电子产生的电信号。电子能量分析器出口处的电子数量很少，信号弱，利用电子探测器不仅能够增强信号，一些新型探测器结合电子能量分析器还能够实现样品表面成分成像的功能。

电子倍增器是一种常用的电子探测器，它的内部有二次电子发射材料，利用入射电子在电子倍增器内激发二次电子，通过多级激发，使电子数量大幅增加，形成可检测的电脉冲信号。通过将多个电子倍增器阵列化，可实现多通道探测，大大提高探测效率。

5. 离子枪

离子枪通过使惰性气体电离形成离子束，该离子束轰击样品表面使表面物种分离，可用于离子溅射深度剖析(详见 18.2.3 小节中的深度剖析)及样品表面的电荷补偿。

18.2.3　分析方法及应用

本部分以 XPS 为代表讲述电子能谱分析方法及应用。XPS 能够进行元素识别，提供有关目标元素化学状态的信息；可获得分析体积内被检测元素的相对含量；可获得有关薄膜厚度和表面附近元素分布的信息，建立样品表面附近物种的预期分布与测量结果的关联；价带区域可以提供在芯能级区域未体现的细微化学差异。获得这些信息不仅要保证 XPS 检测过程的正常进行，还需要合理进行测试前的样品制备和测试后的数据处理。

XPS 的数据一般为谱图，包括宽谱(wide spectra 或 survey scan)和窄谱(narrow spectra 或 high-resolution scan)两种形式。宽谱的能量范围宽，能量分辨率低，覆盖各元素的大多数谱峰，适用于样品中元素种类的判定。窄谱的能量范围窄，能量分辨率高，适用于特定元素的化学状态及相对含量分析。XPS 谱峰的表示方法通常由元素符号、电子层数和电子亚层组成。例如，C 1s 峰表示由 C 元素的第 1 电子层的 s 亚层电子发射形成的光电子峰。

1. 样品制备

XPS 工作在超高真空条件下，气体和液体必然影响真空环境，因此普通 XPS 只能检测不挥发的固体样品。XPS 的分析深度浅，易受表面污染物的影响，因此要求样品表面清洁。如果分析区域的尺寸较小，还应考虑样品均匀性的影响。

固体样品形态常见的有粉末、薄膜和块体。粉末样品可直接用胶带固定于样品台上，也可压片后进行分析。薄膜和块体样品则在满足仪器对样品尺寸限制的前提下，直接用胶带或其他合适方法固定在样品台上即可。所有样品的制备过程必须避免造成样品污染和元素的化学状态改变。

2. 谱图校准

谱图校准是 XPS 分析的必要步骤，是保证数据分析正确的前提。在此特别指出，谱仪校准和谱图校准是完全不同的概念，在校准后的谱仪上获得的谱图仍需要进行谱图校准。XPS 谱图校准的主要对象是荷电效应。荷电效应是样品受到 X 射线照射后引起表面光电子发射，从而在样品表面产生电荷累积的现象。对于纯金属等导电性良好的样品，在与谱仪样品台有良好电接触的情况下，电荷能够在样品和谱仪之间自由流动，不会产生荷电效应。大多数绝缘体、半导体或与样品台隔离的导电样品都会产生荷电效应，造成谱图的偏移。从硬件角度消除荷电效应可采用荷电中和装置，通过电子或离子中和样品表面的电荷实现荷电消除，但要使表面保持绝对电中性仍有困难，因此仍需要后期的谱图校准。目前最常用的谱图校准方法是采用样品表面的污染碳峰(相当于饱和烷烃中的 C 1s 284.6 eV，也有取值为 284.8 eV 或 285.0 eV)作为参考峰，将窄谱上污染碳峰校准回到其标准值(图 18.9)，其他元素窄谱做相应的移动即可实现校准。当污染碳峰不可用时，还可通过其他能够确认的元素峰位进行校准。例如，在样品表面喷金，采用 Au 4f 峰进行校准。

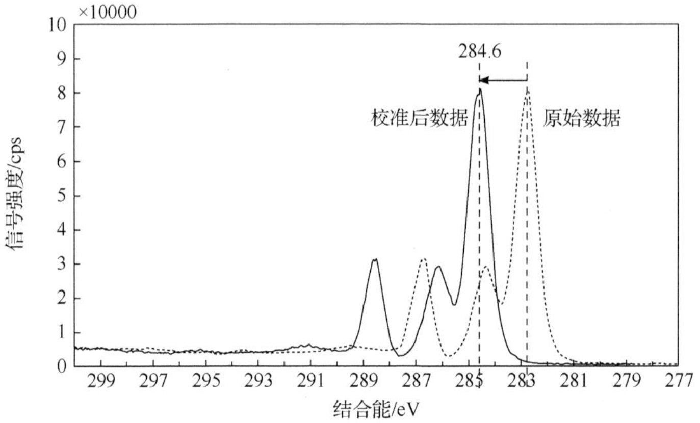

图 18.9　样品 C 1s 峰的校准

3. 元素定性分析

元素定性分析即获得样品中的元素种类信息的分析方法，其分析过程是将宽谱中出现的峰与标准谱图对比，根据峰位、峰形、数量及强度等信息判定元素种类。在宽谱无法确认时，也会用窄谱进一步判定。

4. 化学状态分析

XPS 不仅可获得元素组成信息，还可通过窄谱准确测定元素的化学位移，分析化学状态，获得样品中与分子组成结构、晶体结构等有关的信息。将结合能实测值与自由原子结合能的差值定义为化学位移，实际使用时也可直接对比峰位，利用元素化学位移的相对值来判定结构信息。在不同化学状态共存时，同一元素轨道结合能变化有时很小，谱峰出现重叠，此时需要借助分峰拟合方法，将不同化学状态的谱峰分离后再进行准确测量。除峰位外，光电子峰的形态也能提供与化学状态有关的信息。

在 XPS 分析中，峰位排列大致存在下列规律：

(1) 同一轨道电子结合能随原子序数增加而升高，如 O 1s > N 1s > C 1s。

(2) 多数元素价态升高，结合能升高。例如，Fe^{3+}的 2p 轨道电子结合能高于 Fe^{2+}的。但也要注意，个别元素因电子屏蔽效应等影响，存在不同变化趋势。

(3) 与电负性大的元素相邻的原子结合能较高，且形成的键越多，结合能越高。例如，C—F 中 C 1s 轨道结合能高于 C—O。在 C≡N 中 C 1s 轨道结合能高于 C═N，C═N 中 C 1s 轨道结合能高于 C—N。

5. 定量分析

XPS 分析元素含量通常采用相对灵敏度因子法，其计算公式为

$$c_a = \frac{I_a / F_a}{I_a / F_a + I_b / F_b + \cdots} \times 100\% \tag{18.8}$$

式中，c_a 为元素 a 的原子分数；I_a 为元素 a 的一个(组)光电子峰的峰面积；F_a 为与光电子峰的 I_a 对应的相对灵敏度因子；I_b 和 F_b 与此类似。分母为所有待测元素光电子峰面积与相对灵敏度因子比值之和。不同设备采用的相对灵敏度因子不同，应注意根据设备采用正确的数值。

若仅需分析某一元素不同化学状态的相对含量，因同种元素相对灵敏度因子相同，式(18.8)简化为

$$c_{a1} = \frac{I_{a1}}{I_{a1} + I_{a2} + \cdots} \times 100\% \tag{18.9}$$

式中，c_{a1} 为元素 a 第 1 种化学状态在 a 总量中的相对含量；I_{a1} 为元素 a 第 1 种化学状态对应谱峰的峰面积。分母为元素 a 所有化学状态的峰面积之和。

XPS 定量分析有如下特点：①结果与其他方法往往存在较大差别，这主要是由于 XPS 分析的表面灵敏性导致分析区域与其他方法有显著差异；②XPS 定量结果是待分析元素在所有检出元素中的相对含量；③可对元素的不同化学状态分别定量；④对低含量元素的准确度和灵敏度差，通常认为是一种半定量分析方法，但在特定应用场景，特别是仅关注表面时，XPS 分析灵敏度优于许多非表面分析方法。

6. 深度剖析

XPS 深度剖析能够提供样品元素组成和化学状态随深度的分布信息。XPS 深度剖析方式有角分辨 X 射线光电子能谱法(angle-resolved X-ray photoelectron spectroscopy，ARXPS)和离子溅射深度剖析。

当剖析深度小于 XPS 最大分析深度时，可采用 ARXPS 分析，这是一种无损的深度

剖析技术，其技术原理见图 18.10。

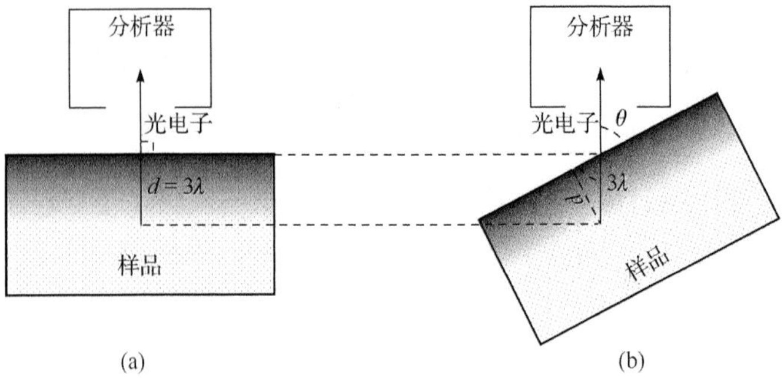

图 18.10　ARXPS 的技术原理

(a) XPS 正常测试状态；(b) 样品倾斜测试状态

电子从样品表面出射的角度与其所携带信息的深度有如下关系：

$$d = 3\lambda \sin\theta \tag{18.10}$$

式中，d 为分析深度；θ 为光电子出射方向和样品表面的夹角；λ 为电子在样品中的非弹性散射平均自由程。当 $\theta = 90°$ 时，即为 XPS 的正常测试状态，此时分析深度即为非弹性散射平均自由程 λ 的 3 倍，经过测算，d 一般小于 10 nm，这也是 XPS 表面灵敏性的来源。随着 θ 减小，分析深度逐渐减小，可根据需要设定 θ 值，获得深度分布信息。

当剖析深度超过 XPS 最大分析深度时，采用离子溅射深度剖析。通过离子轰击样品表面，剥离表面原子分子，并结合 XPS 检测，从而实现深度分布分析。XPS 分析中最常用的溅射离子是氩离子(Ar^+)，离子能量为 0.5～5.0 keV。近年来，团簇离子(C_{60}^+、C_{84}^+、Ar_n^+ 等)的使用越来越多，这些离子在处理样品时能够较好地保持样品中元素的化学状态。

18.2.4　发展趋势

近年来，通过单色化和高能 X 射线源、高性能新型电子探测器、大分子和团簇离子枪、新型进样和电动传输系统、图像识别及定位技术等的应用，结合设备结构优化，传统电子能谱仪在能量分辨率、灵敏度、抗干扰能力、深度分析性能、微区和成像分析性能及自动化等方面获得了显著提升。

为了获得更接近真实样品状态和过程的信息，越来越多的分析工作希望以原位分析方式开展，需要电子能谱仪工作在特定条件下，如加热/制冷、施加电压/电流、辐照等。这些分析需求已可基于传统电子能谱仪实现。另外，在多相催化、气溶胶反应及固液反应等研究中存在气固、液固界面，这类原位反应条件无法在需要高真空环境的传统电子能谱仪上实现,能够在较高气压下工作的近常压电子能谱仪等新型设备和技术应运而生。结合同步辐射 X 射线源、差分泵的应用及光电子收集能力的提高，现代近常压电子能谱仪的工作气压可高至 10 mbar 以上，能够在秒级时间分辨率上采集信息，具备了研究较复杂化学反应的能力，目前主要应用在化学和材料科学领域的模型反应研究中。

基于电子能谱设备还发展了一些新方法和新技术。例如，X 射线光电子衍射(X-ray photoelectron diffraction，XPD)利用光电子与样品的相互作用可分析晶体的衍射特征，为

XPS 技术的发展提供了新视角。对 XPD 数据进行数学处理和转换后，可以获得原子的空间位置，该技术称为 X 射线光电子全息成像(X-ray photoelectron holography，XPH)。

总体来看，电子能谱分析技术的发展方向一方面是不断提升商品化仪器的性能，为科研人员提供更精准和多样化的通用分析手段；另一方面是根据科学研究和生产的需要，开发满足各类原位分析和特殊用途的新型设备。这类设备虽难以大范围普及，但为特定领域研究提供了更为强大的分析工具，有望在一些重大基础科学问题研究中发挥关键作用。

18.2.5 应用实例

下面以聚对苯二甲酸乙二醇酯(PET)样品的分析为例，说明通过 XPS 技术分析样品的元素组成、含量及化学状态的基本过程。采用 Kratos 公司 AXIS Supra 型电子能谱仪进行检测。

(1) 样品制备：将样品裁剪成合适大小的小片，用双面胶固定于 XPS 样品台上。将样品台送入 XPS 谱仪等待真空稳定。

(2) 宽谱采集：打开荷电中和器，设定 X 射线源工作电压为 15 kV，灯丝发射电流为 5 mA，打开 X 射线枪。设定采谱能量范围为 1200～−5 eV，步长为 1 eV，积分时间为 100 ms，运行采谱程序，获得样品的宽谱[图 18.11(a)]。

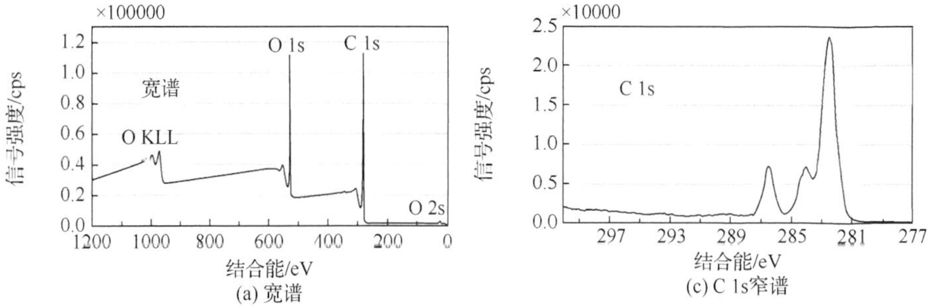

(a) 宽谱 (c) C 1s窄谱

结合能/eV	元素	轨道	结合能/eV	元素	轨道
279	Os	4d	528	Sb	3d
280	Ru	3d	531	O	1s
285	Tb	4p	533	Pd	3p
285	C	1s	971	I	俄歇峰
294	K	2p	978	O	俄歇峰
526	Dy	俄歇峰			

(b) 282 eV、530 eV和975 eV附近的谱峰

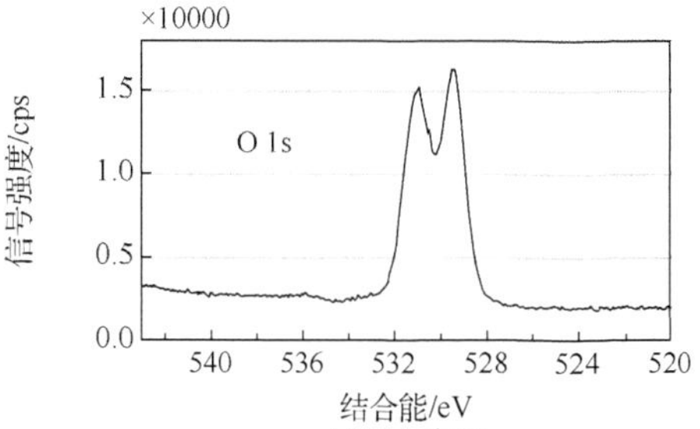

(d) O 1s窄谱

图 18.11 PET 的 XPS 原始谱图与参考数据

(3) 窄谱采集：根据宽谱测量数据，在 282 eV、530 eV 和 975 eV 左右有明显谱峰，查阅标准谱图手册，这三个峰位附近有多种可能元素[图 18.11(b)]，但考虑到该样品为有机物，且在大多数样品表面存在污染 C，该样品存在 C 和 O 的可能性最大。保持荷电中和器打开，设定 X 射线源工作电压为 15 kV，灯丝发射电流为 10 mA，打开 X 射线枪。

设定 O 1s 采谱能量范围为 545～522 eV，C 1s 采谱能量范围为 300～277 eV，步长均为 0.05 eV，积分时间为 150 ms。运行采谱程序，获得样品各元素的窄谱[图 18.11(c)和(d)]。观察到 C 1s 谱中有三个明显谱峰，与 C 1s 峰接近的其他元素皆有特征性的峰分裂现象，且峰位与 C 1s 相距较远，因此这三个峰应属于 C 的不同化学状态。类似地，可确认 530 eV 和 975 eV 处分别为 O 1s 光电子峰和 O KLL 俄歇峰。

(4) 利用宽谱进行元素种类定性分析：对宽谱进行荷电校准，根据之前采谱过程的判断和标准谱图手册对宽谱谱峰进行识别和标记。

(5) 窄谱数据处理：对窄谱进行荷电校准，识别各光电子峰及伴峰。

(6) 利用窄谱进行元素含量和化学状态分析：在 C 1s 和 O 1s 窄谱上取背景后，分别测量 C 1s 和 O 1s 峰面积，采用相对灵敏度因子法，计算 C 和 O 元素的相对含量分别为 76.9%和 23.1%。对 C 1s 和 O 1s 谱峰建立分峰拟合模型，用于分离相互重叠的谱峰。经过测量，C 1s 谱中三个主要峰位于 284.6 eV、286.2 eV 和 288.6 eV，O 1s 谱中两个主要峰位于 531.6 eV 和 533.1 eV，结合标准谱图手册并查阅文献，推断 284.6 eV 的峰来自苯环中的 C，286.2 eV 和 533.1 eV 的峰来自 C—O 中的 C 和 O，288.6 eV 和 531.6 eV 的峰来自 O—C═O 中的 C 和双键 O。

18.3　扫描电子显微镜

扫描电子显微镜分析法是利用扫描电子显微镜(scanning electron microscope，SEM，简称扫描电镜)配备的检测器对二次电子、背散射电子、特征 X 射线等信号的采集和分析，从而进行物质显微结构和微区成分分析的方法。根据扫描电镜图可以了解物质的显微结构，如物质的微观形貌，包括形状、尺寸、分布情况等。根据 X 射线能谱分析提供的信息可以了解物质微区的化学组成，包括元素种类、含量、分布情况等。

该分析方法具有如下特点：①分辨率高。目前，高分辨的场发射扫描电镜分辨率可达到 0.6 nm。②视野大。扫描电镜的有效放大倍数可以从几倍到几十万倍，并且连续可调，实现了对物质显微结构从宏观到微观的观察和分析。③景深长。扫描电镜的图像富有立体感，可以观察一些粗糙不平的表面，如断口、微针、3D 打印等。④无损分析。电子束对样品的损伤与污染程度较小。⑤样品制备过程简单。相比较透射电镜而言，扫描电镜的样品制备简单很多。⑥多功能分析。在观察微观形貌的同时，可利用从样品中被激发出的其他信号做多种分析。采用附件能谱仪和波谱仪进行微区成分分析；采用附件电子背散射衍射仪进行微区衍射分析；还可以配置冷台、拉伸、弯曲等，对样品进行原位检测。

作为材料分析最重要的工具之一，扫描电镜已经广泛用于材料学、生物学、医学、化工、化学、冶金、半导体制造、地质勘探、刑事侦查等多个领域。

18.3.1　基本原理

扫描电镜是利用电子枪发射电子束，在加速电压的作用下电子束形成一个几微米的交叉点，再经过多级透镜聚焦，汇集成更细小的入射电子束。当电子束通过扫描线圈在试样表面扫描时，入射电子束与样品会产生相互作用，激发出二次电子、背散射电子、特征 X 射线和其他一些物理信号(图 18.12)。它们的强度会随着样品表面特征的不同而变化，这些特征有微观形貌、元素成分、晶体取向等。

扫描电镜主要利用的是二次电子、背散射电子以及特征 X 射线等信号对样品表面的特征进行微区形貌和成分等相应分析。

1. 二次电子

二次电子是指入射电子轰击样品后，激发出来的样品原子中的外层电子。由于它能量较低，只有靠近样品表面的电子才容易逸出表面。样品上越是斜面、棱角、凸面电子逸出数量越多，图像上显得越亮；反之，凹坑、沟槽电子逸出所需行程较长，逸出数量越少，图像上显得越暗(图 18.13)，图像上出现的明暗对比度就反映出样品表面的状况。二次电子能显示表面形貌衬度，所以二次电子像常用于样品表面形貌分析。

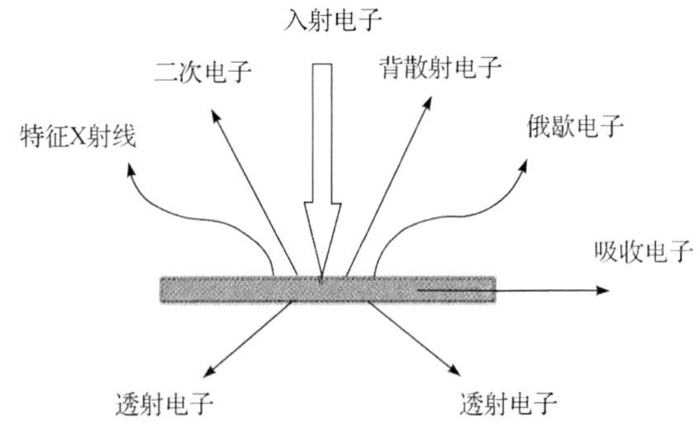

图 18.12　入射电子与样品相互作用

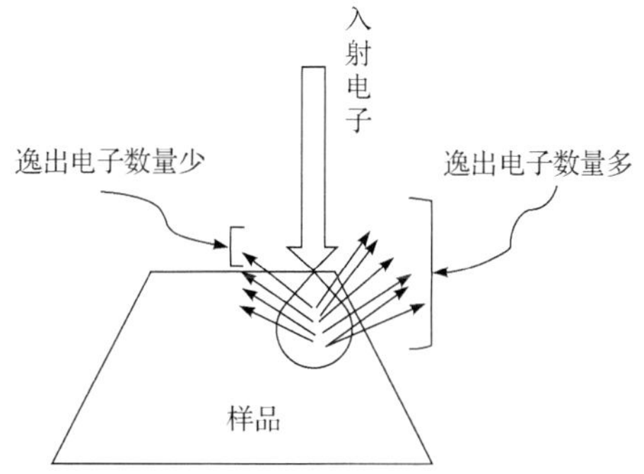

图 18.13　二次电子逸出数量示意

2. 背散射电子

背散射电子是由于入射电子与样品中的原子发生多次弹性和非弹性散射后，再射出样品表面的入射电子。它的产额随着样品原子序数的增大而增加，原子序数越大，背散射电子的产额越多，图像上越亮，反之越暗。背散射电子能显示原子序数衬度，所以被散射电子像常用于样品成分定性分析。

3. 特征 X 射线

特征 X 射线是指入射电子将样品原子内层电子激发逸出后，外层电子向内层电子跃迁时产生的具有特殊能量的电磁辐射。当入射电压超过临界激发电压时，入射电子会将样品原子内层电子激发出来，此时内层电子出现空位，因而原子处于不稳定状态，外层电子向内层电子跃迁以填补内层电子的空缺。这时跃迁的电子就会释放具有特定能量的 X 射线，它的能量为电子跃迁时两层核外电子之间的能量差(如 $\Delta E = E_K - E_L$)。每种元素都有自己特定的能量差，也就是能量值，根据检测器收集到的能量值大小(横坐标)和对该能量值的计数(纵坐标)，就可以判定样品中相应元素的存在及其含量的高低，所以利用特征 X 射线可以对样品进行成分分析。

18.3.2　仪器结构

扫描电镜是一个复杂的系统，主要包括电子光学系统、真空系统、信号收集、图像显示和记录系统等。

电子光学系统由电子枪、电磁透镜、扫描系统及样品室等部件组成。

(1) 电子枪提供一个稳定的电子源，形成电子束。常用电子枪有三类：钨丝、六硼化镧和场发射。以钨丝电子枪为例，将直径约为 0.1 mm 的钨丝弯成 V 形，当电流通过钨丝时，钨丝被加热，达到工作温度后便发射电子，在加速电压作用下，这些电子向阳极加速运动，形成入射电子束。

(2) 电磁透镜的作用类似聚光镜。电子束在高压电场作用下进入电磁透镜系统，依靠电磁透镜的电磁场与运动电子相互作用使电子束聚焦，将电子枪发射的电子束缩小成一个细小的斑点。理论上讲，电子束束斑的直径越小，图像分辨率越高。

(3) 扫描系统主要包括扫描发生器、扫描线圈等。扫描发生器由 X 轴和 Y 轴方向的扫描发生器组成，产生的不同频率的锯齿波信号被同步送入镜筒中的扫描线圈和显示系统中的扫描线圈上。镜筒中的扫描线圈作用是使电子束正好落在物镜光阑孔中心，并在样品上进行光栅状扫描。

入射电子束通过扫描线圈在样品表面作光栅状扫描，顺序是从左上方开始到右下方，逐行扫描，直到最后一行右下方的像元扫描完毕就算完成一帧图像。同时，另一个扫描线圈同步扫描用于观察图像的显示屏。将各种探测器收集到的信息，如二次电子、背散射电子等，按顺序成比例地转换成视频信号，再传送到同步扫描的显示屏上(图 18.14)。当电子束打到样品上一点时，在显示屏上就有一点与之相对应，其亮度与激发后收集到的信号强度成正比。通过这种扫描方式，就可以获得试样表面对应区域的显微结构图像。

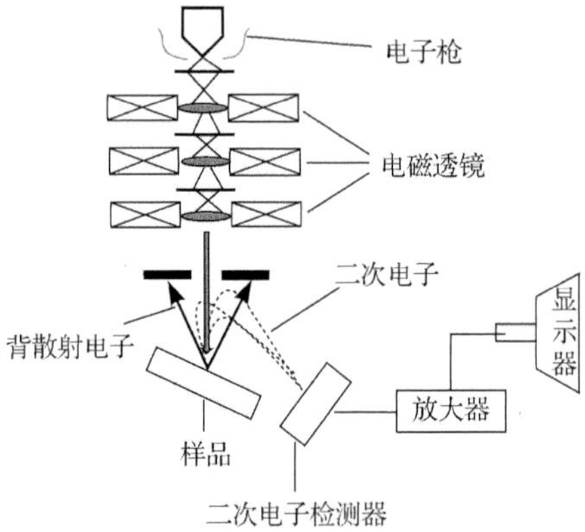

图 18.14　扫描电镜结构示意图

(4) 样品室内有样品台和各种信号检测器。样品台用于放置样品，在样品室中可以做一定的平移、旋转和倾斜，以利于对样品进行多方位检测和分析。不同信号的收集与相应检测器的安放位置有很大关系，安置位置不同所获得的信号不同，反映出来的显微结构特征也不相同。

真空系统是非常重要的组成部分。扫描电镜中高真空度是维持电子枪工作的必要条件，它可以避免氧化、延缓老化、延长灯丝使用寿命；也可以保证电子束不与气体分子发生碰撞，能正常传输；还可以减少对电子光路及样品的污染。根据扫描电镜类型不同，所要求的真空度也不同。钨丝扫描电镜电子枪真空度一般为 10^{-3} Pa，高分辨的场发射扫描电镜对真空度要求更高，电子枪真空度一般为 10^{-8} Pa 及以上。

18.3.3　应用

作为材料分析最重要的工具之一，扫描电镜已经广泛应用于多个领域。例如，材料类的各种粉末、石墨烯、锂电池隔膜、陶瓷、皮革、阻燃材料、高分子滤膜等；植物类的花粉、叶片、种子等；生物类的细菌、细胞、血小板等；医学类的骨组织、牙齿等都可以采用扫描电镜进行显微结构分析。只要在真空和电子束照射下稳定的材料(物质)，理论上都可以采用扫描电镜进行形貌观察和成分分析。扫描电镜对样品的基本要求是干燥、无毒、无污染、大小合适且具有一定的导电性等，所以在检测前需要对样品做一些前处理。

1. 样品前处理

(1) 干燥。扫描电镜的样品可以是块状或粉末状，但要求是干燥的。常用的干燥方法有自然干燥、烘干、冷冻干燥、临界点干燥，对于生物样品建议采用临界点干燥。

(2) 尺寸大小。不同型号的扫描电镜，样品仓的大小不同，对样品最大尺寸的要求也不同。通常情况下，小的样品台为 Φ 3～5 mm，大的样品台为 Φ 26～50 mm，样品的高度一般为 2～5 mm 最佳。

(3) 导电性。对于导电材料，只要满足干燥和尺寸大小的要求，用导电胶将样品粘贴在样品座上，即可放入扫描电镜中直接进行观察。对于非导电或导电性较差的材料，一般情况下需要在样品表面喷镀一层导电膜，减少样品荷电现象，以便于更好地进行观察，获得高质量高分辨率图像。常用的镀膜靶材有金(Au)、铂(Pt)和碳(C)，常用镀膜方法有真空镀膜和离子溅射镀膜。

2. 应用

1) 形貌分析

扫描电镜分析方法主要包括：形貌分析和成分分析，其中二次电子像是最常用的形貌分析方法。通过观察二次电子像(图 18.15～图 18.17)可以获得材料的表面微观形貌，如形状(球形、立方体、六边形、棒状、针状等)、尺寸大小、均匀性、有无团聚现象等。

2) 成分分析

X 射线能谱分析是扫描电镜中的一个附加配件，通过收集和检测特征 X 射线，可以进行成分分析，包括定性分析和定量分析。有三种不同的分析方法：①点分析(图 18.18)。对样品上的一个区域(点或面)进行采集，可以获知该区域有哪些元素存在和元素含量的高低。②线分析(图 18.19)。对样品上的一个区域(线)进行采集，可以获得这条线上含有元素的种类及含量变化趋势。③面分析(图 18.20)。对样品上的一个区域(面)进行采集，可以获得相应区域的元素种类信息，并且用不同颜色表示出各元素在这个区域的分布情况。

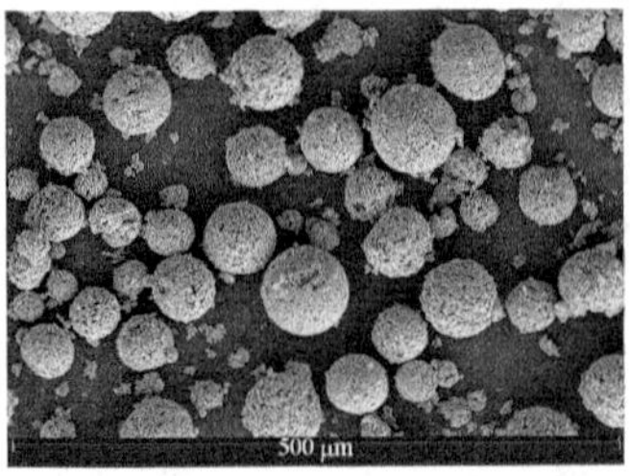

图 18.15　某种金属氧化物的微观形貌

图 18.16　金属钛粉的微观形貌

图 18.17　金属镍粉的微观形貌

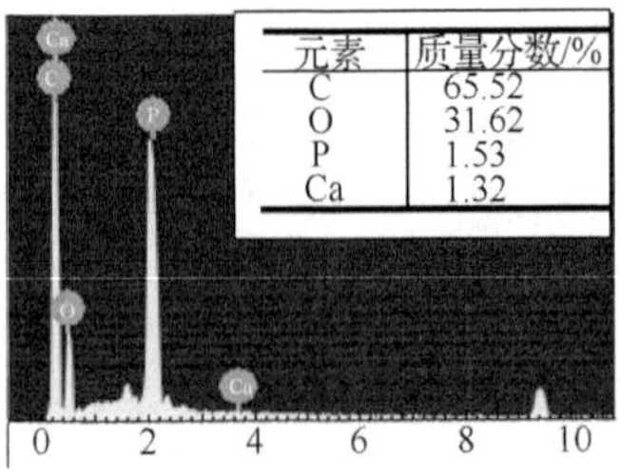

图 18.18　点分析

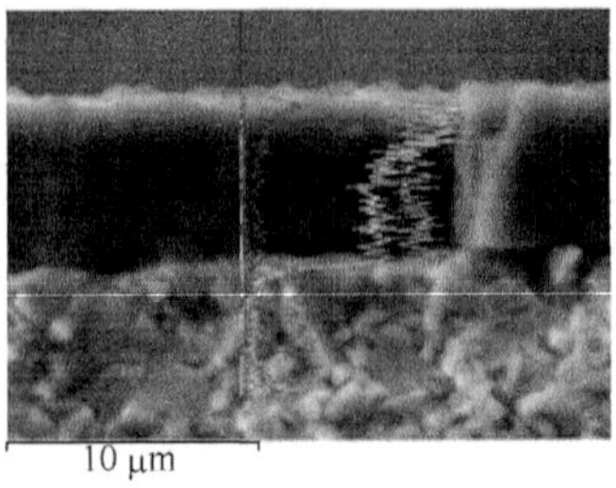

图 18.19　线分析

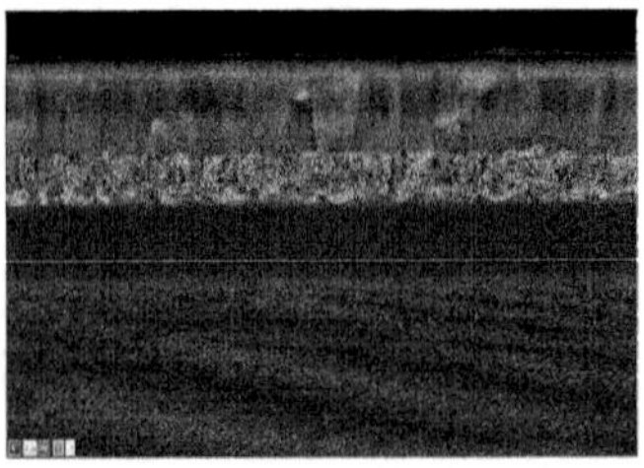

图 18.20　面分析

18.3.4　发展概况

早期，人们采用光学显微镜对物质的显微结构进行观察和研究，但是由于其分辨率受到可见光波长的限制，只能提供微米级分辨率的图像。1924 年，法国理论物理学家德布罗意提出波粒二象性理论，人们由此联想到是否可以利用波长更短的电子束代替可见光成像。1926 年，德国学者 Busch 提出磁透镜聚焦理论，为电子显微镜的发明提供了重要的理论依据。1931 年，德国物理学家 Knoll 和 Ruska 首次获得放大 12 倍的铜网电子图像，证明可以利用电子束和磁透镜成像。1942 年，Zworykin 等设计了第一台扫描电镜，1965 年在英国剑桥诞生了第一台商业扫描电镜。

经过多年的发展，扫描电镜的分辨率已经达到 1 nm 以下，并且拥有二次电子、背散射电子、扫描透射等多种图像模式。还可以利用能量色散 X 射线谱(EDS)进行元素分析，利用电子背散射衍射(EBSD)进行微区的衍射分析。尤其是双束扫描电镜(FIB-SEM)的诞生，它可以完成微区的切割、沉积等微纳加工，实现了微区形貌、微区化学成分、微区衍射分析从二维到三维重构等多种功能。

18.3.5　应用实例

以白色粉末(纳米级，主要成分为二氧化硅)样品为例，希望通过扫描电镜了解粉末样品的微观形貌和元素成分，包括形态、尺寸大小、均匀性，以及含有哪些主要元素成分等。根据上述检测要求，采用日本 JSM-7500F 型冷场发射扫描电镜(图 18.21)和英国 INCA250 X-MAX 50 型能谱仪进行测试。

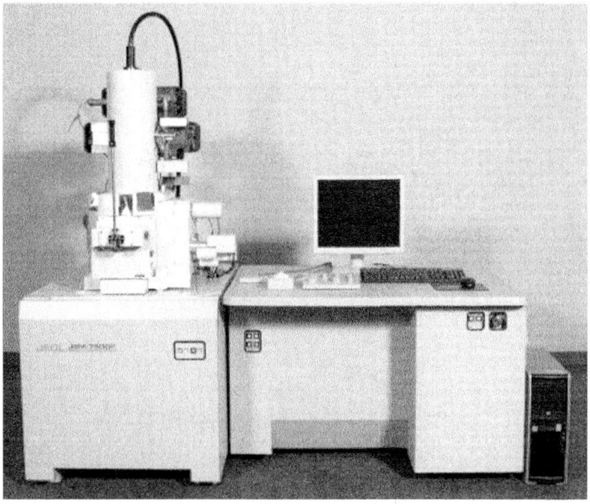

图 18.21　JSM-7500F 型冷场发射扫描电镜

(1) 形貌分析。样品制备：先用导电胶蘸取少量粉末，然后粘贴在样品台上，喷镀导电膜后送入扫描电镜进行形貌观察。实验的主要条件：加速电压 15 kV，工作距离 6 mm，放大倍数 10 万倍。拍摄照片，见图 18.22。实验结果分析：通过图片分析可知，样品微观形貌为球形，单个颗粒尺寸为 100 nm 左右，颗粒大小比较均匀。

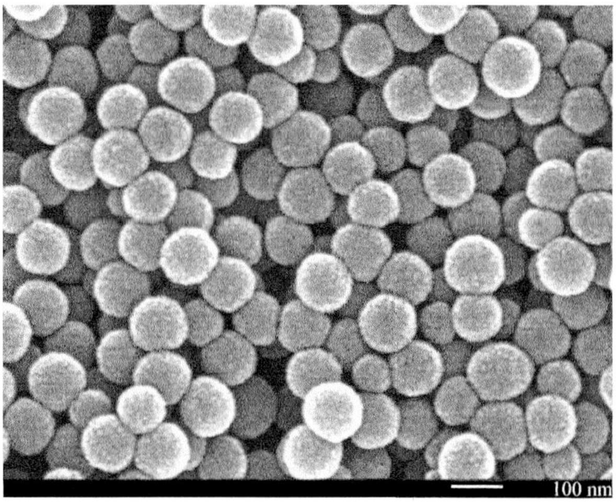

图 18.22　形貌分析——二次电子像

(2) 成分分析。样品制备：先用导电胶蘸取适量粉末，然后粘贴在样品台上，送入扫描电镜，用电镜上加配的能谱仪进行成分检测。实验的主要条件：加速电压 20 kV，工作距离 8 mm，放大倍数 100 倍。采集特征 X 射线，可以获得能谱图，见图 18.23。实验结果分析：从图谱中可以看出，横坐标在 0.525 keV、1.74 keV 等位置出现明显谱峰，根据峰的位置，通过搜索比对元素标准特征 X 射线能量表(图 18.23 中表格)，判定是 O 和 Si 的特征 X 射线能量，从而确定样品中含有 O、Si 等元素。

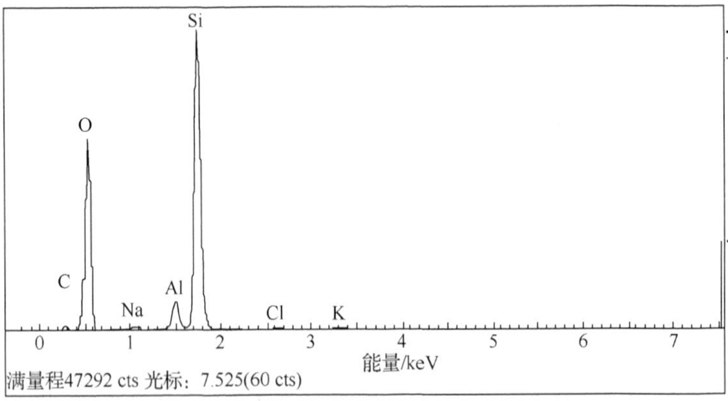

各元素X射线能量表/keV

原子序号	符号	元素	K_α	K_β
6	C	碳	0.277	
8	O	氧	0.525	
11	Na	钠	1.041	1.067
13	Al	铝	1.49	1.55
14	Si	硅	1.74	1.838
17	Cl	氯	2.62	2.82
19	K	钾	3.31	3.59

图 18.23　X 射线能谱分析结果

18.4　透射电子显微镜

透射电子显微镜(transmission electron microscope，TEM，简称透射电镜)是以波长极短的电子束作为照明源，利用电磁透镜使穿透样品的电子束发生聚焦和放大的一种电子光学仪器。透射电镜利用电子束穿透样品过程中发生的电子波衍射干涉以及电子束与样品组成原子碰撞过程中发生的能量变化，可在纳米及原子尺度研究材料微观组织的晶体结构、形貌与成分。

自 16 世纪以来一直用于材料微观结构观察的光学显微镜,其分辨率受光源波长的限制而局限在 200 nm 左右。为了克服可见光波长对光学显微镜图像分辨率的限制，需要寻找具有更短波长的光源。1924 年，法国物理学家 Duc de Broglie 首次从理论上提出运动粒子具有波动性。1926～1927 年，Davison、Germer 及 Thompson Reid 的实验证明了电子的波动性且其波长远小于可见光，由此开始了电子显微镜的研制。1926 年，德国物理学家 Busch 提出采用轴对称的磁场可能使电子聚焦，为电子显微镜的研制提供了理论依据。1932 年，Knoll 和 Ruska 等试制成功第一台电磁式电子显微镜。1939 年，德国西门子公司制造了世界上第一台分辨率优于 10 nm 的商用透射电镜，并于 1954 年将其分辨率提高到 1 nm。经过不断发展，目前经球差校正后的透射电镜已具有原子级的分辨率。

透射电镜具备图像、衍射、扫描透射等多种成像模式，可获得电子衍射花样和高分辨率图像；结合成分分析仪如能量色散 X 射线谱(EDS)、电子能量损失谱(EELS)和多种原位实验附件，可以同时实现在纳米及原子尺度上对微观区域的形貌、晶体结构及化学成分的实时、动态分析表征。作为材料微观结构分析的一个重要工具，透射电镜在材料学、固体物理、化学、生物学等多个领域得到广泛应用。

18.4.1　透射电子显微镜的成像原理与结构

透射电镜是一种具备高分辨率、高放大倍数的电子光学仪器。在透射电镜中，将平行的高能电子束照射在一个能透过电子的薄样品上，由于样品对电子的散射作用，其散射波在物镜的后焦面上形成电子衍射花样，在物镜像平面上形成高放大倍率的形貌像。

透射电镜主体主要由电子光学部分(照明系统、成像系统、观察和记录系统)；真空系统(各种真空泵、真空测量、显示仪表)及供电系统组成。其中电子光学部分是透射电镜的核心部分。图 18.24(a)为透射电镜的剖视图，图 18.24(b)为透射电镜的电子光路示意图。透射电镜的工作过程可以描述为：照明系统中的电子枪发射出的电子在保持高真空状态的镜筒内被加速，照射到试样上。透过试样的电子被系统中的电磁透镜放大、成像。通过观察室的窗口观察荧光屏上的电子像，用照相室里的底片或使用慢扫描电荷耦合器件(CCD)将其记录下来。

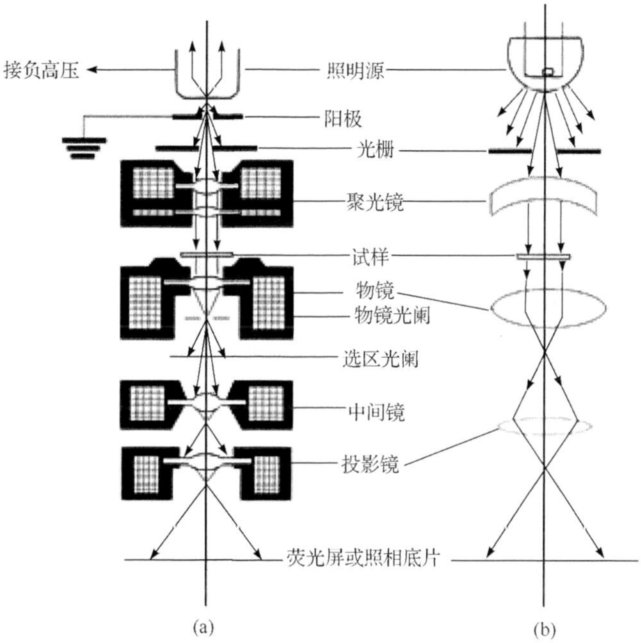

图 18.24　透射电镜的结构(a)与电子光路示意图(b)

1. 照明系统

照明系统主要由电子枪部分和聚光镜系统组成。电子枪是透射电镜的电子源，其功能是为成像系统提供一个亮度高、相干性好、束流稳定的照明电子束。电子枪依据产生电子的方式分为热电子发射型和场发射型。电子源被加热时发射电子的为热电子发射型；在电子源和阳极之间加一个强电场利用量子隧道效应发射电子的为场发射型。

聚光镜是用电磁场做成的一种电磁透镜。其作用是会聚从电子枪发射出来的电子束，控制束斑尺寸和照明孔径角。

2. 成像系统

成像系统由物镜、中间镜和投影镜组成。物镜是成像系统的第一级透镜，是用来形成第一幅电子显微图像或电子衍射花样的透镜，因此它的分辨率决定了透射电镜的分辨率。为了获得高分辨率、高质量的图像，物镜采用球差系数小的强激磁、短焦距透镜，借助物镜光阑进一步降低球差、提高像衬度，并配备消像散器来消除像散。

中间镜和投影镜是将物镜给出的样品形貌像或衍射花样进行分级放大，通过成像系统透镜的不同组合可以使透镜从 50 倍左右到一百万倍以上的放大倍率内变化。

3. 观察记录系统

该系统由荧光屏、照相机和数据显示器等组成。投影镜给出的最终图像显示在荧光屏上，通过观察窗，可以观察到在荧光屏上呈现的样品形貌像和电子衍射花样。图像的记录可采用多种方法，如照相底片和慢扫描 CCD 相机。

4. 真空系统

为了保证电子的稳定发射和在镜筒内的运动过程中不与气体分子碰撞而改变电子束原有的轨迹，同时为了保证高压稳定性和防止样品在观察过程中被水蒸气、碳氢化合物污染，通常透射电镜都是在真空环境下(10^{-5} Pa)工作。通过机械泵、扩散泵及离子泵的逐级抽取，获得所需要的真空度。

5. 供电系统

透射电镜需要两部分电源：一是供给电子枪的高压部分；二是供给电磁透镜的低压稳流部分。

18.4.2 透射电子显微镜的样品制备及应用

1. 样品制备

透射电镜利用样品对入射电子散射能力的差异而形成衬度来揭示材料内部的微观结构，因此需要制备出对电子束“透明”的样品。合格的透射电镜样品应该在测试环境、高能电子束及高真空条件下保持稳定。电子束穿透固体样品的能力主要取决于加速电压、样品的厚度以及组成物质的原子序数，一般样品观察区域厚度小于 200 nm。根据样品分析要求和样品性质，采用不同的样品制备方法。

1) 无机固体样品

离子减薄法：采用氩离子束将样品制备成对电子束透明的透射电镜样品，是一种普适的减薄方法，可用于陶瓷、复合物、半导体、金属和合金。

电解抛光法：对于导电的金属和合金样品，采用电解抛光来减薄样品，减薄速度快且无机械损伤。

聚焦离子束法：在扫描电镜中，通过离子束的溅射作用，将材料高速地加工减薄。聚焦离子束法用于需要高精度选择观察区域的透射电镜样品的制备，可以在试样制备过程中实时观察试样二次电子像，制备出厚度均匀的透射电镜样品。

2) 有机固体样品

超薄切片法：在超薄切片机上用玻璃刀或金刚石刀将样品制成 100 nm 及以下厚度的薄片，将薄片转移在碳膜支持的铜网上进行透射电镜观察。超薄切片过程中试样的化学成分不变，但可能引起形变。

3) 纳米材料

超声分散法：直接将纳米粉末放入与试样不发生反应的有机溶剂(如无水乙醇)或纯水中，超声分散成悬浮液，将该悬浮液滴在碳膜支持的铜网上，待其完全干燥后进行观察。若样品颗粒较大，需先将其研碎至要求的粒度。

2. 透射电镜的应用

材料微观结构(形貌、成分与晶体结构)及其与性能之间关系的研究，一直是材料科学领域的重大理论与实验研究课题。随着信息科学、材料科学、分子生物学和纳米科学向结构尺度纳米化和功能智能化的发展，材料的宏观性质与特征，不但依赖于其合成过程，而且还依赖于原子及分子水平的显微组织结构。透射电镜可以对上述微观结构进行分析。

1) 形貌分析

入射电子在穿透样品的过程中，将与试样内部原子发生相互作用，使得电子波的振幅与相位发生改变而形成图像的衬度，如质厚衬度、衍射衬度和相位衬度。依据不同衬度形成的原理，可对样品形貌、晶体缺陷进行观察与分析。

2) 晶体结构分析

入射电子穿透样品后，在物镜的后焦平面上形成其傅里叶频谱图。对于结晶材料，其为晶体结构的倒易变化，即衍射花样。电子衍射原理与 X 射线衍射相似，以满足布拉格方程作为产生衍射的必要条件。通过对衍射花样的标定，可以获得材料的晶体结构信息。

3) 成分分析

入射电子在穿透样品的过程中，将激发组成样品原子的特征 X 射线，采用能量色散 X 射线谱仪，可获得组成样品微区的元素信息；部分入射电子在穿透样品的过程中与样品产生非弹性碰撞而损失能量，采用电子能量损失谱仪探测透射电子在穿透样品过程中所损失能量的特征谱图，可研究材料的元素组成、化学键和电子结构。

18.4.3　透射电子显微镜的发展

透射电镜利用高能电子束的超短波长和电子容易被电磁场调控的优势，实现了比光学显微镜更高的图像分辨率，是材料纳米到原子尺度微观结构表征最强大的工具之一。目前透射电镜朝着超高分辨率、超强分析功能以及动态、原位观察分析方向发展。近年来随着电子光学系统硬件快速发展，透射电镜成像系统从分辨率、稳定性和测量精度等多方面快速进步，逐渐发展出了丰富的显微表征技术，成为物理、化学、材料科学和结构生物学等很多学科领域中不可或缺的工具。多级球差校正系统的成功研制为提高透射电镜分辨率开辟了一条全新的途径。引入物镜球差校正系统后，透射电镜的图像点分辨率可从过去的 0.24 nm 提高到 0.07 nm 左右。在引入聚光镜球差校正系统，并配备高速采集 X 射线信号的能谱仪及电子能量损失谱仪的透射电镜上，不仅可以进行各种普通透射电镜技术的操作，还可以获得高分辨率原子衬度像，极大地推动了微区显微分析技术的发展，实现了包括原子尺度化学成分、价态和电子结构等分析技术的广泛应用。此外，随着透射电镜样品杆、透射电镜样品室的多种设计，使得透射电镜不仅可以研究样品静态时的微观组织、结构和成分，还可以在纳米及原子尺度下实时观察和控制各种原位反应的进行，从而研究反应的本质机理。因此，原位透射电镜在材料合成、化学催化、生命科学和能源材料领域的应用也是未来透射电镜显微分析技术的一个发展方向。近期，在扫描透射电子显微镜(scanning transmission electron microscopy，STEM)模式利用会聚电子束对样品进行 2D 实空间扫描的同时，通过像素化的探测器记录下每个扫描点的 2D 动量空间数据的 4D-STEM，不仅可以重构得到任意常规的 STEM 图像，还可以通过重构得到更多的信息，如材料的结构、晶体的取向、应力或应变分布、电场或磁场分布等。在此基础上通过叠层成像术(ptychography)能进一步提高透射电镜分辨率，因此 4D-STEM 是未来透射电镜技术的一个重要发展方向。

18.4.4　应用实例

以白色无机粉末样品为例，目的是利用透射电镜技术分析粉末样品的微观形貌和元素组成与分布。首先在白色粉末中放入适量的无水乙醇，经超声分散成悬浮液，取少量悬浮液滴在碳膜支持的铜网上，待铜网完全干燥后放入透射电镜进行观察。该实验在美国 ThermoFisher 公司生产的 Spectra 300 透射电镜上进行测试，加速电压为 300 kV。

在 STEM 模式高角环形暗场像下，观察到样品由 50 nm 长的棒与分布在棒上大小为 5 nm 左右的颗粒组成[图 18.25(a)]。为了分析样品上组成元素的分布情况，利用透射电镜上配置的 EDS 采集纳米棒及颗粒的特征 X 射线，然后经集成通过 EDS 中的分析软件获

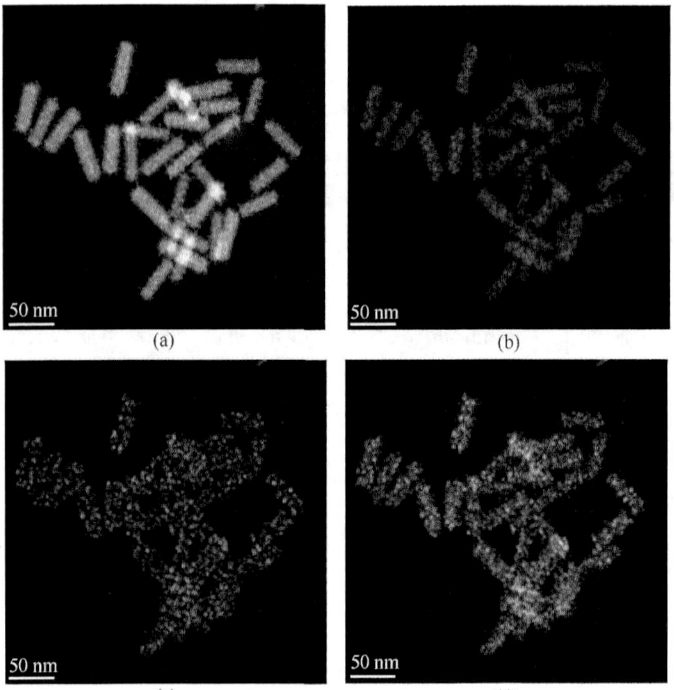

图 18.25　AuPt 纳米颗粒样品的成分分析

(a) STEM 暗场像；(b) Au 元素的 EDS 图；(c) Pt 元素的 EDS 图；(d) Au 元素与 Pt 元素 EDS 图的叠加

得样品的元素组成及分布。分析结果显示样品中的纳米棒由 Au 组成[图 18.25(b)]，纳米颗粒为 Pt[图 18.25(c)]。将 Au 元素分布与 Pt 元素分布叠加后[图 18.25(d)]与样品形貌图[图 18.25(a)]对比，显示材料形貌与成分完全吻合。

对样品 TEM 模式明场像[图 18.26(a)]中的纳米颗粒区域获取高分辨图像[图 18.26(b)]，测量晶面间距为 0.22 nm，与 Pt(111)面间距吻合，显示此纳米 Pt 颗粒的暴露晶面为(111)。

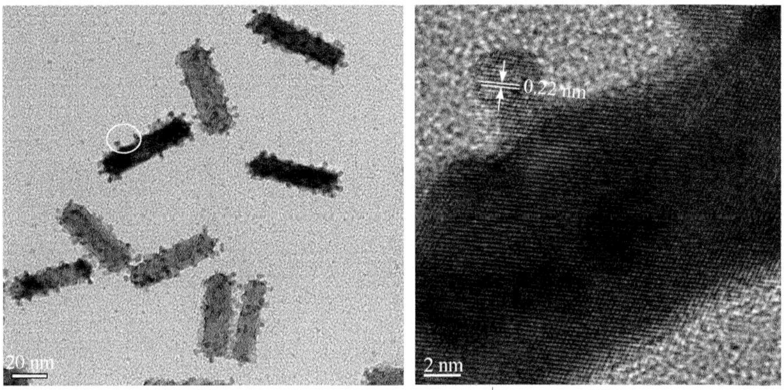

(a)　(b)

图 18.26　样品的形貌和晶体结构分析

(a) AuPt 的 TEM 明场像；(b) TEM 图中圆圈区域的高分辨图像

习题与拓展

1. 怎样确定衍射峰的方向？
2. X 射线衍射仪主要由哪几部分组成？
3. X 射线衍射的主要应用有哪些？
4. 怎样利用 X 射线衍射图谱进行晶体成分的定性分析？
5. 传统电子能谱分析为什么必须在超高真空环境中进行？
6. 用 XPS 分析某薄膜样品时，若所分析电子在样品中的平均自由程为 3 nm，当样品表面与分析器入口方向夹角为 30°时，分析深度为多少？
7. 已知样品含有 C、N、O 三种元素，C 1s 峰面积为 1000 cps，N 1s 峰面积为 1716 cps，O 1s 峰面积为 3740 cps，C 1s、N 1s、O 1s 的灵敏度因子分别为 0.278、0.477、0.78，计算这三种元素在样品中的相对原子百分数。
8. 论述 XPS 分析的表面灵敏性和化学状态分析能力。
9. 只考虑最近邻原子的影响，分析在下列结构式中有几种不同化学状态的 C。

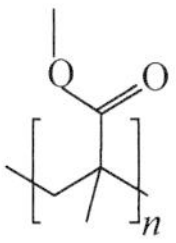

10. 扫描电镜分析方法有哪些特点？
11. 扫描电镜主要由哪些系统组成？
12. 扫描电镜分析方法的基本应用包括哪些方面？

13. 透射电镜主要由哪几部分构成？各部分之间有什么联系？

14. 为什么透射电镜的样品要求非常薄？

15. 比较扫描电镜和透射电镜在原理、仪器和分析应用上的异同。

16. 拓展练习：

(1) 查阅一篇与本章中一种仪器分析方法相关的文献，结合本章的知识点对文献进行解读，需包括：简要的文献总结、章节知识点与文献内容的关联以及改进的思考。

(2) 查阅资料，选择本章的一种仪器分析方法，归纳总结其在仪器部件和分析应用上的发展创新，需给出相应的参考文献。

参 考 文 献

何伟, 卢毓华, 王海舟. 2003. 高通量(场发射)扫描电子显微镜技术进展. 电子显微学报, 42(2): 230-237.

黄继武, 李周. 2012. 多晶材料 X 射线衍射——实验原理、方法与应用. 北京: 冶金工业出版社.

王建祺. 1992. 电子能谱学(XPS/XAES/UPS)引论. 北京: 国防工业出版社.

曾毅, 吴伟, 刘紫微. 2015. 低电压扫描电镜应用技术研究. 上海: 上海科学技术出版社.

周清. 1995. 电子能谱学. 天津: 南开大学出版社.

Briggs D. 1984. X 射线与紫外光电子能谱. 桂琳琳, 黄惠忠, 郭国霖, 译. 北京: 北京大学出版社.

Bunaciu A A, Udriştioiu E G, Aboul-Enein H Y. 2015. X-ray diffraction: Instrumentation and application. Critical Reviews in Analytical Chemistry, 45(4): 289-299.

Moulder J F, Stickle W F, Sobol W M, et al. 1992. Handbook of X-Ray Photoelectron Spectroscopy. Eden Prairie: Perkin-Elmer.

Ophus C. 2019. Four-dimensional scanning transmission electron microscopy (4D-STEM): From scanning nanodiffraction to ptychography and beyond. Microscopy and Microanalysis, 25(3): 563-582.

Richa J. 2022. A review on the development of XRD in ferrite nanoparticles. Journal of Superconductivity and Novel Magnetism, 35: 1033-1047.

Schnadt J, Knudsen J, Johansson N. 2020. Present and new frontiers in materials research by ambient pressure X-ray photoelectron spectroscopy. Journal of Physics: Condensed Matter, 32: 413003.

Stevie F A, Donley C L. 2020. Introduction to X-ray photoelectron spectroscopy. Journal of Vacuum Science & Technology A, 38 (6): 063204.

van der Heide P. 2011. X-ray Photoelectron Spectroscopy: An introduction to Principles and Practices. Hoboken: John Wiley & Sons, Inc.

Williams D B, Carter C B. 2009. Transmission Electron Microscopy A: Textbook for Materials Science. 2nd ed. New York: Springer.

Zhang H G, Li G, Zhang J, et al. 2023. Three-dimensional inhomogeneity of zeolite structure and composition revealed by electron ptychography. Science, 380(6645): 633-638.

X 射线衍射的知识要点

X 射线光电子能谱表面化学状态分析

扫描电镜的应用

透射电镜的发展

第 19 章　信息技术在分析化学中的应用

分析化学本身带有交叉学科的性质，它利用各学科的先进技术来发展新的分析仪器和方法，实现更多更复杂样品的测试与分析。在各学科发展的驱动下，分析化学已经发展了众多新仪器和新方法，能够实现各种复杂条件下的样本测试。特别是随着自动化的迅速发展，分析化学已经能够提供大量的数据信息。面对不断增长的数据量和复杂度，如何有效地分析这些数据变得尤为重要。例如，一张光谱图、一张色谱图或一张质谱图等包含了一系列数据，而一组代谢组学数据的维度更是从数百到数万。此外，当样本的数量加大，或多种分析系统联合使用时，经常会得到多组样品、不同仪器、多种维度的测试数据。如此庞杂的化学数据，研究者经常会面临以下问题：数据分布情况如何？数据维度过于庞大，如何从中提取有用信息？多种样本之间是否相关？是否可以通过对已知样本的数据探索来预测未知样本？面对这些问题，化学科学家从数据挖掘入手，通过一些数学模型从大量数据中提取隐藏和关键信息，来帮助使用者分析历史数据或当前数据，并从中发现隐藏的关系和模式，进而预测未来可能发生的行为。图 19.1 描述了这一建模过程。基于此，本章结合一些实例，介绍了获得可靠量测数据的试验设计方法，数据的探索和预处理的一些方法，以及常用多维数据的机器学习建模算法，以帮助大家了解信息技术在分析化学领域的一些应用。

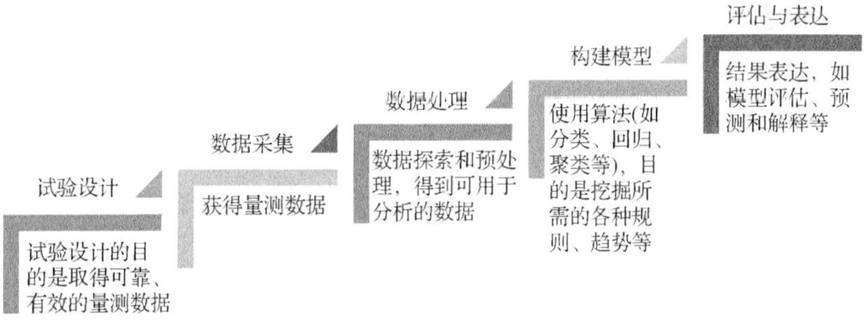

图 19.1　数据建模过程

19.1　优化试验设计

即使使用最高效的数据处理方法，也必须从可靠的量测数据中提取有用的信息。因此，数据分析之前应首先得到可靠的量测数据。试验的多种因素都会影响结果，这就需要试验者做许多因素的试验。常用的最优试验条件选择，一般是逐次改变一个条件，固定其他条件，通过比对试验结果找到每个条件的最佳值。这也是一种试验设计方法，称为因素轮换法。实际上，这样的方法只能得到局部最优结果，而非全局最优。若要得到更优的试验结果，则需要更好的试验设计方法。通过试验设计方法来优化反应条件，减少试验次数，缩短试验时间，并采用相应的统计学方法检测多因素对试验结果的影响，最终找到最佳因素组合，从而取得最有效的量测数据。本节简要介绍正交试验设计和均匀试验设计的相关知识。

19.1.1　正交试验法

正交试验法是利用数理统计学与正交性原理来合理安排试验的一种科学方法，基本思路是利用一种排列整齐规则的“正交表”来安排试验流程。正交表具有“均衡分散，整齐可比”的特点，能通过均衡抽样选出代表性强的少数试验条件，即通过少量的试验次数来代替全面试验，减少试验和计算工作量，获得最优的试验方案。正交表有各自的记号，如 $L_2(2^3)$、$L_9(3^4)$、$L_{16}(4^5)$等。其中，L 是正交表的符号；L 右下角的数字 2、9、16 是做试验的次数；括号内的数字 2、3、4 为水平数，括号内的数字的指数 3、4、5 是最多能安排的试验条件因素的个数，如图 19.2 所示。

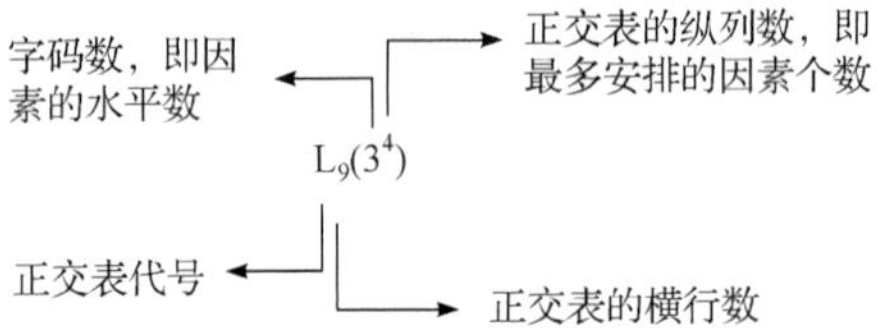

图 19.2　正交表符号意义

以表 19.1 的正交表 $L_9(3^4)$为例：若全面做试验，需要做 27 次；利用正交表，则只需做 9 次试验。表中有 9 行，即需要做 9 次试验；有 4 列，即有 4 个因素；字码由“1”“2”“3”构成，即有 3 个水平。表中每一列中，字码“1”“2”“3”均出现 3 次；任意两列，其横方向形成的九个数字对中(1, 1)、(1, 2)、(1, 3)、(2, 1)、(2, 2)、(2, 3)、(3, 1)、(3, 2)、(3, 3)，都是一次，即任意两列字码“1”“2”“3”搭配都是均衡的。这两个特点称为正交性。用此正交表安排试验，具有均衡分散、整齐可比的特征，代表性强，效率高，这是因为正交试验对全体因素来说是部分试验，但对其中任意两个因素来说是具有相同重复次数的全面试验。

表 19.1　$L_9(3^4)$正交表

试验号	列号			
	因素 1	因素 2	因素 3	因素 4
1	1	1	1	1
2	1	2	2	2
3	1	3	3	3
4	2	1	2	3
5	2	2	3	1
6	2	3	1	2
7	3	1	3	2
8	3	2	1	3
9	3	3	2	1

用正交表安排试验的一般步骤为：①确定试验目的，确定考察指标；②确定因素、水平，制定因素-水平表；③选择合适的正交表进行试验。例如，采用邻二氮菲吸光光度法测定铁含量，测定波长、溶液酸度、显色剂用量、显色时间等条件都对测定结果有影响，这些就是因素。因素的取值，如测定波长选择 490 nm、500 nm、510 nm、520 nm，称为因素的水平。可根据具体的因素和水平，选择合适的正交表进行试验。

正交试验设计利用均衡分散和整齐可比的特性，从全面试验中优选了部分试验，比较因素水平试验指标的平均值，估计各因素的效应，以获得反映全面情况的试验结果来减少试验和计算的工作量。但当需要考虑的水平较多时，试验的次数就会增加很多。若在一项试验中有 s 个因素，每个因素各有 g 个水平，利用正交设计安排试验，则至少要做 g^2 次试验。当水平数较多时，正交设计方法仍需较多次数的试验。此时，可以去掉整齐可比的特性，考虑均匀设计方法，即只考虑试验点在试验范围的均匀分散特性，从而挑选更少的试验点进行试验，仍能反映分析体系的主要特征。

19.1.2　均匀试验法

均匀试验设计是通过一套精心设计的表来安排试验的，一般用 $\mathrm{U}_n^*(t^q)$ 或 $\mathrm{U}_n(t^q)$ 表示，如图 19.3 所示。加“*”和不加“*”表示两种不同设计的均匀表，一般情况下加“*”的均匀表具有更好的均匀性，可以优先选用。

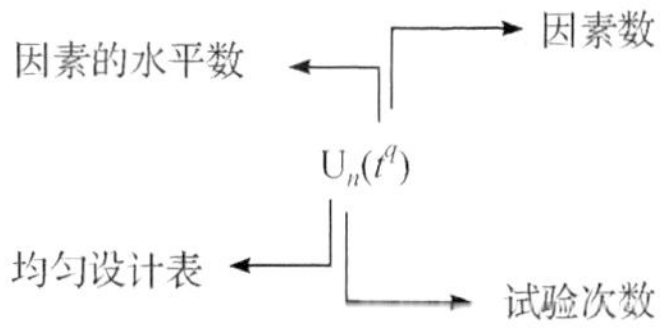

图 19.3　均匀表符号的意义

每个均匀设计表都有一个使用表，根据使用表选择可选因素的个数，再利用使用表中的列号，选择均匀设计表中相应的列安排试验。以 $\mathrm{U}_7^*(7^4)$ 为例，即 4 因素 7 水平的均匀设计表(表 19.2)及其使用表(表 19.3)。在表 19.3 中显示，当有 2 个因素时，需要选择相应的均匀设计表中的 1、3 列安排试验；当有 3 个因素，需要选择相应的均匀设计表中的 2、3、4 列安排试验；最后一列表示每种组合均匀度的偏差，偏差越小，说明均匀度越好。

表 19.2　均匀设计表 $\mathrm{U}_7^*(7^4)$

试验号	列号			
	1	2	3	4
1	1	3	5	7
2	2	6	2	6
3	3	1	7	5
4	4	4	4	4
5	5	7	1	3
6	6	2	6	2
7	7	5	3	1

表 19.3 均匀设计表 $U_7^*(7^4)$ 的使用表

因素数	列号				偏差 D
2	1	3			0.1582
3	2	3	4		0.2132
4	1	2	3	4	—

均匀设计的步骤和正交设计很相似，但也有一些不同之处，用均匀设计表安排试验的一般步骤为：①确定考察指标，即试验目的；②选择合适的因素和相应的水平；③选择适合的均匀设计表，根据该表的使用表从中选出列号，将因素分别安排到这些列上，并将这些因素的水平按所在列的指示分别对号；④根据排列的均匀设计表进行试验。

19.2 数据预处理

通过优化试验设计可以得到有效的量测数据，但当样本数量很多时，无法通过肉眼判断多个数据的规律和趋势，可以先进行数据探索或预处理，如利用一些统计函数或图形来了解数据的整体分布情况，或做一些标准化处理使数据更加整齐。数据预处理是指在对数据建模前，先对原始数据进行必要的清洗、集成、转换、离散和归约等一系列的处理，以达到算法进行知识获取研究所要求的最低规范和标准。数据预处理没有统一的标准，一般根据不同类型的分析数据需求，选择合适的数据预处理技术。最常见的预处理方法如对数据进行标准化以消除量纲和变化幅度不同带来的影响，或进行一些数学函数变换。

19.2.1 数据的统计

对于一组数据，首先会用一些统计函数来反映数据的整体分布情况，如均值、中位数、标准差等。

1. 算术平均值、中位数

算数平均值简称均值，是取一组数据的平均值。均值可以反映这组样本数据的集中趋势，即这组数据的一般情况和平均水平，也可以用它进行不同组数据的比较，推测组与组之间的差别。一般记为 $\overline{x}$ ，计算公式如下：

$$\overline{x}=\frac{1}{n}\sum_{i=1}^{n}x_i \tag{19.1}$$

中位数是将一组数据从大到小排列后，位于中间位置的那个数。它可将一组数据划分为相等的上下两个部分。如果这组数据的个数是奇数，则中间那个数据就是这组数据的中位数；如果数据的个数是偶数，通常取最中间的两个数值的平均数作为中位数。

2. 标准差、方差、极差

标准差一般用 s 表示，反映各个数据与均值偏离的程度，即数据集的离散程度。标准差较大，代表大部分数据值与其平均值之间差异较大；标准差较小，代表这些数据值较接近平均值。计算公式如下：

$$s=\left[\frac{1}{n-1}\sum_{i=1}^{n}\left(x_i-\overline{x}\right)^2\right]^{\frac{1}{2}} \tag{19.2}$$

方差是标准差的平方，s^2。

极差是一组数据中最大值和最小值的差，表示一组数据值变动的最大范围，计算公式如下：

$$x=x_{\max}-x_{\min} \tag{19.3}$$

19.2.2　数据的图形描述

对数据进行统计后，可以考虑用图形的形式对数据值进行更直观的显示，了解样本数据的基本特征以及样本之间存在的差异。这里介绍常用于数据分布形状描述的直方图和可以对分组数据进行描述的箱线图。

1. 直方图

直方图是一种统计报告图，图形用一系列高度不等的纵向条纹或线段来揭示一组数据分布的特征和类别，一般用横轴表示数据类型，纵轴表示分布情况。如图 19.4 所示的一组随机数据，将其中最小值和最大值之间的区间 50 等分，每一份用一根纵向条纹显示，横坐标是等分数据值，纵坐标表示出现的次数。

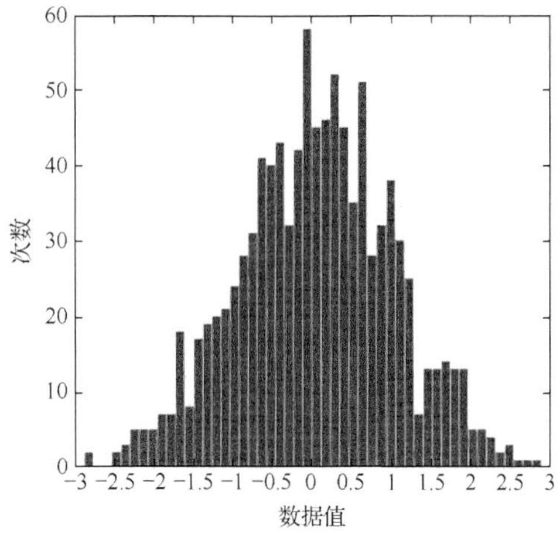

图 19.4　直方图示例

2. 箱线图

箱线图一般用矩形框表示，图 19.5 中可表示上界、下四分位数、中位数、上四分位数、下界及异常值。箱线图提供了识别异常值的一个标准：异常值通常被定义为小于 $Q_L - 1.5$ IQR 或大于 $Q_U + 1.5$ IQR 的值。Q_L 为下四分位数，表示数据集中有 25%的数据值比它小；Q_U 为上四分位数，表示数据集中有 25%的数据值比它大；IQR 为四分位数间距，是 Q_U 与 Q_L 的差，其区间包括了所有数据值的一半。箱线图真实直观地表示了一组数据值的分布情况。

当存在多组数据时，箱线图可用于分组描述数据，从而比较不同组或不同类别数据的分布情况。图 19.6 展示了一组微量元素的含量箱线图分布情况，Na 的含量明显高于其他元素且有一个异常值。

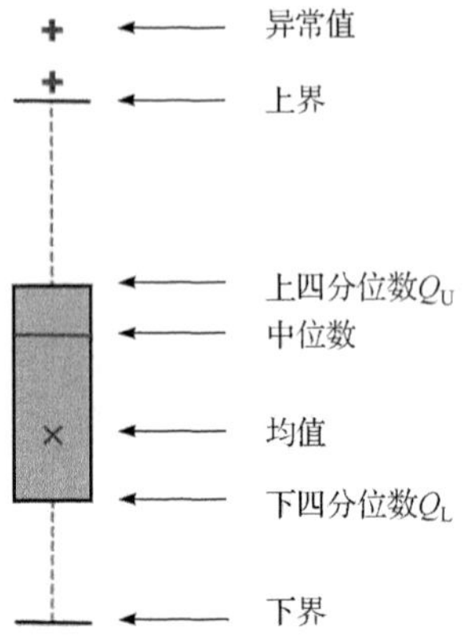

图 19.5　箱线图示例

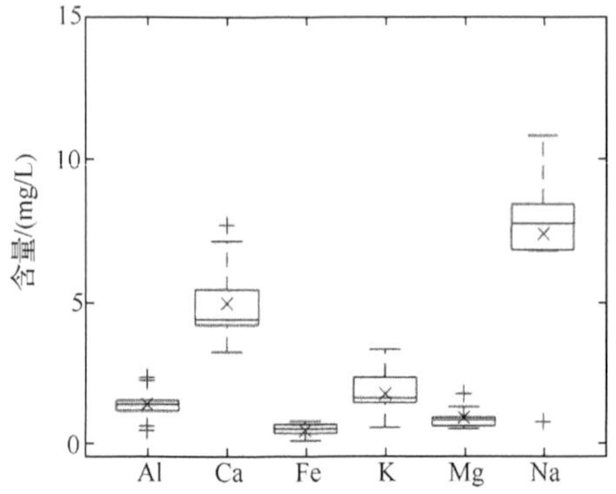

图 19.6　微量元素的含量箱线图分布

19.2.3　数据标准化

不同的评价指标往往具有不同的量纲，数值间的差别可能很大，不进行处理可能会影响数据的分析结果。数据标准化是将数据按比例缩放，使之落入一个小的特定区间，从而消除数据的单位和量纲差异，将其转化为无量纲的纯数值，便于不同单位或量级的变量能够进行比较和加权。

1. 离差标准化

将变量中的观测值减去该变量中的最小值，然后再除以该变量的极差，最后这组数据都落到了[0, 1]之间，计算公式如下：

$$x' = \frac{x_i - x_{\min}}{x_{\max} - x_{\min}} \tag{19.4}$$

式中，$x_{\max}$ 为这组数据中的最大值；$x_{\min}$ 为最小值。当有新的数据加入时，会导致最大值和最小值发生变化，需要重新定义。

2. 标准差标准化

标准差标准化是基于原始数据的均值和标准差进行数据的标准化。样本集 X 一般用矩阵表示，一般矩阵中的每一行表示一个样本点，其中 n 为样本数，m 为特征数，x_{ij} 为第 i 个样本中的第 j 个特征。

$$X=\left(x_{ij}\right)_{n\times m}=\begin{pmatrix} x_{11} & \cdots & x_{1m} \\ x_{21} & \cdots & x_{2m} \\ \vdots & & \vdots \\ x_{n1} & \cdots & x_{nm} \end{pmatrix} \tag{19.5}$$

$$\overline{x}_j=\frac{1}{n}\sum_{i=1}^{n}x_{ij} \tag{19.6}$$

$$x'_{ij}=\frac{x_{ij}-\overline{x}_j}{s_j} \tag{19.7}$$

式中，$\overline{x}_j$ 为 n 个样本的第 j 个特征变量的算术平均值；s_j 为第 j 个特征变量的标准差；x_{ij} 为原变量；x'_{ij} 为经标准化处理后的变量数据，均值为 0，方差为 1，且无量纲。

3. 小数定标标准化

小数定标标准化主要用于将数据缩放到特定的范围内。将数值除以一个特定的数值，一般是 10 的幂次方，来达到缩放的目的，可以消除数据量纲的影响，但不会改变数据的分布。转化公式如下：

$$x'=\frac{x}{10^k} \tag{19.8}$$

式中，x' 为缩放后的数据；x 为原始数据；k 为缩放的位数，若 $k=3$，即缩放到原数据的千分之一。

19.2.4　数据变换

1. 简单函数变换

简单的函数变换可将不具有正态分布的数据变换成具有正态分布的数据，常用的包括平方、开方、对数等，如下：

$$x'=x^2 \tag{19.9}$$

$$x'=\sqrt{x} \tag{19.10}$$

$$x'=\lg x \tag{19.11}$$

若使用数据的取值范围是非常大的一个区间范围，使用对数变换对其压缩是一种常用的数据变换方式。

2. 数据离散化

将连续的数据变量根据一定的规则切割成若干的小段，每一小段都用一个符号表示，即对数据进行分箱操作，称为数据离散化。相比于连续类型数据，离散化后的数据会使模型更加简单。离散化一般包含两个任务，即确定分箱数以及如何将连续数据变量映射到这些分箱数值中。常用的数据离散化方法如下。

等宽划分法：按照相同宽度区间将数据分成几等份，区间的个数由数据本身的特点决定，或者由使用者指定，宽度区间可以进行选择寻优。

等频划分法：将数据按相同的个数分成几个等份区间，每个区间的数据数量是相等的。

聚类划分法：使用聚类算法将数据聚成几类，然后再将聚类得到的簇进行处理，合并到同一个簇中的数据统一标记。

19.2.5　光谱信号预处理

复杂样品光谱信号往往会受到杂散光、噪声、基线漂移等因素干扰，从而影响最终的定性定量分析结果，因此通常需要在建模前对原始光谱进行预处理。目前已有的光谱预处理方法有很多种，根据预处理的效果可以分为基线校正、散射校正、平滑处理和尺度缩放四类，每一类又包括多种预处理方法。

基线校正是为了扣除仪器背景或漂移对信号的影响，包括一阶导数、二阶导数、连续小波变换(continuous wavelet transform，CWT)等。

散射校正用来消除由于颗粒分布不均匀及颗粒大小不同产生的散射对光谱的影响，包括多元散射校正(multiplicative scatter correction，MSC)、标准正态变量(standard normal variate，SNV)等。多元散射校正首先计算校正集的平均光谱，然后将每条光谱与平均光谱做一元线性回归。标准正态变量是从原始光谱中减去该条光谱的平均值后，再除以校正集光谱的标准偏差。

平滑处理是为了消除光谱信号中的随机噪声，提高样本信号的信噪比。Savitzky-Golay (SG)卷积平滑法是利用多项式对原始光谱移动窗口内的数据进行多项式分解并用最小二乘法进行数据拟合，其实质是一种加权平均法。

尺度缩放是为了消除数据尺度差异过大带来的不良影响，包括中心化、Pareto 尺度化、最大最小归一化、标准化等。中心化是将每个样品光谱减去训练集的平均光谱。Pareto 尺度化是将光谱除以标准偏差的开方。最大最小归一化是将每个光谱点减去所在变量列的最小值后，再除以光谱所在列最大值和最小值的差值。标准化与标准正态变量类似，不同之处在于前者是对光谱的列取平均，后者是对行取平均。

第五鹏瑶等分别用一阶导数、二阶导数、CWT、SNV、MSC、SG 卷积平滑、中心化、Pareto 尺度化、最大最小归一化、标准化对血液近红外光谱数据进行处理后发现，经一阶导数和二阶导数处理后的光谱，明显消除了基线和背景的干扰；经 SNV 和 MSC 处理后的光谱重合度变高，减弱了散射对原始光谱的影响；经 SG 卷积平滑处理后的光谱的噪声明显减弱；经最大最小归一化处理后的光谱都落入了一个特定的区间内，去除了尺寸差异、信息结构不同的干扰。

19.3　机器学习建模

机器学习是一种数据驱动的技术，它从数据挖掘入手，通过引入各种统计模型，并借助计算机技术从大量的数据中发现隐藏的关系和模式，建立数学模型实现数据分析和对未知样本的预测。机器学习使计算机能够通过对数据的学习来解决问题，这使得它正在成为化学实验室工作的重要组成部分。随着仪器自动化技术和化学分析方法的迅速发展，各类化学分析系统会产生更多的相关数据，分析这些数据引发了机器学习的新需求，从而逐步推进机器学习与化学成为新的交叉研究方向。其解决的问题一般可以分成两类：分类问题(或模式识别)和定量回归问题。如图 19.7 所示，机器学习建模通过输入样本特征 X，通过数学算法建立模型，最终目的是实现未知样本的预测。

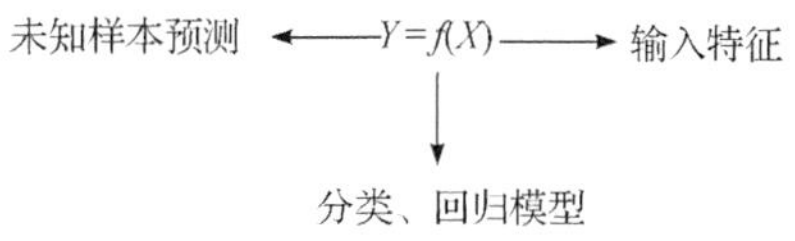

图 19.7　数学建模过程

分类问题基本思路是构造一个分类模型，一般通过两个步骤实现：第一步通过算法对训练样本集进行训练，获得分类规则；第二步，先用已知的测试样本集评估分类规则的准确率，再将该规则应用于未知待测样本集进行预测。就方法而言，一般可分为有监督的学习方法和无监督的学习方法。无监督的学习，即用不带标签的数据进行模型训练，主要方法如主成分分析和聚类分析，用于发现或探索数据的隐藏或内在信息或规律，往往为分类问题服务。有监督的学习方法，基本思路是运用一些分类和回归算法对已知类别的样本进行训练，求取分类器，并用得到的分类器对未知样本进行预测。

定量回归问题一般是通过分析因变量和自变量来确定变量之间的定量关系，建立回归模型，常用的回归方法有一元回归、多元回归、逐步回归、偏最小二乘回归和主成分回归等。

19.3.1　主成分分析

实际数据处理中，经常遇到一个样本由多个特征变量来描述它的情况，且有可能这些变量之间存在一定的相关性或重复性。若变量的数量特别多且这些变量之间存在复杂关系时，计算复杂性就会显著增加。因此，将多个变量去除重复信息，使用其中一些变量或将原变量变换成新的变量，有助于将问题简化，以便进行后续分析。

主成分分析(principal component analysis，PCA)也称主分量分析，是一种简化数据集的技术。它利用一个线性变换，将数据变换到一个新的坐标系中，使数据投影的第一大方差在第一个坐标(第一主成分，PC1)上，第二大方差在第二个坐标(第二主成分，PC2)上，依此类推。通过这种方法，可以将原来相关的若干变量变换成少量不相关的新变量。求主成分的一般步骤如下。

1. 对样本数据的标准化

设有 n 个样品，p 个特征，得到的原始资料为 $n \times p$ 的矩阵：

$$Y = \left(y_{ij}\right)_{n\times p} = \begin{pmatrix} y_{11} & \cdots & y_{1p} \\ y_{21} & \cdots & y_{2p} \\ \vdots & & \vdots \\ y_{n1} & \cdots & y_{np} \end{pmatrix} \tag{19.12}$$

为了实现样本数据的标准化，应求样本数据的平均和方差。样本数据的标准化是基于数据的平均和方差进行的。因为在实际应用中，往往存在指标的量纲不同，所以在计算前须先消除量纲的影响，而将原始数据标准化。

对数据矩阵 Y 做标准化处理，即对每一个指标分量做标准化变换，变换公式为

$$X_{ij} = \frac{Y_{ij} - \overline{Y}_j}{S_j} = \begin{pmatrix} i = 1,2,3,\cdots,n \\ j = 1,2,3,\cdots,p \end{pmatrix} \tag{19.13}$$

其中，样本均值为

$$\overline{Y}_i = \frac{1}{n}\sum_{k=1}^{n} Y_{ki} \tag{19.14}$$

样本标准差为

$$s_j = \sqrt{\frac{1}{n-1}\sum_{k=1}^{n}\left(Y_{ki} - \overline{Y}_i\right)^2} \tag{19.15}$$

得标准化后的数据矩阵为

$$X = \begin{pmatrix} X_{11} & \cdots & X_{1p} \\ X_{21} & \cdots & X_{2p} \\ \vdots & & \vdots \\ X_{n1} & \cdots & X_{np} \end{pmatrix} \tag{19.16}$$

2. 计算相关矩阵

对于给定的 n 个样本，求样本间的相关系数，相关矩阵 R 中的每一个元素由相应的相关系数表示。

$$R = XX' = \begin{pmatrix} 1 & r_{12} & \cdots & r_{1p} \\ r_{21} & 1 & \cdots & r_{2p} \\ \vdots & \vdots & & \vdots \\ r_{p1} & r_{p2} & \cdots & 1 \end{pmatrix} \tag{19.17}$$

其中，

$$r_{ij} = \frac{1}{n-1}\sum_{k=1}^{n} X_{ki} Y_{kj} \tag{19.18}$$

3. 求特征值和特征向量

设求得的相关矩阵为 R，求解特征方程：

$$\left|R - \lambda_i\right| = 0 \tag{19.19}$$

通过求解特征方程，可以得到 m 个特征值 $\lambda_i\left(i = 1,2,\cdots,m\right)$，以及对应于每一个特征值的特征向量：$\alpha_i = \left(\alpha_{i1}, \alpha_{i2}, \cdots, \alpha_{ip}\right)$，$i = 1,2,\cdots,m$，且有 $\lambda_1 \geqslant \lambda_2 \geqslant \lambda_3 \geqslant \cdots \geqslant \lambda_m \geqslant 0$。设相应 λ_i 的特征向量 $A_i = \left(\alpha_{1i}, \alpha_{2i}, \cdots, \alpha_{pi}\right)$，$i = 1,2,\cdots,m$。

4. 求主成分

根据求得的 m 个特征向量，求得 m 个主成分，其通式为

$$F_i = \alpha_{i1}x_1 + \alpha_{i2}x_2 + \cdots + \alpha_{ip}x_p \tag{19.20}$$

式中，F 称为主成分。当 i =1 时，F_1 为第一主成分；当 i = 2 时，F_2 为第二主成分；依此类推，F_i 即为第 i 主成分。求各主成分的关键是求特征值 λ 及其相应的特征向量α。

5. 贡献率和累计贡献率

$\lambda_1 \Big/ \sum_{i=1}^{p} \lambda_i$ 为第一主成分的贡献率。贡献率越大，表明这个主成分综合信息的能力越强。$\sum_{j=1}^{m} \lambda_j \Big/ \sum_{i=1}^{p} \lambda_i$ 为前 m 个主成分的累计贡献率。累计贡献率越大，表明取前几个主成分基本包含了全部测量指标所具有信息的百分数越大。一般如果前几个主成分的累计贡献率较高，则可以认为这几个主成分基本包含原来变量的信息。

6. 画主成分投影图

对于主成分分析后的新特征变量，对所有样本的前两个或前三个主成分进行画图。Anderson 等的工作介绍了收集的 6 种油(菜籽油、玉米油、橄榄油、花生油、芝麻油和葵花籽油)的 ^{1}H-NMR 波谱数据，并用 PCA 识别未知的油样品。每个油样本得到了观测值，它是一个向量(x_1, x_2，…，x_n)，代表化学位移上的信号强度。每个 x_i 都是一个变量，因此每个样本的 NMR 波谱数据由 n 个变量组成。所有的 NMR 数据都经过分箱操作处理后，再进行 PCA 分析。由 PCA 的前三个主成分画出了三维得分图(图 19.8)。图中第一主成分 PC1，代表原始特征 70.6%的信息；第二主成分 PC2，代表原始特征 10.2%的信息；第三主成分 PC3，代表原始特征 8.6%的信息。前三个主成分累计贡献率为 89.4%，即前三个主成分可以代表原始数据 89.4%的信息。所属同类样本显示出较好的聚类，未知样品在空间上与玉米油显示更近距离的位置。

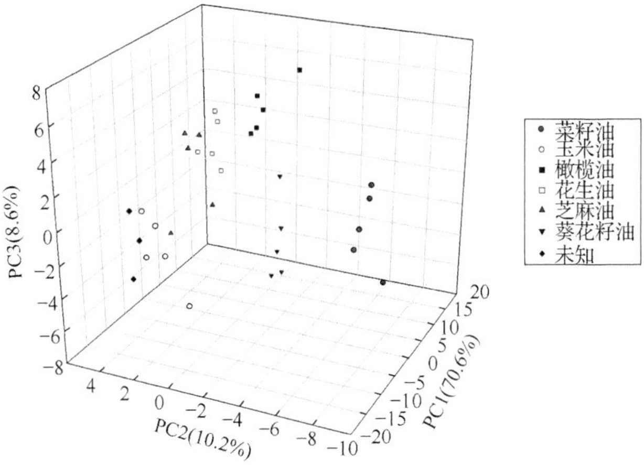

图 19.8　PCA 三维得分图(未知样品为玉米油)

19.3.2　聚类分析

聚类分析(cluster analysis)是一种无监督的学习方法，是在没有给定划分类别的情况下，根据数据相似度将样本数据分成一个个组或簇(group)，同一簇中的数据尽可能具有更高的相似度，而不同簇中的对象特征差别尽可能大，其目标是在数据集中寻找隐藏的模式或分组。聚类分析一般包括层次聚类(hierarchical clustering)、*k* 均值(*k*-means)聚类、*C* 均值聚类、高斯混合聚类和神经网络聚类等。

层次聚类，是通过创建聚类树构建多级聚类层次，分为凝聚型和分裂型(图 19.9)。凝聚型层次聚类，自底向上首先将每个对象作为一个簇，然后将这些原子簇合并为越来越大的簇，直到所有的对象都在一个簇中，或者达到某个终结条件；分裂型层次聚类，自顶向下首先将所有对象放在一个簇中，然后慢慢地细分为越来越小的簇，直到每个对象自行形成一簇，或者直达满足其他的一个终结条件。层次聚类的目的是将样本划分为同质组，使组内相似性比组间的相似性更大。

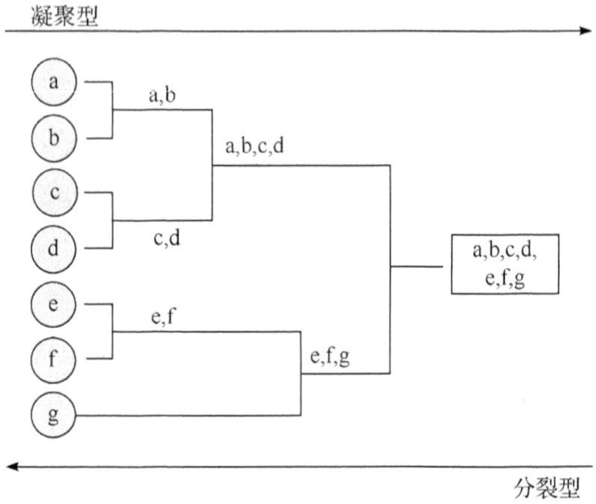

图 19.9　层次聚类处理过程

Gerhardt 等对橄榄油进行基于欧氏距离的层次聚类分析(图 19.10)，数据是 HS-GC-IMS (headspace gas chromatography-ion mobility spectrometry，顶空气相色谱-离子迁移谱)测量的 84 个橄榄油样品(分三类：EVOO、VOO 和 LOO)中的挥发性有机化合物的指纹图谱。

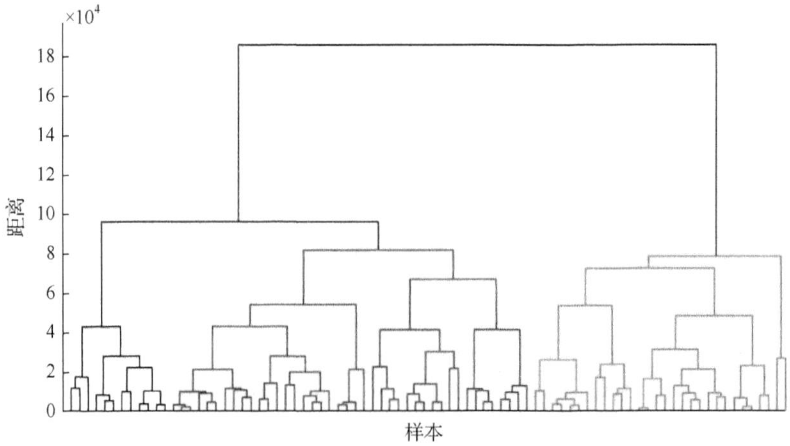

图 19.10　不同种类橄榄油样品的层次聚类分析

基于前 5 个主成分聚类分析结果为：第一类仅由 LOO 样本组成；第二类主要是 EVOO 样本，混入了 VOO 样本(占 35.7%)；第三类主要是 VOO 样本，混入了 LOO 样本(占比 63.3%)，显示了基于该指纹图谱的不同橄榄油样品之间的相似性。

k 均值聚类，也称为快速聚类法，采用距离作为相似性的评价指标，在最小化误差函数的基础上将数据划分为预定的 *k* 类，原理简单，便于处理大量数据。*k* 均值聚类须先随机或指定从样本集中选取 *k* 个点，作为初始聚类中心，这个 *k* 值选取不同可能会导致同样的数据样本得到不同的聚类结果。

19.3.3　*k* 近邻法

k 近邻(*k*-nearest neighbor，*k*-NN)法是最简单的监督机器学习分类器。它通过计算每个训练样本到预测样本的距离(邻近度)，在与预测样本距离最近的 *k* 个训练样本中，哪个类别的训练样本数量占多数，则判定预测样本属于哪个类别。所以在 *k* 近邻法中，*k* 值的选择非常重要，且只与相邻的样本有关，可以避免样本不平衡的问题，一般步骤如下：

(1) 计算预测样本与每个训练样本的距离。

(2) 选取 *k* 值，根据距离得到预测样本的 *k* 个最邻近训练样本。

(3) 重复(1)、(2)步骤，得到每个预测样本的 *k* 个最邻近训练样本。

(4) 统计得到 *k* 个最邻近训练样本的每个类别出现的频率。

(5) 选择出现频率最高的类别作为预测样本的类别。

James 等描述了一种将机器学习应用于光谱分类的方法，虽然文中仅使用了 FTIR 和质谱，但同样可以应用于紫外-可见光谱、拉曼光谱、核磁共振波谱或任何其他类型的光谱。该工作利用 *k*-NN、SVM 和 LDA 分类器识别四种水果，数据来自 FTIR 和质谱。每个学习模型都在 1000 次不同的运行中进行了训练和测试，每次运行的数据集以 80∶20 的比例随机分为训练集和测试集，以最大限度地减少因选择特定训练数据点而产生的偏差。图 19.11 用混淆矩阵显示了使用机器学习算法和质谱数据判别水果所属类别的最终结果。混淆矩阵的每一行代表真实类别，每一行的总数表示该类别的真实样本数量；每一列代表预测类别，每一列的总数表示被预测为该类别的样本数量，每一列中的数值表示真实样本被预测为该类的数目。例如，*k*-NN 混淆矩阵图中，第一行第一列中的 11064 表示有 11064 个实际柠檬被预测为柠檬，同理，第一行第二列的 936 表示有 936 个实际柠檬被错误地预测为酸橙。

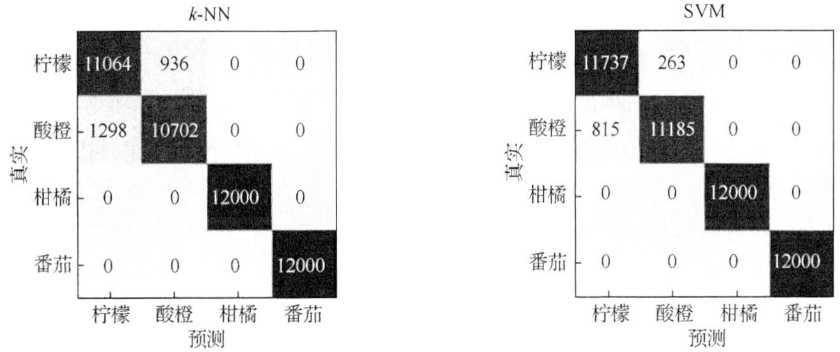

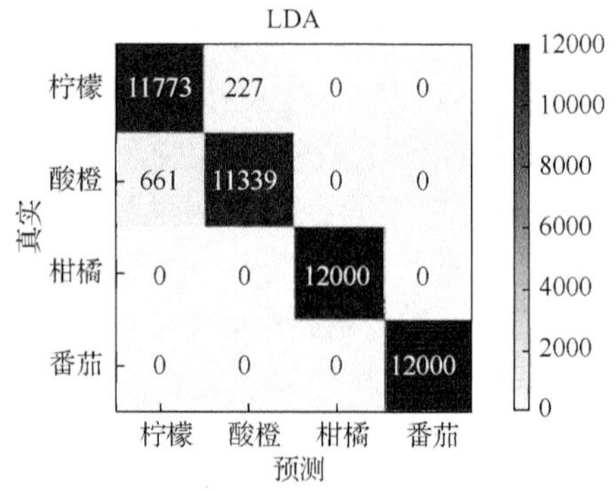

图 19.11　混淆矩阵显示 *k*-NN、SVM、LDA 三种监督机器学习分类算法预测水果质谱

19.3.4　随机森林

2001 年，Breiman 提出了一种基于模型聚合思想的随机森林算法(random forest)，利用分类回归树(classification and regression trees，CART)决策树组合进行分类和预测。决策树(decision tree)作为随机森林算法的基本分类器，是一种倒立树分类器(可以是二叉树或非二叉树)。决策树顶部的根节点表示整个数据集，每个非叶节点表示一个特征属性上的测试，每个分支代表这个特征属性在某个值域上的输出，而每个叶节点存放一个类别。使用决策树进行决策的过程就是从根节点开始，测试待分类项中相应的特征属性，并按照其值选择输出分支，直到到达叶子节点，将叶子节点存放的类别作为决策结果。决策树使用属性选择度量选择最佳的属性来分割数据集，从而构建出泛化能力强的决策树。决策树选择算法有很多种，如 CLS、ID3、C4.5 和 CART 等。由于 CART 决策树在连续变量和速度上表现良好，因此被选为随机森林模型的基本分类器。CART 算法是一种二元递归分割技术，将当前样本划分为两个子样本，使得生成的每个非叶子节点都有两个分支，因此 CART 算法生成的决策树是结构简洁的二叉树。它在每一步的决策时只能是“是”或“否”。

随机森林算法的步骤如下：

(1) 用有抽样放回的方法从样本集中选取多个样本作为一个训练集。

(2) 用抽样得到的训练集构建决策树；在生成的每一个节点，随机不重复地选择 d 个特征，利用这 d 个特征分别对样本集进行划分，找到最佳的划分特征。

(3) 重复步骤(1)到步骤(2)共 n 次，n 为决策树的个数，这 n 棵决策树形成随机森林。

(4) 用训练得到的随机森林对测试样本进行预测，并用票选法决定预测的结果。

Thrall 等介绍了运用机器学习方法对模拟得到的 2337 个分子的红外光谱区分是否含有羰基(含羰基化合物的红外光谱在 1870～1540 cm^{-1} 处表现为羰基强伸缩振动)。他们建立了决策树、随机森林算法、*k*-NN 和高斯朴素贝叶斯(Gaussian Naive Bayes)四种机器学习模型，其中 90%分子作为训练数据，10%分子作为测试数据。随机森林和 *k*-NN 的准确性(正确预测总数的比例)、灵敏度(正确识别的实际阳性样本的比例)和特异性(正确识别的实际阴性样本的比例)大于 95%。Gaussian Naive Bayes 模型在性能上较低，准确率为 85%。在机器学习之前，对训练和测试集的光谱数据进行了处理：首先将每个分子的光谱强度归一化(0～1)；接下来执行阈值操作，去除较弱的振动模式，低于指定阈值的强度值被设置为 0；然后将以每个频率的光谱强度和标签(0 或 1 表示羰基是否存在)作为两个不同的变量；最后执行了数据平衡步骤(通常假设训练样本在类之间均匀分布，避免分类模型偏向大多数类)。

19.3.5 支持向量机

支持向量机(support vector machine，SVM)是由 Vapnik 等于 1995 年提出的一种分类算法，其基本思想是运用与分类器平行的两个平面分开两类不同的数据，且穿过两类数据区域集中的点，寻找最优分类平面使之与两个平面的距离最大，从而实现分类总误差最小。这降低了模型的复杂性。SVM 关注难以分类的点，在模型复杂性和学习能力之间寻求最佳折中以期来提高模型的泛化能力。因此，只需少量样本来构建分类界面，在小样本、非线性和高维模式识别中有特别的优势。一般分为线性可分和线性不可分两种情况。

数据为线性可分，即两类样本能被一个线性函数分开，否则就称为线性不可分，即非线性。对于线性可分的情况，解决的方法是要构建最优分类平面(图 19.12)，该平面由方程表示(其中 w 为权重向量，x 为输入数据，b 为偏差)，即相同的样本都能落在平面的同一侧。

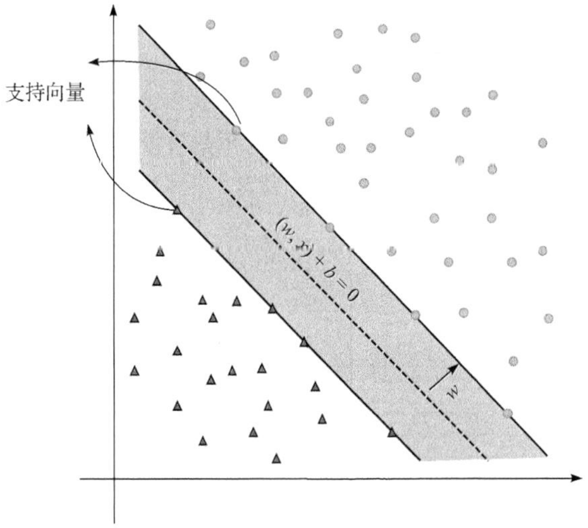

图 19.12 支持向量机最优分类面(线性可分)

对于非线性情况，一般的处理方法是选择一个核函数将输入空间映射到更高维的特征空间，最终在高维空间构造出一个可分隔的超平面，从而将不好分的非线性数据分开。核函数的基本作用是将低维空间的向量经过变换，计算其在高维空间的向量内积值。根据数据及目标的不同，需要选择不同类型的核函数(kernel)，如多项式核函数、高斯核函数、径向基核函数及 Sigmoid 核函数等。Gerhardt 等用基于高斯核函数的 SVM 模型对橄榄油进行了分类(图 19.13)，数据是 84 个橄榄油样本的 HS-GC-IMS 数据，每个样本有 10 个数据(原始数据先进行 PCA 分析，再取 PCA 分析后的前 10 个主成分)，其总体分类准确率达到了 88.1%。SVM 的预测能力通过未用于模型构建的独立测试集来显示，包含 10 个橄榄油样品(图 19.13 中的 Test-Set)。

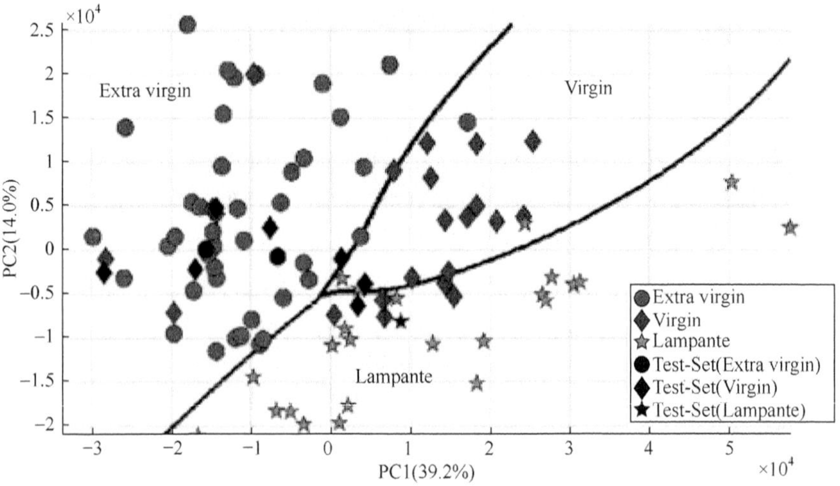

图 19.13　基于高斯核函数的 SVM 模型

Virgin 表示初榨橄榄油；Extra virgin 表示特级初榨橄榄油；Lampante 表示精炼橄榄油；Test-Set 表示测试集

19.3.6　神经网络

人工神经网络(artificial neural network，ANN)是一种模拟生物大脑神经突触连接的结构而进行信息处理的数学模型，由一系列的节点相互连接而成。目前已有近 40 种神经网络模型，常用的有 BP(back propagation，反向传播)神经网络、径向基函数神经网络、自组织特征映射神经网络等。感知器是最简单的人工神经网络模型，其原理见图 19.14。其中，x_1、x_2、…、x_n 为输入信号，w_1、w_2、…、w_n 为相应的权重值，y 为输出信号。

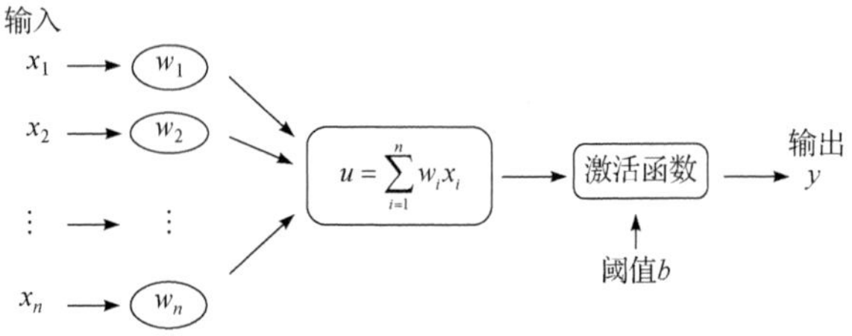

图 19.14　感知器模型

人工神经网络的功能是分析大量输入的相关数据集，以识别一组最能描述数据集中相关性的相应权重。当数据非常大且相关性不明显时，这尤其有用。人工神经网络的性能随着数据集的大小和神经网络结构的优化而提高。人工神经网络至少存在三个层：接收信息的输入层，返回信息的输出层，以及处理信息的一个或多个隐藏层。人工神经元被组织在输入和输出之间的“层”中，每一层由数量可变的神经元组成，这也取决于输入和输出的性质。第一层的每个神经元接收输入，并通过应用权重将其传递给下一层的神经元，其识别和优化是计算(“学习”)过程的范围(图 19.15)。

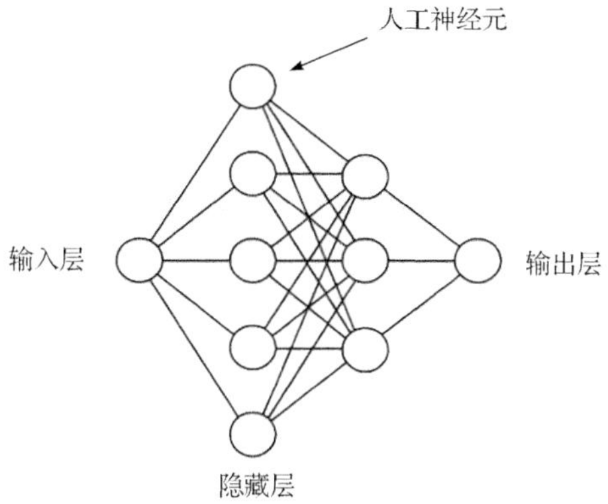

图 19.15　ANN 结构

Revignas 等介绍了一种运用人工神经网络模型定量地将金纳米颗粒(Au NP)比色传感器的吸收与谷胱甘肽(GSH)分析物浓度联系起来的方法。使用 Au NP 检测 GSH，随着 GSH 浓度的增加，Au NP 的双电层发生变化，导致颗粒聚集，产生可测量的颜色变化。共收集了 256 个紫外-可见光谱，利用它们来构建训练集(70%的光谱)和测试集(30%的光谱)。在训练模型中，ANN 的层结构为输入层 100 个神经元，隐藏层 60 个神经元，输出层 1 个神经元(图 19.16)；输入层 100 个节点对应于紫外-可见光谱中 100 个等间隔波长的吸光度。输出层的单个节点对应于该光谱的 GSH 浓度。最后，这个 ANN 模型被应用于未知的 GSH 溶液的光谱，用于提供未知浓度预测。

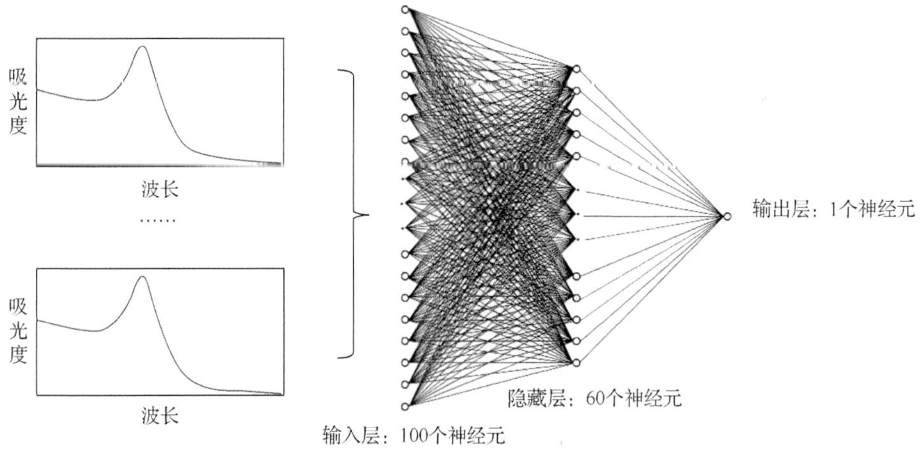

图 19.16　紫外-可见光谱的 ANN 训练模型

19.3.7　多元线性回归

回归分析是确定两个或两个以上变量之间相互依赖的定量关系的一种统计分析方法。回归分析通过规定因变量(Y)和自变量(X)来确定变量之间的关系，建立回归模型，并根据实测数据来求解模型的各参数，然后评价回归模型是否能够很好地拟合实测数据。如果能够很好地拟合，则可以根据自变量做进一步预测。根据变量个数，可将回归方法分为一元回归和多元回归；根据回归函数的类型，可分为线性回归和非线性回归。例如，若只包括一个自变量和因变量，且二者关系可以用一条直线近似表示，称为一元线性回归。仪器分析中的定量分析，最常采用的标准曲线法就属于一元线性回归。若包含两个或两个以上的自变量，且自变量和因变量之间是线性关系，则称为多元线性回归。

多元线性回归(multiple linear regression, MLR)是一种研究多个自变量与因变量之间线性关系的统计学方法，它将纯组分灵敏度系数构成的矩阵直接代替化学测量模型中的系数矩阵，然后求未知组分浓度。若用 X 表示测量数据矩阵(样本数为 m，变量数为 n)，y 表示 m 个样本的目标值向量，其 MLR 模型表示为

$$y = X\beta + \varepsilon \tag{19.21}$$

式中，β 为回归系数；ε 为模型误差。β 通过下式计算：

$$\beta = (X^{\mathrm{T}}X)^{-1}X^{\mathrm{T}}y \tag{19.22}$$

式中，用 T 表示矩阵 X 的转置，−1 表示矩阵的逆。如果用于建模的训练集样本的目标组分浓度值已知，就可以使用 MLR 方法建立定量模型，从而对未知样本的目标组分浓度值进行预测。

19.3.8 偏最小二乘

偏最小二乘(partial least squares，PLS)法在 20 世纪 60 年代末由 Wold 提出，80 年代开始应用于化学研究，是一种将高维空间信息投影到由几个隐含变量组成的低维信息空间的多变量回归方法，常用于在多重共线性、冗余和噪声影响预测因子的情况下对多元响应进行回归。偏最小二乘法是建立在 X(自变量)与 Y(因变量)矩阵基础上的双线性模型。从自变量和因变量中提取潜变量，建立自变量的潜变量关于因变量的潜变量的线性回归模型，从而间接反映自变量与因变量之间的关系。从自变量和因变量中提取潜变量的方法有很多种，常用的如主成分法、迭代法、奇异值分解等。提取潜变量满足以下条件：两组潜变量分别最大限度地承载自变量和因变量的变异信息，二者之间的协方差最大化。

PLS 的基本思路是对每个 X 矩阵的潜变量方向进行修改，使它与 Y 矩阵间的协方差最大，即在原回归方程中删去特征值近似为零的项，其 X 和 Y 矩阵分别按式(19.23)和式 (19.24)分解为较小的矩阵：

$$X = TP' + E = \sum t_\alpha p'_\alpha \tag{19.23}$$

式中，T 为 X 的得分矩阵；t_α 为得分向量；P' 为 X 的载荷矩阵；p'_α 为相应的载荷向量；E 为残差矩阵，是 X 中无法用 α 个潜变量 t 反映的部分。

$$Y = UQ' + F = \sum u_\alpha q'_\alpha \tag{19.24}$$

式中，U 为 Y 的得分矩阵；u_α 为得分向量；Q' 为 Y 的载荷矩阵；q'_α 为相应的载荷向量；F 为残差矩阵，是 Y 中无法用 α 个潜变量 u 反映的部分。

PLS 对每一维度的计算采用迭代的方法进行，在迭代计算中互相利用对方的信息，每一次迭代不断根据 X、Y 的剩余信息(即其残差矩阵)调整 t_α、u_α 进行第二轮的成分提取，直到残余矩阵中的元素绝对值近似为零，回归式的精度满足要求，则算法停止。此

时得到的 t_α、u_α 能同时最大限度地表达 X 和 Y 的方差，由此得到的系数能更好地反映 X 和 Y 的关系。

Lu 等结合偏最小二乘法与紫外分光光度法同时测定了高聚物黏结炸药(polymer bonded explosive，PBX)中的太安(PETN)、黑索今(RDX)和 2, 4, 6-三硝基甲苯(TNT)的含量。高聚物黏结炸药是一种混合炸药，一般以高能单体炸药作为主体，再以橡胶、塑料等高聚物材料作为黏结剂和一些添加剂混合制成。PETN、RDX 和 TNT 这三种炸药的紫外吸收光谱图重叠严重，若不对混合炸药各成分做分离的情况下，会影响紫外吸收光谱对各炸药成分含量的准确测定(图 19.17)。在这种情况下，可以引入 PLS 算法通过数学分离代替化学分离，在不分离混合物成分的前提下，测定不同浓度组成的标准混合物的紫外吸收光谱，以此作为 PLS 模型的自变量，而混合物中各成分含量作为因变量，建立 PLS 定量模型。利用此模型输入未知 PBX 混合炸药的紫外吸收光谱可快速实现对各炸药成分含量的同时预测。这样做可避免对混合炸药进行烦琐的分离和提纯，节省了分析时间和成本。

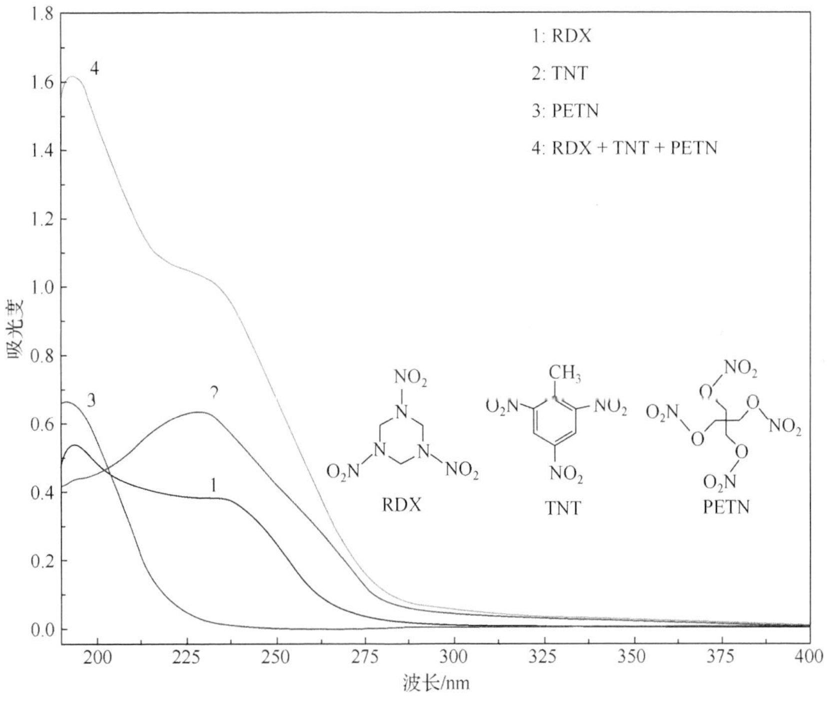

图 19.17　PETN、RDX 和 TNT 及混合溶液的紫外吸收光谱

19.3.9　深度学习

深度学习(deep learning)是机器学习的一个新分支和一类重要方法，其主要思想是对多层人工神经网络进行学习获得自动特征提取和模式识别能力，近年来已经成为机器学习领域的主导力量。与传统机器学习算法相比，它类似于大脑的结构，具有多个相互连接的层和神经元的堆叠，且拥有在不需要人工干预的情况下自动提取隐藏数据结构以及相关模式的能力。但深度学习算法需要大量的数据，当传统方法不能提供令人满意的结

果或数据量非常大时，尝试深度学习是有必要的。它包含了一个大的算法家族，如自动编码器(autoencoders，AEs)、深度神经网络(deep neural network，DNN)、卷积神经网络(convolutional neural network，CNN)等。近年来，由于其前所未有的探索大量数据以及提取有意义的隐藏结构的能力，深度学习模型已应用于化学领域，实现从高维复杂的化学测量数据中提取定性和定量信息。例如，色谱峰在洗脱时间轴上的形状和位置都可能发生变化，对大量气相色谱数据的分析就非常耗时，Risum 等使用深度学习来评估处理这些色谱峰形状的变化，并与 PLS-DA、局部加权回归(locally weighted regression，LWR)及 ANN 进行性能比较，来探索自动化处理 GC-MS 数据。训练集模型包含 8 个 GC-MS 数据集，总共超过 70000 个洗脱剖面样本，另外使用一个独立的 GC-MS 数据集进行验证。其结果表明，所有模型都能够很好地分类，但深度学习网络表现更好。深度学习为大量的 GC-MS 数据自动评估洗脱剖面的性质提供了一种可选择的方法。

19.3.10　依托软件

机器学习应用的核心是处理大型数据集的能力和需求，随着硬件和软件技术的进步，使机器学习在物理、化学科学和工程领域的应用逐渐扩大。这些数据信息的处理和分析运用 Python、C++、R、MATLAB 等语言或软件工具完成，它们几乎都提供了常用机器学习方法的工具库。R 是一个免费软件，具有 Unix、Linux、MacOS 和 Windows 版本，都是可以免费下载和使用的，其功能包括：数据存储和处理系统、数组运算工具、完整连贯统计分析工具、游戏的统计制图功能等。MATLAB 是矩阵实验室(matrix laboratory)的简称，是一款商业软件，用于算法开发、数据可视化、数据分析及数值计算的高级技术计算语言和交互式环境。它还是一个包含大量计算算法的集合，拥有多个数学运算函数，可以非常方便地实现各种计算功能，其应用范围十分广泛，涉及信号和图像处理、通信和控制系统设计、财务建模和分析、计算生物学等众多应用领域。Python 译为“蟒蛇”，是一种面向对象的编程语言，广泛用于各种用途。Python 也是免费和开源的，它还有大量的 Python 在线资源以及一个庞大的用户社区。其中，Scikit-learn 是一个广泛使用的机器学习库，提供了许多常见的机器学习算法和工具，如分类、回归、聚类、降维等。这些编程语言和软件，网络上已经有很多资源及学习经验，非常有利于大家的学习和经验累积。

习题与拓展

1. 数据预处理的目的是什么？多维数据样本标准化可以采取哪些方法？
2. 通过哪些方法可以从多维数据中提取有用信息？
3. 机器学习应用于数据处理的条件是什么？有什么优势？
4. 分类和回归问题有什么区别？
5. 拓展练习：

(1) 查阅一篇机器学习与仪器分析相结合的科研文献，结合本章的知识点对文献进行解读，需包括：简要的文献总结、章节知识点与文献内容的关联以及拓展的思路。

(2) ChatGPT 是 OpenAI 研发的一款聊天机器人程序，于 2022 年 11 月 30 日发布后火遍全球，作为一种新兴的人工智能技术，已经在各个领域中都展示了诱人的应用潜力。查阅资料，写一篇 ChatGPT 在化学领域中的应用报告，需给出实例和列出相应的参考文献。

参考文献

第五鹏瑶, 卞希慧, 王姿方, 等. 2019. 光谱预处理方法选择研究. 光谱学与光谱分析, 39(9): 2800-2806.

何为, 薛卫东, 唐斌. 2012. 优化试验设计方法及数据分析. 北京：化学工业出版社.

李梦龙, 文志宁, 李益洲, 等. 2018. 化学信息学. 2 版. 北京：化学工业出版社.

李昕. 2017. MATLAB 数学建模. 北京：清华大学出版社.

卓金武, 王鸿钧. 2018. MATLAB 数学建模方法与实践. 3 版. 北京：北京航空航天大学出版社.

Anderson S L, Rovnyak D, Strein T G. 2017. Identification of edible oils by principal component analysis of ^{1}H NMR spectra. Journal of Chemical Education, 94(9): 1377-1382.

Debus B, Parastar H, Harrington P, et al. 2021. Deep learning in analytical chemistry. TrAC Trends in Analytical Chemistry, 145: 116459.

Gerhardt N, Schwolowa S, Rohn S, et al. 2019. Quality assessment of olive oils based on temperature-ramped HS-GC-IMS and sensory evaluation: Comparison of different processing approaches by LDA, *k*-NN, and SVM. Food Chemistry, 278: 720-728.

James A G S, Hand L, Mills T, et al. 2023. Exploring machine learning in chemistry through the classification of spectra: An undergraduate project. Journal of Chemical Education, 100(3): 1343-1350.

Lu T, Wen Z N, Wang L, et al. 2015. Quantitative determination on binary-component polymer bonded explosives: A joint study of ultraviolet spectrophotometry and multivariate calibration methods, chemometrics and intelligent laboratory system. Chemometrics and Intelligent Laboratory System, 147: 131-138.

Revignas D, Amendola V. 2022. Artificial neural networks applied to colorimetric nanosensors: An undergraduate experience tailorable from gold nanoparticles synthesis to optical spectroscopy and machine learning. Journal of Chemical Education, 99(5): 2112-2120.

Risum A B, Bro R. 2019. Using deep learning to evaluate peaks in chromatographic data. Talanta, 204: 255-260.

Thrall E S, Lee S E, Schrier J, et al. 2021. Machine learning for functional group identification in vibrational spectroscopy: A pedagogical lab for undergraduate chemistry students. Journal of Chemical Education, 98(10): 3269-3276.

人工智能助力仪器分析

附　　录

附表 1　典型有机化合物主要官能团的红外特征吸收频率（σ）

单位：cm^{-1}

化合物	基团	X—H 伸缩振动区	三键区	双键伸缩振动区	部分单键振动
烷烃	—CH_3	ν_{CH}^{as}：2962±10(s) ν_{CH}^{s}：2872±10(s)			δ_{CH}^{as}：1450±10(m) δ_{CH}^{s}：1375±10(s)
	—CH_2—	ν_{CH}^{as}：2926±10(s) ν_{CH}^{s}：2853±10(s)			δ_{CH}：1465±20(m)
	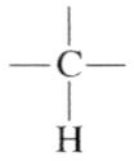	ν_{CH}：2890±10(w)			δ_{CH}：约 1340(w)
烯烃	CH_2═CHR	ν_{CH}^{as}：3082±10(m) ν_{CH}^{s}：3020±10(m)		$\nu_{C=C}$：1695～1630(m)	δ_{CH}：995～985(s) δ_{CH_2}：1010～650(s)
	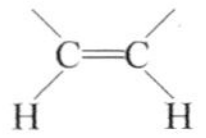	ν_{CH}：3040～3010(m)		$\nu_{C=C}$：1695～1540(m)	δ_{CH}：1310～1295(m) τ_{CH}：740～665(s)
	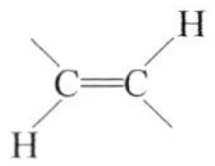	ν_{CH}：3040～3010(m)		$\nu_{C=C}$：1695～1540(w)	τ_{CH}：970～660(s)
炔烃	—C≡C—H	ν_{CH}：约 3300(m)	$\nu_{C≡C}$：2270～2100(m)		γ_{CH}：645～615(s)

续表

化合物	基团	X—H 伸缩振动区	三键区	双键伸缩振动区	部分单键振动
芳烃		ν_{CH}：3100～3000(m)		泛频：2000～1667(w) $\nu_{C=C}$：1650～1430(m) 通常 2～4 个峰： 1600±20 1580±10 1500±25 1450±20	δ_{CH}：1250～1000(w) τ_{CH}：910～665(s)代表取代位置如下： 单取代：770～730(vs) 邻二取代：770～735(vs) 间二取代：810～750(vs) 725～680(m) 900～860(m) 对二取代：860～780(vs)
醇	R—OH	ν_{OH}：3700～3200(m)			δ_{OH}：1410～1260(w) β_{OH}：1250～1000(s) 伯醇约 1050(s) 仲醇约 1100(s) 叔醇约 1150(s) δ_{OH}：750～650(s)
酚	Ar—OH	ν_{OH}：3705～3125(s)		$\nu_{C=C}$：1650～1430(m)	δ_{OH}：1390～1315(m) $\nu_{C=O}$：1335～1165(s)
脂肪醚	R—O—R′				$\nu_{C=O}$：1230～1010(s)
酮	R—C(=O)—R′			$\nu_{C=O}$：约 1715(vs)	ν_{C-C}：1250～1030

续表

化合物	基团	X—H 伸缩振动区	三键区	双键伸缩振动区	部分单键振动
饱和链状酮	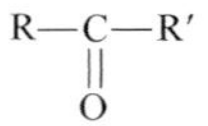			$\nu_{C=O}$：1725～1705(s)	
α,β-不饱和酮	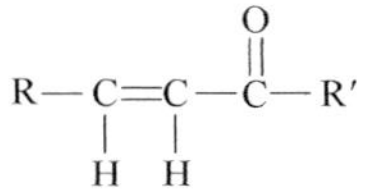			$\nu_{C=O}$：1690～1675 (s)	
芳香酮	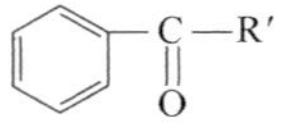			$\nu_{C=O}$：1700～1630 (s)	
醛	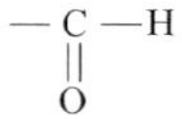			$\nu_{C=O}$：约 1725(vs)	
饱和脂肪醛		双峰 ν_{CH}：约 2820，约 2720(w)		$\nu_{C=O}$：约 1725(s)	δ_{CH}：975～780(m)
芳香醛	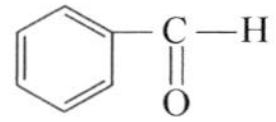			$\nu_{C=O}$：约 1695(s)	
羧酸	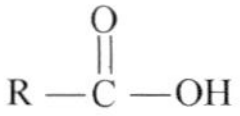	ν_{OH}：3400～2500(m)		$\nu_{C=O}$：1740～1690(m)	δ_{OH}：1450～1410(w) ν_{CO}：1266～1205(m)
链酸酐	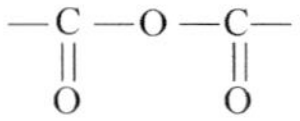			$\nu_{C=O}^{as}$：1850～1880(s) $\nu_{C=O}^{s}$：1780～1740(s)	ν_{CO}：1170～1050(s)
环酸酐				$\nu_{C=O}^{as}$：1870～1820(s)	

续表

化合物	基团	X—H 伸缩振动区	三键区	双键伸缩振动区	部分单键振动
酯	—C(=O)—O—R			$\nu_{C=O}$：1744～1739(s)	
正常饱和酯	R—CH₂—C(=O)—O—R′	泛频 $\nu_{C=O}$：约 3450(w)		$\nu^{s}_{C=O}$：1780～1740(s)	ν_{COC}：1300～1000(s)
α,β-不饱和酯	H_2C=CH—C(=O)—O—R			$\nu_{C=O}$：约 1720(s)	
胺	—NH_2	双峰 ν_{NH_2}：3500～3300(m)		δ_{NH}：1650～1590(s, m)	ν_{CN}(脂肪)：1220～1020(m, w) ν_{CN}(芳香)：1340～1250(s)
	—NH	ν_{NH}：3500～3300(m)		δ_{NH}：1650～1550(vw)	ν_{CN}(脂肪)：1220～1020(m, w) ν_{CN}(芳香)：1350～1280(s)
酰胺	—C(=O)—NH_2	ν^{as}_{NH}：3350±10(s)		$\nu_{C=O}$：1680～1650(s)	ν_{CN}：1420～1400(m)
	—C(=O)—NHR	ν^{s}_{NH}：3180±10(s)		δ_{NH}：1650～1250(s)	τ_{NH_2}：750～600(m)
	—C(=O)—NRR′	ν_{NH}：3270±10(s)		$\nu_{C=O}$：1680～1630(s) $\delta_{NH}+\delta_{CN}$：1750～1515(m) $\nu_{C=O}$：1670～1630	$\delta_{NH}+\delta_{CN}$：1310～1200(m)
酰卤	—C(=O)—X			$\nu_{C=O}$：1810～1790(s)	

续表

化合物	基团	X—H 伸缩振动区	三键区	双键伸缩振动区	部分单键振动
腈	—C≡N		ν_{CN}：2260～2240(s)		
α, β-芳香腈	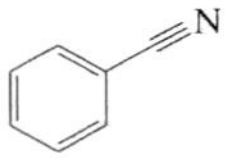		ν_{CN}：2240～2220(s)		
α, β-不饱和腈	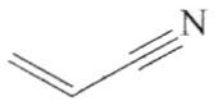		ν_{CN}：2235～2215(s)		
硝基化合物	$R—NO_2$			$\nu^{as}_{NO_2}$：1565～1543(s)	$\nu^{s}_{NO_2}$：1385～1360(s) ν_{CN}：920～800(m)
	$Ar—NO_2$			$\nu^{as}_{NO_2}$：1550～1510(s)	$\nu^{s}_{NO_2}$：1365～1335(s) ν_{CN}：860～840(s) 不明：约 750(s)
吡啶	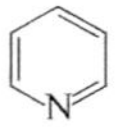	ν_{CH}：约 3030(w)		$\nu_{C=C}$，$\nu_{C=N}$：1667～1430(m)	δ_{CH}：1175～1000(w) τ_{CH}：910～665(s)
嘧啶	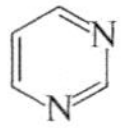	ν_{CH}：3060～3010(w)		$\nu_{C=C}$，$\nu_{C=N}$：1580～1520(m)	δ_{CH}：1000～960(m) τ_{CH}：825～775(m)

注：vs、s、m、w、vw 分别定性地表示吸收强度很强、强、中、弱、很弱。

附表 2　常见质子化学位移

质子类型	取代基 R	δ/ppm
CH_4	—	0.23
CH_3—R	—C—C—	0.8～1.5
	—C═C—	1.5～2.4
	—C≡C—	1.8～2.2
	—C═O	2.0～2.3
	—Ar	2.0～2.8
	—Cl	3.2～3.5
	—Br	2.6～2.8
	—I	2.1～2.3
	—O—	3.3～4.3
C—CH_2—R	—C—C—	1.2～1.5
	—C═C—	1.7～2.7
	—C≡C—	1.9～3.0
	—C═O	2.1～2.5
	—Ar	2.4～2.8
	—Cl	3.6～3.8
	—Br	3.4～3.6
	—I	3.2～3.5
	—O—	3.5～4.5
CO—CH_2—R	—C═O	2.7～4.0
	—C═C—	2.5～4.0
	—C≡C—	2.5～3.6
O—CH_2—R	—C═O	4.0～5.6
	—C═C—	4.0～5.3
	—O—	4.2～5.0
	—Ar	4.2～5.0
C═C—CH_2—R	—C═C—	3.2～4.4
	—C≡C—	3.2～4.4
—CH—R	—	1.5～5.0
CH_2═	—	4.4～6.6
HC≡C	—	2.0～3.2
Ar—CH_2—R	—C═C—	3.2～4.1
	—C≡C—	3.2～4.1
	—Ar	3.2～4.1
Ar—H	—	6.6～7.6

续表

质子类型	取代基 R	δ/ppm
RCHO	—C—C—	9.0～10.0
	—C═O	9.0～10.2
	—C═C—	9.0～10.2
	—C≡C—	9.0～10.2
	—O—	7.8～8.6
	—Ar	9.0～10.2
ROH	—C—C—	0.5～5.5
RSH	—C—C—	0.9～2.5
ArOH		4～8
RCOOH	—C—C—	10.0～13.2
RSO_3H	—C—C—	1.1～1.3
RNH_2，R_2NH	—C—C—	0.4～3.5
	—Ar	2.9～4.8
$—CONH_2$		5～6.5
—CONHR	—C—C—	6～8.2
	—Ar	7.8～9.4

附表 3　质谱中常见的碎片离子

m/z	相关基团
14	CH_2^+
15	CH_3^+
16	O^+
17	OH^+
18	H_2O^+, NH_4^+
19	H_3O^+
26	$C_2H_2^+$, CN^+
27	$C_2H_3^+$
28	$C_2H_4^+$, CO^+, N_2^+, $CH{=}NH^+$
29	$C_2H_5^+$, CHO^+
30	$CH_2{=}NH_2^+$, NO^+
31	$CH_2{=}OH^+$, OCH_3^+
32	O_2^+
33	SH^+, CH_2F^+
34	H_2S^+
35/37（3：1）	Cl^+
36/38（3：1）	HCl^+
39	$C_3H_3^+$
40	$C_3H_4^+$, $CH_2C{=}N^+$, Ar^+
41	$C_3H_5^+$, $CH_2C{=}NH^+$, $C_2H_2NH^+$
42	$C_3H_6^+$, $C_2H_2O^+$
43	$C_3H_7^+$, CH_3CO^+, $C_2H_5N^+$
44	$C_2H_6N^+$, CO_2^+, $C_3H_8^+$, $CH_2{=}CH(OH)^+$, $C{=}O{=}NH_2^+$
45	$CH_3CH{=}OH^+$, $CH_2{=}O^+CH_3$, $CH_2CH_2OH^+$, $COOH^+$
46	NO_2^+
47	CH_2SH^+, CH_3S^+
48	CH_3S^+H
49/51（3：1）	CH_2Cl^+
50	$C_4H_2^+$
51	$C_4H_3^+$, CHF_2^+
53	$C_4H_5^+$
54	$CH_2CH_2CN^+$
55	$C_4H_7^+$, $CH_2{=}CHC{=}O^+$
56	$C_4H_8^+$
57	$C_4H_9^+$, $C_2H_5C{=}O^+$

续表

m/z	相关基团
58	$CH_2{=}C(OH)CH_3^{+}$, $C_3H_8N^{+}$, $C_2H_2S^{+}$
59	$COOCH_3^{+}$, $CH_2{=}C(OH)NH_2^{+}$, $C_2H_5CH{=}OH^{+}$,$CH_2{=}O^{+}C_2H_5$ 及其异构体
60	$CH_2{=}C(OH)OH^{+}$, CH_2ONO^{+}
61	$CH_3CO(OH_2)^{+}$, $CH_2CH_2SH^{+}$, $CH_2S^{+}CH_3$
65	
66	$H_2S_2^{+}$
67	$C_5H_7^{+}$
68	$CH_2CH_2CH_2CN^{+}$
69	$C_5H_9^{+}$, CF_3^{+}, $C_3H_5CO^{+}$
70	$C_5H_{10}^{+}$, $C_3H_5COH^{+}$
71	$C_5H_{11}^{+}$, $C_3H_7CO^{+}$
72	$CH_2{=}C(OH)C_2H_5^{+}$, $C_3H_7CH{=}NH_2^{+}$及其异构体
73	$C_4H_9O^{+}$, $COOC_2H_5^{+}$, $(CH_3)_3Si^{+}$
74	$CH_2{=}C(OH)OCH_3^{+}$
75	$C_2H_5CO(OH_2)^{+}$, $(CH_3)_2Si{=}OH^{+}$, $CH_2SC_2H_5^{+}$, $(CH_3)_2CSH^{+}$
76	$C_6H_4^{+}$
77	$C_6H_5^{+}$
78	$C_6H_6^{+}$
79	$C_6H_7^{+}$
79/81（1：1）	Br^{+}
80/82（1：1）	HBr^{+}
80	$C_5H_6N^{+}$, CH_3SSH^{+}
81	$C_5H_5O^{+}$, $C_6H_9^{+}$
82	$(CH_2)_4CN^{+}$, CCl_2^{+}, $C_6H_{10}^{+}$
83	$C_6H_{11}^{+}$
83/85/87（9：6：1）	$CHCl_2^{+}$
85	$C_6H_{13}^{+}$ $C_4H_9C{=}O^{+}$, $CClF_2^{+}$, 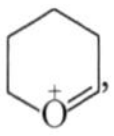, 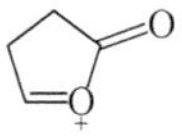
86	$CH_2{=}C(OH)C_3H_7^{+}$, $C_4H_9CH{=}NH_2^{+}$及其异构体
87	$COOC_3H_7^{+}$, $CH_2{=}CHC({=}OH^{+})OCH_3$
88	$CH_3COOC_2H_5^{+}$
90	$CH_3CHONO_2^{+}$
91	$C_7H_7^{+}$, $(CH_2)_4Cl^{+}$

续表

m/z	相关基团
92	$C_7H_8^+$, $C_6H_6N^+$
91/93（3∶1）	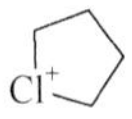
93/95（1∶1）	CH_2Br^+
94	$C_6H_6O^+$, 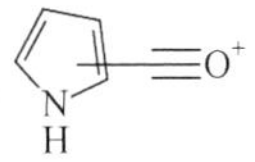
95	$C_6H_7O^+$, 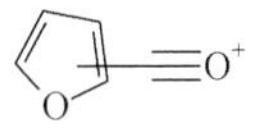
96	$(CH_2)_5CN^+$
97	$C_7H_{13}^+$, $C_5H_5S^+$
99	$C_7H_{15}^+$, 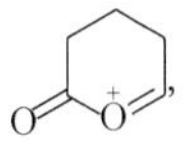, 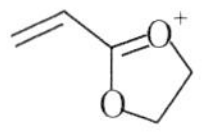
100	$C_5H_{11}CHNH_2^+$
101	$COOC_4H_9^+$
103	$C_5H_{11}S^+$, $CH(OCH_2CH_3)_2^+$
104	$C_2H_5CHONO_2^+$
105	$C_8H_9^+$, $C_6H_5CO^+$
106	$C_7H_8N^+$
107	$C_7H_7O^+$
107/109（1∶1）	$C_2H_4Br^+$
111	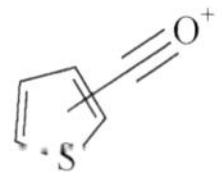
119	$CF_3CF_2^+$, $C_9H_{11}^+$
121	$C_8H_9O^+$
122	$C_6H_5COOH^+$
123	$C_6H_5COOH_2^+$
127	I^+
128	HI^+
130	$C_9H_8N^+$
135/137（1∶1）	$(CH_2)_4Br^+$
141	CH_2I^+
147	$(CH_3)_2Si{=}O^+{-}Si(CH_3)_3$
149	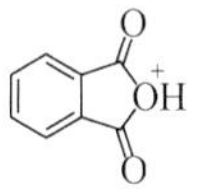
160	$C_{10}H_{10}NO^+$
190	$C_{11}H_{12}NO_2^+$

附表 4　质谱中常见的丢失碎片

碎片离子	丢失的碎片
M–1	H
M–2	H_2
M–15	CH_3
M–16	O, NH_2
M–17	NH_3
M–18	H_2O, NH_4
M–19	F
M–20	HF
M–25	—C≡CH
M–26	C_2H_2, CN
M–27	HCN, CH_2═CH
M–28	CO, N_2, C_2H_4
M–29	CHO, C_2H_5
M–30	C_2H_6, CH_2O, NO, NH_2CH_2
M–30	CH_2O, NO, NH_2CH_2
M–31	OCH_3, CH_2OH, CH_3NH_2
M–32	CH_3OH, S
M–33	$H_2O + CH_3$, CH_2F, HS
M–34	H_2S
M–35	Cl
M–36	HCl
M–37	H_2Cl
M–39	C_3H_3
M–40	C_3H_4
M–41	C_3H_5
M–42	C_3H_6, CH_2CO
M–43	C_3H_7, NHCO, CH_3CO
M–44	CO_2, C_3H_8, $CONH_2$, CH_2CHOH
M–45	COOH, OC_2H_5
M–46	C_2H_5OH, NO_2
M–47	C_2H_4F
M–48	SO
M–49	CH_2Cl
M–53	C_4H_5
M–55	C_4H_7

续表

碎片离子	丢失的碎片
M–56	C_4H_8
M–57	C_4H_9, C_2H_5CO
M–58	C_4H_{10}
M–59	C_3H_7O, $COOCH_3$
M–60	CH_3COOH
M–63	C_2H_4Cl
M–67	C_5H_7
M–69	C_5H_9
M–71	C_5H_{11}
M–72	C_5H_{12}
M–73	$COOC_2H_5$
M–74	C_4H_9OH
M–79	Br
M–127	I